BUCH&media

Horst Broziat, geboren 1926 in Nauen bei Berlin, wurde im Zweiten Weltkrieg als Gymnasiast zum Wehrdienst eingezogen und kehrte noch vor Kriegsende als Verwundeter in die Heimat zurück. Zusammen mit seiner Familie gelang die Flucht nach Lübeck, wo mit dem Neuaufbau der vom Großvater gegründeten und vom Vater übernommenen Firma begonnen wurde. Nach seiner Hochzeit mit Erika 1951 errichteten beide einen Betrieb für Maschinenhandel und Schwertransporte in Allensbach/Bodensee und übernahmen 1971 das väterliche Geschäft in Lübeck. Horst Broziat entwickelte einige erfolgreiche Patente. Aus der Ehe gingen vier Söhne hervor, von denen drei die Familienbetriebe erfolgreich weiterführen. Seit Ende der 1990er Jahre lebt das Ehepaar im Ruhestand.

Horst Broziat
Die Broziats

Die Geschichte einer Unternehmerfamilie

BUCH&media

Weitere Informationen über den Verlag und sein Programm unter
www.buchmedia.de

Bibliografische Information der Deutschen Nationalbibliothek
Die Deutsche Nationalbibliothek verzeichnet diese Publikation in der
Deutschen Nationalbibliografie; detaillierte bibliografische Daten sind im
Internet über http://dnb.d-nb.de abrufbar.

Januar 2010
© 2010 Buch&media GmbH, München
Umschlaggestaltung: Kay Fretwurst, Freienbrink
Herstellung: Books on Demand GmbH, Norderstedt
Printed in Germany · ISBN 978-3-86520-359-5

Inhalt

1. Teil · 7

2. Teil · 225

I. Teil

Vorwort

Seit Urzeiten suchen Menschen Antworten darauf, woher sie kommen, wohin sie gehen. Auch die klügsten Denker wurden sich nie einig, ist unser Weg nun determiniert, das heißt vorbestimmt, oder sind wir frei in unseren Entscheidungen, unsere Lebensstraße zu bestimmen? Ich glaube, beides trifft zu. Zwänge und Freiheiten sind es, die uns begleiten und nur das Wissen um Schicksale, die wir betrachten dürfen, erlaubt uns Einblicke in die großen Fragen der Menschheit. So soll dieses Buch nicht nur Erlebtes schildern, sondern auch Hintergründe zwischen den Zeilen hindurchschimmern lassen, die vielleicht unser Selbst berühren. Es ist der Weg mehrerer Generationen einer Familie durch eine Zeit des Aufstrebens und der Niedergänge, durch Frieden und Kriege, eine Geschichte vom Zusammenleben mit Gegnern und Freunden, getragen von der Bestimmung, eine Firma zu führen, wie auch von deren Herausforderungen geleitet zu werden. Arbeit und Brot zu geben, liegt in dieser schönen Aufgabe und Hindernisse, die immer wieder auftauchen, zu überwinden, um denen, die mit einem gehen, Schutz und Sicherheit zu gewähren, wenn diese selbst nicht allein die Kraft besitzen, das Leben zu meistern. Unterschiedlich sind unsere Begabungen und Fähigkeiten verteilt, sie bieten die große Bandbreite der menschlichen Gesellschaft. Seien wir bemüht, sie im eigenen Bereich positiv zu nutzen und mit Toleranz anderen darzubringen, dann können wir die Mutter Erde zu einer guten, lebenswerten Welt gestalten.

11. Januar 2007

Aus den Erzählungen meiner Großeltern, Eltern, Verwandten, aus alten Akten und Aufzeichnungen, aber auch eigenem Erleben und Einfinden in Gedankenabläufe der engen Verwandten sind mir bis heute Gegebenheiten, Fakten und Abläufe bekannt, die ich zum besseren Verständnis für den Leser einfüge. Eines aber ist mir leider erst Ende 2008 durch das Lastenausgleichsamt Brandenburg bekannt geworden, mein Vater ist seit dem 1. Mai 1937 als Parteimitglied geführt worden, wobei das Amt schrieb, er sei nie als für die NSDAP tätig aufgefallen. Das ändert nichts an den im Buch beschriebenen Tatsachen, dass er ein Gegner dieser Ideologie war. Immer betonte er später, nur als Partei-Anwärter gegolten zu haben. Meine Recherchen ergaben eine Übereinstimmung des Zeitpunkts seiner Eintragung und der geplanten Wegnahme eines wichtigen Betriebszweiges, nämlich des Handels mit Brennstoffen (Kohle), im Rahmen der sogenannten Branchenbereinigung. Nur zur Verhinderung dessen hat er sich wohl zu diesem Schritt entschlossen. So habe ich den Vorgang auch in dieser Neufassung berücksichtigt.

1. Juni 2009
Horst Broziat

I. Kapitel

Wenn ich mich zurückbesinne, so war ich als Kind schon immer recht neugierig, vielleicht besser ausgedrückt wissensdurstig. Mein oftmaliges »Warum?« schien meiner Mutter schon manchmal lästig zu sein, wenn sie antwortete: »Warum, warum, warum!« Doch sie gab mir ganz gern Auskunft, wenn ich mich bereits als Kind für Dinge interessierte, die unsere Vorfahren, die Firmen und deren Weg betrafen. Die wissbegierige Bitte überraschte meine Mutter keineswegs: »Mutti, erzähl' mir doch die Geschichte von Opa!« – »Du hast zwei Großväter«, sagte sie zu mir, als ich etwa viereinhalb Jahre alt war, »von welchem denn?« – »Na die, wo er von Ostpreußen weggegangen ist, die ist so schön!« – »Wir setzen uns nachher aufs Sofa, dann erzähle ich sie dir, aber erst muss ich noch Günter wickeln.«

Seit sechs Jahren war Else nun mit meinem Vater Oskar verheiratet, diesem agilen Kaufmann, der es verstand, die Firma auch jetzt, im Jahre 1931, erfolgreich durch diese schweren Zeiten zu bringen. Sie führten eine liebevolle Ehe, in Besorgnis umeinander. Ihre Fähigkeiten ergänzten sich ideal. Oskar, voller tatkräftigem Elan und Ideen, mit dem Mut, das Machbare auch umzusetzen, manchmal mit einem leichten Anflug von Schlitzohrigkeit; Else, die Gebildete, die, im Geschäft mitarbeitend, die Finanzen kontrollierte, dem Schriftverkehr den rechten Schliff gab und mit ihrem guten Gespür vor Aktionen warnte oder dazu antrieb. Allerdings war ihr auch eine gewisse Ironie zu eigen, die genau ins Schwarze treffen konnte

Else Broziat

und bei der sie sich hüten musste, nicht zu verletzen. Oskar, gut aussehend, mit seinem dunklen Lockenkopf, in dem länglich geschnittenem Gesicht blaue, blitzende Augen, die große »Broziat-Nase«, die keineswegs störte, und dem sportlich durchtrainierten, etwas untersetzten Körper, hatte sich eine schöne Frau gewählt. Nach den beiden Kindern war die damalig schlanke Braut zwar etwas rundlicher geworden, aber ihr apartes Gesicht mit der hohen Stirn, den großen, grünlichen Augen, der geraden, schmalen Nase, dem geschwungenen Mund und dem leicht vorstehenden Kinn, hatte nichts eingebüßt, um Männerblicke auf sich zu ziehen. Das dunkle Haar trug sie, der Mode entsprechend, straff nach hinten geknotet, sodass der Mittelscheitel ihr ein strengeres Aussehen verlieh, als es ihrer Natur entsprach.

An diesem etwas kühlen Märzabend wartete Else nun auf ihren Mann in der kleinen Kreisstadt Nauen, auf seine Rückkehr von einer Verhandlung aus dem 40 Kilometer entfernten Berlin. Sie, die Exakte, Pünktliche, hatte sich schwer damit abgefunden, dass Oskar es mit seinen Zeitzusagen nicht sehr genau nahm. Außerdem kannte sie es selbst aus vielen geschäftlichen Besprechungen, dass Verhandlungserfolge allzu oft dem zufielen, der nicht unter Zeitdruck stand. Das Warten war zu einem Bestandteil ihrer Ehe geworden, aber zum Warten war nun auch die Sorge um eine gute Heimkehr gekommen. Straßenkämpfe zwischen Nazis und Kommunisten, Überfälle aus Hass, aus Not, Polemik in der Politik und vieles andere belastete die Sicherheit unbescholtener Bürger: Die Angst ging um.

Ich hatte mir die Nase zugehalten und ein »Iii!« nicht unterdrücken können, als mein Bruder Günter, seiner vollen Windeln entledigt, gewaschen wurde. »Meinst du vielleicht, bei dir war es früher anders«, fragte Mutti, «auch du brauchtest deine Zeit, bis du sauber warst. Aber nun fühlt er sich wohl in seinem Bettchen und wird bald einschlafen. Komm, wir setzen uns jetzt aufs Sofa und ich erzähle dir die Geschichte von Opa Julius, unserem Firmengründer!« Else war bemüht, mit ihren Kindern in einem einwandfreiem Hochdeutsch zu verkehren, um dem Berlin-Brandenburger Dialekt, den sie allenthalben hörten, entgegenzuwirken.

Die Märztage waren frisch und die alten Kachelöfen gaben nicht mehr genügend Wärme ab. So zog sie mich nahe heran, wir hüllten uns in eine dichte Wolldecke ein und Benno, der Terrier, der alles schon schwanzwedelnd beobachtet hatte, kuschelte sich auf das Deckenstück, das auch die Füße wärmen sollte. »Also, Opa Julius lebte bei seinen Eltern in Scharayken, einem kleinem Dorf in Masuren. Masuren ist eine Landschaft in Ostpreußen, ich habe dir das schon öfter auf der Landkarte im Büro gezeigt!«

»Ja, oben das Blaue ist die Ostsee, Ostpreußen ist rosa und das Grüne darunter heißt Polen.« – »Nun, Opas Eltern hatten eine kleine Bauernwirtschaft, ihnen wurden die Söhne Friedrich, Julius und Otto sowie die Tochter Luise geboren. Die Arbeit in der Landwirtschaft war sehr hart, der Hof zum guten Auskommen zu klein, so hielten die Eltern ihre Söhne an, ein Handwerk zu erlernen, ja, der begabte Otto studierte sogar Volkswirtschaft in Königsberg und Luise konnte den Besitzer einer Molkerei heiraten.«

»Und was wurde aus dem Bauernhof?«

»Das weiß ich leider nicht, aber nun weiter, Opa Julius wurde Sattler, also er fertigte für die Pferde Sättel an und Zuggeschirr aus Leder. Das war ein sehr guter Beruf, denn damals wurde die Eisenbahn erst aufgebaut, es gab noch nicht allzu viele Strecken, Autos wurden erst entwickelt und somit fast alles mit Pferdewagen transportiert. Julius war ein gut aussehender junger Mann, der gewandt turnen konnte. Papa hat vor dem Krieg miterlebt, wie Opa auf einem Turnfest eine Riesenwelle vorführte.«

»Was ist eine Riesenwelle?«

»Das ist eine ganz schwierige Übung am Turnreck, aber du willst ja die Liebesgeschichte von ihm hören. Also, Julius liebte eine hübsche Müllerstochter und sie ihn eigentlich auch. Eines schönen Abends hatten sie sich zum Tanz beim Dorffest verabredet. Opa, der auch gern die Natur beobachtete, hat erzählt, wie er von dem etwas abseits gelegenen Hof in froher Erwartung zum Dorf wanderte. Die Sonne stand bereits tief und spiegelte sich im großen See, Fische schnellten immer wieder aus der Wasserfläche, zwischen dem Grün des Waldrandes blühten Blumen in allen Farben, Hasen und Rehe hatte er gesichtet, und das Summen der Käfer und Bienen erfüllte die Luft.

Glücklich bog er vom Weg am See in die Straße zum Dorf ein, wo am Ende seine Friederike warten wollte. Mit seinen scharfen Augen erkannte er, wie sie sich mit einem jungen Mann unterhielt, der aber sofort weiterging, als sie Julius bemerkten. Friederike empfing ihn freundlich, aber nicht ganz so liebevoll wie sonst. Er fühlte, dass da etwas nicht stimmte. Nach den ersten Tänzen mit ihr kam der junge Mann, den er als einen reichen Bauernsohn vom Nachbardorf erkannte, und forderte Friederike zum Tanz auf. Es war nun nichts Besonderes daran, dass auch andere mit ihr tanzten, denn auch Julius hatte eine andere Bekannte zum Tanz aufgefordert. Doch er beobachtete dabei Friederike und den Bauernsohn und bemerkte daran, wie sie tanzten und sich unterhielten, dass der Bauernsohn Friederike für sich gewinnen wollte.«

»Und warum hat Opa den Bauernsohn nicht verhauen?«

»Weißt du, mit Schlagen ist es nicht immer getan. Friederike hat danach geschaut, wer mehr Geld hatte. Da hätte es wenig genutzt, wenn Opa der Stärkere gewesen wäre und Opa hatte wohl auch erkannt, dass die Friederike seiner Liebe und Treue nicht wert war, weil ihr der Reichtum des anderen wichtiger schien als Opas Zuneigung.

Als sie an den Tisch zu ihm zurückkam, stellte er sie zur Rede. Sie antwortete hochmütig, sie habe sich für den besseren, den Bauernsohn entschieden, denn der könne ihr ein schöneres Leben bieten. Wütend sprang Julius auf und rief: ›Das sind also deine Treueschwüre! Den Besseren hast du gewählt? Dass ich nicht lache, ich werde dir schon noch zeigen, wer von uns besser ist!‹ Tief betrübt machte sich Julius auf den Heimweg. Wie schön hatte er sich das Leben mit Friederike ausgemalt, was an Schätzen wollte er ihr alles durch seinen Wagemut und Fleiß zu Füßen legen, obgleich seine gute Mutter Regine immer gesagt hatte, dass eine Frau in der Schürze mehr hinaustragen könne, als der Mann mit dem Pferdewagen hereinbringe. Stets hatte er geglaubt, bei Friederike sei es alles anders, und nun kam das. Seine großen Hoffnungen waren mit einem Schlage dahin.

Julius lag nun in seiner Kammer, wollte schlafen, denn vor ihm lag ein arbeitsreicher Tag. Doch an Schlaf war nicht zu denken. Die Gedanken stürmten nur so auf ihn ein, drehten sich in seinem Kopf wie im Karussell. Die schöne, glückliche Zeit mit Friederike, der Bauernsohn, dessen bessere Kleidung und dessen Vaters Geld – warum hatten sie nicht so ein Vermögen, dann wäre Friederike ja bei ihm geblieben. Dann die Mahnungen seiner Eltern, seines Lehrmeisters, hatten sie recht gehabt? Sah Friederike doch mehr auf Äußerlichkeiten als auf die inneren Werte? Wie er es nun erlebt hatte, war das so und sein gutes Selbstvertrauen hatte einen herben Schlag erlitten. Er, der so gute Fertigkeiten im Beruf aufwies, der Beste in der Schule, der gewandteste im Turnen, er, der immer eingesetzt wurde, wenn schwierige Aufgaben zu bewältigen waren, nun so schmählich verlassen? Julius grübelte weiter, sah sich im Geiste in der Dorfkirche sitzen, hörte den Pastor predigen. Lag bei seinen Aussagen die volle Wahrheit? Welchen Sinn hatte eigentlich das Leben, wozu sind wir auf der Erde, zum Arbeiten und Streben, zum Erfüllen von Aufgaben? Wer stellt uns die Aufgaben?

Später behauptete Julius steif und fest, in dieser Nacht nicht geschlafen zu haben und dennoch hatte der Schlaf ihn wohl übermannt. Wie sollte es sonst erklärt werden, dass ihn urplötzlich eine Helligkeit umgab und er laut und deutlich eine Stimme vernahm, die da sagte:

›*Wandere! Schaffe ein Gebilde,*
das fordert und gibt,
das führt und geführt sein will,
das lebt, ohne Wesen zu sein,
das dir die Fülle des Lebens spiegelt!‹

Was waren das plötzlich für rätselhafte Worte, so deutlich, so einprägsam? Er konnte sie sofort wiederholen, ohne zu zögern, ohne auch nur bei einem Buchstaben überlegen zu müssen! Nie würde er etwas davon vergessen können! Wer hatte da gesprochen, mit so klarer einprägsamer Stimme? Er schaute sich in der Kammer um, die Helligkeit war urplötzlich dem bleichen Mondlicht gewichen. Niemand war da, nichts rührte sich. War es Gottes Befehl? Wie und wann sollte er ihn ausführen? Auf Wanderung sollte er sich begeben, um dieses seltsame Gebilde zu suchen und zu finden! Wohin wandern, wann jemals würde das Rätsel von ihm gelöst werden? ›Lieber Gott, heiliger Vater‹, sprach Julius, als er die Hände gefaltet hatte, ›Dein Wille geschehe und nicht das, was ich mir gewünscht oder erträumt habe. Lass bitte nicht ab von mir auf meinen Wegen!‹

In der Frühe, beim Morgenmahl, erzählte Julius das Erlebte. So große Hoffnungen hatten die Eltern gerade auf ihn gesetzt. Er hätte mit Geschick Landarbeit und Handwerk verbinden können, um einen bescheidenen Wohlstand zu erreichen, und nun das! In die lange Stille, die dem Gespräch folgte, sagte die gottesfürchtige Mutter Regine:

›Wandere, mein Sohn, eines Tages wirst du das rätselhafte Gebilde finden! Folge dem, was dein Herz dir sagt, dann kommen die rechten Gedanken und Taten allein!‹, und bedächtig nickte der Vater Ludwig mit seinem Kopf zu diesen Worten.«

Benno, der Terrier, sprang auf und zog an der Wolldecke. »Papa kommt«, sagte meine Mutter, »es ist auch höchste Zeit für dich, ins Bett zu gehen!«

»Wann erzählst du weiter?«, bettelte ich. – »Bei nächster Gelegenheit, aber nun zieh dich aus, waschen und ab ins Bett!«

Ich zögerte noch die Zeit hinaus und begrüßte meinen Vater. Oskar war auch nicht verwundert, dass er erwartet wurde. Am 500 Meter entfernten Rathaus schaltete er üblicherweise den Gang seines 2,5 Liter »Adler« um, und dies Geräusch war für Benno das Zeichen, die Decke wegzuziehen und Herrchens Ankunft zu melden.

Papa machte ein frohes Gesicht und Mutti sagte: »Na, es scheint ja ganz gut gelaufen zu sein! Horst, ab ins Bett!« Widerwillig fügte ich mich. Oskar nickte erfreut und berichtete ihr ausführlich vom Gespräch mit Prof. Maurer, dem Direktor der Gartenbauhochschule in Berlin-Dahlem, den er anschließend zum Essen einladen konnte. Er strebte eine Befürwortung für den Vertrieb der »Leittriebklammer« an, die nun schon seit ein paar Jahren produziert und als neuer Betriebszweig aufgenommen war.

Das Patent und seine Verwertung hatte Oskar von dem Baumschulbesitzer Franz Dalchow erworben, dem die mühselige Arbeit der Baumzüchtung und Veredelung missfiel. Er hatte eine Klammer entwickelt, die bei den Okulaten dasselbe bewirkte, wie das Umwickeln mit Bast und Anbinden an Holzstäbe, was nun eine wesentliche Arbeitserleichterung erbrachte. Dalchow hatte jedoch weder das Geld noch die Einsatzbereitschaft zur Umsetzung seiner Idee, obgleich er Erbe der Baumschule war, denn ihn war ein großer Alkoholkonsum und langer morgendlicher Schlaf zu eigen. Damit aber ist, in der Sprache der Gärtner, kein Blumentopf zu gewinnen.

So kam er zu dem erfolgreichen Unternehmer Oskar Broziat, der die Entwicklung und Herstellung des Massenartikels vorantrieb. Exzenterpressen wurden zum Ausstanzen der Blechrohlinge angeschafft, die aussahen wie der Schattenriss eines Flugzeugs mit einseitig verkürztem Flügel, diese wurden an die Frauen weitergeleitet, die an Fußstanzen saßen und deren Stempel dem Rohling die Flügel parallel umklappten und dem vorderen »Rumpfstück« eine Löffelform verliehen. Anschließend tauchte man die Klammern in roten Rostschutzlack und verpackte sie zu je tausend Stück in Kartons. Eine auffällige, gelbschwarze Verschlussbanderole gab mit roter Schrift Auskunft über Hersteller und Klammergröße.

In den ersten Jahren hatten Versuche große Kosten verursacht. Es musste das rechte Ausgangsmaterial gefunden und die endgültige Form erprobt werden. Und die Anwender, die im Laufe der Zeit geworben wurden, sandten immer wieder Verbesserungsvorschläge, die in Material und Formgebung einflossen. Franz Dalchow wollte jede Verbesserungsidee sofort umgesetzt haben: Oskar, der Kaufmann erwartete Besonnenheit, denn eine Veränderung verlangte neue, kostspielige Stanzformen und -schnitte, was Dalchow nicht tangierte, denn seine Lizenz richtete sich nach Stückzahlen. Der nicht ganz glücklich abgeschlossene Lizenzvertrag hatte zwischen den beiden immer wieder zu Zerwürfnissen geführt. Nun aber schien wieder ein Hoffnungsstrahl. Die Gartenbauhochschule würde in ihren Zeitschriften die Klammer empfehlen und Oskar versprach sich davon eine erhebliche Umsatzsteigerung. Er konnte bereits auf große Erfolge hinweisen. Baumschulen um Dresden, Kassel und Hamburg hatten die Leittriebklammer schon zu Hunderttausenden angewendet und dabei, im Verhältnis zum An- und Abbinden mit Bast an Stäbe, große Arbeitseinsparungen und weniger Okulatausfälle verzeichnet. Eine Leittriebklammer wurde nach dem Okulieren, das heißt Einpfropfen eines Edeltriebes in einen unedlen, jungen Baum gleicher Gattung, um die Einschnittstelle durch das Umlegen der »Blechflügel« geklammert. Damit hielt die Klammer das Okulat, die obere Löffelform des »Rumpfstücks« erzielte einen geraden, senkrechten Edeltrieb und das Bäumchen ergab nach einer entsprechenden Zeit einen guten Obstbaum. Die neueste Errungenschaft waren eingestanzte Sollbruchstellen, in denen die Klammern nach verrichtetem Dienst durchrosteten, allein abfielen und somit diesen zweiten Arbeitsgang des Entfernens einsparten.

2. Kapitel

Am übernächsten Abend, als mein Papa noch unterwegs war, mahnte ich: »Mutti, erzähl doch bitte weiter!« – »Bis wohin war ich denn gekommen?« – »Wo Opa Julius auf Wanderschaft gehen wollte.«
»Richtig, Julius saß nun endlich im Zug. Mit dem Pferdegespann hatte sein Vater ihn nach Treuburg, die Kreisstadt, gebracht, von wo aus eine Eisenbahnlinie nach Königsberg, die Hauptstadt von Ostpreußen, führte. Weinend war die Mutter in Scharayken geblieben, denn sie ahnte beim Abschied, dass sie ihren Julius nie wieder sehen würde. Ihr ältester Sohn Friedrich war bereits in Berlin in guter Stellung. Er hatte das Schlosserhandwerk erlernt und war nun bei der Spandauer Geschützgießerei tätig. Nachdem sie Julius geholfen hatte, seine Kleidung, Ersparnisse und Wegzehrung einzupacken, riet sie, erst einmal Friedrich aufzusuchen, der in seinen Briefen doch so oft um Besuch aus seiner geliebten Heimat gebeten hatte.

Ostpreußen lag nun hinter ihm, und Julius betrachtete die weite, ebene Landschaft Hinterpommerns und schon stieg Sehnsucht nach Masuren in ihm auf. Diese wunderbare Hügellandschaft mit ihren weiten Seen und Wäldern hatte er verlassen und die vielen Felder. Auf ihnen stand bereits dicht an dicht das Getreide auf dem Halm, der Wind wehte befruchtend in Wellen über seine Flächen, die Reife vorantreibend. Bei der schweren, aber dennoch fröhlichen Ernte würde er fehlen, würde das abendliche Lauschen nach den Stimmen der Vögel und des Wildes genauso vermissen wie das Betrachten der Seeflächen mit ihren Wasservögeln, den springenden Fischen, den quakenden Fröschen und den majestätisch kreisenden Raubvögeln, die die Aufwinde nutzten.

Behäbige Menschen hatte er hinter sich gelassen, liebenswerte, die in ihrer breiten Sprache Winterabende mit wundersamen Erzählungen so heimelig machten, wenn der Ostwind die Schneewehen auftürmte. Menschen voller Gastfreundschaft, die dieses schöne Land in langer Generationenreihe mit Fleiß, Umsicht und Naturverbundenheit zur Kornkammer des Deutschen Reiches gemacht hatten, denn das Getreide für jedes zehnte Brot kam aus Ostpreußen. Ein Land lag hinter ihm, in dem für Deutschland bedeutende Persönlichkeiten aus Geisteswissenschaften, Religion, Politik und Militär geboren wurden, ein Land, das ihn jetzt schon, am zweiten Reisetag, mit aller Macht zurückziehen wollte.

Er riss sich aus seinen Träumen, nur jetzt nicht sentimental werden! Eine Aufgabe war ihm gestellt, er hörte die Stimme klar, wie in jener Nacht:

›*Wandere! Schaffe ein Gebilde,*
das fordert und gibt,
das führt und geführt sein will,
das lebt, ohne Wesen zu sein,
das dir die Fülle des Lebens spiegelt!‹

Nun war er auf der Wanderung, deren Ziel er nicht kannte, grübelte über des Rätsels Lösung und fand doch keinen Ansatz. Gott würde ihn sicher leiten, wenn er dem Gespür seines Herzens folgte, wie Regine, die gute Mutter, gesagt hatte. Er wollte gehorchen, wollte stark sein und seine Fähigkeiten einsetzen, was immer auch kam.

Die Landschaft hatte sich verändert, nachdem die Oder überquert war. Dörfer und Städtchen tauchten zahlreicher auf. Laubwälder wurden seltener, in dem zutage tretenden Sandboden waren Kiefern heimisch. Die Bahnlinie durchschnitt immer wieder Sumpfgegenden, von Gräben durchzogen, in denen schwarzes Wasser abfloss. In der Schule hatte Julius gelernt, dass vor allem die Preußenkönige die Urbarmachung dieses Landes bewirkt und in den Luchgebieten den Kartoffelanbau vorangetrieben hatten. Ob er wohl einmal in Berlin den Kaiser zu Gesicht bekäme? Was wäre das wohl für ein großartiger Augenblick! Dann, nach den vielen Haltestellen auf der Reise, tauchte endlich die dichte Besiedlung der Stadt Berlin auf. Unglaublich, wie lange es noch dauerte, bis der Zug im Bahnhof Friedrichstraße hielt. Hier musste er nach Spandau umsteigen, wo Friedrich mit seiner Familie wohnte. Nun stand er dort auf der Straße, vor dem Bahnhof, und wollte sich nach dem Weg zu seinem Bruder erkundigen, aber die Leute konnten ihn gar nicht verstehen und er sie nicht, mit ihrem Berliner Dialekt, bis schließlich ein gut gekleideter Herr sich seiner annahm und ihm die Richtung auf Hochdeutsch sagte. Weit sollte es nicht sein, aber das Gepäck war schwer und das Geld für eine Droschke hätte ihn gereut. Die Dämmerung setzte ein, als er endlich das Türschild las: Friedrich Broziat. ›Herein!‹, rief es auf sein Klopfen. Im Zimmer saß sein Bruder mit seiner Familie beim Abendessen. Der musste mehrmals hinsehen, bis er begriff, dass Julius vor ihm stand, sein geliebter Bruder. War das eine Freude. Die Fragen überstürzten sich, genauso die Aufforderungen, Julius solle ablegen, sich setzen, essen, erzählen, übernachten – fast alles auf einmal.

Dann wurden erst einmal die Geschenke für Friedrich, Frau und Kinder überreicht, und langsam, langsam kehrte Ruhe ein, um alles zu berichten. Ja, Friedrich kannte die Friederike noch als ganz junges Ding, meinte aber, ihr Verhalten hätte sie bestimmt von der Mutter geerbt, die auch stets so anspruchsvoll tat. Das Rätsel, der eigentliche Auslöser Julius' Reise, war ihnen etwas unheimlich, aber Friedrich, inzwischen an die Berliner Eigenarten gewöhnt, meinte: »Det kriejen wa allet in de richtje Reihe!« Sie suchen in der Geschützgießerei noch Leute, meinte er, zupacken könne Julius ja, in einer Kammer seiner Wohnung sei Platz für ihn, alles Weitere werde sich finden. Friedrich war mehr von der praktischen Seite, nicht so sentimental wie Julius, er suchte schnell nach einfachen Wegen und hatte auch mit seiner Art Erfolge. Tatsächlich brachte Friedrich am nächsten Abend die Nachricht mit, er habe für seinen Bruder eine Stellung, und zwei Tage nach seiner Ankunft in Spandau begann dieser bereits, die ungewohnte Arbeit aufzunehmen.

Julius konnte gut zupacken, er war fleißig, kameradschaftlich, schnell beliebt und wegen seiner guten Auffassungsgabe bald in besser bezahlte Positionen eingesetzt. Seiner Schwägerin gab er ein gutes Geld für Kost und Logis und brachte ihren Kindern gern ein paar Leckereien mit. Besonders hatte es ihm Max, der kleine Neffe, angetan. Auf einem Tanzvergnügen in Ruhleben lernte er Emma Kummer kennen, die Köchin in einem Berliner Hotel war.«

Else machte eine Pause, und da ich schon ahnte, was nun kam, sagte ich: »Und denn?«
»Und denn, und denn, gehst du jetzt schlafen, es ist bald dunkel.« Dieses »und denn«, das sie bei mir gar nicht liebte, weil es Jargon war, hatte sie betont wiederholt, und kleinlaut sagte ich: »Und dann? Papa ist doch noch gar nicht da, erzähl doch noch, bis er kommt!«

Fünfundzwanzigjähriges Jubiläum

»Nein, mein Junge, es bleibt dabei. Irgendwann erzähle ich schon weiter, du sollst genau erfahren, wie es mit unserer Firma ging. Bald wollen wir Jubiläum feiern, dann existiert der Betrieb in Nauen nämlich fünfundzwanzig Jahre!«

Es war in der Tat so, dass die Vorbereitungen für dies Fest schon liefen, denn der eigentliche Jubiläumstag seit der Firmengründung am 1. Juli 1897, also im Jahre 1922, war nicht gefeiert worden, weil die galoppierende Inflation und die damit verbundenen betrieblichen Umstände die Feier nicht ratsam erscheinen ließen. Jetzt aber waren die Finanzen so gefestigt, dass die damit verbundenen Ausgaben verkraftet werden konnten und Else und Oskar sich von der Werbewirkung viel versprachen.

Als der große Tag am 1. Juli 1931 anbrach, trafen dann auch Blumenarrangements, Festgeschenke und Präsentkörbe in großer Zahl ein, »Broziat«-Aufkleber mit einer goldenen, umkränzten Fünfundzwanzig zierten Briefe und Schriften, Girlanden schmückten das Grundstück und geladene Gäste rühmten in warmherzigen Reden den Firmengang. Viele Zeitungen schrieben über die Firma, priesen die große Zahl der Beschäftigten in Zeiten einer ungeheuren Arbeitslosigkeit. Ich durfte mit einem der vielen geschmückten Firmengespanne mitfahren, die an die arme Bevölkerung Nauens je einen Zentner Braunkohlenbriketts verteilten und an die guten Kunden Kohleneimer oder sonstige Werbegeschenke. Zur Mittagstafel, als die Gastreden gehalten waren, holte mich Mutti hinein, stellte mich auf einen Stuhl und laut und deutlich sagte ich ein von ihr verfasstes Gedicht auf, das da endete: »Ich will ein rechter Broziat sein!« Harmonisch endete dieser Tag, und mit nicht geringem Stolz lagen sich Oskar und Else in den Armen, als die Lichter erloschen.

Zwei Wochen waren vergangen. Immer wieder war ich abends um meine Mutter herumgestrichen, aber sie hatte mit der Beantwortung der vielen Gratulationen zu tun. Jede sollte persönlich beantwortet werden, und Oskar überließ allzu gern diese Arbeit der Schriftgewandten, sodass ihm nur die kleine Mühe der Unterschriften verblieb. Allerdings hatte er ja auch im Geschäft reichlich zu tun, um Aufträge zu werben, abzuschließen und abzuwickeln. Die Zeiten waren ernst, die ganze Weltwirtschaft litt noch unter den Nachwirkungen des berüchtigten »Schwarzen Freitags« von 1929.
»Mutti, erzählst du heute weiter von Opa?« – »Nein, mein Jung', heute bin ich zu abgespannt, aber morgen abend, das verspreche ich dir!«

»Also«, fragte sie am nächsten Abend, »was habe ich zuletzt erzählt?« – »Wie Opa Oma auf dem Tanzfest kennenlernte.« – »Ach ja, da war also Tanz in Ruhleben, Opa ging mit der Familie seines Bruders hin und forderte eine junge Dame auf. Als er ihr beim Tanzen so in die strahlenden Augen sah, da wusste er sofort, das ist die rechte Frau für ihn. Er bat gleich um den nächsten Tanz, als er sie zum Platz brachte und sie willigte gern ein.
Als Julius zum Familientisch zurückkam sagte seine Schwägerin: ›Mensch Julius, hast du dir villeicht vakuckt!‹ – ›Nee‹, meinte er, ›so

Hochzeitsbild von Emma und Julius Broziat

een scheenet Majellchen, nee so wat hier in Berlin, nee, nee, nee!‹ Er konnte sich gar nicht beruhigen, hätte vor Kopfschütteln und Herumwundern fast vergessen, sie erneut aufzufordern, sie aber hatte einem anderen Bewerber einen Korb gegeben und auf ihn gewartet. Sie ließen nun keinen Tanz mehr aus, waren sehr verliebt, verabredeten sich zur nächsten Gelegenheit, Julius wollte von Emma nicht mehr lassen. Es war wirkliche Liebe auf den ersten Blick und schon nach acht Wochen wurde ihre Hochzeit am 3. April 1894 gefeiert.

In der Achenbachstraße hatte er eine Wohnung gefunden. Glücklich waren sie und so vertraut, als ob sie sich bereits ein Leben lang kannten. Nach und nach legten sie ihre Ersparnisse zusammen, kauften ein Pferdegespann mit Wagen und gründeten am 1. Juli 1897 eine Firma auf den Namen Julius Broziat.«

»Und warum heißt die Firma jetzt Oskar Broziat?«

»Das erzähle ich dir später einmal. Also, sie brauchten ja einen Platz und einen Stall für das Gespann. Diesen mieteten sie in der Bismarckstraße, nicht weit ab von der Geschützgießerei, wo Opa vom Hauptfuhrunternehmer Refke Arbeit bekam. Natürlich gab Refke die schlechter bezahlte Arbeit ab, während er die einträglichere abwickelte, aber Opa Julius kam dennoch zurecht. Abends brachte er meist noch einen voll beladenen Wagen Schlacke mit zum Platz, um ihn am nächsten Morgen gleich zur Entladestelle zu bringen.

Ein Brett vom Pferdewagen hatte wohl ein Loch bekommen oder war lose geworden, jedenfalls war ein kleiner Haufen Schlacke auf dem Platz geblieben. Oma wollte am nächsten Morgen diese Schlacke auffegen, als sie bemerkte, dass unverbrannte Kohlenstücke dazwischen waren. ›Du, Julius‹, sagte sie, als er abends nach Hause kam, ›wir brauchen einen zweiten Pferdewagen!‹ Belustigt wollte er den Grund wissen. Sie zeigte die Kohlenstücke und sagte ihm, wenn er abends den vollen Schlackewagen auf dem Hof stehen lasse und mit dem zweiten die Touren fahre, könne sie tagsüber die Kohlen aussammeln. Das ergäbe mit drei Zentnern pro Tag einen schönen Nebenverdienst. So wurde es durchgeführt, bald entwickelte sich ein kleiner Kohlenhandel, eine größere Nachfrage entstand, Briketts und andere Sorten mussten dazugekauft werden, um die Kundenwünsche zu befriedigen. Neben dem Fuhrbetrieb war also nur deshalb ein Kohlenhandel entstanden, weil Oma Emma nicht nur gut aufgepasst, sondern auch die Möglichkeiten daraus erfasst hatte und diese mit eigenem Einsatz in die Tat umsetzte.

Julius mit Kutscher auf einem Fuhrwerk

Aber Emma hatte bei diesen doch mühsamen Arbeiten, die ihr nie zu viel wurden, noch mehr bemerkt. In der Schlacke waren nicht nur Kohlenstücke, sondern auch Metallrückstände. Sie besorgte ein Kiessieb, wie du es beim Maurer schon gesehen hast, stellte Frauen an, die die Metalle aussiebten, und das brachte noch mehr ein als die Kohle. Wie oft nahm Julius seine Emma in den Arm, küsste sie und sagte: ›In dir habe ich den größten Schatz für mein Leben gefunden.‹ Bei alledem bekamen sie auch noch Kinder: Zuerst deine Tanten Lenchen und Emma, dazwischen eine kleine Frieda, die mit zwei Jahren starb, dann deinen Papa, Onkel Walter und schließlich Tante Else.

Und Oma und Opa hatten große Sorgen mit ihren Kindern gehabt. Du hast gehört, die kleine Frieda war gestorben, das ist das Schlimmste, was Eltern, besonders einer Mutter, passieren kann, wenn ein Kind von ihnen stirbt. Dann ist Onkel Walter als ganz kleiner Junge aus dem Bettchen gestiegen und hat sein Nachthemd am offenen Kachelofen entzündet, als Oma nur schnell vom Bäcker gegenüber Brötchen holen wollte. Aus Angst sprang er wieder ins Bett, das auch Feuer fing, und seine Brusthaut verbrannte ihm. Oma konnte schnell das Feuer löschen, sofort brachte sie Walter ins Krankenhaus. Es dauerte viele Monate, bis die Brandwunden endlich verheilten, doch das Kind hatte die Sprache verloren. Du weißt, wie er noch heute behindert ist und stottert.

Aber das Geschäft vergrößerte sich. Inzwischen hatte Opa vier Gespanne, sechs Pferdewagen und einen Möbelwagen. Berlin ist ja die Hauptstadt des Deutschen Reiches. Viele wollten dort oder in der Nähe wohnen, deshalb waren auch viele Möbelumzüge nötig, und Opa und Oma verdienten gut, weil bekannt war, dass sie die Aufträge fleißig, gewissenhaft und schnell durchführten.

Bald hatten sie so viel Geld verdient, dass ein Grundstück am Bahnhof Spandau-West erworben wurde. Opa hatte gehofft, ein Anschlussgleis von der Eisenbahn zu bekommen. Damit wären die Kohlenlieferungen oder die Schrottverladungen viel billiger geworden, aber die Stadt hatte für dieses Gebiet Bauverbote erteilt, sodass leider nur ein unbebauter Platz zur Verfügung stand. Dann sollte aber der Bahnhof vergrößert werden und die Reichsbahn kaufte dieses Gelände zu einem Preis auf, dass Opa dafür in Spandau ein Grundstück am ›Grünen Weg‹ mit Stallungen und Wohnhaus erwerben konnte. Nun endlich führten sie ihren Betrieb auf eigenem Grund und Boden, mussten nicht mehr mit der Familie in einer Mietwohnung leben und zwischen Stallungen, Verkaufsstätten und Lagerplatz hin und her fahren. Das alles hatte ja viel Zeit und Geld gekostet. Nun aber erwarteten sie, dass die Entwicklung der Firma noch schneller aufwärtsgehen würde.

Doch die Freude über das Grundstück war für Emma und Julius nur von kurzer Dauer. Acht Pferde hatten sie, eines nach dem anderen starb. Opa musste Pferde nachkaufen, um die laufenden Aufträge erfüllen zu können. Andere Fuhrunternehmen suchten stets Beschäftigung und freuten sich, wenn es bei Konkurrenten Ausfälle gab. Jedes Mal waren die Pferde nachts gestorben, lagen am Morgen tot im Stall. Dem Tierarzt war das alles ein Rätsel. Als das neunte Pferd starb, fiel ihm endlich ein kleines, blankes Stückchen Metall auf der Blässe, also auf der Stirn des Pferdes auf. Mit einer Zange konnten sie eine Stopfnadel herausziehen, die bis ins Gehirn gereicht hatte.

Nur ein Kutscher kam für diese Untat in Frage. Er hatte sich am

Abend vorher im Stall zu schaffen gemacht, nun fiel es Opa ein, das hatte er auch schon früher getan, wenn die anderen Kutscher fort waren. Der Kutscher wurde verhaftet und er gestand, den Pferden mit einem Hammer durch den Knochenspalt Stopfnadeln ins Gehirn geschlagen zu haben. Ein anderer Fuhrunternehmer hatte ihm dafür Geld gegeben, weil er wollte, dass Opas Geschäft kaputt gehen sollte!«

»Das ist ja furchtbar Mutti, der war doch ein richtiger Verbrecher, was haben sie denn mit dem gemacht?« – »Das erzähle ich später!« – »Ach, hör' doch nicht gerade jetzt auf!«

»Nein, das will ich auch nicht.« Else war tierlieb und von dem Thema, das sie ja längst kannte, selbst erschüttert. »Das Schlimmste kommt noch. Julius war so entsetzt von der Schlechtigkeit der Menschen, dass er nicht mehr aus noch ein wusste. Er lief nach oben in die Wohnung und rief seiner Frau zu: ›Emma, der hat alle neun Pferde umgebracht, hat ihnen Stopfnadeln ins Gehirn geschlagen, dieser Verbrecher, Emma, alles Geld ist weg, aber dass solche Lumpen sich Menschen schimpfen gibt mir den Rest! Ich kann nicht mehr, ich hänge mich auf!‹

Aschfahl war Emma geworden, lief zur Tür, schloss sie ab, steckte den Schlüssel in die Schürze und schrie: ›Bist du wahnsinnig geworden? Was fällt dir ein, Gott so zu versuchen? Mich und die Kinder willst du verlassen, weil der unsere Pferde gemordet hat? Fällt dir nichts Besseres ein, als feige sterben zu wollen? Soll Gott uns noch mehr strafen, wenn du dich umbringst? Reicht nicht der Tod von Frieda und das Unglück mit Walter? Ein Rätsel hat dich von Masuren hergetrieben, das du nicht lösen kannst. Aber mir fällt es wie Schuppen von den Augen. Jetzt habe ich das sagenhafte Gebilde gefunden, das da fordert und gibt, das führt und geführt werden will, das lebt ohne Wesen zu sein, das dir die Fülle des Lebens spiegelt: Es ist die Firma! Ja, unsere Firma!‹

Wie die hohen Töne einer Trompete hatte sie den letzten Satz herausgeschmettert, ihre Stimme überschlug sich fast, sie konnte kaum noch etwas sagen, aber dennoch brachte sie die Gedanken zu Ende: ›Die Firma ist es, sie fordert von uns den ganzen Einsatz, aber sie gibt dagegen auch für uns und andere: Arbeit zum Leben. Die Firma bringt uns immer wieder auf neue Wege, doch will sie von uns auch ordentlich geführt sein. Die Firma lebt, lebt durch uns und ist doch kein Wesen, und sie spiegelt dir die Fülle des Lebens wider, denn in der Fülle des Lebens sind gute wie schlechte Zeiten enthalten. Lies es in der Bibel nach!‹

Emma konnte nicht mehr, völlig erschöpft ließ sie sich auf einen Stuhl fallen. Die Kinder klammerten sich entsetzt bei ihr an Rock und Schürze. Noch nie hatten sie ihre Mutter so schreien hören, Schreie wie in Todesangst. Julius war wie gelähmt, begriff erst langsam, was da passiert war. Er kniete vor seiner Frau nieder, legte den Kopf in ihren Schoß und ließ seinen Tränen freien Lauf. Noch nie hatte er Tränen vergossen, er, Tränen als Mann! ›Verzeih, geliebte Emma!‹, schluchzte er. ›Nie wieder will ich solche Gedanken haben, nie wieder, Emma, erst wenn der Herr mich ruft, kann ich dich je verlassen, sonst nie mehr, nie mehr!‹

Sie hob seinen Kopf, blickte ihn liebevoll in die nassen Augen, nötigte alle auf den Boden, in die Knie und betete mit ihnen: ›Vater unser, der du bist im Himmel …‹ Dann setzten sie sich um den Tisch. Julius war aufs Tiefste beschämt, doch Emma nahm seine Hände in die ihren und sagte: ›Wie wir vergeben unseren Schuldigern! Julius, heute hast du die Fülle des Lebens geschaut, hast wohl die Seite des Satans gesehen, aber hier am Tisch sitzt alles, was der Herr uns geschenkt hat. Da kann es nicht schwer sein, wieder Mut für die Zukunft zu fassen. Dies Grundstück ist mit Bösem verbunden. Wir müssen es verkaufen und woanders hinziehen. Wir gemeinsam werden es bald wieder schaffen, wenn wir zusammenhalten. Unsere Kraft, unsere Ideen bringen uns schon wieder hoch und endlich, nach zehn Jahren, ist dein Rätsel gelöst. Nun weißt du, dass der Herr dir die Firma als Lebensaufgabe zugeteilt hat, und somit auch mir!‹ Friede war in die Familie eingekehrt. Emma, die Gottergebene, hatte ihnen das Ziel gewiesen: die Firma!

»Und was wurde aus dem Kutscher, Mutti?« – »Ich hatte erzählt, wie Emma sagte: ›Wie wir vergeben unseren Schuldigern!‹ Julius hat das sehr ernst genommen und den Kutscher nicht weiter verfolgt. Aber das Gericht verurteilte ihn zu einer hohen Gefängnisstrafe und den Anstifter, den bösen Fuhrunternehmer, ebenfalls, sowie zum Schadensersatz. Doch als der ein Drittel bezahlt hatte, meldete er Konkurs an.« – »Was ist denn das?«

»Das erkläre ich dir später ausführlich, er hatte also kein Vermögen

mehr und musste das vor dem Gericht schwören und somit hat Opa nur wenig Schadenersatz bekommen.« – »Warum?«
»Nein du fragst jetzt nicht mehr, ab in die Heia!«

Oskar hatte heute seinen Kegelabend, so nahm sich Else ein Buch, um zu lesen, doch immer wieder schweiften ihre Gedanken ab. Die Firmen-Familiengeschichte, die sie ihrem kleinen Sohn dargestellt hatte, berührte sie doch tiefer, als es ihr im Augenblick lieb war, obgleich sie doch alle die vielen Geschichten längst kannte. Sie legte das Buch wieder zur Seite und geriet ins Grübeln.

Wer war diese Emma eigentlich, zu der sie, die Intellektuelle, gern etwas Distanz hielt? Verdiente sie wirklich diesen Respekt, den sie selbst so unbewusst in ihrer Erzählung herausgestellt hatte? Aus Stolp in Pommern war sie gekommen, Tochter eines Mühlenbesitzers, der sehr früh verstarb. Um die Mühle weiter zu betreiben, hatte ihre Mutter den ersten Gesellen geheiratet. Der nun plötzlich Wohlhabende glaubte, mit seiner Heirat sei die Arbeit nur noch für die Bediensteten da und verwirtschaftete in wenigen Jahren den ihm zugefallenen Besitz. Die Mutter starb vor Gram, Emma verdingte sich in einem Berliner Hotel als Köchin bis über die Heirat mit Julius hinaus.

Stolp hatte etwa die gleiche Größe wie Nauen, folglich mussten dort auch ähnliche Ausbildungsstätten sein, aber die Schulbildung war vielleicht eine Generation früher für Mädchen nicht so gefragt, es lag möglicherweise am richtungsweisenden Elternhaus oder an den Anforderungen, die ein junger Mensch an sich selbst stellt. War darin die Diskrepanz zwischen ihnen zu suchen?

Elses Vater, Wilhelm Rüthnick, beamteter Briefträger, hatte bei seiner Heirat mit Anna Buchholz deren Tochter Emmi aus erster Ehe adoptiert und ihre beiden Kinder waren Georg und Else. Annas Mühewaltung lag darin, ihren Kindern eine gute Erziehung und Ausbildung zu vermitteln. Else besaß zu ihrer älteren Halbschwester eine besondere Zuneigung, die sehr frühzeitig den damals für Frauen ungewöhnlichen Beruf der Buchhalterin erlernte. Nun war sie in Schwerin an der Warthe mit Wilhelm Reimer verheiratet und beide bemühten sich mit gutem Erfolg einen Sämereihandel aufzubauen. Emmi war Elses Vorbild für Schulausbildung, Benimmregeln und Verhalten gewesen und diese strebte nun an, sie in allem zu übertreffen, was jedoch beider Liebe zueinander keinen Abbruch tat.

Elses fünf Jahre älterer Bruder Georg war Kellner geworden. Er hatte diesen Beruf in dem berühmten Hotel Adlon erlernt und Else hatte nichts unterlassen, um über diesen Mittlerweg etwas von der Lebensart der feinen Leute zu erfahren oder zu lernen. Im Krieg war Georg in englische Gefangenschaft geraten, hatte dort sein Schulenglisch vervollkommnet und nun besaß er eine gute Oberkellnerposition im Schloss Sanssouci in Potsdam. Durch den Umgang mit Personen des höheren Lebensstandards bediente er sich seiner Verwandtschaft gegenüber eines etwas herablassenden Tons, vielleicht auch, weil seit seiner Hochzeit mit Grete die schwesterlichen Verbindungen etwas abgekühlt waren. Seine anspruchsvolle, mürrische, alles bemäkelnde Frau blieb im Familienclan ungern gesehen und das ärgerte ihn ungemein. Man munkelte, seine hübsche Tochter Irmgard sei nicht von ihm, sondern von dem früheren, jüdischen Freund Gretes. Das Aussehen des Kindes schien das auch zu bestätigen. Da sie wenige Monate nach der Eheschließung geboren wurde, zählte Else ironisch die neun Schwangerschaftsmonate gern mit: März, Därz, Dudärz, Mai, Dai, Dudai, April, Dril, Dudril.

Else hatte nach der Volksschule die »Höhere Töchterschule« in Nauen besucht, das Pendant zum Knabengymnasium, und war meist Klassenbeste gewesen. Aber dann bekam ihre sie zärtlich liebende Mutter Magenkrebs und starb ein Jahr vor ihrem Schulabschluss, am 20. April 1918. Die Operationen hatten die Ersparnisse der Familie aufgezehrt, Vater Wilhelm konnte das Schulgeld nicht mehr aufbringen. Else, nun ohne Schulabschluss, bekam mit Glück die Stelle einer Telefonistin im Postdienst. Nach dem Trauerjahr heiratete Wilhelm, durch Vermittlung des befreundeten Ehepaars Schulz, die Freundin von Marianne Schulz, Hedwig. Else, sechzehn Jahre alt, akzeptierte die Stiefmutter nicht, betrachtete sie als Eindringling, der sie, die sich erwachsen und überlegen wähnte, nur bevormunden wollte.

Zwölf Jahre war das her und ihre Gedanken kehrten zur Gegenwart zurück, zurück zur Erzählung über Emma Broziat, an der sie sich messen lassen musste. Aber was heißt musste? Da war niemand, der die Meßlatte anlegte, sie selbst tat das, verglich sich mit ihr, die einen so ganz anderen Weg gegangen war, als sie, Else, ihn beschritten hatte und fortschreiten wollte. Sie hatte Emma immer als eine frömmelnde

Person betrachtet, die pünktlich zur Kirche ging, die bei allen möglichen Gelegenheiten einen Bibelspruch hersagte, die aus Oskar am liebsten einen Pastor gemacht hätte und die sich gern mit Geistlichen besprach, um damit Gott näher zu sein. War Emma doch nicht die Frau, die in diesen Äußerlichkeiten die Gnade Gottes suchte und erfuhr?

Diese Rückschau auf die Familiengeschichte ließ, ob sie wollte oder nicht, vor ihren Augen plötzlich eine Frau emporwachsen, der ungeheure Kräfte aus ihrer tiefsten Demut zugeflossen waren, die in entscheidenden Momenten die Firma erhalten hatte, dieses Gebilde, das da fordert und gibt. Ohne Emma säße sie nicht hier, hieße sie nicht Else Broziat, die Frau des geachteten Unternehmers. Ohne Emma wäre sie nicht zum Glied in der Kette geworden, die das Schicksal seit undenklichen Zeiten in Form der Ahnen hintereinander schmiedet. Sie begriff ihre eigene Vergänglichkeit als Glied in der Kette und dennoch ihre tragende Funktion, wenn sie sich dienend dem Ganzen einfügte.

Welche Straße der Entbehrungen, der Arbeit, der Lernprozesse, der Siege und Niederlagen hatten wohl die Urahnen zurücklegen müssen, bis aus ihnen ein Spross erwuchs, der das Gebilde einer Firma erwekken konnte? Welche glückliche Ehekonstellation war nötig, dass die Frau die Last dann tragen konnte, wenn den Mann die Kräfte einmal verließen? Welch ein Gespann war da zusammengefügt worden, um den Wagen – genannt Firma – gemeinsam zu ziehen? Noch nie war Elses philosophischer Hang in diese Gründe vorgestoßen, um wenigstens ansatzweise die Fülle der Menschlichkeit mit ihren Harmonien, Gegensätzen, Eitelkeiten und ihrem Hoch- oder Demut anzuleuchten und daraus Lehren zu ziehen. Würde sie jemals in der Lage sein, diese in wahrhaftige Tätigkeiten umzusetzen? Die vielen Fragen ihres kleinen Sohnes hatten sie dazu gebracht. Sie, die glaubte, nur ihm etwas zu lehren, hatte nun selbst gelernt, vielleicht mehr gelernt als er. Die Erkenntnis, dass die entscheidenden Impulse, auch für ihre eigene jetzige Position nicht vom Intellekt, sondern aus tiefster Demut emporgestiegen waren, machte sie tief betroffen.

3. Kapitel

»Sind Oma und Opa denn gleich nach Nauen gezogen?«, fragte ich bei der nächsten Erzählstunde.

»Nein, mein Junge, so schnell konnte das ja nicht gehen. Es war im Jahre 1905. Opa besann sich, dass ihm die Kreisstadt Nauen bei einem Kremserausflug gefallen hatte und meinte, da könne das Geschäft vielleicht hinpassen.« – »Was ist denn ein Kremserausflug?«

»Kremser waren offene Pferdewagen mit seitlichen Bänken, Tischen dazwischen und oben drüber ein festes Dach. Sonntags fuhren dann Kremser mit Ausflüglern übers Land, die während der Fahrt auch essen und trinken konnten und sich die Landschaft ansahen. Bei solchen Ausflügen ging es meist recht fröhlich zu, die Leute unterhielten sich, sangen Lieder und machten auch Späße.

Emma und Julius fuhren also an dem Sonntag danach, als ihm die Idee mit Nauen gekommen war, mit der Bahn dorthin. Das dauerte nur eine Dreiviertelstunde, die Kinder ließen sie in der Obhut von Friedrichs Familie. Sie waren schon früh aufgebrochen und liefen zuerst einmal durch die Straßen der Stadt, um sich einen Eindruck vom Stadtbild und den Menschen hier zu verschaffen. In der Innenstadt gab es hauptsächlich ältere Fachwerkhäuser, aber an den Ausfallstraßen nach Friesack, Potsdam, Berlin und Oranienburg gab es ansehnliche Neubauten, Rathaus, Kreishaus, Krankenhaus, einige kleine Fabrikgebäude und Handwerksbetriebe waren vorhanden. In der Nähe des Rathauses war die Gaststätte ›Ratskeller‹, dort gingen sie zum Mittagessen hinein.

Der ›Ratskeller‹ war wenig besetzt, denn die sparsamen Nauener aßen zu Hause, und der Gastwirt Paul Demuth, der Opa von Christa, mit der du im Kindergarten bist, war ein gesprächiger Mann. Das war Emma und Julius gerade recht, denn sie wollten ja wissen, ob es sich lohnen würde, hier ein Geschäft aufzumachen. So hörten sie, es gab in der Stadt etliche Landwirte und Handwerker, aber keinen Fuhrunternehmer. Fuhren erledigten die Bauern mit ihren Wagen, die Öfen beheizte man meist mit Holz aus dem Walde, wer die teuren Kohlen kaufen konnte, bekam diese beim Kolonialwarenhändler, und ein Geschäft für den Aufkauf von Metallen und Schrott bestand auch nicht in Nauen. Es wurde davon gesprochen, dass das Krankenhaus erweitert und eine Funkstation errichtet werden sollte. Vor wenigen Jahren war hier eine moderne Zuckerfabrik erbaut worden. Die Kesselschmiede Schmidt & Sohn hatte einen guten Ruf für Brauereieinrichtungen. Julius kam langsam mit der Sprache heraus, sie würden vielleicht ein Betriebsgrundstück suchen, und Herr Demuth meinte, dass in dieser Straße, etwa 400 Meter Richtung Friesack, ein Grundstück verkauft werden soll, das der Rentier Willert besitze.

Sie besahen das Grundstück. Die Grundstücke links und rechts davon waren schon bebaut. Sie gingen danach zu Herrn Willert und machten einen Besprechungstermin für das nächste Wochenende aus, denn es wollte doch alles sehr reiflich überlegt sein. Aber Emma gefiel es in Nauen ebenso wie Julius. Hier war es behäbiger und gemütlicher als in Spandau. Sie waren davon überzeugt, dass ihr Betrieb in diese Stadt passe und dass sie hier ihr gutes Auskommen finden würden.

Für das Spandauer Grundstück fanden sie einen Interessenten, der eine Anzahlung machte, damit sie das Nauener Grundstück kaufen konnten und welcher so lange warten wollte, bis sie nach Fertigstellung der Bauten nach dorthin umziehen konnten. Allerdings musste in Spandau alles bis zum 1. Juni 1906 geräumt sein.

Opa musste die Fläche zum Teil 80 Zentimeter tief abtragen und planieren. Das machte er natürlich mit eigenen Fuhrwerken und Leuten. Die Errichtung der Gebäude war dem Baumeister August Flegel übertragen worden.« – »Warum hieß der denn Flegel?«

»Vielleicht, weil er ein schlimmer Flegel war! Zuerst wurde mit den Stall- und Lagergebäuden begonnen, später sollte das Wohnhaus an der Straße, in Flucht der beiden Nachbarhäuser errichtet werden. Die Rohbauten waren mit 16 500 Mark veranschlagt.« – »Ist das viel?«

»Nun, vor dem Krieg war das der gültige Preis. Julius war in Nauen, als Flegel von ihm 5000 Mark Vorschuss verlangte, damit er, wie er sagte, die ganzen Baumaterialien einkaufen könne. Als er diesen Betrag hatte, fuhr er zu Emma nach Spandau und verlangte aus dem selben Grund 10 000 Mark. Sie weigerte sich, ihm Geld zu geben, aber zufällig kam gerade ein Kutscher aus Nauen zurück und der bestätigte, das sei der Baumeister Flegel. So ging Oma mit ihm zur Bank und gab ihm gegen eine Quittung 6500 Mark. Flegel bezahlte mit dem Geld Schulden, die er bei Freunden und guten Bekannten hatte und meldete am nächsten Tage beim Gericht Konkurs an. Damit war das Geld, das sie ihm gaben, verloren.«

»Du hast da von dem Konkurs schon mal bei dem Fuhrunternehmer gesprochen, der den Kutscher zum Pferdetöten bestochen hatte, was ist denn das nun?«
»Stell dir vor, du gehst zum Bäcker, um ein Brot zu holen, hast aber kein Geld, um es zu bezahlen. Gibt er es dir trotzdem, weil er dich kennt und meint, du wirst es später bezahlen, dann hast du beim Bäcker Schulden. Du hoffst, dass du Arbeit bekommst und mit dem Lohn das Brot bezahlen kannst, aber leider funktioniert das nun nicht. Das Brot ist gegessen, der Bäcker will von dir das Geld haben, du hast nichts, kannst nicht zahlen. Dann musst du vor dem Gericht einen Offenbarungseid leisten, das heißt, du musst schwören, dass du nichts besitzt, womit du die Schulden begleichen kannst. Nach diesem Eid musst du erst einmal nichts mehr zahlen, es sei denn du kommst innerhalb von dreißig Jahren zu einem Vermögen, dann ist das Geld fällig. Bei einem Brot macht das natürlich niemand, sondern nur bei größeren Werten, aber du hast jetzt begriffen, was Schulden sind und dass der Gegenwert, in unserem Beispiel das aufgegessene Brot, verschwunden ist.« – »Ja, das verstehe ich.«

»Also, zurück zu Flegel! Das Geld war weg, und Emma und Julius waren furchtbar enttäuscht, dass ihr Neubeginn in Nauen damit eingeleitet wurde, betrogen worden zu sein. Die Bauarbeiter legten sofort die Arbeit nieder, als sie von dem Streich ihres Chefs erfuhren, denn der gab ihnen ja keinen Lohn mehr. Opas Betrieb aber musste zu einem gewissen Zeitpunkt von Spandau nach Nauen verlagert sein, weil der Vertrag mit dem Spandauer Käufer so abgeschlossen war. Wieder einmal waren Emma und Julius in einer sehr schwierigen Situation. Der Bruder des Bauunternehmers, Carl Flegel, der ebenfalls ein Baugeschäft in Nauen hatte, übernahm den Weiterbau der angefangenen Gebäude, bekam aber stets nur so viel ausgezahlt, wie die bis dahin geleistete Arbeit wert war. Für den Bau des Wohnhauses fehlte ihnen jedoch das Geld durch den Betrug von August Flegel und so ließ Julius im ersten Stock des Lagerhauses eine Wohnung für seine Familie einbauen. Das sollte nur vorläufig sein, aber dann wurde das Geld für das Haus für Anschaffungen im Betrieb benötigt, Lenchen und Emma bekamen je ein kleines Vermögen ausgezahlt, als sie heirateten, schließlich kamen der Krieg, die Inflation und andere Schwierigkeiten, und so ist die Wohnung noch immer im Lagergebäude am gleichen Platz. Wie du jedoch siehst, ist inzwischen alles fein ausgebaut und wir können uns hier sehr wohl fühlen.« – »Und wie war das mit dem Betrieb in Nauen, nachdem sie hier wohnten?«

»Oh, die beiden waren erfindungsreich, um Geschäfte zu machen. Julius warb in den Zeitungen um Fuhraufträge und Holz- und Kohlenlieferungen und gab immer wieder den Ankauf von Altmaterialien bekannt. Emma bestellte vor Weihnachten 1906 gleich zwei Waggons Christbäume, die sie mit gutem Gewinn an den Mann brachte. Im gleichen Jahr wurde die Funkstation Nauen von Graf Arco in der Nähe vom Weinberg gebaut. Opa bot sofort seine Dienste als Fuhrunternehmer an. Als sie merkten, wie zuverlässig er war, fragten sie ihn, ob er nicht die 30 Tonnen schweren Dampfmaschinen und Generatoren vom Bahnhof zur Funkstation transportieren könne. Opa bejahte, lieh sich von einem befreundeten Schwertransportunternehmer in Berlin einen Spezialpferdewagen, und von zwölf Pferden wurden die schweren Maschinen zur Funkstation gezogen. In dichter Menge standen die Leute an der Straße, klatschten und staunten auch über den Wagen mit sechs Rädern, jedes so breit wie ein Fass.« – »Hast du auch zugeschaut?«

»Nein, da war ich erst drei Jahre alt, aber mein Vater hat das gesehen und uns alles erzählt.« – »So was mache ich auch, wenn ich groß bin!« – »Vielleicht«, sagte Else voller Hoffnung.

»Nun, die Nauener kauften auch Holz und Kohlen. Schon im nächsten Jahr wurde mit dem Bau der Schuppen auf der Grundstücksseite zu Zabel begonnen, damit Briketts, Steinkohlen, Koks, Schmiedekohlen und Brennholz unter dem Dach gelagert werden konnten. Die Kunden fanden es gut, dass ihnen die Ware mit dem Fuhrwerk gebracht wurde, statt dass sie diese beim Kolonialwarenhändler mit dem Handwagen abholen mussten. So kauften immer mehr bei uns. In teureren Neubauten begann man Zentralheizungen einzubauen, da konnten wir den ganzen Winterbedarf an Koks liefern. Die Gutsbesitzer begannen auch Schmiedekohle zu bestellen, zum Beispiel für den Hufbeschlag ihrer vielen Pferde. Dann war da auch noch der Altmaterialhandel, der zwar immer mit etwas Schmutz verbunden ist, aber der viel Geld einbringen kann, wenn man ihn geschickt betreibt. Du weißt, ich hatte dir erzählt, dass er dadurch begann, dass Oma in Spandau aus der Schlacke die Metallreste herauslas. Wie gesagt, sie machten bekannt, dass Altmaterialien aus Metall, Lumpen, Knochen und Papier aufgekauft würden.« – »Warum denn Knochen?« – »Damit du dich waschen kannst!« – »Waschen mit Knochen? Iiii!«

»Aus Knochen wird Seife hergestellt, Leim und vieles andere, in dem du von Knochen nichts mehr erkennst. Zuerst also kamen aus der Stadt Leute mit alten Fahrrädern, Töpfen, Kesseln, Öfen und sonstigem Abfall, doch dann kamen immer mehr Sammler, die einen Sack oder zwei auf ihren Fahrrädern heranschoben. Darin waren Eisen, Messing, Kupfer, Blei und vieles andere, aber auch nasse Lumpen.« – »Warum nasse Lumpen?«

»Das interessierte Emma natürlich auch sofort, denn wenn sie nass waren, wogen sie ja viel mehr und Emma dachte nicht daran, das Wasser zu bezahlen, das die Lumpen enthielten. Sie wog also eine gleiche Menge trockene Lumpen ab und bezahlte den Preis dafür unter Abzug der Kosten für das Trocknen. Und sie fragte die Leute, woher die Materialien kämen. Die meisten wollten ihre Sammelstelle nicht verraten, doch dann erfuhr sie, das würde bei Rötehof gefunden.

›Wir müssen nach Rötehof!‹, drängte Emma, als sie Julius den Sachverhalt erzählt hatte. Sie wussten, es war ein 6 Kilometer entferntes Gut, dem bereits Schmiedekohlen geliefert worden waren. Es wurde ein Sonntagsausflug daraus mit dem Kutschwagen, der inzwischen angeschafft war. Links und rechts der Straße lagen zwar die Gutsfelder, aber nichts war von irgendwelchen Altmaterialien zu sehen. Julius bog in einen Feldweg ein und hier durfte dein achtjähriger Papa vorn auf dem Pferd reiten, wenn er sich gut festhielt. Sie fuhren eine leichte Hügelkuppe hinauf, und plötzlich rief Papa: ›Da ist die Eisenbahn!‹ Die Geschwister lachten laut, denn was sollte in dieser Gegend wohl die Eisenbahn, doch Papa saß höher als sie. Julius stellte sich auf den Sitz und sah nicht allzu weit entfernt Eisenbahnwaggons stehen. Er lenkte die Kutsche in die Richtung. Sie sahen Feldbahngeleise und Kipploren auf den niederen Feldern und hielten dann bei einer Menschengruppe an den Waggons und einem Reiter.

›Was haben Sie hier zu suchen?‹, fragte der barsch. Julius war in der Kutsche höflich aufgestanden, hatte den Hut gezogen seinen Namen genannt und sagte nun, dass er sich gern die Entladestelle einmal angesehen hätte. ›Sind sie nicht der Lieferant unserer Schmiedekohle?‹, fragte der Reiter. ›Ja, der bin ich!‹ Der Gutsverwalter, wie sich nun herausstellte, war abgestiegen, bat Julius etwas beiseite, wo die Menschengruppe ihr Gespräch nicht hören sollte, und sagte: ›Wissen Sie, wir lassen hier Berliner Müll auffüllen, um das tief liegende, sumpfige Gelände trocken zu bekommen. Mit dem Ärger, den die Metallsammler uns machen, haben wir allerdings nicht gerechnet. Einerseits sind wir ganz froh, dass der Schrott abgesammelt wird, dann kommt er beim Pflügen nicht mehr heraus, andererseits richten die Leute sich nicht nach unseren Anweisungen. Statt, wie verlangt, die Feldwege zu benutzen, nehmen sie mit ihren Packeseln‹ – er meinte die beladenen Fahrräder – einfach den kürzesten Weg über die Felder und treten die Saat kaputt. Es helfen weder Schilder noch Ermahnungen, ich werde alles einzäunen müssen, um Ruhe zu bekommen!‹

Blitzschnell hatte Julius die Situation erfasst und antwortete in aller Ruhe: ›Das kann ich Ihnen viel billiger machen!‹ Der Gutsverwalter sah ihn etwas ungläubig an. ›Die Sache ist doch ganz einfach‹, antwortete Julius, ›sie muss nur in geordnete Bahnen gelenkt werden. Wie Sie vielleicht wissen, handeln wir auch mit Altmaterialien. Wir stellen einen Ankaufschuppen mit einem Aufkäufer und einer Waage an der Stelle auf, wo die Leute den einfachsten, festen Heimweg haben, und von dort fahren wir das Sammelgut über die Feldwege, die Sie vorschreiben, weg. Das wäre für alle Beteiligten von Vorteil: Sie bekommen saubere Schüttflächen, die Sammler werden ihre Last gleich hier los, beschädigen weder Saat noch Ernte und wir bekommen einigermaßen sortiertes Material zum Platz!‹ – ›Großartig‹, rief der Verwalter, ›das wird sofort in die Tat umgesetzt. Ich liebe Leute die wie Sie, Schwierigkeiten auflösen können! Erst war ich wütend, dass Sie hier herumfuhren, nun bin ich glücklich, dass Sie es getan haben. Kommen Sie bitte gleich morgen mit Ihren Vorstellungen zu mir nach Rötehof, wir wollen handeln!‹

Diese Fahrt hätte fast mit Gold aufgewogen werden können. Tag für Tag, bis in den Krieg hinein, kamen täglich Ladungen mit Altmaterial aus Rötehof in Nauen an. Die Sammler freuten sich, dass sie vor Ort zum Tagespreis loswurden, was sie fanden, an der Ablieferungsstelle hatten zwei bis drei Leute Arbeit als Vorsortierer gefunden und auf dem Platz in Nauen hatten ein Dutzend Leute mit der Feinsortierung zu tun, denn darin lag das wirkliche Geschäft!‹ – »Warum denn?«

»An einem Beispiel will ich dir das schnell noch erklären. Das Kilo Lumpen wird für 1 Pfennig gekauft. Alles, was als Putzlappen brauchbar ist, wird aussortiert, gewaschen, getrocknet und handlich geschnitten. Dieser Vorgang kostet pro Kilo 4 Pfennig. Die fertigen Putzlappen werden für 10 Pfennig je Kilo verkauft. Somit bleiben für das Geschäft bei jedem Kilogramm 5 Pfennig übrig und sie sandten in jeder Woche mindestens einen Waggon mit fünf bis sechstausend Kilogramm Putzlappen nach Berlin.« – »Ist das viel?«
»Das war viel! Schlafen, mein Junge, schnell schlafen!«

Meine Mutter hatte mit mir an Günters Wiege das Nachtgebet gesprochen. Obgleich sie gern über naturwissenschaftliche Erkenntnisse las oder im Radio Vorträge von Menschen anhörte, die behaupteten, in absehbarer Zeit werde alles in Natur und Weltall von der Wissenschaft erklärt sein, war ihr Glaube an Gott und Christus, dem Mittler zwischen ihm und uns, nicht beeinflusst worden. Modern und weltoffen war sie eingestellt, aber in ihr Weltbild gehörte unbedingt die Gottheit als Schutz vor den Unwägbarkeiten des Lebens.

Nun saß sie wieder im Sessel und dachte daran, was sie Horst eigentlich erzählt hatte, denn jede Schilderung trug ja den Schatten der Hintergründe mit sich. Da war also die Firma, »das Gebilde, das lebt und doch kein Wesen ist«. Diese Betrachtung war wohl richtig, denn die Firma bestand aus einer wesenlosen Bezeichnung, die beim Registergericht eingetragen war und konnte allerdings nur leben, wenn Menschen sie mit Geist und Taten erfüllten. Was waren das für Menschen? Julius, der diesen mysteriösen Auftrag erhalten hatte, war allein nicht derjenige, der die Voraussetzungen dafür mitbrachte. Erst die Verbindung mit Emma schuf diese Einheit, die das Gewicht der Firma tragen konnte und aus deren Gemeinsamkeit Ideen und Taten zu ihrem Leben entsprangen. »… das dir die ganze Fülle des Lebens spiegelt!«, hieß es damals in der Botschaft. Warum hieß es nicht zeigt, sondern spiegelt? Der Spiegel zeigt ein Abbild, aus dem auf die Realität zu schließen ist. Richtig ist es, dass man die Firma nur an den Abbildern ihres Wirkens erkennt, insofern lag also auch eine tiefere Weisheit in dem »Rätsel«, das Julius auf den Weg brachte. Wenn aber nur Menschen mit speziellen Fähigkeiten den Lebensodem einer Firma in Gang halten konnten, wo kamen sie her, wer lenkte ihr Zusammentreffen, wie mussten sie beschaffen sein? Würde sie das je hinterfragen können?

Emma jr., Walter, Oskar, Helene, Else, Emma, Julius (v.l.)

Sechs Kinder hatte Emma geboren. Helene, hübsch und fleißig, erfüllte die ihr übertragenen Aufgaben schnell und umsichtig. Äußerlichkeiten waren ihr von klein auf wichtig gewesen, immer adrett gekleidet, zog sie schon in der Mädchenzeit wohlwollende Männerblicke auf sich. Recht gehorsam war sie, gottesfürchtig im Sinne des Wortes, sie wollte geführt sein, obwohl Erstgeborene meist Führungspersonen werden. Emma wusste das nicht so sehr aus Überlegungen, sondern einfach aus dem Gespür heraus. Als zu einer Feier im Hause Broziat auch einige Offiziere eingeladen waren und sie bemerkte, dass der eine von ihnen mit der achtzehnjährigen Helene im Nebenraum verschwand, war Emma es, die die Gelegenheit beim Schopfe zu packen wusste, »zufällig« hereinkam, sie beim Kuss erwischte und der Gesellschaft freudestrahlend die beiden als Verlobte vorstellte. Sicher hatte Emma vorher bereits einkalkuliert, dass die Ehe ihrer Tochter mit dem Offizier Max Aulich zehntausend Goldmark Mitgift kosten würde, doch bei dem Geschäftsgang war das leicht möglich. Der Prestigegewinn, einen Offizier in der Familie zu haben, war gesellschaftlich gar nicht abzuschätzen. So schien also Helene nur die indirekte Begleitung des Firmenweges zugeordnet zu sein.

Frieda, die zweite Tochter, war zu Emmas und Julius' Kummer mit zwei Jahren an einer Lungenentzündung verstorben.

Emmi war nicht so hübsch wie Helene. In ihrer Art etwas burschikos und körperlich kräftig, zeigte die Sechzehnjährige gern einmal den Männern, wie man Zweizentnersäcke die Treppen hinaufträgt, wenn diese sich über die Last beklagten. In ihrem Unternehmungsgeist war sie gern dem Risiko zugetan, ohne aber dessen Grenzen rechtzeitig abschätzen zu können oder gewahr zu werden. Mit diesen Eigenheiten musste sie wohl eher geeignet sein, den Firmenlauf zu gefährden, als ihn zu befruchten. Dessen ungeachtet interessierte sich ein Filmregisseur, der damals noch in den Anfängen steckenden UFA für Emmi, und als sie kurz nach dem Krieg 1920 heirateten, war eine Villa in Finkenkrug aus dem Broziat'schen Vermögen ein sehr ordentliches Zubrot.

Dann kam Oskar, der Kronsohn, dem die heiße Liebe seiner Mutter galt. Gerade geboren und in den Arm von Emma gelegt, strahlte urplötzlich aus dem bedeckten Himmel die warme Sonne und hüllte sie beide in das goldene Licht ein. Das war für sie ein Urerlebnis, ein Omen, eine Verheißung. Er war der Auserwählte, der einmal der Firma alles geben, sie führen und ihren Lebenshauch in Gang halten sollte. Sie glaubte es nicht nur, nein sie wusste es! Doch ihre Erziehung dieses geliebten Jungen stand zum gesteckten Ziel recht konträr. Jeden Tag kochte sie für ihn extra ein Leibgericht, das er sich wählen konnte. Sie sorgte für die Erfüllung seiner vielen Wünsche, sie hatte kein Ohr für die Beschwerden seiner Schwestern, denen er Streiche spielte, sie ließ sich von Fräulein Albrecht beschwatzen, Oskar ein Jahr in ihre »höhere Töchterschule« zu geben, um ihn besser auf den Gymnasialbesuch vorzubereiten. In dieser »Vorschulklasse« gab es für den aufgeweckten Jungen nichts mehr zu lernen, also hatte er viel mehr Spaß daran, Mädchenzöpfe in Tintenfässer zu stecken, Frösche oder Mäuse durch die Klasse zu schicken und Dinge zu machen, die einem einzelnen Jungen, der auffallen will, in einer Mädchenklasse so in den

Kopf kommen. Und Emma bejammerte, dass ihr Sohn aus der Tertia von der Schule verwiesen wurde, weil er dem Lehrer wegen einer ungerechtfertigten Beleidigung unter dem Jubel seiner Klassenkameraden den nassen Tafelschwamm ins Gesicht geworfen hatte.

Auch das war eine Seite der Schwiegermutter, die Else sonst so großen, inneren Respekt abverlangte. Sie konnte fabelhafte Ideen aus dem Ärmel schütteln, aber eine langfristige, zukunftsorientierte Planung war nicht ihre Stärke. Ein Kronsohn wurde nach Elses Geschichtskenntnissen hart erzogen, um den kommenden Aufgaben gewachsen zu sein. Emma tat das Gegenteil, in abgöttischer Liebe ließ sie alles durchgehen und geschehen, um in Ruhe abzuwarten, wozu sich ihr Sohn wohl entwickeln würde.

Über seine guten Geschäftsverbindungen hatte Julius bei der angesehenen Stahlhandelsfirma Weichert für Oskar eine Lehrstelle gefunden. Nun fuhr er jeden Tag seit diesem ersten Kriegsjahr nach Berlin. Fleißig war er, bestach durch seine schnelle Auffassungsgabe und durch gute Ideen zur Umsetzung kaufmännischer Tätigkeiten. Bei allem Einsatz bemängelte sein Ausbilder, Max Schön, dass es Oskar zu oft darauf ankam, seine Person in den Vordergrund zu stellen und nicht in den Dienst des Geschäfts. Warum sollte er auch dienen, er, Oskar Broziat, aus dem begüterten Hause, der sich auch hier in seiner Lehrfirma so viel zu erleichtern verstand, wenn er den darbenden Hauptstadtkollegen Lebensmittel zuschob. Da ließen sich viele Türen öffnen, viele Erleichterungen verschaffen. Für Oskars Freiwilligenmeldung 1917 zum Heer hatte Max Schön nur ein trauriges Kopfschütteln übrig, denn er teilte keineswegs die Begeisterung für den Krieg und er wusste all zu gut, dass Oskar damit nur die ungeliebte Lehre vorzeitig beenden wollte. Vielleicht kam ja der junge Mann unter den Eindrücken auf den Schlachtfeldern zur Vernunft, wenn er, was er von Herzen hoffte, gesund zurückkehrte.

Der arme Walter, der mühsam nach seiner Brandverletzung Wort für Wort stammeln lernte, musste froh sein, etwas von der Schulbildung mitzubekommen, um für sein späteres Auskommen eine geringe Grundlage zu haben. Zur Führung der Firma aber fiel er ob dieser Tragik aus.

Else, die jüngste Tochter von Emma und Julius, wuchs zu einem hübschen, wohlgefälligen Mädchen heran. Problemlos absolvierte sie die Volksschule und eine Bürolehre. Fleißig war sie, sauber und adrett, andererseits jedoch recht ängstlich, ein Mensch, der Schutz suchte, und später auch in dem stabilen, tüchtigen Schmiedemeister Fritz Ruhnke fand. Nie aber wäre sie in der Lage gewesen, der Firma die ständigen Impulse zu erteilen, die zu deren Fortführung nötig waren.

Wie war das doch alles seltsam, sinnierte Else, wie ist das Leben vielfältig, allein schon bei der Betrachtung des engeren Personenkreises. Da hatte Emma sechs Kinder geboren und nur eines brachte begrenzte Voraussetzungen mit, dieses Gebilde, genannt Firma, fortzuführen, einst Julius von unbekannter Stimme zur Aufgabe gemacht. Aber wie war es denn selbst mit Julius gewesen? Er allein hätte das, was entstand, auch nicht auf die Beine gestellt. Er musste Emma finden, und erst die Kombination beider Fähigkeiten ließ erwachsen, was gefordert war.

Damit hatte Gott ein Ehepaar doch nicht nur als die kleinste Einheit zur Fortpflanzung des menschlichen Lebens geschaffen, sondern auch als Einheit zur Entwicklung solcher Gebilde, wie diesen Betrieb, der anderen Arbeit und Brot durch seine Umtriebe gab und der wiederum ein Zahnrädchen im Wirtschaftsgetriebe darstellte und für dessen Bestand eine Verpflichtung zum störungsfreien Lauf des großen Ganzen, genannt Volkswirtschaft, gegeben war. Doch wer erkannte das schon, in welcher Familie wurden Voraussetzungen dafür angesteuert? War eine solche Steuerung überhaupt möglich?

Man konnte einem Kind die nötige Ausbildung zukommen lassen, aber Initiative, Reaktionsgabe, Ideenreichtum und so weiter ließen sich nicht erlernen, sie mussten dem Charakter mitgegeben sein. Man konnte für sein Kind nach dem vermeintlich richtigen Ehepartner suchen, aber die Affinität der Eltern entsprach nicht der der Kinder. Außerdem zeigten Zwänge in der Partnerfindung, dass die Harmonie nicht blieb – wie bei Helene und Max, die inzwischen geschieden worden waren, oder wie bei Georg und Grete, die ihn damit geködert hatte, dass das Kind von ihm sei.

Es war wohl richtiger, die Partnerfindung dem Zufall zu überlassen, wie bei Emma und Julius oder bei Oskar und ihr. Gab es überhaupt einen Zufall? Die Wissenschaft behauptet es ja und die Versicherungswirtschaft lebt davon, aber Else hegte ihre Zweifel daran, wenn sie die Abläufe betrachtete. Da hatte sicher die höhere Macht, also Gott, ihre Wirkweisen. Diese Ordnung in der Welt, in der Natur, im Mikro- wie im Makrokosmos war nicht zu ignorieren und mit Zufallsreihen erklärbar. Es gibt eine höhere Steuerung, und wir befinden uns mitten darin, wir glauben in unseren Entscheidungen frei zu sein und sind dennoch in dieser Freiheit determiniert. Nein, die sich da gefunden hatten, waren füreinander bestimmt, bestimmt auch dafür, der Firma ständig Leben einzuhauchen, durch die Ahnen, durch sie selbst, durch die Nachkommen; solange, wie der Herr es vorgesehen hatte.

Else hatte erkannt, dass auch sie für diese Aufgabe bestimmt war. Immer wieder waren in ihr leichte Zweifel hochgestiegen, ob denn das ihr Lebensweg sein sollte. Nun hatte sie mit einem tiefen Atemzug akzeptiert, hatte die Aufgabe angenommen, diesem geistigen Gebilde, der Firma, zu dienen, bis Gott sie einmal rufen würde.

Benno bellte, er ließ ihr zum nochmaligen Überdenken keine Zeit. Gleich würde Oskar eintreffen. »Du strahlst mich ja so an?« Er sah ihr in die grünlichen Augen.

»Ich hatte gute Gedanken, Oskar, ich liebe dich!« Er umarmte sie innig und sie führte ihn zum gedeckten Tisch, das Abendmahl gemeinsam einzunehmen.

4. Kapitel

Über zwei Monate waren vergangen. So viel ich auch drängelte, Else hatte nicht weitererzählt. Die Akzeptanz, voll und ganz in die Broziat'sche Ahnenkette eingehen zu wollen, verlangte von ihr einen Selbstfindungs- und Reifeprozess, der mit dem inneren Ja nicht sofort abgeschlossen sein konnte. Sicher, sie hatten das Jubiläum gefeiert, auf dem die Tradition immer wieder den Mittelpunkt bildete. Daraus konnte und wollte sie gern lernen, dennoch verlangte ihr Charakter, den Blick mehr nach vorn als zurück zu richten. Sie war froh, dass die schwersten Zeiten des Betriebes, die Horst noch hören würde, endlich und hoffentlich hinter ihnen lagen.

Einerseits bedrückte es sie, die ganze Vergangenheit wieder auffrischen zu müssen, und dass diese tiefgründigen Gedankenspiele, in die sie gegen ihren Willen immer wieder hineingeriet, eine Diskrepanz zwischen ihrer Logik und dem Gefühl aufwiesen. Andererseits war ihre eigene These der Zweifel am Zufall. Somit konnten ihre Erzählungen auch kein Zufall sein, war es kein Zufall, dass Horst danach bohrte. Nein, es musste wohl vorgegeben sein, wenn sich ein kleiner Junge bereits damit belastete. War er etwa auserwählt, die Tradition fortzuführen, oder der kleine Günter, oder beide gemeinsam? Wenn sie eine ganze Broziat werden wollte, so hatte sie sich auch dieser Aufgabe zu stellen, hatte Horst nach und nach alles zu berichten, bis zur Gegenwart.

Allein, die Sommerabende blieben so angenehm warm und sie, die gern schwamm, nötigte Oskar mit ihnen zur Badeanstalt beim Sportplatz zu fahren. Dagegen hatte Oskar gern Ausreden, die sie nicht gelten ließ. Er, der bekannte Sportler, Sieger etlicher Radrennen, bester 400-Meter-Läufer des Havellands, hervorragender Hockeyspieler, der das Siegestor schoss, als die Nauener Mannschaft gegen die Nationalauswahl der Inder spielte, er konnte nicht schwimmen. Wenn ich dabei war, kaschierte mein Vater dies Handicap etwa damit, dass er mir im Kinderbecken das Schwimmen lehrte, aber allein mit meiner Mutter ging er nicht ins Bad. Die Blamage, im Nichtschwimmerbecken zu planschen, während sie sich im Schwimmbad tummelte, konnte er nicht ertragen.

Dabei hatte er einen großen Anteil am Bau des Sportplatzes und der Badeanstalt. Als Mitbegründer des Sportklubs »Nauen 1920«, einem Zusammenschluss mehrerer, weitaus älterer Sportvereine, hatte er mit anderen Mitgliedern die Sportstätten erst einmal planen und in Eigeninitiativen herstellen müssen, ehe Veranstaltungen ablaufen konnten. Den Ausschachtboden der Badeanstaltbecken, die später mit dem Havelländischen Hauptkanal verbunden wurden, hatten Broziats Fuhrwerke gratis zum Verteilen auf die Sportplätze gebracht. Für die Wasserhaltung hatte die Firma während der Schachtarbeiten ihre Pumpen und Lokomobilen zur Verfügung gestellt. Verständlich, dass sich der Bademeister Ernst Schulz, von allen Kindern Onkel Ernst genannt, die größte Mühe gab, meinem Vater das Schwimmen beizubringen, es war einfach nicht möglich. Sein Freund, Franz Voigt, hatte ihn früher einmal auf dem Rücken mitschwimmen lassen, war im Tiefen weggetaucht und er wäre dabei fast ertrunken. Nun blieb die Angst stärker als alles Zureden.

Hannchen Heidenreich, dem zuverlässigen, fleißigen Dienstmädchen, war die Aufsicht über Günter zugeordnet worden. Sie verstauten die Badesachen und setzten sich zu dritt auf die vordere Sitzbank des »Adler«. Der »Adler« war ein gutes Automobil, dem im Kaufjahr 1928 alle wichtigen Neuentwicklungen eingebaut waren: Zweieinhalb Liter Sechszylinder-Motor mit seitlicher Nockenwelle und Ventilsteuerung über Kipphebel, Leistung vierzig PS, Viergang-Mittelschaltung, elektrischer Anlasser und Scheibenwischer, hydraulische Vierradbremse und vieles mehr. Mein Vater fuhr gern mit diesem Wagen die ADAC-Ralleys mit, denn er war schnell und zuverlässig, während sich meine Mutter mehr auf das Rahmenprogramm und die guten Tänzer freute, denn außer »Schieber« hatte ihr Mann nichts an Tanzschritten erlernt, und mit dem tanzte er auch Walzer.

Sie fuhren mit dem hellgrauen, mit Schwarz abgesetzten Fahrzeug am schmiedeeisernen Tor und am Zaun vorbei vom Hof, bogen rechts in die Hamburger Straße ein, passierten das linksseitige Kriegerdenkmal, grüßten ein bekanntes Ehepaar an der Rathauskreuzung, lenkten links in die Mittelstraße, die das Stadtzentrum durchquerte, um nach rechts im Bogen über die Marktstraße die Dammstraße zu erreichen, in der das rot geklinkerte Postgebäude und die dem romanischem Stil nachempfundene katholische Kirche standen. 500 Meter weiter ließen sie den Bahnhof rechts liegen, unterquerten die Bahnbrücke, über die die Fernstrecke Berlin-Hamburg führte, bogen hinter der Gasanstalt rechts in die Ludwig-Jahn-Straße ein, die sie schnell an die Badeanstalt kommen ließ.

Das Baden mit Papa, der doch sonst wenig Zeit für mich aufbrachte, machte mir Spaß. Aber nach einiger Zeit hatte er bei mir ganz gern blaue Lippen diagnostiziert. Ich schrie, mir sei nicht kalt, und Mutti rief herüber: »Warum wollt ihr denn schon wieder raus?« Oskars Hinweis auf Horst blaue Lippen beendete den Protest. Er hatte ihn in der Kabine schnell getrocknet und bekleidet und sich zu Sportfreunden zum Bier gesetzt. Der schmollende Junge wurde mit einem Nappo, einem Mittelding zwischen Rahm- und Lakritzbonbon, beruhigt, das ich mir bei Onkel Ernst holen konnte.

Als meine Mutter endlich kam, waren sie beim Reizthema, der Politik angelangt. Mein Vater vertrat, als Mitglied der Wirtschaftspartei, die Linie einer etwas rechts gerichteten Demokratie, in der die Funktion der Wirtschaft einen breiten Rahmen einnahm. Einige der Tischrunde waren aber zu den Nationalsozialisten geschwenkt und sahen das Heil der Zukunft in einer wehrfähig erstarkten Nation. In einer neuen Wehrmacht könnten eine Million Erwerbslose unterkommen, und die Aufrüstung würde noch viel mehr von der Straße holen. Meiner Mutter waren Gespräche mit diesen intoleranten Leuten unheimlich. Der furchtbare Weltkrieg lag noch nicht einmal eineinhalb Jahrzehnte hinter ihnen, da dachten diese Radikalen schon wieder ans große Kämpfen und Sterben? Diese Kerle, die nichts zu verlieren hatten, waren in ihrer verbohrten Meinung nicht umzustimmen, wollten verteilen, was durch anderer Arbeit, Geist und Einsatz erschaffen war. Sie befiel eine große Angst, dass diese Menschen einmal an die Macht kommen könnten, wie Hitler es immer wieder aus dem Radio schrie. Ein Chaos konnte dann nur am Ende stehen. Sie mahnte ihren Mann zum Aufbruch, gab vor, sie müsse Günter versorgen, und unterstrich ihren Willen zur Rückfahrt, als sie seinen Unmut sah, damit, dass ich ins Bett müsse.

Im Wagen schimpfte sie über Papas Diskussion, weil er glaubte, Leute überzeugen zu können, von anstrebbaren Machtpositionen abzulassen. »Die drehen dir einmal jedes Wort im Munde herum, das du heute aussprichst. Gnade uns Gott, wenn die hier zu herrschen anfangen. Unseres Lebens sind wir dann nicht mehr sicher. Hüte dich, Oskar, hüte dich vor ihnen! Böse Blicke haben sie, das musst du doch sehen, von denen kommt Schlimmes!«

Am 29. August wurde ich fünf Jahre alt. Mutti hatte etliche Freundinnen und Freunde von mir, mit denen ich in den Kindergarten ging, eingeladen. Stolz zeigte ich mein neues, kleines Fahrrad, doch trotz allem Halten und Schieben durch meine kleinen Helfer war das Fahren nicht gleich in der ersten Stunde zu erlernen. Aber Kakao, Kuchen und Süßigkeiten brachten die Kleinen schnell in gute Stimmung. Die Erwachsenen an der Kaffeetafel erfreuten sich am Kindertreiben und an Gesprächen.

Viel zu schnell war das Abendessen auf dem Tisch und die Kinder riefen »Schade«, als sie ihr Versteckspiel beenden mussten. Doch als große Überraschung fuhr Papa alle im »Adler« nach Hause, denn nur die Eltern von zwei Freunden hatten ein Auto, und für einige war es die erste Autofahrt im Leben.

Die Älteren blieben auch nicht mehr allzu lange, denn in sechs Tagen waren sie wieder zu Muttis Geburtstag in einem größeren Kreis geladen. Man kam recht gern, denn Feste verstanden die Broziats zu feiern. Es fehlte da weder an Speisen noch Getränken und von den ernsten Tagesthemen Politik, Wirtschaft und größeren Ereignissen, wechselte man bald zu lustigeren Dingen über.

Schulstreiche wurden hervorgeholt, ein Erlebnis rief das nächste wach, über Begebenheiten in den Amtstuben war zu schmunzeln, doch die Höhepunkte blieben stets dem Radiohändler Georg Kahlbau vorbehalten, der Persönlichkeiten oder Originale unnachahmlich in Mimik, Wort, und Gestik imitieren konnte. Wenn er mit umgekrempeltem Jackett, eingestopftem Kissen als Buckel, Schlapphut, schielend, mit breit gezogenem Mund einen Luchbauern beim Viehverkauf mimte, rollten den Anwesenden die Lachtränen nur so über die Wangen. Oder er zeichnete den Autohändler Walter Naetebus nach, der sich so gern mit der Polizei anlegte. Dieser hatte gehört, die Nauener Polizei mache Geschwindigkeitskontrolle in der Berliner Straße mit drei Mann. Der erste gibt dem 200 Meter entfernten das Zeichen, wenn ihn ein Fahrzeug passiert, der zweite arbeitet mit der Stoppuhr und winkt dem dritten bei Geschwindigkeitsüberschreitung, der dann den Sünder anzuhalten hat.

Naetebus sprang also auf sein Motorrad, fuhr am ersten Polizisten mit hoher Geschwindigkeit vorbei, bremste 50 Meter vor dem zweiten, wendete und fuhr zurück. Da drohte der erste, Naetebus nickte ihm freundlich zu, wendete, nahm Anlauf, fuhr, was die Maschine an Geschwindigkeit hergab, an beiden vorbei, wendete kurz vor dem dritten und fragte beim »Stopper«: »Na, wat hab ick nu druff jehabt?«

Es gab so viele Anlässe, über die man sich in der Kleinstadt köstlich amüsierte, sie ausschmückte und zu Besten gab. Die Stadt war ein recht harmonisches Gemeinwesen, in dem neben der harten Arbeit die kleinen Freuden des Alltags ausgeschöpft wurden und zur ersteren ein angenehmes Äquivalent boten.

Der Herbst kündigte sich an. Muttis Eltern, Wilhelm und Hedwig Rüthnick, brachten immer wieder Kostproben des guten Obstes oder der schönen Blumen aus ihrem Garten am Lietzowplatz. Dieser war Wilhelms ganzer Stolz und seit seiner Pensionierung verbrachte er dort viele Stunden mit der Züchtung und Pflege von Gartenpflanzen.

Das Verhältnis zwischen ihnen und ihrer Tochter hatte sich wieder normalisiert, zum Teil wohl auch dadurch, dass sie die Vorteile erkannt hatte, bei Reisen oder Veranstaltungen die Kinder in ihrer Obhut belassen zu können. Beide Seiten waren bemüht, frühere Streitigkeiten zu vergessen, und für jede Hilfe zeigte sich ihre Tochter großzügig, denn ihr waren ja in den wenigen Jahren bedeutende Möglichkeiten dafür zugewachsen.

Die Tage wurden kürzer, und endlich saß meine Mutter wieder mit mir zusammen, um die Firmengeschichte zu erzählen.

»Es ist schon lange her, weißt du noch, was ich zuletzt erzählt habe?« – »Ja, Mutti, du hast von Rötehof erzählt, dem vielen Material, das dort gesammelt wurde und wie Opa Julius es verkaufte.« – »Da hast du ja gut aufgepasst! Nun, Opa und Oma verdienten inzwischen viel Geld, kauften Pferdegespanne dazu, aber auch Acker- und Weideflächen, und sie hatten schließlich eine Landwirtschaft von hundert Morgen beisammen.« – »Was wollten sie denn damit?«

»Ja, zuerst dachten sie an die Versorgung der Pferde, doch es erwies sich später im Krieg als segensreich für die Versorgung der Familie und Kutscher, die in Kost und Logis waren.« – »Was heißt das?«

»Sie hatten ihre Wohnkammern auf dem Grundstück und bekamen

zu essen. Oma Emma hatte also für alle zu kochen, und ich musste das auch noch ein paar Jahre tun.«

»Und warum machst du das jetzt nicht mehr?« – »Die Zeiten haben sich geändert, wir haben jetzt Lastwagen, nur noch zwei Gespanne und die Kutscher sind verheiratet.

Im August 1914 brach der Krieg aus. Jubelnd zogen die Soldaten gen Frankreich und Russland, unsere Kriegsschiffe kämpften gegen die englische Marine und alle waren davon überzeugt, dass wir die Feinde in wenigen Monaten besiegt haben würden. So jedenfalls stand es in allen Zeitungen, man nennt das Propaganda, und die Leute glaubten, dass Deutschland so sehr überlegen sei. Allein, die Gegner waren mächtig, konnten auch kämpfen. Immer mehr mussten wir begreifen, dass uns ein langer Krieg bevorstand, der Opfer und Entbehrungen verlangte.

Das war aber auch für die Firma und Familie von Opa Julius der Fall. Zuerst wurden sechs Pferde und drei junge Kutscher zu den Soldaten eingezogen, 1915 Opa selbst und zwei Gespanne mit den Kutschern. Für Oma Emma war es nun sehr schwer, das Geschäft weiterzuführen, die Familie zu versorgen, dabei die Sorge um Opa zu haben, denn viele Soldaten wurden verwundet oder starben an der Front.«

»Warum mussten denn Opa und die Kutscher Soldaten werden, sie konnten doch sagen, dass sie keine Zeit hätten oder so?« – »Mein lieber Sohn, Krieg ist etwas ganz Schlimmes für ein Land.« – »Du hast aber gesagt, alle hätten gejubelt!«

»Ja, das hatte ich gesagt, es war auch so. Die jungen Leute glaubten, wenn sie mit ihren Waffen kommen, würden die Feinde nur so davonlaufen, das hatten der Kaiser und die Führung des Reiches immer wieder gesagt. Allein, es kam anders. Die Gegner hatten gleich gute Waffen, waren gleich tapfer, waren aber in der Überzahl.

Du bist mit uns mehrmals durch Berlin gefahren, weißt, wie lange es von einem Ende zum anderen dauert, hast viele, viele Menschen gesehen, die dort leben und nun stell' dir vor, es sind im Weltkrieg mehr junge deutsche Männer erschossen worden, als Personen in Berlin leben und unsere Gegner erlitten noch größere Verluste. Außerdem hatten wir doppelt so viele Schwerverwundete wie gefallene Soldaten. Das war das entsetzliche Ergebnis des Krieges.

Doch zurück zu deiner Frage. Wehrfähige, das heißt kräftige, gesunde Männer, werden im Kriegsfalle einfach eingezogen, so sagt man zum Soldat werden, und wer dem nicht folgt, wird schwer bestraft.

Oskar als Rekrut 1917

Ausreden helfen da nicht. Oma versuchte also mit wenigen älteren Arbeitern den Betrieb weiterzuführen, verlangte dabei die Hilfe von ihren Töchtern und deinem Papa, soweit ihre Berufsausbildungen es zuließen. Das gelang ihr verhältnismäßig gut.

Aber Papa glaubte mit vielen anderen jungen Männern, dass sie das Reich retten könnten, wenn sie Soldat werden. Er meldete sich, trotz Bitten und Betteln von Oma, mit siebzehn Jahren freiwillig zur Armee. Nach achtmonatiger Rekrutenausbildung, das bedeutet, zu lernen, wie man sich als Soldat zu verhalten und mit Waffen umzugehen hat, kam er im Februar 1918 an die Front.

Kaum waren sie im ersten Einsatz, da wurde seine Gruppe auch schon durch eine Granatenexplosion verschüttet, doch konnte man sie unverletzt wieder ausgraben. Aber in weiteren Gefechten hatte seine Kompanie größere Verluste, sodass man sie zur Auffrischung von der Front in eine hintere Ruhestellung abzog. Bei einer Sportveranstaltung der Soldaten lief dein Papa so schnell, dass der Bataillonskommandeur, das ist ein höherer Offizier, ihn zu sich rief und zum Meldegänger ernannte. Nun hatte er die Aufgabe, Meldungen zwischen den Befehlstellen zu überbringen, denn Telefonleitungen waren oftmals zerschossen oder beim Stellungswechsel noch nicht gelegt.

Meldegänger lebten immer in großen Gefahren, weil sich bei eigenen oder gegnerischen Vorstößen die Frontlinien schnell änderten und sie dadurch leicht in feindliches Gebiet gerieten. Immer mussten sie gewahr sein, dass auf sie geschossen würde. Dein Papa kann dir viele gefährliche Kriegserlebnisse schildern. Einmal war er in französischer Gefangenschaft, konnte aber wieder flüchten. Ein anderes Mal holte er mit zwei Kameraden aus dem Hintereingang einer Höhle, in der die Franzosen Medikamente gelagert hatten, eine große Menge Verbandstoffe, womit zahlreiche Verwundete versorgt werden konnten.

Dann hatte er mit zwei Kameraden unter einer Zeltbahn neben einer Feldküche geschlafen. Morgens schlug eine Granate ein. Mannschaft und Feldküche waren zerfetzt, seine Kameraden links und rechts von ihm tot – und er blieb unverletzt.

Der liebe Gott wollte, dass Papa erhalten bleibt. Er und ich danken ihm auch ständig dafür. Kurz vor Kriegsende geriet Papa noch in einen Giftgasangriff der Amerikaner. Sein Meldehund holte Hilfe und so konnte er auch da wieder gerettet werden. Unter den Nachwirkungen hatte er über drei Jahre zu leiden, er konnte schlecht atmen und seine Gelenke nur unter Schmerzen bewegen.

Opa Julius war zum Kampf an der Front bereits zu alt. Er musste Kriegsgefangene bewachen und als gelernter Sattler Pferdegeschirre für das Militär reparieren. Doch dieser Dienst, fern von zu Hause, bekam ihm schlecht. Er wurde asthmakrank. Beim Asthmaanfall kann ein Mensch kaum noch Luft holen und so musste er ein halbes Jahr vor Kriegsende entlassen werden.

Du siehst, der Krieg hatte für uns und die Firma böse Folgen. Opa kam schwer krank zurück, dein Papa ebenfalls und die Firma hatte durch das Fehlen von Opa und den wichtigsten Leuten schwer gelitten. Jetzt kam aber noch hinzu, dass wir den Krieg verloren hatten und alle Deutschen an die Sieger viel Geld zahlen und viele Werte, wie Pferde, Maschinen, Geräte, Erze, Kohle und Sonstiges abliefern mussten. Darunter leidet unser Volk heute noch. Du hörst von den zahlreichen Arbeitslosen, die Hunger leiden und frieren müssen. Papa hilft da, wo er kann. Ich wünsche dir, dass du nie einen Krieg erleben, niemals Soldat werden musst. Hoffentlich hat dich das nicht zu sehr erregt, aber du willst ja unseren Werdegang wissen. Komm, ich bringe dich jetzt ins Bett.«

Das Kinderzimmer grenzte an den Schlafraum der Eltern. Oskar war von einer Geschäftsfahrt eingetroffen. Er war mit seiner Arbeitskolonne in Dallgow zum Essen eingekehrt, als Belohnung, weil sie in dieser Woche sehr fleißig gewesen waren.

»Komm, wir gehen auch schlafen, ich muss dir im Bett noch ein Erlebnis erzählen.« Als Else ins Schlafzimmer kam, hörte sie Horst nebenan reden. Er fantasierte im Schlaf von Schießen, Kämpfen und Gas. »Hätte ich ihm bloß nichts vom Krieg erzählt«, machte sie sich Vorwürfe und strich ihm leicht über das Haar, bis er ruhiger wurde.

Als sie im Bett waren, erzählte Oskar von der Begebenheit in Dallgow. Drei seiner Leute saßen am Tisch auf einem alten Sofa, das ziemlich zusammensackte und sie klein erscheinen ließ. Er und zwei andere saßen ihnen gegenüber mit dem Blick zur Wand. Als sie mitten beim Essen waren, kamen vier Kerle von einem Konkurrenzunternehmen, die wohl unsere Fahrzeuge gesehen hatten und pöbelten über die Firma Broziat. Die »Kleinen« vom Sofa schauten sich kurz an, standen plötzlich als Hünen auf, die neben Oskar saßen auch, einer öffnete das Fenster, dann schnappten sich unsere Leute einen nach dem anderen und warfen zu zweit die Kerle hinaus. Das war wortlos geschehen, alles setzte sich wieder, und grinsend aßen und tranken sie zu Ende.

»Haben sich die anderen nicht verletzt?«, fragte Else.

»Ein bisschen gestoßen haben sie sich schon, aber die Brüstung war ja nur 1 Meter hoch und draußen fielen sie ins Gras. Wir hatten unsere Ruhe und die werden so leicht nicht wieder pöbeln.« Oskar liebte solche Kraftakte und schlief belustigt mit diesen Gedanken ein.

Am nächsten Vormittag kam Muttis Vater mit einem Korb Obst aus dem Garten. Er fuhr mit seinem Fahrrad schon immer sehr früh zum Gießen dorthin, denn die Feuchtigkeit sollte in den Boden einziehen, ehe die Sonne höher stand. Wir Kinder und Mutti betrachteten das schöne Obst, und Günter, der sich am Stuhl festhielt, um allein stehen zu können, zeigte auf eine große Birne.

»Da!« Wilhelm hielt sie ihm hin. Günter lehnte sich an den Stuhl, fasste die Birne mit beiden Händen und lief plötzlich los. Nun war die Freude groß. Mit zehn Monaten konnte der Junge schon laufen. Alle, die meine Mutter in der Nähe fand, wurden herbeigerufen, um zu bestaunen, wie Günter mit der Birne umhermarschierte.

5. Kapitel

Ich hatte natürlich längst mitbekommen, dass meine Mutter nur von Firma und Familie erzählen wollte, wenn mein Vater unterwegs war. So fragte ich ihn auch stets, wann er wieder nach Hause käme, und wenn es hieß: »Spät«, dann bedrängte ich Mutti, mit der Erzählung fortzufahren. So auch eines spätnachmittags Ende September.

»Also, ich hatte dir vom Krieg erzählt, und das war dir gar nicht so gut bekommen, du hast viel davon geträumt. Krieg ist nicht so, wie du ihn mit deinen Bleisoldaten spielst. Viele Soldaten kamen krank oder verwundet nach Hause, andere waren bei den Gegnern noch lange Zeit in Kriegsgefangenschaft und mussten für die Siegermächte in fremden Ländern arbeiten. Opa Julius und Papa kamen allerdings nach Kriegsende krank zurück. Opa konnte wegen seines Asthmas kaum arbeiten und Papa tat es unter großen Beschwerden, die ihm die Gasvergiftung eingebracht hatte. Der Arzt riet Papa, möglichst viel mit dem Fahrrad zu fahren, um die angegriffenen Gelenke wieder beweglich werden zu lassen, und das tat er dann auch. Er fuhr mit seinem Fahrrad im ganzen Havelland umher und versuchte vor allem an Schmiedemeister, Gutsbesitzer, Bauern und Handwerker etwas zu verkaufen oder ihnen Schrott abzukaufen. Diese Leute mochten ihn mit der Zeit wegen seiner verbindlichen Art ganz gern und Opa Julius war voller Freude, dass die Firma wieder in Gang kam.

Bei seinen Fahrten und Besprechungen erfuhr Papa, dass es bei Ketzin einige Ziegeleien gab, die abgerissen werden sollten. Ziegelsteine werden aus Ton und Lehm hergestellt und gebrannt, du kennst ja diese klebrige Erde. In der Gegend von Ketzin gab es nun etliche Tonvorkommen im Erdreich. Ton wurde mit Lehm vermengt, zu Ziegeln geformt und in großen Öfen hart gebrannt. Wenn dann nach vielen Jahren die Tonvorkommen um die Ziegelei ausgebeutet, also alle waren, legte man sie still und der Besitzer suchte Firmen, die den Abbruch bewerkstelligen konnten. Papa sah sich so eine verlassene Ziegelei an, fand Feldbahn – Gleisanlagen, Loren, Schrott, Träger – und eben auch die vielen Ziegel, aus denen die Fabrik aufgebaut war. Er ging zu Opa und rechnete ihm vor, dass Ziegeleiabbrüche gute Verdienstmöglichkeiten seien. Julius wollte da nicht so recht herangehen, er war schon zu alt und schwach, stimmte aber schließlich zu, dass Papa einen Versuch machen möge.

Papa wurde mit einem Ziegeleibesitzer handelseinig, stellte Arbeiter ein, die etwas von Abbrüchen verstanden und begann mit der ungewohnten Aufgabe. Ja, es wurde ein wirklich gutes Geschäft. Gerade die Gleise und Feldbahnloren waren ein gefragter Artikel, Schrott sowieso, von allen guten Steinen ließ er den Mörtel abputzen und konnte sie so als Mauersteine verkaufen. Träger, Treppen, Fenster und Türen aus den Gebäuden fanden Abnehmer. Man musste nur findig, mutig und arbeitsam sein, um Geld zu verdienen und das war dein Papa schon mit neunzehn Jahren. Als Opa Julius den Betrieb in so guten Händen wusste, stellte er beim Gericht den Antrag, Papa schon mit neunzehn, statt mit einundzwanzig Jahren für volljährig zu erklären.« – »Was heißt das?«

»Wenn jemand volljährig ist, kann er alles für sich bestimmen, während vor der Volljährigkeit die Eltern zu sagen haben, was er tun und lassen muss.

Papa begann also eine Ziegelei nach der anderen abzureißen, es waren wohl bisher achtunddreißig Stück. Das Gefährlichste war immer das Umwerfen der großen Schornsteine. Dazu hatte er folgende Technik entwickelt: Auf der einen Seite, wohin der Schornstein fallen sollte, wurden so viele Steine herausgeschlagen, dass zwei oder drei schwere Hydraulikheber hineinpassten. Die wurden soweit hochgepumpt, dass sie den Schornstein auf dieser Seite fest trugen. Dann schlug man zu beiden Seiten der Heber weitere Steine bis über die Mitte der Schornsteinrundung heraus. Ein Signal ertönte, alle Leute hatten sich aus dem Gefahrenbereich zurückzuziehen, mit langen Leinen öffnete man die Heber-

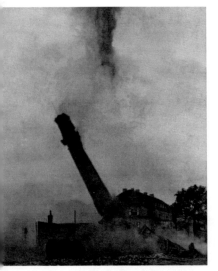

Umlegen eines Ziegelei-Schornsteins

ventile, die Heberkolben sanken ab und der Schornstein fiel nach dieser Seite um.«

Meine Mutter war sich bewusst, dass sie die Vorstellungskraft des Fünfjährigen überfordert hatte, nahm sich Papier und Bleistift, zeichnete den Vorgang auf, und ich war von der Technik begeistert. Das wollte ich morgen sogleich mit meinen Bausteinen nachmachen.

»Wen hatte Tante Lenchen geheiratet?«

»Max Aulich, den Offizier!«

»Richtig. Nach dem Krieg musste die Wehrmacht des Reiches sehr verkleinert werden, das hatten die Siegermächte so bestimmt. Max Aulich wurde arbeitslos, ihre Ersparnisse waren nach einiger Zeit aufgebraucht und Tante Lenchen schrieb an Oma Emma Bittbriefe, um unterstützt zu werden. Da Emma nie eines ihrer Kinder im Stich ließ, überredete sie Julius und Papa, Max Aulich mit der Büroarbeit zu betrauen, denn die Geschäfte liefen dank Papas Fleiß und Einsatz wirklich gut. Ja, Julius ging sogar nach einiger Zeit soweit, den Betrieb abgeben zu wollen und nur noch Eigentümer der Grundstücke zu bleiben, die er dann dem Betrieb vermieten würde. Sie wurden in ihren Abmachungen einig. Emma und Julius waren wegen seiner Krankheit froh, entlastet zu werden, Papa war froh, sich nicht mehr abends, wenn er von den Baustellen heimkam, um die Büroarbeiten kümmern zu müssen, und Max Aulich war froh, eine gute Stellung gefunden zu haben. Die drei Parteien, also Opa, Papa und Aulich schlossen 1921 einen Vertrag. Opa behielt die Grundstücke und bekam dafür Pacht, Papa und Max Aulich leiteten gemeinsam den Betrieb und nannten ab dann die Firma ›Broziat und Aulich‹.

Die Ziegeleiabbrüche waren ja erst vor einem Jahr begonnen worden, doch kam davon inzwischen so viel verkaufsfähiges Material an, dass der Platz nicht mehr ausreiche. Opa kaufte von seinen Ersparnissen am Schlangenhorstweg, also hinter dem Havelländischen Hauptkanal, ein 12 500 Quadratmeter großes Grundstück, das war viermal so groß wie das unsrige. Es wurde mit den Schotterabfällen der Ziegeleien sowie mit Schlacke befestigt und eingezäunt.

Die Brandenburgischen Elektrizitätswerke hatten ihren Bauhof am Ende der Berliner Straße. Du weißt, wenn wir nach Berlin fahren, siehst du ihn hinter dem Bahnübergang auf der rechten Seite. Dort lagerten sie Kabel, Maschinen, Transformatoren, Öl und vieles andere.

Am ersten Pfingsttag 1921 brannte dieses Lager ab. Es war das größte Feuer, das Nauen zu dieser Zeit erlebte.

Da nun immer mehr Elektrizität gebraucht wurde und sie schnellstens wieder einen Bauhof benötigten, tauschten die Elektrizitätswerke unser Grundstück vom Schlangenhorstweg gegen das abgebrannte, für uns günstiger lag. Zwei Gebäude waren dort noch heil geblieben, die große Lagerhalle wurde von uns wieder aufgebaut, Baumaterial hatten wir von den Ziegeleiabbrüchen ja in Hülle und Fülle.

Nach dem Aufbau zogen Emma und Julius in das neue Grundstück. Kohlenhandel, Landwirtschaft und die Gespanne wurden dahin verlagert und, wie ich schon sagte, das Geschäft lief trotz der Kriegsfolgen sehr gut. Die Arbeitsteilung zwischen Papa und Max Aulich klappte, Oma und Opa waren versorgt, alle waren ringsum zufrieden. Allein, es gibt im Leben oft gute, aber auch sehr schlechte Freunde. Aulichs hatten sich mit dem Ehepaar Werner angefreundet. Werner war Direktor der David-Homburger-Bank, die sich in Nauen aufgetan hatte, und er beschwatzte Aulich, mit unseren Geldgeschäften von der Potsdamer Kreditbank zur Homburger-Bank überzuwechseln. Papa ließ sich auch dazu überreden, weil die das Geld nicht so teuer ausleihen würden und so wurde das vollzogen.

Die Eltern von Werner waren Rennstallbesitzer in Berlin, das heißt, sie besaßen Rennpferde, die hauptsächlich auf der Trabrennbahn Ruhleben liefen. An Rennbahnen kann man darauf wetten, welches Pferd in einem Rennen siegt. Man geht also zu dem Wettschalter und sagt zum Beispiel, ich setze 100 Mark auf das Pferd Sturmvogel. Die 100 Mark werden eingezahlt, der Wettende erhält einen Wettschein, auf dem alles vermerkt ist. Gewinnt Sturmvogel, so kann man für die 100 Mark vielleicht fünfhundert oder siebenhundert wiederbekommen, verliert Sturmvogel, so ist das Geld weg. So etwas wird Glücksspiel genannt. Davon gibt es noch viele andere Arten in Spielkasinos oder beim Kartenspiel, aber es ist äußerst selten, dass Menschen dabei wirklich viel Geld gewinnen. Glücksspiele oder Wetten werden zur Leidenschaft. Leute, die etwas gewinnen, setzen das Erlangte schnell wieder bei der nächsten Wette ein und verlieren es.

So war es auch mit Aulichs. Von Werners zum Wetten verführt, setzten sie erst ihr eigenes Geld ein und als das nicht ausreichte, nahmen sie es aus der Geschäftskasse, weil sie glaubten, einmal werde das große Glück sie treffen, dann könnten sie alles zurückzahlen. Doch das große Glück traf nicht ein.

Freitags war immer Lohnzahltag. Max Aulich brachte die Lohntüten im Einspänner-Kutschwagen zu den Arbeits- und Abbruchstellen bei Ketzin. Eines Freitags, im Jahre 1924, wartete Papa mit siebzig Arbeitern vergeblich auf Aulich, telefonierte mit dem Büro in Nauen. Die Schreibkraft sagte ihm, dass Max abgefahren sei, doch der traf nicht ein. Papa meinte, es sei ein Unfall passiert, und vertröstete die Leute auf Montag. Als er nach Hause kam, war Aulich wieder da und erklärte, die Homburger-Bank hätte ihm kein Lohngeld gegeben. Papa konnte sich das nicht vorstellen, denn es war genug Geld verdient worden, bis nach langem Streit schließlich herauskam, dass Aulichs im Laufe der Zeit ein Vermögen verspielt hatten.

Fünf Jahre hatte dein Papa gearbeitet, geschuftet, um den Betrieb trotz der Inflationszeit in die Höhe zu bringen und nun stand dieser durch den Glücksritter Aulich vor dem Ruin. Alle Umstehenden, Emma, Julius, Lenchen, Büroangestellte, sahen, wie ihn die kalte Wut packte. Er schnappte sich den einen Kopf größeren Max Aulich, warf ihn über den nächsten Schreibtisch und drosch mit einem stabilen Holzlineal auf ihn ein, was das Zeug hergab. Emma, die zum Aufwischen ins Büro gekommen war, schrie: ›Lenchen stirbt, sie ist umgefallen!‹ Papa ließ von Max ab und rief: ›Das werden wir gleich haben!‹, goss Lenchen den Wassereimer über den Kopf und sie war wieder am Leben.

Bis auf seinen Vater jagte dein Papa alle aus dem Raum und versuchte noch, Herrn Corswand vom Ostdeutschen Schrotthandel telefonisch zu erreichen, was ihm auch gelang. Corswand war einer von Papas väterlichen Freunden, der den jungen Mann wegen seiner Tüchtigkeit mochte. Nach Papas Schilderung sagte er ihm Hilfe zu. Da ich am Montag nach Berlin musste, nahm ich einen Koffer mit und brachte das Geld nach Nauen.«

»Warum denn einen Koffer?«

»Mein Junge, wir hatten Inflation, was das bedeutet, erkläre ich dir ein anderes Mal. Das Geld war so wenig wert, dass du einen ganzen Koffer mit Scheinen zur Löhnung brauchtest. Bei der heutigen Rentenmark reicht für dieselbe Löhnung eine dicke Brieftasche aus.

So, das wär's für heute, es ist zwar noch nicht sehr spät, aber vielleicht hat Hannchen schon den Abendbrottisch gedeckt, frag sie mal!«

Nach kurzer Zeit kam ich wieder und sagte, sie sei noch bei der Büroreinigung.

»Dann baust du jetzt aus deinen Bauklötzen den Schornstein und probierst einmal nach der Art, wie ich es dir aufzeichnete, das Schornsteinumlegen.«

Meine Mutter wollte noch die Kalamität mit Aulichs durchdenken, denn sie war damals schon mit Oskar verlobt und hatte mit Kräften geholfen, die Firma aus dieser Misere herauszuholen. Sie hatte sich aufs Sofa gelegt und schaute sinnend zur Wand hin. Plötzlich erschien dort ein Lichtfleck, der schnell größer wurde. In ihm tanzten kleine Schatten. Schnell stand sie auf, denn von dorther konnte die Sonne nicht scheinen, die stand doch auf der anderen Seite und musste jetzt bald untergehen. Es war aber doch die Sonne. Sie strahlte in das gegenüberliegende Fenster vom Werkzeuglager, das nicht geschlossen war und ausgerechnet so schräg stand, dass die Sonnenspiegelung direkt in das Zimmerfenster geworfen wurde, in welches Else ein Mobile gehängt hatte.

Das Mobile war ein Geburtstagsgeschenk von ihrer attraktiven Freundin Ilse Sommerfeld, die immer ein Faible für ausgefallene Dinge zeigte. Zuerst wollte Else den »Krimskrams« in einer Schublade verstauen, doch dann fand sie es ganz hübsch und hängte es in das Fenster, damit sich auch Sommerfelds beim nächsten Besuch darüber freuen konnten.

Aber da spielten ja wieder Dinge zusammen, die man Zufälle nennt, und die sie doch wohl keine sind. Das Licht mit den Mobileschatten erschien gerade, als sie in der Position auf dem Sofa lag, aus der sie zur Wand schauen musste. Das Mobile hatte sie eigentlich gegen ihren Willen aufgehängt, das Fenster vom Werkzeuglager durfte gar nicht offen stehen und die Schrägstellung der Scheibe war »zufällig« so, dass die Spiegelung der Sonne in ihr Wohnzimmer fiel, schließlich gab es nur einen Zeitraum von einer knappen Minute, bis dieses Schemenbild wieder erlosch.

Oskar kam mit dem »Adler« und wollte ihn in die Garage fahren. Sie ging hinunter und zeigte ihm das offen stehende Fenster. »Hat sicher wieder einer nicht aufgepasst«, sagte er, holte den Schlüssel, ging hinauf und schloss es. Doch der nächste »Zufall« trat ein, in der Post lag ein Brief mit der Adresse: Herr Wilhelm Hacker, in Fa. Broziat, Absender Schmiedemeister Liesicke, Dyrotz. Liesicke war ein guter

Kunde gewesen, hatte in letzter Zeit jedoch kaum Bestellungen aufgegeben. Else, die den Posteingang kontrollierte, nahm den Brief mit in Oskars Büro und fragte: »Dürfen wir den öffnen?«

»Steht doch unsere Firma drauf, mach ihn auf!« Liesicke bestellte da bei unserem Lagerverwalter Werkzeuge zum halben Preis, wie die Firma sie lieferte. »Deshalb war das Fenster auf!«, sagte Else, »was nun?«

»Abwarten bis heute abend!«

»Und dann?«

»Die vergangenen Einkaufsrechnungen mit den Verkäufen und dem Lagerbestand vergleichen.« Es fehlte so viel, dass die Polizei eingeschaltet werden musste. Hacker hatte das Diebesgut in seiner Gartenlaube gelagert. Ein ganzer Pferdewagen voll wurde zurückgeholt und sicher hatte er im Laufe der Zeit noch mehr als das an den Mann gebracht.

Als die Sache abgewickelt war – Hacker konnte keinen Schadensersatz leisten, wurde aber später bestraft – dachte Else vor dem Einschlafen, das war also der »Zufall« mit dem Lichtschein, er sollte mich auf diese Angelegenheit aufmerksam machen. Doch nachts wurde sie wach, wusste nicht ob es Halb- oder Tiefschlaf gewesen war, jedenfalls war darin wieder der Lichtfleck mit den tanzenden Mobileschatten ganz deutlich aufgetaucht. Was sollte der Hinweis? Auf das offen stehende Fenster wäre sie auch durch einen klaren Lichtschein aufmerksam geworden, was hatte es mit dem Mobile für eine Bewandtnis? Sie kam nicht dahinter und fiel unter Grübeln wieder in einen festen Schlaf.

6. Kapitel

Als ich spürte, dass ein Erzählabend herangerückt war, fragte ich unvermittelt: »Sind denn Aulichs geflüchtet, als Papa den Max so verhauen hat?«

»Gut«, sagte Else, »wir essen zuerst einmal das Abendbrot mit Günter zusammen und dann, wenn er schläft, setzen wir uns aufs Sofa. Papa kommt heute später.«

Endlich war es soweit.

»Aulichs sind nicht geflüchtet, denn ihnen gehörte ja die Hälfte vom Geschäft und als Opa Julius im Jahre 1922 sah, dass es zwischen Papa und Aulichs so gut klappte und das Geschäft einen Aufschwung erfuhr, entschloss er sich, Papa und Lenchen die beiden Betriebsgrundstücke in der Hamburger und Berliner Straße zu gleichen Teilen gegen eine Rentenzahlung zu übergeben. Das heißt, die Hälfte unseres Grundstücks und die in der Berliner Straße gehörten Papa und die anderen Hälften eben Lenchen. Beide mussten an Opa und Oma lebenslang so viel im Monat zahlen, dass sie ihr gutes Auskommen hatten. Das funktionierte auch alles so lange gut, bis Aulichs mit dem Glücksspiel anfingen.

Du weißt, wir waren zu der Zeit bereits fest verbunden und wollten heiraten. So überlegten Papa und ich gemeinsam, was wir wohl tun könnten. Außerdem hatte Papa väterliche Freunde, das heißt, Männer, die ihn wie ein Vater wohlwollend berieten. Das waren Herr Corswand, von dem ich den Koffer mit dem Lohngeld abholte, und Herr Dr. Schurich, der größte europäische Gemüse-Gutsbesitzer in Markee, und die fragten wir um Rat. Sie machten uns klar, dass Glückspieler wie Aulichs, von dieser Leidenschaft nie lassen werden, wir stets in Sorge sein müssten, dass ihre Spielleidenschaft sie wieder packt und sie Geld verwenden, das ihnen nicht allein gehört. Wenn wir mit ihnen weiter zusammen blieben, würden wir unseres Lebens nicht froh sein. Auch unsere Freunde aus dem Sportclub vertraten diese Ansicht und so verlangte Papa die Trennung von Aulichs.

Wir wollten in der Hamburger Straße 22 bleiben, Aulichs sowieso das neu aufgebaute Grundstück in der Berliner Straße haben. Es kam eine ganz schwere Zeit für uns, denn die angenommenen Aufträge der Ziegeleiabbrüche mussten fortgeführt, die Lohngelder für die Arbeiter durch Verkäufe herangeschafft und das Geld an Herrn Corswand zurückgezahlt werden. Schließlich waren Rechnungen von Lieferanten und Steuern zu begleichen. Was uns aber am meisten bedrückte, waren in der Inflationszeit die Bankzinsen für das geliehene Geld. In diesen Wochen also versuchten wir, neben der vielen Arbeit auseinanderzurechnen, was Aulichs und wir an Geschäftsteilen und Werten zu bekommen hatten.

Da Max Aulich erst einmal im Büro blieb, nutzte er einen Teil der Zeit, um Aufstellungen zu machen, wie seine Anteile aussehen sollten. Wir dagegen hatten nur die Abendstunden zur Verfügung. In der Hamburger Straße lag viel mehr Material. Das bewertete Aulich möglichst hoch, was wir uns natürlich nicht gefallen ließen. Fahrzeuge und Gespanne mussten auseinandergerechnet, der Wert der Landwirtschaft und seiner Tiere abgeschätzt werden, außerdem die Kohlen, die dort lagerten. Max Aulich versuchte alles zu seinen Gunsten zu drehen: was sie wollten, setzte er niedrig an, was uns zustand hoch, sodass es täglich neuen Streit zwischen uns gab.

Am zweiten August 1924 wurde der Trennungsvertrag abgeschlossen, in der Hamburger Straße war nun die Firma Oskar Broziat, in der Berliner Straße die Firma Max Aulich. Nach der Unterschrift sagte Lenchen zu Papa: ›Nun werden wir ja sehen, wer zuerst pleite ist!‹

Oma und Opa Julius zogen nun erst einmal wieder von dem Aulich'schen Grundstück zu Papas in der Hamburger Straße um; Aulichs wollten sie da nicht mehr haben. Papa hatte beim Auseinandersetzungsvertrag Fehler gemacht, weil er in solchen Dingen zu unerfahren war. Bei ihm lag mehr Material. Um es genau zu teilen, hätte man den Überschuss zu Aulichs transportieren müssen. Diese Arbeit wollten sie sich ersparen, Papa hatte stattdessen die Bankschulden übernommen, die doch Aulich verursachte. Die Banken berechneten in der Inflationszeit 30 Prozent Zinsen im Monat, das heißt, bei 10000 Mark Schulden musste man im Monat für das Leihen des Geldes 3000 Mark bezahlen, das aber konnten wir gar nicht so schnell verdienen. Die Leute hatten auch kein Geld, um unser Material zu kaufen. Wir wussten nicht aus noch ein.

In dieser Not fuhr Papa zu Dr. Schurich, bat ihn um Hilfe und da er Papa gern mochte, bezahlte er unsere Schulden bei der bösen Homburger-Bank und erlaubte Papa sogar, diese Summe innerhalb eines Jahres durch Materiallieferungen auszugleichen.«

»Was brauchte denn Dr. Schurich?«

»Feldbahnen, Loren, Baustoffe, Träger, Werkzeuge, Kohle und vieles mehr. Die Fläche, auf der er Gemüse anbaut, beträgt über zwanzigtausend Morgen, das ist etwa so viel Land, wie du links und rechts der Straße sehen kannst, wenn wir von hier bis nach Berge fahren. Für das Gemüse hat er große Lagerhallen und Verladeanlagen, um es nach Berlin zu schicken, außerdem Viehställe, Fahrzeuge, landwirtschaftliche Geräte und vieles mehr. Du hast Dr. Schurich bei uns auch schon gesehen, wenn sein Chauffeur ihn in seinem Maybach hierher fährt.«

»Das ist Dr. Schurich? Ist der Maybach sehr teuer?«

»Es ist das teuerste Auto, das in Deutschland gebaut wird. Also, mit Dr. Schurichs Hilfe waren wir von der Homburger-Bank freigekommen und wollten auch nie wieder mit ihr etwas zu tun haben. Erst hat ihr Direktor Werner Aulichs zum Glücksspiel verleitet und dann wäre unsere Firma an den hohen Zinsen fast kaputt gegangen.

Doch es gab für uns noch mehr Schäden durch die Auseinandersetzung. Aulichs hatten wegen der Tiere die Landwirtschaft übernommen. Papa hatte vergessen, dass ihm die Hälfte der Ernte zustand, denn das Getreide war ja auf Geschäftskosten eingesät worden. Als er kurz nach der Vertragsunterschrift seinen Anteil einfordern wollte, lachten sie ihn aus und sagten, er hätte eben besser aufpassen sollen, jetzt sei nichts mehr zu machen. Dieser Verlust war etwa so hoch, wie der Wert eines Lastwagens ist.

Der Betrieb war jetzt nur noch halb so groß, aber wir arbeiteten für uns allein, brauchten uns nicht mit jemandem abzustimmen, zu dem das Vertrauen verloren gegangen war. Papa konnte mit der Straßenbaufirma Jeserich einen Auftrag abschließen, sämtliches Material vom Bahnhof Nauen aus anzufahren, das sie für den Bau der neuen Asphaltstraße Nauen-Lietzow benötigte. Jeserich zahlte gut, wir arbeiteten zuverlässig und kamen langsam aus den Geldsorgen heraus. Natürlich liefen auch andere Tätigkeiten wie Ziegeleiabbrüche, Schrott-, Nutzeisen- und Kohlenhandel weiter, und ein Jahr nach der Trennung von Aulichs beschäftigten wir bereits wieder fünfunddreißig Leute.«

»Und was wurde aus Aulichs?«

»Nach dem großen Streit kümmerten wir uns nicht mehr um sie, erfuhren aber von anderen, was da so lief. Sie hatten ja einen recht wertvollen, schuldenfreien Betrieb bekommen. So nahmen sie wohl an, sie könnten endlos ihr großzügiges Leben weiterführen. Max wurde Präsident der Schützengilde, auf fast allen größeren Festen waren sie anzutreffen und von den Rennbahnwetten konnten sie auch nicht lassen. Sie gaben mehr Geld aus, als sie verdienten. Bei ihrem Kohlenlieferanten, der Märkischen Brikett- und Kohlenverkaufgesellschaft, hatten sie nach eineinhalb Jahren bereits so viele Schulden, dass diese eine Hypothek auf ihr Grundstück in der Berliner Straße eintragen ließ, das bedeutet, ein Anteil an Aulichs Grundstück gehörte nun bereits der Märkischen.

Diese sehr ernste Warnung brachte Aulichs jedoch nicht zur Vernunft. Sie lebten im gleichen Stil weiter. Ende 1928 mussten sie das gesamte Grundstück an die Märkische zum Ausgleich ihrer hohen Schulden übertragen und den Betrieb aufgeben. Lenchens Ausspruch bei der Trennung: ›Nun werden wir mal sehen, wer zuerst pleite ist!‹ war auf sie selbst zurückgeschlagen. Max Aulich ließ sich nun auch noch scheiden und zog nach Rochlitz bei Leipzig, wo er eine Anstellung beim Finanzamt bekam, Lenchen musste in eine Mietwohnung umziehen und begann einen Heißmangelbetrieb.«

»Da war ich mal und habe zugeguckt, wie die Wäsche glatt gemacht wird.«

»Der lief jedoch nicht lange, sie hatte ja auch Gerda und Helmut zu versorgen. Als sich die Gelegenheit bot, heiratete sie Heinz Wöbse, der als Bauingenieur die Verlegung der Nauener Kanalisation leitete. Siehst du, so traurig endet es, wenn man verschwenderisch lebt.«

Nachdem Else ihren Jungen ins Bett gebracht hatte, wollte sie eigentlich den Roman »Die vom Niederrhein« von Rudolf Herzog weiterlesen, doch beim Griff zum Buch fiel ihr Blick aufs Mobile, das sich da, vom leichten Lufthauch getrieben, bewegte. Was heißt Mobile? Mobil ist beweglich, seinen Ort verändernd. Mobile, das Bewegliche? Der Begriff befriedigte sie nicht. Es war zwar beweglich, hing aber fest an einem Ort. Else nahm den Lexikonband mit »M« aus dem Schrank: »Mobile, ein bewegliches, austariertes Gebilde, bei dem ein an einem Faden aufgehängter Stab an seinen Enden wiederum mit Fäden aufgehängte Stäbe so trägt, dass er und diese in der Waagerechten verbleiben und sich um die Achsen der Fäden berührungsfrei drehen können. Das Anhängen weiterer Stäbe ist mehrfach vollziehbar, gewöhnlich werden als Ballast der unteren Stäbe kleine Figuren verwendet.«

Else verglich die Beschreibung mit dem da hängenden Mobile. Sie war kurz gefasst und traf grundsätzlich zu, obgleich wohl nur einige aus diesen wenigen Worten heraus einen Bau desselben bewerkstelligen konnten. Die Begriffsbestimmung hatte sie nicht weitergebracht und so nahm sie sich wieder den Roman vor. Aber es war ihr nicht möglich, sich auf den Text zu konzentrieren, da war etwas noch nicht Greifbares, was in den Vordergrund trieb. »Gebilde« stand da im Lexikon. Wo war das Wort »Gebilde« aufgetaucht? Richtig, da gab es diese seltsame Botschaft, die den Gründer Julius auf den Weg schickte:

›Wandere, schaffe ein Gebilde,
das fordert und gibt,
das führt und geführt werden will,
das lebt, ohne Wesen zu sein,
das dir die Fülle des Lebens spiegelt.‹

Else hatte die Botschaft behalten, die Emma als den Begriff Firma in der dramatischsten Situation ihres Lebens identifiziert hatte. Nun tauchte der selten gebrauchte Ausdruck »Gebilde« in der Lexikonerklärung auf. Sollte ihr das kurze Licht- und Schattenspiel mehr zu sagen haben, als sie annahm? Das Buch hatte sie längst beiseite gelegt. Ein Schema über den Aufbau einer Betriebsorganisation kam ihr in den Sinn. Der obere Balken bedeutete die Chefetage, von der aus, wie bei einer Ahnentafel, die unteren Balken weiter verästelnd Betriebsbereiche, Abteilungen und Unterabteilungen darstellten, und alle Balken waren durch senkrechte Linien verbunden.

Damit war zum Mobile bereits eine verblüffende Ähnlichkeit angezeigt, aber das Mobile war plastisch, zeigte mehr. Was sagte das Lexikon? Ein bewegliches, austariertes Gebilde. Dann war die Lichterscheinung wohl auch als Mahnung gedacht, die sie weitergeben sollte. Beweglich musste die Firma sein, gewissen Strömungen der Politik und Wirtschaft ausweichen können und trotzdem nach kurzer Drehung wieder da sein, wie das Mobile im Luftzug. Austariert musste die

Firma sein, von der Chefetage bis in alle Abteilungen. Ist ein Balken ungleich gewichtet, sperrt er mehr oder weniger die Beweglichkeit der anderen. Das Gedankenspiel machte ihr Spaß, weckte Erinnerungen, ließ sie Vergleiche ziehen:

Als Julius und Oskar den Geschäftsgang führten, hing nach einiger Zeit der Balken der Chefetage schief. Julius war krank, Oskar dadurch überlastet, die Büroarbeiten, die Oskar nicht lagen, wurden vernachlässigt. Der Eintritt von Max Aulich brachte vorerst eine Austarierung zuwege, bis dieser mit den Wetten anfing und durch die heimliche Geldentnahme für seine Privatzwecke im obersten Balken eine Schieflage erzeugte, die die ganze Firma bewegungsunfähig werden ließ. Der oberste Mobilestab musste also geopfert und das Gebilde geteilt werden. Jetzt bildete sie mit Oskar zusammen den obersten Stab. Zwar waren die Lasten zwischen ihnen nicht gleichmäßig verteilt, aber viele Mobilestäbchen hatten keine mittige Aufhängung, so dass trotzdem eine Austarierung verschieden schwerer Lasten stattfand.

Nun, wie ein Mobile ausgebaut werden kann, so war es auch mit dem Betrieb, der inzwischen in mehrere Abteilungen gegliedert war, denen jeweils Abteilungsleiter und Untergebene zugeordnet waren und Oskar achtete instinktiv darauf, dass in ihnen Ausgeglichenheit und Friede herrschte. Else zählte ab, was da inzwischen entstanden war: Transporte und Spedition – Abbruch – Schrott mit Nutzeisen, Metalle, Neueisen, Schmiedebedarf, Eisenkurzwaren und Feldbahnen – Baustoffe, Kies und Humusboden – Tankstelle – Brennstoffe – Werkzeugmaschinen – Leittriebklammerproduktion – Futterkalkproduktion – Verleih von Dampf-Pflugsätzen. Zehn Betriebszweige in nur sieben Jahren saniert oder neu aufgebaut, welch eine Leistung!

Oskar kam freudestrahlend an. In Dallgow-Döberitz hatte er mit der Militärverwaltung verhandelt und gute Fuhraufträge mitgebracht. Man stufte seine Firma als besonders zuverlässig ein, er wurde zur Geheimhaltung verpflichtet, was dann mit ausgesuchten Arbeitern und Fahrern noch zu geschehen hatte. Die Reichswehr wollte in Dallgow-Döberitz ein neuartiges Ausbildungszentrum aufbauen und gewisse Anlagen mussten vor den Siegermächten geheim bleiben, dafür aber winkten Daueraufträge über Jahre hinaus.

»Und ich habe über unsere Firmenkonstellation nachgedacht und ein treffendes Beispiel gefunden«, sagte Else stolz. – »Das ist schön.«
»Schau her, an dem Mobile, das Ilse mir geschenkt hat, habe ich das herausgefunden!«
»Liebe Else, verschone mich bitte heute Abend mit deinen tiefschürfenden Gedankengängen, die du so gern führst, ich bin nach den langen Verhandlungen müde und kaputt!«
»Da hast du wohl recht.« Sie wollte ihm doch nur veranschaulichen, worauf man in der Firma streng zu achten habe, damit Gefahren frühzeitig erkannt würden.

»Hat Papa dich gesehen und einfach gesagt, er will dich heiraten?«, fragte ich drei Wochen später.

»Na, ganz so war es nicht«, antwortete meine Mutter amüsiert, »dazu gehören doch zwei, die sich einig sein müssen. Wir lernten uns im Herbst 1921 auf einem Festabend vom Sportclub kennen, zu dem meine Freundin Friedel Christoph und deren Freund Willi Lindner mich mitnahmen. Papa sah dort seinen Sportkameraden Lindner und setzte sich an unseren Tisch. Wir unterhielten uns, tanzten zusammen, Papa erfuhr, dass ich auf dem Fernsprechamt tätig sei und ihn schon oft mit anderen Teilnehmern verbunden hatte. Ein paar Tage später rief er mich dort an, obgleich uns Privatgespräche verboten waren, und bat mich, abends ins Café Korn zu kommen, Willi und Christel kämen auch. Wir warteten an einem Fensterplatz auf ihn, dann fuhr er mit seinem Motorrad vor, hielt uns im Café alle frei, war sehr unterhaltsam und machte am selben Abend die nächste Verabredung mit uns Am Weinberg. Das ist das Gasthaus am Wald in der Nähe der Funkstation. Seinem Freund hatte er aber heimlich gesagt, er und Christel möchten nicht kommen.

Nachdem wir dort also eine Weile gewartet hatten, machten wir einen langen Spaziergang, auf dem Papa mir sagte, dass er mich sehr lieb habe und ich sagte ihm das auch. So waren wir zwei Jahre befreundet und verlobten uns am 9. August 1923. Eine Verlobung bedeutet, dass der Mann und die Frau sich öffentlich, das heißt vor anderen Menschen, das Versprechen geben, in absehbarer Zeit heiraten zu wollen. Papa veranlasste mich von diesem Zeitpunkt an, meine Stellung beim Postamt aufzugeben. Er bezahlte meine Ausbildung für eine gute Haushaltsführung, und so lernte ich in verschiedenen

Schulen Weißnähen, Bügeln, Kochen und vieles mehr und für meine Tätigkeit im Betrieb Schreibmaschine- und Stenografieschreiben. Dafür war ich aber in meiner Freizeit in seinem Büro tätig, um Kenntnisse in der Betriebsführung zu erlangen. Du siehst, dein Vater war sehr umsichtig mit unserer Vorbereitung auf die Ehe, denn die gemeinsame Arbeit bringt einen festen Zusammenhalt, weil ein jeder die Sorgen und Freuden des anderen miterlebt. Am 24. März 1925 wurden wir in der Jakobi-Kirche von Pastor Zunkel getraut und feierten dann ein schönes Hochzeitsfest mit vielen Verwandten und Freunden im Kurgarten.
Eineinhalb Jahre später wurdest du als unser erster Sohn geboren und vier Jahre nach dir kam Günter zur Welt. Ich wünsche euch nur, dass ihr auch einmal Glück mit euren Frauen habt und dass diese euch treu zur Seite stehen.«

Hochzeitsbild von Else und Oskar Broziat

»Und was habt ihr nach dem Fuhrauftrag von Jeserich gearbeitet?«

»Du hast ja sogar den Namen behalten! Dein Papa war schon damals ein gewitzter Kaufmann. Er hatte gehört, dass bei der Stadt Genthin die Maschinen und Anlagen eines stillgelegten großen Sägewerk- und Ziegeleibetriebes verkauft werden sollten. Er fuhr einen Tag vor dem angesetzten Verkaufstermin hin, traf die Frau des Besitzers an, unterhielt sich lange sehr nett mit ihr, und als ihr Mann später kam, überredete sie diesen, Papa die Anlagen zu verkaufen. Sie wurden sich über den Preis einig, und Papa hatte sich vorher bei Herrn Corswand telefonisch versichert, dass der ihm das Geld vorstrecken würde.

Da kein Zug mehr zurückfuhr, übernachtete Papa in Genthin. Am nächsten Morgen kamen mehrere Herren von größeren Berliner Firmen, und Papa hörte beim Frühstück im Gasthaus, wie sie sich im Nebenraum absprachen, wer von ihnen das Objekt bekommen solle und was dieser den anderen zahlen müsse, wenn sie weniger als er bieten würden. Als einer von ihnen durch den Raum ging, in dem Papa

Adler-Pkw Baujahr 1924

saß, fragte er: ›Was haben denn ausgerechnet Sie hier zu suchen?‹ Papa sagte lächelnd: ›Ich habe das Objekt gekauft, das Sie, ohne die Rechnung mit dem Wirt zu machen, nebenan bereits verteilt haben!‹

›Machen Sie sich doch nicht lächerlich‹, antwortete der Mann, ›wie wollen Sie das wohl bezahlen?‹ Papa zeigte ihm wortlos den Kaufvertrag, bei dem er die Kaufsumme zuhielt, denn die durfte dieser nicht erfahren. Der Mann ging zu den anderen, sagte es ihnen und es gab im Nebenraum ein wütendes Geschrei. Papa fuhr im selben Zug wie die anderen zurück. Da kam der Vertreter der Firma Elias & Co. zu ihm ins Abteil und wollte ihm das Objekt abkaufen. Papa sagte ihm: ›Das Einzige, was Sie bei mir erreichen können, wäre ein Tausch.‹

›Was für ein Tausch?‹

›Sie haben einen Posten von fünfhundert größeren Feldbahnlokomotiven erworben. Wenn Sie mir diese nach Nauen frei anliefern, bekommen Sie dafür dies Objekt!‹

Nach einigem Rechnen willigte er ein. Herr Corswand war stolz auf Papa. Wir hatten mit einer Verschrottungskolonne auf dem Güterbahnhof Nauen über ein Jahr zu tun, um die Lokomotiven, die täglich ankamen, zu verschrotten und den Schrott auf Waggons am Nachbargleis für Herrn Corswand wieder zu verladen. Dies Geschäft brachte uns so viel Gewinn, dass wir keine Schulden mehr hatten und außerdem noch neue Trecker und Anhänger kaufen konnten. Außerdem verdienten wir ja auch Geld mit den anderen Betriebsteilen. Als wir mit dem Auftrag fertig waren, warst du gerade geboren. Doch genug für heute, rasch ins Bett!«

»Ich bin noch nicht müde!«

»Doch«, sagte Mutti, »ich sehe an deinen Augen ganz genau, dass der Sandmann schon da war.«

7. Kapitel

»Mutti, wir haben zwei Lastwagen, vier Trecker und so viele Anhänger, warum denn?«

»Na, du willst wohl die nächste Erzählstunde herauslocken, gut, wir haben Zeit dazu. Unsere Wirtschaft, damit meine ich alles, was erarbeitet wird, ist bestrebt, mit besseren und weniger Geräten mehr zu erreichen, als es vorher möglich war. Man sagt dazu, sie wird effektiver. Sieh dazu unser Beispiel. Früher haben wir die Fuhraufträge mit Pferdefuhrwerken erledigt. 1920 kaufte Papa aus Reichswehrbeständen den ersten Lastwagen. Der war auf längeren Fahrstrecken natürlich schneller als die Pferde, er konnte mit größerer Last beladen werden und sogar noch einen Anhänger mitziehen. Dann bekamen wir den großen Fuhrauftrag von Jeserich, der zuerst mit Fuhrwerken und unserem Lastwagen begonnen wurde. Doch Papa hatte auf der Automobilausstellung in Berlin einen Hanomag-Trecker für den Straßeneinsatz gesehen, denn Trecker wurden vorher nur in der Landwirtschaft eingesetzt. Er kaufte diesen Trecker und drei Anhänger und setzte sie für Jeserich folgendermaßen ein: Ein Anhänger stand auf dem Güterbahnhof vor dem Eisenbahnwaggon und zwei Mann luden das Baumaterial über. Ein beladener Anhänger war, vom Trecker gezogen, auf der Fahrt zur Baustelle und ein Anhänger stand dort, er war zwischenzeitlich von zwei Mann entladen worden. Der Trecker fuhr diesen wieder zum Bahnhof zurück, um dort die nächste Tour zu beginnen. Papa nennt das Pendelverkehr. Du begreifst wohl, dass mit dieser Art Fuhrsystem die Arbeit schneller erledigt wird, als wenn zum Beispiel ein Lastwagen beladen wird, die Leute mit zur Baustelle fahren, und dort entladen und dann wieder zur nächsten Beladung mit zum Bahnhof fahren.

Das System bewährte sich sehr gut, der Hanomag-Trecker hatte aber noch Fehler, man sagt dazu Kinderkrankheiten, weil er einer der ersten war, die die Firma in dieser Art gebaut hatte. So war er mit Vollgummi bereift, ohne Sitzfederung, mit zu niedriger Anhängerkupplung und vielem mehr. Papa schrieb das alles an die Hanomag und wollte unbedingt einen Trecker mit Luftreifen haben. Sie antworteten, dann werde das Fahrzeug so leicht, dass der Anhänger es beim Bremsen von der Straße schiebe. Papa machte eine Zeichnung für Hinterräder mit großen Luftreifen, die eine Nabe aus dickem Volleisen hatte und seitdem baut Hanomag die Trecker so.

Heute haben wir im Pendelverkehreinsatz für jeden Trecker sechs Anhänger. Man hat nämlich inzwischen bei den Anhängern die Auflaufbremse entwickelt, die so wirkt, dass beim Abbremsen des Zugfahrzeugs der Anhänger automatisch bremst, wenn er gegen das Zugfahrzeug schiebt. Dadurch bringt er dieses nicht mehr so in Gefahr wie früher, als die Anhänger überhaupt keine Bremsen besaßen.

Unser Platz war mittlerweile auch zu klein geworden. Wir konnten das Stück dazu kaufen, das an unser Grundstück anschloss und jetzt die hintere Ausfahrt zur Schützenstraße bildet. 1928 begannen wir mit dem Bau der Halle, in der nun die Reparaturwerkstatt für die Fahrzeuge ist und in der die Werkzeugmaschinen stehen, die wir verkaufen.«

»Davon hast du noch nichts erzählt!«

»Papa lernte in Berlin, als wir auf dem Flugplatz Staaken Arbeiten hatten, den Maschinenhändler Karl Kamp kennen, der immer mit dem großen amerikanischen Auto zu uns kommt. Der wies ihn in den Werkzeugmaschinen-Handel ein, lehrte ihn die verschiedenen Maschinenarten und worauf man beim Kauf gebrauchter Maschinen zu achten hat. Er führte Papa bei den zahlreichen Herstellerfirmen wie Ludwig Löwe, Fritz Werner, Reinecker und anderen ein, und mittlerweile hat sich für uns daraus ein recht guter Geschäftszweig entwickelt.

Wenn die Hersteller eine neue Maschine verkaufen, müssen sie oft eine gebrauchte in Zahlung nehmen, die wir dann günstig erwerben können. Gebrauchte Maschinen kaufen von uns Leute, die diese nicht wie Fabriken andauernd, sondern nur zeitweise gebrauchen, zum Beispiel in der Schmiede von Onkel Fritz. In unserer Halle sind mehrere Schlosser mit der Aufarbeitung, so nennt man das, der Drehbänke, Bohr- und Fräsmaschinen beschäftigt und immer wieder kommen Kunden, die eine reparierte Maschine kaufen.

Ja, und ehe wir zur Gegenwart kommen, will ich dir noch von drei wichtigen Geschäftsereignissen berichten: Die Ententekommission, das sind Beamte der Siegermächte, hatte auf einem tausend Morgen großen Gelände von Dr. Schurich bei Schwanebeck mehrere Hundert Waggons abgestellt. Dies Gelände war im Krieg von der Reichswehr mit Gleisanlagen versehen und als Munitionslager verwendet worden. Dr. Schurich hatte die Ententekommission drei Jahre lang immer wieder aufgefordert, sein Gelände zu räumen. 1925 setzte er eine letzte Frist dafür, und als sich die Kommission, die meinte, nur staatliche Stellen hätten das Recht, mit ihnen zu sprechen, wieder nicht meldete, ließ er durch seinen Bauingenieur Klapproth mit Seilwinden alle Waggons von den Gleisen auf ein Stück seiner Felder ziehen, alle Schienen abreißen und auf dem Acker Weizen säen. Als die Ententekommission das erfuhr, verlangte sie Schadenersatz. Dr. Schurich dagegen verlangte für sein Gelände Pacht. Man einigte sich schließlich, indem Dr. Schurich für die Pacht die Waggons zur Verschrottung erhielt, denn diese vom Acker wegzutransportieren, wäre viel zu teuer geworden. Papa kaufte ihm die Schrottwaggons ab. Beim Auseinanderschneiden wurde dann viel Nutzeisen gewonnen, sodass dies für uns ein gutes Geschäft war.

Anfang 1929 erhielt Papa den Zuschlag für den Abbruch der Gasanstalt Berlin-Schmargendorf. An so ein großes Objekt hatte er sich vorher noch nie herangewagt und er musste scharf kalkulieren, also rechnen, weil andere Berliner Firmen auch Angebote machten. Er ließ durch seinen Vorarbeiter Schwer, der Erfahrung darin hatte, prüfen, ob die Vermauerung der vielen Millionen Mauersteine mit Zement- oder Kalkmörtel erfolgt war. Kalkmörtel geht von den Steinen viermal leichter abzuputzen als Zementmörtel, deshalb war es sehr wichtig, diese Frage zu klären.

Schwer stellte Kalkmörtel fest und darauf beruhten zum Teil Papas Berechnungen, denn die anderen Objekte waren Gleis- und Verladeanlagen, große Gasbehälter und sonstige Eisenkonstruktionen. Wir bekamen die Arbeit und bemerkten mit Erschrecken, dass die vielen 1 Meter starken Pfeiler zwar außen mit Kalk-, innen aber mit Zementmörtel vermauert waren. Das war so schlimm, dass Papa befürchtete, dort müsste zwei Jahre umsonst oder gar mit Verlust gearbeitet werden.

Schwer konnte zum Abputzen aber eine Taubstummen-Kolonne anwerben, die billiger als andere arbeitete, sodass wenigstens kein Verlust entstand. Außerdem war so auch der vorgegebene Termin bis

Abbruch der Gasanstalt Berlin-Schmargendorf

Ende 1929 einzuhalten. Die Gleis- und Konstruktionsanlagen waren inzwischen auch zu ordentlichen Preisen verkauft worden, nur die Überdachungen der großen Kohlenbunker hatten sie bis zuletzt stehen lassen, damit die Leute, vor schlechtem Wetter geschützt, abputzen konnten.

Eigentlich wollten sie die Dächer zusammenreißen, als sich plötzlich Berliner Dachdecker für die Schieferdachplatten interessierten. Nun war Papa aber hellhörig geworden. Er ließ ein paar Schieferplatten von Fachleuten untersuchen und die stellten den Schiefer als wertvolles, englisches Material fest. Ein Dachdecker kaufte schließlich die Dachdeckung für 10000 Mark und führte die Demontage mit eigenen Leuten durch. So war bei dieser gefährlichen Arbeit, einige Unfälle waren passiert, jedoch ohne ernsthafte Verletzungen von Menschen, noch ein großer Betrag für uns übrig geblieben. Die Sorgen über die mit Zementmörtel vermauerten Steine waren durch das Glück mit den Schieferdächern ausgeglichen worden.

Als letztes bleibt noch die Geschichte mit der ›Marke BUM‹«.

»Das ist ein lustiges Wort, aber ich weiß, es steht auf den Tüten, die da hinten im Lagerraum verpackt werden!«

»Richtig, vor einem Jahr kam ein Mann namens Justus Müller zu Papa und bot ihm an, das Rezept für ein von ihm entwickeltes Kraftfutter zu verkaufen, das bei dem landwirtschaftlichen Vieh die Fresslust steigert und die Knochenweiche und Bewegungssteife verhindert. Er ließ eine Mustertüte da, Papa wollte allerdings nicht noch etwas Neues anfangen. Justus Müller fehlte jedoch Kapital, um selber eine Produktion zu beginnen.

Ich nahm mir die Tüte, mischte unserem Vieh, auch den Hühnern, den Futterkalk unter das Fressen und bemerkte bald eine gute Wirkung. Als Papa das hörte, rief er Müller doch an, machte mit ihm einen Vertrag, sodass er pro 100 Mark verkaufter Ware 3 Mark für das Rezept abbekam, und wir begannen mir der Produktion. Das Mittel besteht aus einer besonderen Kalkart, der ganz bestimmte teure Kräuter beigemischt werden.

Müller und vier unserer Eisenvertreter, die er nun auch für die ›Marke BUM‹ angelernt hatte, haben viele Kunden geworben, deine beiden Opas überwachen das genaue Mischverhältnis und das Verpacken, und wir erhalten im Augenblick so viele Bestellungen, Erfolgs- und Dankschreiben, dass wir mit der Herstellung kaum nachkommen.«

»Und warum steht auf den Tüten BUM? Da knallt doch nichts!«

Meine Mutter lachte. »Vielleicht knallt ja doch was bei den Tieren hinten raus, aber im Ernst, ein wirksamer, einprägsamer Name ist für eine Ware sehr wichtig. Als Papa nach einer Bezeichnung dafür suchte und mich fragte, sagte ich ›BUM‹. Er griente und meinte: »Was soll denn das nun wieder heißen?« – »Broziat und Müller« sagte ich, »das sind nämlich die Anfangsbuchstaben der drei Worte« – und froh wurde dieser Name von allen angenommen.« – »Bum, bum!«, rief ich, »das ist aber lustig«, lief dreimal mit Benno um den Tisch und dann ins Bad, um mich fertig zu machen.

Eigentlich wollten die Eltern an diesem Oktobertag nach Rheinsberg fahren und im Schlossgarten mit uns spazieren gehen, aber ein Dauer-

regen machte ihnen einen Strich durch die Rechnung. So saßen sie im Wohnzimmer und unterhielten sich über die Wochenereignisse, während Günter und ich im angrenzenden Herrenzimmer unsere Automodelle umherschoben. Else passte einen günstigen Augenblick ab.
»Oskar, schau mal, wie sich das Mobile bewegt!«
»Willst du das Thema etwa wieder aufgreifen?« – »Höre ich nicht immer zu, wenn du ein Thema hast?« – »Ja!«
»Hast du mich lieb, Oskar?« – »Das weißt du doch!« – »Auch wenn du jetzt zuhören sollst?«
»Du machst es aber spannend!«
»Nun gut, schau dir das Gebilde einmal richtig an. Im Lexikon beginnt die Beschreibung mit den Worten: Ein austariertes, bewegliches Gebilde. Weißt du, wo das Wort ›Gebilde‹ in einem für uns ganz wichtigem Satz vorkommt?« Nach einiger Überlegung verneinte Oskar. »In der Botschaft an Julius: Wandere, schaffe ein Gebilde und so weiter. Dieser Satz soll stets die Leitlinie unserer Firma sein. Das Mobile jedoch ist die plastische Firmendarstellung, an der wir lernen können.«
»Meinst du? Wie das?« Oskar war sichtlich interessierter geworden.
»Schau, die schematische Darstellung einer Firma auf dem Papier sieht etwa so aus wie ein starres Mobile. Doch ein richtiges Mobile ist in den Querstreben beweglich und austariert. Das Gleichgewicht, sei es in den obersten oder untersten Etagen, ist Voraussetzung, dass das Gebilde funktioniert, das heißt, beweglich bleibt. Das kann, übertragen auf die Firma, in der Ausstattung mit Personen, Kapital, Ausrüstung, Vollmachten oder anderen Dingen liegen. Befindet sich zum Beispiel die Abteilung in personeller, gut ausgerüsteter Harmonie, so wird sie gewinnbringend arbeiten, hängt im Mobile oder in der Abteilung der ›Haussegen‹ schief, so ist die Beweglichkeit dahin.« Else ging zum Mobile, blies langsam dagegen. Alles richtete sich so in den Luftstrom, dass am wenigsten Widerstand gebildet wurde. »Sieh, noch ein Schaubild. Der Luftstrom stellt die Strömung der Wirtschaft dar, das austarierte Mobile dreht sich so, wie es sich am günstigsten im Wind halten kann, ein schief stehendes würde darin hin und her schwanken. Mit anderen Worten: Entstehen in der Firma Schwierigkeiten, betrachte ein Mobile und ordne den verschiedenen Stäben Gewichtungen zu, die den betrieblichen Verhältnissen entsprechen. Das

kann gedanklich, ja sogar praktisch geschehen. Ich glaube, es könnte uns ein gutes Hilfsmittel sein, Ärger in struktureller Hinsicht im Betrieb zu vermeiden und frühzeitiger Erkenntnisse bringen, als es bisher üblich ist. Jetzt bist du mehr auf instinktives Handeln angewiesen. Können die Dinge aber anschaulich gemacht werden, sind sie geistig auch einfacher zu verarbeiten und in die Tat umzusetzen.«

»Was habe ich doch für ein kluges Mädchen geheiratet«, sagte Oskar und umarmte liebevoll seine Frau.

8. Kapitel

Die Olympischen Spiele waren für 1936 nach Deutschland vergeben worden. Hitler zögerte 1933 die Zusage für die Veranstaltung hinaus. Der Präsident des Deutschen Sportbundes, Carl Diem, konnte Hitler jedoch von der Werbewirksamkeit der Spiele in der Welt überzeugen. Nun blieben nur noch drei Jahre, um die Sportstätten zu planen und aus dem Boden zu stampfen.

In Berlin hatte man ein großes Areal für das »Reichssportfeld« frei gemacht. Hier sollten die entsprechenden Disziplinen ihre zugeordneten Gebäude erhalten. Zentralpunkt war das hunderttausend Menschen fassende Olympiastadion. Vor den Toren Berlins nach Westen hin, nur 15 Kilometer von Nauen entfernt, sollte in Dallgow-Döberitz das Olympische Dorf, die Wohnstätten der Sportler, entstehen. Da in der Nähe seit vier Jahren die Militäranlagen ausgebaut wurden, konzipierte man die Wohnanlagen von vornherein so, dass sie später mit wenig Aufwand als Kasernengebiet oder Militärlazarett umgestaltet werden konnten.

Wenn das Haupthaus auch nach dem Reichspräsidenten Hindenburg benannt wurde, so bekamen die anderen Gebäude ihre Bezeichnungen nach deutschen Städten. Alle sollten mit ausgewachsenen Bäumen umgeben sein. In drei Jahren aber waren keine ansehnlichen Bäume hochzutreiben.

Die Firma Broziat, durch langjährige Arbeiten in Dallgow-Döberitz längst als zuverlässiger Betrieb bekannt, bewarb sich mit anderen um die Arbeit, große Bäume anzupflanzen und bekam dafür den Zuschlag. Die Bedingungen dafür waren hart: 1000 RM Konventionalstrafe für jeden Baum, der nicht anwuchs! Entsprechend gut war aber auch die Bezahlung.

Oskar hatte vor der Angebotsabgabe seine Verbindungen aus dem Handel mit Leittriebklammern für Baumokulierungen genutzt und Baumschulfachleute eingehend befragt. Nun engagierte er Garten-

Baumverpflanzung im Olympischen Dorf 1935

baumeister und Gehilfen aus Rellingen bei Hamburg. Unter deren Anleitung unterhöhlten seine Leute mittig das Wurzelwerk der Bäume, gaben der Erde mit Jute Halt, unterbauten die jeweiligen Hohlräume mit Holzbohlen, die mit Querbalken verstärkt wurden, dann kamen die Seiten dran, bis unter dem Wurzel- und Erdballen eine Palette entstanden war, auf der die Bäume über Rollen eine ansteigende Sandfläche empor mit Flaschenzügen auf selbst gebaute Plateau-Rollwagen gezogen wurden. Über spezielle brückenfreie Strecken konnte man sie dann zum Olympischen Dorf transportieren, um sie an den vorbestimmten Stellen im umgekehrten Verfahren einzupflanzen. Hunderte von Bäumen mussten diese Prozedur über sich ergehen lassen. Alle wuchsen unter der sorgfältigen Behandlung an und standen zu den Olympischen Spielen im schönsten Grün um die Häuser ihres Städtenamens.

Der Tiefbauleiter, Architekt Rudolf Günther, war von der Arbeitsweise der Firma Broziat so beeindruckt, dass er an sie große Posten Erdarbeiten des Olympischen Dorfes vergab. Oskar hatte kurzfristig fahrbare Förderbänder, die neu entwickelt waren, angeschafft und damit die Arbeit wesentlich rationalisiert. Musste vorher die Erde aus einer Baugrube von Stufe zu Stufe hochgeschaufelt werden, so warfen die Arbeiter die Erde nur noch in die Fördermulde und das Laufband transportierte den Boden direkt auf den Anhänger, mit dem er abgefahren wurde. Die Einhaltung der vorgegebenen Termine bereitete nunmehr keine Schwierigkeiten.

Von Liesegang in Dyrotz hatte Oskar 1930 ein morastiges Gelände zur Ausbeutung gepachtet, das tief mit Mutterboden durchsetzt war. Dieser Humus eignete sich hervorragend für die Baumbepflanzungen. Nun bekam er auch die Aufträge zur Lieferung desselben für das Reichssportfeld. So waren die Betriebszweige Transporte, Erdarbeiten und Bodenlieferungen bis zum Beginn der Olympischen Spiele drei Jahre lang voll beschäftigt und über hundertfünfzig Leute hatten dadurch Lohn und Brot.

Dann war da noch das Problem der Planer mit dem Rasen für das Stadion. Man wusste, dass die Fertigstellung der Bauarbeiten dieser imposanten Sportstätten sich bis kurz vor Beginn der Spiele hinziehen würde. Es blieb also keine Zeit, um einen strapazierfähigen Rasen wachsen zu lassen. Oskar wusste eine Lösung. Auf den Feldern der Landwirtschaft seines Vaters säte man zwei Jahre vorher Rasen an und pflegte ihn sorgfältig, der dann in quadratische Stücke geschnitten, abgestochen und per Lastwagen zur Verlegung ins Stadion gefahren wurde. Vorherige Versuche überzeugten die Architekten. Oskar ließ von seinem Meister, Alfred Mosolf, eine Schneidemaschine mit parallelen Stahlscheibenschneiden im Abstand der Rasenquadrate konstruieren, mit der die Rasenplagen wunschgemäß geschnitten wurden. Es kam dann schlimmer als vorgesehen. Die Fertigstellung der Sportbauten verzögerte sich, doch dank Oskars Umsicht, den Rasen ortsfremd anzusäen, konnte die letzte Rasenplage zwölf Tage vor der Eröffnung der Spiele verlegt werden und der Rasen war so gut, dass er allen Belastungen standhielt.

Zum Dank bekam der Betrieb sechzig Freikarten zur Eröffnungsfeier. Wie auch zum Abschluss strahlten hundert Scheinwerfer der Luftwaffe in den Nachthimmel und verwandelten das Stadion in einen riesigen Lichtdom. Die neuen Machthaber ließen darunter Zeremonien ablaufen, die die Zuschauer aller Länder zu Begeisterungsstürmen hinrissen und überall in den Wochenschauen der Kinos gezeigt wurden. Die Nationalsozialisten gaben sich alle Mühe, um auf der Weltbühne hoffähig zu werden und erreichten dies Ziel weitgehend.

Mein Vater hatte zum Hockeyspiel Deutschland-Indien zwei Freikarten der ersten Reihe zugesandt bekommen, Absender war die indische Mannschaft. Ich, gerade zehn Jahre alt, durfte ihn begleiten. Als wir ankamen, war die gesamte Nauener Hockeymannschaft versammelt, die vor fünfzehn Jahren die indische Nationalmannschaft besiegt hatte. Das war von den Indern nicht vergessen worden und in sportlicher Fairness erwiesen sie so ihren Dank und bereiteten den Nauenern eine riesige Freude. Staunend erlebte ich zum ersten Mal eine richtig ausgelassene Männerrunde.

Die Ereignisse ließen uns bis 1936 voreilen, kehren wir zum Jahre 1932 zurück.

Trotz tiefer wirtschaftlicher Rezession lief der Betrieb hervorragend. Meine Eltern, sich ideal ergänzend, hatten das Heft fest in der Hand. Die Abteilungen des Betriebes waren in sich harmonisch abgestimmt. Wie in einem Getriebe griff ein Zahnrad ins andere. Die Beschäftigten waren glücklich, Arbeit zu haben und entlohnt zu werden. Zu viele ihrer Kollegen konnten mit dem wenigen Arbeitslosengeld den Hunger ihrer Familien nicht stillen. Gerade deren Not bildete den fruchtbaren Nährboden für die Nationalsozialisten, die Vollbeschäftigung versprachen. Mein Vater, inzwischen Stadtverordneter der Wirtschaftspartei, bekam von den zwei Abgeordneten der Nazis in den Sitzungen wenig zu spüren. Sie redeten nicht viel, aber Mutti hatte gegen die Rechten (wie auch gegen die Linken) einen tiefen Argwohn. Immer wieder warnte sie ihren Mann, sich keine Blößen zu geben, denn die Berichte über die Reden und Taten dieser Partei waren beängstigend.

Der Vertreter von »Adler« hatte Papa schon mehrfach besucht und ihm die neue Fahrzeuggeneration angepriesen, nämlich den »Adler Trumpf« mit Vorderradantrieb. Ich kannte den Herrn schon und schmuggelte mich jedes Mal in die Besprechung mit hinein. Schließlich war Papa zum Kauf entschlossen, Mutti sollte die Ausführung und Farbe des Fahrzeugs bestimmen. Sie wählte ein Cabriolet, resedafarben, mit feinen goldenen Längsstreifen abgesetzt. Ich jubelte, endlich kam ein neues Auto. Auf Feldwegen hatte ich ja hin und wieder den alten »Adler« steuern dürfen, wenn mein Papa mich auf den Schoß nahm, aber die Schlaglöcher rissen mir die schwere Lenkung schnell aus der Hand, sodass Papa immer wieder eingreifen musste. Das würde nun wohl anders sein, denn der Vertreter hatte gesagt, das neue Auto könne bei aller Geschwindigkeit nicht aus der Kurve getragen werden, der Vorderradantrieb ziehe es immer wieder in die angesteuerte Richtung. Alle waren glücklich: Der Vertreter hatte die teuerste Ausführung verkauft, Mutti hatte mit dem Cabriolet das schickste Auto gewählt, Papa freute sich, ihren Wünschen finanziell nachkommen zu können, ich hoffte, nun bald einmal selbst fahren zu dürfen und Günter zeigte immer wieder auf den Prospekt und sagte: »Audo!«

Der Kauf übte auf meine Mutter jedoch noch einen anderen Reiz aus. Schon früher hatte sie den Wunsch geäußert, den Führerschein zu erwerben, was Papa mit der Bemerkung ablehnte, Auto fahren sei reine Männerangelegenheit. Nun half ihr ihre Freundin Ilse Bree mit »Einladungen«, in deren Zeiten sie dann zum theoretischen Fahrschulunterricht ging. Die Unterrichtsstunden waren mit dem Fahrlehrer auf Zeiten abgestimmt, in denen ihr Mann unterwegs war. Eines Tages, als der »Adler Trumpf« sie durch die havelländischen Wälder trug, sagte meine Mutter: »Lass mich doch einmal fahren!« – »Wollen wir jetzt etwa über Feldwege stuckern?« – »Ich will auf der Straße fahren!« – »Das darfst du nicht!« – »Doch, hier ist mein Führerschein!« Papa hielt an, besah sich eingehend den Ausweis, grinste und ließ sie ans Steuer. Sie fuhr zügig und recht sicher. Obgleich er sich überrumpelt fühlte, war er doch stolz, neben der ersten Nauenerin zu sitzen, die eine Fahrerlaubnis besaß.

Meine Mutter hatte einen neuen Arbeitsbereich für sich erwirkt. Nun erledigte sie die Frachtpapiere bei der Bahn, Lohngeldzahlungen auf den Baustellen und vieles mehr. Allein, es gebot sich nicht mehr, mit offenem Verdeck und wehenden Haaren durch Nauen zu fahren, wozu sie insgeheim doch das Cabriolet erwählt hatte, zu leicht war unter den neuen Machthabern der Neid ihr nicht gut gesinnter Leute erregt. Sie war zu klug, um andere durch Äußerlichkeiten herauszufordern. Eine Zeit war gekommen, in der man nicht auffallen durfte.

30. Januar 1933. Oskar war mit Franz Dalchow nach Berlin in die Gartenbau-Hochschule gefahren, um wichtige Vorbereitungen für den nächsten Baumschulkongress in bezug auf die Leittriebklammer zu treffen. Professor Maurer schien von den inzwischen erfolgten Verbesserungen an der Klammer begeistert zu sein. Diese Stimmung übertrug sich auf Dalchow und Oskar und er lud die beiden zum Abendessen in eine Gaststätte ein, nahe beim Regierungsviertel. Verwundert hatten sie überall SA-Leute in braunen Uniformen gesehen, die in ähnliche Richtung strebten, die auch sie anfuhren. Menschenansammlungen waren auf den Straßen. Im Restaurant erfuhren sie: Hitler ist zum Reichskanzler ernannt worden. Sie beeilten sich mit dem Essen, Oskar wollte über Seitenstraßen nach Nauen fahren, aber als sie aus der Tür traten, wurden sie vom Menschenstrom erfasst. Eingekeilt in die Masse, schob sich diese mit »Sieg Heil«-Rufen an der Reichskanzlei vorüber.

Hitler stand im Scheinwerferlicht mit seinen Genossen auf dem

Balkon, immer wieder den Arm zum »Deutschen Gruß« erhebend, und ließ sich von der schreienden Menge feiern. Dazwischen wurde eine Bahn von Polizeikräften für den Fackelzug der braunen Kolonnen freigehalten. Die drei riefen sich immer wieder zu, ja aufrecht zu bleiben, um von der Menge nicht nieder getrampelt zu werden. Endlich konnten sie, an mehreren Nebenstraßen vorbeigeschoben, in eine solche entweichen. Erschöpft verabschiedete sich Professor Maurer an einer Straßenbahnhaltestelle und auf Umwegen gelangten Oskar und Dalchow zum Wagen.

Unterwegs schwärmte Dalchow von dem neuen Reich, das Hitler nun schaffen werde und eröffnete Oskar, dass er heimlich seit einem Jahr Parteimitglied sei und dass ihnen zugesagt wurde, nach der Machtergreifung erhielten sie alle einträgliche Posten. Dalchow hatte beim Essen dem Alkohol gut zugesprochen, seine Zunge war gelöst, er erzählte von Hitlers Buch »Mein Kampf«, in dem er die Befreiung von der Diktatur der Siegermächte und ein erstarktes Deutschland vorhersagte, für das die Arbeitskraft des »arischen« Menschen die Basis bilden sollte. Ein Seitenblick Oskars, auf den aufgedunsenen, vom Instrumentenlicht schemenhaft beleuchteten Körper seines Mitfahrers, ließ ihn innerlich bei dem Gedanken erheitern, ob dieser der »nordischen Rasse« wohl zuzurechnen sei. Einige Wirtschaftspassagen, die Dalchow zitierte, ließen ihn jedoch aufhorchen und zusammen mit der erlebten Begeisterung an der Reichskanzlei ebbte seine Aversion gegen die Nationalsozialisten merklich ab.

Er brachte Dalchow nach Hause. Else eilte sogleich zur Garage, als sie hörte, dass Oskar endlich heimkam. Sie war in großer Sorge durch die Radioberichte vom Tagesgeschehen. Oskar schilderte die Gespräche mit Professor Maurer, das fürchterliche Geschiebe an der Reichskanzlei entlang und was Dalchow ihm im Auto anvertraut hatte. Das Misstrauen gegen die neuen Machthaber war bei Else nicht abzubauen. »Hüte dich, es wird alles anders, wenn sie erst fest im Sattel sitzen, ich habe vor denen große Angst!«

Das Gremium der Stadtverordneten hatte sich verändert. Die Nationalsozialisten waren in der Mehrheit, die Vertreter der Wirtschafts- und bürgerlichen Parteien noch geduldet, die der linken entfernt. Oskar hatte in mehreren Sitzungen darzulegen versucht, dass bestimmte Maßnahmen, die die Nazis beschlossen, unwirtschaftlich seien und der Stadt Schaden eintragen würden. Der Sprecher der Nazis warnte ihn, Leitlinien des Führers in Frage zu stellen. Das werde im neuen Staat sehr schnell als Sabotage geahndet: »... und was Sabotage ist, bestimmen wir!« Oskar wehrte sich damit, dass seine Vorschläge für die Stadt nützlich und nicht schädlich seien, aber er legte in den nächsten Tagen, nachdem er sich mit Else und Freunden beraten hatte, sein Mandat nieder. Das jedoch wurde ihm von den Nazis auch angekreidet, er stand auf der schwarzen Liste.

Der Röhm-Putsch Ende Juni 1934 war den Nazis der willkommene Anlass, ihre Kritiker zu eliminieren, einzusperren oder in Angst zu versetzen. Oskar bekam einen anonymen Anruf. »Verschwinde für ein paar Wochen!«, sagte die Stimme. Er meinte einen Sportfreund erkannt zu haben, der in einer Nazidienststelle saß.

Hastig wurden wenige Sachen gepackt und unauffällig in den Wagen gebracht. Oskar fuhr nach Schwerin an der Warthe, zu Elses Schwester und Schwager, sie telefonierte vom Apparat einer Freundin. Für Benachrichtigungen hatten sie einige verschlüsselte Worte festgelegt und lernten daraus, dass für solche Fälle zukünftig eine feste Vorbereitung vorhanden sein musste.

Prompt kam am Reisetag auch der Anruf, Oskar möge sich sofort auf der Polizeidienststelle melden. Else antwortete, er sei auf einer großen Reise, zum Verkauf der Leittriebklammern, sie könne ihn leider nicht erreichen. Nach fast drei Wochen ließ sich der anonyme Anrufer mit Else verbinden, sagte »Entwarnung!« und Oskar konnte aus Schwerin zurückkehren. Elses immer wieder geäußerter Argwohn war zur Wirklichkeit geworden.

9. Kapitel

Die Firma gedieh unter der umsichtigen Führung weiter. Oskar hatte 1932 den sogenannten zweiten Platz gekauft, ein Grundstück von etwa 6000 Quadratmeter, das in gleicher Achsrichtung zu dem der Hamburger Straße 22 um 50 Meter nach Westen versetzt verlief und am unbefestigten Ausläufer der Schützenstraße lag. Oskar ließ das Straßenstück auf eigene Kosten ebenso befestigen wie das neue Grundstück und hatte nun endlich genügend Fläche zum Abstellen der vielen Geräte.

Die besten Gewinne im Schrotthandel waren durch die Materialsortierung zu erzielen, denn die Stahlwerke zahlten für sortengenaue Lieferungen höhere Preise als für irgendwelche Schrottgemenge, weil damit die Erstellung der Schmelze vereinfacht wurde. Auf dem ersten Platz war das Sortieren wegen der Beengtheit nur begrenzt möglich, aber auf dem zweiten Platz ließ Oskar im Laufe der Zeit circa sechzig Klinkerbunker mauern, zwischen denen eine Betonstraße mit eingelassenem Feldbahngleis entlangführte. Jeder Bunker fasste mehr als eine Waggonladung. Vom Lastwagen oder Anhänger wurde in die verschiedenen Kipploren sortiert und mit diesen das Material zu den entsprechenden Bunkern gefahren.

Nur wenige wissen, dass bei Stahlschrott bis zu vierzig verschiedene Qualitäten auseinandergehalten werden und die Preise dafür bis zu 300 Prozent differieren. Die überschüssige Zahl der Bunker wurde natürlich bei größerem Anfall einer Sorte doppelt oder dreifach genutzt. Besonders lukrativ war das Aussondern von verwendungsfähigem Nutzeisen, wie Träger, Rohre, Bleche und so weiter, das gern zum halben Neueisenpreis gekauft wurde.

Baurat Schütte von der Kreisverwaltung forderte Oskar Ende 1933 auf, sich im Reichs-Arbeitsdienstlager Börnicke Feldbahnmaterial anzusehen und dafür ein Gebot abzugeben. Oskar kam zu dem umzäunten, mit Stacheldraht abgesicherten Gelände, zog am Tor eine

Glocke und zu seiner Verwunderung öffnete ein SA-Mann. Er fragte nach der RAD-Leitung und erhielt die Antwort, dass der Arbeitsdienst für längere Zeit zum Autobahnbau abkommandiert sei, aber wegen der Gleisbesichtigung werde er den Sturmführer holen.

Es kam ein gewisser Beiersdorf, verlangte einen anständigen Heil-Hitler-Gruß und erst einmal Geld für einen Kasten Bier und eine Flasche Schnaps. Dann zeigte er das Feldbahnmaterial. Oskar schrieb sich Größen und Anzahl auf und sah im Vorbeigehen an einer Baracke einige Karrdielen liegen. Er fragte, ob auch noch Posten solcher Dielen verkauft würden. Beiersdorf grinste, sagte: »Nee« und pfiff auf seiner Trillerpfeife.

Mehrere SA-Männer kamen herausgelaufen, einer machte Meldung über die Zahl der Wachleute und Gefangenenbelegung der Baracke. »Bretter auslegen, alle raustreten!«, kommandierte Beiersdorf. Oskar sah nun, dass aus den Brettern lauter Nagelspitzen schauten, sah die bleichen, gepeinigten Gesichter der Gefangenen, von denen er etliche als Nauener Beamte, Geschäftsleute und Arbeiter erkannte. Auf ein weiteres Pfeifsignal trieben die SA-Leute die barfüßigen Menschen mit Hundepeitschen über die Nagelbretter. Entsetzt schrie Oskar Beiersdorf an, er solle Einhalt gebieten. Der lachte und sagte: »Das habe ich dir nur gezeigt, damit du weißt, was dir blüht, wenn du gegen uns bist! Quatscht du davon was aus, bist du sowieso hier!«

Oskar hatte mit Grausen den Beginn eines Konzentrationslagers erlebt. Bei Baurat Schütte gab er ein so niedriges Gebot ab, dass jemand anderes den Zuschlag für das Material erhielt. Nun war er sich endlich mit Else im Klaren, was durch die Nazis auf das deutsche Volk zukam und welche Vorsicht in ihrer exponierten Position geraten war, um nicht als Regimegegner eingestuft zu werden, besonders wenn man der NSDAP nicht beitrat.

Die Geschäfte liefen nach der Machtergreifung durch Hitler keineswegs schlechter, denn die Nationalsozialisten schafften es in erstaunlich kurzer Zeit unter der Beratung des Finanzwissenschaftlers Hjalmar Schacht tatsächlich, der Wirtschaft neuen Schwung zu geben und die hohen Arbeitslosenzahlen abzubauen. Waren vorher für die Sicherheit des Banknotenumlaufs die Goldreserven der Reichsbank vorgeschrieben, so führte Schacht zusätzlich den Wert der Gesamtarbeitsleistung, also des Bruttosozialprodukts, ein und ließ diesen als

Deckung für den Geldumlauf fungieren. Damit bekamen die Banken mehr Spielraum für Kreditvergaben, die Betriebe hatten wieder Mut zu investieren, die Wirtschaft fing an zu boomen.

Nur wenige bemerkten, dass der eigentliche Impulsgeber der neue Staat war, der versteckt, unter Geheimhaltungsverpflichtungen, die Aufrüstung begann. Bereits 1931 hatte das Reich ein Gesetz zur Förderung des freiwilligen Arbeitsdienstes verabschiedet und Einrichtungen dafür geschaffen. Diese sahen die Nazis als ausbauwürdige Basis für den vormilitärischen Dienst und verordneten mit der Einführung der Wehrpflicht sofort auch die Arbeitsdienstpflicht, nach der jeweils ein Jahrgang junger Leute einzuziehen war.

Geschickt wurden damit drei Ziele zugleich erreicht: Erstens kamen Hunderttausende junge Arbeitslose von der Straße, zweitens wurden sie im nationalsozialistischem Sinne vormilitärisch gedrillt und erhöhten damit das wehrfähige Potenzial der von den Siegermächten auf hunderttausend Mann begrenzten Reichswehr, und drittens stand ein ganzer Jahrgang billiger Hilfskräfte für den Bau staatlicher Objekte, insbesondere der strategisch wichtigen Autobahnen, zur Verfügung. Abgesehen von der politischen Absicht, war das Arbeitsdienstjahr, das die jungen Leute nach Lehr- oder Oberschulabschluss zu leisten hatten, für ihre körperliche Konstitution recht förderlich, denn der tägliche Umgang mit Schaufel und Spaten, die zusätzlichen Sportveranstaltungen und die Begegnungen mit Wind und Wetter, ließen viele Verweichlichte als sportgestählte, gesunde Männer heimkehren.

Schließlich war auf die Nazis als großes Geschenk noch die Ausrichtung der Olympischen Spiele 1936 von der Vorregierung übergegangen und sie verstanden das unter ihrem Propagandaminister Göbbels weidlich auszunutzen. Kein Ereignis konnte günstiger sein als dies, mit seinen ganzen Vorbereitungen an den Austragungsorten der Winter- und Sommerspiele, um die übrige Welt von den wahren Absichten abzulenken und sich vorerst als tolerantes, friedliebendes Land darzustellen. Drangsalierungen gegen anders Denkende wurden zurückgefahren, die Ängste vieler vor den radikalen Machthabern ließen nach. Olympia stand im Vordergrund.

Ein Unruheherd waren jedoch die Forderungen alter Parteigenossen, denen ihre Oberen früher, unabhängig von ihren Fähigkeiten, Wohlstand, Ämter und Pfründe versprochen hatten, falls sie an die Macht kommen würden. Hitler selbst hatte das drastisch durch Röhm und seinen Anhang zu spüren bekommen. Er ließ sie kurzerhand erschießen, um sein Versprechen nicht einlösen zu müssen. Aber die kleineren Wünsche der »Getreuen« konnte man ja dadurch befriedigen, dass man die Reichen der schwarzen Liste schröpfte.

Also war dafür auch Oskar an der Reihe. Unter dem Namen »NS-Hago« hatten die Nazis eine Dienststelle eingerichtet, die Fabrikations- und Handelsbetriebe von »artfremden« Betriebszweigen bereinigen sollte. Oskar wurde zur NSDAP-Kreisleitung bestellt und Kreisleiter Grüneberg eröffnete ihm, er betreibe nach Feststellung der NS-Hago mit der Kraftfutterherstellung ein artfremdes Gewerbe, das abgegeben werden müsse. Oskar erklärte ihm, dass die Herstellung ganz im Sinne einer guten Volksernährung sei und bot an, Erfolgs- und Dankschreiben der Anwender vorzulegen.

»Das ist ja umso besser, wenn die Wirkung des Mittels so gut ist. Die Herstellung soll ja nicht eingestellt werden«, meinte Grüneberg, »nur Sie sollen das nicht machen, sondern ein Kompetenterer wird die Fabrikation fortführen und merken Sie sich das, es ist ein Befehl von höherer Stelle, wagen Sie es nicht, sich dem zu widersetzen! Da ist der Genosse Schoof, übrigens ein altes Parteimitglied, dem das Objekt zugesprochen wurde, und ich verlange die Vollzugsmeldung in zwei Monaten. Sie sind entlassen!« Wortlos ging Oskar unter dem schadenfrohen Gelächter des Kreisleiters.

Es kannte Schoof als Zigarrenhändler in Nauen und grübelte mit Else über die Hintergründe. Für den nächsten Tag bestellte er Müller und die fünf anderen »Marke BUM«-Vertreter zu sich. Sie waren entsetzt, ihren Chef verlieren zu müssen, unter dem sie alle ihr gutes Auskommen gehabt hatten.

Nun stellte sich auch heraus, dass der Vertreter Merten seine Tabakwaren bei Schoof kaufte. Dem hatte er vorgeschwärmt, wie erfolgreich das Mittel war, wie gut es den Tieren bekam, wie deshalb die Bestellungen von gewonnenen Kunden automatisch einliefen. Geschickt hatte Schoof bei Mertens weiteren Besuchen in seinem Laden Einzelheiten abzufragen gewusst, um sich nun das lukrative Geschäft einzuverleiben.

Schoof kam unangemeldet und trat sofort wie der Eigentümer im Befehlston auf. Else und Oskar wussten, es war zwecklos, sich mit ihm anzulegen, und übergingen alle Anzüglichkeiten. Oskar nahm mit ihm die Bestände auf, legte die Werte anhand der Einkaufsrechnungen fest, bewertete vorsichtig die Geräte, Mischmaschinen und Waagen. Dennoch war Schoof alles zu teuer, er drohte mit der Macht der Partei. Oskar gab nach, wollte schnell von der Sache freikommen, sie war ihm zum heißen Eisen in der Hand geworden. Dann wurde alles gratis zu den von Schoof angemieteten Räumen gefahren. Oskar bat um die Bezahlung der vereinbarten Summe. Die müsse er erst verdienen, meinte Schoof, die Partei werde ihm schon helfen.

Müller, jetzt für Schoof arbeitend, berichtete immer wieder vom neuen Vertrieb. Eindringlich hatte er ihn mehrmals ermahnt, ja dafür zu sorgen, dass die Rezeptur genau einzuhalten sei, um den Erfolg nicht in Frage zu stellen. Zuerst klappte der Versand schlecht, dann stimmten die Einwaagen nicht und nach einem Jahr, als die Vorräte der teuren Beimengungen und Kräuter aufgebraucht waren, ließ Schoof, ohne ihm etwas zu sagen, nur noch reinen Futterkalk in die Tüten füllen. Diesen Betrug gegen die Abnehmer merkten diese bald, als die gute Wirkung bei den Tieren nachließ. Ihre Bestellungen blieben aus. Der Betrieb ging nach zwei Jahren ein, die »Marke BUM« war unter dem neuen Chef »schooflich« gescheitert. Oskar wollte einen Bericht an den Kreisleiter geben, denn Schoof hatte sich ja kriminell gegen die Kunden und den Volksernährungsplan der Nazis verhalten. Er verwarf die Gedanken. Die Führung war selbst kriminell und würde Fehlhandlungen eigener Genossen immer decken.

Doch es gab auch Glücksfälle für die Broziats. Drei Kohlenhändler gab es in Nauen, Kühne, Müller und Broziat. Kühne und Müller neideten Oskar den Brennstoffhandel, den die Firma seit 1899 betrieb. Als Parteimitglieder nutzten sie die NS-Hago, um diesen zum Gesamtbetrieb als artfremd mit inkompetentem Inhaber einstufen zulassen. Oskar wehrte sich, schrieb an das Reichskohlenkommissariat, wurde zur Anhörung Ende April 1937 vorgeladen.

Es war nicht Oskars Stärke, warten zu müssen, und er saß da nun schon ziemlich lange im Flur, vertrieb sich dann die Zeit mit hin und her gehen, und sah dann ein Türschild: Reichskohlenkommissar. Kurz entschlossen klopfte er und stand nach dem »Herein!« einem früheren Kollegen gegenüber, mit dem zusammen er bei Weichert gelernt hatte. Die Auffrischung von Jugenderlebnissen war viel wichtiger als das eigentliche Thema. Doch dann wurde der Kommissar ernst: »Wenn du nicht in die Partei eintrittst, kann ich dir unmöglich helfen. Deine Konkurrenten in Nauen sind ältere Parteigenossen, da kannst du gegen die Enteignung des Brennstoffhandels nichts machen. Ich lasse mal ein Aufnahmeformular kommen.« Oskar unterschrieb zögerlich und nahm die Dauergenehmigung für den Bestand seines Brennstoffhandels sofort mit. So wird man also erpresst, um die Mitgliederzahlen in die Höhe zu treiben, kreisten seine Gedanken um diesen Vorgang auf der Heimfahrt. Die NS-Hago bekam einen kurzen, nüchternen Bescheid und Kühnes und Müllers Glauben an die Allmacht der Partei einen Stoß versetzt.

Irgendwie musste die Begebenheit Eindruck auf die Kreisleitung gemacht haben. Die Firma bekam mehr Ruhe vor ihren Nachstellungen. Die Parteimaßnahmen standen oft in Gegensatz zu dem, was die eigentliche Verwaltung des Kreises, nämlich das Landratsamt, durchführen musste. Letzteres hatte für den geordneten Ablauf des geltenden Rechts zu sorgen, zu dem viele Parteiinteressen konträr standen. So gab es immer wieder Konflikte zwischen dem Landrat Freiherr von Rheinbaben, Mitglied einer bekannten Diplomatenfamilie, und dem Kreisleiter Grüneberg, einem ehemaligen Fahrkartenverkäufer, der sein Amt als Belohnung dafür erhielt, dass er vor 1933 Göbbels einmal in seiner Wohnung vor dem Polizeizugriff versteckt gehalten hatte. Es ist verständlich, dass diese Qualifikation für eine gedeihliche Zusammenarbeit mit dem Landratsamt nicht ausreichte.

10. Kapitel

Mit der Abwicklung der großen Aufträge zu den Olympischen Spielen hatten meine Eltern sich vorgenommen, ihre Hinwendungen mehr auf die Familie zu konzentrieren. Mir fiel das Schulpensum leicht, Günter war im Kindergarten und Sonntags wurden nun regelmäßige Ausflüge, oft auch zusammen mit Ruhnkes, unternommen. Die Schwägerinnen verstanden sich gut, die Schwager

Else, Horst, Oskar, Günter

auch und die Kinder erst recht. Ruhnkes besaßen kein Auto und die Leute staunten meist, wenn aus dem verhältnismäßig kleinem »Adler-Trumpf« vier füllige Erwachsene und vier Kinder ausstiegen. Herbert war ein Jahr älter als ich, Christa mit mir gleichaltrig und der vier Jahre jüngere Günter verstand es ganz gut, sich in dem Kreis der Kinder zu behaupten.

Im Herbst und Winter waren Waldspaziergänge angesagt mit anschließender Einkehr in die dörflichen Gaststätten und für die warme Jahreszeit hatten sie am Bantikower See, nahe bei Kyritz, einen idealen Badeplatz ausgespäht, der dann immer wieder angesteuert wurde. Der See war wunderhübsch in einen Kiefernwald eingelagert, feiner Sandboden führte mit leichtem Gefälle zum Ufer, das grünliche Wasser war klar und man musste ziemlich weit bis zur Schwimmtiefe waten. Unter der Sonneneinstrahlung bekam das Wasser schnell angenehme Temperaturen, für alle war dieser Flecken der gegebene Erholungsort.

Die Kinder tummelten sich im seichten Wasser, mein Vater und seine Schwester taten dort, wo sie noch sicheren Grund unter den Füßen hatten so, als ob sie schwimmen könnten, Mutti und Fritz Ruhnke schwammen hinaus, begleitet von Warnrufen, sie mögen sich nicht zu weit hinaus wagen. Im weichen Sand, im Schatten der Kiefern lagen die ausgebreiteten Decken beim Picknick, darauf aßen die Kinder natürlich immer lieber die Brote der Verwandten.

Stadtereignisse wurden erzählt, über Politik aber nur dann gesprochen, wenn die Kinder es nicht hörten, das war zu gefährlich. Nachdem Herbert und ich uns ausgebalgt hatten, animierten wir unsere Väter zum Ringkampf. Frauen und Kinder amüsierten sich prächtig, wenn keiner die Oberhand bekam. Die überlegenen Körperkräfte des Schmiedes Fritz glich Papa durch seine Gewandtheit aus. Auf der Rücktour wusste er immer gute Lokale, in die sie zum Abendessen einkehrten und wo er die Zechen großzügig bezahlte. Muttis Einwendungen dagegen, dass das langsam zur Selbstverständlichkeit geworden sei, ignorierte er. Sie konnten es sich leisten und ihm war das Zusammensein mit den gleichgesinnten Verwandten, auch wegen der Kinder, wichtig.

Herbstfahrten, nur mit der Familie, durch die herrlichen Wälder der Mark fanden sie besonders erbaulich. Ich erbettelte immer wieder, den Wagen auf einsamen Feldwegen steuern zu dürfen. Papa hatte das mit mir bereits ausprobiert, als ich sieben Jahre alt war und dazu extra Klötze auf die Pedale schrauben lassen, damit meine kurzen Beine hinreichten. Inzwischen fuhr ich wie ein »Alter« und konnte gar nicht genug davon bekommen. Aber dann bog man wieder in die kilometerweiten Alleen ein. Rotbraun gefärbte Laubwälder wurden immer wieder von den sattgrünen Kiefernbeständen abgelöst, je nachdem, ob Humus- oder Sandboden vorherrschte.

Langsam mussten sie fahren, denn allzu oft wechselte Wild über die Straße. Besondere Vorsicht galt den Wildschweinen, die Fahrzeuge demolierten, wenn ein Rudelmitglied verletzt wurde. Geschichten von wildgewordenen Keilern kursierten in Autofahrerkreisen, wobei man gern noch das Jägerlatein zu Hilfe nahm. Auf die Erbauung, die diese wunderbare märkische Landschaft ihnen bot, mochten Else und Oskar nicht verzichten. Sie war das Äquivalent zu der Arbeit, die sie von morgens bis abends in der Woche beanspruchte.

Zu vielen Geschäftspartnern hatte Oskar ein freundschaftliches Verhältnis entwickelt. Er verstand es, Fachwissen, Kalkulationsgabe, kaufmännischen Instinkt und Entschlussfreudigkeit mit einer guten Portion Charme zu mixen. Viele fanden an seiner Art Gefallen; zahlreiche geschäftliche Aufträge basierten darauf. Bei den Behörden, soweit sie nicht der NSDAP unterstanden, hatte er auf ähnlicher Grundlage ebenfalls gute Verbindungen aufgebaut. Die Ämter bekamen die Anordnung, die Wirtschaft immer straffer zu organisieren.

Für das Transportgewerbe war das Reichsverkehrsministerium dabei, einheitliche Güterverkehrspreise festzulegen und hatte das bereits für den Güterfernverkehr ausgeführt. Das ging noch verhältnismäßig einfach. In einem Katalog waren die verschiedensten Güter nach Handelswert in fünf Klassen aufgeteilt und je nach Klasse kostete die Tonne pro Kilometer den vorgeschriebenen Betrag. Vom Standort des Fahrzeugs, über 50 Kilometer Luftlinie hinaus, unterlagen die Transporte dem Güterfernverkehrsgesetz und durften nur von Unternehmen mit entsprechender Konzession ausgeführt werden.

Der Güternahverkehr war jedoch komplexer, vielschichtiger und so nicht zu erfassen, weil Stand- und Ladezeiten und Zusatzgeräte in anderen Verhältnissen zu den Kilometerleistungen lagen als im Güterfernverkehr.

Irgendwelche Freunde hatten empfohlen, Oskars Fachwissen einzubeziehen und so trat der zuständige Dezernent des Verkehrsministeriums an ihn heran. In Kalkulationen war Oskar sehr sicher, vor allen Dingen verstand er es, unübersichtliche Zusammenhänge zu vereinfachen und Klarheit hineinzubringen. Aber hier stand er vor einer Aufgabe, an der vorher bereits die Sachbearbeiter im Verkehrsministerium gescheitert waren, was der Dezernent ganz offen kundtat. »Wozu willst du das machen?«, fragte Else, »außer Arbeit, die keiner bezahlt, bringt dir das doch nichts ein!« – »Wenn ich das schaffe, liebe Else, bringt das Verbindungen ein, die vielleicht noch einmal sehr wertvoll sein können. Ich brauche da deine und Cirpkas Mithilfe, aber irgendwie habe ich bereits den Schimmer einer Lösung, die es auszuarbeiten gilt.«

Über Wochen wurden Listen und Tabellen erstellt, Ähnlichkeiten erkannt, für die ein gleicher Nenner gelten konnte, Verbrauchswerte von Fahrzeugen gemessen, Verschleiß- und Reparaturkosten-Durchschnitte ermittelt, für die verschiedenen Fahrzeugarten und -größen feste und bewegliche Kosten errechnet und diese je Kilometer, Tonne oder Einsatzstunde zugerechnet, bis die Tarifgrundlage stand. Nun musste alles noch in eine übersichtliche Form gebracht werden, dass jeder Fuhrunternehmer auch mit den Tabellen leicht umgehen konnte. Dann wurde dem Verkehrsministerium die Fertigstellung gemeldet.

Der Dezernent kam mit zwei seiner Herren nach Nauen. Sie prüften das Zahlenwerk und wunderten sich, wie einfach alles für den Anwender geworden war und gaben unumwunden ihre Dankbarkeit und Freude darüber zum Ausdruck. Es wurde die Basis für die NVPO, das heißt für die Nahverkehrspreisordnung, die im gesamten Deutschen Reich Gültigkeit bekam. Sie blieb auch noch Jahrzehnte nach dem Zweiten Weltkrieg in Anwendung und musste nur jeweils dem entsprechenden Geldwert angepasst werden. Waren jetzt auch die Transportpreise für alle Leistungen identisch, so blieb dennoch der Wettbewerb durch die unterschiedliche Qualität der Arbeitsausführung bestehen. Oskar aber ahnte, dass er mit dieser Leistung hochrangige Freunde gewonnen hatte, die ihm vielleicht in kritischen Situationen Schutz gewähren konnten.

Die Äcker im südlichen Gebiet des Havellandes waren sehr fruchtbar und besonders zum Anbau von Zuckerrüben geeignet. In dieser Erkenntnis war in Nauen kurz vor der Jahrhundertwende eine der großen deutschen Zuckerfabriken errichtet worden. Die Bauern nutzten gern die guten Verdienstmöglichkeiten des Zuckerrübenanbaus auf Böden, die der Magdeburger Börde gleichkamen. Die Anlieferung wurde über die Bahn bewerkstelligt, zu deren Bahnhöfen die Bauern jeweils mit ihren Ackerwagen fuhren und die Rüben dort auf die Waggons luden. Viele Dörfer lagen abseits der Bahn, die Bauern hatten weite Wege zu fahren und ärgerten sich über Staus und längere Wartezeiten auf den dafür zu engen Bahnhöfen.

Von etlichen Landwirten hatte Oskar davon erfahren. Er veranstaltete in mehreren Dörfern Bauernversammlungen und schlug ihnen vor, jeweils an zentralen Plätzen Anhänger aufzustellen, die von ihnen statt der Waggons beladen würden und rechnete ihnen vor, dass kaum höhere Transportkosten als bei der Bahn entstünden, für sie aber viel geringere Wegezeiten anfallen würden. Schwierigkeiten mit der Entladung bei der Zuckerfabrik gab es auch nicht, die Rüben wurden dort mit einem dicken Wasserdruckstrahl in wenigen Minuten vom Anhänger in einen Kanal gespült, der sie zur Verarbeitung führte. Die Abfuhr selbst würde im Pendelverkehr geschehen. Nachdem das Transportverfahren in vier Dörfern praktiziert worden war, kamen zahlreiche Bürgermeister anderer Gemeinden und wünschten die gleiche Einrichtung. So wuchs aus der Idee ein jährliches Transportvolumen von mehr als 1 Million Zentner Zuckerrüben.

Am zuverlässigsten waren die beiden Brüder Engel und ihr Schwager Müller, die je einen Trecker fuhren. Sie trotzten in der kalten Jahreszeit der Zuckerrübenernte Wind und Wetter auf den offenen Maschinen und verstanden es, mit großem Einsatz die Kunden zufrieden zu stellen. Die Entfernungen zu den Dörfern betrugen bis zu 30 Kilometer und da vier Touren bei einer Fahrzeug-Höchstgeschwindigkeit von 25 Stundenkilometer zu schaffen waren, erforderte das einen langen Arbeitstag. Die Trecker wurden von Hand angekurbelt. War der Zündmagnet auf Frühzündung eingestellt, schlug die Kurbel bei zu geringem Kraftaufwand zurück. Das ergab so manchen verstauchten Daumen. Die Engels aber drehten die Kurbel in eine fast waagerechte Stellung, traten einmal mit dem Fuß drauf und die Maschine lief. Besonders geschickt waren sie im Anhänger rückwärts rangieren. Otto Engel schaffte das sogar mit zwei angekoppelten Anhängern.

Mir hatte er das Treckerfahren beigebracht, nun bemühte er sich um Günter. Der war inzwischen eingeschult, während ich, nachdem ich die Volksschule problemlos absolviert hatte, in die Sexta des Realgymnasiums kam. Bis dahin war Lehrer Lange mein Klassenlehrer gewesen, der den Unterricht mit gemilderter Strenge vollzog, während andere, der Lehrer Fernau zum Beispiel, brutal mit dem Rohrstock schlugen. Es wurde als Auszahlung oder Löhnung bezeichnet, wenn die Kinder pro Diktatfehler einen Schlag verabreicht bekamen. Schüler, die geistig nicht so gut mitkamen, mussten nach solchen Torturen in ärztliche Behandlung, Fernau bekam polizeiliche Verwarnungen, aber das Schulsystem war nun einmal so, es wurde weiter geschlagen. Als Lehrer Lange wegen etlicher Fehler, Eckehard Meyer übers Knie legte, strullte der ihm vor Angst die Hosen voll und die Klasse jubelte über eine halbe Stunde Freizeit, weil Lange zum Umkleiden nach Hause ging.

Mit Eckehard Meyer, dem Sohn vom benachbarten Studienrat, pflegte ich eine gute Freundschaft. Zwischen den Meyer'schen und Broziat'schen Grundstücken lag nur das von Polizeimeister Schiller und der gestattete uns gern, eine Klingelschnur über sein Grundstück zu spannen, mit der wir uns gegenseitig rufen konnten. Eckehard stieg dann in eine Baumhütte an seiner Grundstücksgrenze und die weitere Verständigung erfolgte über Taschenlampen-Morsezeichen oder per »Geheimsprache«.

Eines Wintertages erklärte Eckehard mir, als wir im Bauernzimmer spielten, das Papa von der eigenen Tischlerei sehr schön rustikal hatte erbauen lassen, dass man eine Glühbirne zum Leuchten bringt, wenn um die Fassung ein Draht gewickelt wird und dessen Enden in die Steckdose gesteckt werden. Die Besorgung der Utensilien fiel mir nicht schwer, und beim Versuch kam auch nur eine kurze Flamme aus der Steckdose, aber die Birne hatte nicht geleuchtet. Beim weiteren Probieren passierte nichts, aber dann war plötzlich wieder diese Flamme da und danach konnten wir in der Steckdose stochern, wie wir wollten, nichts regte sich. Es war schummerig geworden. Ich drehte den Lichtschalter um, das brannte auch nicht, aber beim dritten Mal leuchtete es auf. Also, noch einmal hinein mit den Drahtenden. Wieder schoss die Flamme heraus, das Licht war weg. Die Stimmen der Eltern ertönten, sie kamen ins Zimmer und fragten im Schein einer Taschenlampe: »Was macht ihr hier eigentlich?« Ich zeigte die Birne mit den Drahtenden, die beiden erbleichten und Papa schimpfte: »Ihr hättet tot sein können! Seid ihr denn verrückt?« – »Eckehard hat das aber in einem Buch genau gelesen!« – »Her mit dem Zeug, macht das nie wieder!« Oskar erklärte ihnen das Unheil, dem sie wie durch ein

Wunder entgangen waren. Wahrscheinlich war das in den Minuspol gesteckte Drahtende zufällig länger gewesen und hatte damit das Leben der Jungen bewahrt. Dreimal war im Büro das Licht erloschen, dreimal hatte der Betriebselektriker die Sicherung erneuern müssen, bis dieser »Kinderstreich« entdeckt wurde.

Sonst aber waren die Spiele der Jungen harmloser. Mein Vater hatte für uns im Vorgarten eine Schaukel errichten lassen, deren Ständer Einschübe für eine Reckstange enthielten, sodass man in verschiedenen Höhen turnen konnte. Die Schaukel stand in einem Sandbett, damit die Kinder, falls sie beim Turnen oder Schaukeln abrutschten, in weichen Sand fielen. Doch die Kinder münzten das Abrutschen in eine Sportart um, in Schaukelweitsprung. Sie ließen sich vom schwingenden Trapez vorschleudern und erreichten beträchtliche Weiten. Muttis Angst davor war bald gewichen, als sie sah, wie selbst der kleine Günter da mitmischte.

Murmeln war auch in großer Mode. Der Sand wurde schön geglättet, in die Mitte eine handgroße Vertiefung gestampft, jeder warf zehn Tonkugeln oder Murmeln seiner Farbe aus bestimmter Entfernung in Lochnähe, und wer beim Wurf die meisten eingelocht hatte, durfte beginnen, die anderen mit gebeugtem Zeigefinger einzuschieben. Ging eine daneben, war der nächste an der Reihe, wer die letzte einschob, gewann den Lochinhalt. Die Geschicktesten hatten säckchenweise Murmeln zu Hause und damit gute Tauschobjekte für andere Spielsachen.

Besonders blieb waren die Nachbildungen der erfolgreichen Rennwagenmarken. Im Sandbett wurde also eine kurvenreiche Rennpiste angelegt, der Straßenbelag mit Lehmpampe geglättet, die natürlich trocknen musste und die kleinen Renner konnten rollen. Wichtig war, sie so anzustoßen, dass sie möglichst weit fuhren, aber ja nicht von der Bahn rollten, sonst ging es zum Ausgangspunkt zurück. In harten Diskussionen erstritten wir Jungen vorher, wer Carraciola, Rosemeyer, Stuck oder Nuvolari sein durfte, um dann die aufregendsten Motorschlachten der Welt zu schlagen.

Dumm fand es die Altersgruppe von mir, wenn sie zum »Jungvolk-Dienst« musste. Das Üben von Marschformationen oder Märsche durch die Stadt gefiel uns nicht, es sei denn, Geländespiele standen auf dem Plan mit Auskundschaften, Anschleichen, Raufen und dem Erobern von »Festungen«.

Im Frühjahr 1938 hörte Mutti, dass sich junge Oberschüler zu einem

Ferienlager auf der Insel Süderoog anmelden könnten. Sie besprach sich mit einigen Eltern von Schulkameraden, die auch mitfahren wollten, und so waren es schließlich ein Dutzend Nauener Schüler, die sich in die Gruppe von etwa hundert Berliner einreihten. Zum ersten Mal verließ ich den Schoß der Familie. Es fiel mir schwerer, als ich es zugab. Der Zug brachte uns Jungen, von Studenten begleitet, über Hamburg nach Husum und mit einem Schiff auf die Insel mit nur einer Warft. Zum ersten Mal schlief ich auf einem Strohsack, zum ersten Mal essen, was die Kelle gab, zum ersten Mal lernte ich Heimweh kennen. «Schickt mir doch bitte Fotos von euch», stand in meinem Brief, »ich weiß ja gar nicht mehr, wie ihr ausseht!« Aber die vier Wochen Nordseeluft, die Gemeinsamkeiten, Gesänge am Lagerfeuer, das Fischen nach Schollen in den Prielen, das Suchen frischer Möweneier, die Besichtigungen anderer Halligen und die Pflege von Kameradschaft hatten mich reifer gemacht. Ich hatte gelernt, mich einzufügen, aber auch durchzusetzen.

Meine Sehnsüchte nach der Heimat spiegelten sich in den Briefen wieder, die jeden dritten Tag an die Eltern abgingen und die Freude war groß, wenn ein Paket von zu Hause ankam, an dessen Inhalt die engsten Freunde teilnahmen. Nur, wenn ich »liebe Eltern« schrieb und Günter sicher gedanklich mit einbezog, so fühlte dieser sich jedes Mal vernachlässigt, nicht direkt erwähnt zu sein, und gab darüber, erst siebeneinhalbjährig, seinen Unmut kund. Mutti hätte das ja in einem Brief abstellen können, allein, sie unterließ es. Nach meiner Rückkehr hatte sich, erst kaum bemerkbar, eine Änderung vollzogen. Günter, der bis dahin bei allen Spielen in meine Freundesgruppe einbezogen war, hatte nun seine Schulkameraden geholt und die waren allzu gern bereit, die Möglichkeiten, die sich auf dem Broziat'schen Gelände boten, zum Zeitvertreib zu nutzen. Sicher wäre das Einschlagen getrennter Wege bei einem Altersunterschied von über vier Jahren zwischen Günter und mir später sowieso geschehen, aber der Ursprung zu einer gewissen Rivalität mag hier zu suchen sein.

II. Kapitel

Die politischen und wirtschaftlichen Verhältnisse hatten sich seit 1933 radikal verändert. Es gab kaum noch Arbeitslose, die Wirtschaft boomte. Hitler vollzog, was er in seinem Buch »Mein Kampf« angekündigt hatte. Das Deutsche Reich erstarkte zusehends, wer dem im Wege stand wurde eliminiert. Der Boom kam durch die Aufrüstung, durch Autobahn- und Kasernenbau, durch die strikte Verfolgung des Weges, Deutschland autark zu machen. Internationale Verträge kümmerten Hitler nur insoweit, als sie ihm nützten, Anordnungen der Siegermächte aus dem Versailler Vertrag ignorierte er. Im März 1935 führte er die allgemeine Wehrpflicht ein, das erlaubte 100000-Mann-Heer nutzte er als Basis für die Wehrmacht, die nun auch mit der verbotenen Marine und Luftwaffe ausgestattet wurde. In die entmilitarisierte Zone des Rhein-Ruhr-Gebiets ließ er im März 1936 seine Truppen einmarschieren. Außer wenigen Protesten sahen die Siegermächte tatenlos zu, ließen die Nazis gewähren, ermunterten damit zu neuen Taten.

In Göbbels hatte Hitler einen mit allen Wassern gewaschenen Propagandaminister gefunden, der es verstand, die Möglichkeiten von Presse, Film und Rundfunk voll auszuschöpfen. Das zeigte sich bereits im Januar 1935, in der noch legalen Abstimmung der Saarländer, ob sie Frankreich oder Deutschland angehören wollten. Allein die Textänderung des alten Bergmannsliedes »Glück auf, Glück auf, der Steiger kommt« in »Deutsch ist die Saar, deutsch immerdar«, das vor der Wahl täglich mehrfach aus den Lautsprechern dröhnte, brachte viele Wählerstimmen. Dem sonstigen Propaganda-Apparat, geschulten Rednern und so weiter, hatten die Franzosen wenig entgegenzusetzen und so fiel die Wahl eindeutig für Deutschland aus. Allerdings hätten sich die deutschsprachigen Saarländer auch in Frankreich nicht so wohl gefühlt.

Die Reichsparteitage, die Göbbels jedes Jahr in Nürnberg aufzog, waren grandiose Machtdemonstrationen der NSDAP. Alles lief auf die Verehrung Hitlers als unfehlbaren Führer hinaus, der anstrebte, mit den Gliederungen der Partei alles, bis hinein in die Familieneinheit, zu reglementieren. Eltern mussten mit Äußerungen gegen die Nazis vorsichtig sein, wenn ihre Kinder auf die Hitlerjugend eingeschworen waren, Freunde tasteten sich in Gesprächen ab, welche Einstellung sie wirklich hatten, Betriebsleiter wurden von den Obleuten der »Reichsarbeitsfront« verwarnt, wenn sie Arbeitern, die der SA angehörten, nicht gehobene Positionen verschafften, auch wenn es an deren Qualifikation dazu mangelte. Es gehörte ein großes Geschick dazu, nicht mit dem allmächtigen Parteiapparat in Konflikt zu kommen oder gar von ihm zermalmt zu werden.

Oskar und Else verstanden es, sich einigermaßen hindurchzulavieren, indem sie möglichst wenig Personalwechsel zuließen, und wenn bei Neueinstellungen tatsächlich ein Parteimitglied dabei war, so wurde es von alten Haudegen wie den Engels oder Platzmeister Bathe schon in Schach gehalten. Die guten Verbindungen und Geschäftsfreundschaften zahlten sich aus, es machte größere Schwierigkeiten, alle Aufträge abzuwickeln, als sie heranzuholen.

Zur jährlichen Automobilausstellung ließ Oskar sich von den Vorarbeitern und Fahrern begleiten, und die freuten sich, wenn sie auf den Ständen von Hanomag, Büssing und Mercedes sowie den Anhängerherstellern Bleichert, Gaubschat und Lindner hervorragend bewirtet wurden. Oskar bestellte meist einen Lastwagen, eine Zugmaschine und mehrere Anhänger, um den Fuhrpark, der nun auf etwa vierzig Einheiten angewachsen war, zu modernisieren.

Durch die exakte Abwicklung der Olympiabauten – Oskar bekam dafür eine Medaille in Bronze – hatte sich der gute Ruf der Firma erweitert. Die dortigen Bauleiter waren mit neuen Aufgaben betraut worden und wollten auch hier zuverlässig bedient werden. So vergab der Architekt Rudolf Günther zum Beispiel die Erdarbeiten für den Flugplatzbau in Burg bei Magdeburg an die Firma Broziat. Siebzig Mann wurden über Jahre eingesetzt. Auch die anderen Betriebsteile hatten zu tun. Kohle, Baustoffe, Eisen, Metalle, Schrott und Leittriebklammern fanden reichlich Absatz.

Die Missstimmungen in Oskars Verwandtenkreis waren mit der Zeit abgeflaut. Emma und Julius wohnten in der Berliner Straße im Haus von Frau Arndt zur Miete. Oskar hatte die Wohnung und eine nach rückwärts liegende Scheune angemietet und eine kleine Kohleverkaufsstelle eingerichtet, die Emma mit einer Hilfskraft für Selbstabholer bediente. In der Scheune lagerte zudem Schnittholz für Anhänger- und sonstige Reparaturen. Julius kam täglich mit dem Fahrrad zum Betrieb und sortierte mit zwei Leuten die ankommenden Metalle. Sein besonderes Augenmerk galt dem Zinn als teuerstem Buntmetall. Das ließ er als »Blei« beiseitelegen und, wenn eine entsprechende Menge vorhanden war, in einem Schmelzofen verflüssigen und in Block-Kokillen gießen. Das Zinn lagerte dann in einem alten, mit Bohlen abgedeckten Schacht in der Metallkammer, auf dem andere Metallhaufen lagen. Als er 20 Tonnen dort drinnen wusste, sagte er zu Else und Oskar: »Da habe ich euch eine Sparkasse angelegt. Alle glauben, es sei Blei. Es ist aber Zinn für 100000 Mark. Nehmt es nur im Notfall!«

Ohne Arbeit wollte Julius nicht sein, trotzdem seine Gesundheit sehr angegriffen war. Immer wieder trug man ihn aus der Metallkammer ohnmächtig in die Küche, wo Else dann sein Bewusstsein mit einem Riechfläschchen zurückholte. Das hatte schon vor Jahren begonnen und sich nun verstärkt. Man sagte, er habe Krämpfe. Das sei auf eine Verschüttung beim Kellerausschachten zurückzuführen, wo man ihn gerade noch rechtzeitig ausgraben konnte. Später schrieb der Arzt aber als Ursache auch Epilepsie auf den Totenschein, doch nie ließen seine Kinder und Schwiegerkinder davon ein Wort verlauten.

Lenchen hatte nach der Scheidung von Max Aulich einen Heißmangelbetrieb angefangen, den aber nicht durchstehen können und dann den Bauleiter Heinz Wöbse geheiratet, der den Flugplatzbau in Werneuchen östlich von Berlin leitete. Dort hatten sie inzwischen ein kleines Wohnhaus gekauft. Lenchens Tochter Gerda war Kindergärtnerin, ihr Sohn Helmut Bäcker und Konditor geworden.

Emma Nagel hatte mit ihrem Otto einen Weg wie »Hans im Glück« hinter sich. Vom Filmregisseur bei der UFA und eigener Villa in Finkenkrug führte dieser über eine Seifenfabrik, einen Fuhrbetrieb, einen Gemüsehandel nunmehr zu einer Eisdiele mit beiliegender kleiner Mietwohnung. Gerhard, ihr Sohn, war wegen seiner Eigenheiten bei Cousinen und Cousins nicht allzu beliebt.

Else und Fritz Ruhnke hatten mit der Schmiede ihr gutes Auskommen und das verbesserte sich noch, als sie mit dem Bau von luftbereiften Wagen für die Landwirtschaft begannen, die sie sehr gut verkaufen konnten. Herbert und Christa waren in Horsts Alter, der Nachkömmling Hans-Eckard gerade geboren worden.

Walter war mit Dora Abend verheiratet, doch die Ehe hielt nur zwei Jahre. Dora hatte sich andere Vermögensverhältnisse versprochen, doch Walter arbeitete in Oskars Betrieb ohne Vorzugsstellung. Wegen seiner Kindheitsverletzung war er nur bedingt einsatzfähig und hatte große Probleme mit der Sprache.

Von Elses Seite her betrachtet, hatte sie sich gegenüber ihrer Stiefmutter durchgesetzt und dominierte. Hedwig und Wilhelm Rüthnick boten alles auf, um das entstandene gute Verhältnis nicht zu trüben.

Die Verbindung zu Reimers war besonders gut. Trotz der Entfernung nach Schwerin/Warthe machten sie dort gern Besuche, freuten sich über deren florierenden Sämereihandel und die Kinder Heinz, Rosel und Helmut weilten in den Ferien hin und wieder in Nauen. Dafür verbrachten Horst und Günter einmal vier Wochen in Schwerin.

Nur zu Elses Schwägerin, Grete Rüthnick, kam keine freundschaftliche Bindung zustande. Diese unzufriedene, an allem herumnörgelnde Frau, war einfach ein dunkler Fleck in der Familie. Das ließen Oskar und Else keineswegs an Irmchen, Gretes und Georgs Tochter, aus. Wenn sie ihre Großeltern besuchte, kam sie gern zum Spielen in die Hamburger Straße.

Dann waren da noch Tante Lene und Onkel Otto Broschat. Otto, der jüngere Bruder von Julius, hatte Germanistik studiert, seinen Namen eingedeutscht und war nun Redakteur einer Berliner Zeitung. In Ostpreußen wurde Broziat nämlich wie Broschat ausgesprochen aber mit einem weichen sch und langgezogenem a. Wenn die beiden hörten, dass es im Hause Broziat etwas zu feiern gab, tauchten sie auf mit einem: »Hallo, da sind wir, nun bringt uns mal unter!« Amüsant und unterhaltsam waren sie ja und Onkel Otto konnte gut aus dem Stehgreif reden, andererseits waren sie so geizig, dass sie sich weigerten, ihrem Sohn Otto die Ausbildung zum Seeoffizier der Handelsmarine zu finanzieren. Das tat dann Oskar, und Otto jr. war ihm ein Leben lang dankbar dafür.

Waren es nun die Einsichten der reifer Gewordenen, waren es die politischen Verhältnisse, war es gewachsene Toleranz gegenüber den Fehlern der Nächsten? Sicher von allem etwas, die Großfamilie jedenfalls schloss sich wieder enger zusammen.

Ich kam aus der Schule. »Beeil dich, die essen schon«, sagte Maria, das Dienstmädchen, »Milchreis gibt's!« Ich lief nach oben, ins Bauernzimmer. »Mahlzeit!« – »Zeig' mal deine Hände!«, sagte meine Mutter. Schnell drehte ich mich um, ging ins Badezimmer und wusch sie, kam zurück, betete allein und begann mein Leibgericht zu essen, das meine Mutter inzwischen aufgefüllt hatte.

»Na, was gab's heute in der Schule?«, fragte Papa zwischendurch. »Och, Pummel hat plötzlich in Geschichte den Lehrplan geändert!« – »Was heißt Pummel?« – »Das weißt du doch, das ist Gottschicks Spitzname, du hast ja auch erzählt, dass du schon Eckehards Vater als Lehrer hattest und ihr habt ihn Moses Meyer genannt. So nennen wir ihn auch, wissen aber gar nicht warum!« Ich war gleich zum Angriff übergegangen und hatte damit die Schelte meines Vaters im Keim erstickt. »Also, warum hat Studienrat Gottschick den Lehrplan geändert?« – »Ich weiß das auch nicht, wir hatten das alte Griechenland als Thema, das bricht er nun ab, wir sollen erst einmal über Österreich und die Donaumonarchien etwas lernen.« – »Bei uns haben sie heute auch mit Österreich angefangen«, meinte Günter. »So so«, sagte Oskar und sein Blick traf Elses. Göbbels Propagandamaschinerie war nun auch in den Schulen angelaufen.

Seit Wochen schon meldeten Zeitungen und Rundfunk, wie schlecht es den Österreichern gehe, wie verworren die politischen Verhältnisse seien, welche Unordnung in diesem schönen Land herrsche, in dem doch der Führer geboren sei. Tendenziöse Hörspiele unterstrichen die Meldungen, aber kein Wörtlein verlautete darüber, woher Seiss-Ingwart, der Führer der österreichischen Nazis, die Gelder bekam, um für seine Partei einen ungeheuren Propagandafeldzug durchzuführen. Hitler bestritt zwar jede Einmischung, die ihm das Ausland nachsagte. Dennoch stellte er das gute deutsche Beispiel für eine geordnete Staatsführung heraus, drohte den Österreichern mit entsprechenden Maßnahmen, falls deutsche Interessen verletzt würden, und bot Seiss-Ingwart den Schutz des Reiches an, falls die Freiheit seiner Partei eingeschränkt werden sollte.

Das alte Eroberungsspiel der Diktatoren begann. Im Land ihrer Begierde wurden Aufruhrgruppen geködert, die durch massive Unterstützung alle anderen an Lautstärke übertrafen, Verbrechen und Morde halfen, die Stimmung anzuheizen, bis das »Volk« den Aggressor selbst rief, um wieder für »Recht und Ordnung« zu sorgen.

So war alles bestens vorbereitet, Hitlers Truppen standen in großen Formationen an der Grenze bereit. Er hielt eine flammende Rundfunkrede, stellte unerfüllbare Forderungen und setzte dafür ein kurzfristiges Ultimatum. Die österreichische Regierung war völlig eingeschüchtert, befahl ihrem Militär, keinen Widerstand zu leisten, und im März 1938 besetzte die deutsche Wehrmacht das gesamte Land innerhalb von drei Tagen. Viele Menschen ließen sich von den bezahlten Jubeltruppen mitreißen, Hitler zog als Triumphator in Wien ein. Er meldete dem deutschen Volk »einen weiteren Vollzug zur Errichtung des Großdeutschen Reichs«, Österreich wurde als Ostmark eingegliedert, sein Militär in die Wehrmacht integriert. Deutschland war in nur fünf Jahren die bedeutendste Landmacht Europas geworden.

Die Westmächte ließen Hitler gewähren, in der Sowjetunion hatte Stalin wieder einmal mit »Säuberungsaktionen« zu tun, wer wollte da schon Einhalt gebieten? Außerdem hatte Hitler mit Italiens Duce, Mussolini, einen Freundschaftspakt geschlossen, nachdem er diesem 1935/36 bei der Eroberung Äthiopiens geholfen hatte. Auch Spaniens Franco war Deutschland verpflichtet, er hatte mit Hilfe der deutschen »Legion Condor« den Bürgerkrieg gewonnen. Den Wissenden verschlug das alles die Sprache, die Unwissenden waren von der Unfehlbarkeit des Führers eingenommen.

12. Kapitel

Oskar rundete seinen Betrieb ab, versuchte ihn krisensicherer zu gestalten. Durch seine guten Verbindungen war es ihm gelungen, die Konzession für einen Altgummigroßhandel zu bekommen. In ihrer Planwirtschaft konzessionierten die Nazis möglichst alles, das Reichsgebiet war in etwa zwanzig Regionen für dieses Gewerbe gegliedert, wovon Oskar nun eine zugeteilt erhielt. Alle in einem Gebiet anfallenden Altgummiwaren mussten zu Festpreisen an den Großhändler abgeliefert werden, der dann die Sortierung vornahm und das Material an die Gummiwerke zur Regeneration lieferte. Autoreifen, Schläuche und sonstiges Gummimaterial kam nun in rauen Mengen auf den Hof.

Auf dem zweiten Platz hatte Oskar für die wertvolleren Gummisorten eine Halle im Bau. Vorher konnte er noch das angrenzende Gartengrundstück mit etwa 4000 Quadratmeter erwerben. Somit stand in der Schützenstraße ein 10000 Quadratmeter großes Areal zur Verfügung. Die Sortierung der Gummisorten machte nach kurzer Anleitung durch den Fachmann eines Gummiwerks keine Schwierigkeiten, und so waren bald Leuna und Conti Abnehmer der gesuchten Rohstoffe. Die Altreifen wurden so, wie sie kamen, an die Werke weiterverkauft, diese trennten dann die Gummiauflage zur Wiederverwendung vom Gewebe.

Eines Tages kam ein Herr Sellschopp, Inhaber der Norddeutschen Reifenneugummierungsfabrik, Norfa genannt, mit einem Angestellten und wollte Fahrzeugreifen kaufen. Oskar nannte ihm den Tonnenpreis und Sellschopp sagte, wenn er die Reifen mit seinem Mitarbeiter aussortieren könne, werde er den Preis akzeptieren. Sehr bald merkte Oskar, dass durch Sellschopps Arbeit nun vier Sorten bei ihm lagerten, nämlich unbrauchbare Reifen, Karkassen, reparaturfähige und verwendungsfähige Decken.

Die unbrauchbaren Reifen nahm Sellschopp nicht. Von diesen wurde zum Beispiel bei der Conti der Gummi abgeschliffen und, vermischt mit Neumaterial, wieder zu Reifen verarbeitet. Karkassen nennt man abgefahrene Reifen, deren inneres Gewebe völlig in Ordnung ist. Diese sind für eine Runderneuerung geeignet, das heißt, auf sie wird eine neue Lauffläche vulkanisiert. Reparaturfähig sind Reifen mit Gewebebrüchen, die zum Beispiel durch Überfahren scharfer Kanten entstehen. Sie sind wieder bedingt verwendungsfähig, wenn an der Bruchstelle eine Verstärkungsmanschette eingeklebt wird. Verwendungsfähige Decken haben noch so viel Gummiauflage, dass das Profil mit einem entsprechenden Gerät nachgeschnitten werden kann. Die letzten drei Sorten waren also für Sellschopp von Interesse.

Abends, wenn Sellschopp und sein Mitarbeiter namens Notnagel zum Hotel gingen, holte Oskar seinen Werkstattleiter Richard Grüneberg zum Platz. Sie sahen sich die aussortierten Reifen genau an und fanden so etwa heraus, um was es ging. Oskar ließ von jeder Sorte einen Reifen beiseite stellen, um einen Fachmann, den er von Berlin kommen ließ, genau zu befragen. Also auch hier musste der Gewinn in der Sortierung liegen.

Oskar hatte Vorkasse verlangt, es war ja das erste Geschäft mit Sellschopp. Der gab ihm, etwas zögernd, einen Scheck über 3000 Mark, für die 20 Tonnen Reifen, die er aussuchen wollte, mit der Bitte, den Scheck erst einzureichen, wenn die Sortierung abgeschlossen sei. Vor dem Abgang des Waggons erfolgte dann auch die Einlösung, aber Oskar erfuhr von Direktor Hoffmann, von der Bank für Landwirtschaft, dass wohl zwei Bittgespräche von Sellschopp mit der Handelsbank in Lübeck geführt seien, den Scheck ja einzulösen, denn mit dieser Sendung sei eine Sanierung der Norfa möglich, aus den dreitausend könne sie 30 000 Mark machen.

Oskar hatte gelernt. In Zukunft wurden alle Reifen sortiert und zu entsprechenden Preisen verkauft. Als Sellschopp die nächste Sendung erwerben wollte, war er von der neuen Situation sehr enttäuscht, arrangierte sich aber mit der Firma Broziat, indem er als Gegenwert runderneuerte Reifen für deren Fahrzeuge liefern konnte, sodass ihm ein höherer Gewinn verblieb. Auch von den anderen Reifenherstellern, wie Conti, Fulda oder Semperit, konnten entsprechende Preise erzielt werden – ein hervorragender Betriebszweig war da installiert worden.

Die alten Gummireifen lagen auf einem freigemachten Platz hinter den Lagerschuppen der Hamburger Straße 22. In langen Reihen hatte man sie im Verbund nebeneinander, gut mannshoch, aufgetürmt und so auch für Günter mich und unsere Freunde eine neue Spielbetätigung geschaffen. Wir machten Wettkämpfe, wer die Reifenreihen am schnellsten überqueren konnte. Da musste man schon ein gutes Auge dafür haben, welche Reifen schlecht gestapelt lagen und unter den Tritten ins Rutschen kamen, welche in sich steif waren oder nachgaben.

Als Sellschopp das nächste Mal kam, brachte er seinen Vertreter Fritz Wriedt mit, einen blonden, untersetzten, stämmigen Herrn, und ich bewunderte ihn, wir er mit einem besonderen Griff die schweren Lkw-Reifen nahm und zur Verladung auf die Anhänger warf. Der Mann gefiel mir besonders, er war der Jugend gegenüber aufgeschlossen, unterhielt sich gern mit den Jungen und zeigte ihnen diese Technik. Es gab nun neue Wettkämpfe unter den Quintanern, nämlich, wer die schwersten Reifen in dieser Art heben konnte.

Im Gymnasium war seit einigen Jahren eine Neuerung vollzogen worden, Jungen und Mädchen wurden in den Klassen zusammen unterrichtet. Für die Jungen war das weibliche Geschlecht ja eigentlich meilenweit entfernt, dem man nur mit einer gewissen Scheu begegnen konnte, und nun saßen diese Wesen in der Klasse mitten unter ihnen, als ganz normale Menschen. Einige waren vom Aussehen und ihrer Ausstrahlung her besonders anziehend und der Schwarm der Jungen, wie Adelheid Kurth, Hella Seifert, Brigitte Krogmann, Annemarie Richarz und Ellen Preuß. Ich interessierte mich besonders für die letztere.

Immer wieder versuchte ich ihre Nähe zu erreichen, freundete mich mit ihrem jüngerem Bruder an oder bekam von meinem Freund Ernst-Albrecht Schwarz einen Tipp, wann Preußens zur Nutriafarm seiner Eltern kamen, um dann »zufällig« auch dort zu sein. Familie Preuß wohnte in der Gewoba, einer Mietwohnanlage am Ende der Berliner Straße, wo in der Nähe die Großeltern Rüthnick wohnten. Diese freuten sich über meine zahlreichen Besuche, die ich oftmals aber als Alibi meinen Eltern gegenüber benutzte, um anschließend bei Preußens vorbeizufahren, nur um Ellen vielleicht sehen und sprechen zu können. Sie war freundlich, aber distanziert und ließ sich ihren Freund aus einer höheren Klasse nicht abspenstig machen.

Die Besuche bei meinen Großeltern hatten aber auch zur Folge, dass ich zu meinem Großvater eine engere Bindung fand, die es vorher wegen dessen Strenge nicht gab. Wilhelm Rüthnick war in seiner Militärzeit Bataillonshornist gewesen und seine Ausbildung nahm er als Messlatte für Zucht und Ordnung, die er auch bei seinen Enkeln anlegte. Die Verhältnisse, in denen wir Brüder aufwuchsen, unterschieden sich aber von den ärmlichen seiner Jugend weitgehend, sodass er schließlich einsah, viele Dinge tolerieren zu müssen. Hedwig hatte immer Kuchen, Kekse oder Obst bereit, was die Besuche angenehm sein ließ. Die beiden freuten sich über jede Abwechslung, wir über die Leckereien. Sie besprachen die vielen politischen Neuigkeiten, ich vertrat die Lehrmeinung der Schule und die des Jungvolks dazu, Wilhelm ging von der Warte des Kaiserreichs aus und so wurde doch manche heiße Diskussion geführt.

Hitler war es im Juni 1935 gelungen, mit Großbritannien einen Flottenvertrag abzuschließen, der Deutschland die fünfunddreißigprozentige Flottenstärke der Briten und die fünfundvierzigprozentige ihrer Unterseeboote zugestand und damit den Versailler Vertrag eindeutig unterlief. Seine Berater hatten ihm klar gemacht, dass die Quantität durch bessere Qualität und modernere Technik auszugleichen war. England glaubte, mit diesem Vertrag ein Beschwichtigungsmittel gegen Hitler in der Hand zu haben, doch dieser nutzte die Gelegenheit, um von den Ententestaaten immer neue Zugeständnisse zu erhalten.

War der Anschluss Österreichs im März 1938 noch einigermaßen legal nach dem ziemlich manipulierten Willen der Bevölkerung vollzogen worden, so kam Hitler im September 1938 mit der Einverleibung des Sudetenlandes bereits in die Nähe eines Krieges. Chamberlain und Dalladier stimmten zähneknirschend den nach österreichischem Muster inszenierten Verhältnissen zu, weil sie allerdings auch einsahen, dass die Grenzziehungen von 1918 den ethnischen Verhältnissen nicht entsprachen.

Hitler hatte aber seinen oberen Offizieren in geheimer Rede bereits angekündigt, er wolle die Tschechoslowakei zerschlagen. Verbunden mit Ungarn, Rumänien und Polen, verstand er es in Berlin, den angereisten, herzkranken Präsidenten Dr. Hacha so zu erpressen, dass dieser am 16. März 1939 der Aufteilung seines Landes unter die vier Mächte zustimmte. Bereits eine Woche später erzwang Hitler von Litauen die Herausgabe des Memellandes. Für die Westmächte war die Grenze des Erträglichen bereits überschritten. Sie warnten das Deutsche Reich vor weiteren Okkupationen und schlossen mit Polen, das nun zur Zielscheibe von Hitlers Eroberungspolitik wurde, einen Beistandspakt ab.

Mit Beklemmungen hatten Else und Oskar die politische Entwicklung verfolgt. Sicher waren die äußeren Umstände besser geworden, es gab nur noch wenige Arbeitslose, die Wirtschaft florierte, Verbrechen wurden unnachsichtig geahndet und so konnte man, gegenüber früheren Jahren, nachts wieder sorglos durch die Straßen gehen. Jedoch vor der Willkür der Partei, die immer weitgehender die Rechtsverhältnisse nach ihrem Gedankengut ordnete, musste sich ein jeder in Acht nehmen.

Wie schon vorher gesagt, verstanden es Oskar und Else, sich da verhältnismäßig gut hindurchzulavieren, doch das kostete Kraft und ständige Anspannung, vor allen Dingen beim Abtasten neuer Gesprächspartner. Die aber traten im Geschäftsleben jeden Tag auf. Jeder Versprecher konnte weitergemeldet werden, fast waren die Verhältnisse eines großen Gefängnisses erreicht.

Ich bekam als Schulaufgabe die Aufstellung einer Ahnentafel. Die Eltern waren zwangsläufig in die Arbeit mit einbezogen. So musste meine Mutter an Ämter und Kirchen um Auskunft über die Daten der Vorfahren schreiben, und diese waren von der Regierung zur schnellen Bearbeitung angehalten. Die Sorge, ob unter den Ahnen nicht jemand auftauchen würde, bei dem vermutet werden könnte, dass er jüdischer Abstammung sei, war groß. Was da als »Schulaufgabe« gegeben war, diente den Nazis nur zur Schnüffelei in den Familien und konnte sich für diese zur Katastrophe auswachsen, wenn die Schule, und damit die Partei, fündig wurde. Mit dieser Maßnahme ging die Angst im Volk umher, was den Machthabern nur recht war.

Die Ahnentafeln waren längere Zeit des Wartens beim Klassenlehrer, kamen benotet zurück, und da in den nächsten Wochen keine Vorladung bei der Partei erfolgte, mussten wohl alle Broziats und Rüthnicks »arisch« sein. Allerdings hörte man munkeln, dass einige Eltern aus der Schule zum Verhör bestellt wurden, das umso dramatischer ausfiel, je enger der jüdische Verwandtschaftsgrad war. Aus der grauen Vergangenheit tauchte plötzlich für Menschen eine »Schuld« auf, die die Machthaber rückwirkend als eine solche deklarierten.

Erst glaubte ich nachts zu träumen. Nebenan, im Elternschlafzimmer, schrie meine Mutter: »Oskar, liebster Oskar, wach doch auf!« Immer wieder derselbe Schrei. Ich knipste das Licht an, wollte ins Schlafzimmer stürmen, die Tür war verschlossen, ich hämmerte dagegen, Mutti öffnete, lief ans Telefon: »Kommen Sie schnell, Herr Doktor, bitte schnell!« Oskar röchelte. »Mach Dr. Loik die Tür auf, zieh dir einen Mantel über!« Ich hatte sofort begriffen, dass es meinem Vater sehr schlecht ging, lief ins Kinderzimmer, sagte Günter, er möge dort bleiben, rannte dann zur Haustür, um dem Arzt zu öffnen. Der kam auch sehr schnell. Mutti versuchte sich in künstlicher Beatmung an Papa. Dr. Loik, Freund und Hausarzt, spritzte sofort ein Mittel gegen Herzinfarkt, Papa kam langsam zu sich. »Ddda haste aba Sch Sch Schwein jehabt!«, sagte Loik, der stark stotterte. Mutti dankte leichenblass dem Arzt, der nur eine Hose über das Nachthemd gezogen hatte, für das sofortige Kommen, und Papa fragte, was denn war. Dr. Loik erklärte beiden, dass sein Freund Oskar dringend zur Kur müsse, bei den geringsten Brustschmerzen möge er sofort eine Nitroglyzerinkapsel schlucken. Er verordnete strenge Bettruhe und verlangte, dass Vater den Betrieb Betrieb sein lassen solle. Das Schicksal hatte warnend eingegriffen und gezeigt, dass der Sturm auf neue Vorhaben nicht ungestraft vonstatten gehen könne.

Diese sorgenvolle Situation bekam ich nur zu gut mit und griff helfend ein, wo das irgendwie möglich war. Obendrein hatte mein Vater gerade einen neuen BMW 326 gekauft, der als das beste Fahrzeug der Zweiliterklasse galt. Beim Kauf hatte Else ihrem Ältesten besorgt gesagt, sie wisse gar nicht, ob das Geschäft diesen Wagen verkraften könne, doch später, als ich mehr Einblick in die Betriebsfinanzen bekam, war ich noch nachträglich verärgert, dass uns Kindern in dieser Beziehung etwas vorgetäuscht wurde. Aber unsere Mutter wollte sicher mit der Maßnahme einem gewissen Hang zum Angeben vorbeugen.

Nach einer Woche war Oskar wieder auf den Beinen. Dr. Loik wollte dessen Untätigkeit und Ruhe erzwingen. Er überraschte ihn mit Elses Unterstützung bei Büroarbeiten und erkannte: Zu Hause war das nicht durchsetzbar, Oskar musste schnellsten fort zur Kur. Wenig später brachte der Arzt einen Prospekt vom Naturheilsanatorium »Jungborn« im Harz und überredete Oskar dazu. Rüthnicks blieben bei den Enkeln, Else und Fritz Ruhnke fuhren ihn Ende Januar im BMW dorthin.

Mit gemischten Gefühlen hörte Oskar die Einführung. Das Essen war grundsätzlich vegetarisch. Allerdings verordnete der Arzt ihm zuerst eine Fastenkur zur Entschlackung. Na, das fing ja gut an! Noch in der Dämmerung, nach der Morgentoilette, gingen die Männer zum Herrenpark. In den Duschräumen standen auf Schemeln Sitzwannen mit kaltem Wasser. Nach dem Abspritzen der Extremitäten, immer in Richtung zum Herzen hin, setzten sie sich in die Wannen, hatten den Körper richtig nass zu machen, sich danach gegenseitig mit einem Kübel Wasser zu übergießen und dann ging's hinaus zum Lauf durch den Schnee, bis die Leiber dampften.

Fast täglich telefonierte Else mit Oskar, vermied aber tunlichst alle negativen Nachrichten, und als sie ihn zusammen mit Günter am nächsten Wochenende besuchte, waren alle seine Vorbehalte gegenüber dem Kurverfahren verflogen. Die Vorträge vom leitenden Arzt, Dr. Ockel, taten ein Übriges. Oskar wollte seinem Leben und seiner Lebensweise eine neue Qualität geben. Jede Wochenendfahrt, zu der sie abwechselnd mich oder Günter mitnahm, ließ es Else leichter ums Herz werden, wenn sie sah, wie rapide sich der Kranke erholte. Die sechs Wochen würde der Betrieb ohne seinen Chef schadlos überstehen.

Ein Teil der Seminare waren auf das Wochenende gelegt, damit die dann zu Besuch kommenden Ehepartner in die neuen Verhaltens- und Ernährungsweisen Einblick bekommen sollten, um sie zu Hause fortzuführen. Besonders hatte es Oskar die »Luvos Heilerde« angetan, die der Sanatoriumseigner Just Jung auch über Reformhäuser vertrieb, und von der er nun morgens und abends zwei Teelöffel, in Wasser verrührt, trank. Else war dazu nur schwer zu bewegen, doch die vegetarische Küche, die sie zu Hause auch praktizieren würde, gefiel ihr, zumal Oskar schon immer die meisten Fleischsorten verschmäht hatte. Schließlich legte Dr. Ockel noch Wert auf ein harmonisches Familienleben, das durch ausgeglichene, verständnisvolle Verhaltensweisen gefestigt werden konnte, wozu er auch die Aufklärung der Kinder über die Sexualität zählte. Unter anderen hatte er darüber Schriften verfasst, einschließlich einem Frage- und Antwortspiel für Eltern und Kinder.

Nach dem vierten Wochenende wäre Oskar am liebsten wieder nach Hause gefahren, doch die Sechswochenkur war gebucht, die Nacherholung wichtig. Julius wurde krank. Asthma und epileptische Anfälle, zu denen sie Krämpfe sagten, hatten ihn geschwächt, eine Lungenentzündung kam schnell hinzu. Else sagte im Telefonat etwas von einer Erkältung seines Vaters, sie sah die Krankheit auch nicht für so ernst an. Am Donnerstag, dem 4. März, meldete der Arzt, es sei kritisch mit Julius. Die Familie war um sein Bett versammelt. Zur Nacht hin fing sein Lebenslicht an zu flackern und verlosch mit einem letzten Atemzug. Der Firmengründer war nicht mehr.

Else machte sich am nächsten Tag reisefertig, nachdem sie die nötigen Anordnungen getroffen hatte und fuhr zum »Jungborn«, um ihrem Mann die schlimme Nachricht vom Tod seines Vaters persönlich zu überbringen. Als sie zu ihm ins Zimmer kam, einen Tag früher, als abgesprochen, sagte er ihr: »Du kommst einen Tag früher, Else, du musst mir nicht sagen, dass Papa tot ist! Heute Nacht hat er zu mir gesprochen: ›Ich gehe jetzt, Oskar, meine Zeit ist um, du wirst gesund sein, wirst leben, das ist wichtig!‹, und dann war die Lichterscheinung fort.« – »Dich hat niemand informiert?« – »Mein Vater selbst, sonst niemand!« Sie lagen sich in den Armen und jedes Streicheln trug Trost in die Seelen. Nur ungern stimmten die Herren Just und Dr. Ockel Oskars Abreise zu, denn sie mochten ihn, und seine Gesundung war ihnen wichtig, aber dies Ereignis war auch mit entsprechenden Pflichten verbunden.

Als Oskar und Else am Sonnabend zur Mittagszeit vom »Jungborn« zurückkamen, war Julius bereits in die Leichenhalle gebracht worden. Emma, die Schwestern und Walter erwarteten sie in der Hamburger Straße, um die Anzeigen und Beisetzungsfeierlichkeiten zu besprechen. Oskar hatte während der Fahrt mit Else bereits einen Text aufgesetzt, der Julius' Lebensleistung würdigte, sein Gottvertrauen hervorhob, aber auch den Zusammenhalt der Familie anzeigte. In dem Wohnzimmer, in dem Julius, Emma und ihre Kinder so viele Jahre verbracht hatten, erhoben sie sich zum gemeinsamen Vaterunser für den Verstorbenen. Oskar erzählte vom Abschied seines Vaters, wie er ihn im »Jungborn« erlebt hatte. Emma zeigte offen ihre Freude darüber, sah doch die Gläubige darin ein gutes Omen für ihren geliebten Sohn. Überhaupt hatte sie den Tod ihres Mannes, wohl in Trauer, aber als gottgewollt hingenommen und ertrug nun alles mit innerer, ausgeglichener Gelassenheit. Der Herrgott hatte so verfügt und alles, was Er tut, ist wohlgetan und als Gnade zu empfangen, auch wenn wir es nicht begreifen.

Vor der Trauerfeier, am Dienstag, wurde allen Gelegenheit gegeben, den Leichnam zu sehen, Günter und ich jedoch weigerten uns, es wäre der erste Tote gewesen, den wir schauen sollten, und das war uns dann doch unheimlich. Mutti drängte uns auch nicht dazu, sie hatte Verständnis dafür. In seiner Ansprache zeigte der Pastor noch einmal die wichtigsten Begebenheiten aus seinem Leben auf, eine klare Altstimme sang: »Wenn ich einmal muss scheiden, so scheide nicht von mir …« und mit der Aussegnung wusste Emma die Seele von ihrem getreuen Julius in Gottes Hand.

Oskar hatte am Vortage von der Friedhofsverwaltung eine Erbbegräbnisstätte für acht Gräber erworben, wo nun Julius als Erster im Beisein einer großen Trauergemeinde in die Erde gebettet wurde. Nach dem Gebet am Grabe und den Beileidsbekundungen ging man auseinander, Verwandte und engere Freunde kamen zum Leichenschmaus in die Hamburger Straße.

Grabstätte von Emma und Julius Broziat

Oskar beauftragte seinen Schulfreund, den Architekten Willi Fehrmann, mit der Ausgestaltung der Begräbnisstätte. Von den Entwürfen gefiel ihnen eine Gedenkwand aus großen Findlingen mit schmiedeeiserner Schrift am besten. Die Broziats waren doch auch Findlinge, die das Schicksal in dieses Land gezogen hatte, und das Eisen hatte ihren Werdegang geprägt. Fritz Ruhnke übernahm es eigenhändig, den Namenszug seines Schwiegervaters zu schmieden, und so stellte nach einiger Bauzeit die Stätte symbolisch in schlichter, aber standhafter Form die Kraft der Familie dar.

13. Kapitel

Fanatische Menschen sind gefährlich. Wenn dann ein Fanatiker zum Führer eines Volkes gewählt wird, so lebt auch dieses gefährlich, und wenn dann die Leitung des Staates bis nach unten in die Kreise und Städte mit Fanatikern besetzt wird, muss die Wachsamkeit der umgebenden Länder sehr groß sein. Mit Hitler war Deutschland in diese Lage geraten. Fanatiker überschätzen ihre Kraft und die ihrer Anhänger und lassen sich dadurch leicht zu unüberlegten Handlungen hinreißen. Das Deutsche Reich ging nun diesen Weg. Hitler war umso mehr verblendet, als er an die Spitze eines Ausnahmevolks gekommen war, eines Volkes, das den Beinamen der Dichter und Denker trug, das Spitzenleistungen der Technik erbrachte, das dank der Arbeits- und Wehrdienstpflicht mehr mutige und sportgestählte Männer in sich barg als andere Länder.

Doch die umgebenden Staaten waren durch Hitlers Eroberungen wach geworden. Sie schlossen sich zusammen, um Deutschland Einhalt zu gebieten. Zwar hatte auch Hitler Freundschaftspakte mit Italien und Japan geschlossen, doch schon das Abessinien-Abenteuer Mussolinis wäre ohne deutsche Hilfe misslungen und hatte damit die italienische Schwäche bloßgelegt. Da formierten sich Staaten gegen das Reich, die insgesamt eine zehnfache Übermacht darstellten.

Als Hitler mit den Forderungen der Rückkehr der Freien Stadt Danzig ins Reich und einer exterritorialen Verkehrsverbindung zwischen Pommern und Ostpreußen durch den »polnischen Korridor« aufwartete, begannen England, Frankreich, Polen und Russland sofort Verhandlungen für einen Beistandspakt. Polen glaubte sich dadurch in Sicherheit, doch scheiterte der Abschluss im letzten Moment an der Weigerung, den Sowjets, im Kriegsfalle freies Durchmarschrecht durch ihr Land zu gewähren.

Hitler schien das Glück gepachtet zu haben. Mit der Übernahme des sowjetischen Außenministeriums durch Molotow begann eine Annäherung an Deutschland, die am 23. August 1939 zum Hitler-Stalin-Pakt führte. Er hatte die stärkste Landmacht aus dem geplanten Beistandspakt ausbrechen können. In einem Geheimprotokoll hatten sie Polen bereits zwischen ihren Ländern aufgeteilt. Der von Hitler gewollte Krieg stand bevor.

Am 1. September begann der Einmarsch deutscher Truppen in Polen; Englands und Frankreichs Kriegserklärungen an Deutschland folgten, der Brand des Zweiten Weltkrieges war gezündet. Zwar kapitulierten die Polen nach einem Blitzkrieg von nur achtzehn Tagen, die Aufteilung des Landes zwischen Deutschland und der Sowjetunion wurde am 23. September 1939 vollzogen, aber die Westmächte wollten nunmehr von einem Friedensangebot Hitlers nichts mehr wissen. Mit seinem Glauben, Deutschlands bewiesene Macht und Russlands Freundschaft im Rücken würde ihnen so viel Angst einflößen, klein beizugeben, hatte er sich getäuscht. Hitler hatte seine Glaubwürdigkeit in der Welt endgültig verspielt.

Mit Ängsten hatten Else und Oskar die politischen Ereignisse seit dem Tod von Julius verfolgt. Wollte Deutschland nach gut zwanzig Jahren erneut gegen die ganze Welt antreten, was sollte daraus bloß werden? Zwar nahm sie der erfreuliche Geschäftsgang laufend in Anspruch, doch war der Betrieb gut durchorganisiert. Von daher gab wenig Sorgen. Oskar hatte die Verantwortlichkeiten nach seiner Krankheit neu geregelt, die einzelnen Bereiche gestrafft. Der sehr begabte Werkstattleiter für Fahrzeugreparatur und Werkzeugmaschinen-Aufarbeitung, van der Beck, war fristlos gekündigt worden. Er hatte Oskars Abwesenheit zu Privatgeschäften mit Firmengeräten genutzt. Ansonsten hatten die Mitarbeiter loyal zum Betrieb gestanden, und Oskar honorierte ihr Verhalten.

Auch die Kundschaft war um seine Gesundheit besorgt gewesen und hatte, vielleicht deshalb, mit guten Aufträgen nicht gegeizt. Die Partei war vor allen Dingen mit ihrer Propaganda beschäftigt, um dem Volk darzustellen, welche Größe Deutschland durch den Führer erlangt hatte, der die Verantwortlichen anderer Staaten nur so am Gängelband führte und den Traum eines Großdeutschen Reiches in Erfüllung gehen ließ. Nun war das Reich in den Krieg geschliddert, und die zu den Waffen gerufenen Männer waren keineswegs so begeistert wie die Generation von 1914.

Auch Oskar hatte seinen Einberufungsbefehl bekommen, war nach der Musterung zum Uniformempfang gegangen, wo auf der Einkleidungsstelle der Kreisleiter von der großartigen Schicksalsstunde des Reiches heruntönte. Als er dort in der Warteschlange stand, rief jemand: »Ist Broziat hier?« Oskar meldete sich. Es war der Beauftragte des Landrats, der ihm eröffnete, er sei vom Verkehrsminister zum Fahrbereitschaftleiter ernannt und habe sofort seinen Dienst im Landratsamt anzutreten, die Dienstanweisungen lägen bereit.

Der Kreisleiter hatte das mitbekommen und sagte: »Dann können Sie ja endlich für die Partei etwas tun!« – »Ja!«, sagte Oskar leise und ging möglichst unauffällig an ihm vorbei. Schnell wurde auf der Meldestelle seine uk-Stellung (unabkömmliche Stellung bzw. Freistellung vom Wehrdienst) registriert, und Oskar eilte zum Landrat Freiherr von Rheinbaben. »Herr Broziat, ich bin froh und erleichtert, dass Sie diese Aufgabe übernehmen«, begrüßte dieser ihn. »Sie können von mir jedwede Unterstützung erwarten, auch, wenn sich Fachfragen mit politischen reiben sollten!« Oskar bedankte sich und verstand den vorsichtigen Wink. Sie kannten sich aus einigen Begegnungen, aber diese gefährliche Offenheit des Landrats hatte Oskar nicht erwartet, sie bedeutete, sein neuer Dienstherr legte großes Vertrauen in ihn. Von Rheinbaben stammte aus einer bekannten Diplomatenfamilie, sein Cousin war in der Weimarer Republik Außenminister gewesen.

Im Beisein der wichtigsten Kreisbeamten vereidigte der Landrat Oskar und wies die Amtsvorsteher, die mit dem Straßenverkehr zu tun hatten, in die neue Verfügungsgewalt ein, die der Fahrbereitschaftsleiter nun besaß. Oskar bat um eine vertrauensvolle Zusammenarbeit nach wirtschaftlichen Gesichtspunkten, die dem Vaterland so am dienlichsten seien, setzte für den nächsten Morgen die erste Einsatzbesprechung an, nachdem er die Dienstverordnungen studiert hätte.

Er trat lächelnd ins Zimmer, als er Else mit trauriger Miene vorfand. »Du hast keine Uniform an, ich fürchtete, du seiest schon fort!« – »Ich bin reklamiert und vom Landrat als Fahrbereitschaftsleiter vereidigt worden.« – »Du brauchst nicht an die Front? Bin ich glücklich! Was heißt denn Fahrbereitschaftsleiter? Was musst du tun?« Elses Ausrufe und Fragen überstürzten sich, eine Last fiel von ihr ab, vor Aufregung war sie kreidebleich geworden, sie konnte es kaum begreifen, dass ihr Oskar in Nauen bleiben dürfe. »Bei aller Freude, liebe Else, die Zeit wird sehr hart für dich werden. Wenn der Betrieb weiterlaufen soll, musst du mich weitgehend ersetzen. Mit der Leitung des Zivilverkehrs im Kreis werde ich vollauf zu tun haben.« – »Das ist alles egal, wenn du nur hier bleibst.« – »Jetzt begreifst du wirklich anschaulich, wie wichtig es für uns ist, dass du mit allem im Geschäft vertraut bist. Wir werden immer etwas Zeit finden, um Geschäftsvorfälle zu beraten und den Betrieb zu erhalten.« – »Wir kommen schon durch, Oskar!«

Bis spät in die Nacht studierten sie die Arbeitspläne zur Führung der Fahrbereitschaft, die längst im Verkehrsministerium für den Kriegsfall ausgearbeitet und nun den Kreisverwaltungen überstellt worden waren. Maria, das Dienstmädchen, hatte ihnen belegte Brote und Getränke gebracht. Ich ging hinein, schaute meine arbeitenden Eltern an. »Wir haben jetzt absolut keine Zeit!«, sagte Papa. »Günter hat Bauchschmerzen!« – »Habt ihr im Garten Kirschen gegessen?«, fragte Mutti. »Ja, ganz viele!« – »Was habt ihr getrunken?« – »Brause.« – »Dann ist es davon. Geht schlafen, ich schaue nachher noch nach Günter, gute Nacht!« Ich ging verwundert aus dem Raum. Sicher bedeuteten die Papiere, die sie da lasen, etwas Schlimmes. Sicher hing das mit dem Krieg zusammen, so kurz war ich ja noch nie abgefertigt worden.

Oskar las die Amtsvorschriften genau durch, unterstrich Wichtiges, machte Ausrufe- oder Fragezeichen an den Rand, gab jeden Bogen an Else weiter, die ihre Meinung sagte, wenn ihr Besonderes auffiel. Oskar wollte morgen gut vorbereitet in die erste Besprechung gehen. Wie die Weichen anfangs gestellt wurden, war entscheidend für Erfolg oder Misserfolg in der Zukunft. Gott sei Dank befasste sich der Text fast ausschließlich mit Fachbelangen, die nicht parteipolitisch durchsetzt waren, und so beendeten sie ihre Arbeit kurz nach Mitternacht in der Zuversicht, auf dem rechten Weg zu sein. Sie waren sich darüber im Klaren, dass bei Misserfolgen die Partei schnell eingreifen und Oskar an die Front befördern würde. Im Kinderzimmer fand Else beide Söhne in festem Schlaf und so ging sie beruhigt ins Bett.

Am nächsten Morgen war Oskar bereits früh im Landratsamt, um mit dem Landrat die ersten Einzelheiten, zum Beispiel Amtsräume, Mitarbeiterzahl, Etat und Telefonanschlüsse zu besprechen. Das Landratsamt war wegen der Ansprüche der Partei schon überbelegt. Mit dem Kreisleiter würde das bestimmt zu ersten Zwistigkeiten führen. Doch Oskar hatte ein waches Auge. Gegenüber hatte vor einiger Zeit ein Textilgeschäft geschlossen. Die Räume wurden am selben Tage noch angemietet und für den Publikumsverkehr eingerichtet. Neben zwei Sekretärinnen, die der Landrat ihm zuwies, holte er sich den pensionierten Gütervorsteher Schökel heran, der froh war, wieder beschäftigt zu sein und dessen Fachwissen sich gut umsetzen ließ. Von der Bank für Landwirtschaft sollte gerade der stellvertretende Direktor Löffler einberufen werden. Ihn ließ Oskar für die Fahrbereitschaft »uk« stellen, er brauchte Leute, die wirtschaftlich denken konnten. Es war noch eine Rumpfmannschaft, aber alle hatten den Willen, bis in die Nächte zu arbeiten, um den Verkehr mit den plötzlich rationierten Treibstoffmengen nicht zusammenbrechen zu lassen.

Erschöpft fiel Oskar nach dem ersten Einsatztag ins Bett. Else hatte sich um den Betrieb und immer wieder um Günter gekümmert, dessen Bauchschmerzen sich verstärkten. Dr. Loik war überbesetzt, viele wollten sich krank melden, um die Einberufung hinauszuzögern. Auf Elses Anruf hatte er heiße Wickel empfohlen. Endlich war Günter abends eingeschlafen. Oskar fuhr um 6 Uhr schon zur Fahrbereitschaft, um sich ungestört die nächsten Schritte und Handlungen zu überlegen, denn die Verordnungen vom Ministerium waren Theorie, die in die Praxis so nicht umsetzbar war. Am nächsten Morgen stöhnte Günter, war kreidebleich, weinte. Nach mehreren Anrufen kam Dr. Loik, stellte eine akute Blinddarmentzündung fest, schnellstens musste er ins Krankenhaus. Oskar kam nach Hause, er hatte vorher den Chefarzt Dr. Krohn informiert, Else trug den Jungen schon in Decken gewickelt nach unten in den Wagen, alles musste schnell gehen.

Dr. Krohn operierte sofort. Nach zwei Stunden brachte er den durchbrochenen, vereiterten Blinddarm in einer Schale, die ganze Bauchhöhle sei infiziert, es würde schwer werden, Günter am Leben zu halten. Vom Krankenhaus seien viele Schwestern zum Lazarettdienst eingezogen, er sähe für den Jungen nur eine Chance, wenn Else die Nachtwachen übernähme. Sie willigte sofort ein. Zur Belastung der beiden war nun eine Überlastung gekommen. Es gab kaum Arzneien, die mit den Streptokokken fertig wurden. Die Medikamente führte der Arzt täglich, in Mull getränkt, in die Bauchhöhle ein, bis sich endlich der Erfolg zeigte. Jedes Mal gab es Geschrei und Tränen unter dieser Qual, Else litt mit ihrem Jungen und war glücklich und dankbar, als sich langsam die Genesung anzeigte. Neun Kilogramm hatte sie unter den Strapazen abgenommen, als Günter endlich wieder im häuslichen Bett nachkurierte.

Oskar hatte nach wenigen Wochen Ordnung in das Verkehrssystem seines Kreises gebracht, das unter den Beschränkungen des Kriegszustandes zu installieren war. Er und seine Mitarbeiter hatten sich die Mühe von mehreren Tausend Einzelanhörungen gemacht und jeweils danach die Kraftstoffzuteilungsmengen entschieden. Für besonders gute »Situationsdarsteller« waren prozentuale Abzugsverfahren und Vergleichstabellen vorhanden, die recht reale Basen hatten, und so sprach es sich schnell herum, dass man umso gerechter behandelt wurde, je ehrlicher man antrat. Da entstanden kaum Beschwerden, die Leute merkten, dass ein Fachmann an der Spitze des Amtes wirkte, zu dem sie mit ihren Sorgen kommen konnten und der in vielen Fällen Rat wusste. Der begehrte rote Winkel, der die Fahrerlaubnis auf dem Nummernschild kennzeichnete, spielte bei den Automobilbesitzern eine große Rolle.

Eines Tages erschien unangemeldet hoher Besuch, Ministerialdirektor Weiler und Ministerialrat Nolde. Oskar führte sie in sein Büro und erwartete etwas unsicher den Beginn des Gesprächs. »Herr Broziat«, begann Weiler, »wir haben Ihre Arbeit beobachtet und festgestellt, dass Sie nicht immer nach den Dienstanweisungen gehandelt haben. Sie haben zum Beispiel die Treibstoffmengen nicht gleichmäßig verteilt, sondern mehr nach Gutdünken, haben manchem einen roten Winkel gegeben, dem die Vorschrift es versagt, wollen Sie sich bitte erklären!« – »Meine Herren, das stimmt zwar«, antwortete Oskar, »aber das Wichtigste scheint mir zu sein, dass die Fahrbereitschaft mit der Gesamtzuteilungsmenge an Kraftstoff gut zurecht kommt und dass in der Bevölkerung Ruhe, Zuversicht und Zufriedenheit herrschten. Ich versuche allenthalben zu helfen und Notsituationen bei den Menschen tatkräftig zu mildern. Ist es nicht wichtiger, dass die Gesamtbilanz im Kreis stimmt, als sich starr nach den Verordnungen zu richten?«

Die Herren lächelten. »Das ist ja der Grund, weshalb wir kommen. Sie haben einen der wenigen Kreise in Deutschland, aus dem wir kaum Beschwerden bekommen, während sich diese aus anderen Kreisen, meist über die Partei lanciert, nur so häufen. Wir wissen, dass hier Industrie, Betriebe, Groß- und Einzelhändler reibungslos versorgt werden, was in anderen Gebieten nicht der Fall ist. Wie machen Sie das?« Oskar legte dar, wie er in mühsamer Kleinarbeit von allen Fahrzeugbetreibern, mit diesen zusammen, Daten erstellt hatte, die fast jedem Einzelfall Genüge taten, wie er in Absprache mit der Konkurrenz gleiche Strecken auslastete, indem er die Unternehmer abwechselnd voll beladen fahren ließ, wie er dafür sorgte, möglichst volle Rückladungen zu haben, um Leerfahrten zu vermeiden und wie er Zulassungen gab, wenn sich Fahrgemeinschaften bildeten. So zeigte er noch viele Programme auf, die hier abgewickelt wurden und reibungslos funktionierten.

Da traten für die Beamten plötzlich Dinge zutage, die sie nie beachtet hatten, die eben nur aus der Praxis kommen konnten. Sie waren überzeugt von dem Mann, dem zwar manchmal grammatikalische Fehler in der Sprache unterliefen, der aber sein Metier mit nachtwandlerischer Sicherheit beherrschte. »Herr Broziat«, sagte Weiler, »Sie haben uns mit Ihrem Können und Ihrer Art beeindruckt! Wir möchten Sie bitten, diese Fahrbereitschaft als Ausbildungsfahrbereitschaft zu führen, in der die Amtsführer anderer Kreise ihre Schwierigkeiten auszubügeln lernen!« – »Dann bin ich ja noch mehr belastet als jetzt schon, ich habe doch gerade erst einen Herzinfarkt hinter mir!« – »Wir sagen Ihnen jede Unterstützung zu, sei es in Personal- oder sonstigen Angelegenheiten. Wir haben Ihre Kalkulationen, auf denen die Nahverkehrspreise beruhen, keineswegs vergessen, aber was Sie hier geleistet haben, übertrifft das noch.« – »Gut«, sagte Oskar, »ich werde es durchführen, doch die Leute für mein Amt möchte ich selbst aussuchen!« – »Da haben Sie völlig freie Hand, auch für Ihren Betrieb werden wir Männer nach Ihrem Wunsch ›uk‹ stellen.«

»Nach diesem erfreulichen Gespräch werden Sie ja wohl keine Vorbehalte haben, zu uns zum Abendessen zu kommen, es ist schon dunkel geworden und sie müssen noch nach Berlin!« – »Vorbehalte haben wir nur insofern, als ja alles rationiert ist und wir nicht Ihre Lebensmittel wegessen wollen!«, meinte Nolde. »Das werden wir schon schaffen, aus unserer Schlachtung, von vor dem Krieg sind noch ein paar Dosen da, dann haben wir Hühner und einen Garten.« Er rief Else an, alles vorzubereiten, und als die Herren die etwas enge Treppe gestiegen waren, staunten sie, welch ein geschmackvolles, urgemütliches Bauernzimmer sich dahinter verbarg. Weiler und Nolde telefonierten ihren Frauen, dass sie später kämen, und dann wurde es wirklich ein langer Abend. Der groß gewachsene, etwas hagere Nolde, mit seinem ausdrucksvollem Gesicht und markanter Nase verstand es, gewandt die Unterhaltung zu führen. Er war von verblüffender Direkt- und Offenheit, die von seiner sonoren Stimme noch unterstützt wurde, eine Art, die nie verletzend war, aber immer den Kern des Themas traf. Es stellte sich heraus, dass er mit der Tochter vom Reichsverkehrsminister Dorpmüller verheiratet war, was Oskar und Else noch mehr veranlasste, Gespräche über die NSDAP zu meiden. Umso erstaunter waren sie als er meinte: »Sie haben doch mit der Partei wenig im Sinn, das brauchen Sie doch nicht zu verbergen, aber wissen Sie, ich eigentlich auch nicht.« Und mit einem Blick auf Weiler: »Wir sind nur Parteigenossen, weil unsere Positionen es verlangen. Im Grunde interessiert uns hauptsächlich der reibungslose Ablauf des Verkehrs. Fast alle im Ministerium sind in der Reichsbahn groß geworden, kaum jemand ist in der Partei.« – »Und Ihre familiäre Bindung?« Else hielt sich vor Schreck die Hand vor den Mund, die Frage war ihr einfach so rausgerutscht. Nolde lachte laut mit seiner sonoren Stimme: »Ist doch unser bester Schutz, vielleicht profitieren Sie auch noch davon!«

Weiler war von vornehmerer, zurückhaltender Art, seine Worte kamen in gewählter, überlegter Ausdrucksweise, doch war ihm anzumerken, dass er auch schneidend scharf werden konnte, wenn es angebracht schien. Der Abend ging gemütlich, mit Späßen gewürzt, zu Ende. Besonderen Konnex hatten Else und Nolde mit Wortspielen gefunden. Als sie satt und zufrieden heimfahren wollten, holte Else noch für jeden eine große Dose Leberwurst, etliche Eier und je zwei Gläser Marmelade, denn sie hatte herausgehört, dass ihre Familien mit den Lebensmitteln gerade so hinkamen. Nach ablehnenden Worten nahmen die Herren die Dinge allzu gern mit und verabschiedeten sich herzlich. Eine Tür hatte sich da aufgetan, die entscheidend sein könnte, sollte es in der Zukunft einmal um Sein oder Nichtsein gehen.

14. Kapitel

Hitler schien doch wohl aus dem Ersten Weltkrieg gelernt zu haben, dass ein Zweifrontenkrieg für Deutschland tödlich sei, und so hatte er nach der Okkupation Polens die Ostgrenze kampffrei gehalten und die Gebiete der Sowjetunion sogar als großen Versorgungsraum für die Bevölkerung zur Verfügung. Endlose Güterzüge mit Getreide und anderen Nahrungsmitteln kamen hauptsächlich aus der Ukraine, dagegen lieferte Deutschland technisches Material, Chemikalien und Kunstdünger an die Sowjetunion. Die Nazis hatten sich mit den eigentlich so verhassten Bolschewiken zum beiderseitigen Vorteil arrangiert. Das vom Reich einverleibte Gebiet Polens bekam den Status eines Generalgouvernements und die schnell eingesetzte deutsche Verwaltung sorgte noch vor dem Winter für die Einsaat, um die Lebensmittelversorgung des Staates möglichst autark zu gestalten. So konnte das Rationierungssystem, im Gegensatz zum Ersten Weltkrieg, auf jeden Fall im Bereich der Grundnahrungsmittel für satte Mägen der Bevölkerung sorgen. Mangelwaren gab es allerdings dort, wo sie Südimporte oder die Hochseefischerei zum Ursprung hatten. Alle Speicher des Reiches waren gefüllt und unter höchsten Geheimhaltungsstufen die Vorbereitungen für den nächsten Waffengang getroffen. Außer Luftalarm bei feindlichen Aufklärungsflügen und kleinen Scharmützeln an der Westfront war von militärischen Aktionen nichts zu vermelden.

Die Fahrbereitschaft vollzog ihr eingespieltes Programm. Die Menschen erfuhren eine geregelte Versorgung, sie hatten sich mit den Einsätzen für vorrangige Kriegsgüter abgefunden, es herrschte ein beruhigtes Abwarten und Abschätzen der künftigen Ereignisse. Der Betrieb war ausgelastet, denn Transporte waren entscheidend für Rüstung und Versorgung, Kohle, Baustoffe, Schrott, Metalle und Altgummi wichtige Kriegs- oder Versorgungsgüter, bei denen nur der Einkauf, nicht aber der Absatz Arbeit und Mühe bereitete. Die Tiefbauabteilung hatte langfristige, fest umrissene Aufgaben. Else und Oskar fanden endlich Zeit, sich von den Strapazen zu erholen, die bei Kriegsbeginn auf sie zugekommen waren. Kalt war es geworden, der Winter kündete sich an. Sellschopp erschien eines Tages mit Wriedt zum Reifenkauf. »Wir müssen unbedingt Decken zum Runderneuern haben, die mit Winterprofil bestückt werden!« – »Gut«, sagte Oskar, »unsere Bedingungen sind bekannt, die Preise für die verschiedenen Sorten die gleichen, wie beim letzten Mal!« Sellschopp akzeptierte. Im weiteren Gespräch erfuhren Else und Oskar, dass Wriedt seinen Einberufungsbefehl für den 15. Januar 1940 bekommen hätte, uk-Stellungsgesuche von Sellschopp blieben zwecklos.

Sie berieten am Abend, ob Wriedt nicht der geeignete Betriebsleiter sei, befragten Sellschopp über Wissen und Fähigkeiten des Mannes und dieser beurteilte ihn sehr gut. Ihm war es auch lieber, seinen tüchtigen Angestellten in Nauen beim Geschäftspartner als an der Front zu wissen. Oskar erhielt am nächsten Tag von Nolde grünes Licht für Fritz Wriedts uk-Stellung, und der strahlte vor Glück, als er das Angebot bekam. Die Werkswohnung, die van der Beck vorher innehatte, stand noch frei. Wriedt trat am 15. Januar seinen Dienst in der Firma Broziat an und holte im Frühjahr, am Ende der Probezeit, Familie und Möbel nach. Er hatte eine hübsche blonde Frau und einen kleinen Peter als Sohn. Schnell stellte sich heraus, dass Fritz Wriedt ein toleranter, tatkräftiger, fleißiger Mitstreiter war, mit guter Übersicht für Geschäftsvorgänge, mit Dispositionstalent und, was fast bald vorherrschend wurde, mit gleicher politischer Einstellung. Weshalb letzteres? Die Partei suchte vermehrt Leute an die Front zu senden, die nicht zu ihren Mitgliedern zählte, denn mit dem Soldatentod waren Nichtmitglieder am unauffälligsten auszumerzen. Oskar bekam das bald zu spüren. In einer der Besprechungen beim Kreisleiter, denen er immer möglichst unauffällig auswich, sagte dieser: »Wie mir die Kreisleitung Lübeck mitteilt, haben Sie eine Person engagiert und für Ihren Betrieb freistellen lassen, die besser an die Front gehört!« – »Kreisleiter, mit seinem Können und Einsatz leistet Herr Wriedt hier ein Mehrfaches für das Vaterland, als er es je an der Front bringen könnte!« – »Sehen Sie, da unterscheiden sich eben unsere Ansichten, na, warten wir's ab!« Nach diesem Warnschuss verpflichtete Oskar Wriedt zu einem Verhalten, mit dem er nicht durch Äußerungen oder Handlungen der Partei gegenüber missliebig auffalle, was dieser, auch im Eigeninteresse, fest versprach.

Durch seine lange Krankheit hatte Günter schulisch viel aufzuholen. Lehrer Lange gab Nachhilfestunden, er kam jeden Nachmittag lieber die paar 100 Meter in die Hamburger Straße, als Ärger mit seiner Frau wegen schmutziger Schuhe der Schüler zu haben. Lange stotterte auf andere Art als Dr. Loick, er schnalzte drei-, viermal im oberen Gaumenbereich, ehe er schwierige Worte zur Aussprache brachte. Das war für die Schüler ein gefundenes Fressen für Witze und Nachahmungen, auf die sich Günter besonders verstand. Trotz aller Ablenkungen machte er gute Fortschritte, für unsere Mutter der Anstoß, auch meine Schulaufgaben von Lange kontrollieren zu lassen. Wohl kam ich in der Schule recht gut mit, aber es mangelte in den Fächern an Fleiß, die mir nicht so lagen. Lange sorgte nun dafür, dass auch hier mit entsprechendem Engagement gearbeitet wurde und Mutti hatte mehr Spielraum für andere Dinge, zumal ihr die Beaufsichtigung von Schulaufgaben außerordentlich zuwider war. Da schien ihr das Geld für Lehrer Lange besonders gut angelegt zu sein.

Mit den Jahren wuchsen langsam, aber stetig die Rivalitäten zwischen Günter und mir. Ersterer wollte die Freiheiten und Privilegien des Älteren haben, fühlte sich oft zurückgesetzt und mochte vier Jahre Altersunterschied nicht gelten lassen. Auch divergierten unsere jungen Lebensauffassungen. Im Heimweg von der Schule ohne Rempel- oder Prügeleien sah Günter ein Manko, während ich selten und nur dann Streitereien ausfocht, wenn sie wichtige Gründe hatten. Unsere Eltern versuchten sich um Ausgleich zu Günters Forderungen, indem sie bei ihm viele Dinge tolerierten, die mir im gleichen Alter versagt waren. So verglichen sie beider Zeugnisse nicht aus den gleichen Klassenstufen, sondern stellten sie mit vier Jahren Unterschied gegeneinander, wobei ich schlechter wegkam, oder bei Zukunftsaussichten sagten sie, ich würde einmal Techniker und Günter hätte das Zeug zum Kaufmann. Bei anderen Gelegenheiten betonte Oskar immer, in einer Firma habe der Kaufmann das Sagen, der Techniker sich unterzuordnen. Da wurden in dieser wichtigen Bildungsphase voreilig Weichen gestellt, deren Wege sich im Unterbewusstsein der jungen Menschen manifestierten.

Der April begann mit kühlen Tagen, aber erste Knospen und Blumen neigten sich wärmenden Strahlen der Sonne entgegen. Im Volk wurde von Vorbereitungen der Wehrmacht gemunkelt, doch niemand wusste zu sagen, wohin der Sturm losbrechen würde. Dann, am 9. April, kam die Meldung, alle drei Waffengattungen hätten im Handstreich Dänemark und Norwegen besetzt. Die Dänen ergaben sich kampflos, während die Norweger, mit Hilfe der Briten, bis zum 10. Juni Widerstand leisteten. Damit hatte die Wehrmacht Gefahren von der Nordflanke her ausgeschaltet und das Operationsgebiet der Seestreitkräfte bedeutend erweitert. Wie später bekannt wurde, war Hitler mit der Besetzung Norwegens den Engländern um Stunden zuvorgekommen.

Am 10. Mai begann der Angriff gegen Hitlers »Erzfeind« Frankreich. Neun Monate hatten sich die Soldaten im Westwall und der Maginot-Linie in ihren Bunkern gegenübergelegen. Beide Seiten wussten, dass diese Festungslinien nur unter größten Verlusten durchbrochen werden konnten. Ohne Kriegserklärung fielen deshalb deutsche Truppen am 10. Mai in die Niederlande, Belgien und Luxemburg ein, um vom Norden her Frankreich anzugreifen. Die Staaten kapitulierten am 15. und 28. Mai Schnellen Panzerverbänden gelang mit Unterstützung der Luftwaffe der Marsch über die Ardennen zur Kanalküste bis vor Dünkirchen, wo Hitler, gegen jede Militärstrategie, die Truppen zwei Tage stoppen ließ. Hermann Göring hatte ihm erklärt, er würde mit Stuka-Einsätzen (Stuka = Sturzkampfbomber) eine Flucht der eingekesselten feindlichen Truppen verhindern. Aber 350 000 britische, französische und belgische Soldaten konnten über den Kanal nach England entkommen. Ihre Flucht gelang mit Tausenden kleiner Motorboote und Schiffe, gegen die die Flugzeugeinsätze wegen der Menge und Kleinheit der Ziele wirkungslos blieben. Unverständlich und leichtfertig, aus militärischer Sicht, war hiermit die Möglichkeit verspielt worden, England durch eine Besetzung der Insel zu besiegen, denn mit den übergesetzten Streitkräften konnte Großbritannien sein Verteidigungsbollwerk erheblich verstärken.

Mit dem Vormarsch an der nord- und westfranzösischen Küste leitete die Wehrmacht die »Schlacht um Frankreich«, auch »Fall Rot« bezeichnet, ein. Nach der Besetzung Frankreichs, der Einnahme von Paris und der Erstürmung der Maginot-Festungen, kapitulierte es am 22. Juni 1940. Hitler verstand den Kapitulationsakt besonders in Szene zu setzen. In Compiègne ließ er den gleichen Salonwagen aufstellen, in dem 1918 die Deutschen den Versailler Vertrag akzeptieren mussten. Nun schreckte er die Franzosen am selben Ort mit der entgegengesetzten Handlung. Hitler war auf dem Höhepunkt seiner Macht und Popularität, kaum gab es in Deutschland Stimmen, die an seiner Genialität zweifelten.

Da Italien im letzten Moment auch noch einen »Happen« abbekommen wollte, trat es am 10. Juni in den Krieg gegen die Westmächte ein und forderte dafür von Frankreich sein Tribut. Die Freundschaft mit Italien wuchs sich schnell für das Reich zur Belastung aus. Der Duce wollte in ähnlichem Glanz stehen wie der gleichgesinnte Führer und strebte nun die Herrschaft über den Mittelmeerraum an. Die italienische Offensive vom 13. September 1940 in Libyen gegen die Engländer und der Angriff am 28. Oktober auf Griechenland endeten mit einem Fiasko. Es ist eben etwas anderes, gegen einen bereits geschlagenen Gegner wie Frankreich anzutreten oder gegen ausgeruhte Truppen. Kläglich bat Mussolini um Hilfe bei Hitler und als »Germane« ließ der seinen Freund nicht im Stich. Das deutschen Afrikakorps unter General Rommel eroberte das Gebiet bis el-Alamein zurück und die deutschen Truppen im Balkanfeldzug auch Griechenland und Kreta. Dagegen musste Hitler die bereits zum 16. Juli 1940 befohlene Schlacht um England abblasen, weil eine deutsche Luftüberlegenheit nicht zu erreichen war. Die Engländer hatten ihre Küsten inzwischen so gesichert, dass Landung und Brückenkopfbildung unmöglich schienen. Mit der Beherrschung von Polen, Skandinavien, dem Balkanraum, Griechenland, Afrika, Frankreich und den Beneluxländern begann Deutschland seine Kräfte immer mehr zu zersplittern.

Die Kinder hatten bei der Einnahme von Paris schulfrei bekommen. Es war ein strahlender Sommertag, als alle nach Hause stürmten. Ich wusch mich und schaute aus dem Badezimmerfenster, auf dem Hof waren Stimmen zu hören. War eine nicht von Lehrer Lange? Der hätte ihn doch verschonen können, wo es heute schulfrei gab! Richtig, da standen Lehrer Lange, Herr Theidel, Onkel Walter und Mutti. Erregt begannen sie über den Fall von Paris zu diskutieren. Ich merkte, wie meine Mutter krampfhaft ernst bleiben wollte, dann aber in die Küche lief, nochmals zurückkam und wieder vor Lachen das Weite suchen musste. Auch ich konnte mich nicht beherrschen, musste so lachen, dass ich mir fast in die Hosen machte, duckte mich hinter die Fensterbrüstung, versuchte nach einiger Zeit wieder zuzuhören, es ging nicht, ohne dass mein Gekicher bemerkt worden wäre. Da standen unter meinem Fenster drei Stotterer und jeder stotterte anders. Lange machte vor jedem Konsonanten der D- und T-Sorte seine Schnalzlaute im oberen Gaumen, Walter wiederholte die Zischlaute mehrmals und Theidel hatte den Zwang, bestimmte Silben wiederholt sprechen zu müssen. So stellte er sich mit Thei – Thei – Theidel vor. Diese drei diskutierten nun ernsthaft über die Militäraktionen um Paris, ohne scheinbar den Sprachfehler des anderen zu bemerken und jeder wollte es im Radio genauer gehört haben. Auf eine solche Idee war man wohl selbst im Kino-Slapstick noch nicht gekommen, was hier in natura kostenlos geboten wurde. Am Abendbrottisch versuchte sich Günter in der Nachahmung der drei, und alle wollten sich ausschütten vor Lachen.

Mit vierzehn Jahren wurde das Jungvolk zur Hitlerjugend (HJ) überwiesen, in der die Jugend das nationalsozialistische Ideengut eingetrichtert bekam, sportlich ertüchtigt wurde und bereits den Umgang mit Waffen erfuhr, alles in Vorbereitung auf den Kriegsdienst. Aber es gab auch bestimmte Abteilungen, wie die Flieger-, Marine- und Motor-HJ, in denen die Fachausbildung überwog. Ich hatte vom Jungvolk bereits die »Nase voll« und trat zu Beginn von 1940, mit dreizehneinhalb Jahren, zur Motor-HJ über. Hier fand ich als Ausbilder zwar den nächsten Stotterer, mit dem Spitznamen »Schischibu«, aber der hatte ein so tiefes Fachwissen, dass den Jungen seine Aussprache zur Normalität wurde. Der etwa fünfzigjährige Kraftfahrzeugmeister Fricke hatte bei einer Schulung ein schweres Wort mehrfach als »Schischibu« herausgebracht und damit seinen Spitznamen weg. Die Motor-Schar bestand aus etwa dreißig Jungen zwischen dreizehn und siebzehn Jahren, hatte als Dienstraum eine kleine Werkstatt mit Schnittmodellen von Motoren, Getrieben, Differenzialen, Bremssystemen und anderem und beschäftigte sich nur wenig mit

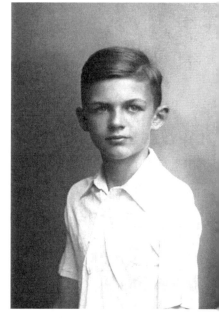

Erstes Führerschein-Passbild von Horst

politischen Fragen. Das war für mich das richtige Metier, meine Liebe galt der Technik, die Zusammenhänge gingen mir so in Fleisch und Blut über, dass Fricke mir bald eine Zehnergruppe zuordnete, in der ich gewisse Ausbildungsthemen übernahm. Zwei Monate vor meinem vierzehnten Geburtstag überraschte ich meine Eltern mit der Bitte, die Minderjährigen-Genehmigung für den Führerschein Klasse vier, für Motorräder bis 250 Kubikzentimeter zu unterzeichnen. Die Prüfung hatte ich bereits bestanden.

Hitler hatte in seiner Reichstagsrede am 19. Juli 1940 aus der Position seiner Stärke ein Friedensangebot gemacht, in dem er England dessen Besitzstand in der Welt garantierte, dafür aber die Anerkennung Deutschlands als erste europäische Kontinentalmacht erwartete. Churchill, inzwischen Premierminister einer Allparteienregierung, lehnte das deutsche Angebot ab. Er hatte genug von Hitlers »Garantien« und versprach seinem Volk lieber einen Weg zum Sieg, angefüllt mit Blut und Tränen. So lagen sich die Feinde wie beim Jahreswechsel zuvor recht tatenlos gegenüber und bereiteten die nächsten Operationen vor, die den Gegner in die Defensive zwingen sollte. Unabhängig davon lieferten sich die See- und Luftstreitkräfte ständig Gefechte, der U-Bootkrieg wurde von Deutschland intensiviert, um England von der Versorgung abzuschneiden. Britische Bomber dagegen flogen ständige Nachteinsätze, die deutsche Rüstungsfabriken treffen sollten. Dem ersten, neuen Handlungszwang war Hitler durch den Staatsstreich in Jugoslawien am 27. März 1941 unterworfen, der den Balkanfeldzug einleitete. In weiteren Handlungszwängen rettete die Wehrmacht den unsicheren Kantonisten Italien vor dem Verderben in Griechenland und Nordafrika. Die deutschen Soldaten mussten nunmehr das riesige Gebiet vom Nordkap bis Nordafrika und vom Atlantik bis an die russische Grenze in Schach halten. Eine Aufgabe, die stark an den Kräften zehrte, die da zur Verfügung standen.

Nach der Besetzung der vielen Länder wurde das uk-Stellen von Mitarbeitern immer schwieriger. Alle Wehrfähigen, soweit sie nicht kriegswichtige Positionen bekleideten, wurden eingezogen. Sie sollten möglichst durch Kriegsgefangene ersetzt werden. Auch um Nauen waren mehrere Gefangenenlager eingerichtet worden. Um Zwistigkeiten zu vermeiden und die sprachlichen Einheiten zu bewahren, ordnete man sie nach Nationalitäten. In Verhandlungen mit dem Wehrkreiskommando sorgte Oskar im Interesse der Fahrbereitschaft dafür, dass genaue Berufsangaben vorlagen, damit in seinem Verantwortungsbereich offene Stellen in Werkstätten oder Fuhrbetrieben aufgefüllt werden konnten. Besonders gefragt hierfür waren Franzosen, Belgier und Niederländer; Polen forderte hauptsächlich die Landwirtschaft an. Die meisten Gefangenen aber zog die Rüstungsindustrie an sich und leistete damit selbst Vorschub für Sabotageakte, die viele deutsche Soldaten mit dem Leben bezahlten. Um nur ein Beispiel anzuführen, passierte es immer wieder, dass Stanzwerkzeuge für Patronen- oder Granathülsen ein wenig größer geschliffen wurden. Die Hülsen verklemmten sich dann in Kanone oder Maschinengewehr und die Waffe fiel erst einmal aus. Ein tödlicher Umstand beim Kampfeinsatz.

Die Personalsituation war so schwierig geworden, dass Oskar sich entschloss, die Tiefbauabteilung aufzugeben, zumal der Auftrag für die Erdarbeiten auf dem Flugplatz Burg abgewickelt war. Willi Bathe, dem die Leitung dort oblag, war heilfroh, wieder in Nauen bleiben zu dürfen, hatten ihn doch die ständigen Klagen der Mitarbeiter über die Ernährung und Barackenunterbringung genervt, besonders aber der ständige Ersatz deutscher Leute durch unqualifizierte Gefangene. Doch es war der größte Betriebszweig, der nun stilllag, dessen Geräte nutzlos auf dem zweiten Platz herumstanden. Der Krieg zeigte Wirkung.

Oskar hatte für seinen Betrieb acht französische Gefangene ausgewählt, für sie wurden Küche und Essraum eingerichtet. Neben den Zuteilungsrationen besorgte Else von den Schurig'schen Gütern zusätzliches Gemüse. Die Leute waren zufrieden und leisteten somit ordentliche Arbeit. Zu Feierabend holte sie ein Wachmann ab und führte sie zur Unterkunft. Die Kraftfahrer von ihnen mussten deutsche Begleitung mitnehmen. Dennoch war den Gefangenen bei dieser Tätigkeit für eine Flucht Tor und Tür geöffnet, doch es wurden immer wieder die drakonischen Strafen der SS an geflüchteten Kameraden offengelegt, sodass vielleicht auch deshalb im Bereich der Firma Broziat kein Fluchtversuch vorkam. Aber Oskar erhielt einen Verweis von der Partei, weil er die Gefangenen an der Betriebsweihnachtsfeier teilnehmen ließ. Damit hatte er angeblich der Verbrüderung mit Menschen eines feindlichen Volkes Vorschub geleistet. Er rätselte mit Else, wer aus dem Betrieb wohl diese Meldung veranlasst hatte.

Wir Brüder kamen früher aus der Schule. »Was ist los?«, fragte

Mutti. – »Habt ihr die Sondermeldung nicht gehört? Wir haben über hunderttausend Bruttoregistertonnen versenkt!« Derartige Erfolgsmeldungen waren mit schulfrei verbunden. Am Mittagstisch meinte ich: »Jetzt haben wir den Krieg bald gewonnen, lange halten das die Engländer nicht mehr durch!« – »Das hat unser Lehrer auch gesagt«, bestätigte Günter. »Ja, ja«, sagte Oskar, »Horst, ehe ich zur Fahrbereitschaft fahre, muss ich noch etwas mit dir im Büro besprechen!« Ich überlegte mit gerötetem Kopf, ob etwas gegen mich vorliegen könnte. Hatten sie vielleicht erfahren, dass ich Ellen Preuß nachstieg und immer Rüthnicks als Ziel angab?

»Hör' mal genau zu«, sagte mein Vater, als wir in dessen recht abhörsicherem Büro waren, »du bist jetzt alt genug, um über Dinge, die ich dir sage, Stillschweigen zu bewahren. Plauderst du darüber, gefährdest du uns!« Ich nickte ernst. Er wusste, dass von einigen Schulfreunden die Väter eingezogen worden waren, deren Familien auch anders dachten. »Schau diese Notiz in der DAZ (Deutsche Allgemeine Zeitung) an. Die Amerikaner bauen im Monat Schiffe mit einer Gesamttonnage von über 1 Million Bruttoregistertonnen und wir versenken durchschnittlich unter 700 000 Tonnen. Da die USA für die Engländer arbeiten, haben die einen monatlichen Zuwachs von etwa 300 000 Tonnen. Außerdem ist fast die gesamte norwegische Handelsflotte vor der Besetzung durch uns mit 8 Millionen Tonnen zu den Briten übergewechselt. Glaubst du, wir können bei diesen Zahlen den Krieg gewinnen?« – »Nein, dann wohl nicht, aber wenn wir England besetzen!« – »Das haben wir doch im vorigen Jahr versucht und sind gescheitert, weil wir die Luftüberlegenheit nicht erreichten und die Küstenbefestigungen nicht ausschalten konnten. So einfach ist es nicht, eine Insel anzugreifen.« – »Aber Kreta haben wir auch erobert!« – »Es ist ein Unterschied zwischen der Kampfkraft von Griechen und Engländern. Selbst auf Kreta hatten wir enorme Verluste.« – »Aber unsere Soldaten können doch besser kämpfen!« – »Das wird gesagt, doch weiß ich vom Ersten Weltkrieg her, dass auch die Engländer sehr tapfere Soldaten haben. Inzwischen holen sie von ihren Kolonien so viel Verstärkung heran, dass sie zahlenmäßig überlegen werden, aber solange Russland sich an den Nichtangriffspakt hält, sehe ich nicht schwarz.« – »Traust du den Russen nicht?« – »Ich weiß nicht recht. Also, den Mund halten, ich muss zum Landratsamt!«

15. Kapitel

Die Kampfkraft der deutschen Soldaten war in der Tat erstaunlich. Die Italiener waren in der Cyrenaika vor den Engländern nur so geflüchtet. Kaum landete das Afrikakorps unter Rommel dort, schlug er die Briten in einer Schlacht nach der anderen, trotz zahlenmäßiger Unterlegenheit. Das setzte selbst jeden Realisten in Verwunderung, denn hinter den Engländern stand massive amerikanische Unterstützung. In Europa jedoch verblieb die Pattsituation, in der einer auf den Fehler des anderen wartete.

Am 22. Juni 1941 kam Oskar früher zum Essen als sonst. »Jetzt ist er ganz verrückt geworden!« – »Ja, du meinst Hitler, der ist wirklich verrückt. Nichts hat er aus der Vergangenheit gelernt!«, sagte Else verstört. Hitler hatte die Offensive gegen die Sowjetunion ohne Kriegserklärung begonnen. Ein weiterer Blitzsieg sollte her, der Mehrfrontenkrieg war endgültig eingeleitet. Auch auf dem neuen Schauplatz rückten die deutschen Truppen unaufhaltsam vor, kesselten den Gegner ein, machten unerhörte Gefangenenzahlen. Das Oberkommando der Wehrmacht wollte Moskau als zentralen Verkehrsknotenpunkt erobern lassen. Hitler untersagte das, setzte die Zielrichtung auf Leningrad und die Ukraine, die Einnahmen jedoch misslangen. Als er am 2. Oktober dann doch den Sturm auf Moskau anordnete, scheiterte dieser am Wintereinbruch und an der Erschöpfung der deutschen Truppen. Widersinnig befahl er am 11. Dezember, jede Stellung zu halten, statt die Formationen nach dem Rat des Oberbefehlshabers von Brauchitsch auf vorbereitete Winterstellungen zurückzuziehen. Hitler entließ ihn nach einer Auseinandersetzung darüber und übernahm am 19. Dezember 1941 selbst den Oberbefehl über das Heer.

Der Kälteeinbruch 1941 kam sehr früh und war hart. Wie jedes Jahr mussten die Zuckerrüben abgefahren werden, denn Zucker galt als wichtiges Volksernährungsgut. Durch den Bedarf der Ostfront mangelte es an Fahrern und Fahrzeugen. Eine große Kleideraktion für die frierenden Soldaten erbrachte riesige Mengen, die nun in den Osten gebracht werden mussten. Liefen auch die meisten Transporte per Bahn, so waren doch Lkws nötig, um die Sachen zu den Bahnhöfen zu befördern. Das hatte Vorrang vor allem, denn viele Landser (Infantriesoldaten) waren bereits erfroren: Bei der Wehrmacht war eine genügende Vorsorge für den Wintereinbruch versäumt worden.

Direktor Harney von der Zuckerfabrik hatte ein sorgenvolles Gespräch mit dem befreundeten Landrat geführt. Dieser rief Oskar am nächsten Morgen zu sich und fragte ihn, wie denn in der augenblicklichen Lage die Zuckerrübentransporte bewerkstelligt werden könnte? »Das habe ich inzwischen geregelt«, antwortete er dem ungläubig dreinschauenden von Rheinbaben, der um die Mengen wusste. Oskar sagte ihm, er habe mit seinem Freund, Hauptmann Lüder vom Nachrichtenregiment in Kladow-Hottengrund, gesprochen. Dem unterstand neben anderem die Kraftfahrerausbildung und so habe er ihm vorgeschlagen, statt der Leerfahrten die Zuckerrübenanhänger zur Fabrik zu ziehen, das würde die Ausbildung ja nur wirklichkeitsnäher gestalten. Lüder habe ihn zu Oberst von Lear geführt und dieser stelle für die Zuckerrübenkampagne eine entsprechende Zahl von Fahrzeugen und Fahrern zur Verfügung. Die Transporte begönnen in der nächsten Woche. »Sie sind doch ein Teufelskerl! Vor uns türmen sich unüberwindliche Schwierigkeiten auf, da kommen Sie, öffnen eine Tür und alles ist erledigt! Was wird denn der Kreisleiter zu dieser verblüffenden Lösung sagen?« – »Am besten, er erfährt nicht viel davon, sonst findet er noch ein Haar in der Suppe!«

Die Havelländer staunten nicht schlecht, als immer wieder neben den Zugfahrzeugen der Firma Broziat Militärlastwagen, ja selbst Kettenfahrzeuge für den Geschütztransport rübenbeladene Anhänger zur Zuckerfabrik zogen. Einige Notizen in der »Havelländischen Rundschau« ergaben in der Bevölkerung die »Aha-Reaktion«, dass da wohl jemand realistisch gedacht hatte. Die Führerscheinausbildung der Soldaten mit beladenen Fahrzeugen war doch vernünftiger als mit leeren, wenn obendrein Treibstoff dabei nutzbringend verfahren wurde. Selbst der Kreisleiter sollte sich in zähneknirschender Anerkennung geäußert haben: »Ist doch ein Sauhund, der Broziat!«

Diese Broziats wurden immer mehr zur Anlaufstelle hoher Herren. Zwar waren die Gebäude in der Hamburger Straße 22 von schlechtem Baustil, denn Julius hatte ja 1906 durch den Konkurs des Baumeisters

Flegel auf den Bau des geplanten Wohnhauses verzichten müssen und den Lagerschuppen mit Wohnräumen versehen, aber Else und Oskar verstanden diese so behaglich zu gestalten, dass jeder Besucher davon angenehm überrascht war. Zudem übertraf ihre Gastlichkeit bei Weitem das Übliche in dieser Kriegszeit. Oskar verstand sich darauf, zusätzliche Lebensmittel heranzuschaffen und Else noch besser, diese vor den Kindern und Dienstmädchen unentdeckt zu halten – wie, blieb ihr Geheimnis.

Auf jeden Fall ließen sich Oberst von Lear, Hauptmann Lüder, einige andere Offiziere und etliche leitende Herren vom RVM (Reichsverkehrministerium) gern bewirten. Doch das war eigentlich nur eine Abrundung, denn die Gespräche galten der Nutzung von Oskars Findigkeit, der vor unkonventioneller praxisnaher Lösungen strotzte. Aus alledem entstanden auch Freundschaften, die ein Leben lang hielten und zum Teil existenzielle Bedeutung erlangten. Andererseits waren sie Grundlage zur Güterversorgung des Volkes in Oskars Handlungsbereich, denn immer wieder erfuhr er über das RVM, dass es in vielen Fahrbereitschaften des Reiches nicht klappte, wobei er wusste, dass sich dort der Dienst genau an die Vorschriften hielt. Es war eben nur wenigen gegeben, in diesem programmierten Staat beweglich zu bleiben und immer wieder die Lücken zum Handeln zu finden, die dem Gemeinwohl dienten, die Grenzen der Legalität nicht überschritten, dabei die Maxime der Partei ignorierten, ohne zu große Angriffsmöglichkeiten zu bieten, eine Gratwanderung zwischen Notwendigkeit und den Vorstellungen der extremen Diktatur.

Während die Herren vom RVM bescheidene Dienstwagen fuhren, wie DKW, Stoewer, Opel oder Mercedes 170 V, kamen Hauptmann Lüder mit einem 2,6 l Mercedes und Oberst von Lear gar mit einem 8-Zylinder-Horch. Das waren interessante Objekte für mich und Günter. Sie freundeten sich bald mit den Fahrern, Feldwebel Reinhard und Stabsfeldwebel Wellmann, an, die den neugierigen Jungen gern die Fahrzeuge in ihrer Wartezeit erklärten. Im linken, oberen Schubfach seines Herrenzimmer-Schreibtisches unterhielt Nichtraucher Oskar eine reichliche Zigarren- und Zigarettensammlung für seine Gäste. Ich hatte herausgefunden, dass ein Schlüssel vom Wohnzimmerbüffet dafür passte und so konnten wir den Fahrern immer wieder ein paar der knappen Zigaretten zustecken, unter Geheimhaltungsverpflichtung versteht sich. Die Soldaten drehten dafür mit den Jungen hin und wieder eine kleine Runde durch die anliegenden Straßen, wenn letztere ihnen sagten, dass die Besprechung noch einige Zeit dauern werde. Manchmal durfte ich auch ans Steuer, denn beide Feldwebel waren Fahrlehrer und somit dazu berechtigt.

Einmal jedoch war Oberst von Lear doch früher fertig und nun stand er mit meinem Vater auf dem Hof, der Horch war weg, welch ein Dienstvergehen des Fahrers! »Na, der Wellmann wird etwas erleben!«, sagte von Lear, während Papa versuchte, ihn zu beruhigen. Zu beider Erstaunen fuhr kurz danach der Wagen vor, ich saß am Steuer. Mit hochrotem Kopf sprang der Stabsfeldwebel heraus und stammelte dem Obersten eine etwas konfuse Meldung. »Wie fährt er?«, fragte von Lear. »Sehr gut, Herr Oberst!« – »Wie alt bist du, Horst?« – »In drei Monaten werde ich sechzehn, Herr Oberst, ich mache gerade bei der Motor-HJ den Führerschein Klasse drei. Entschuldigen Sie bitte, aber ich habe Herrn Wellmann zur Fahrt überredet, weil ich dachte, Sie bleiben länger!« – »Wellmann!«, donnerte von Lear, »zur Strafe werden Sie Horst Broziat in seinen großen Ferien für den Wehrmachtsführerschein Klasse zwei ausbilden!« Wellmann strahlte: »Jawohl, Herr Oberst!« – »Du, Horst, kommst dazu nach Kladow, und wenn die Prüfung bestanden ist, zeigst du mir dort deinen Führerschein!« Papa und ich bedankten uns herzlich und winkten hinterher, bis der Horch vom Hof bog.

Der letzte Schultag vor den großen Ferien war Ausflugstag. Meine Klasse sollte durch das Waldgebiet nach Finkenkrug wandern, das würde vermutlich über die Mittagszeit hinausgehen. Zum Klassenlehrer Hofmann hatte ich inzwischen ein sehr gutes Verhältnis, obgleich es damit begann, dass ich bei ihm zwei Stunden Arrest absitzen musste, wegen eines Streichs bei Fräulein Hackbarth, der Englischlehrerin. Ich hatte nämlich in den Entlüftungsschacht eine elektrische Klingel montiert und die Klasse damit zehn Minuten früher zur Pause geläutet. In der Arrestzeit musste nun im Physikraum ein Text abgeschrieben werden, während sich Hofmann mit dem Zusammenbau der Geräte für die morgigen Versuche abmühte. Ich ging zu ihm hin, sagte: »Entschuldigen Sie bitte!« und erledigte mit wenigen Handgriffen die Angelegenheit. »Du wirst mein Assistent«, sagte verblüfft der Lehrer. Zu dessen Freude konnte ich nun auch noch gewisse Artikel wie Gummischläuche, Isoliertafeln oder Elektroteile zum Unterricht beisteuern und so ergab sich zwischen Lehrer und Schüler eine Art Freundschaft, die Hofmann mit einer besonderen Wissensvermittlung belohnte.

Auf besagtem Ausflug widmete sich Hofmann mir eine längeren Unterhaltung, wandte sich dann aber sehr gern einer Mädchengruppe zu, als Klassenkamerad Dieke mir »Streber!« ins Ohr gezischt hatte. Dieke wollte den Platz jedoch nur für sich haben und palaverte nun mit dem Lehrer über dessen Heimat Bayern. Bei den Mädchen waren Annemarie Richarz, Hella Seifert und Ellen Preuß, mein Schwarm. Wir waren früher als erwartet auf dem Rückweg, es wurde viel herumgealbert und schließlich überredete ich die drei Mädchen sowie Helmut Ney und Dieter Nachtigall, meine gut eingerichtete Bude zu besichtigen, die sich auf dem zweiten Platz mitten in einem Brennesselfeld befand. Ich hoffte, dass wir dort unbemerkt hingelangen würden, doch Günter kam mit seinem Freund Fuchs aus einem Versteck. »Du sagst nicht, dass wir schon zurück sind!« Günter nickte und verzog sich mit Fuchs.

Die Gruppe kroch durch den Schleichgang zur Bude und nahm auf den ausgebauten Sitzen alter Autos Platz. Zigaretten kamen aus einem Versteck zum Vorschein, wurden angezündet, man rauchte weltmännisch, schäkerte miteinander, prahlte mit Schulstreichen und verulkte die Lehrer. Plötzlich rief unser Hausmädchen Maria meinen Namen: »Du sollst sofort zum Essen kommen!« Wut kam in mir auf, Günter hatte gepetzt. »Ich hab' keinen Hunger, komme bald!« Nach zehn Minuten war Maria wieder da: »Dein Vater sagt, du sollst sofort erscheinen, sonst kommt er selber!« Blamiert verabschiedete ich die Mitschüler und kam mit rotem Kopf ins Esszimmer. Papa sprang auf, ein vielsagender Blick von Mutti hatte ihn dazu noch angetrieben. »Komm mit!«, sagte er streng und schob mich in das Badezimmer. »Du bekommst keine Strafe, wenn du mir rückhaltlos erzählst, was ihr mit den Mädchen in deiner Bude gemacht habt, vielleicht ist jetzt noch was zu retten!« – »Wir haben geraucht!« Ich staunte, dass mein Vater sich prustend vor Lachen umdrehte, mühsam »Wasch dich!« herausbrachte und sehr langsam ins Esszimmer ging, um wieder ein strengeres Gesicht zu zeigen. »Sie haben geraucht!«, sagte Oskar zu Else. »Geraucht?«, fragte sie Günters wegen mit möglichst ernstem Gesicht. »Das sind ja schöne Sachen!«, und als ich kam, mit eisiger Miene: »Iss jetzt gefälligst, wie viel habt ihr geraucht?« – »Jeder drei

Stück.« – »Na, hoffentlich wird euch übel davon!« Günter bekam als Vorwarnung für seinen Verrat einen Tritt ans Schienbein. »Wehe, ihr streitet euch deswegen, Günter hat erst etwas gesagt, als ich ihn eindringlich befragt habe!«

Am nächsten Nachmittag sah ich meinen Bruder mit Fuchs vom Riemenscheibenlager, das über dem Trägerregal lag, herunterklettern. Beide wankten leichenblass zum nahen Zaun und übergaben sich dort. »Was ist denn mit euch los?« – »Wenn ihr drei Zigaretten raucht, dann rauchen wir jeder fünfundzwanzig, und zwar Muratti!« – »Die teuersten natürlich, ihr Angeber, viel Vergnügen beim Kotzen!« Besorgt schaute unsere Mutter am Abend ihren mitgenommenen Jüngsten an, was er wohl für eine Krankheit ausbrüten würde, und war am nächsten Morgen froh, dass die Nachtruhe ihn wieder kuriert hatte.

16. Kapitel

Die Geheimdienste der Kriegsgegner sammelten die Zahlen immenser Verluste, die den deutschen Truppen durch die Sturheit »größten Feldherrn aller Zeiten«, Hitler, erwachsen waren, indem er befahl, alle Positionen zu halten, anstatt sich in vorbereitete Winterstellungen zurückzuziehen. Mehr als hunderttausend Soldaten ließen ohne besondere Kampfhandlungen, in den eisigen Winterstürmen dafür Leben oder Gesundheit. Wo es aber zu Kämpfen kam, waren die Russen deshalb überlegen, weil ihr Nachschub irgendwie funktionierte, der der Deutschen jedoch nicht. Da es an Fahrzeugen fehlte, setzten erstere in aller Brutalität Menschen ein, sie hatten ja genug. Frauen rollten Treibstofffässer kilometerweit an die Front oder zogen Munition auf Schlitten dorthin. Die Wehrmacht schien entscheidend geschwächt zu sein.

Politisch hatten Großbritannien und die Sowjetunion bereits am 12. Juli 41 ein Übereinkommen auf gegenseitige Hilfe und den Verzicht auf einen Separatfrieden geschlossen und die USA am 7. November 41 das Leih- und Pachtgesetz auf die UdSSR ausgedehnt. So merkten die Deutschen, dass ihnen auch an der Ostfront amerikanisches Material immer mehr zu schaffen machte.

Bei all dem schien es unglaublich, dass sich die Wehrmacht ab dem Frühjahr 1942 weiter auf dem Vormarsch befand, große Kesselschlachten gewann, die Halbinsel Kertsch am 15. Mai und die Krim am 4. Juli 42 besetzt hatte. Am 1. September begannen die 6. Armee und die 4. Panzerarmee den Angriff auf Stalingrad. Mit nicht zu überbietender Härte wurde hier um jeden Meter Boden gekämpft. Beide Diktatoren, Hitler als auch Stalin, sahen in Gewinn oder Verlust der »Stalin-Stadt« das Omen für die Kriegsentscheidung. 90 Prozent waren bereits von den Deutschen erobert, als am 19. November 42 die sowjetische Großoffensive in diesem Frontabschnitt begann. Die Generäle des Oberkommandos rieten Hitler dringend, die Front beweglich zu gestalten, aber statt der drohenden Einkesselung seiner zwei

Armeen auszuweichen befahl Hitler, Stalingrad bis zum »Verlust des letzten Mannes« zu halten. Für ein Omen opferte dieser abergläubige Unmensch zwei bestens ausgerüstete Armeen und leitete mit deren Kapitulation am 2. Februar 1943 tatsächlich die Wende des Krieges ein. Auch das Afrikakorps musste unter der britischen Offensive vom 23. Oktober 42 und der Landung amerikanisch-britischer Streitkräfte in Marokko und Algerien den Rückzug antreten.

Nachdem Stalingrad gefallen war, sprach Hermann Göring den Kämpfern eine Totenrede, verglich sie mit dem Kampf der Spartaner bei den Termophylen, wo in Stein gemeißelt steht: »Wanderer, kommst du nach Sparta, so sage, du habest sie liegen gesehen, wie das Gesetz es befahl!« Aber da war im Osten kein Gesetz gewesen, um die Heimatstadt zu verteidigen, sondern Gesetz waren die unsinnigen Befehle Hitlers, die bar jeder militärischen Taktik nur die Starrköpfigkeit eines Despoten zur Basis hatten. Den Müttern und Vätern war Görings Pathos, das aus den Lautsprechern dröhnte, nichts als die Verhöhnung der 174 000 gefallenen Söhne und ihres Leids.

Die USA, die am 4. November 41 Japan und am 11. Dezember 41 Deutschland den Krieg erklärt hatten, zeigten, nachdem ihre Rüstungsindustrie richtig angelaufen war, mit ungeheurer Materialüberlegenheit immer größere Wirkung. Hier kam auf Deutschland eine völlig andere Kriegseinstellung zu. Die Diktaturen opferten Menschen, um Material zu sparen, die Demokratien, insbesondere die USA, verpulverten jede Menge Material, ehe sie auch nur einen Menschen opferten. Ohne Kriegsgerätelieferungen der USA hätten die Russen ihre Großoffensive nicht starten können, ohne die amerikanischen Flugzeuge wären die deutschen Städte und deren Rüstungsindustrie nicht diesen stetigen nächtlichen Bombenangriffen ausgeliefert gewesen. Tag für Tag büßte die deutsche Luftwaffe an Abwehrkraft über dem Reichsgebiet ein, bis es schließlich zu fast ungehinderten Angriffen am hellen Tage kam. Hitler, der vorher so viel über die Fehler des Ersten Weltkrieges geredet und geschrieben hatte, wiederholte fast alle – im Großen wie im Kleinen. Seine eigenen Erkenntnisse verstand er, zur Tragik des Volkes, nicht umzusetzen.

Mit Nachdruck wirkte sich die Kriegswende auf die Heimat aus. Die Messlatte für die zivile Wichtigkeit einer Person war nochmals bedeutend höher gelegt worden. Fritz Wriedt wurde eingezogen und nach kurzer Rekrutenausbildung nach Afrika verlegt. Solche Kurzschulungen und der sofortige Einsatz in dem ungewohnten Wüstenklima reichten nicht aus, um den Gegner aufhalten zu können. Schon beim ersten Gefecht wurde seine Kompanie überrollt. Wer nicht fiel, kam in englische Gefangenschaft. Als dann nach Monaten die erste Nachricht von ihm aus Kanada kam, waren seine Familie und alle, die ihn gern hatten, froh, dass er lebte.

Oskar und Else stöhnten unter der Belastung, der sie nun ausgesetzt waren. Beider Arbeitstag dehnte sich nun noch länger aus, vierzehn bis sechzehn Stunden wurden zur Regel, denn der Parteiapparat wartete nur auf Fehler, die unterlaufen konnten, um diese als Sabotage zu werten und dann mit drakonischen Strafen zu belegen. Beispiele dafür gab es genug, die Partei veröffentlichte sie gerne, um das Volk in Angst zu halten. Nachdem ich Ende Juli den Führerschein Klasse drei absolviert hatte, setzte mein Vater mich nach dem Schulunterricht für kürzere Kleintransporte mit dem DKW-Pritschenwagen ein und freute sich über die kleine Entlastung. Doch ich strebte schon den Lkw-Führerschein Klasse zwei parallel zur Wehrmachtsführerschein-Ausbildung an und war dann der jüngste Inhaber aller Führerscheine in der Mark Brandenburg. Dem Prüfer war ich zu jung, er versuchte mit Fangfragen das Bestehen zu verhindern. Es gelang ihm nicht. Ich beherrschte die Theorie genauso gut wie die Praxis.

Nun führte ich, als knapp Sechzehnjähriger, nachmittags auch schon Lastwagentransporte durch und versuchte halbwegs, Erwachsene zu ersetzen. Natürlich war eine Portion Stolz dabei, vor allen Dingen, wenn mir Mädchen meiner Klasse begegnete und ich kurz hupte, aber dass sie für den Lastwagenfahrer besondere Empfindungen aufbrachten, war nicht zu erkennen. Die meisten Klassenkameraden wurden jetzt als Luftwaffenhelfer eingezogen. Mein Vater konnte mich zwar wegen der wichtigen Transportaufgaben reklamieren, doch das drückte mein Ansehen in der Gemeinschaft. Die Jungen, die nach dem Schulunterricht am Stadtrand in Baracken schliefen und bei Fliegeralarm Flugabwehrscheinwerfer bedienten, sahen in mir den Außenseiter, dem eine Extrawurst gebraten wurde, obgleich ich mit meiner Arbeit zur Versorgung der Stadt beitrug.

Durch die Luftangriffe der britisch-amerikanischen Bomberverbände auf Hydrierwerke, Tanklager und Bahnanlagen wurde die Treibstoffversorgung immer problematischer. Leute, die das voraussahen, hatten inzwischen für Fahrzeuge eine Holzgasgeneratoranlage entwickelt. Die Firma Imbert war dafür der Vorreiter, doch da ihre Kapazität für die Versorgung des Reichsgebiets viel zu klein war, wurden nun überall von den Fahrbereitschaften Firmen mit der Herstellung dieser Geräte nach Imbert-Plänen beauftragt. Tankholzanlagen mussten aus dem Boden gestampft werden, die aus Bäumen Unmengen von faustgroßen Würfeln schnitten und schlugen, Werkstätten hatten die vielen Fahrzeuge umzurüsten, die Motoren entsprechend zu verändern. Eine unglaubliche Belastung wurde den Menschen aufgebürdet, die damit zu tun hatten.

Der Holzgasgenerator bestand aus einem mannshohen, doppelwandigen Kessel mit Boden und oberem, aufklappbarem Deckel. Sein Durchmesser betrug etwa einen Dreiviertelmeter. Im unteren Drittel führte eine verschließbare Bohrung zur Brennkammer, die das Unterteil des Kesseleinsatzes bildete, den man mit Tankholz füllte. Über ein Rohrsystem wurde das benötigte Verbrennungsgas der Ansaugseite des Motors zugeleitet. Dafür musste jedoch zuvor die Vergasung des Holzes eingeleitet werden. Über den Batteriestrom ließ man einen Ventilator laufen, nachdem die Zweiwegeklappe auf das nach außen geleitete Prüfrohr gestellt war, zündete mit einer Lunte über die Brennkammerbohrung das Tankholz und konnte nach etwa fünf Minuten das Gebläsegas am Prüfrohr anzünden. Ergab sich dort eine gleichmäßige Flamme, wurde der Ventilator gestoppt, die Zweiwegeklappe auf »Motor« gestellt und letzterer gestartet. Mit Glück lief er nach dem ersten Versuch an.

Die Umstellung der Dieselmotoren auf Generatorbetrieb war nicht so einfach, denn diese sind als Selbstzünder gebaut, das heißt, der viel höhere Verdichtungsdruck als beim Benzinmotor erzeugt eine Temperatur, die den eingespritzten Treibstoff zur Explosion bringt. Der Umbausatz machte den Dieselmotor quasi zum Benzinmotor, indem er mit Zündkerzen, Verteiler, Zündspule und einer geringeren Verdichtung durch ein Abstandsteil zwischen Motorblock und Zylinderkopf versehen wurde. Das ergab einen Leistungsverlust von gut 20 Prozent, aber das Auto konnte sich fortbewegen. Der Verbrauch bei einem hundert PS starken Lkw lag etwa bei zwei Kilogramm Tankholz pro Kilometer, spätestens nach 25 Kilometern musste angehalten und nachgefüllt werden. Ein mühsames Geschäft. Die Fahrer fuhren, wie Schornsteinfeger, mit verrußtem Körper durch die Gegend.

Oskar, um mit gutem Beispiel voranzugehen, ließ je eine fünfundfünfzig und hundert PS starke Hanomag-Zugmaschine umstellen. Inzwischen hatte die Firma MAN eine Weiterentwicklung auf dem Markt. Sie lieferten einen hundertzehn PS starken Lkw in einer Kombination von Dieselantrieb mit Generatorgaszusatz. Bei diesem Motor wurde dem üblichen Luftansaugen Generatorgas als Energiequelle zugesetzt und zur Zündung die Treibstoffmenge eingespritzt, die zum Leerlaufbetrieb nötig war. Das waren fast vollwertige Fahrzeuge, die wohl die Mühen des Holzgasbetriebes beinhalteten, aber die volle Leistung erbrachten. Oskar konnte erreichen, dass er für diesen Fahrzeugtyp einen Bezugsschein bekam, und er ließ es sich nicht nehmen, trotz aller Arbeit, zur Abholung nach Nürnberg mit dem Fahrer Diller mitzufahren, und ich durfte ebenfalls dabei sein. Die Reise diente Oskar allerdings auch zur Information und zur Intensivierung der Verbindung zum Verkaufsdirektor Ebell, um möglichst noch mehrere Lkws dieser Neuentwicklung in das Gebiet seiner Fahrbereitschaft zu bekommen. Die Männer waren von dem Auto begeistert, als sie die Strecke von Nürnberg über Bayreuth und Berlin nach Nauen fuhren. Es war schnell, lenkte sich so leicht wie ein Pkw und das Tankholz reichte mit einer Füllung bis zu 70 Kilometer weit. Was für ein Fortschritt!

Oskar, Diller und Horst mit dem neuen MAN-Lkw 1943

17. Kapitel

Die Luftangriffe auf Berlin nahmen zu. Kaum eine Nacht verging, ohne dass die Familie nicht einige Stunden im Keller zugebracht hätte. Doppelstöckige Betten waren eingerichtet worden, Tische und Stühle standen dort, wo der Platz es zuließ. Da mein Vater erreichbar sein musste, war auch ein provisorisches Telefon verlegt worden und eine Notbeleuchtung, gespeist von Autobatterien. Diese standen wohlweislich in einem anderen Keller, um Säureverätzungen bei einer nahen Explosion zu vermeiden. Das kombinierte Büro- und Wohnhaus bestand aus einem schmalen, verhältnismäßig langen Gebäude, in dem sich im vorderen als auch hinterem Bereich Keller befanden. Papa hatte bereits vor längerer Zeit einen stabilen Verbindungsgang graben und ausmauern lassen, der dem einstürzenden Gebäude standhalten sollte und eine Rettungsmöglichkeit ergab.

Ein Radioempfänger war ebenfalls installiert. Auf einer bestimmten Wellenlänge konnte der Leitsender für die Luftabwehr empfangen werden, was Zivilisten bei dem Regime natürlich nicht durften. Nach kurzer Zeit waren die Codewörter entschlüsselt und die Zuhörer entnahmen den Einsatzbefehlen für Flak und Jagdflieger, in welchen Räumen sich feindliche Bomberverbände befanden, und welche Ziele angegriffen wurden.

Ich war als Kradmelder eingeteilt und hatte mich im Angriffsfalle mit meinem Motorrad sofort im Landratsamt einzufinden. Doch Nauen blieb erst einmal verschont. Vom Hof aus, auch das war verboten, konnte man beobachten, wie feindliche Bomber, von Scheinwerfern erfasst, Treffer der Flugabwehr bekamen und abstürzten. Das Gebot, im Keller zu verbleiben, hatte schon seine Gründe. Eines Morgens fanden wir an dem Hauseingang, an dem meist mehrere Leute standen, der diesmal aber gemieden worden war, einen faustgroßen Granatsplitter und die Einschlagstelle an der Mauer. Zu den Anstrengungen der Tagesarbeit kamen nun auch noch fast jede Nacht die Schlafunterbrechungen und machte die Menschen mürbe.

Dr. Josef Rottmann, Regierungsrat im RVM, kam gern zu Besuch, auch wenn es des Öfteren halbdienstlich war. Zwischen Else, Oskar und ihm, den Junggesellen, hatte sich eine Freundschaft entwickelt. Else hänselte ihn hin und wieder: »Mensch Jupp, wenn du nicht bald heiratest, bekommst du gelbe Beine!« – »Wat soll dat denn heißen?«, fragte der Kölner »Jung«. »Ist dir das nicht bekannt? Junggesellen bekommen irgendwann gelbe Beine!« – »So'n Quatsch!« Vielleicht trugen Elses Sprüche dazu bei, denn eines Tages stellte er seine Freundin Ruth Heitmann vor, Tochter des Fahrbereitschaftleiters von Forst. Sie war eine hübsche Frau, mit angenehmen Umgangsformen und passte so recht zu ihm, trotzdem er etliche Jahre älter war. Sehr bald wurde sie in die Freundschaft einbezogen und nach kurzer Zeit folgte die Hochzeitsfeier, Oskar war Trauzeuge. Um den Angriffen auf Berlin zu entgehen, fanden sie eine Wohnung im kleinen Ort Brieselang und wurden sehr glücklich miteinander. Bald wurde ihnen auch ein Sohn geboren. Ruth war froh, wenn sie sich aus Broziats großem Garten Obst und Gemüse holen konnte, vor allen Dingen sonntags verbrachten Rottmanns des Öfteren angenehme Stunden dort.

Zu einer Sitzung im Admiralspalast mit vielen Teilnehmern vom RVM – Fahrbereitschaftsleitern und Fuhrunternehmern – hatte Dr. Rottmann Oskar abgeholt, um die gemeinsame Fahrzeit zur Besprechung zu nutzen. Am Ende der Sitzung ertönte Fliegeralarm, sie eilten in den nächsten Luftschutzbunker. Der wurde immer wieder durch nahe Bombeneinschläge erschüttert. Als sie endlich herauskamen, befanden sie sich in einem brennenden Trümmerfeld, durch das Retter hasteten, um Verletzte zu retten und Verschüttete zu bergen. Sie liefen zur Nebenstraße, wo Rottmanns Wagen parken sollte: Dessen Reste hingen zerstört auf einem Erker im dritten Stock. Bei alledem waren sie froh, mit dem Leben davongekommen zu sein. Nach langem Fußmarsch fanden sie einen heilen S-Bahnhof und kamen über Umwege endlich nach Hause.

Der Winter 1942/43 wurde drei Monate vom Thema Stalingrad beherrscht. Nur noch wenige wollten die Sondermeldungen von heldenhaften Abwehrschlachten zur Kenntnis nehmen, immer mehr hörten heimlich die Feindsender, um sich ein Bild von der wirklichen Lage zu machen. Es standen harte Strafen auf das Abhören westlicher Sender, das Volk sollte der Meinungsmache des Propagandaministers Göbbels untertan bleiben.

Oberst von Lear, als auch Hermann Lüder, die das Nachrichtenregiment in Kladow leiteten, hatten die Aufgabe, auch feindliche Meldungen zu sondieren. Lüder gab die wichtigsten unter strengster Vertraulichkeit an Oskar weiter, sodass dieser über die wahre Situation unterrichtet wurde. Dennoch setzte Oskar alle Kraft und Talente ein, um die Bevölkerung ordentlich versorgen zu lassen. Die Bahnlinien erhielten oftmals Treffer. In Kurzentscheidungen galt es dann, die Güterzüge auf Nebenbahnhöfen entladen zu lassen. Jeder Tag erbrachte neue Situationen, Einsatzplanungen wurden obsolet, nur stündliche Sofortentscheidungen waren noch möglich.

Am 18. Februar 1943 forderte Göbbels bei seiner Rede im Berliner Sportpalast von den ausgesuchten Zuhörern die Zustimmung zum »totalen Krieg«. Nach Ausführungen, wie der Krieg zu gewinnen, das Vaterland zu retten sei, rief er mit überschlagender Stimme: »Wollt ihr den totalen Krieg?« Begeistert sprangen die Teilnehmer auf, hoben die Arme zum Hitlergruß und brüllten: »Ja! Ja! Ja!« Die Worte der Göbbels'schen Inszenierung kamen über alle Sender, die Bilder davon in Zeitungen und Wochenschauen. Die Ja-Schreier erhielten den Status, für das ganze Volk entschieden zu haben. Göbbels höhnte danach im vertrauten Kreis: »Das war die Stunde der Idiotie. Hätte ich gesagt, sie sollen aus dem dritten Stock des Columbia-Hauses springen, sie hätten es auch getan!«

Dieses fürchterliche »Ja«, das die dorthin befohlenen »Volksvertreter« gebrüllt hatten, war der letzte, große Freibrief, der den Nazis zu ihrer Willkürherrschaft noch fehlte. Unter diesem Deckmantel war jede Rechtsbeugung möglich. Alles, was nicht in ihrem Sinne lief, bekam den Stempel der Sabotage oder des Kriegsverbrechens und darauf standen drakonische Strafen. Nun war das Volk den kleinen Hitlers, wie Ortsgruppen-, Kreis- und Gauleitern ausgeliefert, von denen sich jeder damit brüsten durfte: »Das Gesetz bin ich!« Hilfe dagegen konnten nur die Ranghöheren gewähren, und die waren rar.

Oskar spürte sehr schnell, wie ihm der braune Wind noch stärker entgegenwehte, wie Kreisleiter Grüneberg jede prekäre Situation nutzte, um zu versuchen, ihm Fehler nachzuweisen. Der Nazi wusste, irgendwann könnte er eine Falle zuschnappen lassen. Doch Oskar war auf der Hut, hatte um sich in der Fahrbereitschaft mit der Sekretärin, Frau Riemer, seinem Stellvertreter Löffler und den Pensionären Schökel und Quehl gleichdenkende Mitarbeiter versammelt, die sensibel auf alles reagierten, was ihren Chef gefährden konnte.

Das Innenressort des Kreises, also auch Polizei und Kripo, führte Günter Kaatz, von dem Eingeweihte wussten, dass er den Nazis feindlich gesinnt war. Er meldete seinem Freund Oskar alles, was sich in der Kreisleitung gegen ihn zusammenbraute, sodass dieser stets rechtzeitig reagieren konnte. Kaatz war passionierter Jäger und hatte Oskar in die Jägerei geholt, trotzdem der eigentlich kein Tier töten oder gar aufbrechen konnte. Gerade die Jägerschaft, mit Bürgermeister Hecht aus Perwenitz und vielen anderen, war eine verschworene Gemeinschaft, die sich vorbehaltlos unterstützte, sei es in den Bereichen politisch anders Denkender oder in der Versorgung mit zusätzlichen Gütern des menschlichen Bedarfs. Die Landwirte besorgten Lebensmittel, Oskar Heizmaterial, Baustoffe und Fahrzeugreifen und Kaatz sorgte für eine gewisse persönliche Sicherheit.

So war Oskar mit seiner Familie, seinem Betrieb und den Mitarbeitern der Fahrbereitschaft in drei Sicherungskreise eingebunden, gebildet aus dem Verkehrsministerium, den befreundeten Militärs und den Jagdfreunden, ein entscheidender Überlebensfaktor bei seiner Position und politischen Einstellung in diesem totalitären Staat.

Trotzdem die Deutschen fast das gesamte Europa besetzt hielten, mangelte es an allen möglichen Rohstoffen. Deshalb wurden überall die Schulen für das Sammeln von Altmaterialien eingespannt. Jede Schule hatte einen Lagerraum einzurichten und ein Lehrer bekam die Aufgabe, die Aktion zu leiten. Die Schüler wurden durch Prämiensysteme dazu animiert, alles heranzuschleppen, was der elterliche Haushalt hergab. Papier, Textilien, Eisen, Metalle, Gummi und vieles mehr war gefragt.

In der Oberschule zu Nauen war die Aufgabe dem Lateinlehrer Götze mit dem ihm zugeordneten Spitznamen »Pluto« zugefallen. »Pluto« drückte aus, dass sich dieser Mann mit seinen Anforderungen an das Lehrpensum recht brutal zeigte und bei Fehlern gern saftige Strafen erteilte. Kam er in die Klasse, hatte alles stramm zu stehen, den rechten Arm zu strecken, er tat das auch, wartete eine Minute, wobei er alle langsam anschaute und stieß dann »Heil Hitler« hervor, die Schüler mussten diesen Gruß zurückschreien. Sein knapper Befehl »Setzen!« ließ den Unterricht beginnen. Er war von großer Statur, trug einen kurzen, dunklen, lockigen Haarschnitt, seine Augen blickten im stufenlosem Bereich von freundlich bis stechend, und trotz hoher Intelligenz war er im Kollegium der Garant für die Einhaltung nationalsozialistischer Ziele.

In einer schneidigen Rede für Führer und Staat forderte er die versammelten Schüler auf, ihm auch das letzte Stück Material zu bringen, das der Haushalt entbehren könne. Die Jungen und Mädchen brachten dann auch viel mehr, als er kalkuliert hatte. Sein Prämiensystem bewertete zwar die verschiedenen Stoffe nach einer Skala, aber mit der Abschätzung ihrer Gewichte und Mengen waren die Anlieferer nicht einverstanden.

Mit Latein hatte ich nicht viel im Sinn, tat dafür nur das Nötigste. Dementsprechend war mein Verhältnis zu »Pluto« gespannt. Nun sah ich, wie Studienrat Götze in Bedrängnis kam und bot ihm an, aus dem väterlichen Betrieb eine Waage zu leihen. Überrascht fragte Götze: »Du willst mir helfen? Das finde ich anständig, aber das sage ich dir, in meiner Benotung wird sich deshalb trotzdem nichts ändern, wenn du nicht besser wirst!« – »Deshalb mache ich das doch nicht, es ist doch für unser Land.« Götze strahlte: »So ist's recht!« Ihm fiel ein Stein vom Herzen, er glaubte aus der Klemme zu sein.

Wegen der Weiterlieferung der Materialien hatte er sich bereits erkundigt, es gab drei zuständige Betriebe in Nauen, die er abwechselnd berücksichtigen wollte. Doch die nächsten Schwierigkeiten tauchten schon auf. Das Lager in der Schule lag so ungünstig, dass kein Lkw heranfahren konnte. Götze beschloss, die Abfuhr mit von Schülern gezogenen Handwagen zu bewerkstelligen.

Die Tätigkeit eines Sprachwissenschaftlers und die eines Betriebsleiters, zu dem ihn die Altmaterialsammlung schnell zwang, sind zwei Paar Schuhe, das spürte der Studienrat nun deutlich. Die 600 Schüler brachten durchschnittlich jeder ein Kilogramm pro Tag, in einem Dutzend Sorten musste alles auseinandergehalten werden, das Material war sperrig, kompakt, leicht, schwer, stark riechend, brennbar, schmutzig oder sauber. In Kürze waren die Räumlichkeiten erschöpft. Die Schüler leisteten alles andere als eine geordnete Abfuhr, machten Wettrennen mit den Handwagen, kippten damit auf der Straße um, gefährdeten den Verkehr, es war zum Haare ausraufen – und das gar bei »Plutos« schönem Lockenkopf.

Ich war im häuslichen Betriebsgeschehen bereits viel zu involviert, um nicht diese Verhältnisse bald vorauszusehen. So ging ich eines nachmittags zum Altmaterialraum, wo Götze verzweifelt die zur Arbeit eingeteilten Schüler herumkommandierte. »Bist du für heute eingeteilt?«, fragte er mich. »Nein, ich wollte nur einmal schauen, ob ich helfen kann!« – »Das ist wohl löblich, aber wir treten uns ja schon gegenseitig auf die Füße!« – »Kann ich Sie kurz einmal sprechen?« – »Jetzt? Na gut!« – »Herr Studienrat, wenn Sie das so weitermachen, haben Sie sich in kurzer Zeit festgefahren!« – »Das ist schon passiert, du willst es also besser können?« Ich ging auf die Frage nicht ein. »Ich schlage Ihnen vor, meinen Vater um unseren Lieferwagen mit Anhänger zu bitten, mit dem komme ich hier durch und Sie sind die Sorge um die Abfuhr los.« – »Hast du denn einen Führerschein?« Ich zeigte ihm den. »Sogar Klasse zwei, das ist ja erstaunlich. Meinst du, dass dein Vater es erlaubt?« – »Ich glaube schon!« – »Das wäre ja zu schön!« – »Doch weiter, Herr Studienrat, es ist vernünftiger, das sperrige Alteisen draußen zu lagern. Für die innen zu lagernden Materialien könnte ich Kisten besorgen, auf die wir, für die Rückverwiegung, die Taragewichte schreiben, dann müssen wir das Zeug nicht mehrfach in die Hand nehmen. Außerdem sollten Sie verlangen, dass Lumpen und Papier nur in trockenem Zustand gebracht werden, denn wenn das feucht übereinanderliegt, erhitzt es sich.« – »Erstaunlich!«, sagte Götze erneut, »woher weißt du das alles?« – »Ich passe eben auf, was in unserem Betrieb passiert, arbeite dort mit und man hört ja immer wieder, wenn feuchtes Heu gelagert wird, kann es sich selbst entzünden, so ist es auch mit Lumpen und Papier.« – »Erstaunlich«, wiederholte sich der Lehrer, »ich wäre dir wirklich dankbar, wenn alles so klappen könnte.«

Fröhlich ging ich nach Hause. Die Zusage hatte er sich von seinem Vater schon geben lassen, bevor er Götze seine Vorschläge unterbreitete und wenn der ihm freundschaftlich gesinnt wäre, würde ihm der Schulunterricht angenehmer und leichter werden, denn vor Götze hatten selbst seine Kollegen gewisse Ängste.

Es entwickelte sich in kurzer Zeit eine Symbiose zwischen Lehrer und Schüler. Der Lehrer stieg vom hohen Thron und lernte die wirtschaftliche Führung eines Kleinbetriebes und der Schüler befragte außerhalb des Unterrichts den Lehrer über seine Fremdsprachenprobleme und der half ihm bereitwillig. Die Oberschule zu Nauen erwies sich im Laufe der Zeit als erfolgreichste Schule im Altmaterialsammeln im Havelland. Götze wurde zum Jahresende zum Oberstudienrat befördert und meinte wohlwollend zu mir, dass ihre gemeinsame Arbeit dazu beigetragen haben könnte.

18. Kapitel

Als Fahrbereitschaftsleiter, der die Fahrzeugeinsätze zu dirigieren hatte, nahm sich Oskar auch der Sorgen seiner Fuhrunternehmer an. Die Kosten für Fuhrleistungen waren aufgrund der Kriegsverhältnisse angestiegen, die Unternehmer wollten für ihre Leistungen mehr Geld haben, so kamen sie nicht mehr zurecht. Die Nazis hatten jedoch über ihre Preisbildungsstelle einen Preisstopp verhängt, um den Anschein zu erwecken, dass im Reich alles in bester Ordnung sei.

Es kam zu einer Versammlung der Fuhrunternehmer in Berlin, wo die Fahrbereitschaftsleiter Erstere gegen die Beamten der Preisbildungsstelle vertraten. Der Redner Letzterer stellte die Situation des totalen Krieges dar, in der durch Preiserhöhungen auf keinen Fall Unruhe in die Bevölkerung getragen werden dürfe. Einige Fahrbereitschaftsleiter hielten die Kosten dagegen, die durch den Holzgasbetrieb und andere Erschwernisse auf die Unternehmer zugekommen seien.

Oskar meldete sich zu Wort mit einem Beispiel vom Unternehmer Werner aus Paulinenaue. Dieser transportiere in der Saison täglich 10 Tonnen Erdbeeren nach Berlin. Er bekäme dafür 150 RM, benötige jedoch 200 RM. Das wären bei zweihundert Zentnern statt 0,75 RM pro Einheit 1 RM, oder 1 Pfennig pro Pfund. Er habe noch nie gehört, dass die Preise von Erdbeeren um 1 Pfennig schwankten, sondern stets um 5 bis 10 Pfennige pro Pfund, je nach dem Ernteertrag. Der Handel möge doch nicht so tun, als ob ihn 1 Pfennig pro Pfund tangiere. Wegen des anschaulichen Beispiels erhielt er großen Beifall, die Preisbildungsstelle gab nach. Sein Freund, der Gruppenfahrbereitschaftsleiter Clemens Scholz aus Berlin, klopfte ihm auf die Schulter: »Mensch Oskar, haste die Sache ja wieder auf den Punkt gebracht und erledigt, wo wir erst so viel drum rum gequatscht haben!«

Oberregierungsrat Wessel vom RVM war nach Krakau versetzt worden, wo es mit den Fahrbereitschaften gar nicht klappte. Er forderte Oskar für eine hauptamtliche Stellung als Gruppenfahrbereitschaftsleiter an (bisher war er ehrenamtlich tätig), sein Stellvertreter Löffler könne doch in Nauen die Position übernehmen. Oskar konnte seinen tüchtigen Stützpunktleiter Weber aus Falkensee für den Posten gewinnen und war froh, daheim bleiben zu können.

Es gab auch neuen Ärger im eigenen Betrieb. In der Nachbarschaft hatte Walter Naetebus schon seit geraumer Zeit die Reparatur von Panzermotoren als Außenstelle der Firma Schüler-Motoren, Berlin, übernommen. Damit war sein Betrieb als hochrangig für die Rüstung eingestuft. Die Probeläufe dieser großen Antriebsmaschinen waren jedoch Naetebus als auch seiner Nachbarschaft zu laut, und so beantragte er beim Rüstungsministerium, die Broziat'sche Halle auf dem zweiten Platz in der Schützenstraße für diese Zwecke beschlagnahmen zu lassen.

Oskar hielt die Kriegswichtigkeit der Gummisortierung dagegen, die dort zur Rohstoffrückführung stattfand, als Besichtigungskommissionen beider Seiten kamen. Einer der Kommissare erkannte, dass ja neben dem ersten Platz der Bohn'sche Garten lag. Wenn der zum Broziat'schen Platz käme, wäre ein Äquivalent für die Halle da, denn gewisse Stoffe aus den Lagergebäuden des ersten Platzes könnten auch draußen liegen.

Das Rüstungsministerium setzte sich durch, Naetebus bekam die Halle vermietet. Nachbar Bohn musste seinen schönen Garten, der nun befestigt wurde, hergeben. Nachbarliche Feindschaften waren damit geboren. Nun dröhnten in der Halle des zweiten Platzes täglich die Panzermotoren, die Mechaniker hatten ständig Zugang dorthin, der Fahrweg musste freigehalten werden und die Arbeiter beider Firmen banden sich in die neu entstandenen Gegnerschaften ihrer Chefs ein.

Kreisleiter Grüneberg hatte eine neue Idee. An Lastwagen und Anhänger sollten Propagandaplakate angebracht werden wie: »Feind hört mit!«, »Stopp dem Kohlenklau!«, »Räder müssen rollen für den Sieg!« und was sonst die Nazis sich alles einfallen ließen. Oskar lehnte ab, das würde beim Öffnen der Klappen die Arbeit behindern, was sei, wenn es regnet, der Fahrtwind werde das Papier zerreißen. Sofort fuhr der Kreisleiter das Geschütz der Sabotage auf. Oskar bat das RVM um Schutz. Ministerialrat Nolde führte ein Gespräch mit Grüneberg, ließ erkennen, dass der Reichsverkehrsminister sein Schwiegervater sei, drohte ihm mit Konsequenzen, wenn er die Fahrbereitschaft in ihrer Arbeit behindere. Grüneberg konterte mit seiner guten Bekanntschaft zu Göbbels, den er vor 1933 versteckt gehalten hatte. Nolde setzte sich dennoch durch, es gab längere Zeit Ruhe für Oskar vor den Angriffen der Partei.

Doch all das hatte ihn so mitgenommen, die nicht ausgeheilte Angina pectoris tat ihr Übriges, dass er dringend zur Kur nach Bad Altheide musste, um wieder einsatzfähig zu werden. Wie nötig es war, zeigte sich bei einem akuten Anfall im Sanatorium. Zufällig weilte zu gleicher Zeit dort der Zahnarzt Steuer aus Nauen, der Hilfe herbeiholte, die es schaffte, den Infarkt zu begrenzen. Nach vier Wochen kam Oskar einigermaßen erholt zurück.

Nachdem meine Bemühungen um Ellen Preuß fruchtlos blieben, hatte ich mich Ilse Stamer zugewandt. Sie war Verkäuferin im »Braunen Laden« von Beekmann. Beim Einkauf einer HJ-Uniform hatte ich sie kennengelernt. Das hübsche, blonde Mädchen mit guter Figur gefiel mir sofort und, da ihre Eltern im Haus meines Freundes Helmut Ney einen Tabakladen betrieben, hatte ich keine Schwierigkeiten, sie abzupassen. Ilse war zwei Jahre älter und pflegte eine Verbindung mit dem Marineoffizier Fritz Bree, der nur selten auf Urlaub kam. Zwar zeigte sie mir gegenüber eine gewisse Zuneigung, aber bis auf einige harmlose Küsse blieb es bei Gesprächen und Flirts. Die weitesten Annäherungen waren Spaziergänge Hand in Hand auf einsamen Wegen.

Die Adventszeit begann. HJ und Jungvolk wurden aufgerufen, für die Kinder Spielzeug zu basteln. Mein Vater gab mir und meinen Kameraden von der Motor-HJ die Betriebstischlerei für abendliche Arbeiten frei. In vielen Stunden stellten wir Spielzeugpanzer her, mit imitierten Ketten, kaum sichtbaren Rädern, drehbarem Turm und einem Röhrchen als Kanone. Über hundert Stück wurden fertig. Sie wurden im Schaufenster des »Braunen Ladens« von Beekmann ausgestellt und von dort zu Weihnachten an bedürftige Kinder verteilt. Panzer waren beliebt, weil die Jungen sich gern mit Kriegsspielen beschäftigten. Wenn dann doch von einigen Familien die Geschenke vorsichtig abgewiesen wurden, dann ließ sich vielleicht ahnen, dass gefallene Angehörige den Beweggrund abgaben.

Zu Weihnachten hatte ich eine Ecke in meiner Werkstatt mit Autositzen und einem Tisch gemütlich hergerichtet, weihnachtlich mit Tannengrün und Kerzen geschmückt, um mit Ilse, einem Freund und dessen Freundin dort zu feiern. Heimlich schlichen wir durch die dunkle Halle die Treppe hoch, fanden es im Raum hübsch und mollig warm. Ich holte aus einem Geheimfach Gläser, Wein und angesparte Süßigkeiten und wir genossen den vorweihnachtlichen Abend, bis die Zeit drängte, wieder zu Hause einzutreffen, denn die Eltern meinten, wir wären beim BDM- (Bund Deutscher Mädchen) oder HJ-Dienst gewesen. Überhaupt wunderten sich meine Eltern, weshalb so oft »Dienst« in den Abendstunden angesetzt war und weshalb ich so oft zu Helmut Ney ging, um Schulaufgaben zu erledigen. Ich hatte stets Begründungen parat, die recht stichhaltig klangen, womit sie sich dann zufrieden gaben. Günter petzte auch nicht mehr, da er seine eigenen Heimlichkeiten hatte, und so blieb die Familienharmonie durch gewisse Verschleierungen gewahrt. Dabei war im Grunde genommen doch alles recht harmlos. Meine Eltern dürften in ihren Jugendjahren auch nicht so brav gewesen sein, wie sie es uns Kindern vorgaben.

Zur häuslichen Weihnachtsfeier, die sich dem Kirchgang anschloss, hatte Mutti alles aufgeboten, was möglich war, um dies Fest harmonisch zu gestalten, als ob sie ahnte, dass es das letzte im kompletten Familienkreis in Nauen sein würde. Fast wie im Frieden war alles da, selbst an Geschenken mangelte es nicht. Zum ersten Mal wurden die Jungen mit einbezogen, den Tafelwein zu trinken. Auch der Feind flog am Heiligen Abend keinen Angriff auf Berlin. Ruhig brannten die Kerzen an der schön geschmückten Edeltanne. Ein tiefes Aufatmen ging während dieser gehaltvollen Stunden durch die Familie – der Wirklichkeit kurz entflohen. Mitternacht rückte näher, die Söhne gingen schlafen, die Eltern kehrten in die Realität zurück, wollten aus den großen Ereignissen des vergangenen Jahres versuchen, die Zukunft abzuschätzen.

Gegenseitig erinnerten sie sich an die Daten von 1943: Mitte Januar wurde der deutsche Ring um Leningrad von Rotarmisten durchbrochen. Anfang Februar kapitulierte die 6. Armee in Stalingrad. Am 18. Februar verkündete Göbbels den »totalen Krieg«. Am 21. März schlug ein Attentat auf Hitler von Oberst Freiherr von Gersdorff fehl. Mitte Mai kapitulierte die deutsch-italienische Heeresgruppe Nordafrika. Zur gleichen Zeit bombardierten britische Bomber die Eder- und Möhnetalsperren, wobei über tausend Menschen ertranken. Die Marine brach die Geleitzugbekämpfung wegen zu hoher Verluste ab. Anfang Juni landeten die Alliierten auf Sizilien. König Victor Emanuel ließ am 25. Juli Mussolini verhaften und setzte für ihn Badoglio ein. Die Sowjets eroberten immer mehr ihrer Territorien zurück. Briten und Amerikaner landeten Anfang September in Süditalien. Deutsche Fallschirmjäger befreiten am 12. September in einer spektakulären Aktion Mussolini auf dem Grand Sasso. Der bildete eine Gegenregierung. Anfang Oktober zog Spanien seine »Blaue Division« von der Ostfront ab. Am 13. Oktober erklärte Italien Deutschland den Krieg. Anfang November wurde die 17. Armee auf der Krim von den Sowjets abgeschnitten. Am 19. November erlebte Berlin den bisher größten Bombenangriff. Über dreitausend Tote und 250 000 Obdachlose waren zu beklagen. Die Ostfront brach unter den Angriffen der Roten Armee immer wieder ein.

Je länger die beiden redeten, umso banger wurde ihnen. Oskar hatte, über Hermann Lüder, von der Konferenz in Teheran erfahren. Roosevelt, Stalin und Churchill vereinbarten, bis zur bedingungslosen Kapitulation Deutschlands kämpfen zu wollen. Würden die Russen bis Nauen kommen oder die Westalliierten? Irgendwann musste Hitler doch begreifen, dass er verloren hatte, bevor das ganze Land besetzt war. Der schöne Heilige Abend wurde sorgenvoll beendet. Wie lautete eines der Nazilieder? »Wir werden weiter marschieren, wenn alles in Scherben fällt, denn heute da hört uns Deutschland und morgen die ganze Welt!« War das ein Äquivalent, dass alles zerstört werde, nur damit die Welt uns hört? Welch eine Wahnidee eines Nazidichters, die nun tatsächlich umgesetzt wurde! Es lief doch nicht mehr auf die Frage hinaus, wie kann man bestehen, sondern, wie kann man davonkommen? Nachtgedanken zur Weihnacht 1943.

Der harte Winter um die Jahreswende brachte keine Ruhe an den Fronten. Die Russen läuteten das neue Jahr sofort mit bissigen Offensiven ein. Deutsche Panzer bekamen keinen Treibstoff, weil die Kälte die Nachschubfahrzeuge erstarren ließ, während die Sowjets daran keinen Mangel hatten. Wie das zu erklären war? Sie hatten genug Menschen, die erbarmungslos eingesetzt wurden, die zum Beispiel Treibstofffässer ihrer Front hinterherrollen mussten oder auf Handschlitten Munition und Lebensmittel herzogen. Wie viele dabei umkamen, interessierte wenig, wenn nur die Front versorgt wurde.

19. Kapitel

Bei Ausbruch des Krieges, 1939, hatte meine Mutter im Familienkreis erleichtert gesagt: »Gott sei Dank sind unsere Kinder noch so jung, dass sie bei diesem Krieg nicht mehr ins Feld ziehen müssen!« Nun trat bei mir schon die Vorstufe ein. Mit mehreren anderen Klassenkameraden bekam ich für den 14. Februar 1944 die Einberufung zum Arbeitsdienst. Ich sollte zum ersten Mal Ostpreußen, die Heimat meiner Ahnen kennenlernen, aus meiner Familie der Einzige, der nach über einem halben Jahrhundert die Strecke befuhr, die einst mein Großvater Julius bereiste. Allerdings kamen wir nicht nach Scharayken, sondern nach Johannesburg, der südlichsten Stadt der Provinz. Mir wurde schnell klar, meine nur 50 Kilometer entfernte Urheimat während der Ausbildungszeit nicht erreichen zu können. Urlaub gab es nicht, Verwandte, die dort wohnten, allerdings auch nicht mehr.

Die Schaufel war nun das Ausbildungs- und der Spaten das Exerziermittel für die Jungen geworden. Letzterer hatte ständig so blank poliert zu sein, dass man sich fast darin spiegeln konnte. Die Schaufelei erzeugte an den daran nicht gewöhnten Händen sehr bald Schwielen und Blasen. Melkfett brachte Linderung. Aus meiner Klasse waren Dieke, Hahn, Müller, Schumann und einige andere von der Partie sowie etliche Schüler aus der Parallelklasse. Wir alle führten eine gute Kameradschaft und gaben uns gegenseitig von Paketen aus der Heimat etwas ab. Doch genauso wichtig wie die Lebensmittel waren die Briefe der Familie mit Neuigkeiten. Außer guten Nachrichten erreichten uns immer wieder Meldungen von verwundeten oder gefallenen Freunden und Verwandten, und manch einer verzog sich ins Abseits, um dort den verpönten Männertränen freien Lauf zu lassen. Doch auch mit Freunden und Freundinnen wurde eifrig korrespondiert. Wenn also ein Brief von Ilse Stamer für mich eintraf, war ich glücklich und beantwortete diesen mit süßen Beilagen aus Mutters Fresspaketen.

Wurde vorher geglaubt, das Schaufeln sei die einfachste Sache der Welt, so lehrte der Arbeitsdienst doch gewichtige Techniken. Un-

Horst Dieke und Horst im Arbeitsdienst

ter- oder Aufgriff mussten den Situationen angepasst werden und wehe dem, der über die Hand schaufelte, er bekam sofort zur Strafe Liegestütze verpasst. Auch wehe dem, dessen Stiefel und Koppelzeug nicht blank genug geputzt waren, es gab Strafen von Nachexerzieren bis zum Scheuern der Unterkunft mit der Zahnbürste. Kam man gar mit zerschlissener Kleidung zum Tausch zu dem »überaus freundlichen« Kammerbullen, so schrie der einen an: »Bist du Gottes Sohn, so hilf dir selbst, weg du Sau!«

Doch das schulte uns Jungen. Frische Luft, körperliche Arbeit und viele abendliche Zusammenkünfte mit Unterhaltungen und Gesang gaben Ausgleich für so manche Unbill. Auch die Ausbildung mit der Waffe im letzten Drittel der Zeit wurde gern akzeptiert, wie sonst sollte der Feind in künftigen Situationen abgewehrt werden?

Der Einsatz kam jedoch schon nach zehn Tagen mit der Versetzung zur Bewachung eines Forsthauses in Polen, das von Partisanen bedroht war. Nun waren die jungen Leute bereits am Feind, ohne an der Front zu sein. Der Forstmeister hatte Sorge um seine Familie, waren sie doch bereits mehrfach angegriffen worden. Zudem jammerte er wegen seines Radios als seiner einzigen Informationsquelle, weil die letzte 110-Volt-Batterie am Ende war. Ich bot Hilfe an und schaffte es, aus zwei verbrauchten und dieser letzten, zwei funktionstüchtige Batterien herzustellen. Durch Öffnen der jeweils sechzig Zellen und Eindrücken von sauberem Regenwasser mittels einer Baby-Klistierspritze sowie den Austausch der völlig defekten Zellen gegen aufbereitete erweckte ich sie wieder zum Leben. Ein großes Essen, vom Försterehepaar für alle gegeben, und ein freundliches Schulterklopfen von meinen Kameraden waren der Dank. Nach zwei Wochen, in denen nichts Wesentliches passierte, kam die Ablösung. Dann erfolgte zum 22. April 1944 die Ausmusterung in Johannesburg, und froh bestiegen wir Jungen den Zug nach Berlin. Doch unsere Mienen wurden beim Durchqueren der Stadt immer ernster. Erschüttert mussten wir mit ansehen, wie ein Trümmerfeld dem anderen folgte, bis endlich der Vorortzug in Spandau-West erreicht war, der uns nach Nauen brachte.

Meine Eltern hatten Angst um mich, als ich zurückkam und mit großer Freude empfangen wurde. Oberst von Lear und Hauptmann Lüder berieten Oskar, wie sein Sohn möglichst lange von der Front zurückgehalten werden konnte, denn mit sinkender Verteidigungskraft stiegen die Gefallenenzahlen. »Wer soll sich denn noch alles opfern für den verrückten Gefreiten?«, sagte Lüder über Hitler. Auf ihren Rat meldete ich mich freiwillig als Offiziersanwärter mit Pilotenausbildung zur Luftwaffe und bat um die militärische Vorausbildung als Segelflieger, damit dadurch die Pilotenschulung abgekürzt würde. Das entsprach dem neuesten Ausbildungstrend für Flugzeugführer und wurde vom Wehrbezirkskommando gutgeheißen. Da die Segelflugschulen belegt waren, kam die Einberufung zum Kurs erst für den 1. Juli. Ich ging erneut ins Gymnasium, versuchte das Pensum der Klasse nachzuholen, und Götze freute sich, wieder eine aktive Hilfe bei seiner Altmaterialsammlung zu haben. Bei allem Wohlwollen konnte man nicht begreifen, wie dieser intelligente Mensch noch immer an den Endsieg glaubte.

Die Meldungen über Wunderwaffen, die den Gegnern den Garaus machen würden, waren von Göbbels wohldosiert ins Volk gebracht worden. Die Fieseler-Werke und Wernher von Braun hatte in Peenemünde die V1- und V2-Raketen entwickelt, die man von fahrbaren Lafetten von der Kanalküste aus, mit Sprengköpfen versehen, nach England startete. Beide Systeme besaßen Zielortungsgeräte, die eine recht gute Treffsicherheit ergaben. Die V1 wurde von einem Raketenmotor getrieben, der mit laufenden Explosionsimpulsen den Vortrieb ermöglichte und dem Gerät eine Geschwindigkeit von etwa siebenhundert Stundenkilometer verlieh. Sie flog in Höhen unter 4000 Metern als unbemanntes Flugzeug. Den Engländern gelang immer öfter der Abschuss der V1 durch ihre Jagdflieger und Flak, oder die Flügelbomben blieben in den Seilen der Fesselballons hängen und stürzten ab. Immerhin kamen cirka achttausend V1 zum Einsatz.

Die V2 dagegen zog ihre ballistische Bahn bis in die obere Stratosphäre, eine Abwehr gegen sie gab es nicht. Sie besaß einen kontinuierlichen Strahlantrieb und war Vorgängerin aller späteren Weltraumraketen.

Zwar gab es auch immer wieder Ausfälle, wenn das Steuerungssystem versagte, aber insgesamt hatten die Gegner nichts Gleichwertiges vorzuweisen. Auch wenn die Produktion der V-Waffen in unangreifbare Bergwerksstollen verlegt worden war, so reichten die Stückzahlen nie aus, um die Einsatzfähigkeit des Gegners empfindlich zu schwächen. Insbesondere aber fehlte eine Ortungstechnik für punktuelle oder bewegliche Ziele, wie zum Beispiel Bahnhöfe, Brücken oder Schiffe, denn hier lag die wirklich neuralgische Basis des Feindes. Wäre die Ausschaltung der westlichen Flotte durch Raketen gelungen, dann hätten diese Waffen wirklich das viel beschworene Wunder hervorrufen können.

Weiterhin wurden Fotos von riesigen Ferngeschützen mit gewaltiger Feuerkraft gezeigt. Doch wenn es davon vielleicht ein halbes Dutzend gab, dann war auch damit das Kriegsglück nicht mehr zu wenden, bei den endlosen Längen der Front. Ebenso wenig halfen die neuen Schnorchel-Unterseeboote, die getaucht mit Dieselmotoren fahren konnten und die Verbrennungsluft durch einen Ansaugkanal bezogen, der kaum aus der Wasseroberfläche herausragte. Bei Wellengang verschloss eine Klappe den Schnorchel sofort beim Eintauchen, die laufenden Motoren erzeugten im Boot Unterdruck und die Trommelfelle platzten bei vielen Seeleuten.

Schließlich kam noch der neue 62 Tonnen schwere Tiger-Panzer in die Zeitungen, an Panzerung und Feuerkraft allen gegnerischen weit überlegen. Es fehlten aber sowohl die entsprechenden Stückzahlen als auch der Treibstoff, der sehr knapp geworden war. Feindliche Bombenangriffe auf die Raffinerien zeigten eine deutliche Wirkung.

Endlich aber sollte der Sieg durch den Einsatz der Atombombe erzwungen werden, deren Explosivkraft alle bisherigen Begriffe in den Schatten stellen würde. In den Schulen errechneten begabte Physiklehrer Auswirkungen einer Bombe, die mit Tausenden von Tonnen Dynamit nicht erreichbar wären. Erst im Rückblick, lange nach Kriegsende, war zu erfahren, dass englischen Agenten und norwegischen Widerstandskämpfern die schwere Beschädigung des Hydrierwerks bei Rjukan in Norwegen am 17. Februar 1943 gelang. Hier wurde schweres Wasser erzeugt, was eine Voraussetzung für die Herstellung von Atombomben war. Aber auch die deutschen Wissenschaftler verzögerten in Anbetracht der unfassbaren Auswirkungen dieser Teufelswaffe, die Arbeiten daran, um sich nicht selbst mit den zu erwartenden, grauenvollen Ergebnissen zu belasten. Zu Leuten ihrer Position waren inzwischen auch teilweise die Verbrechen der Nazis in den Konzentrationslagern durchgesickert, und der Abscheu bewirkte ihre Hinhaltetaktik. Schließlich bestanden auch noch geheime Verbindungen zum Kreisauer Kreis um Goerdeler, der an ihre Verantwortung für die Zukunft appellierte.

Englische und amerikanische Bomberverbände begannen die »Schlacht um Berlin«, griffen meist mit fünfhundert bis tausend Flugzeugen an und warfen jeweils mehrere Tausend Tonnen Bomben auf die deutsche Hauptstadt. Die Engländer kamen nachts, die Amerikaner nun bereits am Tage. Trotz des totalen Krieges begannen die Nazis endlich mit der Evakuierung der Zivilbevölkerung, insbesondere der Frauen und Kinder. Hauptsächlich die Landbewohner in ganz Deutschland hatten die Berliner, Hamburger, Bremer und Ruhrgebietler aufzunehmen.

Am 6. Juni 1944 begannen die Westalliierten mit der Landung ihrer Truppen an der Normandieküste. Hitler glaubte an ein Täuschungsmanöver, erwartete die Landung bei Calais, weil die Engländer gegenüber ein riesiges Zeltlager auf der Insel errichtet hatten. Das aber war alliierte Täuschung, und Hitler versäumte für etliche Tage, Verstärkungstruppen in das Landungsgebiet zu senden. Das deutsche Militär hatte nicht mit dieser ungeheuren Armada von über sechstausend Schiffen gerechnet. Der Gegner erreichte sofort die Luftüberlegenheit und deckte die deutschen Truppen mit Flächenbombardements ein. Dennoch tobte ein Kampf gewaltigen Ausmaßes, sodass das Gelingen der Landung zeitweise auf Messers Schneide stand, bis die Alliierten schließlich aufgrund ihrer überlegenen Feuerkraft siegten. Bis zum 30. Juni konnten Amerikaner und Engländer unter dem Oberbefehl von General Eisenhower 850 000 Soldaten, 150 000 Fahrzeuge und 570 000 Tonnen Material anlanden. Die Schlacht um die »Festung Europa« war nun mit einer dritten Front versehen worden.

An der Südfront befanden sich die Deutschen auf dem stetigen Rückzug. Rom und die Toskana waren bereits geräumt, das heftig umkämpfte Kloster Montecassino gefallen. Von Italien aus beschädigten amerikanische Bomber das rumänische Erdölzentrum Plaiesti schwer und versetzten damit der deutschen Treibstoffversorgung einen herben Schlag.

Wenn es vor Jahren noch möglich gewesen war, im Strom der Zeit durch eigene Initiative sein Schicksal im Rahmen der Verhältnisse mitzubestimmen, so waren Familien und Menschen nun in ein Wildwasser geraten. Das bestimmte gnadenlos den Weg, falls der Herr nicht deutlich eingriff und oftmals zeigte, wer die wirkliche Macht besaß. Aber im großen Geschehen engte der Herr den freien Willen der Mächtigen nicht ein und ließ wohl den alten römischen Spruch gelten: »Volenti non fit iniuria!« (Dem Wollenden geschieht kein Unrecht!)

Es gab im deutschen Recht sechsundvierzig festgelegte Tatbestände für die Verhängung der Todesstrafe. Ab dem 5. Mai 1944 wurden alle vorsätzlichen wie auch fahrlässigen Tatbestände mit der Todesstrafe bedroht, die die Kriegsführung und Sicherheit des Reiches gefährden könnten. Die Willkür hatte das Recht überflügelt. Else und Oskar taten alles, um nicht mit Handlungen aufzufallen, die die Nazis provozieren würden, berieten alle Maßnahmen, um diese geistig als auch vom Instinkt her zu beleuchten und holten in wichtigen Dingen den Rat echter Freunde ein.

Meine Einberufung zum Segelfluglehrgang nach Königsberg/Neumark, nördlich von Berlin erfolgte zum 16. Juli 1944. Um ein Gefühl für die Flugbewegungen zu erhalten, wurde mit dem offenen Schulgleiter begonnen. Die geteilte Seilmannschaft spannte im Hangabwärtslaufen die beiden Gummiseile, der Gleiter mit dem Flugschüler war durch einen hinteren Haken arretiert, der vom Fluglehrer bei voller Spannung ausgeklinkt wurde und das Fluggerät Hang abwärts in die Luft schießen ließ. Durch Zurufe korrigierte er die Steuerbewegungen, die wir Jungen theoretisch gelernt hatten. Dennoch verhaspelten sich einige, überzogen den Knüppel, fielen mit dem Gleiter nach wenigen Metern fast senkrecht zu Boden oder reagierten nicht auf Böen und kamen mit einer Flächenspitze zuerst auf. Gott sei Dank verursachte aus meiner Gruppe niemand einen Bruch, denn dafür gab es unweigerlich drei Tage »Bau«.

Sondermeldung: »Unser geliebter Führer ist dem verbrecherischem Attentat des Oberst von Stauffenberg leicht verletzt entgangen, er wird in Kürze zum deutschen Volk sprechen!« Gerade zum Abendessen wurden die meist stummen Lautsprecher aufgedreht. Viele waren aufgebracht und wegen Hitlers Rettung erleichtert, andere mimten das, um nicht aufzufallen. Der Sprecher sagte, Stauffenberg habe im Führerhauptquartier eine Aktentasche mit einer Zeitzünderbombe abstellen können, zur Zündung zum Zeitpunkt der nächsten Konferenz. Vier Personen wurden getötet, achtzehn zum Teil schwer und Hitler wie durch ein Wunder nur leicht verletzt. Er stand, durch den schweren Eichentisch geschützt, im Schatten der Druckwelle. Die Widerstandskämpfer versuchten, von der Bendlerstraße in Berlin einen Machtwechsel auszulösen, doch mit dem Überleben Hitlers bekamen die Nazis so viele Truppen auf ihre Seite, dass der Aufstand blutig niedergeschlagen wurde.

Am Sonntag darauf kamen meine Eltern und Günter mit der Bahn nach Königsberg, um mich zu besuchen. Mutti hatte mir ein schönes Paket mitgebracht, das ich sofort in meinen Schrank einschloss. Ein Stück abseits vom Flugplatz setzten wir uns ins Gras auf einen Hügel, um versichert zu sein, keine Zuhörer zu haben. Papa stöhnte darüber, dass der Anschlag misslang, die Chance zu einem rechtzeitigen Friedensschluss war vertan. Die Gegner waren nicht mehr weit von den Reichsgrenzen entfernt. Nie würden sie mit den Nazis verhandeln, nur eine bedingungslose Kapitulation und die Besetzung des ganzen Reiches komme in Frage. Ich fragte nach den »Wunderwaffen«. Papa sagte mir die Meinung der Militärs, dass die V-Waffen, Tiger-Panzer und weit reichenden Geschütze für den Gegner nur Nadelstiche bedeuten würden, weil davon viel zu wenige vorhanden seien. Für eine Atombombe wären die benötigten Basismaterialien nicht ausreichend vorhanden. Er verwarnte mich: »Lass dir nichts anmerken, grüße mit Heil Hitler, du könntest sonst unsere ganze Familie gefährden!« Liebevoll, aber auch besorgt verabschiedeten sie sich. Jeder Tag konnte unangenehmes Neues bringen, die Parteioberen waren nervös, gereizt und einfach nicht mehr einzuschätzen.

Nach fast drei Wochen gehörte ich zu den »Auserwählten«, die mit dem »Kranich« die ersten Windenstarts absolvieren durften. Der Kranich war ein Doppelsitzer mit Simultansteuerung, in dem der Fluglehrer hinter dem Schüler sitzend die Kontrolle ausübte. Die Seilwinde stand gut 800 Meter vom Startplatz entfernt und wurde von einem Benzinmotor angetrieben. Die Verständigung erfolgte über Signalflaggen. Es war schon eine Art Fahrstuhlgefühl, als ich zum ersten Mal in die Luft stieg. Arg musste ich aufpassen, um die Be-

Horst als Segelflugschüler

fehle des Lehrers exakt auszuführen, da mich das Erlebnis fast übermannte. »Seil ausklinken!«, kam das Kommando, denn je steiler die Zugseilstellung wurde, umso stärker minderte dessen Zug die Steigfähigkeit, der Gipfelpunkt war also erreicht. Mit dem Seilabwurf trat abrupt eine wunderbare Ruhe im Verhältnis zu den vorherigen Geräuschen ein. Erstaunt sah ich zum ersten Mal aus 400 Meter Höhe die Baumgruppen der Märkischen Heide, die plötzlich kleinen Gebäude der Segelflugschule und die winzigen Menschen. »Mehr Fahrt geben, Knüppel nach vorn, rechte Tragfläche hängt, ja, gut so, Linkskurve einleiten, mehr Neigung geben, bis der Zeiger in der Mitte steht, weiter geradeaus, nimm die linke Fläche hoch!« Die Befehle beanspruchten meine ganze Aufmerksamkeit, doch es ging schon ganz gut. Nach drei weiteren Kurven befand der Kranich sich bereits wieder im Landeanflug, Ich spürte im Steuerknüppel die Korrekturen des Lehrers, dennoch war das Aufsetzen recht holperig. »Na, geht ja schon ganz gut, aber ein paar Mal müssen wir das noch zusammen probieren!« Der Flug hatte in mir ein Hochgefühl erweckt.

Zum Zurückziehen des abgeworfenen Windenseils war eigentlich ein alter Opel P4 vorgesehen. Der konnte nur einige Male eingesetzte werden, weil Benzin fehlte. So mussten jeweils Gruppen von vier Mann das Seil, von der Trommel abhaspelnd, zum Startplatz ziehen, während ihnen eine zweite Gruppe seitlich der Startbahn bis zur erwarteten Abwurfstelle entgegenlief, um dann das Seil wieder zurückzuschleppen. Durch diese Maßnahme wurden, zum Ärger der Schüler, die Starts auf ein Viertel reduziert. Der Schulleiter, um Abhilfe gebeten, antwortete: »Seid froh, wenn wir noch Benzin für die Winde bekommen, anderenfalls können wir ganz aufhören!« Also ging die Schlepperei weiter. In meiner Gruppe befand sich Teichmann, der die Manie hatte, jedem einen Spitznamen zu verpassen. Die Klangähnlichkeit des Namens Broziat mit der bayrischen Brotzeit veranlasste ihn, mich damit zu hänseln, doch für zusätzliche Verpflegung zu sorgen und Ähnliches. Als Teichmann beim Seilziehen vor mir lief, bemerkte ich dessen völlig flaches Hinterteil und gab ihm zur Freude der Kameraden den Spitznamen »Ohnasch«. Den behielt Teichmann, und die Lust an Hänseleien war ihm vergangen.

Mein Vater hatte eine Dienstfahrt in die Gegend von Königsberg zu erledigen und diese aufs Wochenende verlegen können. So nahm er Mutti und Günter mit, setzte sie bei der Flugschule ab und fuhr zur Besprechung weiter. Man gab mir drei Stunden Freizeit, die ich mit meiner Mutter, Günter und dem nach eineinhalb Stunden zurückgekehrten Vater verbrachte. Wieder nutzten sie den abhörsicheren Hügel und erzählten mir, dass viel mehr hochrangige Offiziere und Zivilpersonen hingerichtet, ermordet oder verfolgt wurden, als es in den Zeitungen stand. Sie ermahnten mich wieder, nie eine Gegnerschaft zu den Nazis erkennen zu geben. Ich erzählte meinen Eltern von der mühsamen Seilschlepperei und bat Papa, mir doch ein paar Benzingutscheine für den Opel zu besorgen, dann hätten wir es nicht so schwer, alles ginge schneller. »Ich werde mich hüten«, sagte Papa, »jede Verzögerung deiner Ausbildung kann dir und damit unserer Familie nur gut tun!« Die Zeit war um, ich musste mich zurückmelden. Nach herzlicher Verabschiedung machten sich die drei auf den Weg nach Nauen, umfuhren Berlin und benutzten möglichst bewaldete Straßen, um nicht in Bombenangriffe zu kommen.

Zum Mittagessen hatte jeweils ein Flugschüler einen markigen Spruch einer Nazigröße mit Quellenangabe herzusagen, worauf der Schulleiter den Essensbeginn verkündete mit: »Alle Mann« und die Teilnehmer mit »ran« antworteten. Auch ich kam mit einem »Naziwort« an die Reihe. Trotz der Mahnung eines Vaters rief ich: »Ein Volk ohne Religion ist ein sterbendes Volk! Adolf Hitler, Mein Kampf!« Ich hatte nie dies Buch gelesen, doch wer diesem Spruch misstraute, mochte sich ruhig über Hitlers Standardwerk hermachen. Es kamen von den Ausbildern dazu keine Nachfragen, vielleicht waren sie ja gleicher Ansicht.

Die schönste Zeit kam, als mit der »Grunau« die Flüge für die C-Prüfung und mit der »Weihe« für die Luftfahrerschein-Prüfung absolviert wurden. Diese Freiheit, die mir das Kreisen in der Luft vermittelte, wurden zu einzigartigen Erlebnissen, besonders, wenn ich mit der »Weihe« eine Thermik erreichte und es wie im Fahrstuhl aufwärts ging. Nutzte bei diesen Runden auch noch ein Raubvogel den Aufwind zum Steigen und schaute sich immer wieder nach seinem künstlichen Begleiter um, erlebte ich ein besonderes Hochgefühl. Allein, jeder hatte seine Zeitvorgaben, musste dann in den Sinkflug, um das Flugzeug für den nächsten Kameraden freizumachen.

Der letzte und für die Militärs wichtigste Ausbildungsbereich blieb theoretisch, nämlich die Kombination von Flugzeugbombe und Rakete. Bei dem Einsatz dieser neuen Abwehrwaffe sollte sich der Flugzeugführer bei Bomberangriffen in einem raketengetriebenen Leichtbauflugzeug mit Sprengsatznase über die angreifenden Pulks schießen lassen. Nach dem Kulminationspunkt galt es, im Sturzflug ein feindliches Flugzeug zu treffen und sich kurz vor dem Aufprall mit dem Fallschirm herauskatapultieren zu lassen.

Am 10. September saß ich nun im Zug, durchquerte Berlin, um weiter nach Nauen zu kommen. Eine weit größere Trümmerlandschaft als auf der Hintour zeigte sich. Frei stehende Mauern mit verrußten Fensterhöhlen ragten verloren aus Schuttbergen. Mit gesenkten Köpfen hasteten Menschen die gewesenen Straßen entlang, andere gruben mit Schaufeln und Spitzhacke nach irgendeiner Habe in den Trümmern. Auf manchen Bahnhöfen raggten verbogene Gleisstränge meterhoch in die Luft, standen zerfetzte Lokomotiven und Waggons. Die Parolen an ihnen: »Räder müssen rollen für den Sieg!« lasen sich wie Hohn und Spott. Über viele Ausweichstrecken erreichte ich in Spandau-West den Vorortzug nach Nauen. Wie oft war wir darin mit Schulfreunden nach Besichtigungen oder Theatervorstellungen heimgefahren, in Fröhlichkeit und Albernheit. Nun aber fuhr die Trostlosigkeit mit. Das war also die Seite des Krieges, wie sie in den Wochenschauen nie dargestellt wurde.

Freudestrahlend empfingen mich die Eltern und Günter, stolz zeigte ich die Segelfliegerzeugnisse herum. Sorgenvoll sagte Mutti: »Hoffentlich kommt deine Einberufung nicht so schnell, einen Aufschub gibt es dann nicht mehr!« Ich ging nochmals zur Schule, fand Gelegenheiten, mit Ilse spazieren zu gehen. Sie sagte mir, dass sie mich sehr gern hätte, blieb aber selbst beim Kuss auf Distanz. Das störte nicht sonderlich, ihrer Nähe war das Wichtigste. Dann kam doch schon der Gestellungsbefehl zur Rekrutenausbildung nach Kolberg zum 17. September 1944. Die Klassenkameraden, als Luftwaffenhelfer auch etwas zurückgestellt, bekamen ähnliche Termine. Horst Dieke lud zu einem Abschiedsabend ein. Jeder steuerte etwas zum Essen und Trinken bei, Musik spielte, provozierend auch amerikanischen Jazz, Jungen und Mädchen tanzten und schmusten. Die enger liierten verschwanden in den Nebenzimmern der Kanzlei von Rechtsanwalt Dieke. Ellen Preuß interessierte sich plötzlich nun doch für mich, ich blieb zurückhaltend, brachte sie aber nach Hause. An einer Parkbank verhielt sie, veranlasste mich, sie auf den Schoß zu nehmen und beim Küssen sagte sie, mich falsch eingeschätzt und wirklich sehr gern zu haben. Zwar reizte das Küssen, zu dem ich bisher sehr wenig Gelegenheit gehabt hatte, andererseits störte ihr vorheriger Freund und die Gedanken an Ilse, und so sagte ich ihr, dass es jetzt für eine Verbindung zu spät sei, brachte sie bis zur Haustür, verabschiedete mich freundschaftlich und ging. Vielleicht war mein Urteil ja zu hart, aber inzwischen wollte ich derjenige sein, der auswählt.

20. Kapitel

Im Betrieb waren nur noch wenige deutsche Mitarbeiter. Sie mussten die sowjetischen Gefangenen bei den Arbeiten, die auch sie taten, beaufsichtigen, während die französischen und belgischen weitgehend frei waren und sogar Lastwagen im Nahverkehr fahren durften. Auch mit dem Näherrücken der Westalliierten, die nun schon Frankreich, Belgien und die Niederlande erobert hatten, blieben sie loyal und gaben Oskar zu verstehen, dass sie bei einer Besetzung immer für ihn sprechen würden. Die jahrelange menschliche Behandlung zahlte sich aus. Ihm war inzwischen der Londoner Beschluss der Feindmächte zu Ohren gekommen. Darin wurden bereits die Besatzungszonen festgelegt, Nauen würde zu den Sowjets kommen, vielleicht aber auch in die Viermächteverwaltung von Groß-Berlin einbezogen werden. Es war an der Zeit, Vorsorge zu treffen.

Mit dem Patentanwalt Fecht, dem rechtlichen Betreuer für alle Patentfragen um die Dalchow'sche Leittriebklammer, hatte Oskar eine freundschaftliche Beziehung. Fecht hatte ihn um Hilfe gebeten bei der Auslagerung seines Hausrats aus Berlin. Oskar hatte dafür gesorgt, dass davon ein Teil zu den Eltern seiner Frau nach Assmannshausen am Rhein kam und ein zweiter Teil nach Kalbe an der Milde, also westlich der Elbe und westlich von Stendal gelegen. Dort hatten Fechts Verwandte, namens Schulze-Kummert, eine Brauerei, in der ein großer Keller leer stand. Oskar wusste von seinen Fahrern, dass Fechts Mobiliar nur einen geringen Teil des Raumes beanspruchte und vereinbarte mit Schulze-Kummert die Einlagerung einer größeren Anzahl eigener, also Broziat'scher Kisten. Hundert Stück ließ er in der Tischlerei anfertigen, grün lackieren und in gelber Schrift mit laufenden Nummern und dem Zeichen OB versehen. Else, er und Günter füllten sie mit Hausrat, Wäsche, Kleidung, unverderblichen Lebensmitteln, wichtigen Akten, der wertvolle Münzsammlung, überzähligen Bürogeräten und sonstigen Dingen des täglichen Bedarfs. Jede Kiste bekam ihr Inhaltsverzeichnis in Abschrift eingelegt. Oskar fuhr auf dem Lastwagen mit, er war beruhigt, als er den sicheren Raum sah, in dem seine wertvollen Güter abgestellt wurden. Sollten sie wirklich flüchten müssen, so würde Kalbe, nach Herrmann Lüders Aussage, in die britische Besatzungszone kommen, würden sie ausgebombt werden und überleben, so könnten sie auf die dortigen Reserven zurückgreifen.

Die Kriegsmaßnahmen eskalierten weiter. Am 25. September hatte Hitler den Erlass für den Volkssturm unterzeichnet, der alle waffenfähigen Männer zwischen sechzehn und sechzig Jahren erfasste. Das bedeutete, dass alle dieser Altersgruppen, die nicht eingezogen waren, nach Feierabend an den Waffen geschult wurden, um sofort eingesetzt zu werden, wenn der Feind in die Nähe kam. Der Volkssturm wurde dann in die dezimierte Truppe integriert. In Verhören unter Folter hatten Hitlers Schergen erfahren, dass der auch von den Gegnern geachtete »Held von Afrika«, Generalfeldmarschall Rommel, davon wusste, dass Hitler gestürzt werden sollte, er aber eine Beteiligung abgelehnt hatte. Hitler ließ Rommel durch die Generäle Burgdorf und Maisel Gift überbringen mit der Wahl, Selbstmord zu begehen oder wegen Hochverrats hingerichtet zu werden. Rommel wählte das Gift, Hitler ließ ihn mit einem Staatsbegräbnis beisetzen und offiziell verlauten, er sei an den Folgen seiner Verwundung durch eine Embolie verstorben. Ähnliches hatte Hitler bereits Ende August mit Generalfeldmarschall von Kluge praktiziert. Oskar hatte von diesem Zynismus, der nicht mehr zu überbieten war, durch Hermann Lüder erfahren. Das grausame Bild des »Tausendjährigen Reiches« rundete sich ab.

Sowjetische Verbände erreichten Mitte Oktober bei Goldap in Ostpreußen zum ersten Male deutsches Gebiet. Als den eigenen Truppen eine Rückeroberung gelang, bot sich ihnen ein Bild des Grauens. Geschändete Frauen waren noch das Harmloseste. Zahllose Zivilisten waren ermordet worden, Frauen nach Missbrauch aufgeschlitzt, Kinder an Scheunentore genagelt, alles was es an Perversitäten gibt, bot sich ihnen dar. In den deutschen und ausländischen Zeitungen, soweit diese dazu bewegt werden konnten, wurden die Bilder veröffentlicht, im Reich besonders ausführlich, um die Widerstandskraft zu stärken. Das hatte jedoch zur Folge, dass der große Flüchtlingstreck aus Ostpreußen begann. Da halfen auch die Durchhaltebefehle der Nazis nicht, die Bilder hatten eine entgegengesetzte Wirkung erreicht, die Bevölkerung war in Panik geraten.

Auch im Westen wankte die deutsche Front, denn die Luftüberlegenheit der Angloamerikaner war einfach zu groß. Am 21. Oktober marschierten amerikanische Verbände in Aachen ein, von Oktober bis Dezember zerstörten sie mit dem Abwurf von über 25 000 Tonnen Bomben das Ruhrgebiet und die dortige Rüstungsproduktion. Hitlers letzter Versuch, im Westen wieder die Oberhand zu gewinnen, wurde am 17. Dezember mit der Ardennenoffensive gestartet. Auf 100 Kilometern Breite, zwischen Aachen und dem Norden Luxemburgs, griffen drei deutsche Armeen an, um einen Keil zwischen die amerikanischen und britischen Verbände zu treiben, die von den Angriffen auch völlig überrascht wurden. Nach einigen Geländegewinnen gelang es jedoch den Amerikanern bei den Orten Bastogne und St. Vith, den deutschen Vormarsch zu stoppen. Die endgültige Entscheidung brachte am 23. Dezember das Aufklaren des Wetters, womit die deutschen Truppen den unaufhörlichen Luftangriffen der Alliierten ausgesetzt waren und schließlich bis Mitte Januar, fürchterlich dezimiert, wieder in ihre Ausgangspositionen am Westwall zurückkamen.

Inzwischen war ich seit dem 17. September in Kolberg bei der Luftwaffe zur Rekrutenausbildung. Als der Zug mit den Einberufenen noch nicht einmal hielt, ertönte das laute Gebrüll einiger Männerstimmen: »Seid ihr noch nicht raus! Vielleicht wird's bald! Die letzten zehn hinlegen zum Liegestütz! Wir werden euch helfen, ihr Lahmärsche! Antreten in alphabetischen Gruppen, marsch, marsch!« Das waren also die Ausbilder, die da herumschrieen, um sich sofort Respekt zu verschaffen. Nach dem Marsch zum Kasernenhof folgte die Stubeneinteilung nach einem anderen Schlüssel, am nächsten Morgen der Kleiderempfang, Einräumen, Betten- und Schrankverteilung und was sonst noch nötig war.

Gefreiter Reimann war der nächste Vorgesetzte, er unterstand dem Unteroffizier Voß, einem der Schreier mit heiserer, sich oft überschlagender Stimme und der wiederum dem »Spieß«, Oberfeldwebel Wilke. Voß war mit allen Wässerchen gewaschen, um den Rekruten das Leben schwer zu machen. Je nach Lust und Laune fand er auf Schränken oder in Ecken immer Schmutz, wenn er mit dem Finger darüber wischte, denn diesen hatte er sich vorher an seinen Schuhsohlen eingedreckt. Dann musste den ganzen Abend nochmals die Barackenbude gewischt und geputzt werden. Hatte er gar jemanden auf dem »Kieker«, der wurde des Lebens nicht froh. Bei dem waren zum Appell Knöpfe lose oder ab, Voß hatte das während des Außendienstes bei dessen Kleidung im Schrank manipuliert, um ihn nachexerzieren zu lassen oder was ihm sonst noch alles einfiel. Der Gefreite Reimann war dagegen tolerant und ließ unter strengster Geheimhaltungsverpflichtung durchblicken, dass Voß bei seiner Frau nichts zu sagen habe und sich deshalb hier austobe.

Jede Stube musste an ihrer Tür ein alphabetisches Verzeichnis der Bewohner haben. Ich hatte die Aufgabe übernommen und die Liste in gotischer Schrift gefertigt. Das machte selbst auf Voß Eindruck und er lobte mich. Aber beim Exerzieren, Gruß lernen oder Übungen mit der Waffe gab es kein Pardon. Gerade das Grüßen wurde bis zum Exzess geübt, entweder der Gruß erfolgte einen Schritt zu früh oder zu spät oder die Finger lagen nicht genau aneinander, vielleicht folgten die Augen dem zu Grüßenden nicht zügig, es gab viel zu bemängeln und zu bestrafen.

Der Geländedienst, der wohl für das Verhalten an der Front am wichtigsten war, wurde bis zur totalen Erschöpfung der Rekruten betrieben. Die Gruppe vom Gefreiten Reimann war froh, wenn er mit ihnen übte, war aber der Zug unter Voß im Gelände, dann ging der soweit mit seinem Auf, Nieder, Robben, Marsch-Marsch und Hindernisse bezwingen, bis die Schwächsten ohnmächtig liegen blieben. Zur Schonung seiner Stimme hatte er Trillerpfeifensignale befohlen, aber wenn er dennoch anfing zu brüllen, dann stand ihm der weiße Geifer in den Mundwinkeln. Nur wenn Wilke dabei war, wurden die Grenzen des Erträglichen eingehalten.

Sportlich durchtrainiert, konnte ich mich im oberen Drittel des Zuges halten, fiel dadurch wenig auf, kam bei allem recht gut mit. Hin und wieder war auch der Kompaniechef, Hauptmann Hildebrand, zugegen und beobachtete mit dem Fernglas das Verhalten der Truppe, kontrollierte den Ausbildungsstand. Zum Oberfeldwebel hatte er ein vertrauensvolles Verhältnis, während er mit den Unteroffizieren, besonders mit Voß, im Befehlston verkehrte. In den ersten Tagen hatte Hildebrand seiner Kompanie beim Appell den Sinn und Zweck der militärischen Ausbildung erläutert und auch kurz die Lage gestreift, mit der Forderung, dass die Rekruten später dazu beitragen sollten, militärisch wieder die Oberhand zu gewinnen. Er war von mittlerer, schlanker Statur, hatte einen klaren Blick, seine Stimme eine angenehme Klangfarbe. Nach drei Wochen war die Kompanie wieder zum Appell angetreten. Hauptmann Hildebrand sagte die Fortschritte, zählte aber auch gewisse Mängel auf, verlangte Verbesserungen. Dann schritt er langsam an der Reihe der Rekruten vorbei, fragte den einen oder anderen nach seinem Namen, so auch nach meinem. »Ach Sie sind der mit der schönen Stubenliste?« – »Jawohl, Herr Hauptmann!« – »Sie melden sich nach dem Dienst um 17.10 Uhr in meinem Büro!« – »Jawohl, Herr Hauptmann!«

Unteroffizier Voß nahm mich während der Geländeübung beiseite. »Sie gehen mit dem Gefreiten Reimann eine viertel Stunde früher zur Unterkunft und ziehen sich um. Dass ja an Ihrer Uniform alles sauber ist und sitzt, der Herr Hauptmann sieht jeden Fehler. Ich möchte nicht, dass meine Untergebenen auffallen!« – »Jawohl, Herr Unteroffizier!« Reimann kontrollierte später mein Äußeres, dann ging ich zum Büro von Hauptmann Hildebrand und meldete mich ordnungsgemäß zur Stelle. »Stehen Sie bequem!« – »Herr Oberst von Lear hatte hierher geschrieben, eigentlich nur gutes über Sie gesagt, dennoch schloss ich daraus, dass Sie verwöhnt seien und ihnen Privilegien eingeräumt werden sollten. Da mir solche Briefe nicht angenehm sind, ließ ich Sie beobachten und konnte erfreut feststellen, dass aus Ihnen ein guter Soldat zu werden scheint.« – »Mir war nicht bekannt, dass Herr Oberst von Lear einen Brief hersenden würde, ich hätte das nicht gewollt, Herr Hauptmann!« – »Ich glaube Ihnen, doch nun zu etwas anderem: Ich habe hier im Offiziersheim, zweiter Eingang, erster Stock links, eine Wohnung für meine Familie. Früher hatten Offiziere einen so genannten Putzer, das ist selbstverständlich heute nicht mehr zeitgemäß. Solche Dienste will ich auch nicht beanspruchen, aber ich will Sie fragen, ob Sie hin und wieder abends auf unsere Kinder, der Junge ist fünf, das Mädchen vier, aufpassen würden?« – »Selbstverständlich, Herr Hauptmann!« – »Kommen Sie mit, meine Frau soll Sie erst kennenlernen und ihr Ja dazu geben!«

Frau Hildebrand freute sich über die artige Verbeugung, die ich machte und mein Abwarten, bis sie mir die Hand zum Gruß darreichte, bot mir einen Platz an und quittierte mit leichtem Lächeln, dass ich diesen erst einnahm, nachdem sie und ihr Mann saßen. Ja, sie würde Horst die Kinder, die inzwischen auch erschienen waren, anvertrauen, damit sie endlich wieder einmal ins Kino oder zum Tanz gehen könnten. Hermann und Lisa waren auch gleich zutraulich und wollten mit mir »Mensch ärgere dich nicht« spielen. Ich schaute die Eltern fragend an: »Nach dem Abendbrot könnte ich gern kommen, wenn es Ihnen recht ist!« Der Hauptmann nickte und seine hübsche Frau sagte: »Schön, dass es so schnell klappt, Hermann!« Er hatte also den selben Vornamen wie sein Söhnchen.

Sie erklärten mir noch einige Einzelheiten der Wohnung, wie das Radio zu benutzen sei, natürlich ganz leise und nur deutsche Sender seien einzustellen, und das Verhalten bei Fliegeralarm, der hier jedoch kaum vorkomme. Ich versprach, alles sorgfältig zu handhaben, nicht darüber zu reden, die Abmeldungen bei meinen Vorgesetzten dem Hauptmann zu überlassen. Das tat dieser auch für den heutigen Abend bei Unteroffizier Voß telefonisch, wobei seine sonst angenehme Stimme in einen etwas schneidenden Tonfall geriet und nichts über meine Tätigkeit aussagte. Um 19 Uhr war ich pünktlich zur Stelle, bat noch um ein Märchenbuch und Hildebrands verließen gut gelaunt die Kaserne. Ich wollte den Kindern, die bereits zur Nacht fertig gemacht waren und im Bett lagen, bis sie einschliefen, Märchen vorlesen. Lisa aber fragte mich aus, was ich als Kind gespielt habe, Hermann wollte vom Broziat'schen Betrieb viel wissen, bis ihnen endlich vor Müdigkeit die Augen zufielen. Eine Weile lief dann noch das Radio, bis die Tür klappte und ich aufsprang, um Meldung zu machen. Der Hauptmann winkte ab: »Nicht hier in der Wohnung, da wollen wir uns eines freundschaftlichen Tones befleißigen, nur draußen, beim Dienst darf sich nichts ändern!« So berichtete ich also kurz über den Abend und sie verabschiedeten mich freundlich.

Der Dienst, die enge Barackenstube mit den zweistöckigen Betten, den Strohsäcken, die leider mit Heu gefüllt waren, das sich verklumpte, erschienen mir nun nicht mehr so öde, um an zwei bis drei Abenden in der Woche in dem zivilisierten Heim einzuhüten. Auch die Stubengemeinschaft hatte sich arrangiert. Der bärenstarke Max Baumann war zum Stubenältesten gewählt worden und hielt mit leichter Hand Ordnung, Hans Künstler, der im unteren Bett schlief, Hans Brenneisen, im oberen Bett gegenüber, und ich hatten uns angefreundet und wir vier dirigierten die übrigen, ohne dass Streit entstand. Max Baumann hatte nach dem letzten Brief Liebeskummer. Ich setzte ihm für seine Angebetete eine schwärmerische Antwort auf und sah ihn glücklich, als mit ihrem Rückschreiben alles wieder ins Lot kam.

Dafür lernte er mir, wie man seine Körperkräfte geschickter einsetzen konnte. Hans Brenneisen war sehr gebildet, Hans Künstler außerordentlich hilfsbereit und kameradschaftlich.

Wieder traf ein Brief der Eltern aus Nauen ein. Oberst von Lear hatte von Hauptmann Hildebrand ein Lobesschreiben über mich bekommen. Mutti kündigte für Anfang Dezember ihren Besuch für ein Wochenende in Kolberg an. Ich suchte ein Quartier für sie, denn der Flugplatz mit den Kasernen lag in Dievenow, außerhalb der Stadt. Als das Hildebrands erfuhren, luden sie Mutti sofort für einen Nachmittagskaffee ein. Dann kam sie endlich mit dem Bus vom Bahnhof, und Mutter und Sohn lagen sich in den Armen. Kalt war es inzwischen geworden, das Quartier beim Bauern ungeheizt. Für den Tag suchte Mutti in einer Gastwirtschaft Zuflucht und nachts schlief sie mit Unter- und Nachtzeug und deckte zusätzlich alles über das Bett, was wärmen konnte. Viel gab es zu erzählen. Als sie sich im Gasthaus erwärmt hatten, gingen sie nach draußen, wo keiner mithörte. Allerdings wollte Mutti mich auch nicht zu sehr belasten, aber wo jeder Tag eines jeden Menschen Ende bedeuten konnte, mussten wichtige Informationen einfach gegeben werden. Zum Besuch bei Hildebrands hatte meine Mutter selbst eingeweckte Dosenwurst mitgebracht, ein kostbares Geschenk, doch auch sonst waren sie von ihr sehr angetan. Auf dem Kolberger Bahnhof hatte sie zum Abschied Tränen in den Augen, die ich mir tapfer verbiss. Ein großes Dankeschön gab er ihr am Sonntag mit auf die beschwerliche Reise und die herzlichsten Grüße an alle.

Unteroffizier Voß hatte wohl großen Krach zu Hause. Das reizte ihn zu neuen Repressalien. Im Übungsgelände war auch ein kleines Moorgebiet. Da ließ er seinen Zug bei den Minustemperaturen durchrobben, wenn der Oberfeldwebel Wilke abwesend war und ihm das Kommando übertragen hatte. Das Moor mit seiner Eigenwärme gefror nicht so schnell, blieb aber am hellen Drillich hängen und vereiste dort. Auf dem Rückmarsch ordnete er Drillichappell, zwanzig Minuten nach Dienstschluss, wegen angeblicher Fehlleistungen an. Die armen Rekruten scheuerten sich gegenseitig den Dreck mit Wasser ab und jagten nass zum Appell auf den Hof. Da suchte Voß im Dämmerlicht nach Schmutzflecken, bis sie vor Kälte bibberten, und wen er nicht leiden konnte, der war am nächsten Tag zum Strafexerzieren dran. Abends hörte ein Lauscher an der Tür des Ausbilderraums, wie die anderen Voß deshalb Vorwürfe machten, der sich aber damit verteidigte, die Leute müssten schon hier die Härte der Front kennenlernen. Das schon, hieß es, aber da gibt es keinen heimtückischen Kleiderappell hinterher. Doch Voß ließ sich davon nicht abbringen.

Als der Zug unter Voß das dritte Mal das »Moorrobben« hinter sich hatte und zum Kasernentor einmarschierte, war die Gruppe des Gefreiten Reimann hinten. Die Wache rief, Broziat solle sich sofort bei Hauptmann Hildebrand melden. Ich sah, dass Reimann es gehört hatte, lief sofort zum Offiziersbüro, klopfte, trat ein. Hildebrand musterte mich von oben bis unten. »Wie sehen Sie aus, weshalb kommen Sie so hierher!?« – »Wir marschierten ein, Herr Hauptmann, die Wache rief, ich hätte mich bei Ihnen sofort zu melden, da bin ich losgelaufen!« – »Ist schon richtig, aber wie sieht Ihr Zeug aus, mit diesem vereisten Dreck, sind Sie allein so, oder alle?« – »Der ganze Zug musste durchs Moor robben, das gefriert nachher!« – »Unter Voß?« – »Jawohl, Herr Hauptmann!« Er nahm den Hörer, wählte die Wache: »Schicken Sie sofort zu Unteroffizier Voß, ich will ihn in zwei Minuten hier sehen!« Ich sagte, dass mir die Situation sehr unangenehm sei. »Sie bleiben, es geht um mehr!«

Voß trat außer Atem ein, sah seinen Rekruten, wollte Meldung machen, da schrie Hildebrand auch schon los: »Sind Sie wahnsinnig geworden, sehen alle Männer des Zuges so aus?« – »Jawohl, Herr Hauptmann, aber der Rekrut Broziat hätte sich bei mir abmelden müssen, ehe er zu Ihnen ging!« – »Damit Ihre Untaten verborgen bleiben, was? Wir können kaum genügend Kleidung heranschaffen, und Sie sorgen dafür, dass diese versaut wird, das ist Sabotage! Wollen Sie vors Kriegsgericht oder soll ich Sie an die Front schicken?« Voß schlotterte vor Angst. »Ich wollte die Rekruten mit der Einsatzhärte vertraut machen, Herr Hauptmann!« – »Quatsch, wenn die sich im nassen Zeug eine Lungenentzündung holen, dann fehlen sie an der Front, wollen Sie dann die Verantwortung dafür übernehmen?« – »Nein, Herr Hauptmann!« – »Ich warne Sie, noch so einen Akt und Sie sind nicht mehr Ausbilder, sondern Frontsoldat, Sie haben die Truppe einsatzfähig auszubilden, aber auch gesund zu erhalten, und noch eins, wagen Sie nicht, wegen dieses Vorfalls Broziat zu schikanieren!« – »Selbstverständlich nicht, Herr Hauptmann!« – »Abtreten!« Voß grüßte und ging. »So eine Sauerei!«, sagte Hildebrand, »können Sie gleich zu uns kommen, wir haben eine dringende Verabredung, vielleicht kann ein Kamerad Ihre Kleidung rei-

Horst als Luftwaffensoldat

nigen?« – »Jawohl, Herr Hauptmann!« Ich grüßte, rannte zur Baracke. Die Kameraden wunderten sich, dass Voß den Drillichappell abgesagt hatte. Hans Künstler blinzelte mir zu: »Warst du das?« – »Halt's Maul, kannst du meinen Drillich sauber machen, ich muss sofort weg!« – »Na klar, hau man ab!« In Windeseile war ich umgekleidet und auf dem Weg zum Offizierswohnheim.

Die Ausbildung blieb hart, wurde jedoch fairer. Voß fragte mich: »Haben Sie mich absichtlich reingelegt?« – »Das ist nicht meine Art, doch hat der Herr Hauptmann nicht recht, dass kranke Soldaten die Truppe nur belasten? In unserem Zug gibt es mehr, die mit Fieber im Revier liegen, als in den anderen!« – »Ja, ja«, sagte Voß nachdenklich, drückte mir wortlos die Hand, wir waren ausgesöhnt. Zum Ende der Rekrutenausbildung musste das gesamte Bataillon in einer Flugzeughalle antreten. Der Kommandeur, Oberstleutnant Ternhard und seine drei Kompaniechefs begleiteten einen Oberstleutnant der Fallschirmjäger und einen Sturmführer der Waffen-SS. Ternhard führte in einer Ansprache aus, dass die beabsichtigte Weiterbildung zu Flugzeugführern zurzeit wegen Treibstoffmangels nicht möglich sei. Die Rekruten würden an der Front gebraucht und könnten sich freiwillig für eine der Waffengattung entscheiden, deren Einzelheiten die anwesenden Vertreter ihnen vortragen würden.

Der Sturmführer erklärte mit markigen Worten die Vorteile der Waffen-SS, deren bevorzugte Ausrüstung und endete damit, dass es die Pflicht eines jeden jungen Deutschen sei, sich für die Idee des geliebten Führers zu entscheiden. Der Fallschirmjäger-Offizier warb für seine Truppe und betonte, dass diese nicht minder für die Erhaltung des Reiches kämpfe. Dann kam der Befehl: »SS-Interessenten rechts raus, in getrennter Formation antreten!« Es gab ein gewisses Geschiebe von denen, die dort hinwollten, Unentschlossene liefen wieder zurück und schließlich hatte sich etwa ein Drittel neu formiert. Der Sturmführer rief seine Enttäuschung aus, verlangte die sofortige Registrierung in seiner Gegenwart und man merkte in dieser Begegnung die eisige Distanz der Luftwaffen-Offiziere zu dem SS-Mann. Nun würde ich also zur Fallschirmtruppe kommen, aber das war mir immer noch lieber, als die zwei SS-Runen unter die Achsel tätowiert zu bekommen.

Die Stuben waren mit etwas Tannengrün bereits weihnachtlich geschmückt, als Hauptmann Hildebrand für mich eine Überraschung hatte. Ich sollte Kurierpost zum Wehrkreiskommando Neuruppin bringen und bekam bei der Rücktour die Zeit Heimaturlaub, die von den drei Tagen, die veranschlagt waren, verblieben. Da mein Vater an das Bahntelefonnetz angeschlossen war, um Ausweichmöglichkeiten bei einer Zerstörung von Fernsprechzentralen zu haben, hatte ich längst Stellwerke ausgekundschaftet, die nur selten besetzt wurden und in denen sich ein Basa Apparat, so war die Abkürzung, befand. Den gab es auch beim Anschlussgleis des Flugplatzes, und ich hatte von diesem bereits dreimal heimlich meinen Vater angerufen. Nun nutzte ich ihn, um Papa die Urlaubsmöglichkeit mitzuteilen. »Ruf mich in einer Viertelstunde wieder an«, sagte er. Beim zweiten Anruf kam von ihm die kurze Anweisung, über Templin nach Neuruppin zu fahren, rechtzeitig die Ankunftszeit zu melden, dort werde er mich abholen. Der Fahrplan gab auch tatsächlich die kürzeste Fahrzeit her, Hauptmann Hildebrand war mit der Streckenführung einverstanden, allerdings auch verwundert, wie deren Erkundung so schnell zustande kam.

Eineinhalb Tage wieder zu Hause sein zu dürfen, im Kreise der Familie, eine Nacht im eigenen Bett schlafen zu können, statt auf den Heuknuddeln, war mir Balsam für die Seele und ich dankte Gott in meinem Nachtgebet inbrünstig dafür und für den Weg, auf dem ich gelenkt wurde. Mutti hatte schnell noch die Tanne geschmückt, besonders gutes Essen bereitet und den Weihnachtsabend vorgezogen. In den Zwischenzeiten wurden ernste Gespräche über die Zukunft geführt, Treffpunkte für den Fall einer sowjetischen Besetzung vereinbart, klargelegt, was zu tun sei, wenn nur der eine oder andere überlebte. Papa hatte eine Diensttour so gelegt, dass er mich am nächsten Nachmittag in Templin zur Weiterreise mit der Bahn absetzen konnte und wieder war es ein herzlicher, sorgenvoller Abschied. Für die Hildebrands hatte ich Geschenke aus Muttis Vorratskeller im Gepäck. Die letzten Tage in Kolberg waren mit Schießübungen ausgefüllt, Weihnachten wurde im Kameradenkreis begangen, auch ich bekam in den Tagen die sorgenvolle Wehmut der Hildebrands zu spüren, die die Front immer näherrücken sahen. Von ihnen gab es ein fast familiären Abschied, als am 7. Januar der Güterzug anrollte, um die Fallschirmjägergruppe zur neuen Einheit nach Gardelegen, westlich von Stendal, zu transportieren, das nur knapp 20 Kilometer südlich von Kalbe, dem Einlagerungsort der Broziat'schen Reservegüter, lag.

21. Kapitel

Ab dem 12. Januar eröffneten die sowjetischen Truppen ihre Großoffensiven gegen die deutsche Ostfront. Bis zum 30. Januar hatten sie in einem Stoßkeil zwischen Ostpreußen und Pommern die Ostseeküste erreicht und waren im Mittelabschnitt bis Küstrin an die Oder vorgedrungen. Die deutsche Marine übernahm es nun, von der abgeschnittenen Bevölkerung zu retten, was möglich war. Die schweren Marineeinheiten hielten mit ihrem Geschützfeuer unter Leitung der Heeresartilleriebeobachter die sowjetischen Angriffe von den Häfen zurück, um die Evakuierung der Soldaten und Zivilisten zu ermöglichen. Feindlichen U-Booten gelangt es aber immer wieder, Schiffe mit Tausenden von Menschen unter die eisigen Fluten zu schicken. Dennoch hielten sich die zahlenmäßigen Verluste von etwa dreißigtausend Opfern bei einer Zahl von über zwei Millionen Geretteten in Grenzen. Dem Generaladmiral Oskar Kummetz und seinen Offizieren mit ihrer hervorragenden Planung und Übersicht waren diese Großtaten zu verdanken, die mit der Aufgabe des Hafens Pillau am 25. April 1945 endeten.

Im Westen besetzten bis Ende Februar die Alliierten das gesamte linksrheinische Gebiet, während auch die Südfront von Italien her bereits Tirol erreicht hatte. Mit drakonischen Maßnahmen versuchten Hitler und seine Schergen, Soldaten und Zivilisten bei der Stange zu halten. Sonderstandgerichte ließen die Soldaten reihenweise erschießen, die den Versuch gemacht hatten, sich zu ergeben, die gesamten Hausbewohner eines Gebäudes, das die weiße Fahne zeigte, sollten sofort hingerichtet werden. Vernünftige Offiziere übergingen diese Befehle, aber wo die SS oder andere Nazis das Sagen hatten, wurde mit Wollust getötet. Auch Hitlers Befehl, dass jede Fabrik, jede Brücke, jedes Haus zu sprengen sei, falls sie in Feindes Hand fallen könnten, wurde kaum mehr befolgt.

Oskar ließ Vorbereitungen für die Flucht treffen, kaschierte die Maßnahmen aber geschickt. Ein großer und ein kleiner Baustellen-

Wohnwagen waren von der Tiefbauabteilung vorhanden sowie zwei Möbelwagen. Die Möbelanhänger überholen zu lassen, war Routine, denn die waren für Evakuierungstransporte, gerade nach den vielen Bombenangriffen, oft eingesetzt worden. Die Wohnwagen ließ er vom Tischler so umbauen, dass Schlafstellen wie auch Büros vorhanden waren, für den Fall, dass die Fahrbereitschaft ausgebombt würde. Selbst die Elektroinstallation für Netz- wie Batteriebetrieb war vorhanden. Ein Manko für die Flucht bestand in der Vollgummibereifung, denn so kleine, tragfähige Räder gab es nicht als Pneus. Oskar beschaffte über seinen Stützpunktleiter Gutsche aus Falkensee einen Satz Reserveräder. Gutsche war ein raffinierter »Beschaffer«. Fehlte irgendetwas – im Handumdrehen hatte er das besorgt. So auch den neusten Holzkohlegenerator für Oskars BMW, der diesen ganz passabel betrieb. Günter ging täglich aufs Gymnasium, half Götze bei der Altstoffsammlung, kam aber oftmals frühzeitig nach Hause, wenn Bomberverbände im Anflug waren.

An einem freien Tag begleitete er Oskar auf einer Dienstfahrt zur AEG nach Hennigsdorf. Kaum hatten sie den Ort verlassen, als Sirenengeheul ertönte. Vom nahen Waldrand sahen sie die ersten Bomben auf die Fabrik fallen und suchten Deckung im nächsten Graben, um nicht von Splittern verletzt zu werden. Zwei Bomber holte die Flak herunter, aber sicher fünfzig hatten ihre Last abgeladen und drehten ab. Die Fabrik lag in Trümmern, die nächsten Angriffswellen flogen weiter nach Berlin.

Reimers aus Schwerin/Warthe kamen mit ihrem Lastwagen in Nauen an, sie waren im letzten Augenblick mit schnell zusammengerafften Sachen den Russen entkommen. Else und Oskar ließen sie erst einmal ausruhen und versorgten sie. Oskar riet aufgrund seiner Kenntnisse zur Weiterfahrt über den Raum Hannover hinaus, dort kämen sie sicher unter westliche Herrschaft. Er ließ ihnen entsprechend Treibstoff und Dinge für den Lebensunterhalt zukommen und so fuhren sie nach wenigen Tagen ins Ungewisse weiter. Ihre Berichte von Augenzeugen, die die Sowjets überlebt hatten und flüchten konnten, waren furchtbar.

Diller und Bathe waren mit dem MAN-Lastzug in den Raum Frankfurt/Oder unterwegs gewesen, um der Truppe Versorgungsgüter zu bringen. Plötzlich fanden sie sich von Russen umringt, die sie in eine bestimmte Richtung dirigierten. Irgendwo mussten sie halten, der bewaffnete Russe, zwischen ihnen sitzend, schlief ein. Sich durch Blickkontakt verständigend, verschwanden sie aus dem Wagen, liefen über Feldwege immer Richtung Westen, bis sie in deutsche Linien kamen, sich auswiesen und nach vier Tagen Nauen wieder erreichten. Oskars bester Lastzug ging verloren, aber Gott sei Dank waren die beiden Männer gerettet.

Ab Mitte Januar erschwerte scharfer Frost den Menschen das Leben, die mit den Zuteilungen an Heizmaterial arg sparen mussten. Dazu die ständigen Luftangriffe, die Flucht davor in die Keller und obendrein die Naziparolen mit den daraus resultierenden Drangsalierungen. Wie ein Lauffeuer ging eine neue Schandtat durch Nauen: Ein gefangener polnischer Offizier hatte eine Liebschaft mit einem deutschen Mädchen. Kreisleiter Grüneberg erwirkte einen Hinrichtungsbefehl gegen den Polen wegen »Schändung der arischen Rasse«. Alle polnischen Gefangenen hatten bei der Richtstätte anzutreten, auch das Mädchen wurde kahlgeschoren dorthin verbracht und musste der Exekution zusehen. Während der arme Mann am Strang zappelte, verzehrte Grüneberg genüsslich ein Wurstbrot und rief den Gefangenen zu, dass ihnen schnell das gleiche Schicksal zuteil werden könne. Mit entsicherten Waffen hielten die Wachmannschaften die Polen in Schach, bis der Kreisleiter in seinem »Wanderer« hohnlächelnd abfuhr.

In Berlin wurden dringend Nahrungsmittel benötigt. Ein Güterzug Kartoffeln war auf dem Weg, der bei der Kälte eiligst beladen worden war und schnell verteilt werden sollte, damit sie nicht durch den Frost ungenießbar wurden. Zwischen Kremmen und Velten kam der Zug in einen Bombenangriff, der die ersten Waggons, die Lokomotive und die Geleise zerstörte. Kreisleiter Grüneberg berief sofort eine Sitzung mit zuständigen Teilnehmern ein, die die Kartoffeln retten sollten. Der Gemüsehandel sollte sie verteilen, die Menge war für ihre Kapazität viel zu groß. »Broziat, verfügen Sie, dass Ihre Fuhrunternehmer die Kartoffeln nach Berlin bringen!« – »Kreisleiter, es sind einundfünfzig Waggons mit je 20 Tonnen, also rund 1000 Tonnen, dafür habe ich einfach nicht die Fahrzeuge, vor allem aber keine Fahrer, die haben Sie alle an die Front geschickt!« – »Dann setzen Sie eben alte Weiber ans Steuer oder Leute, die unnötig sind!« Oskar war erregt. »Wenn Sie dann einen Lastzug fahren, werde ich das auch tun!« – »Was fällt Ihnen ein!«, rief Grüneberg, zog seine Pistole und schoss auf Oskar.

Der hatte sich blitzschnell hinter den Tisch geworfen, der Schuss ging in die Wand. Die anderen schrieen auf Grüneberg ein, Landrat von Rheinbaben zog Oskar aus dem Raum, die anderen verließen diesen auch und Grüneberg brüllte hinterher: »Ihr habt den totalen Krieg noch nicht begriffen, aber ich werde ihn euch noch lehren!«

Oskar ging in die Fahrbereitschaft, unterrichtete Else und überlegte, was zu machen sei, ließ von seinen Mitarbeitern die Kapazitäten durchrechnen und die Umschichtung von Transporten prüfen. Es reichte nicht hinten noch vorn. Polizei kam in die Fahrbereitschaft, hielt Oskar einen Haftbefehl, per Fernschreiber vom Gauleiter kommend, vor die Nase. Oskar ging wortlos mit. Er wurde in einen vergitterten Raum eingesperrt, in dem sich ein Telefon befand. Der Polizist hatte ihm gesagt, wenn es läute, habe er das Gespräch anzunehmen. Rasend kreisten die Gedanken nach einer Lösung in seinem Kopf und noch ganz schemenhaft schien einer davon gangbar zu sein. Nach kurzer Zeit klingelte es: »Hier Gauleiter Stürz, Broziat, Sie haben die Verantwortung, dass die Kartoffeln nicht kaputtgehen! Wie Sie das machen ist mir egal, anderenfalls kriegen Sie ein Verfahren wegen Sabotage an den Hals!« – »Gauleiter, nur von meiner Dienststelle aus bin ich handlungsfähig, von hier nicht!« – »Sie haben ein Telefon in Ihrer Zelle!« – »Aber nicht meine Leute und die Karteien!« – »Gut, Sie kommen unter Bewachung zur Fahrbereitschaft!« Ein bewaffneter Kriminalbeamter bekam den Auftrag und begleitete Oskar.

Eine wertvolle Stunde schien verloren zu sein und war es doch nicht. Was da schemenhaft auftauchte, waren Kartoffelmieten, in denen diese selbst so viel Wärme hielten, dass sie überwintern können. Diese Mieten für Rüben, Kartoffeln, Kohl und anderes hatte sein Vater früher eingerichtet, nun hatte er ihm aus dem Himmel diesen Gedanken gesandt. Wenn man neben dem Bahngleis den Boden aushob, die Kartoffeln dort einlagerte, sie mit Stroh und der Aushuberde abdeckte, hatte man die Möglichkeit, die Abfuhrzeit zu strecken. Er rief den Gauleiter an, sagte ihm sein Vorhaben, verlangte dafür den massiven Einsatz von Kriegsgefangenen, der sogleich genehmigt wurde, mit dem Nachsatz, da habe er sich ja ganz schön aus der Schlinge gezogen. Noch am Abend begann der Erdaushub, und bei Mondschein wurde die ganze Nacht hindurch gearbeitet. Oskar fuhr zu den Bauern in der Nähe, überredete sie, ohne Beschlagnahmeverfügung bis zum nächsten Morgen Stroh anzuliefern, während eine neue Mannschaft Kriegsgefangener bereits mit Tragekiepen die Kartoffeln in die Erdmulden füllte. Löffler dirigierte zwischenzeitlich von der Fahrbereitschaft aus Fahrzeuge zur Teilabfuhr um, sodass alles noch einmal glimpflich ablief. An nächsten Vormittag ließ der Landrat sich berichten und sagte: »Mensch Herr Broziat, meine Frau und ich hatten große Angst um Sie. Das war ja wieder eine Meisterleistung. Grüneberg soll sich wundern, wenn er das von mir hört. Nun legen Sie sich erst einmal für drei Stunden schlafen!« – »Ich fahre noch einmal hin, Herr Landrat, wenn dann alle Mieten geschlossen sind, werde ich beruhigt schlafen!«

Trecks aus dem Osten mit abgehärmten, verängstigten und übermüdeten Menschen trafen in Nauen ein oder zogen durch die Stadt. SA- und SS-Leute überprüften die Pferde- oder Treckeranhänger nach noch wehrfähigen Männern und holten sie heraus, wenn sie fündig wurden, um sie in den Volkssturm einzureihen. Schlimme Szenen spielten sich ab, wenn den Familien, die Heimat und Habe verloren hatten, auch noch die Männer, meist bereits Großväter, entrissen wurden. Sie sollten also den Sieg hervorzaubern. Auch auf dem Bahnhof stiegen viele aus. Ihre wenigen Koffer bargen, was sie vor der Flucht gerade noch zusammenraffen konnten. Das Rote Kreuz bemühte sich um Notquartiere und Verpflegung. Oskar suchte für den Bereich der Fahrbereitschaft Fahrer und Beifahrer für die Lastwagen und viele waren froh, Beschäftigung und Verdienst zu bekommen und auch die uk-Stellung gegenüber dem Volksturm. So fand er auch für seinen Betrieb in Robert Fendler und Martin Kowald zwei geeignete Mitarbeiter. Fendler kam mit seiner Frau und seiner Tochter aus Schwedt an der Oder, er war Lastkahnbesitzer gewesen, Kowalds Familie war von der Front überrollt worden, als er mit dem Lastwagen Güter aus dem Berliner Raum holen sollte.

Die sowjetischen Truppen bereiteten sich im Gebiet östlich der Oder auf eine neue Offensive vor; die deutschen Soldaten, in der Bewaffnung mittlerweile völlig unterlegen, leisteten erbitterten Widerstand und hatten die Russen bis dahin immer wieder zum Verharren gezwungen. Beim Zurückdrängen der feindlichen Front fanden sie stets zahllose dahingemetzelte Zivilisten, was neutrale Reporter in die Welt hinaustrugen. Wegen der internationalen Meldungen über ihre grausamen Untaten, die besonders von den westlichen Verbündeten reklamiert wurden, versuchten die sowjetische Führung diese einzudämmen, aber die niederen Offiziere ließen die Soldateska gewähren. Der Raum entlang der deutschen Ostseeküste konnte mit Hilfe der Kriegsmarine weitgehend freigehalten werden, sodass für viele Menschen dort ein Fluchtkorridor blieb. Die Verbände der Westalliierten kämpften sich langsam weiter vor, begannen den Rhein zu überqueren, wobei besonders der Kampf um die Brücke bei Remagen wütete, bis sie den Amerikanern unversehrt in die Hände fiel.

Gardelegen! Mir schien, der Name dieser Stadt habe keinen guten Klang. Der Transportzug, in Kolberg am 7. Januar gestartet, traf endlich am Abend des 8. Januar ein, nachdem er etliche Male unterwegs in der Nähe anderer Garnisonen gehalten hatte, um weitere, ausgebildete Rekruten aufzunehmen. Zweimal mussten wir auf freiem Feld bei Fliegeralarm Deckung nehmen, doch der Zug wurde von den Flugzeugen nicht angegriffen. Völlig durchgefroren hörten wir den Ortsnamen Gardelegen ertönen, Aussteigebefehle wurden gerufen, die Formationen gesammelt und mit aufgeschultertem Gepäck der Marsch zur Kaserne im fahlen Mondlicht begonnen. Am Kasernentor warteten bereits mehrere Offiziere und untere Chargen und wiesen sie in die Mitte zum Kasernehof ein. »Kameraden!«, rief jovial der leitende Offizier, »ich gebe hiermit den strengsten Befehl, weder ein Kasernengebäude zu betreten, noch irgendeine Toilette zu benutzen. Hier besteht wegen Typhus eine absolute Quarantäne, jede Kontaktaufnahme mit hier ansässigen Soldaten ist verboten! Sehen Sie zu, wie Sie sich unter den Zeltplanen aus Ihrem Gepäck wärmen, bis morgen Vormittag werden wir eine Garnison ausfindig gemacht haben, in die Sie verbracht werden!« Das hatte gerade noch gefehlt. Im Zug hatten sich viele zurückgehalten, nun liefen sie los, um irgendwo ihre Notdurft zu verrichten. Auch die Verpflegung hatte bis zur Mittagszeit gereicht, in Wut und Ärger legten wir unser Gepäck auf den kalten Boden, knöpften mit eisigen Fingern Zeltplanen zusammen, kauerten sich unter dem etwas schützenden Stoff eng aneinander und verbrachten bibbernd und fluchend die Nacht. Im Morgengrauen rannten schon die ersten umher, um den Körper warm zu bekommen, das Rote Kreuz brachte heißen Kaffee und etwas Verpflegung und endlich, nach einigen Stunden, marschierten wir zurück zum Bahnhof. Derselbe Zug brachte uns in das etwa 160 Kilometer entfernte Wittstock fast auf der gleichen Strecke zurück. Endlich wurde uns unser Raum angewiesen. Max Baumann, Hans Künstler, Hans Brenneisen und ich waren ständig beisammen geblieben und froh, dass wir in derselben Stube unterkamen.

Wir atmeten auf. Hier waren andere Verhältnisse als in Kolberg. Die Ausbildung ging nicht minder hart weiter, doch Unterführer und Offiziere waren kameradschaftlich, nicht mehr so auf Drill versessen und führten uns langsam in die hochgesteckte Leistungsnorm der Fallschirmjäger ein. Besonders Oberleutnant Lang, der Chef von meiner Kompanie, ein drahtiger, durchtrainierter Mann, fast einsachtzig groß, mit einem freundlichen Blick aus seinen tiefblauen Augen, erfreute sich großer Beliebtheit. Seine Befehlsgewalt fußte auf einer besonderen, körperlichen Leistungsfähigkeit und Gewandtheit im blitzschnellen Erfassen der Situation, gepaart mit einer Entscheidungsfreudigkeit, die auf umfangreichem Wissen basierte. Irgendwie hatte wohl Hauptmann Hildebrand seine Hand im Spiel gehabt, auch hatte der begleitende Oberfeldwebel Wilke mit Lang ein längeres Gespräch geführt, ehe er nach Kolberg zurückfuhr, ich wurde eines Tages zum Kompaniechef ins Büro beordert, grüßte, stand stramm. »Stehen Sie bequem, ach nein, setzen Sie sich!« Ich nahm auf dem Stuhl vor dem Schreibtisch Platz. Der Oberleutnant fragte mich nach meinem Zuhause, der Position meines Vaters und dem Betrieb, auch welche Stellung mein Vater denn in der Partei bekleide. Als ich sagte, mein Vater wäre kein Parteimitglied, meinte er lächelnd, man könne ja auch ohne seinem Vaterland dienen. Warum ich nicht zur SS gegangen sei, wollte er wissen? Meine Versuche, mit einigen Phrasen einer klaren Antwort auszuweichen, beantwortete Lang: »Ist schon gut, das bleibt streng unter uns, ich liebe diese Leute auch nicht! Also machen Sie im Dienst weiter so!« Ich war entlassen und wunderte mich über die Offenheit meines Chefs.

Nach vierzehn Tagen kam die Nachricht, dass meine Eltern und Günter mich über das Wochenende besuchen würden. Sie kamen auch am Sonnabend, Papas Kollege, mit dem sowieso ein Dienstgespräch fällig war, hatte ihnen ein gutes Quartier besorgt. Sie benutzten den dreisitzigen Fiat, der die Insassen recht gut abdeckte, denn in dieser Zeit wollte niemand auffallen. Ich bekam Ausgang, ebenso Hans Brenneisen, dessen Mutter aus Fehrbellin anreiste. Ihre Berliner Wohnung war zerbombt, ihr Mann irgendwo bei der Wehrmacht im Einsatz. Als Papa bei der Besprechung mit seinem Fahrbereitschaftskollegen weilte, trafen sich meine Mutter und Frau Brenneisen zufällig in einer Gaststube. Letztere hatte gefragt, ob sie auch ihren Sohn besuchen würde, und beide lobten den Zufall, dass gerade die Mütter zweier befreundeter Soldaten sich hier trafen. Sie besprachen in Verbindung zu bleiben. Für mich und Hans Brenneisen war es dann ein angenehmes Wochenende, weil wir in unserer Freizeit mit den Angehörigen zusammen sein durften.

Zwar lernten die jungen Fallschirmjäger noch das Legen der Schirme und an Sprungtürmen das Abrollen bei der Landung, um den aufgeblähten Schirm möglichst schnell unterlaufen zu können, aber das Hauptaugenmerk der Ausbildung war auf den Erdeinsatz gerichtet. Für Sprungübungen aus dem Flugzeug, hieß es, wäre kein Benzin mehr vorhanden. Oberleutnant Lang, der das EK 1 und viele Springerauszeichnungen trug, meinte sarkastisch, es könnten eben nur noch Bodenspringer ausgebildet werden. Er lotete immer wieder Grenzen aus in seiner Ablehnung des Regimes, sodass seine Äußerungen gerade noch im Toleranzbereich blieben. Dann kam zum 15. Februar der Einsatzbefehl für den Frontabschnitt Köslin in Pommern. Wieder fuhren wir im Güterzug in Richtung Kolberg. Max Baumann und ich baten den Lokführer, ein Stück auf der Maschine mitfahren zu dürfen, und lernten das Bedienen derselben kennen, was jeder Fallschirmjäger in der Theorie bereits mitbekommen hatte. Köslin war von den Russen bereits eingenommen, so verließen wir etliche Stationen vorher mit unserer Ausrüstung den Zug. Wir konnten uns gar nicht erst formieren, da brachte bereits Tieffliegerbeschuss die ersten Verwundeten. Die Vierlingsflak schoss ein Flugzeug ab, deshalb verzogen sich die anderen sofort.

Max und ich waren als MG-Schützen eingeteilt, wechselten uns auf dem Marsch zur Front mit dem Tragen des MGs und der Munitionsgurte ab. Das veraltete MG 38 brachte nur achthundert Schuss in der Minute heraus, war gegen Schmutz sehr empfindlich und reichlich schwer. Von den viel leichteren, unempfindlichen MGs 42, die es auf dreitausend Schuss in der Minute brachten, gab es leider viel zu wenige. Die Schultern schmerzten unter der Last, die Arme wurden lang, da entdeckte Max einen Handwagen. Wir luden Gepäck, Waffe und Munition auf, und Oberleutnant Lang nickte Zustimmung. Irgendwo hatte ich eine Maschinenpistole und Munition liegen sehen und auch aufgeladen. Das Regiment trug jetzt den Namen Kampfgruppe

Schirmer und diente als sogenannte fliegende Einsatztruppe für neuralgische Punkte.

Unter Himmler war in Pommern eilends eine zusammengewürfelte Armee aus SS, SA, Hitlerjugend und Volkssturm aufgestellt worden, die er mit brutaler Härte dirigierte. Doch das konnte keine auf einander eingespielten Verbände ergeben. Immer wieder gab es in deren Front Einbrüche der Sowjets, und nur durch Zurücknahme der Nebenabschnitte konnte die Einkesselung der eigenen Verbände verhindert werden. Himmler befahl, Soldaten, die unter dem Druck des Angriffs zurückgewichen waren, hinter der Front an Alleebäumen aufzuhängen. Sie trugen Schilder mit der Aufschrift »Wegen Feigheit vor dem Feind« um den Hals, als Mahnung für die nachrückenden Soldaten. »Diese Verbrecher!«, sagte Oberleutnant Lang laut und jeder in seiner Kompanie wusste, dass er damit nicht die Gehenkten, sondern die Nazis meinte.

Das Regiment war nachts in die Frontgräben eingewiesen worden und hatte ein anderes, abgekämpftes Regiment ersetzt. Max und ich verbesserten unser »MG-Nest« wie alle anderen MG-Schützen auch und erwarteten den Feind. Im Morgengrauen griffen die Sowjets im Schutz ihrer Panzer an. Erst wenn der Gegner weniger als zweihundert Meter entfernt war, wurde »Feuer frei!« gegeben. Etwa 1 Kilometer hinter uns hatte sich die 8,8-Flak in Stellung gebracht. »Feuer frei!« kam, aber statt des Ratterns der Maschinengewehre hörte man im ganzen Frontverlauf, wie sich jeweils nur ein Schuss löste und die Schützen fluchend versuchten, die Verschlüsse herauszureißen, denn Sabotagemunition hatte die Waffen verklemmt. Aber die Flak traf haargenau. Ein Panzer nach dem anderen ging in Flammen auf. Ich feuerte mit meiner Maschinenpistole, Max und die vielen Kameraden mit Gewehren. 100 Meter vor unserer Linie kam der Angriff ins Stokken, unter schweren Verlusten zogen sich die Russen zurück. Hauptsächlich der Flak war die Abwehr zu verdanken und der richtigen Einschätzung, dass hier der sowjetische Stoßkeil ansetzen würde. In klirrender Kälte bauten die Schützen ihre MGs auseinander, tauschten die Munition aus erprobten die neue, damit das Dilemma nicht wieder passierte. Ersterer wurde zur Untersuchung gegeben, denn immer wieder passierte es, dass in den Munitionsfabriken die Hülsenformen von ausländischen Arbeitern etwas weiter geschliffen wurden, damit die Munition beim Einsatz verklemmte und die Waffe unbrauchbar machte. Gefangenschaft, Verwundung oder Tod war dadurch meist des Soldaten Los.

Ständig kamen die Sowjets auf Nebenabschnitten voran und das Regiment musste sich nachts in langen Märschen zur Frontbegradigung zurückziehen, um nicht eingeschlossen zu werden. Gespenstisch heulten die schweren Granaten der deutschen Kriegsmarine über sie hinweg, die, über Funk von Heeresartilleriebeobachtern geleitet, den Russen große Verluste beibrachten. Dennoch schienen die Sowjets unerschöpfliche Reserven zu haben, und bei Gegenangriffen sahen die Fallschirmjäger an den zerschossenen Fahrzeugen, wie viel amerikanisches Gerät dabei war. Am 4. März waren sie nachts in einen neuen Frontabschnitt bei Greifenhagen in der Nähe von Stettin eingewiesen worden. Ich wurde mit zwei anderen Kameraden zur Panzerabwehr mit der Panzerfaust eingeteilt.

Wir gruben uns gut 50 Meter vor der Linie Erdlöcher, wie auch etliche andere Trupps im Regimentsbereich. Am nächsten Morgen gegen halb sieben ertönten auf sowjetischer Seite die Panzermotoren und im Morgengrauen erschienen die braunen Ungetüme, in deren Deckung Infanteristen folgten. Bis auf 50 Meter musste man den Panzer heranlassen, denn größer war die Reichweite der Panzerfaust nicht. Oft genug hatten wir das geübt, jedoch nun in der Realität verlor der linke Flügelmann die Nerven und schoss zu früh – und verfehlte. Ihm blieb nur die Flucht in den nahen Graben, dem mittleren Schützen und mir auch, denn die Panzerfahrer wussten, dass der Trupp immer aus dreien bestand. Blieben die anderen beiden im Erdloch, so rollte der Panzer mit einer Kette darüber, drehte kurz und der Soldat erstickte im erdigen Grab. Auf der Flucht zum Graben zerfetzte die Panzergranate den ersten, eine weitere traf den zweiten und die dritte schlug direkt hinter mir ein und schleuderte mich in eine Erdmulde, wo ich regungslos liegen blieb.

Mit Waffen, wie Panzerfaust und Panzerschreck, letztere hatten eine Reichweite von knapp 100 Metern, warteten die Männer von Oberleutnant Lang im Schützengraben, um die Panzer abzuwehren und mit Maschinengewehren und Gewehren die Infanteristen in Schach zu halten. Aber wieder hatte die Flak in Minutenschnelle ganze Arbeit geleistet. Von den fünfzehn im Kompaniebereich angreifenden standen elf in Flammen, während die vier, die unsere Gruppe angegriffen hatten, in ihrer Position verharrten. Sie befanden sich für die

Flak nicht erreichbar in einer Bodensenke und konnten bei der Weiterfahrt mit ihrem Abschuss rechnen. Heftiges Gewehrfeuer hielt die sowjetischen Infanteristen zurück, das aber von den MGs der Panzer erwidert wurde. Eine Rotte russischer Schlachtflieger versuchte, die 8,8-Flak auszuschalten, doch zu ihrem Schutz räumte die Vierlingsflak unter den angreifenden Flugzeugen auf. So bestand nun eine Pattsituation. Die Panzer waren außer der Reichweite panzerbrechender Waffen, nur die Möglichkeit des Rückzugs war ihnen verblieben. Doch wie bei den Nazis galt auch unter Stalin: Kein Meter Boden sei preiszugeben. Lang war im Graben zu diesem neuralgischen Abschnitt gekommen und überlegte, die Panzer durch einen Stoßtrupp auszuschalten, doch das wäre nur unter eigenen, schweren Verlusten möglich gewesen, was er ablehnte.

Künstler wies Lang auf Horst hin. »Soll ich ihn holen?« – »Er scheint nicht mehr zu leben, Sie opfern sich nicht, wir brauchen jeden Mann!« – »Es sind nur 2 bis 3 Meter vor dem Graben, wo sie uns treffen können, sonst wären wir abgedeckt, ich hab' genau rübergepeilt!« Der Oberleutnant besah noch einmal die Lage und entschied: »Nein, Sie bleiben hier!« 21 Uhr war es jetzt schon und Künstler rief: »Schau'n Sie, er bewegt sich!« Knapp 10 Meter war ich entfernt. Lang rief: »Broziat, wo sind Sie verwundet?« – »Ich weiß nicht!« – »Fühlen Sie sich ab!« – »Rechter Oberschenkel!« – »Bleiben Sie liegen, nicht hochkommen, sonst werden Sie sofort abgeknallt, warten Sie meine Befehle ab!« – »Jawohl, Herr …!« Lang überlegte ein Ablenkungsmanöver. »Drehen Sie sich parallel zum Grabenverlauf und rollen Sie sich eine Umdrehung auf uns zu, aber ja nicht mehr, dann warten Sie neue Befehle ab!« Ich konnte mich drehen. Lang ging zum anderen Kompanieflügel, um Anordnungen zu geben und war schnell wieder zurück. »Broziat, hören Sie genau zu, Sie rollen jetzt weiter, bis ich ›Stopp‹ sage. Bis dahin können Sie nicht gesehen werden. Wenn Sie Maschinengewehrfeuer von unserem anderen Kompanieflügel hören, rollen Sie los, wir fangen Sie hier im Graben auf!« Ich befolgte des Oberleutnants Anweisungen, die Sowjets beantworteten zur anderen Seite hin das Rattern der MGs, Brenneisen und Künstler ließen mich langsam zu Boden gleiten. »Wir dachten, du wärst nicht mehr«, sagte einer der beiden. Der Oberleutnant untersuchte meinen Oberschenkel: »Versuchen Sie zu kriechen!« Ich konnte es mit Armen und linkem Bein, bekam den Befehl, aus dem nach rückwärts führenden

Einlaufgraben zu kriechen und sobald ich aus dem Schussbereich sei, einen Knüppel als Krücke zu suchen und zum Verbandsplatz zu gehen. Ich bedankte mich herzlich mit der Versicherung, bald wieder zurück zu sein. Der Oberleutnant schüttelte etwas wehmütig lächelnd den Kopf, er und die Freunde klopften mir auf den Rücken, als ich fortkroch.

22. Kapitel

Auf einem Gutshof bei Greifenhagen, als Frontverbandsplatz eingerichtet, warteten lange Reihen von Verletzten auf ihre erste Versorgung. Ich hatte mich bei den Leichtverwundeten eingereiht, es hieß, etwa in einer Stunde wären wir dran. Beißender Hunger plagte mich, ich humpelte am hinteren Gebäude vorbei und sah auf einer Veranda mehrere Bleche mit selbst gefertigter Bonbonmasse stehen. Niemand schien in der Nähe zu sein, und so rollte ich das klebrige Zeug von einem Blech auf, sah ein Häuschen mit einem Herz in der Tür, riegelte mich ein und verspeiste die Rolle in dem stinkenden Kabuff. Der Hunger war einfach größer als der Ekel. Endlich war meine Nummer an der Reihe. Der Stabsarzt besah sich den ziemlich demolierten Oberschenkel und meinte: »Sie haben ja 'ne ganze Eisenladung im Hintern!« – »Wir haben ja auch ein Eisenhandel zu Hause, Herr Stabsarzt, ich wollte gern noch heute zu meiner Einheit zurück!« – »Junge, du spinnst! Schwester, verbinden Sie, und du kommst ins nächste Lazarett!« Ein Pritschenwagen mit Bänken lud dreißig Verwundete auf und fuhr uns nach Stettin zum Rostocker Zug, von dem die meisten Waggons für Verwundete reserviert waren. Spätabends langten wir in der Stadt an, das Lazarett lehnte Aufnahmen wegen Überfüllung ab. Der Zug fuhr weiter, in Wismar ergab sich die gleiche Situation. Schließlich endete der Zug in Lübeck. Die leichter Verwundeten, somit auch ich, erhielten die Einweisung in das Reservelazarett Marlischule.

Die Untersuchung am nächsten Tag ergab, dass nicht nur Metallsplitter im Oberschenkel saßen, sondern auch Kieselsteine, die die Explosion dort hineingejagt hatte. Drei Splitter, die mehr oberflächlich lagen, wurden herausoperiert, die tieferen belassen. Zwar war ich verwundert, die Nauener Telefonnummer nicht mehr zu wissen, vermisste aber sonstige Gedächtnislücken überhaupt nicht. Dann fand ich endlich eine Geschäftskarte. Am 9. März rief ich dann meine Mutter an und berichtete verwundet in der Marlischule in Lübeck zu liegen, es sei nicht schlimm. Nach meiner Benachrichtigung rief Oskar Sellschopp an und bat ihn, mich zu besuchen und ihm zu berichten, wie es wirklich um seinen Sohn stehe. Sellschopp machte sich auch bald auf den Weg, begrüßte mich und war etwas pikiert, dass ich ihn nicht sofort erkannte, doch dann dämmerte es mir. Er hatte etwas Schokolade mitgebracht und bot seine Hilfe an. Ich dankte ihm sehr, erzählte vom Umfang meiner Verletzung, die Oskar dann übers Telefon erfuhr. Else wollte spontan ihren Sohn besuchen. Es gab genügend Transporte von Henningsdorf zu den Waffenfabriken in Lübeck-Schlutup durchzuführen, und so übernahm die 100-PS-Hanomag-Zugmaschine mit zwei Anhängern die Ladung. Menzfeld und Diller konnten sich als Fahrer abwechseln und meine Mutter hatte damit die Fahrgelegenheit zu mir. Die Tour wurde recht beschwerlich, denn einer der beiden Fahrer hatte sich ständig nach draußen hinter das Führerhaus neben den Holzgasgenerator zu setzen und den Himmel nach feindlichen Flugzeugen abzusuchen, weil jetzt auch schon einzelne Fahrzeuge von Tiefffliegern beschossen wurden. Zweimal suchten sie Deckung im Straßengraben, kamen jedoch schadlos davon, nur konnte niemand auf der langen Strecke ausruhen.

Oskar hatte an Sellschopp hundertsiebenundzwanzig gute Fahrzeugreifen der verschiedensten Größen zur Runderneuerung mitgegeben. Else wurde von Sellschopps herzlich begrüßt, den Umständen entsprechend bewirtet und sie boten ihr eine Übernachtungsmöglichkeit an. Da das Fahrzeug in der Nähe der Marlischule vorbeifuhr, nutzte sie die Möglichkeit. Ich war sehr glücklich über ihren Besuch und die Mitbringsel, und sie freute sich, dass die Granate nur Fleischwunden aber keine ernsthaften Knochenschäden verursacht hatte. Sie blieb mit mir möglichst lange in der Kantine, bedauerte mich, wenn ich nur auf der linken Backe sitzen konnte und sagte schließlich beim Verabschieden: »Über Kalbe und alles andere haben wir ja schon gesprochen.« Zu ihrer Verwunderung wusste ich davon nichts, sie wiederholte leise die Absprachen, die mir dann wieder ins Gedächtnis kamen. Am nächsten Morgen fuhr der Lastzug mit Ladung zurück, die Fahrer hatten in Sellschopps Gemeinschaftsraum geschlafen und sie kamen nach fünfundzwanzig Stunden Fahrzeit völlig übermüdet wieder in Nauen an.

Am 4. April erhielt ich den Marschbefehl zum Fallschirmjäger-Genesendenbataillon nach Brandenburg und war soweit hergestellt, dass ich einigermaßen gehen konnte. In Rathenow kam der Anschlusszug erst in zweieinhalb Stunden. Über Basa rief ich von einem Weichenhäuschen meinen Vater an, ob er mich nicht über Nauen, mit Aufenthalt, nach Brandenburg bringen könne, und er tat mir den Gefallen, sogar mit Nachtaufenthalt weil ja die Züge nicht mehr kontrollierbar fuhren.

Die ersten Marschübungen nach ein paar Tagen Ruhe in Brandenburg brachten mir Schwierigkeiten. »Stellen Sie sich nicht so an!«, meinte mein Vorgesetzter. Doch unter der Muskelbeanspruchung fingen etliche Stellen an zu eitern, wahrscheinlich die, wo Steine und kein Metall eingedrungen waren, denn Granatsplitter blieben durch ihre Erhitzung meist keimfrei. Der Unteroffizier schickte mich zum Arzt. Nach der übliche Meldung betrachtete der Stabsarzt die Verwundung, ließ einen Verband anlegen und schickte die Schwester hinaus, um irgend etwas zu besorgen. Sie waren allein. »Kennen Sie Lotte Polehn?« – »Jawohl, Herr Stabsarzt, mit ihr war ich zusammen im Kindergarten in Nauen!« – »Sie ist meine Frau!« Die Schwester brachte ihm das Verlangte. »Wissen Sie, Ihre Verletzung muss behandelt werden, die Lazaretts sind überfüllt. In Nauen ist in der Hamburger Straße das ambulante Revier. Ich glaube, wenn Sie zu Hause bleiben und sich dort täglich versorgen lassen, sind Sie am schnellsten kuriert!« – »Jawohl, Herr Stabsarzt!« – »Schwester, schreiben Sie die Verordnung und den Marschbefehl für Jäger Broziat!« Ein Schutzengel im weißen Kittel war mir für zehn Minuten meines Lebens begegnet. Der kam nicht zufällig, sicher hatte Gott der Herr ihn gesandt.

Freudig rief ich meine Mutter an, ob sie mich mit dem Gepäck wegen meiner Behinderung von der Bahn abholen könne? »Papa ist in der Fahrbereitschaft in Brandenburg, ruf' ihn gleich an!« Sie gab mir die Nummer. Uhrzeit und Treffpunkt außerhalb der Kaserne vereinbarte ich mit meinem Vater, am Nachmittag trafen wir zu Hause ein. Der Chefarzt von Krankenhaus, Dr. Kron, war gleichzeitig der Chef vom Revier, aber auch langjähriger Hausarzt der Broziats. »Wir werden ihn schon hinkriegen«, meinte er nach der Untersuchung zu Oskar mit vielsagendem Blick, »aber auch nicht zu schnell.« Beide wussten, dass die Sowjets die Einkesselung um Berlin betrieben, warum sollten für die Nazis jetzt noch Opfer gebracht werden? In der Nachkriegszeit würden entwicklungsfähige Leute wichtiger sein. Der Reviersanitäter, ein Vertrauter von Dr. Kron, wurde instruiert.

Eine Rekonvaleszenz-Verzögerung war überhaupt nicht angebracht. Von Küstrin und Guben aus marschierten die sowjetischen Armeen mit über zweieinhalb Millionen Soldaten in zwei Stoßkeilen in Richtung auf die südlichen und nördlichen Gebiete von Berlin. Die Einkesselung der Hauptstadt war offensichtlich im Gange.

Oskar ließ von einigen verschwiegenen Leuten den Fluchttreck vorbereiten, denn sein Start war erst im Durcheinander vieler abziehender Fluchtfahrzeuge möglich, anderenfalls würden die Nazis noch zupacken. Im Radio hatten sie am 12. April noch den Tod ihres Feindes Franklin Delano Roosevelt mit zynischen Worten gefeiert und am 20. April mit glorifizierenden, den Geburtstag von Hitler. Als besonderen Gruß dazu warfen amerikanische Bomber den Bahnhof Nauen und die umliegenden Industrieanlagen in Trümmer. Über hundert Tote waren zu beklagen. Nun ging es dem Ende entgegen. Sehnsüchtig warteten die Havelländer auf die Amerikaner, die verharrten jedoch an der wenig entfernten Elbe. Deutsche Truppen unter einsichtigen Kommandeuren hätten ihnen gerne kampflos den Weg nach Osten frei gemacht.

Am 21. April war es so weit. Ein ununterbrochener Flüchtlingsstrom bewegte sich über die westlichen Ausfallstraßen von Nauen. Oskar versammelte zu Arbeitsbeginn seine Mitarbeiter, bot die schnelle Zusammenstellung eines Trecks an, der zur Mittagszeit unter Elses Leitung starte, um den Kampfhandlungen auszuweichen. Jeder könne seine Familien mitnehmen, maximal pro Person zwei Koffer und Proviant. Er und ich würden bis zuletzt vor Ort bleiben. Zur Abfahrt waren dann über hundertzwanzig Mitreisende da. Drei Zugmaschinen, die je zwei bis drei Anhänger zogen, der Borgward- und DKW-Lieferwagen mit Anhänger, der BMW und ein Dreisitzer-Fiat reihten sich in den Flüchtlingsstrom ein. Als erste Warteposition war ein Waldstück hinter Kyritz vereinbart. Am Abend vorher hatte die Wehrmacht ihr Versorgungsdepot geöffnet, sodass die meisten Familien sich mit haltbarem Proviant eindecken konnten. Tankholz, Treibstoff, Werkzeug und Ersatzteile hatten Oskars Vertraute schon am Vortage aufgeladen. Neben meinen Großmüttern waren auch eine Klassenkameradin mit ihrer Mutter, Lenchen Wöbse mit ihrer Tochter Gerda und der schwangeren Schwiegertochter, die Schwägerin Grete Rüthnick und noch einige auf den Fahrzeugen, die nicht direkt zur Firma gehörten. Else fragte: »Was machen wir mit den 20 Tonnen

Zinn, die dein Vater als Sparkasse bereitgelegt hat?« – »Wohin sollten wir das noch laden? Es geht jetzt ums Leben, vergiss es!« Wenn sie bloß früher daran gedacht und es irgendwohin sicher eingelagert hätten, es wäre mit zehn Kilogramm Gold aufgewogen worden.

Mein Vater blieb in seiner Dienststelle, ich auf dem Grundstück. Die Tore waren verriegelt. Am nächsten Vormittag rief Dr. Kron an, sein Schwager, Dr. Zapel, Lungenfacharzt aus Berlin, sei eingetroffen. Er wolle weiterfahren, welchen Weg er denn am besten nähme. Papa schlug vor, er möge zur Fahrbereitschaft kommen, um ihn zu beraten, er möchte doch bitte einen Verwundeten-Überweisungsschein für mich nach Hamburg mitgeben. Dr. Zapel war froh, sich dem Firmentreck anschließen zu können und fuhr ab, nach Kyritz. Der Basa-Apparat läutete, Frau Riemer gab Oskar der Hörer: »Herr Kühne!« Der schluchzte am Telefon: »Oskar, ich möchte mich verabschieden, wir sehen uns nicht wieder, ich danke dir für alles, hier ist es furchtbar, vor meinem Haus erschießen die Russen die Hitlerjungen, nur weil sie das Hakenkreuz tragen, die liegen schon reihenweise auf der Straße, bleibt am Leben, Oskar!« Er hatte aufgelegt. Aus Belzig war der Anruf gekommen, von dem ihm unterstellten Fahrbereitschaftsleiter Karl Kühne. Bleich erzählte Oskar den Gesprächsinhalt seinen Getreuen, die entsetzt dreinschauten. Allzuviel gab es nicht mehr zu dirigieren, die meisten Fuhrunternehmer schienen geflüchtet zu sein, nur in Richtung Ketzin, Brandenburg und Rathenow antworteten noch einige.

Am nächsten Morgen rief der Kreisleiter an: »Broziat, stellen Sie sofort drei Lastwagen, hundertfünfzig Nauener Hitlerjungen müssen an die Front nach Oranienburg gebracht werden!« – »Ich werde mich sofort darum bemühen, Kreisleiter!« – »Das reicht mir nicht, Sie wissen, was Ihnen blüht, wenn Sie den Befehl nicht ausführen!« – »Kreisleiter, es sind nur noch wenige Fahrzeuge da, in drei Stunden werden sie zur Verfügung stehen!« – »Die Flüchtlinge müssten alle erschossen werden!«, schrie der Despot und hatte den Hörer aufgeknallt. »Herr Löffler, beordern Sie zu 12 Uhr drei Fahrzeuge, sagen Sie nicht, dass sie zur Front sollen, sonst kommen die vielleicht gar nicht!« – »Müssen die armen Kinder auch noch dran glauben?«, fragte Frau Riemer. Oskar blieb mit eisiger Miene auf seinem Platz und beschäftigte sich mit den Akten. »Soll ich die Fahrbefehle ausstellen?« – »Ja, bringen Sie sie nachher, wenn Herr Löffler die Lastwagen gefunden hat, ich will jetzt allein sein.« Sie schloss die Tür. Aus seiner Mappe nahm Oskar Fahrbefehlsformulare, die er immer dabei hatte und trug als Zielort Gardelegen ein. Er brauchte nachher nur noch die Fahrzeugkennzeichen einzusetzen und die Scheine gegen die von Frau Riemer auszutauschen. Nie wollte er Henkersdienste an den Halbwüchsigen leisten.

Die Jungen zwischen dreizehn und sechzehn stiegen auf die Lastwagen, weinende Mütter drum herum. Der Kreisleiter schnauzte sie wegen ihrer Tränen an und sprach zu den Jungen markige Worte über den Endsieg. Oskar ging inzwischen zum ersten Fahrzeug und gab dem ihm gut bekannten Unternehmer Bertram aus Ketzin die drei Fahrbefehle. Der las sie, schaute ihn an und nickte. Leise sagte Oskar: »Fahren Sie Richtung Kremmen, hinter der Bahn links nach Bergerdamm, dann wieder links …« Bertram unterbrach ihn. »Kenn' ich alles!« und startete den Motor. Oskar sagte den beiden anderen Fahrern, Bertram habe die Papiere und die Kolonne setzte sich nach Norden, in Richtung Oranienburg in Bewegung, um dann gleich hinter Nauen, über den besprochenen Umweg, die westliche Ausfallstraße zu erreichen. Wenig später gab es Fliegeralarm. Die Leute aus der Kreisverwaltung liefen in die Keller, die von der Fahrbereitschaft, die dem Kreishaus gegenüber lag, in den ihrigen. In der Ferne hörte man Bombeneinschläge, doch erfolgte über die Kellertelefone der Fahrbereitschaft keine Fahrzeuganforderung. Als sie herauskamen, fuhr der Kreisleiter mit seinem »Wanderer« gerade ab, in Richtung Finkenkrug. Oskar sagte seinen Mitarbeitern, dass dies wohl der letzte Arbeitstag gewesen sei, bedankte sich für ihre Hilfe und Treue, verabschiedete sich und fuhr mit seinem schwarzen Fiat nach Hause. Der identische grüne Fiat war bereits beim Treck in Kyritz.

Ich hatte belegte Brote und Tee gemacht. Einsilbig nahmen wir das Mahl ein. »Es kann sein, dass wir uns verteidigen müssen, wir werden meine Jagdwaffen mit nach oben nehmen!« – »Gegen die Russen?« – »Nein, gegen andere!« – »Gegen wen denn?« – »Es ist besser, wenn du nichts weißt!« – »Ich bin ausgeruht, werde aufpassen, schlaf' ruhig!«, sagte ich. Papa blieb in Kleidung unter einer Wolldecke und schlief ein. Als die Morgendämmerung heraufzog, fielen mir die Augen zu und Papa wachte. Später frühstückten wir auf dem Balkon, von dem aus das Grundstück nach drei Seiten zu übersehen war und blickten auch auf den dichten Strom der Flüchtlinge, die auf der Hamburger

Straße gen Westen zogen. Oskar sinnierte, ob seine Rettungsaktion für die Hitlerjungen wohl unbemerkt geblieben war, denn 11 Uhr war vorbei. Es schien an der Zeit zu sein, den Hof in Richtung Kyritz zu verlassen. Nur viermal hatte das Fahrbereitschaftstelefon im Nebenraum geschellt, wegen Transportbitten, die er nicht mehr erfüllen konnte. Beim nächsten Anruf hörte er eine Flüsterstimme: »Oskar, hau ab, du sollst erschossen werden! Grüneberg hat die Genehmigung vom Gauleiter!« Sofort war die Leitung wieder unterbrochen. Mit wenigen Worten informierte mich Papa über die Situation, jetzt blieb nur die Flucht vor den Nazis.

Der Fiat war schon seit gestern vorbereitet und geladen. Wir ließen alles stehen, ich humpelte zum Tor, fühlte nach meiner Pistole, kein Verdächtiger war unter den dahinströmenden Zivilisten und Soldaten zu sehen, öffnete die Flügel und ging zurück. Papa hatte inzwischen den Wagen herausgefahren, schob das Garagentor zu, wir stiegen ein, er fuhr an. Soldaten kamen aufs Grundstück, vorn Oberleutnant Lang, Künstler und Brenneisen. »Papa, das gibt's nicht, das ist ja meine Kompanie!« – »Jetzt ist alles aus!« – »Nein, Papa, halt an!« Ich kletterte aus dem Wagen, begrüßte meine Kameraden, sagte dem Oberleutnant, was los sei. Wie immer reagierte der sofort. »Künstler, nehmen Sie zwei Mann mit ans Tor, keiner, wer es auch sei, wird aufs Grundstück gelassen, dasselbe gilt für Sie, Brenneisen, am hinteren Tor!« Dann ging er mit mir zum Wagen, mein Vater hatte die Seitenscheibe heruntergekurbelt. »Ich begrüße Sie, Herr Broziat, Sie stehen unter unserem Schutz, Ihnen wird nichts passieren! Fahren Sie bitte das Auto in die Garage, damit es niemand sieht und dann gehen wir ins Haus.«

Wie suchten alles an Ess- und Trinkbarem zusammen, was noch im Hause war, gaben uns Mühe, den Fallschirmjägern ein paar angenehme Stunden zu verschaffen. Papa hatte den Oberleutnant herzlich für die Rettung seines Sohnes gedankt. »Und Sie haben heute wahrscheinlich hundert Menschenleben gerettet! Wir führen nur noch einen Schadensbegrenzungskrieg, dann ist alles vorbei. Die Parteileute werden vom Feind und vom eigenen Volk zur Rechenschaft gezogen werden, die haben genug auf dem Gewissen!« Lang sprach ganz offen vor seinen um ihn herum sitzenden Leuten, sie hatten grenzenloses Vertrauen zu ihm. Künstler machte Meldung, Leute vom NSKK (Nationalsozialistisches Kraftfahr Korps) waren am Tor gewesen, um Papa abzuholen. Sie wollten ihnen nicht glauben, dass er schon weg sei und hatten ihm einen Durchsuchungsbefehl gezeigt. Darauf hätten er und seine Kameraden ihnen die Maschinenpistolen gezeigt und gefragt, wer wohl hier das Sagen habe? Auf das jetzt militärisch besetzte Gelände würden sie jedenfalls bestimmt nicht gelangen. Sie seien kleinlaut abgezogen. »Gut so«, sagte Lang, »lassen Sie die Wachen ablösen, mein Befehl bleibt bestehen!« Endlich konnte ich meine Freunde über die vergangenen Wochen befragen. Max war leider irgendwo verwundet im Lazarett, wie etliche andere, und zahlreiche Gefallene hatten sie auch zu beklagen. Über Funk erhielt der Kompaniechef ständig Lageberichte. Mit der nördlichen Umgehung Berlins schwenkten die Sowjets bei Kremmen auf Nauen zu, hatten Flatow erreicht. Er ließ die Truppe marschfertig machen, das Regiment sollte auf keinen Fall in den Kessel geraten und deshalb den Westflügel des Feindes bekämpfen. Herzlich verabschiedeten sie sich voneinander. Papa kam im Dunkeln nur langsam auf den überfüllten Straßen voran. In Richtung Börnicke blitzte dauernd Geschützfeuer auf, dumpfes Grollen verkündete Unheilvolles. »Meinst du, meine Kompanie ist rein zufällig auf unseren Hof gekommen?«, fragte ich. »Nein, das sind ganz sichere Zeichen, dass der liebe Gott uns beschützt!«, antwortete mein Vater. Endlich konnte Mutti gegen 3 Uhr morgens ihre beiden Männer umarmen.

Regierungsdirektor Dr. Weber vom Verkehrsministerium hatte am Tag zuvor die Firmenfahrzeuge an ihrer Beschriftung erkannt. Oskar werde dringend gesucht, um eine Delegation nach Flensburg zu führen, wo die neue Regierung gebildet werde. »Ich werde auch vom Kreisleiter gesucht, hoffentlich ist das keine Finte!« – »Was ist denn los?« Oskar erzählte ihr die Angelegenheit mit den Nauener Hitlerjungen. »Du kennst Weber gut, er ist zufrieden, dass es zu Ende geht und machte nicht den Eindruck etwas vortäuschen zu wollen.« – »Wir werden trotzdem vorsichtig sein!« Sie schliefen ein paar Stunden im Wohnwagen. Morgens unterrichtete Oskar drei seiner Leute, die fest zu ihm standen. Als Dr. Weber kam, war Oskar von vier, einschließlich mir, verdeckt bewaffneten Männern umringt, die genau beobachteten, ob er auch allein gekommen war. »Können wir unter vier Augen sprechen, Herr Broziat?« – »Unter sechs, Herr Dr. Weber, mein Sohn ist verschwiegen und soll dabei sein!« – »Einverstanden!«, sagte er etwas irritiert. Sie stiegen in den Wohnwagen. »Noch sind die Nationalsozialsten ja teilweise an der Macht, aber unter Dönitz soll in Flensburg eine neue Regierung gebildet werden. Wir haben dazu eine Delegation unbelasteter Verkehrsfachleute ausgesucht, die sicher nach Flensburg kommen sollen. Sie sind der richtige Mann, um sie durch das ganze Wirrwarr zu schleusen. Ich bin berechtigt, Ihnen dazu alle Vollmachten zu erteilen, die Sie brauchen!« Oskar hatte Vertrauen gefasst: »Ich bin gefährdet!« – »Sie? Das kann ich nicht glauben, Sie sind doch gegen die Nazis eingestellt!« – »Deshalb eben, der Kreisleiter hat einen Erschießungsbefehl gegen mich erwirkt!« Oskar berichtete den Sachverhalt. Weber gratulierte ihm zu seiner Tat. Die Morde an jugendlichen Trägern von Hakenkreuzbinden waren auch zu ihm durchgedrungen. Er wollte ihm jemanden zum Schutz beistellen. Das lehnte Oskar ab, aber er benötige Freigabescheine für genügend Treibstoff und Lebensmittel von den Wehrdienststellen. Dr. Weber hatte alles von höchsten Stellen, was er benötigte, selbst einen höchsten Befehlsschein für Oskar, dass seinen Anordnungen Folge zu leisten sei und damit auch einen gewissen Schutz für seine Unversehrtheit. Der Weg in die Freiheit aber war mit dieser Aufgabe noch schwerer geworden.

23. Kapitel

Die Neuformierung der Reichsführung unter Dönitz, von Hitler inzwischen gebilligt, lief unter der Bezeichnung »Sondereinsatz Reich«. Außer der Gruppe aus dem Verkehrsministerium waren Konvois anderer Ressorts nach Flensburg unterwegs, jedoch längst weiter voraus. Die nun von Oskar zu leitende Kolonne, bestehend aus zwölf Pkw und fünf Lkw, hatten sich in den Gutsscheunen von Segeletz versteckt. Oskar fuhr die 14 Kilometer zurück. Kowald begleitete ihn mit dem zweiten Fiat, damit sie bei Zwischenfällen ein Ersatzfahrzeug besaßen, denn stets musste mit Tieffliegerangriffen gerechnet werden, wenn diese Militärlaster im Flüchtlingsstrom entdeckten. Oskar kannte in der Gegend jeden Weg, denn vor fünfundzwanzig Jahren hatte er das Gebiet ständig mit dem Fahrrad und später mit Motorrad und Auto zur Kundenwerbung bereist. Zudem besaß er ein phänomenales Ortsgedächtnis. Der Delegationsleiter war etwas verstört, seine graubraunen Lkws, die hauptsächlich Akten und private Habe geladen hatten, waren unter Beschuss geraten, aber fahrfähig geblieben. Erleichtert hörte er Oskars Anweisungen: Fahrt nachts bis zum Treffpunkt hinter Kyritz, dann in Etappen unter seiner Leitung weiter, entweder auf vorher von ihm ausgekundschafteten Waldwegen, die Deckung bieten, oder in Nachtfahrten. Oskar und Kowald machten sich auf den Rückweg, sie wollten vom Militärdepot Kyritz mit dem Borgward noch Treibstoff und Verpflegung holen.

Sie waren gerade in die Fernstraße eingefahren und bemühten sich, links an den Flüchlingtrecks bei nicht allzu viel Gegenverkehr vorbeizukommen, als Oskar im Spiegel sah, dass ein »Wanderer« versuchte, Kowald zu überholen. Der braunen Farbe nach war es der Wagen des Kreisleiters. Auch Kowald schien diesen erkannt zu haben und blockierte das Überholmanöver, das auch die Flüchtlinge gefährdet hätte. Oskar gab Gas und bekam einen gewissen Abstand, während Kowald unvermindert langsam fuhr, der Kreisleiter wie wild hupte und deshalb von den Flüchtenden gedroht bekam. Da Oskar nun wusste, dass er verfolgt wurde, bog er in Bückwitz links ab nach Havelberg und nach 2 Kilometern wieder rechts auf eine kleine Straße, die über das Gut Kampehl auf die Reichsstraße Richtung Kyritz führte. Kowald hatte Oskar gerade noch links abbiegen sehen, der Kreisleiter vermutlich auch, musste dann aber den Gegenverkehr durchlassen, was eine weitere Verzögerung ergab. An der Gabelung nach Havelberg konnte Grüneberg den grünen Fiat, der kein Kennzeichen trug, abdrängen und überholen. Er drohte dem Fahrer mit der Faust. Es fuhren jetzt viele Fahrzeuge ohne Kennzeichen und es war günstig, dass Grüneberg somit den Wagen nicht Oskars Betrieb zuordnete. Kowald versuchte hinter dem Kreisleiter zu bleiben, aber der Abstand wuchs. Er wollte Oskar möglichst zur Hilfe eilen, falls es zu einer Begegnung der beiden käme und spürte nach seiner Pistole in der Seitentasche. In Zernitz gab es nach rechts nochmals eine Abzweigung nach Kyritz, der »Wanderer« jagte, weit voraus, daran vorbei. Kowald bog rechts ein und war nach 8 Kilometern beim Treck. Oskar ging ihm entgegen. »Vielen Dank, das haben Sie gut gemacht!« – »Klar Chef, der ist weiter nach Havelberg!«

Zum Kyritzer Depot fuhr er nicht mehr, sondern ließ den Treck die Nachtfahrt bis hinter Perleberg vorbereiten, dort befand sich ein dichtes Waldstück. Friedrich Herzog aus Berge war am Abend mit dem Fahrrad eingetroffen. Sein Schwiegersohn, Mitrenga, der Fahrer der Büssing-Zugmaschine, hatte in Berge kurz gehalten, damit seine Frau die Eltern schnell über den Broziat'schen Treck informieren konnte. Mit Einbruch der Dunkelheit bildete der große Hanomag mit dem Wohnwagen und zwei Anhängern die Spitze des Trecks als langsamste Einheit, denn die Vollgummiräder des Wohnwagens ließen nur eine geringe Geschwindigkeit zu. Oskar wartete mit mir, Kowald und Diller auf die Kolonne vom »Sondereinsatz Reich«. Dr. Weber kam als Erster. »Wo sind denn Ihre Fahrzeuge?« – »Ein Wagen hat Vollgummiräder, deshalb sind die langsamer als Ihre Fahrzeuge und schon vorausgefahren.« – »Ach so.« Oskar versammelte die anderen Fahrer, erklärte die einfache Streckenführung Richtung Hamburg und den Treffpunkt im Wald. Kowald und Diller würden sie hinführen, er werde zwischen beiden Kolonnen pendeln. Das alles ging reibungslos vonstatten, lange vor dem Morgenlicht nahmen zwei dichte Waldwege die beiden Kolonnen auf. Am nächsten Vormittag holten Dr. Weber und Oskar mit den beiden leer gemachten Lieferwagen Treibstoff und

Verpflegung vom Wehrmachtsdepot Perleberg. Es war erstaunlich, was dort noch an Vorräten lagerte. Es fehlte weder an Ölsardinen, Butter, Dauerbrot, sonstigen nahrhaften Dingen, noch an Delikatessen. Aber zweihundertdreißig Menschen wollten auch versorgt sein. Sie luden ein, was ein Lieferwagen und die beiden Pkw verkraften konnten, in dem anderen Fahrzeug nahmen sie Treibstoff mit. Unter äußerster Vorsicht wegen der Flieger erreichten sie den Wald und verteilten die Waren unter den erfreuten Flüchtigen. Alle Fahrzeuge wurden betankt, der Rest auf Kanistern verteilt.

Für die nächste Etappe, am 27. April, wusste Oskar ein dichtes Waldstück hinter Ludwigslust, etwa 40 Kilometer entfernt. Beide Kolonnen fuhren der geringeren Gefährdung wegen zeitlich etwas getrennt die Strecke und erreichten den neuen Standort auch vor Morgengrauen. Nur der Bücherrevisor Paul Klar, der mit seiner Frau den DKW-Lieferwagen mit Anhänger steuerte, wollte in Grabow noch kurz Verwandte besuchen. Das Fahrzeug war nach dem Transport vom Depot wieder mit seiner Habe und den Betriebsunterlagen der Firma beladen worden. Als sie morgens zu lange ausblieben, schickte Oskar Kowald und Diller den Weg nach Grabow zurück. Sie brauchten nicht weit zu fahren. Am östlichen Ausgang von Ludwigslust waren Klars in einen Tieffliegerangriff geraten, aus dem Wagen gesprungen, etwas zurückgelaufen, um hinter einem Lastwagen Deckung zu finden, der hatte ausgerechnet Treibstoff geladen und stand sofort in Flammen. Frau Klar ebenfalls, er zerrte sie weg, versuchte das Feuer zu ersticken, sie lebte noch zwei Stunden im Krankenhaus, er lag dort ebenfalls, erheblich verletzt. Kowald fuhr zurück, Diller blieb beim DKW. Oskar nahm Dr. Zapel ins Krankenhaus mit, der entscheiden sollte, ob Paul Klar transportfähig sei. So gut es ging, trösteten sie ihn, aber eine Mitnahme ohne geeignete medizinische Versorgung konnte nicht verantwortet werden. Der DKW war noch fahrfähig. Diller brachte ihn zum Treck.

Der Tieffliegerangriff bei Ludwigslust hatte Oskar gewarnt. Die alliierten Flugzeuge griffen genauso brutal an wie die sowjetischen. Die Trecks verfolgten eine Route, die im Abstand von 20 bis 30 Kilometern fast parallel zur Elbe verlief. Am westlichen Elbufer standen bereits Amerikaner und Briten, Fliegeralarm ertönte erst, wenn sie schon wieder abflogen. Man wollte versuchen, weiter nach Norden zu kommen. Oskar musste nunmehr die Stecken nach der Karte aussuchen, weil er sich in der Gegend nicht auskannte. Als nächstes Ziel war der Wald hinter Hagenow vorgesehen, der über die Nebenstraßen der Orte Bresegard und Kuhstorf erreicht wurde. Da der »Sondereinsatz-Treck« schneller war, geleitete Oskar ihn bis nach Zarrentin, im Wald am Küchensee. Die Leute des Firmentrecks brauchten eine Verschnaufpause, zumal der Standplatz eine gute Deckung gab. Ein klarer Bach bot zudem Erfrischungsmöglichkeit, und so sollte die Reise erst am 29. April fortgesetzt werden. In Hagenow war außer einem Militärdepot eine Tankholzstation, denn insbesondere die Holzgasfahrzeuge benötigten dringend Tankholz. Am nächsten Tag wurde mit den beiden Lieferwagen alles erledigt, und Oskar fuhr abends zum Treck nach Zarrentin.

Den nächsten Ruhetag nutzten ich und meine Schulfreundin Annemarie Richarz, weil wir uns gern mochten, um ein bisschen spazieren zu gehen, doch ihre Mutter hatte ihr eingebleut, ja nicht den Sichtbereich des Trecks zu verlassen. Sie verbrachte die Zeit im Wagen neben Grete Rüthnick, der Frau des Bruders meiner Mutter, die an allem herumzumäkeln hatte. Mal ging es ihr nicht schnell genug, dann konnte sie bei den Nachtfahrten nicht schlafen und am Tage wegen der Helligkeit auch nicht, ohne warmes Essen bekäme sie Magenbeschwerden, nichts war ihr recht in dieser Ausnahmesituation. An allem sei nur Oskar Schuld. Auch unter ihrem Einfluss wollte Frau Richarz keinesfalls eine Liaison ihrer Tochter mit mir. Ihr Mann hatte in Berlin und Nauen etliche Mietshäuser sowie Äcker im Nauener Luch. Bei dem Besitz sollte Annemarie sich nicht mit den Broziats abgeben, die, wie verlautete, einen Neuanfang im Westen versuchen wollten.

Der »Sondereinsatz Reich«-Konvoi stand unter Zeitdruck. Oskar vereinbarte mit Dr. Weber, den Treck in der Nacht bis auf die Strecke hinter Bad Segeberg zu bringen, von wo aus die Fahrt nach Flensburg wegen geringerer Fliegergefahr, auch am Tage durchgeführt werden konnte. Über Ratzeburg und Reinfeld wurde bereits nachts um 3 Uhr Bad Segeberg erreicht, sodass die Kolonne im Schutz der Dunkelheit bis Plön weiterfahren konnte. Oskar hatte sich bei Dr. Weber und seinen Leuten verabschiedet und begleitet von Dankesworten fuhr er zurück, aber diesmal über Lübeck. Auf dem Hof der Norfa schlief er zwei Stunden, bis Sellschopp in seinen Betrieb ging und Oskar freundschaftlich begrüßte. Der sagte ihm, er sei mit seinem Treck auf der Anreise und bat um einen Platz, wo sie ein paar Tage rasten könnten. Hinter seinen Gebäuden hatte Sellschopp eine recht festgefahrene Wiese, die er anbot, was Oskar gern annahm. Nach einer Stunde Erzählens, wobei Sellschopp ihn drängte, sich mit dem Treck zu beeilen, denn die Engländer stünden kurz vor Hamburg, machte er sich auf den Weg nach Hagenow.

Am Abend starteten sie. Oskar hatte ein Waldstück bei Ratzeburg ausgekundschaftet, das war das Ziel. Doch die beiden Holzgas-Zugmaschinen machten Schwierigkeiten, zogen die Last nur im zweiten oder dritten Gang. Oskar dirigierte den Büssing, die Lieferwagen und Pkw bis zu der Waldstelle in Zarrentin, wo der »Sondereinsatz«-Konvoi gerastet hatte, schickte den Büssing den Zurückgebliebenen entgegen, und ließ einen nach dem anderen durch zusätzliches Ziehen schneller nach Zarrentin bringen. Das hatte Zeit gekostet, der Kräfteausfall war sicher durch zu feuchtes Tankholz aus Hagenow verursacht. Die Nächte waren inzwischen deutlich kürzer geworden, die feindlichen Flugeinsätze mit dem Vorrücken der Front stärker. Eine Weiterfahrt wäre zu risikovoll gewesen, so verblieb der Treck in Zarrentin. Aber am nächsten Tag würde zumindest Ratzeburg erreicht sein, das würde in die britische Zone kommen, wie sie durch Hermann Lüder erfahren hatten. Am Tag stieg schon früh die Sonne hoch, und Oskar ließ einen Teil des Tankholzes auf einer Lichtung ausbreiten und immer wieder wenden, damit es etwas trocknen konnte. In der Nacht schafften sie dann mit etwas verbesserter Motorenkraft die Strecke über Ratzeburg bis in ein Wäldchen hinter der Elbe-Lübeck-Kanalbrücke bei Berkentin, als mit der aufsteigenden Sonne auch die ersten Flugzeuge erschienen.

Nun war bereits der erste Mai angebrochen, der Firmentreck elf Tage unterwegs. Über Radio gab Dönitz bekannt, dass Hitler ihn testamentarisch zum Reichspräsidenten ernannt habe, bevor er im »heldenhaften Kampf um Berlin« gefallen sei. Später stellte sich auch dies als Lüge heraus. Hitler hatte in den letzten Tagen vor der Eroberung Berlins seine langjährige Freundin Eva Braun geehelicht und sich dann mit ihr am 30. April das Leben genommen, genau wie Göbbels mit seiner ganzen Familie. Doch mit dem Tod des Diktators war der Frieden nicht eingekehrt, noch wurde weiter gekämpft. Im Rundfunk war zu vernehmen, dass britische Truppen von Lauenburg aus an Hamburg vorbei nach Norden vorstießen. Es war also allerhöchste Zeit, Lübeck zu erreichen, um nicht in Kampfhandlungen zu geraten.

Der kleine Hanomag war das Sorgenkind geworden. Schlosser Richard Grüneberg setzte seinen ganzen Kenntnisse ein, um das Fahrzeug wieder leistungsfähig zu machen, baute Rohrleitungen vom Generator ab, um Verstopfungen zu beseitigen und reinigte die Ansaugkanäle. Es wurde ein wenig besser, die eigentliche Ursache lag jedoch scheinbar in korrodierten Ventilen, an die man in den wenigen verbleibenden Stunden nicht herankam. Sellschopp hatte Oskar eindringlich geraten, über die Reichsstraße 75 aus Richtung Hamburg nach Lübeck hereinzukommen, die direkt an seiner Fabrik vorbeiführte, denn überall an den Stadteingängen wären Panzersperren errichtet, die für die langen Lastzüge kaum passierbar seien. Die letzten englischen Nachrichten vom Abend besagten, deren Truppen seien bis nach Ahrensburg vorgestoßen. Eile war geboten, es waren ja auch nur noch 30 Kilometer zurückzulegen, allerdings zu zwei Dritteln über Nebenstraßen, . Die Nachtfahrt begann, langsam wurde über Siebenbäumen und Groß Wesenberg die Reichsstraße 75 erreicht. Der Morgen kündigte sich an. Oskar teilte den Treck. Der Büssing blieb zur Sicherheit hinter dem kleinen Hanomag, mit den anderen fuhr er die letzten 10 Kilometer voraus. Sellschopp war bereits aufgestanden, wies den Fahrern die Standplätze an, mahnte zur Eile, die Engländer seien bereits in Bad Oldesloe. Oskar fuhr den Zurückgebliebenen entgegen. Der kleine Hanomag zog kaum noch. Der Büssing wurde vorbeidirigiert, die kranke Zugmaschine mit seinem letzten Anhänger verbunden, und im ersten Gang zog dieser nun die vielen Wagen. Mit letzter Kraft schaffte er die Steigung bei Hansfelde, voller Angst wurden immer wieder die Flugzeuge beobachtet, dann endlich kam die Norfa in Sicht. Der große Hanomag übernahm auf dem Fabrikhof die Anhänger des defekten Fahrzeugs und zog sie auf die Wiese. Kaum waren sie vor Ort, kam auch schon Sellschopp angelaufen und forderte alle auf, in die Keller zu kommen, die Anweisung sei eben übers Radio durchgegeben worden.

Soweit es ging, hatten die Fahrer die Fahrzeuge verschlossen, und alle harrten in den geräumigen Kellern der Dinge, die da kommen sollten. Die Gebäude, die nun der Reifenreparatur dienten, gehörten früher einmal einer Brauerei, die natürlich über entsprechende Keller verfügte. Das Geräusch schwerer Motoren und Kettenfahrzeuge ließ die Wände vibrieren, Schüsse aus Panzerkanonen und das Rattern ihrer MGs ertönten, was aber schnell wieder abebbte. Die Wenigen, die

Lübeck verteidigen wollten, hatten ganz schnell aufgegeben. Als Ruhe einkehrte, versuchte Sellschopp eine Außentür ein wenig zu öffnen. Sie wurde aufgestoßen, britische Soldaten standen vor ihm, er hob die Hände. Ihre kurzen Fragen beantwortete er in fließendem Englisch. Sie riefen einen Offizier herbei, der ihn über die im Haus Anwesenden ausfragte und dabei freundlicher wurde. Sellschopp sagte ihm, dass sich alle erleichtert und befreit fühlen und bat ihn ins Büro. Er lehnte ab, würde jedoch wiederkommen, wenn die Stadt völlig besetzt sei. Den Anordnungen seiner Soldaten müsse strikt Folge geleistet werden. Eine Gruppe blieb auf dem Hof, der Offizier fuhr mit seiner Truppe in Richtung Stadt. Die Soldaten verlangten die sofortige Abgabe aller Waffen und Munition auf einem freien Platz vor dem Gebäude, den zwei Leute mit Maschinenpistolen sicherten. Andere Bewaffnete beobachteten das Gebäude, schussbereit für den Fall verdächtiger Aktionen. Einige gingen mit zum Treck, von wo Oskar und seine Leute ihre Waffen holten. Sellschopp als auch er hatten alle eindringlich zur Abgabe aufgefordert, die Besatzungstruppen würden sonst schnell und hart durchgreifen. Den Sowjets waren sie entronnen, ebenfalls den Nazis, was aber sollte in diesem zerstörten Staat aus ihrer Zukunft werden?

Zuerst galt es, Ruhe zu finden. Else waren vielleicht fünf Stunden Schlaf pro Tag, Oskar noch wesentlich weniger geblieben. Sie gingen zum Wohnwagen, dessen hinteres Abteil sie belegt hatten, Günter und ich schliefen im mittleren Teil, der als Essraum und Büro diente, und das abgegrenzte Vorderteil benutzten die beiden Mütter meiner Eltern, Gerda, Lenchen und deren Schwiegertochter. Sie hatten um Ruhe gebeten. Nach etlichen Stunden Schlaf und etwas Essen setzten sich die Eltern mit den beiden Söhne zur Beratung zusammen. Ein Konsens oder irgendeine innere Leitlinie sollte gefunden werden, nach der man sich richten konnte. Mutti unterbrach das Sinnieren, begann mit langsamen Worten: »Wir haben jetzt das Jahr 1945. Vor siebenundfünfzig Jahren wurde Julius mit der rätselhaften Aufforderung in die Welt geschickt:

›*Wandere! Schaffe ein Gebilde,*
das fordert und gibt,
das führt und geführt sein will,
das lebt, ohne Wesen zu sein,
das dir die Fülle des Lebens spiegelt!‹

Einundvierzig Jahre ist es her, seit deine Mutter durch die dramatische Situation, die dein Vater heraufbeschwor, die Auflösung des Rätsels in dem Begriff ›Firma‹ fand. Sind wir nicht wieder an zwölf Tagen in eine neue Gegend gewandert? Wie die Umstände jetzt auch sein mögen, das Gebilde Firma lebt doch noch, es hat uns nur eine neue Form des Lebens gespiegelt, nämlich die Form der Flucht in die hoffentlich menschliche Freiheit einer Demokratie. Wir müssen uns nur so bald als möglich aufmachen, dem Gebilde eine neue Heimat zu suchen, dann wird es auch bereit sein, uns zu geben, was wir benötigen. Wir müssen jetzt mit Initiative dafür einen neuen Anfang finden oder es dahinführen, dann wird das Gebilde, beziehungsweise die Firma uns auch wieder zu neuen Ufern des Lebens führen!« – »Oh, Else!«, sagte Papa und drückte herzlich seine Hände auf ihre, die sie bei den überlegten Sätzen auf den Tisch gelegt hatte, »wie hast du mir wieder Mut gegeben! Die alten Leitsätze wusstest du im richtigen Augenblick zu sagen. Jetzt weiß ich wieder weiter, wenn wir vier ganz fest zusammenhalten!« Sie gaben sich die Hände, schauten einander in die Augen: Der Bund der Familie blieb die Basis für die Zukunft.

Oskar und Else gingen nach vorn zu den Sellschopps. Überall hingen Plakate mit Anweisungen an die Bevölkerung. Ausgehverbot, Öffnungszeiten der Lebensmittelläden, Fabrikschließungen bis auf Weiteres, Plünderungsverbot, Beibehaltung der Lebensmittelmarken, Meldepflicht der Soldaten, Waffenablieferung, Versammlungsverbot von mehr als fünf Personen und vieles mehr. Die Sellschopps waren freundlich, boten ihnen Tee an, wussten, es würde um Zukunftsfragen gehen. Strom- und Wasserversorgung und Toiletten waren das Vordringlichste. Strom und Wasser konnten von dem an die Wiese angrenzenden Gebäude gelegt werden. Für Toiletten seien Gruben auszuschachten und aus vorhandenen Brettern Häuschen zu zimmern, die darunter befindlichen Gruben vor der Räumung sorgfältig zu leeren. Das Kampieren in den Möbelwagen und Fahrzeugen ginge nur für kurze Zeit, deshalb müsse man Ausschau halten, wo die Flüchtlinge untergebracht werden könnten. Die Gebäude der Norfa jedenfalls seien voll besetzt, denn das am 28. April 1942 zerbombte Lübeck mit seinen hundertzwanzigtausend Einwohnern habe nun, bedingt durch die vielen Ostflüchtlinge, bereits zweihundertvierzigtausend.

Oskar bekundete seine Absicht, sobald es die Verhältnisse zulassen würden, nach Hannover oder Melle bei Osnabrück weiterzuziehen.

Die Bereitschaft von Firmen, ihn aufzunehmen und eine Basis für den Neuaufbau zu geben, hatte er noch von Nauen aus erkundet. In einem Brief von Lübeck werde die neue Adresse mitgeteilt, vielleicht würde ja Post befördert werden. Etliche Leute möchten sicher nach Nauen zurückgehen, andere, die nicht zur Firma gehörten, mit ihren Familien vorerst in Lübeck bleiben. Schön wäre es, wenn man den Treck von den letzten beiden Personenkreisen befreien würde.

Sellschopp hatte am Vormittag bereits englischen Besuch gehabt. Der Offizier, ihm beim Einmarsch bekannt geworden, brachte einen zweiten mit, er selbst fuhr weiter. Dieser Major suchte gewandte Deutsche als Dolmetscher mit einwandfreier Vergangenheit und verlangte darüber Auskunft von Sellschopp. Der gab zu, Parteimitglied ohne Rang und Würden gewesen zu sein, das allerdings nur, um den Betrieb ohne Schwierigkeiten führen zu können, er gab die beschäftigten Fremdarbeiter und Kriegsgefangenen an, die sicher für eine gute Behandlung aussagen würden und beantwortete die sonstigen Fragen über Familie und Belegschaft. Der Major war Jude und erkundete nun das Wissen seines Gesprächpartners über die Konzentrationslager plötzlich in fließendem Deutsch. Sellschopp konnte wahrheitsgemäß angeben, seine Informationen gingen nur soweit, dass er von diesen Lagern gehört hatte, aber keinesfalls von den Mordanstalten, die diese darstellten, wie es jetzt aus Radiomeldungen verlautete. Da er alle Fangfragen dem geschulten Offizier, getreulich beantworten konnte, war dieser mit der Bemerkung freundlicher geworden, er werde sich bald melden, sie würden ihn bei bestimmten Organisations- und Wirtschaftsfragen um Rat bitten.

24. Kapitel

Schon bei der ersten Einladung ging es Frau Sellschopp nicht gut, tiefer Husten und etwas erhöhte Temperatur plagten sie. Oskar fragte, ob er Dr. Zapel holen solle, sie bejahte. Von seiner charmanten, vertrauen erweckenden Art waren die Sellschopps sofort angetan. Er diagnostizierte eine leichte Lungenentzündung, spritzte ein Gegenmittel und sagte, er werde sich um sie kümmern. Oskar freute sich, mit einer kleinen Gegenleistung aufwarten zu können, denn Sellschopp bildete für die nächste Zeit den Halt, um wieder Boden unter die Füße zu bekommen. Schon am gleichen Abend warnte er vor ehemaligen Kriegsgefangenen. Die hatten bei der Befreiung von den Engländern Khakiuniformen bekommen und nutzten diese jetzt, um sich als Briten auszugeben und würden als vermeintlich englische Soldaten Lkws und Pkws mit Waffengewalt »beschlagnahmen«, also stehlen. Außerdem war Sellschopp der Gedanke gekommen, die in der Nähe befindlichen Baracken der Flakstellung für die Broziat'schen Flüchtlinge von den Briten freigestellt zu bekommen. Er würde versuchen, den Major zu erreichen. Schließlich müsse man beweglich werden und Fahrfreigaben für Oskars Fahrzeuge erhalten, er sprühte nur so vor Ideen. Else, Oskar und Dr. Zapel gingen etwas erleichtert zurück. Er bat die beiden noch um ein vertrauliches Gespräch, in dem er ihnen beichtete, dass er in den letzten Jahren der ständige Arzt von Minister Robert Ley war und deshalb möglichst lange beim Treck bleiben möchte, bis mehr Klarheit über das Verhalten der Sieger vorlag. Oskar sagte zu.

Der britische Major hatte Friedrich-Wilhelm Sellschopp seine Telefonnummer dagelassen, was dieser als einen Vertrauensvorschuss interpretierte. Vielmals versuchte er ihn am nächsten Vormittag zu erreichen, bis er endlich Glück hatte und den Major um ein Gespräch bat. Das passt gut, bekam er zur Antwort, sie hätten Organisationsprobleme im Verkehrsbereich zu lösen, da könne er helfen. Ob er vielleicht einen Fachmann mitbringen könnte? Die Frage wurde bejaht, wenn der kein Nazi sei. Oskar fuhr mit, die Auskünfte über seine Vergangenheit befriedigten den Major, sie nahmen an der Besprechung eines größeren Gremiums teil, wo man einige Vorschläge von Sellschopp und Oskar akzeptierte. Den Major erfreute ihre Mitarbeit, er wollte nun ihre Wünsche wissen. Sellschopp hatte eine kleine Liste für seinen Betrieb und Oskars Treck zusammengestellt, der Major sandte einen entscheidungsbefugten Untergebenen mit, der unter anderem den Treckmitgliedern die Baracken zuwies, eine Fahrgenehmigung für einen Fiat auf Oskars Namen und eine für den BMW auf Sellschopps Namen ausstellte, da dessen Pkw im Krieg eingezogen worden war. Vier Fünftel der Treckmitglieder bekamen damit eine menschenwürdigere Unterkunft, gewisse Verbindungen zur Besatzungsmacht waren angebahnt und man war durch die Fahrgenehmigungen handlungsfähiger geworden.

Die Registrierung auf dem Einwohnermeldeamt erfolgte, um Lebensmittelmarken zu bekommen, Fragebögen über die Vergangenheit mussten ausgefüllt werden. Was konnte man tun, um frei zu bleiben? Ich hatte auf dem Führerschein mein Alter um ein Jahr verjüngt, um meinen Wehrdienst nicht angeben und in Gefangenschaft gehen zu müssen. Das sollte aber auch mit den Angaben der Familie übereinstimmen. Dr. Zapel wies seine Verbindung zu einer Parteigröße nicht aus und noch mehr hatten die Einheimischen aufzupassen, deren Akten bei den Behörden vorlagen. Andererseits besaßen die Besatzer keineswegs genügend Personal zur Kontrolle, zudem plagten sie auch andere Sorgen. So zum Beispiel die Übergriffe der ehemaligen Kriegsgefangenen, derer sie kaum Herr werden konnten, weil sie doch als Verbündete galten.

Als die Fahrzeugdiebstähle bekannt wurden, war ich mit Papas Genehmigung und der Hilfe von Schlosser Grüneberg sofort zur Tat geschritten. Von Hermann Lüder hatte ich mitbekommen, dass mit Zucker versetztes Benzin schnell die Vergaserdüsen verstopft. Sie vermischten ein paar Liter Benzin mit Zucker und füllten die Flüssigkeit in alle Vergaser. Beim Büssing wurden in den Vorfilter und die Einspritzpumpe Luft eingegeben und bei den Holzgasern Wasser in die Brennkammern geschüttet. Die ehemaligen Gefangenen kamen tatsächlich, verlangten mit drohender Waffe die Fahrzeugschlüssel. Als Erstes fuhr der Borgward vom Hof, die andere Gruppe wählte den BMW, weil der neben dem Holzkohlegenerator auch mit Benzin zu fahren war. Der Borgward stand schon nach 300 Metern am Straßenrand, die anderen fuhren winkend vorbei und blieben dann 150 Meter danach stehen. Wutentbrannt kamen sie zurück, bedrohten die Leute vom Treck. Robert Fendler kam auf die Idee ihnen zu sagen, dass sie an der letzten Tankstelle Benzin mit Wasser vermischt bekommen hätten und die Fahrzeuge immer wieder schleppen mussten. Verärgert warfen die »Ehemaligen« die Autoschlüssel in den Teich, der an die Wiese grenzte, und verschwanden. Die Mitarbeiter schoben die Autos, die erfreulicherweise nicht abgeschlossen waren, wieder zurück. Als die nächsten kamen, erzählte man ihnen sofort die Wassergeschichte, sie mögen doch die Kollegen befragen. Sie versuchten sich am Büssing, bis dessen Batterien leer gestartet waren und an den Holzgasern, deren Holz sie nicht anfachen konnten. Unter Drohungen gingen sie fort. Sellschopp unterrichtete den Major. Der meinte, es seien viele solche Übergriffe erfolgt, doch sie würden das Problem bald in den Griff bekommen. Zur Nacht werde er Streifen der Militärpolizei sporadisch vorbeisenden. Tatsächlich kamen sie nicht wieder. Der Fiat und BMW wurden fahrfertig gemacht, als man nach vielem Tauchen die Schlüssel des Letzteren gefunden hatte.

Am 9. Mai ging die Sonne strahlend für Sieger und Besiegte auf. Das Radio und eine Sonderzeitung verkündeten die bedingungslose Kapitulation der Deutschen und die harten Bedingungen, unter denen sie zukünftig zu leben hätten. Jegliche Rationierung würde verbleiben, Reparationen größten Ausmaßes seien zu leisten, die Besatzungen blieben auf unbefristete Zeit, Ausgangs- und Versammlungsverbot und nur eine begrenzte Bewegungsfreiheit bestünden weiter, die Produktion von Gütern des täglichen Bedarfs werde auf das Nötigste beschränkt, andere Anordnungen würden folgen.

Damit war auch der Tag angebrochen, an dem die Mitarbeiter von Oskar Entscheidungen verlangten. Er stand umringt von seinen Leuten, der Familie und Dr. Zapel. In diesen denkwürdigen Minuten kamen ganz klar seine Aussagen: »Meine Familie und ich sind nicht bereit, unter sowjetischer Herrschaft zu leben, denn das wäre ähnlich der vorherigen. Nauen: Alles was da unser ist, habe ich abgeschrieben. Sollten wir davon wieder etwas zurückerhalten, werden wir es als Gewinn verbuchen. Es ist jedem freigestellt, nach Nauen zurückzugehen oder in unserer Firma zu verbleiben. Wir werden wieder Boden unter die Füße bekommen. Wo, weiß ich noch nicht. Wir sind gemeinsam gut genug, um Arbeit und Auskommen zu finden!« Dr. Zapel klatschte, nur wenige fielen mit ein. Er allein hatte wohl begriffen, welcher Mut hinter diesen Worten steckte. Einige aus dem Kreis waren scheinbar vorher zusammengekommen und ihr Wortführer meinte zu Oskar: »Es ist aber so, dass Sie uns hierher gebracht haben, also haben Sie auch die Pflicht, uns zurückzubringen!« – »Schade, dass ich Sie überhaupt mitgenommen habe«, antwortete Oskar. »Sie kennen genauso wie ich die Bilder von hingemetzelten Frauen und Kindern. Dafür, dass ich Sie und Ihre Familien aus der Gefahrenzone gebracht habe, wollen Sie mich hier anklagen! Schämen Sie sich nicht?« – »Nein!«, sagte der Sprecher. »Chef, ich und meine Familie bleiben bei Ihnen!« rief Menzfeld. »Wir auch!«, folgten Fendler, Grüneberg und Mitrenga nach. Die allein stehenden Boas, Herzog und Polte hoben die Hand als Zeichen dafür, sie stünden zur Firma. »Haut bloß ab, die Russen werden euch mit offenen Armen empfangen!«, rief Fendler, der von der Oder geflüchtet war und direkt von Bekannten um die Gräuel der roten Armee wusste. Kowald trat zu Oskar: »Herr Broziat, Sie waren ein guter Chef. Sie haben für uns Übermenschliches geleistet, ich danke Ihnen. Sie werden verstehen, dass ich meine Familie suchen muss, ich wünsche Ihnen alles Gute!« Oskar umarmte ihn. »Auch ich will Ihnen danken, leben Sie wohl!« Stillschweigend waren die Opportunisten gegangen. Oskar, bestimmten Gesten sehr zugetan, forderte alle im Kreis stehenden auf, sich die Hände zu reichen. »Wir wollen uns fest versprechen, zusammenzuhalten, dann werden wir auch die Zukunft meistern!« Alle nickten Zustimmung, und Dr. Zapel sagte, er fühle sich mit einbezogen und spreche seinen tiefen Dank für die aufopferungsvolle und weise Führung bis hierher an Oskar aus. Die Würfel waren gefallen, der Kreis klein geworden, aber er war mit Menschen durchsetzt, die die Ärmel hochkrempeln wollten, um recht zupacken zu können, die den Mut besaßen, durch die düstere Zukunft ans Licht zu gelangen.

Sellschopp war für die Heimatlosen der beste Informant. Er kannte die Lübecker Verhältnisse, hatte Branchenbücher der Stadt und des Umkreises, inzwischen auch gute Verbindung zur Besatzungsmacht, die er, hin und wieder auch mit Oskars Hilfe, bei Organisationsfragen beriet, und zu den neu eingesetzten Behörden ebenfalls. Er war jetzt, auch von seiner Mentalität her, ein »Hans Dampf in allen Gassen« geworden. Oskar hatte inzwischen die Unterbringung derer geregelt, die er noch umsorgte. Seine Mutter lebte vorerst mit Gerda, Lenchen, ihrer Schwiegertochter und Walter in drei Räumen der Baracken, Frau Richarz, Annemarie und Grete Rüthnick hatten zwei Stuben und teilten sich mit den Ersteren Küche und Toilette. Weiterhin waren in dem Komplex untergebracht: Mitrengas mit Opa Herzog, Grünebergs, Boas und Polte. Die Familien Menzfeld und Fendler blieben in den beiden Möbelwagen, die sie in Räume unterteilt und so mit Fenstern versehen hatten, dass eine Reparatur leicht möglich war. Mutti, Papa und Günter bewohnten den großen Wohnwagen, Dr. Zapel und ich den kleinen. Wir beide harmonierten gut, mit seiner Hilfe war mein Oberschenkel auch wieder einigermaßen geheilt. Weil sie einen Wagen benutzten, sagten sie »Schlief« zueinander. Zapel hatte ein Kosewort von Mutti aufgegriffen und nannte Papa hin und wieder »Päpperchen«. Friede und Ruhe zog ein, Schlosser Grüneberg, die Fahrer und ich machten uns in den nächsten Tagen an die Reparatur und Pflege der Fahrzeuge. Von Nauen waren Werkzeuge und die wichtigsten Verschleißteile mitgenommen worden. Das Wetter blieb trocken und beständig. Trotz der schwierigen Situation entstand eine gewisse Entspannung, die wohl ihren Ursprung in den überstandenen Gefahren hatte.

Nur mein Vater blieb rastlos. Mit Mutti studierte er die Branchenbücher, um festzustellen, mit wem eine Kontaktaufnahme versucht werden könne. Sellschopp führte ihn bei der Handelsbank in Lübeck, Zweigstelle Moislinger Allee, ein, die seine Nauener Firma von Bankverbindungen her kannte. Die Fahrbereitschaft bestand unter neuer Besetzung weiter. Oskar verhandelte mit dem Fahrbereitschaftsleiter Kahns, einem reinen Beamten, wegen Fuhraufträgen. »Das tut mir leid, Sie sind nicht der Erste«, sagte er. »Wir haben unsere Richtlinien, Sie dürfen hier nicht tätig werden, neue Gewerbeanmeldungen werden nicht gestattet und ohne Eintragung ist Ihnen jede Möglichkeit genommen, Dienstleistungen oder Handel gegen Berechnung vorzunehmen. Das sollte Ihnen als Kaufmann und ehemaliger Dienststellenleiter bekannt sein!« – »Wovon sollen wir dann leben?« – »Da müssen Sie sich eben um eine Anstellung bemühen, Ihre Fahrzeuge können Sie sicher verkaufen, dabei würden wir Ihnen behilflich sein!« Betrübt kam Oskar mit dieser Nachricht zur Familie zurück. Die Lübecker Firmen wollten keine Konkurrenz hochkommen lassen, so war ihnen dieser Passus der Besatzer sehr recht. Nun hatte er seinen Mitarbeitern große Versprechungen gemacht und stand mit leeren Händen da. Sicher blieb noch die Vermietung der Fahrzeuge, um unter fremdem Namen zu arbeiten, aber dafür hatte er doch nicht die fast fünfzigjährige Firma vor der Vernichtung bewahrt!

Müde und enttäuscht gingen sie nach dem kargen Abendbrot ins Bett, beteten wie üblich gemeinsam, baten den Herrn um Hilfe. Schlaf konnte Oskar vermeintlich nicht finden und doch musste er hinweggedämmert sein. Das graublau eingefasste Gesetzbuch für den Güterfernverkehr, das er so oft studiert hatte, stand ihm vor Augen, ließ ihn aufwachen. Leise verließ er das Bett, schloss die Verbindungstür und suchte im Hauptraum das Buch, las im trüben Licht die Genehmigungsparagraphen. Da stand es, was er benötigte: Der Inhaber einer Reichsgenehmigung für den Güterfernverkehr ist berechtigt, den Standort seines Betriebes oder seines Filialbetriebes im Reichsgebiet frei zu bestimmen. Drei Konzessionen besaß er und eine Möbelfernverkehrskonzession. Reichsgesetze, die mit dem Nationalsozialismus nichts zu tun hätten, bestünden weiter, war angeordnet worden und das Güterkraftverkehrsgesetz stammte aus den zwanziger Jahren. Er weckte Else. Müde rieb sie sich die Augen. »Schau mal, was ich gefunden habe!« Sie las, ließ sich den Sachverhalt erklären und küsste ihn. »Schlaf' jetzt, bei Kahns musst du morgen einen klaren Kopf haben!«

Um 8 Uhr stand Oskar vor der Fahrbereitschaft und bat um ein Gespräch. »Na, Sie sind ja schon wieder da, wollen Sie noch nicht aufgeben?«, fragte Kahns. »Nein, ich bitte Sie den Gesetzestext über den Güterfernverkehr zu lesen, den ich hier angestrichen habe, denn als Gesetz ohne Anlehnung an den Nationalsozialismus hat es seine Gültigkeit behalten, und so melde ich hiermit Lübeck als den Standort meiner Firma an!« Kahns las und blickte auf. »Alle Achtung, Herr Broziat, Sie haben recht, ich werde Ihnen die Betriebserlaubnis erteilen. Aber glauben Sie nun nicht, wir hätten sofort Aufträge zur Verfügung, andere Unternehmer warten auch darauf!« – »Wenn jemand von uns Fahrten durchgeführt haben will, kann ich mich dann melden?« – »Ja, das können Sie.« Kahns blieb distanziert, er empfand das eben Geschehene als Niederlage, zumal er anderen Güterfernverkehrsunternehmern, die geflüchtet waren, die Betriebserlaubnis nun nicht mehr versagen durfte. Sellschopp war mit einem Händler für Landesprodukte befreundet. Der sollte Stroh in die Gefangenenlager liefern, doch zögerten die Lübecker Fuhrleute mit der Transportübernahme, weil dafür die schlechtesten Tarife galten. Oskar ließ sich davon nicht schrecken, übernahm alles, was er bekommen konnte. Der Durchbruch zu laufender Arbeit war geschafft.

Am 22. Mai kam Annemarie zu mir, um sich zu verabschieden. Ihre Mutter hatte einen Zug erkundet, der sie nach Nauen bringen würde. Wir gingen ein Stück spazieren, küssten uns hin und wieder. Die Mutter rief von Weitem, war uns nachgelaufen und schimpfte, Annemarie solle endlich nach Hause kommen, morgen gehe es früh los. Ich gab ihr die Hand, fragte, ob sie sich nicht bei meinen Eltern verabschieden wolle. Es reiche, wenn ich Grüße bestelle, war die Antwort. Ich ging, enttäuscht, dass der Mühe meiner Eltern so gedankt wurde. Mutti sagte mir: »Lass nur, es ist besser so!« Ein paar Tage vorher hatte sich Hermann Dombrowski, ein früherer Sportkamerad von Oskar, eingefunden. Er hatte den ersten Besetzungstag in Nauen noch mitgemacht, konnte dann aber flüchten. Die Erlebnisse von Vergewaltigungen, Erschießungen und den Schreien misshandelter Menschen traten bei seinen Erzählungen immer wieder als Angst in seine Augen. Er wusste auch, dass der Kreisleiter seine Frau und seine Kinder in den Keller ihres Hauses in Finkenkrug geschickt hatte, um sie dann mit einem hinterhergeworfenen Sprengsatz zu töten. So hatte also dieser Naziverbrecher seine Mordtat am eigenen Fleisch und Blut gerade hinter sich gehabt, als er meinen Vater bei Segeletz verfolgte. Dombrowski wollte etwas Geld verdienen, um in zehn Tagen nach Bremen zu trampen, dort lebten Verwandte. Er fungierte die Zeit als Beifahrer, um sich dann dankbar auf den Weg zu machen.

Beim Durchblättern des Telefonbuchs fiel Papa der Name Possehl in die Augen. Warum er daran bisher nicht gedacht hatte, verstand er selbst kaum. Sicher wohl, weil eine langjährige Geschäftsverbindung mit Possehl in Berlin bestand, doch hier, in Lübeck, saß ja die Muttergesellschaft. Sein Bruder Walter war längere Zeit dort in Berlin tätig gewesen. Oskar fuhr zu der Firma, befragte mehrere Herren, bis er schließlich zu Direktor Vieth vorgelassen wurde. Während Oskar die Situation der Firma schilderte, ließ Vieth sich Berliner Unterlagen kommen, fand die frühere Geschäftsverbindung bestätigt und wurde zugänglicher. Oskar hatte von der Conti in Hannover die Antwort auf sein Schreiben erhalten, er sei dort willkommen. So sagte er Herrn Vieth, dass er baldmöglichst nach Hannover weitertrecken möchte, nur müsse er dafür noch alle Genehmigungen der Briten haben. Vielleicht hätte jedoch die Firma Possehl bis zum Abrücken Transportaufträge für ihn. Der Direktor schaute in seinen Kalender. »Kommen Sie doch bitte übermorgen um 10 Uhr zu mir ins Büro, ich werde mir etwas überlegen.«

Oskar war pünktlich und fand sich den Direktoren Vieth und von der Lippe gegenüber. Herr Vieth begann: »Warum wollen Sie nach Hannover? Wir brauchen auch hier tüchtige Leute. Herr von der Lippe und ich haben uns Folgendes überlegt: In Lübeck-Vorwerk hat unsere Firma das Restgrundstück vom früheren Gut Vorwerk. Eine Scheune ist mit Luftschutzgeräten belegt, die andere angefüllt mit defekten Militärfahrzeugen, die obendrein verrückte Engländer mit Handgranaten völlig zerstört haben, nur so zum Spaß. Man sollte mit den Briten verhandeln, ob sie die beschlagnahmte Scheune freigeben. Im hinteren Wohnhaus wären vielleicht zwei bis drei Räume, in denen Sie unterkommen könnten. Mit einigen Fuhraufträgen von uns würden Sie auch rechnen dürfen. Wir müssen natürlich mit dem zuständigen Offizier, den ich kenne, zuerst verhandeln. Mir waren im Krieg als Major die Standortfahrzeuge unterstellt, daher kenne ich die Situation. Was meinen Sie dazu?« Herr von der Lippe wartete die Antwort nicht ab. »Wissen Sie, Herr Broziat, wir sind Wirtschaftler und brauchen, bei allem, was von den Siegermächten auf uns zukommt, Leute mit Unternehmungsgeist, die auch bereit sind, mit schlechten, schwierigen Situationen fertig zu werden. Wir haben den Eindruck, dass Sie zu diesen gehören und werden Sie durch einen geeigneten Mietvertrag und vielleicht auch anderes unterstützen!« – »Meine Herren, gern würde ich mich vorher mit meiner Frau absprechen, wie wir es immer tun, dennoch nehmen Sie bitte mit neunzigprozentiger Sicherheit vorweg, wir werden bleiben und unsere ganze Kraft für diese Stadt einsetzen!« Mit festem Druck gaben sie sich die Hände. »Warten Sie noch, ich versuche mit dem Engländer einen Termin vor Ort zu vereinbaren.« Den erreichte er für Freitag, den 1. Juni.

Meine Eltern fuhren noch am gleichen Tag zu dem beschriebenen Grundstück. Zwei englische Soldaten liefen dort zur Bewachung umher, sie mussten deshalb auf der Straße bleiben. Aber es gefiel ihnen sofort. Am Ende einer 150 Meter langen Lindenallee stand das rot geklinkerte

Ansicht vom Grundstück Lübeck-Vorwerk 1948

Gutshaus, 30 Meter von der Straße entfernt, links und rechts, parallel zu den Linden, die beiden großen Scheunen. »Oskar, wenn das klappt, hätten wir eine wirkliche neue Heimat, wir wollen alles daran setzen, das zu erreichen!« – »Wir werden es schaffen!«

Am Freitag besichtigten der Colonel, Direktor Vieth und Oskar die Scheune. Sie hatte zwei Durchfahrten mit je zwei Toren, im nordöstlichen Teil Stallungen und Kornkammern. Der große Raum war angefüllt mit zerfetzten Fahrzeugen, die zudem noch 50 Zentimeter tiefer lagen als die Durchfahrten. Das Gelände dazwischen war um so viel abgesenkt, damit vormals mehr Stroh gelagert werden konnte. »Na, was meinen Sie, Herr Broziat?«, fragte Direktor Vieth. »Ich würde gern zusagen!« Er übersetzte das dem Colonel, der mit seiner Reitgerte immer wieder an die Hosen schlug. »Ich wette gern«, antwortete er, »wette also, dass er es nicht schafft, die Halle bis Montagabend zu räumen und die Autos zur Sammelstelle am Hafen zu bringen. Sonntag ist Fahrverbot!« – »Ich halte dagegen!«, antwortete Oskar nach der Übersetzung. »Wenn Sie gewinnen, ist die Halle frei, verlieren Sie, müssen Sie lange warten!«, sagte der Colonel und ließ sich davonfahren. Vieth sah Oskar an: »Das schaffen Sie doch nicht!« – »Der Tag hat vierundzwanzig Stunden!«, sagte Oskar und fuhr ihn zum Büro.

Der Tag hatte natürlich nicht vierundzwanzig Arbeitsstunden, denn in der Scheune gab es wohl Strom, aber keine Beleuchtung. Die Verhandlungspartner wussten allerdings auch nicht, dass die Hanomag-Zugmaschine eine Motorseilwinde besaß und der Büssing einen Kranaufbau, auch wenn dessen Winden von Hand zu kurbeln waren. Am Freitagnachmittag wurden alle Vorbereitungen getroffen, die Mitarbeiter instruiert, dass der Einsatz bis Montagabend hart werden würde. Sonnabend früh um sechs standen sie mit drei Zugmaschinen und vier Anhängern auf dem Gutshof. Mit der Seilwinde zog der große Hanomag die Autowracks jeweils an einen Durchfahrtsweg der Scheune, mit dem Büssing-Kran wurden sie hochgekurbelt und auf die Anhänger verladen, und ich und Fendler fuhren jeweils zwei Anhänger mit dem kleinen Hanomag zum Sammelplatz am Hafen. Dort hakten wir lange Seile in die Wracks und zogen diese mit der Zugmaschine von den Anhängern. Am Abend waren zwölf Touren geschafft, die Hälfte der Aufgabe erledigt. Montags begannen wir noch eine Stunde früher, die eingespielte Arbeit lief schneller von der Hand und als der Colonel am Spätnachmittag nach dem Ergebnis seiner Wette schauen wollte, wurden die letzten Wracks gerade verladen. Grinsend sagte er: »Dammed Germans, you won!« und klopfte Oskar auf die Schulter.

Hinter der Scheune standen noch zwei äußerlich intakte, große amerikanische Personenwagen, die scheinbar nur Motordefekte hatten. Papa und ich deckten diese mit Planen ab, denn repariert stellten die Autos einen großen Wert dar. Als wir am nächsten Morgen aufs Grundstück kamen und ich die Wagen in die Halle ziehen wollte, lagen die Planen beiseite, alle Scheiben und Armaturen der Fahrzeuge waren eingeschlagen und die Sitze aufgeschlitzt. Mitrenga war als letzter von Vorwerk weggefahren und reichlich spät bei der Norfa eingetroffen. Er musste das gewesen sein, es passte auch zu seiner kommunistischen Einstellung, aber ihm war nichts zu beweisen. Er war beleidigt, verdächtigt zu werden.

25. Kapitel

Oskar fragte Sellschopp, wie weit die ihm im März zur Reparatur übergebenen hundertsiebenundzwanzig Reifen seien. Sellschopp zeigte ihm eine Beschlagnahmeverfügung der Engländer für seine gesamten Bestände, damit auch für die Broziat'schen. Oskar glaubte ihm nicht, er hatte doch oft genug die Auslieferung von Reifen erlebt. Die erfolge nur gegen Bezugsschein, sagte Sellschopp, das Einzige, was er tun könne, sei die Bezahlung des Wertes der Altreifen, doch da seien seine Gegenrechnungen an Platzgebühren für die Fahrzeuge auf seiner Wiese. Oskar war wütend. Niemand hatte die Reifenbestände der Norfa gezählt. Sicher hatte er gegen Bezugsscheine Reifen auszuliefern, aber nach Feierabend waren oft genug Wagen mit Leuten gekommen, denen Sellschopp persönlich Pneus herausgab, und bestimmt nicht gegen Bezugsschein. Jahrelang war Oskar von Nauen aus großzügig gegen Sellschopp gewesen, was nutzten ihm wertlose Reichsmark, wo Reifen wertvollste Tauschartikel für lebenswichtige Waren darstellten. Er bat um eine Teillieferung, Sellschopp zeigte sich hart. So war auch diese Reserve verloren, es blieben einzig und allein die ausgelagerten Kisten in Kalbe an der Milde.

Überhaupt hatte Sellschopp sein Verhalten geändert, seit er um die Verhandlungen mit Possehl wusste. Zuerst versuchte er, Oskar ein Grundstücksteil gegen Hypotheken zu verkaufen, sagte ihm, dann hätte er doch etwas Eigenes, statt eines Mietobjekts. Dann hatte Sellschopp einen Zusammenstoß mit mir. Als ich ihn mit dem BMW zu einem Kunden fuhr, Dr. Zapel saß zufällig mit im Auto, sagte er plötzlich zu mir: »So, halte an, jetzt fahre ich den Wagen!« Ich fuhr erst einmal weiter und antwortete: »Mein Vater hat mir den Auftrag gegeben, Sie mit dem Wagen zu fahren, also fahre ich!« – »Halt' sofort an, der Wagen ist auf mich zugelassen, ich habe zu bestimmen!« – »Damit ist der Wagen nicht Ihr Eigentum, aber gut!« Ich fuhr an den Straßenrand und schloss dabei mit dem Fuß den Benzinhahn. Sellschopp setzte sich ans Steuer und kam mit dem Vergaserinhalt gerade

200 Meter weit, dann setzte der Motor aus. »Das hast du gemacht«, schrie er, »das hat Folgen, ich schmeiße euch vom Grundstück!« Dr. Zapel versuchte zu vermitteln. Sie wechselten die Plätze, nach dem Öffnen des Benzinhahns ging die Fahrt weiter..

Sellschopp beschwerte sich bei Oskar über den frechen Bengel, doch der fragte ihn, ob er bei einem Schaden den Wagen wohl ersetzt hätte. Sie gingen wortlos auseinander. Statt den eigenen Sohn zurechtzustutzen, hatte dieser verarmte Flüchtling verdeckt seine Fahrkunst bezweifelt, das sollte er büßen! Ein paar Tage später gingen sie nach einer Besprechung über den Hof an einem Müllhaufen vorbei. Plötzlich bückte sich Sellschopp, hob vom Müll einen fast haarlosen Rasierpinsel auf und sagte herablassend zu Oskar: »Hier, Sie fragten doch vor einiger Zeit nach einem, den können Sie haben!« – »Auch, wenn Sie meinen, jetzt auf einem hohen Ross sitzen zu dürfen, wünsche ich Ihnen nicht, dass Sie einmal in meine Situation geraten!«, antwortete Oskar und ging. In wenigen Tagen hoffte er, den Mietvertrag abgeschlossen zu haben, damit er endlich wieder sein eigener Herr sein konnte.

Bis zur schriftlichen Freigabe und Ausfertigung eines Mietvertrages vergingen noch einige Tage. Oskar hatte jedoch die mündliche Genehmigung erhalten, mit gewissen Umbauten der Ställe beginnen zu dürfen, um Wohnungen für seine Mitarbeiter daraus zu gestalten. Auch konnten sofort alle Fahrzeuge nach Vorwerk verlegt werden. Beim Freimachen der Halle war Zeit geblieben, um unzerstörte Räder von den Fahrzeugen zu demontieren und sicherzustellen. Die waren nun begehrte Tauschobjekte für Baumaterial. Trümmersteine durfte jeder in der Stadt sammeln, sie brauchten nur abgeputzt zu werden, um verwendungsfähig zu sein. Brauchbare Fenster oder Türen ließen sich dort auch finden, während die Verglasung nur im Tausch zu erhalten war. Opa Herzog, wie ihn nun alle nannten, konnte mauern, auch Fendler verstand etwas davon. Fenster- und Türöffnungen wurden eingebrochen, mit gefundenen Trägern abgefangen, neue Wände teilten die Räumlichkeiten. Langsam nahmen drei kleine Wohnungen Gestalt an.

Probleme bereiteten die Sanitäreinrichtungen. Auf dem gesamten Grundstück befanden sich nur zwei Tiefbrunnenpumpen. Zur Notdurft ging man in ein Bretterhäuschen, die darunter stehenden Eimer kippte der »Diensthabende« in eine Abfallkuhle. Nach schwierigen

Verhandlungen der Firma Possehl mit Flüchtlingen aus Pommern, die vor Kriegsende ins Wohnhaus eingewiesen worden waren, machten diese drei Räume frei, die Oskar und Familie nach einer gewissen Überholung beziehen sollten. Da bei zwölf Einwohnern ein Plumpsklo im Haus zu wenig war, ließ Oskar an der hinteren Veranda einen kleinen Toilettenanbau mit einem ausziehbaren Fangkübel auf Kufen errichten. Der brauchte zwar nicht so oft geleert zu werden, hatte jedoch wegen der Menge seine Tücken. Ein hoch gestellter Wasserkanister mit Hahn über einer Wanne ersetzte das gewohnte fließende Nass. Gerade für die ästhetische Else bedeutete das eine Umstellung, an die sie sich kaum gewöhnen würde, zumal sie seinerzeit in Nauen alle Errungenschaften der Hygiene zur Verfügung hatten. Oskar versprach ihr Abhilfe, sobald es möglich wäre. Die Familie Broziat hatte sich bei der Flucht genauso der Anordnung unterworfen: pro Person maximal zwei Koffer. Also fehlten auch jedwede Möbel. Die Kisten mit Geschäftsakten dienten vorerst als Tische, unterlegte Autositze als Bänke, Wohnwagenmatratzen als Nachtlagerstätten. Alles war sehr primitiv, doch das dämpfte den Mut nicht, bessere Zeiten zu erringen.

Als Mitrenga in Lübeck beim Stroh laden war, kam ein gut gekleideter, schlanker Herr vorbei, ging um den Büssing herum, bewunderte den Kranaufbau, fragte den Fahrer nach der Tagkraft und der Firmenadresse. Der Maschinenhändler Hans Kreutzfeld war es, der sich am nächsten Tag den Broziats vorstellte. Er habe immer wieder Maschinen zu transportieren, die dann mühselig über eine schiefe Ebene auf den Wagen gezogen würden. Das sei doch mit dem Kranwagen viel einfacher, meinte er, ob Oskar solche Arbeiten nicht übernehmen wolle? Selbstverständlich würde er das tun, war die Antwort. Eine langjährige Geschäftsverbindung, die auch zu einer persönlichen Freundschaft wuchs, war geboren. Andere Leute in der Stadt sahen die Arbeiten und engagierten ebenfalls die Fahrzeuge. Der Kundenkreis weitete sich langsam aus. Sellschopp kam, bereute wohl sein Verhalten, sah die primitive Einrichtung. Er hatte auf dem Boden noch Wohnzimmermöbel stehen und wäre bereit, diese zu vermieten, nicht aber zu verkaufen. Oskar nahm das Angebot gern an. Kreutzfeld schenkte ein altes Schlafzimmer. Else atmete auf, nach zweieinhalb Monaten lebten sie wieder zivilisierter, wenn auch beengt, denn Wohnzimmer und Büro waren eins. Nach vielen Bemühungen hatte die Post ein Telefon gelegt, welch ein Fortschritt für die geschäftliche Tätigkeit. Trotz aller Behinderungen durch die Besatzungsmacht ging es langsam voran.

Am 19. Juni kam morgens ein stabiler, dennoch schlanker Mann auf den Hof, mit blondem Lockenkopf, hellblauen Augen, 1,80 Meter groß, und wollte Herrn Broziat sprechen. Er hatte mich gefragt und zeigte nun auf meinen Vater. Im lübschen Hochdeutsch bat er, namens Gottfried Bierle, um eine Unterredung. Er suche eine Stellung, möglichst als Kraftfahrer, sei aber auch bereit, jede andere Arbeit zu tun. Nach seinem Werdegang befragt, sagte er frei heraus, dass er ab 1935 bei der Leibstandarte Hitlers einen großen Mercedes als Begleitfahrzeug gefahren hätte und für Einsatzfälle im ständigen körperlichen Training gewesen sei. Da die Lübecker Fuhrunternehmer zum größten Teil Parteimitglieder gewesen wären, wollten sie ihn nicht einstellen, um sich nicht noch mehr zu belasten. Der Mann, mit allen Führerscheinen versehen, gefiel Oskar, aber er befragte ihn eindringlich, wie weit er als SS-Mitglied durch die bekannt gewordenen Verbrechen belastet sei. Er versicherte glaubhaft, dass er damit nichts zu tun gehabt hätte, die Aufgabe seiner Einheit sei es gewesen, ständig Hitler zu begleiten und vor Anschlägen zu schützen. »Gut, fangen Sie morgen um sieben als Beifahrer an, das Weitere wird sich finden!« Oskar liebte schnelle Entscheidungen und er sollte sie in diesem Falle nicht bereuen.

Mit mir waren es nun bereits wieder neun Mitarbeiter, für die Arbeit beschafft werden sollte. Menzfeld, Mitrenga und ich als Fahrer, Fendler, der am Steuer etwas unsicher war, Boas und Polte als Beifahrer, dann der Schlosser Grüneberg, Platzarbeiter Herzog und nun noch Bierle. Bei dem erwies sich schnell, dass Oskar mit ihm einen guten Griff gemacht hatte. In allem zeigte sich Bierle sehr geschickt, besonders als Kraftfahrer, naturgemäß kannte er seine Heimat gut und auch Freunde, die in manchen Situationen weiterhalfen. Dr. Zapel war als Lungenfacharzt im Rote-Kreuz-Krankenhaus angestellt worden und die Organisation besorgte ihm eine Wohnung, in die er mit seiner aus Berlin nachgereisten Frau sogleich einzog. So gestalteten sich die Wohnverhältnisse der Belegschaft wie folgt: Die drei frisch ausgebauten Wohnungen in der Halle, bezogen die Familien Menzfeld, Fendler und Grüneberg, den großen Wohnwagen Mitrenga, den kleinen Opa Herzog, Boas und Polte wohnten weiterhin in den Baracken in Moisling. Bierles Domizil lag in der Mühlenstraße bei seinen Eltern.

Immer wieder hatte Oskar bei der Fahrbereitschaft vorgesprochen und darum gebeten, einen Transport aus der Gegend von Stendal vermittelt zu bekommen, das noch zur britisch besetzten Zone gehörte. Bei Stendal lag Kalbe und dort waren die vielen Kisten, die für diese Zeit wertvolle Schätze bargen. Wollte man das in Reichsmark der dreißiger Jahre bewerten, waren sicher vierzigtausend einzusetzen, doch der Zeitwert für eine schnellere Betriebsentwicklung war kaum abzuschätzen. Oskar machte den Beamten der Fahrbereitschaft Versprechungen, bis sie ihm schließlich einen Transport für den 29. Juni, von der Zuckerfabrik Tangermünde nach Lübeck vermittelten. 15 Tonnen Zucker waren abzuholen, Oskar ließ die Genehmigung für zwei Lastzüge ausstellen, um Ladekapazität für die hundert Kisten aus Kalbe zu haben. Nachts um drei fuhren Papa, ich und Menzfeld mit dem Hanomag, Bierle und Mitrenga mit dem Büssing los, um rechtzeitig am Beladeort zu sein. In der Dunkelheit kamen uns viele englische Fahrzeugkolonnen entgegen. Früh morgens blieben mein Vater und Bierle in Kalbe, um alles für die Rückladung vorzubereiten. Wir anderen fuhren nach Tangermünde und luden den Zucker. Mir gelang es, von den anderen unbemerkt, gegen gesparte Zigaretten unserer Nichtraucherfamilie, zwei Sack Zucker einzutauschen. Gegen Mittag kamen wir nach Kalbe zurück. Ich fand einen völlig niedergeschlagenen Vater vor. Sämtliche Kisten waren geplündert worden, angeblich von Polen. Die meisten hatte man auseinandergeschlagen. Was im Brauereikeller noch an Geschäftsakten, Fotoalben und für andere wertlose Dinge herumlagen, hatten Papa und Bierle in die paar unzerstörten Behälter eingefüllt und die ließ er nun aufladen. Der Brauereimeister beteuerte die Unvermeidlichkeit. Ich wollte meinen Vater zur Weiterfahrt drängen und aus der Wohnung holen. Nach kurzer Umschau sagte ich: »Da steht ja unsere Kaminuhr!« und nahm sie gleich an mich. »Ich komme wieder«, sagte Papa daraufhin, »dann werden wir feststellen, wer hier geplündert hat!«

Völlig enttäuscht machten wir uns auf den Heimweg, kamen jedoch nur langsam voran, weil wir englische Fahrzeugkolonnen nicht überholen konnten. Erst ab Ülzen hatten wir endlich freie Bahn. Ein neuer Schicksalsschlag hatte Familie und Firma getroffen. Was verblieb, waren tatsächlich nur Arbeitskraft, Unternehmungsgeist und der Mut, weiterzumachen. Nachts holten Papa und ich heimlich die zwei Sack Zucker vom Fahrzeug aus der Halle, etwas hatte die Tour doch noch eingebracht. Am Sonntag, dem 1. Juli, kam die Nachricht, amerikanische und britische Truppen hätten sich aus Teilen Sachsens, Thüringens, Sachsen-Anhalts und Mecklenburgs am Vortage zurückgezogen, um sie vertragsgemäß den Sowjets zu überlassen. Was wäre wohl geschehen, wenn ein Fahrzeug liegen geblieben wäre oder wenn sie länger nach ihrer Habe gesucht hätten? Nicht auszudenken, sie waren nochmals den Sowjets entkommen, denn niemand hatte die Bevölkerung unterrichtet, um nicht erneut eine Fluchtbewegung auszulösen. »Glück im Unglück hatten wir!«, sagte mein Vater und er musste innerlich auch die letzten Nauener Reserven abschreiben, die lagen nun auf russischer Seite, unter die dortigen Bevölkerung verteilt.

Die Stromversorgung in den Stallungen war früher einmal als Freileitung gezogen worden – ein Risiko, das in Wohnräumen nicht zu verantworten war. Oskar gelang es mit Bierles Hilfe, so viele Kabel, Schalter und Steckdosen einzutauschen, dass Grüneberg die notwendigste Elektroinstallation durchführen konnte. Wasser musste aus der Pumpe am Haus besorgt, Schmutzwasser in eine Sickergrube geschüttet werden und das Verrichten der Notdurft geschah in den besagten Häuschen. Man lebte sich langsam ein. Ende Juni fing ein Dauerregen an. Nach zwei Tagen war die Lindenallee ein Morast, der den beladenen Lastwagen ein Durchkommen verwehrte. Sie mussten jedoch in dieser unsicheren Zeit wegen Diebstahlgefahr in der Halle untergestellt werden. Der Hanomag wurde an einer Linde mit einem starken Tau fixiert und zog mit der Seilwinde die Fahrzeuge, tiefe Spuren hinterlassend, auf den Hof. Der Missstand konnte so nicht bleiben, davon wurde der Geschäftsgang absolut behindert. Bierle hatte am Ende der Travemünder Allee, in der Kiesgrube von Bockwold, ein Brecherwerk gesehen, das Trümmerschutt sortengerecht zerkleinerte. Oskar fuhr mit ihm hin und vereinbarte für die Anfuhr von Trümmerschutt, die Hälfte der Menge gebrochen, ohne Bezahlung zurückzuerhalten. Nun konnte der Kippanhänger zweckmäßig eingesetzt werden. Die Lindenallee wurde bis zur hinteren Halleneinfahrt halbseitig 30 Zentimeter tief ausgeschachtet, mit grobem, dann mittlerem Schotter angefüllt und schließlich, zur dichten Verfüllung, mit feinem roten Splitt versehen, sodass die entstandene Straße Tennisplatzcharakter bekam. Damit war das Befahren bei Regen erst einmal gewährleistet, die weitere Befestigung der zweiten Alleehälfte und des Weges bis zum Wohnhaus wurde auf später verschoben, denn vierzehn Tage waren darüber bereits ins Land gegangen. Den weiteren Ausfall eines Fahrzeugs konnte man sich nicht leisten.

Oskar hatte den Mietvertrag inzwischen abgeschlossen und der Firma Possehl günstige Bedingungen abgerungen. Die Größe des gesamten Grundstücks, einschließlich der zwei Scheunen und des Wohnhauses, betrug 21 564 Quadratmeter. Davon standen ihm nunmehr etwa fünftausend, einschließlich der Scheune 1 und dem Wohnhaus, von dem er Generalmieter mit Untervermietrecht geworden war, zur Verfügung. Die Scheune 2, mit vielen unterteilten Räumen, eingezogenen Gewölbedecken und einem Bodenraum, hatte weiterhin die Luftschutzverwaltung mit entsprechendem Umfeld gepachtet. Etwa 8000 Quadratmeter wurden von den Mietern Lorenz und Papenfuß, die im Wohnhaus lebten, landwirtschaftlich genutzt, der Rest war mit Büschen oder Gras bewachsen. Der Vertrag nun besagte, dass alle frei werdenden Flächen und Räumlichkeiten in ihn einbezogen würden, gegen Erstattung gleicher Pacht durch Oskar. Weiterhin stand geschrieben, dass alle Reparaturen, Einbauten und Verbesserungen an Grundstück und Gebäuden, soweit vom Verpächter genehmigt, dieser zu tragen hätte. Possehl genehmigte und trug zum Beispiel die Straßenbaukosten, die am Jahresende von der Pacht abgezogen werden konnten.

Der Wächter der Scheune 2 bewohnte eine kleine Baracke, die etwa 10 Meter östlich des Wohnhauses stand. Sie gehörte der Luftschutzverwaltung. Er war ein behäbiger Ostpreuße, vielleicht fünfundfünfzig Jahre alt, der den schönen Sommer nutzte, um vor der Halle im Schatten sein Pfeifchen zu rauchen und das Geschehen im engeren und weiteren Umkreis zu beobachten. Hin und wieder hatte er Zu- oder Abgänge zu bewerkstelligen oder zu verbuchen, und nach der Genauigkeit seiner Bestände gefragt, meinte er, sie würden so genau wie vorher beim Militär gehalten – das hieße, ihm könne nie etwas passieren. Nun ja, meinte Else in breitem Ostpreußisch, das sie von ihrem Schwiegervater einst abgehört hatte, dann wären ihm ja wohl so ein paar Schaufelchen und andere Sächelchen feil? Wenn ihm seine Möbelchen aus der Lüneburger Heide geholt würden, hätte er schon was über, sagte der Herr Lienz. So kam Lienz zu seinen Möbelchen und die Firma Broziat zu dringend benötigten Geräten für die Bodenbearbeitung. Aber die Luftschutzverwaltung verkaufte schließlich auch andere Geräte, wie Handwinden, Rollen, Seile und technisches Gerät, nachdem Lienz die Verbindung geschaffen hatte, doch nur unter Zugabe von Vitamin B, wie gewisse Tauschartikel des täglichen Bedarfs genannt wurden. Die Beschaffung derselben blieb stets ein Kunststück für sich und nicht ungefährlich.

Die Schulen hatten wieder mit dem Unterricht begonnen, denn es war auch für die Besatzungsmacht wichtig, dass Kinder und Jugendliche nicht auf den Straßen herumlungerten, sondern ihrer geregelten Ausbildung nachgingen. Allerdings durfte in die Schulung der nächsten Generation nationalsozialistisches Gedankengut nicht mehr einfließen. So waren erst einmal die Lehrer über ihre bisherigen Lehreigenarten durchforscht und die alten Schulleiter ersetzt worden, Themen der jüngeren Geschichte und alles, was mit den Nazis zu tun hatte, blieben tabu. Leute, die sich in der besiegten Diktatur für diese besonders engagiert hatten, durften keine Lehrtätigkeit mehr ausüben. Für Günter, vierzehneinhalb Jahre alt, war somit der Schulbesuch wieder angesagt. Die Untertertia hatte er in Nauen wegen der Kriegsereignisse nicht beenden können und in Lübeck waren infolge der vielen Luftangriffe die meisten Schulstunden ausgefallen, sodass er nun mit der gleichen Klasse wieder begann. Kreutzfeld meinte, die ORzD (Oberrealschule zum Dom) sei die richtige, und so fuhr Günter täglich dahin in die Stadt. Das eigene Schulgebäude lag durch Luftangriffe in Trümmern, deshalb fand der Unterricht in mehreren anderen Lübecker Schulen, hauptsächlich aber im Katharinäum, statt. Letzteres, als humanistisches Gymnasium konzipiert, war als Übergangsschule von dem Nauener Realgymnasium nicht geeignet gewesen.

Die Julitage waren wieder recht warm geworden. Die Sonne beschien die erschöpften Menschen, insbesondere die vielen Kriegsgefangenen im mittleren Schleswig-Holstein. Die Briten hatten hier ein riesiges Areal abgesteckt, in dem die deutschen Soldaten zusammengetrieben worden waren und nun im Freien kampierten und hungerten. Für sie zogen sich die Abwicklungsformalitäten endlos hin, weil ein jeder registriert und über seine Vergangenheit ausgefragt wurde. Damit sollten diejenigen ausgesiebt werden, die eventuell an Kriegsverbrechen beteiligt waren, der SS angehörten oder anderen Naziorganisationen. Deutschsprachige Militärs gab es bei den Alliierten nur wenige, deutsche Dolmetscher aus den Reihen der Gefangenen mussten ebenfalls erst überprüft werden und schließlich hatten die Sieger ja auch keine Eile, ließen die Deutschen ganz gerne darben. Die litten mit der Länge der Gefangenschaft im Freien wirklich, denn die Ernährung wurde sehr knapp gehalten, weshalb sich viele mit dem Verzehr von Gras, Unkrautblättern und Insekten am Leben hielten. Die Erzählungen Entlassener kursierten in der Bevölkerung und man hörte, dass es in amerikanischen Lagern nicht besser war. Die Franzosen holten die Kriegsgefangenen außerdem zum Arbeiten in ihre Bergwerke und die Sowjets schickten sie in Arbeitslager in ihr weites Land, was für viele gefangene Soldaten einem Todesurteil gleich gesetzt werden konnte.

Von dieser Warte aus geurteilt, waren die Broziats und die von ihnen geführten Menschen noch recht gut weggekommen, abgesehen von Bürgern, die ihre Heimat behalten hatten und auf Vorräte zurückgreifen konnten. Jeden Tag hatten Oskar und seine Familie auf neue Anforderungen reagiert, die Hektik, ständig Maßnahmen ergreifen zu müssen, um handlungsfähig zu bleiben, hatte sie beherrscht. Nun endlich, Ende Juli, war ein schöner Sonntag gekommen, der etwas Ruhe bescherte. Kreutzfeld hatte ihnen für einen gut gelaufenen Transport ein Stück Schweinefleisch gegeben und Else hatte davon ein Mahl bereitet, das sie alle richtig satt werden ließ. »Wir haben uns das Grundstück überhaupt noch nicht intensiv angeschaut, Else, das sollten wir endlich einmal tun!«

Die vier gingen, vom Haus über die eigene Lindenallee zur Vorwerker Straße. Allein die Grundstücksbreite dort betrug 110 Meter. An der Südostseite, zur Memelstraße, maß die Seitenlänge etwa 200 Meter. Sie war von einem alten, dichten Knick bewachsen, wie man in Holstein zu den Hecken sagt, die die Felder vor Wind schützen. Dann führte die Grenze, ebenfalls als Knick, schräg in nördliche Richtung, um im fast rechtem Winkel gegen Westen nach weiteren 100 Metern zu dem südwestlich wieder zur Vorwerker Straße verlaufenden Zaun zu gelangen, der die Trennung zum Nachbargrundstück vollzog. Zur Seite nach Norden hin war allerdings nichts begrenzt, das Gelände ging in ein gepachtetes städtisches Gelände über, das zum 15 Meter tiefer liegenden, fast einen Quadratkilometer großen Tremser Teich hin schräg abfiel und mit Büschen und Gras bewachsen war. Auf dem Nachbargrundstück, ebenfalls städtisches Eigentum in ähnlicher Größe, bewirtschaftet vom Bauern Alfred Schierung, stand ein typisches Schleswig-Holsteiner Bauerngehöft mit vorderem Wohntrakt und hinterem Stallungs- und Scheunenteil, einer geschlossenen und einer offenen Feldscheune. Daran schlossen sich Wiesen an und im Hintergrund sah man die Wäscherei Wagener, fabrikähnlich aus roten Backsteinen erbaut.

Ich hatte zwei Decken hinter dem Wohnhaus im Gras ausgebreitet und die Familie setzte sich, um sinnierend auf die im Sonnenlicht glitzernde Seefläche zu schauen. »Wenn wir vernünftige Sanitäranlagen und mehr Zimmer hätten, könnte es hier genauso schön sein wie in Nauen!«, sagte Mutti. »Denke bitte einmal nach«, antwortete Papa, Wort für Wort erwägend, »der Umzug meiner Eltern führte sie, wegen Flegels Konkurs, in ein ausgebautes Stallgebäude. Da waren weder fließend Wasser noch sanitäre Anlagen noch Zentralheizung oder alle anderen Bequemlichkeiten. Das wuchs dort allmählich in dreißig Jahren. Wenn wir gesund bleiben, verspreche ich dir, es wird hier viel schneller gehen. Was sind die Dinge denn wert, gegen das Leben unserer Familie? Waren wir nicht alle zum Teil auch in höchster Lebensgefahr? Der liebe Gott hat uns gerettet und auf einen neuen Weg geführt, wie du doch neulich, ehe wir von dem hier wussten, erst gesagt hast. Dankbar müssen wir sein. Schaut hinaus zum See, hier leben wir auf einem paradiesischen Flecken, wenn wir ihn uns richtig gestalten! Habt ihr Angst davor?« – »Nein!«, antworteten die drei, und der warme Sommerwind bewegte dazu die liebliche Wasserfläche und säuselte in den Blättern der Bäume, die das Ufer umsäumten. Selbst von begüterten Einheimischen bewohnten nur wenige in Lübeck ein Grundstück, mit einem derartigen landschaftlichen Reiz. Es war größer und besser geschnitten als das verlassene Grundstück in Nauen. Würde man mit den Gegebenheiten eines verlorenen Krieges fertig werden, dann saß die Firma auf einem guten Standplatz für den völligen Neubeginn in einem menschlicheren Staat.

2. Teil

Vorbemerkung

Im zweiten Teil rücken meine Frau, meine Familie und ich langsam in den Mittelpunkt des Geschehens, weil es uns schließlich oblag, die Firmen weiter in die Zukunft zu führen. Dabei mag man mir nachsehen, alles aus der eigenen Sicht subjektiv betrachtet zu haben. Bevor meine Zeit zur Übergabe unserer beiden Betriebe reif war, habe ich die Biografie mit dem Jahre 1980 beendet. Vielleicht übernimmt ein Sohn einmal die Weiterführung der Geschichte. Aus den beiden Betrieben, die wir hinterließen, sind inzwischen unter der Leitung von drei unserer Söhne sieben gewachsen. Diese versuchen sie durch die zurzeit herrschende schwere Wirtschaftskrise zu steuern. Aber die Kraft der Broziats ist ungebrochen, und so schreiten sie weiter mit Mut in die Zukunft.

Horst Broziat, 1. Juli 2009, Gründungstag der Firma Broziat vor hunderzwölf Jahren.

26. Kapitel

Am 17. Juli 1945 trafen die »Großen Drei«, Truman, Churchill und Stalin, zur Konferenz in Potsdam ein, um die Nachkriegsmaßnahmen zu beschließen. Hatte der Wille, Deutschland niederzuringen, die Diskrepanzen noch unter den Teppich kehren können, so zeigten sich hier schnell die Gegensätze zwischen Amerikanern und Engländern einerseits und den Sowjets andererseits. Da standen demokratische Staatsmänner einem menschenverachtenden Despoten gegenüber, dem die Erhaltung von Leben nur so weit ins Konzept passte, als dies »Menschenmaterial« für seine Zwecke nutzbar schien. Es trat dann viel später zutage, dass über fünfzig Millionen Tote, hauptsächlich eigene Landeskinder, aber auch Juden, auf sein Konto gingen.

Ein Streit begann sofort darüber, was unter Deutschland zu verstehen sei. Truman und Churchill vertraten den Standpunkt, dafür seien die Grenzen von 1938 maßgebend. Stalin behauptete, Deutschland sei nur das, was jetzt, 1945, von ihm übrig sei, damit wäre die Ostgrenze die Oder-Neiße-Linie. Von dort ab nach Osten hin gäbe es keine Deutschen mehr. Neun Millionen hätten jenseits dieser Linie gewohnt, reklamierte Churchill. Die wären fort, meinte Stalin lächelnd. Die Rote Armee hatte wirklich »ganze Arbeit« geleistet. 3,2 Millionen Menschen waren aus Schlesien, gut 2 Millionen aus Ostpreußen und Pommern geflüchtet. Über den Verbleib der restlichen 3,8 Millionen Deutschen gibt es keine Zahlen.

Stalin erschacherte gegen die Rückstufung seiner unmäßigen Reparationsforderungen die Verschiebung der polnischen Ost- und Westgrenzen nach Westen und erreichte damit eine weitere Umsiedlungswelle im deutsch-polnischem Gebiet. Millionen von Polen mussten sich gegen ihren Willen in ehemals deutschen Landen ansiedeln. So kam zwar nach zwei Wochen eine Abschlussvereinbarung unter Ausklammerung vieler Fragen zustande, die aber sehr bald von den Westalliierten bereut wurde, weil Stalin zahlreiche Nachkriegsregelungen zu seinen Gunsten vorweggenommen hatte.

11 094 Millionen Wehrmachtsangehörige befanden sich in Kriegsgefangenschaft, 3 800 000 bei den USA, 3 700 000 bei Großbritannien, 3 155 000 bei den Sowjets, 245 000 bei Frankreich, 194 000 bei Jugoslawien. Wenn bedacht wird, dass die Sterblichkeitsrate der gefangenen Deutschen in der Sowjetunion und in Jugoslawien bei über 33 Prozent lag, bei den Franzosen bei 30 Prozent, bei den Briten und Amerikanern dagegen unter 10 Prozent, dann möge man einerseits an den verschiedenen Führungssystemen den Wert ermessen, den dort Menschenleben hatten, andererseits auch erkennen, was allein von daher auf die Familien an Leiden und Schicksalsschlägen zukam. Ungezählte Frauen und Eltern erfuhren Jahre, Jahrzehnte später oder überhaupt nicht, was aus ihren Angehörigen wurde. Frauen verbanden sich, auch um ihre Kinder durchzubringen, mit anderen Männern, bis plötzlich der Angetraute heimkehrte, und viele Heimkehrer fanden ihre Familien nicht mehr vor – das ganze, schlimme Ausmaß der Kriegsfolgen wird wohl nie erfasst und begriffen werden.

Das Restgebiet des deutschen Reiches war mit Flüchtlingen überfüllt, 40 Prozent des gesamten Wohnraums zerbombt. Die Menschen verharrten in Lethargie, kümmerten sich nur um ihr enges Umfeld, um Nahrungsmittel, Heizmaterial, Kleidung, Unterkunft. Nur ganz wenige Leute interessierte die große Politik. Was sollte das auch, die Massen empfanden sich als Schiffbrüchige, die erst einmal damit zufrieden sind, einen Platz im Rettungsboot erreicht zu haben. Alle Prioritäten hatten sich grundlegend verändert.

Die Atombombenabwürfe der Amerikaner am 6. und 9. August 1945 auf Hiroschima und Nagasaki mit 110 000 beziehungsweise 36 000 Toten und noch mehr Verletzten wurden achselzuckend zur Kenntnis genommen, mit den Gedanken, da seien sie also nun, die Bomben, mit denen alles Leben auf der Erde auszulöschen ist. Was aber wollen die Mächtigen in ihren Bunkern anfangen, wenn nichts mehr da ist zum Beherrschen oder Regieren? Zwar wurde akzeptiert, dass damit der Krieg in Ostasien abrupt beendet werden konnte, doch die Interessenlage wandte sich sofort wieder dem eigenen Geschehen zu. Sie sollten erst einmal sagen, was sie nun mit uns anfangen wollen, murrte das Volk. Da war der Morgenthau-Plan, den der jüdisch-amerikanische Initiator Morgenthau in Kenntnis der Nazigräuel entwarf, nach dem Deutschland ein reines Agrargebiet werden müsste, da waren Stalins Ideen, die angerichteten Kriegsschäden außer von den Kriegsgefangenen auch von zwangsrekrutierten deutschen Zivilisten abarbeiten zu lassen, und da waren angloamerikanische Pläne für einen begrenzten Aufbau des Landes. Die sich schnell auftürmenden Aversionen zwischen Ost und West ergaben politisch konträre Entwicklungen in den Besatzungszonen und damit auch in der Wirtschaft.

Die charakterlichen Eigenheiten der Menschen treten nach außen hin mit unterschiedlicher Offenheit und Stärke hervor und werden darin vom Umfeld bestimmt. Nun waren die Bewohner im angloamerikanischen Gebiet in ein Umfeld geraten, das einerseits die offene Meinungsfreiheit zuließ, andererseits nur brutale Zwänge zum Überleben bot. Die Verhaltensweisen zur vorherigen Naziherrschaft hatten sich umgekehrt, physische Nöte überlagerten die neue Freiheit von Denken und Sagen.

In der ersten Zeit mochte meine Mutter die neue Situation noch nicht so recht erfasst haben, aber mit dem Begreifen, was sich tat, war sie härter, egoistischer, höhnischer geworden. Sie, die stete Warnerin vor den Nazis, war dafür auch noch vom Schicksal geschlagen und ihrer Heimat und ihres Vermögens beraubt worden, wie die innere Stimme ihr zuflüsterte. Wie ein Messerstich ging ihr Sellschopps Arroganz ins Herz, als dieser meinem Vater den vom Müllhaufen aufgehobenen, fast haarlosen Rasierpinsel überreichte, um zu verdeutlichen, welchen Stellenwert er ihnen, den Flüchtlingen, zumaß. Nun musste sie obendrein in den eigentlich ganz hübschen Möbeln dieses Mannes leben. Nie würde sie sich daran gewöhnen, nie ihm den Ausrutscher verzeihen, stets abfällig von »Sellschopp-Möbeln« sprechen, von denen sie baldmöglichst befreit sein wollte, statt die Hilfen anzuerkennen, die unserer Familie von ihm gewährt wurden. Diesen Missmut übertrug sie auf Vater, auf mich, auf die Mitarbeiter, auf die Vorwerker. Nur mein Bruder Günter, an dessen Lebenserhaltung nach der Blinddarmoperation sie großen Anteil hatte, blieb einigermaßen verschont. Vater erhielt Vorwürfe wegen der schwierigen Lebensumstände, ich wurde gegen Günter ausgespielt, die Mitarbeiter sollten ihr mehr zu Diensten sein, wurden gern ob ihrer Schwächen verhöhnt und zu den Vorwerker Mitbürgern blieb sie auf einer ihr kaum zustehenden Distanz. Allerdings konnte man Mutter die Fürsorge für die Familie sowie den Einsatz für den erneuten Firmenaufbau nicht absprechen. Doch was vordem einmal recht zwanglos schien, bekam nun den Anstrich reiner Pflichterfüllung.

Vater, aller großen Aufgaben ledig, musste zum Betriebsaufbau und zur Versorgung der Familie und Mitarbeiter andere Fähigkeiten aus seinem inneren Repertoire hervorkehren. Er war einfach nicht mehr der ehrenwerte Mann, dem zum Beispiel bei einem Essen in Potsdam der Filmstar Marika Rökk als Tischdame zugeordnet wurde, sondern nur noch ein kleiner Fuhrunternehmer, der mit sechsundvierzig Jahren den Zenit seiner Schaffenskraft überschritten hatte. Die Position der Dominanz versuchte er etwas krampfhaft weiterzuspielen, nur blieb der Kreis dafür minimal. Doch gefragt waren in dieser Zeit Durchsetzungsvermögen, Gewitztheit, Charme und Raffinesse. Die Eigenheiten besaß er zur Genüge und er verstand, sie mit seinem breiten Erfahrungsschatz zu mischen. Bei Verhandlungen konnte er den Partner fest ins Gespräch einbinden und beim Reden gleichzeitig im Kopf Berechnungen zum eigenen Vorteil führen. Bei den Frauen kam sein Charme – zu Mutters Ärger – besonders gut an und die Raffinesse entpuppte sich als Symbiose aus Geschäftserfahrung mit Ross- und Metallhändlern und eigener Wesensart. All das war hilfreicher zum Bestehen in dieser Zeit als Mutters verändertes Verhalten. Bei allem standen sie fest zueinander, auch wenn Mutters Forderungen hin und wieder zu Ungerechtigkeiten im Umfeld der beiden führte.

Ich fühlte mich in der Schuld der Eltern. Mit ihrem Einsatz und ihrer Fürsorge hatten sie weitgehend direkt dazu beigetragen, dass ich mit dem Leben davonkam. Auch achtete ich sie besonders wegen ihrer bisherigen Lebensleistung und war aus diesen Gründen vorbehaltlos bereit, meinen Dienst an Firma und Familie in den Vordergrund zu stellen. So erfüllten meine Eigenarten des Dienens, der Toleranz, gepaart mit Durchsetzungsfähigkeit, Intelligenz und die Einbringung technischen Gespürs die mir zugeordnete Position im Betrieb. Meine körperliche Verwundung aus dem Krieg schien weitgehend abgeheilt zu sein, nur traten immer wieder unerklärliche Erinnerungslücken zutage, auch plagte mich oftmals Drehschwindel, wohl als Folge der Gehirnerschütterung bei meiner Verwundung.

Vielleicht war Günter mit fünfzehn Jahren noch zu jung. Besondere Wesensveränderungen, durch die Kriegsereignisse hervorgerufen, hatten sich nicht eingestellt. Wie auch vorher suchte er seinen persönlichen Freiraum, zeigte zu Auseinandersetzungen Bereitschaft, selbst wenn es um so banale Dinge wie das Abschließen einer Tür ging. Mutter gab ihm dazu meist Rückendeckung. Da tat sich wieder die bereits in Nauen praktizierte Diskrepanz im Vergleich der Schulzeugnisse auf, oder der Anspruch, im Betrieb habe der Kaufmann das Sagen und der Techniker sich dem unterzuordnen.

Mit dieser Rollenverteilung ging also unsere Familie auf den Winter 1945/46 zu, und wir trafen Vorbereitungen, diesen auch durchzustehen. Die Brennstoffzuteilung reichte nur für einen Kachelofen aus statt für drei. Von Hans Kreutzfeld besorgte Vater eine alte Feldschmiede, ließ sich das bestätigen und beantragte für deren imaginären Werkstattgebrauch Schmiedekohlen. Diese qualmten zwar sehr, aber sie gaben Wärme. Mit ein paar Zigaretten ließ sich die Tankholzzuteilung für die Fahrzeuge erhöhen – auch das ergab Wärme in Herd und Ofen. Aber Schwierigkeiten machte die Lagerung der Materialien: Keller und Schuppen hatten die anderen Hausbewohner inne, in der Halle würde das Heizmaterial, von wem auch immer, dezimiert werden. Ein verriegelter, nicht genutzter Möbelwagen war zu dem Zweck schon länger im Einsatz, doch durften die Mitarbeiter von den Vorräten nichts wissen, denn ein Tipp beim Ordnungsamt hätte für den Gesamtverlust ausgereicht.

Sporadisch tauchten Kontrolleure auf, um nach Lebensmitteln, Schwarzmarkt- oder anderen gehorteten Waren zu forschen und alles, was über der Zuteilungsrate lag, zu beschlagnahmen. Das erste Mal hatte Günter sie in der Bogenstraße gesichtet und das sogleich der Familie gemeldet. Sofort wurden die Tore der Halle, in welcher der Möbelwagen stand, geschlossen und die Mitarbeiter gewarnt. Vater und ich drehten die Vorratskiste in der Küche mit dem Deckel nach unten, stellten die Brennhexe, so hieß der kleine Nachkriegsherd, darauf und entfachten, so schnell es ging, ein Feuer zum Wasserkochen. Als die »Schnüffler« die Schränke observiert hatten, fragten sie nach dem Kisteninhalt unter der heißen Brennhexe. »Die ist leer«, sagte Vater, »Sie sehen doch, dass sie auf dem Kopf steht!« Die Kontrolleure nickten und gingen. Es war höchste Zeit, ein sicheres Versteck zu schaffen!

Am nächsten Wochenende sägten Vater und ich unter der Sofaposition die Dielen auf, sodass gerade eine schlanke Person durch das Loch passte, schachteten für einen kleinen Geheimkeller den Boden aus und karrten diesen in der Dunkelheit zum See. Unter dem genau wieder eingesetzten Dielendeckel mit dem Sofa darauf, lagerten nun, ziemlich geschützt, Ölsardinen, andere Konserven aus den Wehrmachtdepots und Zucker aus Tangermünde. Mutter würde bei der nächsten Kontrolle als »Kranke« auf dem Sofa liegen.

Das alles waren zwar wichtige Maßnahmen für die Versorgung der Familie, Priorität hatten jedoch der Aufbau und die Beschäftigung des Betriebes. Um jeden Auftrag musste Vater kämpfen, denn Lübeck besaß eine Überkapazität an Fuhrunternehmen. Das lag nach Vaters Kenntnis nicht zuletzt an den Zulassungen aufgrund des Güterfernverkehrgesetzes, die nun allen geflüchteten Fahrzeugbesitzern mit einer Fernverkehrskonzession zustanden. Doch nicht allein die Auftragsbeschaffung, sondern auch die Durchführung war mit Schwierigkeiten verbunden. Die Reifen stellten die empfindlichsten Schwachstellen dar. Sie erwärmten sich während der Fahrt durch das Walken, damit stieg die Temperatur und mit ihr der Luftdruck so stark an, dass sie platzten. Ersatz gab es kaum. Vater führte die Mitnahme von Wasser ein: alle 30 Kilometer wurde angehalten und die erwärmte Bereifung befeuchtet. Die Flüssigkeitsverdunstung schaffte dann baldige Abkühlung. Pneus der Alliierten besaßen eine bessere Gummimischung, erwärmten sich weniger und vertrugen höhere Temperaturen. Doch es war kaum möglich, an diese Reifen zu gelangen.

Bierle besaß als geborener Lübecker viele Schul- und Sportfreunde. Einige davon arbeiteten im Hafen. In Kneipengesprächen hatten sie ihm von bestimmten Ladekolonnen erzählt, die es immer wieder verstanden, eine Unterzahl an Sackware zu laden, auch wenn der Frachtführer die ankommenden Säcke sorgfältig zählte. Ich war mit ihm eines Tages im Hafen, um auf den Büssing-Lastzug Mehl zu laden. Das Fehlen von Ware hätte peinliche Konsequenzen gehabt. Vorgewarnt stand ich mit einer Strichliste an der Überlaufplanke und zählte die Säcke, während Bierle stapeln half. Plötzlich kamen die Träger nicht mehr in gleichen Abständen, sondern dicht nacheinander, dahinter blieb eine Lücke. Also hatte Bierle teilweise vollauf zu tun, um dann wieder warten zu müssen. Beim dritten Durchgang schwenkte der vorletzte Träger den Mehlsack gegen mich, sodass ich strauchelte, sein Hintermann machte Platz und sein Vormann lief mit dem vollem Sack wieder vom Wagen. Trotz der Ablenkung hatte Bierle den Trick erfasst, sprang hinterher und riss den rücklaufenden Träger zu Boden. »Ach so macht ihr das!«, schrie ich, »Gottfried, pass auf die Ladung auf, ich hole den Vorgesetzten!« Der Kolonnenführer verlegte sich aufs Betteln, bot einen zusätzlichen Sack Mehl, wenn wir keine Anzeige erstatten. »Horst, mach es!«, sagte Bierle, »die halten bestimmt dicht!« Sie nickten zustimmend. Horst wog blitzschnell ab: Risiko gegen Hunger. »Gut, aber riskiert das nicht noch einmal bei uns!« Einen Sack Mehl brachten sie, unter der Plane versteckt, nach Hause – was für ein Schatz! »Gottfried«, meinte ich, »überlass meinem Vater die Aufteilung, er muss etwas zum Tauschen haben, um Transporte zu bekommen, das bringt uns weitere Möglichkeiten!« – »Na klar, machen wir!« Bierle bekam ein Viertel, drei Viertel fungierten als »Vitamin B«, das bedeutete Schmiermittel für Beziehungen und Familienernährung. Gern hätte Vater den anderen Mitarbeitern etwas abgegeben, aber auch Bierle sagte, die Gefahr sei zu groß, dass deren Familienmitglieder sich verplappern würden. »Chef, glauben Sie man nicht, dass die zu kurz kommen, eigentlich müssten Sie von ihnen was kriegen, denn nur Ihre Fahrzeuge verschaffen denen doch die Möglichkeiten«, meinte Bierle und ging mit seinem Rucksack voller Mehl zur Straßenbahn.

Sellschopp hatte einen der knappen gebrauchten Pkw bekommen und somit die Fahrgenehmigung für den Broziat'schen BMW löschen lassen. Sein Reifenvorrat öffnete viele Türen. Wegen der wenigen noch vorhandenen Fahrzeuge und der vielen Anträge auf Fahrgenehmigung für größere Firmen oder Institutionen gab es von den Behörden eine Überprüfungsaktion. Die Firma Broziat hatte keine Chance, eine Fahrgenehmigung für einen Personenwagen zu erhalten, ja, ihr drohte sogar die Beschlagnahme der beiden Autos und des grünen Fiats, falls der in seinem Versteck entdeckt werden würde. Vater ging zu Direktor Vieth, denn der wusste oft Lösungen. Der BMW sollte wieder von Holzgas- auf reinen Benzinbetrieb umgebaut und dann der IHK vermietet werden und der Fiat dem Nordischen Erzkontor, einer Abteilung der Possehl-Gruppe, mit Fahrer gegen Miete zur Verfügung stehen. Zwischen den Inanspruchnahmen stände der Wagen dann der Firma Broziat zur freien Verfügung. Der Plan ging auf: die Pkw blieben der Firma erhalten. Vater und ich bekamen für diesen Zweck Befreiungsausweise von der nächtlichen Ausgangssperre.

Die Aufgabe, für Possehl als Chauffeur zu fungieren, war gar nicht so schlecht. Da waren die Herren Konsul Kröger, Brockmüller, Wulf und andere, die gefahren werden wollten, und in den Gesprächen während der Fahrten das eine oder andere wussten, was wiederum nützlich war, um Fuhraufträge zu bekommen. Herr Brockmüller, der englisch als zweite Muttersprache beherrschte, musste Ende 1945 zum Headquarter nach Kiel gefahren werden. Vater wies ihn auf die vielen Autowracks an den Straßenrändern hin. »Sie haben doch das große Gelände in der Posener Straße, mit der Asbestlagerhalle, die fast leer steht. Warum richten Sie dort nicht einen Schrott- und Metallhandel ein? In Berlin-Schönebeck hatten Sie ihn doch auch. Was hier an Wracks rumliegt, schleppen wir Ihnen mit unseren Fahrzeugen schon ran, und sicher gibt es noch weit mehr, denken Sie bitte an das viele Material, das unter den Trümmern liegt. Schrott und Metalle müssten in absehbarer Zeit wieder zum Einschmelzen und zur Erzeugung von Neumaterial gefragte Artikel werden.« – »Der Gedanke ist gar nicht so schlecht, Herr Broziat, ich werde das Thema der Straßenräumung bei den Engländern nachher vorsichtig anklingen lassen, mal sehen, was die sagen!« Brockmüller brauchte bei der Militärregierung gar nicht vorsichtig zu fragen, der Offizier ermunterte ihn direkt, bald damit anzufangen, die Genehmigung dafür sei kein Problem. »Ihre Anregung werde ich morgen im Hause sofort besprechen, die Engländer machen mit!«, sagte er auf der Rückfahrt zu Vater, und der hoffte dadurch einen Dauerauftrag zu erhalten.

27. Kapitel

Das Nordische Erzkontor, das sich bemühte, die alten Auslandsverbindungen für den Erzhandel neu anzubahnen, griff Vaters Anregung auf und richtete in der Posener Straße einen Schrotthandel ein. Für den Büssing mit seinem Kranaufbau und den Hanomag mit der Seilwinde standen geeignete Maschinen zur Räumung der – meist in den Straßengräben liegenden – Autowracks zur Verfügung. In den Monaten nach dem Krieg war fast nur noch Schrott übrig geblieben, denn die Bevölkerung hatte sich aus den Autos geholt, was auch nur irgendwie brauchbar schien. Als Betriebsleiter hatte Possehl Herrn Barth engagiert, der gewisse Kenntnisse für den Schrotthandel mitbrachte. Dieser besorgte irgendwoher einen Seilbagger, baute ihn zum Kran um und ließ damit die angefahrenen Fahrzeugreste recht hoch auftürmen. Eine Schneidbrennkolonne trennte das Material auseinander, das sortengerecht gelagert und aus dem Nützliches ausgebaut wurde. Die Firma Broziat hatte nun viele Fuhraufträge dazubekommen, es war für die Possehl-Abteilung ein guter Start. Ich entdeckte bei der Aktion einen 110-PS-Mercedes-Lastwagen, der, zwar ohne Räder und trotz Ausplünderung, reparaturfähig schien. Außerdem fand ich drei Mercedes-170-V-Pkw-Wracks, aus denen vielleicht ein komplettes Fahrzeug entstehen konnte. Alles wurde Possehl abgekauft, von der Straße geborgen und in der Vorwerker Halle verstaut.

Als seinerzeit kurz vor Kriegsende Reimers aus Schwerin in Nauen Quartier genommen hatten, wussten sie nicht recht, was sie auf der Flucht mit der jungen Terrierhündin Dolly anfangen sollten. Mutter, seit eh und je tierlieb, hatte sie übernommen. Die Freundschaft mit Hasso, dem Jagdhund, blieb in Nauen ein kurzes Intermezzo für Dolly, dann wurde sie im Treck mitgenommen, während Hasso wegen seiner Größe bei dem Dienstmädchen Maria in Senzke verbleiben sollte. Trotz aller Aufpasserei war Dolly in Lübeck nun trächtig geworden und Else in Sorge, was sie wohl hervorbringen würde. Schließlich war es soweit, vier Welpen kamen zum Vorschein, zwei in Rauhaar wie

Hanomag 100 PS mit Kran

die Mutter und zwei Kurzhaarterrier. So hatte die Hündin wenigsten einen Rüden aus ähnlicher Rasse gewählt und trotz aller Schwierigkeiten mit der Ernährung gab Else sich zufrieden. Ein Welpe schien den anderen von Anfang an überlegen zu sein, horchte schon früh auf menschliche Worte, war als Erster beim Säugen oder am Futternapf, beherrschte den Wurf. Er wurde ob seines frechen Gesichts Max getauft. Die Geschwister konnten in gute Hände verschenkt werden. Max entwickelte sich prächtig, zeigte Gelehrigkeit und verstand fast jedes Wort. Er wurde Familienmitglied mit eigenem Freiraum, den er sich zu verschaffen wusste.

Weihnachten stand vor der Tür. Die Adventszeit hatte eine gewisse Ruhe und Besinnung in die Menschen getragen. Viele sehnten sich inbrünstig nach den vermissten Lieben. Einige Männer trafen auch noch vor den Festtagen aus der Gefangenschaft ein. Entweder hatte die nahende Weihnacht die Sieger großherziger gemacht oder die Wachmannschaft weggeschaut, wenn Leute, die sowieso der Entlassung nahe waren, sich aus dem Staub machten. Man strebe nach Jahren dem ersten Fest in Frieden zu, mochte es auch noch so ärmlich zugehen. Vater und Mutter waren mehrfach nach Moisling zu den Verwandten gefahren und hatten Lebensmittel hingebracht. Hedwig, Elses Mutter, wollte baldmöglichst nach Nauen zurück. Emma war in Lenchens und Gerdas Obhut, und Lenchens schwangere Schwiegertochter war bereits im Juni nach Bayern zu ihren Eltern gefahren, ohne dass bisher eine Nachricht von ihr eingetroffen war. Grete Rüthnick wurde von Georg nach Münster geholt, wo er in einem Militärkasino bediente und es ihm sehr gut ging. Er hatte meine Eltern mit Vorwürfen überhäuft, weil sie sich nicht intensiver um Grete gekümmert hätten. Die Situation, in der die Familie mit dem Neuaufbau des Betriebes stand, vermochte er nicht zu werten. Walter hatte eine Flüchtlingsfrau gefunden, mit der er ein kleines Geschäft aufbauen wollte. Hübsch war Marie nun wirklich nicht, sie entsprach nach Mutters Ansicht nicht dem Broziat'schem Niveau – aber sie liebte Walter und er sie. Was konnte dem vom Schicksal gebeuteltem Mann denn Besseres passieren, als eine Frau an der Seite zu haben, die fest zu ihm stand?

Zu den Geschwistern Emma Nagel und Else Ruhnke lief inzwischen wieder der Postverkehr, sie schrieben, sie würden in der wärmeren Jahreszeit ihre Mutter in das Weberstift nach Nauen zurückholen und sie hätten dafür gesorgt, dass ihr Zimmer frei geblieben sei. Kurz vor Weihnachten kam auch noch Nachricht von Heinz Wöbse, Lenchens Mann, aus der Nähe von Rendsburg. Dort lebte er im Internierungslager und hatte den Briten als Bauingenieur Dienste auf dem Flugplatz Hohn zu leisten.

Die Belegschaft war kleiner geworden. Werner Boas, erst siebzehn Jahre alt, hatte sich herzlich verabschiedet, um in der Ostzone seine Eltern bei Frankfurt/Oder zu suchen. Grünebergs zog es zurück nach Nauen. Mein Vater wollte den erfahrenen Schlosser gern halten, aber seine Familie besaß in der Heimat ein kleines Haus, das sie nicht aufgeben wollte. So machten sie sich, in Freundschaft verbunden, am vierten Dezember auf die Heimreise. Mitrenga meinte erst einmal die Situation in Nauen erkunden zu müssen. Als alter Kommunist rechnete er sich Chancen aus, dort bessere Positionen bekleiden zu können als hier im Westen. Außerdem sollte er seine Schwiegermutter, Helene Herzog, in Berge besuchen und erkunden, ob sie nicht zu ihrem Mann nachkommen wolle, denn Opa Herzog traute sich nicht zurück – er war früher Ortsbeauftragter der NSDAP. So war Mitrenga am 13. Oktober gefahren und hatte Vater um Freistellung gebeten, mit der Möglichkeit, bei seiner Rückkehr wieder weiterarbeiten zu dürfen. Am 1. November kam er zurück, arbeitete noch bis zum 13., um dann mit Frau und Tochter nach Nauen überzusiedeln. Seinem Schwiegervater übermittelte er keine gute Nachricht von dessen Frau. Die sei von ihm bisher so schlecht behandelt worden, dass sie sich allein in Berge wohler fühle. Opa Herzog war geknickt. Die Belegschaft bestand somit zum Jahresende aus Bierle, Fendler, Herzog, Menzfeld, Polte, dem am 20. Dezember neu eingestellten Kurt Hilger und mir. Hilger war Thüringen geflüchtet und hatte eine Vorwerkerin geehelicht.

Die Ausfallzeiten der Fahrzeuge ergaben immer wieder Probleme. Grüneberg, der schon länger seine Rückkehr nach Nauen ankündigte, hatte mich weitgehend in die Reparaturtechniken eingewiesen, die mir noch fehlten, denn theoretisches Wissen besaß ich zur Genüge aus der Zeit bei der Motor-HJ. So oblag mir nunmehr die Fahrzeuginstandhaltung neben meiner Fahrertätigkeit. Hilger trat zum Jahresende als Schlosser und Fahrer ein, doch allzu bald stellte sich heraus, dass er als Schmied wohl für grobe Arbeiten geeignet war; ging es jedoch bei Getriebereparaturen an die Einstellungen der Zahnradabstände, dann fehlte ihm das Feingefühl ebenso wie beim Motor für die Zündzeitpunkte. Ich blieb der Lückenbüßer und zog am liebsten den anstelligen Gottfried Bierle mit heran. Wenn dieser dann, in Arbeit versunken, mit seiner fantastischen Tenorstimme Operettenarien durch die Halle tönen ließ, lauschten vor allem die weiblichen Zuhörer ergriffen.

Am Sonnabend, dem 22. Dezember 1945, veranstalteten meine Eltern im Wohnzimmer eine bescheidene Betriebsweihnachtsfeier. Seit 1897 war immer mit den Belegschaftsmitgliedern Weihnachten begangen worden. Sie achteten nun darauf, die Tradition beizubehalten. Gab es auch nur ein paar selbst gebackene Kekse und etwas »Muckefuck« (Malzkaffee), so stärkte die Pflege der Gemeinschaft den Zusammenhalt und das Verständnis untereinander. Heiligabend war angebrochen. Der ungeheizte Gemeinderaum in der Bogenstraße fasste kaum die Andächtigen. Pastor Groß, Flüchtling aus Riga, fand in seiner Predigt Worte, die allen zu Herzen gingen, verglich den ärmlichen Stall Bethlehems mit dem, was nun vielen begegnet sei, aber auch mit der Hoffnung für die ganze Welt, die von dieser Stätte ausging. Seelisch gestärkt gingen wir nach Hause. Im Flur, vor unserer Zimmertür, stießen wir im Dunkeln auf ein Päckchen. Ein schöner Schweinebraten und zwei Pfund Schmalz kamen zum Vorschein. Wer dies wunderbare Geschenk wohl hingelegt hatte? Es war auch später nicht in Erfahrung zu bringen, aber Mutter tippte auf den Bauern Schiering, unseren Nachbarn. Nur armselige Geschenke gab es, neben den beiden Pullovern, die Mutter für ihre Söhne aus weißer Zuckersackwolle gestrickt hatte, die zwar kratzten, aber auch wärmten. Zuckersäcke bestanden aus braunen Jutefäden und weißen, recht harten Wollfäden, die man aufräufeln und wieder verstricken konnte. Wir erinnerten uns nochmals an das letzte gemeinsame Weihnachtsfest vor zwei Jahren, mit unseren vielen Vorahnungen, die nun weit schlimmer eingetroffen waren. Heimat, Besitz, Auslagerungsgüter in Kalbe und bei Sellschopp, alles war verloren, aber dennoch war unser größter Schatz geblieben: eine körperlich unversehrte Familie. Mutter bereitete am nächsten Morgen das schöne Mahl für die beiden Festtage. Sie versuchte dabei zu vermeiden, dass der Geruch durchs Haus zog, damit die anderen Bewohner nicht Wehmut verspüren sollten. Doch als sie in den Flur trat, roch sie, dass dort wohl Kaninchen gebrutzelt wurden, und sie freute sich darüber. Die Familie empfand die Tage als ein Fest der Davongekommenen und dankte Gott für seine Gnade.

Der Winter und die Maßnahmen der Besatzungsmacht, welche die Zügel umso stärker anzog, je mehr sie die Gräuel der Nazis erkannten, zeigten Wirkung. Immer schwerer wurde es, Aufträge zu finden, immer stärker litt die Bevölkerung unter Hunger und Not. Opa Herzog war in Grünebergs kleines Zimmer eingezogen, weil es, im Schutz der Scheune, doch leichter warm zu halten war als der schlecht isolierte Wohnwagen. Die Lindenallee zum Wohnhaus war kaum befahrbar in der feuchten Jahreszeit, in der Schnee, Frost, Tauwetter und Regen die Tagesabläufe weitgehend beherrschten. Vater pflegte zu den Herren Vieth und von der Lippe ein gutes Verhältnis, das er mit Gaben von Mehl und Zucker zu unterstützen wusste. Auch die Herren vom Nordischen Erzkontor, die er nun oftmals fuhr, sprachen gut über ihn bei den beiden Direktoren. Dennoch hatte er lange bitten müssen, ehe sie ihm die weitere Befestigung der Grundstücksstraße – zu ihren Lasten – genehmigten. Waren es auch Nachkriegsmark, so saß das Geld nicht so locker, wie es die »Zigarettenwährung« dem Anschein nach vorspiegelte. Der Preis einer Zigarette lag zwischen 6 und 10 Mark und alle anderen Waren orientierten sich daran, wie zum Beispiel Butter 250 RM, ein Pfund Kaffee 500 RM oder ein Ei 15 RM. Dabei lag der offizielle Stundenlohn eines Kraftfahrers zwischen 0,60 bis 1,00 RM.

Der Frost war bis Mitte Januar nicht tief in den Boden eingedrungen. Deshalb ließ Vater die Lindenallee auf der noch nicht befestigten Seite abschnittsweise ausschachten und sofort mit Ziegelbruch wieder anfüllen. So erhielt der Schotter mit dem nicht gefrorenen Sandboden eine satte Verbindung, die ein späteres Einsinken verhinderte. Langsam kamen wir Meter für Meter voran, falls Fuhraufträge die Arbeit nicht unterbrachen. Die Schotterstraße brachte für die schönen, alten Linden den Vorteil, wasserdurchlässig zu sein und ihnen die Ernährung nicht abzusperren. Allerdings spürte Mutter auch schnell die Nachteile: Bei Nässe zeichneten sich rote Fußspuren auf den Böden im Haus ab. Ende März, die Sonne hatte schon wärmende Kraft bekommen, war die Straße fertig, gut 150 Meter lang, 7 Meter breit, mit einem Kreisverkehr um die Silberlinde neben dem Herrenhaus. Außerdem führten zwei breite Bahnen zu den beiden Halleneinfahrten. Alle waren stolz auf ihr Werk und stießen mit Bier darauf an, welches Vater, wer weiß woher, besorgt hatte.

Ende Januar sagte Günter am Mittagstisch: »Heute haben wir die Kerle vom Heldenkursus mal so richtig mit Schneebällen eingedeckt. Die fühlen sich als was Besseres, weil sie noch im Krieg waren!« – »Was heißt denn Heldenkursus?«, fragte ich. – »Weiß ich nicht genau, ich habe nur gehört, dass die ihr Abitur nachmachen, damit sie studieren können« – »Reicht denn das Notabitur nicht? Ich möchte doch auch studieren!« – »Kann denn Horst jetzt überhaupt im Betrieb ausfallen, wo wir uns im Aufbau befinden?«, fragte Mutter ihren Mann. - »Kaum«, meinte Vater, »wo nun Grüneberg fort ist, wüssten wir nicht, wer sonst die Fahrzeuge reparieren könnte.« Es entspann sich eine Diskussion zwischen den Eltern und mir, in der ich ihnen versprach, auch während der Schulzeit die Fahrzeuginstandhaltung zu bewerkstelligen. Vater ging mit zum Direktor, Professor Kusche, damit keine vorschnellen Entscheidungen fielen. Der Kursus lief schon drei Monate und ginge bis Ende Juni, hieß es, der nächste würde dann Anfang September beginnen. Ich bat, noch aufgenommen zu werden und das Pensum nachholen zu können. Vater war das recht, dann wäre meine Ausfallzeit im Betrieb um drei Monate geringer. Wir konnten Professor Kusche überreden: Ich trat am 1. Februar in den »Heldenkurs« der ORzD (Oberrealschule zum Dom) ein.

28. Kapitel

Der Briefverkehr hatte seit August 1945 wieder eine gewisse Normalität erreicht. Die Vorsicht in schriftlichen Äußerungen, in den vergangenen dreizehn Jahren gang und gäbe, konnte in den Westzonen vernachlässigt werden. Zur oder in der Ostzone dagegen musste ein jedes Wort überlegt sein. Die dortigen Machthaber, in Moskau eingehend geschult, installierten gegen das Volk ein Überwachungssystem, welches das nationalsozialistische noch in den Schatten stellte. Die Brief- und Telefonkontrollstellen der Post bekamen einen größeren Umfang als die Diensteinrichtungen selbst. Etwa ein Drittel der Bevölkerung unterlag der Überwachung. Briefe und Pakete wurden geöffnet, kontrolliert und beraubt. Die Kontrolleure litten keinen Mangel: Was ihnen wertvoll erschien, wurde eingesackt und das Päckchen entweder vernichtet oder als »beschädigt« ausgeliefert. Unsere Familie in Lübeck bekam über Ruhnkes und Nagels, die als Zustelladressen angegeben waren, die an sie gerichteten Sendungen meist mit dem Stempel versehen: »Von Amts wegen geöffnet!« Doch durch die Funktion der Post fanden Verstreute wieder zusammen, oder Angehörige gaben Nachricht von deren Schicksal. In den zerbombten Großstädten hingen an den Rändern der Trümmerfelder, in denen einmal die heimatlichen Straßen lagen, Botschaften mit Adressen, an denen sich die Heimkehrenden orientieren konnten.

Herbert Ruhnke war zehn Tage vor Kriegsende gefallen, von Helmut Reimer fehlte jede Nachricht, die letzte kam aus Jugoslawien. Reimers meldeten sich aus Ippenburg bei Osnabrück. Das Wohnungsamt hatte sie in ein paar Räume im Schloss einquartiert. Ruhnkes und Nagels waren in Nauen geblieben. Sie holten nach dem Einmarsch der Russen noch etliches vom Broziat'schen Mobiliar und Büromaterial, das Fritz dann in einem Schuppen sicherstellte. Ruhnkes waren vom Tod ihres hoffnungsvollen Ältesten tief betroffen und kaum zu trösten. Die Reparaturen an Fahrzeugen gewährte ihnen ihr Auskommen und auch Zusatzernährung, wenn Kunden aus der Landwirtschaft kamen. Emma und Otto Nagel hatten es in der Nachkriegszeit am besten getroffen. Die sowjetischen Soldaten wollten Fotos über Fotos nach Hause senden und kamen in Scharen in Nagels Fotoatelier. Aus Plünderungen schleppten die Krieger bündelweise Geld mit sich herum, das sie für die Aufnahmen nach Gutdünken hinlegten. Emma kassierte ohne Reue und kommandierte die Russen herum, als ob es ihre Untergebenen seien, und die sonst so rabiaten Männer ließen sich das gefallen. Etliche Male hatte sie Soldaten, die nicht warten wollten, barsch zur Straße hinausgewiesen oder mit dem Regenschirm bedroht. Die Nauener lachten über die resolute Emma, und die Russen benahmen sich gesitteter, ohne dass alles dem Geschäft eine Einschränkung zufügte.

Das neue Broziat'sche Domizil in Lübeck-Vorwerk war für viele Freunde und Bekannte, die ins Osthavelland zurückwollten, eine Orientierungshilfe und Durchgangsstation geworden. Wir halfen mit Rat und Tat, warnten jedoch auch immer wieder, wenn wir meinten, die Heimreisenden wären durch die neuen Machthaber gefährdet. So bat auch eines Tages Hans Miericke, ehemaliger Stadtbaumeister von Nauen und Sportfreund von Vater, um Rat und Hilfe. Aufgrund der Nachrichten von seinen Verwandten riet Vater dringend von einer Heimkehr ab. »Mir kann nichts passieren«, meinte Hans, »ich habe doch seinerzeit Fenz vor dem KZ bewahrt und der hat jetzt die Polizeiverwaltung unter sich. Wie meine Frau schrieb, hat sie mit ihm darüber gesprochen. Er würde für mich bürgen, sagt er!« – »Du warst zwar in der Partei, auch wüsste ich nicht, was du je Unrechtes getan hast, aber dem Altkommunisten Fenz traue ich genauso wenig, wie ich dem Kreisleiter getraut habe. Fenz hatte doch 1931 den Polizeimeister Schiller niedergestochen, ich würde nicht zurückgehen!«, sagte Else. Sie diskutierten das Für und Wider, warnten vor Neidern, doch Hans Miericke wollte unbedingt heim. Er übernachtete und Vater fuhr ihn, mit einer Wegzehrung versehen, am frühen Morgen zur Wakenitzbrücke nach Rothenhusen, dem am wenigsten kontrollierten Grenzübergang. Er war nach Nauen gekommen, wie sie später von Ruhnkes erfuhren, eine Nacht zu Hause gewesen, am anderen Tage von der Polizei verhaftet worden und kurze Zeit später im Zuchthaus Bautzen ohne jede vorherige Verhandlung umgekommen. Das Haus wurde enteignet, Frau Miericke musste es mit ihrer Familie verlassen und ein Bonze bekam es überschrieben. Vater hielt dies Beispiel für alle Risikopersonen bereit, die zurück wollten und bewahrte so sicher einige vor ihrem Unglück. Es ging dort ja wenig um gewesene Nazis, die waren zum Teil wieder integriert; es ging um Eigentum, das die neuen »Kühe an der Krippe« besitzen wollten. Dafür ließen sie gerne, von allem völlig unbeeindruckt, jemanden über die Klinge springen.

Dr. Wagner, Pächter der drei Grundstücke weiter südwestlich liegende Wäscherei, hatte einen Waggon Steinkohle vom Bahnhof abzufahren. Menzfeld, Fendler und ich wurden mit der Durchführung beauftragt, die Ware musste auf der Fuhrwerkswaage am Schlachthof verwogen werden, denn in dieser Zeit stimmten Versand- und Empfangsgewicht nie überein. Allein im Raum Köln verschwanden täglich 18 000 Zentner Kohle von den Güterwagen. Ernst Wagner, der Junior, fuhr zur Kontrolle mit. Er war ein Jahr älter als ich und wir verstanden uns auf Anhieb recht gut. Vater hatte für die Abfuhr zwei Zentner Kohle mit eingehandelt, die ich jedoch erst in der Dunkelheit mit dem Pkw holen durfte. Ernst hatte bald darauf Wünsche in Bezug auf Waschmaschinenreparaturen, die er mit Kohle ausglich. Ich, inzwischen die Schule besuchend, lieh mir Bücher aus der umfangreichen Bibliothek Dr. Wagners aus. Wir vertrauten einander bald und bauten an mehreren Abenden gemeinsam ein Destilliergerät zur Schnapsherstellung. Ernst besorgte das Material und ich setzte mein Fachwissen aus Schule und Werkstatt ein. Alles funktionierte auf Anhieb, niemand durfte etwas über die Schwarzbrennerei von Kartoffel- und Rübenschnaps erfahren, doch Schnaps war ein handfestes Tauschmittel, für das man Risiken einging.

Die Gewerbebetriebe begannen mit Genehmigung der Besatzungsmächte sich wieder zu formieren und Interessenverbände zu gründen. So auch die Vereinigung Lübecker Spediteure und der Verband Lübecker Fuhrunternehmer. Mutter hielt es zwar für richtiger, sich um den Betriebsaufbau zu kümmern, als irgendwelchen Verbänden beizutreten, doch Vater folgte den Aufrufen, die ihm in Rundschreiben zugegangen waren. Dem Verband der Fuhrunternehmer trat er sofort bei, als er erkannte, dass es doch einen großen Teil übergeordneter Dinge gab, die nur zwischen Verwaltung und Interessenvertretung angemessen geregelt werden konnten. Die Lübecker Spediteure sahen sich ranghöher angesiedelt, da die Hafenstadt naturgemäß Fachaufgaben auswies, die im Binnenland kaum vorkamen. Ohne entsprechende Referenzen war dieser Kreis Bewerbern verschlossen. So ließ Vater es bei einem Verband bewenden, kam aber bei den Versammlungen der Fuhrunternehmer mit seinem soliden Fachwissen und guten Vorschlägen zur Verbesserung der Gewerbesituation gut an. Die Lübecker akzeptierten Vater und wählten ihn mit in den mehrköpfigen Vorstand. Mutter passte das nicht – statt die Kraft in den Betrieb zu stecken, würde ihr Mann sich damit verzetteln. Doch Vater fühlte sich einfach nicht mehr ausgefüllt, seit ihm die großen Aufgaben der Fahrbereitschaft genommen waren und er sich auf den Gebieten des Handels nicht betätigen durfte, weil man Neugründungen von Firmen nicht genehmigte und der Fuhrbetrieb seinerzeit nur auf der Basis der Standortummeldungen des Güterfernverkehrgesetzes installiert werden konnte.

Die Absolvierung des Abiturkurses hatte ich mir leichter vorgestellt. Immer wieder fehlten mir Wissensgrundlagen von Pensen, die ich mit Sicherheit früher durchgenommen und beherrscht hatte. Nach Erarbeitung eines Teils tat sich mir dann plötzlich die Gesamtheit wieder auf, wie wenn alles eines Anstoßes bedurfte. Was war nur mit mir, hing das mit meiner Verwundung zusammen? Die Splitterverletzungen waren wohl behandelt worden, aber darum, dass ich bewusstlos zweieinhalb Stunden zwischen den Frontlinien lag, hatte sich nie ein Mediziner gekümmert. Meine Eltern sprachen mit Dr. Zapel und der diagnostizierte, die Granatexplosion hinter mir hätte sicher eine Gehirnerschütterung verursacht und damit gingen Bewusstseinsstörungen einher, die der Betroffene selbst kaum registriere. Wenn ich den Kursus durchstehen wollte, müsse ein Nachhilfelehrer her. Ernst Wagner, darauf angesprochen, sagte, in ihrem Gebäude wohne Dr. Lange, bis sein Haus in der Elsässer Straße wieder von den Engländern geräumt werde. Ich ging zu dem Philologen. Der Studienrat war fast blind. Eine Granate, die seinen Artilleriebeobachtungsbunker neben dem Sehschlitz traf, hatte ihm das Augenlicht nahezu genommen. Wir wurden schnell einig. Dr. Lange kam jeden Tag ins Haus und mit seiner Hilfe besserten sich bald meine Noten.

Das Verhältnis zwischen Dr. Lange und mir entwickelte sich freundschaftlich. Wir hatte Knittels Roman »Therese Etienne« zur Kommentierung als Schulaufgabe bekommen. In dem Roman ehelicht ein alter, vermögender Mann eine jugendliche, arme Frau, die glaubt, sich mit dem Geld ein schönes Leben gestalten zu können, im Laufe der Zeit den Fehlgriff bemerkt und ihren Mann vom Liebhaber ermorden lässt. Ich urteilte in meiner Ausarbeitung besonders hart über den Mann, der doch so weit hätte vorausschauen müssen, dass die Liebe bei dem Altersunterschied nur einen kurzen Bestand haben würde, um später in Ekel, Abneigung und Hass umzuschlagen. Dr. Lange zeigte sich bedrückt und suchte die jugendlichen Vorstellungen in kompromissbereitere Bahnen zu lenken.

Wenig später hatten die Engländer sein von ihnen beschlagnahmtes Haus geräumt. Ich machte mit Fendler und Menzfeld den Umzug seiner Möbel und staunte über das vornehme Gebäude, das Dr. Lange sein eigen nannte. Ich begrüßte ein Mädchen, das die Stellplätze des Mobiliars anordnete, als Dr. Langes Tochter und vernahm verblüfft von diesem, dass er kurz vor dem Einzug seine frühere Schülerin geheiratet hätte. Auf dem Heimweg dachte ich an Therese Etienne. Hatte das Schicksal den Lehrer nicht im letzten Moment warnen wollen, würde der fast blinde Mann den Altersunterschied von fünfunddreißig Jahren ausgleichen können? Sie war hübsch, lebenslustig, hatte meine Hand bei der Begrüßung länger festgehalten und mir tiefer in die Augen geschaut als üblich. Waren das schöne Haus und das wohl vorhandene Vermögen ein Äquivalent? Meine Zweifel zeigten bereits im nächsten Jahr ihre Berechtigung, als Günter zu Nachhilfestunden Dr. Lange konsultierte. Auch andere Schüler kamen zu diesem Zweck und die junge Frau Lange verstand es, die vermeintlich das Haus verlassenden Jugendlichen zurückzuhalten, um ihnen vergnügliche Nachhilfestunden zu geben. Ihr Mann war ja blind!

Der Frühling zog ein, gab dem Volk neue Hoffnung und weckte Aktivitäten zum Überleben. Die Allianz zwischen Ost- und Westmächten zerbröckelte immer mehr, es funktionierten nur noch der Kontrollrat in den vier gemeinsamen Zonen Berlins und eine gewisse Zusammenarbeit beim Kriegsverbrecherprozess in Nürnberg. Doch auch hier bekamen die angloamerikanischen Richter bereits Gewissensbisse, mit sowjetischen Kollegen zusammenarbeiten zu müssen, deren Herren in der Ostzone Konzentrationslager mit ähnlichen Todesraten eingerichtet hatten, wie es vorher die Nazis taten. Ausgerechnet diejenigen brandmarkten die Kriegsgräuel am schärfsten, die nun in ihrem Bereich das Gleiche taten. Deutsche Generäle, denen nationalsozialistische Gesinnung nicht nachgesagt werden konnte, hatten den Amerikanern im Verlauf der letzten Kampfhandlungen geraten, mit deutscher Unterstützung sofort gegen die Sowjets weiterzumarschieren und waren verständlicherweise verlacht worden. Nun lachten sie nicht mehr, als sie sahen, in welcher Weise Stalin auch demokratische Länder wie Bulgarien, Rumänien, Ungarn, Jugoslawien, Polen, die Tschechoslowakei und die baltischen Länder mit kommunistischen Regierungen versah und in einen gleichgeschalteten Ostblock zwang. Da war nichts mehr mit demokratischen Wahlen, mit menschlicher Freiheit – wer nicht spurte verschwand in die Einöde Sibiriens zur langsamen oder vor Ort zur schnellen Liquidation, wie die Umschreibung des politischen Mordes so eindrucksvoll heißt.

Der Frühling also gab Hoffnung, vor allen Dingen in den Westzonen, wo das Leben sich rührte, wo trotz aller Bombardements nur 20 Prozent aller Industrieanlagen, jedoch über 50 Prozent der städtischen Wohnungen zerstört waren. Hunderttausende von Frauen putzten Trümmersteine ab, halfen beim Bau von Behelfsheimen oder bei Reparaturen an halb zerstörten Häusern. Die Menschen hatten die »Ärmel hochgekrempelt«, waren tätig. Rang und Namen ordnete sich dem Aufbauwillen unter. Industriefirmen, die vorher Stahlhelme und Granathülsen geformt hatten, stellten nun Töpfe, Teller oder sonstige Bedarfsartikel her. Mit all dem mehrten sich auch die Fuhraufträge. Die Bevölkerung musste irgendwie versorgt werden. 2200 Kalorien pro Tag benötigt der Mensch zum Überleben. Auf Lebensmittelkarten bekam man in der amerikanischen 1300, in der sowjetischen 1083, in der britischen 1050 und in der französischen Zone 900 Kalorien. Wer nicht in der Lage war, sich zusätzlich Ernährung zu beschaffen, starb unweigerlich. So wurde jedes fruchtbare Stückchen Land beackert, bepflanzt und zum großen Teil auch nachts überwacht, um die kommende Zeit überstehen zu können.

Bei diesen Mühen um den Lebenserhalt ging es den Broziats verhältnismäßig gut. Vater fand immer wieder Möglichkeiten, bei Fuhraufträgen etwas Nahrhaftes für die Familie einzuhandeln. Wir hatten jetzt ein Stück Gartenland zum Anbau von Gemüse und Kartoffeln, und die Beschaffung von Heizmaterial bereitete keine allzu großen Sorgen. Nur ich stöhnte unter meiner Belastung. Neben der Schule und meinem Nachholbedarf mussten die Fahrzeugreparaturen erledigt werden, sodass manche Mitternacht mit diesen Aufgaben überschritten wurde. Ich hatte vor Schulantritt die Zusage für die Instandhaltung gemacht, sie sollte nun auch eingehalten werden, denn nur einsatzfähige Fahrzeuge bildeten die Lebensgrundlage für Familie und Betrieb.

Günter, sonst der Gartenarbeit abhold, begann Tabakstauden zu pflanzen. »Was soll denn das werden?«, fragte Else. »Die brauche ich für die Schule!« – »In Biologie? Bis die groß sind, habt ihr sicher andere Themen!« – »Lass man, Mutti, damit kann ich meine Zensuren verbessern!« – »Das kannst du auch, wenn du ordentlich lernst!« Günter war von der Tabakzucht nicht abzubringen, sie schien ihm einträglicher zu sein.

Ende Mai stand die ganze Landschaft in voller Blüte. Der Tremser Teich glitzerte im Sonnenlicht, Möwen kreisten unter den dahintreibenden weißen Wolkenschiffen, das lichte Grün von Baum und Strauch versetzten die Menschen in eine Erwartung, wie nur die erwachte Natur es vollbringen kann. Eine friedliche Fröhlichkeit lag in der Luft, als ob vor einem guten Jahr der schreckliche Krieg nicht getobt hätte. Ich hatte mir als Abituraufgabe in Deutsch Goethes »Faust« gewählt und suchte nun, am Freitagnachmittag, dem 1. Juni, mit Dr. Wagner in dessen Bibliothek nach entsprechender Literatur zu diesem Thema. Die Regale befanden sich im hinteren Teil der langen Diele. Ernst war mit zwei Mädchen hereingekommen, sie hatten vorn am Tisch Platz genommen, Dr. Wagner gesellte sich dazu, die Unterhaltung machte ihm Spaß. Nach der Bücherauswahl ging ich zum Tisch, und Dr. Wagner stellte mich vor. Carmen und Erika Meseck waren die beiden Schönheiten, die sich Heckenrosen ins Haar gesteckt hatten, wobei Erika, die zweifellos jüngere, mir fast den Atem nahm, so gut sah sie aus. Ich musste sie immer wieder anschauen, war von ihr hingerissen. Carmen hatte bereits mit Ernst über die Bedeutung der Sternzeichen gesprochen, Dr. Wagner sich lächelnd eingemischt und ich holte aus meiner Brieftasche Charakterbeschreibungen dafür hervor, die ich bereits als Soldat immer bei mir trug. Die Beurteilung eines jeden klang recht lustig, und Erika, die Stiergeborene, passe besonders gut zu mir mit dem Sternbild Jungfrau, hieß es. Ja, das musste mir nicht erst aus dieser Abhandlung gesagt werden, fast körperlich spürte ich Liebe auf den ersten Blick. Siebzehn Jahre war sie seit einem halben Monat alt, welche Anmut strahlte sie aus, wie ebenmäßig zeigte sich ihr Gesicht mit den leuchtenden, grünen Augen, welch eine rassige Figur verdeckte das dunkle, schlichte Kleid! Sie schien noch ungebunden zu sein.

Ich wollte – ohne dass es den Mädchen groß auffiel – zeigen, wo wir wohnen, und schlug deshalb vor, am Haus vorbeizugehen, um die Bücher abzulegen und die Mädchen dann gemeinsam zur anderen Seeseite zu begleiten, wo sie wohnten. Ernst bejahte, und auf dem Weg führte Carmen gewandt die Unterhaltung. Meine Eltern waren nicht da, so bat ich die drei ins Zimmer, wo sie angeregt weitersprachen, bis plötzlich meine Eltern, mit irgendwelchen Besorgungen unter dem Arm, ins Zimmer traten. Den beiden gefiel der Besuch in ihrer Abwesenheit nicht. Entsprechend eisig fiel die Begrüßung aus. »Habt ihr hier getanzt? Auf dem Boden liegt ja Putz von der Decke!«, fragte Mutter. – »Nein, wir haben uns hier nur unterhalten!«, antwortete ich, peinlich berührt. »Kommt, wir gehen!« Vater versuchte wegen Ernst Wagner einzulenken, doch wir vier gingen in Richtung Schwartauer Landstraße um den Teich zum Haus, in der die Mesecks wohnten. Erika blieb schweigsam, während Carmen, unterhaltsam flirtend, auf Ernst und mich einwirkte. Sie hatte in der Wäscherei einen Mantel zur Reinigung abgeben sollen und Erika mitgenommen, damit Ernst Wagner sie mit seinen Anträgen verschonen möge, nun aber mich ganz attraktiv gefunden. Im Haus sagte Erika zu Carmen: «Na, da hast du ja wohl eine neue Eroberung gemacht!« – »Mal sehen!«, meinte sie. Ich beklagte mich auf dem Heimweg über das Verhalten meiner Eltern. »Nimm das nicht so ernst«, sagte mein Freund sarkastisch, »die wollen nur nicht, dass du die Zeit mit Mädchen vertrödelst, statt unter irgendeinem Fahrzeug zu liegen, um es zu reparieren, das geht ihnen doch vor. Außerdem willst du das Abitur schaffen. Trotzdem hätten sie freundlicher sein können. So habe ich deine Mutter noch nicht erlebt. Wenn sie mit meinem Vater Süßholz raspelt, tut sie doch immer so damenhaft!« Vielleicht hatte Ernst ja recht. Trotz meiner entbrannten Liebe musste ich Prioritäten setzen und erst das Abitur hinter mich bringen, danach käme endlich, endlich die Zeit zum Werben um Erika und vielleicht zum Stillen meiner Sehnsucht, in ihr eine wahrhafte Lebenskameradin zu finden.

Auf einer Versammlung der Fuhrunternehmer hatte Vater ein Gespräch mit einem Kollegen. Der erzählte ihm lang und breit, dass er als Soldat auf dem Gelände des Seeflughafens Priwall im Krieg und auch noch einige Monate danach eingesetzt war. Da lagen im Freien, unter Planen verdeckt, an die tausend überholte Flugmotoren und viele andere Ersatzteile, wie Schwimmer, Kanzeln und dergleichen. Wie hirnverbrannt kam es ihm vor, von den Briten beauftragt, die schönen

Motoren und anderen Teile mit Sprengsätzen zu zerstören. Nun wären da ein paar Wachleute, die herumsitzen und Däumchen drehen. Vater bejahte des Kollegen Ansicht über diesen Unfug der Engländer, äußerte jedoch keinen seiner Gedanken, die ihm dabei gekommen waren. Flugmotoren bestanden hauptsächlich aus Aluminium. Wenn Possehl das Material kaufen könnte, hätte er Transportaufträge für Monate. Am nächsten Tag fuhr er zum Priwall, verhandelte mit dem Wachführer, ob er den Seeflughafen nicht einmal besichtigen könne, noch nie hätte er so eine Anlage gesehen. Es dauerte eine Zeit, bis er den Mann überredete, gegen die Bestimmung zu verstoßen und mit Vater über den Platz zu fahren. Da waren der große Flugboot-Auslegerkran an der Kaimauer, die Betonbahnen, die modernen Hangars und tatsächlich, etwas abseits gelegen, ein Platz mit den vielen zerstörten Flugmotoren. Vater bedankte sich und fuhr weiter zu Direktor Vieth. Der hörte sich das gern an, zog die Herren Brockmüller und Wulff hinzu und beauftragte Brockmüller, mit den Engländern in Kiel über den Ankauf des Materials zu verhandeln. Die vertrösteten ihn auf August, wenn der zuständige Sachbearbeiter aus England zurück sei.

29. Kapitel

Die Lebenslust der Menschen regte sich immer stärker. Kinovorstellungen, Theateraufführungen waren ständig ausgebucht. Restaurants, die nur gegen Lebensmittelkarten ausschenkten, waren abends voll besetzt. Man wollte wieder tanzen, lachen, fröhlich sein, vergessen. Markenfrei waren »Heißgetränke« oder andere, obskure Drinks in allen möglichen Farben, an denen sich niemand, auch bei größtem Konsum, betrinken konnte. Bei Verzehr von mitgebrachtem Wein, Bier oder Schnaps hatten die Gäste festgelegte »Korkengelder« zu entrichten. Fritz Brost, ein Flüchtling aus Ostpreußen, war als Beamter in die Kfz-Zulassungsstelle des Ordnungsamtes übernommen worden. In seiner Dienststelle als auch bei den Fuhrunternehmern fand er gute Zustimmung, einen geselligen Verein zu gründen. Er benannte ihn mit »UNFUG«, die Abkürzung von »Union für unterhaltende Geselligkeit«. Vater trat wegen der Verbindungen bei, die er da anstrebte, Mutter wegen des Tanzens und der Vergnügungen. Da wohnte in der Schwartauer Allee der Kollege Mietzelfeld, liiert mit Frau Köckeritz, mit denen sie gern zusammen waren, es kamen der 2,5-Zentner-Mann Willi Possehl und etliche andere humorvolle Unternehmer sowie zahlreiche Beamte vom Ordnungsamt und der Polizei. Die Gründungsveranstaltung Mitte Juni, angereichert mit vielen Reden, Tanz und lustigen Einlagen, wurde ein voller Erfolg und animierte zu weiteren Aktivitäten. Vater bemerkte, wie Mutter wieder froher wurde und hoffte, sie würde ihre depressive Einstellung überwinden.

Am 20. Juni begannen die schriftlichen Arbeiten zur Abiturprüfung. Dr. Pokorni, der Deutschlehrer, hatte mich nochmals gefragt, ob ich bei dem schweren Thema »Faust« verbleiben wolle. Ich bejahte, fühlte Sicherheit darin und versuchte dann in meiner Darstellung einen Vergleich zwischen meinem geplanten Lebensweg und dem des Dr. Faust abzuleiten. Ich glaubte eine hervorragende Arbeit abgeliefert zu haben und traf in den nächsten Tagen auf einen dazu kopfschüttelnden

Dr. Pokorni, der mir andeutete, das Thema verfehlt und damit im schriftlichen Teil ein »Ungenügend« in Deutsch zu haben. Das hatte gerade noch gefehlt! Der Lehrer meinte, ich würde mich vielleicht in der mündlichen Prüfung wieder um einige Noten hochpauken können.

Ausgerechnet in dieser Situation kam auch noch der Hanomag nachmittags mit dampfendem Kühler auf den Hof gefahren. Vater und ich gingen zum Fahrzeug. Eine Zylinderkopfdichtung war durchgeschlagen, und am nächsten Tag musste ein wichtiger Einsatz gefahren werden. »Morgen haben wir Prüfung in Englisch!«, sagte ich. »Das Geschäft geht vor!«, antwortete mein Vater, »lass die Vorarbeiten von Menzfeld machen, aber das Anziehen der Kopfschrauben und Einstellen des Ventilspiels ist deine Sache. Sind denn noch Kopfdichtungen da?« – »Eine Originaldichtung und eine selbst ausgehauene in Kupfer!«

Die Werksdichtungen waren nur schwer zu beschaffen und hielten nicht so lange wie die Kupferdichtungen, wenn diese gleichmäßig weich geglüht wurden, doch die Eigenfertigung war sehr zeitaufwändig und musste mit exakter Präzision durchgeführt sein. Abends um halb zwölf war die Reparatur endlich beendet. Zwischendurch hatte ich nochmals das Englischpensum überflogen und fiel dann müde in den Schlaf.

Die Ersatzteilbeschaffung für die drei Fahrzeuge, die nun sechs, fünf und vier Jahre alt waren, gestaltete sich schwierig, denn die Vertretungen hatten ihre Vorräte aufgebraucht und den Herstellern fehlte oftmals das Ausgangsmaterial für die Teileproduktion als auch für Neufertigungen, falls sie überhaupt die Genehmigung dafür von den Siegermächten erhielten. So war das auch bei den simplen Zylinderkopfdichtungen. Die Zylinderköpfe verzogen sich unter der Dauerbelastung, der Kompressionsdruck fraß sich mit der Zeit zu den Kühlmittelbohrungen durch, wo der Stahl vielleicht um einen zehntel Millimeter nachgegeben hatte und die Verbrennungsgase wurden ins Kühlsystem gedrückt, solange der Motor lief. Nach dem Abstellen lief das Kühlwasser durch den entstandenen Kanal an der Zylinderwand hinunter in die Ölwanne, dezimierte die Schmierfähigkeit und gefährdete den gesamten Motor. Die Motorenüberholung von Hans Dau aus Stettin war noch vor Kriegsende mit ihrem Maschinenpark nach Lübeck geflüchtet und hatte dort sofort die Arbeit aufgenommen. Hier konnten die Zylinderköpfe wieder plangeschliffen werden, doch dann fiel das Fahrzeug mehrere Tage aus, sodass wie im oberen Falle zwischen einer provisorischen Reparatur oder einer langfristigen abzuwägen war, je nach Auftragslage.

Am nächsten Morgen ging ich schlecht vorbereitet in die Englischprüfung. Mit den Fremdsprachen hatte ich schon immer meine Probleme gehabt und aufgrund meines Nachholbedarfs mit den Lehrern vereinbart, dies Fach zu Gunsten anderer etwas zu vernachlässigen. Nun wollte ich wegen der schlechten Deutscharbeit in Englisch eine bessere Note erzwingen. Es ging einfach nicht. Von der abendlichen Arbeit abgespannt, fehlte mir die nötige Konzentration, aber auch viel Grundwissen und ich spürte, dass die Arbeit fehlgeschlagen war. Doch dann kamen in den folgenden Tagen die anderen Fächer an die Reihe und ich glaubte das Abitur bestehen zu können, wenn die Deutschnote wesentlich verbessert würde. Ich verblüffte in der mündlichen Prüfung die Kommission, indem ich ganze Passagen aus dem »Faust« in Sinn und Text fehlerfrei rezitierte und beherrschte, das »Ungenügend« in ein »Befriedigend« wandeln konnte und Dr. Pokorni signalisierte mir: Bestanden! Erleichtert und glücklich wusste ich die Basis zum Studium geschafft zu haben. Die nächsten Tage waren noch mit weiteren mündlichen Prüfungen angefüllt und dann, am 5. Juli, konnte ich zu Hause mit gewissem Stolz mein Abschlusszeugnis vorlegen. Einerseits waren meine Eltern erfreut, andererseits auch bange, zu irgendeinem Zeitpunkt auf meine schwer ersetzbare Arbeitskraft verzichten zu müssen.

Nach Mölln hatte sich die – ähnlich wie die Firma Dau ausgestattete – Motorenüberholung Baumgarten aus dem Brandenburgischen geflüchtet. Ihr Maschinenpark war noch im Krieg auf je einem Drei- und Zweiachsanhänger antransportiert worden. Die zurückgesandte Zugmaschine, welche die nächste Ladung holen sollte, blieb verschollen. Vater hatte bei Baumgarten Reparaturarbeiten durchführen lassen, dabei auch nach den Anhängern gefragt und war mit Baumgarten einig geworden, die beiden Anhänger gegen einen vollgummibereiften Möbelwagen und den DKW-Lieferwagen zu tauschen. Im Gegensatz zu dem zwillingsbereiften Broziat'schen Anhängerpark liefen die einfachbereiften Anhänger leichter und waren im Fernverkehr besser einzusetzen. Possehl hatte bereits angekündigt, dass für die Werkzeug- und Sanitärabteilung im Frühherbst Einkaufsfahrten ins

Ruhrgebiet geplant seien. Dafür würden diese beplanten Fahrzeuge gut passen, wie auch für andere Fahrten, bei denen die Ladungen vor Wetter geschützt sein mussten.

Die Abiturienten hatten einen Abschlussball in der Waldhalle Bad Schwartau arrangiert. Einige waren in der Lage, Gebäck und Getränke beizusteuern. Ich hatte meinem Vater abgerungen, Menzfeld möge mit dem Hanomag und mit einem Plananhänger die Teilnehmer vor der »curfew« nach Hause fahren. Mir fehlte jedoch eine Tanzdame. Ernst Wagner, darauf angesprochen, ob nicht Erika in Frage käme, meinte: »Ihre Mutter kennt dich nicht, das lässt sie nicht zu. Nimm doch Bärbel, die ist zu jedem Vergnügen bereit!« – »Deine Freundin? Glaubst du, sie wird mitkommen?« – »Ganz sicher!« Ich kannte Bärbel Utz, sie war öfter dabei gewesen, wenn sie bei Ernst im Wagner'schen Haus weilte. Bärbel wohnte gegenüber, im ersten Haus hinter dem Tremser Teich, ihr Vater war Rektor der Handelsschule. Gern willigte sie ein, nach allen Schulmühen wurde es ein vergnüglicher Abend, bei dem auch die Lehrer zeigten, dass sie ausgelassen sein konnten, genauso fröhliche Beiträge brachten wie die Schüler und die Tanzmusik genossen. Die Zeit der Ausgangssperre veranlasste das Ende. Menzfeld wartete mit dem Fahrzeug am Ausgang, und alle stiegen über die kleine Leiter in den dunklen Anhänger. Menzfeld hatte eine Liste mit den Haltestellen. Kaum setzte sich der Wagen in Bewegung, hatte Bärbel mich auch schon umschlungen und küsste mich. »Bist du verrückt«, flüsterte ich, »wenn das Ernst erfährt!« – »Das stört ihn nicht, komm noch mit zu mir ins Haus, ich hab noch etwas Trinkbares!« – »Nein, ich muss beim Fahrzeug bleiben!« – »Bist du doof!«

Der Wagen hielt auch schon am Tremser Teich, ich half ihr beim Absteigen, sie zeigte nochmals mit ihrem Zeigefinger auf meine Stirn und ging ins Haus. War das die weibliche Treue, sinnierte ich auf der Weiterfahrt, oder eine Ausnahme?

Am Sonntag nach dem Essen begann ich in der Halle mein Faltboot zusammenzustellen, das wir auf der Flucht mitgenommen hatten, um im äußersten Notfall ein Gewässer überqueren zu können. Ernst Wagner kam. »Na, wie war's denn mit Bärbel?« – »Schön war es, bei mir musst du ja keine Bedenken haben, aber im anderen Falle solltest du mehr auf sie aufpassen!« – »Sie soll selber wissen, was sie tut, bisher ist sie immer wieder kleinlaut zu mir zurückgekommen. Was machst du mit dem Zeug da?« – »Ich will mein Faltboot fertig machen. Ein Holm ist gebrochen, aber der ist bis zum nächsten Wochenende fertig, dann können wir auf den See. Meine Eltern haben mir für die nächsten Tage schon eine Menge an Touren aufgegeben.« – »Das glaube ich dir aufs Wort!« Ernst half mir noch eine Weile und ging dann wieder.

Am folgenden Sonnabend paddelten wir am Spätnachmittag auf dem See umher, an der Badeanstalt vorbei, dann in Richtung Utzsches Haus, an Schwimmern vorbei und plötzlich rief Ernst: »Hallo Erika, was machst du denn hier!« Sie hatte sich auf den Rücken gedreht. »Ich schwimme bei der Hitze, sieht man das nicht?« – »Komm ins Boot, wir nehmen dich mit!« Ich, hinten sitzend, rückte noch ein Stück zurück, aber zu meiner Enttäuschung kletterte sie nach vorn zu Ernst. Wir fragten Erika nach ihrer Tätigkeit und erfuhren, dass sie täglich für die Familie zum Sammeln von Kornähren fahre, damit sie Zusatznahrung für den Winter hätten, außerdem besorge sie Kaninchenfutter und helfe im Haushalt. Seit dem Tod des Vaters sei alles viel schwerer geworden. Das einzig Erfreuliche wäre ihr Besuch der Tanzstunde in der Waldhalle, die gerade begonnen hätte. Wenn sie sich umschaute, ging mir ihr Lächeln zu Herzen, das dabei aber einen so wehmütigen Zug aufwies. Als sie am Steg ausstieg, konnte sich mein Blick von ihrer Gestalt kaum trennen. »Du hast dich ja ganz schön verknallt!«, sagte Ernst. – »Bis über beide Ohren, und du glaubst nicht, mit welcher Freude!«

Ich suchte aus dem Telefonbuch die Adresse der Tanzschule Zeidler heraus, rief dort an und fragte, ob sie noch Meldungen für den laufenden Kursus annehmen. Frau Zeidler wies auf den nächsten Kursus hin, doch als ich sagte, auf den zu verzichten, willigte sie schnell ein. »Mit wem hast du denn telefoniert?«, wollte Mutter wissen. »Ich habe mich zur Tanzstunde angemeldet!« – »Geht das um die Mädchen, die vor drei Wochen da waren?« – »Um eines davon!« Sie rief Vater und sagte ihm das mit leicht empörter Stimme. »Was wird aus deiner Arbeit oder dem Studium? Außerdem müsstest du vorher mit uns reden, wenn du dir ein Mädchen suchst!«, rief mir Vater zu. In aller Ruhe antwortete ich: »Der Tanzunterricht ist zwei Mal in der Woche am Abend, also wird die Arbeit davon nicht berührt, und wie war das zwischen dir und Mutti? Wie ich weiß, hast du auch nicht gefragt. Wenn mir das Mädel gefällt, werde ich es euch rechtzeitig vorstellen!« – »Zwischen Mutti und mir war das ganz etwas anderes und es waren auch andere Zeiten!« – »Papa, überlege dir bitte in Ruhe, was du jetzt gesagt hast und inwieweit das richtig ist, ich werde meine Anmeldung jedenfalls nicht zurückziehen! Wollt ihr etwa behaupten, ich würde hier nicht meine Pflicht erfüllen oder willst du sagen, dass es nur dir zustand, eine Frau fürs Leben zu suchen?« Ich ließ meine Eltern stehen, legte mich draußen ins Gras und ließ den flimmernden See auf mich einwirken, um die Erregung zu dämpfen.

Am nächsten Dienstag begann ich nach Feierabend, mich eilig zu waschen und umzuziehen. »Willst du das Mädchen abholen?« – »Nein, es ist schon zu spät, vielleicht nächstes Mal«, sagte ich knapp, um keine neue Diskussion aufkommen zu lassen. »Nimm dann der Mutter einen Blumenstrauß mit!« Ich nickte mit dem Kopf. Wo kam denn nun plötzlich die Kehrtwendung meiner Mutter her, waren meine Eltern in sich gegangen und hatten dabei bemerkt, dass es in ihrer Jugend auch nicht so prüde hergegangen war, wie sie sich jetzt gaben? Ich kam etwas zu spät, entschuldigte mich bei Frau Zeidler und setzte mich auf einen Stuhl der »Herrenseite«. Die Stuhlreihen waren an den Längswänden, je für Damen und Herren aufgestellt, dazwischen lag die Tanzfläche. Erika saß schräg gegenüber, mit gesenktem Blick, leicht lächelnd, etwas errötet. Bei den nächsten Tänzen wurde sie von einem Herrn mit vermutlich im Krieg lädiertem Arm aufgefordert, Gerhard Lund, wie ich erfuhr, der ihr den Hof machte. Dann war ich schneller und die letzten Tänze des Abends mit Erika gehörten mir. Darauf bot ich ihr die Begleitung auf dem gemeinsamen Heimweg an, etwas verlegen willigte sie ein. Erika war verwirrt. Da kannte sie nun seit einiger Zeit den Studenten Gerhard Lund, mit dem sich ihr Vater noch des Öfteren unterhalten hatte, und jetzt brach plötzlich ein jüngerer Mann in ihr Leben ein und umwarb die völlig Unerfahrene heftig. Wir sprachen Belangloses auf dem Rückweg über den Tanzkurs, einige gemeinsame Bekannte aus meiner Abiturklasse, und ich verabschiedete mich mit der Bemerkung: »Dann bis zum nächsten Mal!«

Am Freitag war ich mit meiner Arbeit früher fertig, besorgte Blumen und ging rechtzeitig zum Meseck'schen Haus. Vermutlich war es Erikas Mutter, die da öffnete, stellte mich vor, gab ihr den Blumenstrauß und sagte, ich möchte gern ihre Tochter zur Tanzstunde abholen. Frau Meseck war überrascht, das hätte Erika ihr doch vorher sagen können. Sie rief Erika, die gerade mit dem Anziehen fertig war, auf die Veranda. Ich ließ der Mutter keine Zeit, Fragen zu stellen, sondern sagte: »Guten Tag, Fräulein Meseck, ich wollte Sie gern zur Tanzstunde abholen, wir haben ja den gleichen Weg zur Waldhalle!« Süß sah sie aus, wie sie errötete. »Ich dachte, Sie würden auf der Straße warten!« – »Na, dann geh mal!«, meinte die Mutter mit nachdenklichem Blick, abwechselnd auf mich und die Blumen in ihrer Hand. Einen schlechten Geschmack hatte Erika wohl nicht entwickelt. Der junge, fast einsachtzig große, schlanke Mann mit dem dunklem, gewellten Haar, klarem Blick aus den blauen Augen sah wirklich gut aus, und außerdem wusste er sich zu benehmen, brachte zur Einführung einen Strauß – vielleicht ist es ja der Richtige.

Wir gingen nebeneinander her und unterhielten uns über unser Zuhause. Ich erfuhr, dass ihr Vater bereits vor dem Ersten Weltkrieg Kolonialoffizier gewesen war. Er hatte an der damaligen Ostfront ein Bein verloren und war leider vor einem Dreivierteljahr verstorben. Mit einem Jahr verlor sie bereits ihre Mutter. Ich war also von der Stiefmutter begrüßt worden. Zwei ältere Schwestern gehörten zur Familie, eine jüngere und ein jüngerer Bruder. Margot, die Älteste, sei Lehrerin in Schönkirchen, Carmen Kindergärtnerin und die beiden Jüngeren gingen zur Schule. Sie, Erika, sei bei Kriegsende von der Schule abgegangen. Ihr Vater hatte sie für das übliche Pflichtjahr bei einem befreundeten Großbauern untergebracht, damit sie ihre Ernährungsdefizite aufholen sollte. Seit einem Vierteljahr sei sie nun zu Hause, um ihrer Mutter bei der schwierigen Lage, in die sie das Schicksal geführt hatte, mit aller Kraft zu helfen. Wenn sich alles etwas gebessert hätte, strebe sie eine Ausbildung als Sportlehrerin an. Als sie in den Saal traten, waren schon viele Teilnehmer anwesend. Ich hakte Erika zu ihrem Erschrecken fest ein und führte sie zu einem freien Platz und wusste es einzurichten, sie zu fast jedem Tanz auffordern zu können, sodass ihre Schulfreundinnen bereits darüber tuschelten und Gerhard Lund enttäuscht dreinblickte. Der Heimweg gab mir wieder Zeit, über mich zu berichten. Artig verabschiedete ich mich von Fräulein Meseck, wobei ich nicht vergaß, ihr zu versichern, sie am nächsten Dienstag pünktlich abzuholen.

Am Sonntag sollten die Mitglieder der neuapostolischen Kirche zu einem Treffen nach Plön gefahren werden. Vater hatte das vereinbart und vom Luftschutzlager Bänke gekauft, die auf dem Dreiachseranhänger befestigt wurden. Busse gab es nur sehr wenige. Die Leute freuten sich, diese Möglichkeit nutzen zu können. Die Seitenplanen bekamen Zugschnüre, um sie bei gutem Wetter hochzustellen. Menzfeld und ich fuhren die Gruppe und verbrachten den Tag wartend in Plön, um sie dann 20 Uhr wieder in Lübeck abzuliefern. Ich hatte die Zeit dort genutzt, um mir die unzerstörte Stadt, das herrliche Schloss und die waldumsäumten Seen anzuschauen. Mit dieser Aktion war für den Betrieb eine neue Einnahmequelle in Form von Personentransporten entstanden.

Am Dienstag hatte ich mich abhetzen müssen, um noch rechtzeitig bei Erika zu sein. Forschen Schrittes gingen wir zur Waldhalle, die Teilnehmer hatten sich an unser gemeinsames Kommen und Gehen gewöhnt. Es war ein harmonischer Abend. Ich zog sie beim Tanz etwas näher an mich, als Frau Zeidler es wünschte, nach der Korrektur drückte Erika dagegen, wenn ich es wieder versuchte. Wir machten uns über die kaum befahrene Autobahn, die den Tremser Teich zu verschieden großen Teilen durchschnitt, eingehakt auf den Heimweg. Ausgerechnet mein Vater kam uns mit Herrn Brockmüller im Fiat entgegen. Vater hupte und drohte lächelnd, Erika nahm schnell Abstand, ich zog sie wieder an mich, als der Wagen vorbei war. Wir kamen an den kleinen Seeteil, ich setzte mich ins Ufergras, oberhalb des in der Abendsonne schimmernden Wassers. Sie stand unschlüssig daneben. »Wie halten Sie es eigentlich mit Gott und dem Glauben?«, fragte sie. »Setzen Sie sich doch auch hin, ich sage es Ihnen dann!« Erika nahm neben mir Platz. Ich überlegte: Da stellte sie also die Gretchenfrage, sicher ohne den »Faust« zu kennen, mein Thema im Abitur, ganz aus sich heraus? Sollte ich ihr sagen, dass ich jeden Abend mein Gebet sprach, in einem festen christlichen Glauben? Ich wollte mit dem großen Dichter die Antwort geben und deklamierte:

»Wer darf ihn nennen?
Und wer bekennen:
Ich glaub ihn?
Wer empfinden
Und sich unterwinden
Zu sagen: Ich glaub ihn nicht?
Der Allumfasser,
Der Allerhalter,
Fasst und erhält er nicht

Dich, mich, sich selbst?
Wölbt sich der Himmel nicht da droben?
Liegt die Erde nicht hier unten fest?
Und steigen freundlich blinkend
Ewige Sterne nicht herauf?
Schau ich nicht Aug in Auge dir,
Und drängt nicht alles
Nach Haupt und Herzen dir
Und webt in ewigem Geheimnis
Unsichtbar, sichtbar neben dir?
Erfüll dein Herz davon, so groß es ist,
Und wenn du ganz in dem Gefühle selig bist,
Nenn es dann wie du willst,
Nenn's Glück! Herz! Liebe! Gott!«

Bewusst ließ ich Fausts letzte vier Verszeilen ungesagt, die doch so viel vom Glauben wieder in Frage stellen, nahm Erika fest in den Arm und küsste sie herzlich. »Schön hast du das gesagt!« Wir hatten uns endgültig gefunden und gingen Hand in Hand und ganz verliebt nach Hause.

30. Kapitel

Die Wochen bis Anfang September 1946 waren angefüllt mit täglicher Arbeit, Fuhraufträgen, Reparaturen und allem, was ein Geschäft, das wieder im Werden ist, benötigt. Dauerkunden kamen immer wieder mit ihren Wünschen, aber Vater hatte auch laufend akquiriert, sodass die Fahrzeuge in ständigem Einsatz waren. Zu allem mussten für jede Tour Fahrgenehmigungen eingeholt werden, so war auch der Chef voll beschäftigt. Durch seine Tätigkeit im Vorstand des Fuhrgewerbes kam man ihm in der Fahrbereitschaft sehr entgegen, sein Verhältnis zum Fahrbereitschaftsleiter Kahns gedieh inzwischen so weit, dass er Vater bei schwierigen Angelegenheiten um dessen Meinung befragte.

Herr Brockmüller rief Vater an: »Herr Broziat, wir haben das Priwall-Inventar gekauft, wir sollten morgen zur Besichtigung rüberfahren und schnellstens anfangen, am besten bringen Sie Ihren Sohn gleich mit!« Das war, am 4. September, wie ein Geschenk zu Mutters Geburtstag. Nun würde Arbeit in Hülle und Fülle auf den Betrieb zukommen. Brockmüller hatte alle Genehmigungen dabei, dass sich die Leute von Possehl und Broziat auf dem Gelände frei bewegen dürften, der Flugzeugkran stand ihnen mit dem Kranführer zur Verfügung, nur mit der Priwall-Fähre musste noch ein Pauschalvertrag für das ständige Übersetzen der Fahrzeuge abgeschlossen werden. Was da alles herumlag! Von tausend Flugmotoren war die Rede gewesen, beim groben Überschlagen kamen wir bereits auf über zweitausend, neben den sonstigen Teilen. Brockmüller freute sich, denn die Engländer hatten einen Pauschalbetrag verlangt, ohne sich um die wirkliche Menge zu kümmern. »Na, meine Herren Broziat, dann zeigen Sie mal, was Sie können!«

Zu Hause machten wir uns an die Einsatzpläne, denn auf keinen Fall sollten die Aufträge der Dauerkunden verloren gehen. Es würde wohl hauptsächlich der 100-PS-Hanomag voll eingesetzt werden, die beiden anderen Fahrzeuge dagegen sporadisch. Mit der Seilwinde des Hanomag sollten Menzfeld und Fendler die Motoren aus dem weichen

Boden bis auf die Betonfahrbahn ziehen, Bierle mit dem Büssing und ich mit dem kleinen Hanomag sie dann unter den Kran schleifen und pro Tag mindestens sechs beladene Anhänger abfahren. Jetzt zahlte sich der Tausch der beiden großen Anhänger aus, die somit den sonstigen Transporten zur Verfügung standen. Organisation und Leitung lag bei mir. Die Motoren waren so sperrig, dass pro Anhänger nur 3 bis 4 Tonnen geladen werden konnten, somit veranschlagten wir mindestens einhundert Werktage. Vater stellte noch zwei Arbeiter ein, die früher auf den Flughafen gearbeitet hatten und mit den Örtlichkeiten vertraut waren. In der zweiten Septemberwoche begann die Abfuhr.

Seit dem ersten Kuss suchte ich möglichst oft Erikas Nähe. Als ich sie meinen Eltern vorstellte, waren sie freundlich, Mutter zeigte jedoch eine gewisse Zurückhaltung, denn sie spürte sofort, dass ihr Mann von der Schönheit und netten Art des Mädchens beeindruckt war und vielleicht mir gegenüber toleranter wäre, als es ihr in dieser Beziehung lieb war. Sie akzeptierten aber, wenn ich sie regelmäßig mitbrachte und hatten sich bald daran gewöhnt. Genau so oft war ich nun im Hause Meseck zu Gast und dort gern gesehen. Mit Margot, die an einem Wochenende von Schönkirchen kam, und Carmen entwickelte sich schnell ein freundschaftliches Verhältnis, besonders aber mit »Bübchen«, dem Sohn des Hauses. Rosi, die Jüngste, war mir dafür noch zu kindlich. Und dann gab es ja noch Max, unseren Terrier. Dem Hund schien die Verbindung besonders zu gefallen, so als ob er sich auf beiden Seiten zu Hause fühlte. War es ihm in Vorwerk zu langweilig, lief er um den halben See zur Wißmannstraße, um Bübchen beim Angeln zu helfen. Max saß ganz ruhig neben ihm, starrte auf den Schwimmer und sprang auf, sobald der abtauchte. Erika fuhr eines Tages mit der Straßenbahn, als Max hineinsprang und bei ihr sitzen blieb. »Ist das Ihr Hund?«, fragte der Schaffner. »Nein, mir gehört er nicht, aber ich kenne den Besitzer!« – »Dann sagen Sie dem mal, er soll dem Hund eine Monatskarte um den Hals binden, der Köter fährt immer allein die Strecke Tremser Weiche – Wißmannstraße und zurück!« Max war also oftmals zu faul, die 400 Meter zu laufen und benutzte die Straßenbahn für den Weg. Langsam war ich für Bübchen so etwas wie Vaterersatz geworden. »Sag' mal, du möchtest doch einmal ein großer, starker Mann werden, soll dann jeder zu dir Bübchen sagen?« – »Was soll ich denn machen? Die nennen mich doch so!« – »Sage deiner Mutter und den Schwestern, von nun an heißt du Jochen, auf »Bübchen« würdest du nicht mehr reagieren und ganz schnell hast du einen ordentlichen Namen!« Die Umgewöhnung dauerte nicht lange: Man rief Ernst-Joachim nur noch Jochen.

An Nahrungs- und Heizmitteln herrschte, wie auch in den meisten anderen Familien, großer Mangel bei Mesecks. Ich versuchte zu helfen, wo es nur ging, allerdings waren meine Möglichkeiten auch begrenzt durch die Abhängigkeit von den Eltern. Immer wieder schmuggelte ich Tankholz oder auch etwas Kohle in die Wißmannstraße, manchmal auch Lebensmittel. In einer Flugzeugkanzel auf dem Priwall war ein Stück Fallschirmseide mit Tarnmuster. Erika, aus allem herausgewachsen, bekam daraus von ihrer Mutter einen Mantel genäht, der dann leider ihre schöne Figur verschandelte. Immer wieder konnte Erika bei uns essen, dafür packte sie auch bei allen Arbeiten mit an und handelte sich Vaters Wohlwollen ein. Bei aller Liebe waren Erika und ich doch sehr eifersüchtig, wenn von anderer Seite auch nur der Anschein eines Einbruchs in unser Verhältnis erfolgte. War es mir nicht möglich, rechtzeitig zur Tanzstunde von einer Tour zurück zu sein, rief ich von unterwegs an, Günter möge Erika bitten, den Kursus nicht wahrzunehmen, oder Erika fühlte sich gekränkt, wenn eine Tanzstundendame ihrem Freund zu tief in die Augen schaute. Es gibt viele Anlässe, wenn man so verliebt ist, und so manches Mal gingen wir deshalb von der Waldhalle jeder auf der anderen Straßenseite nach Hause, um uns dann dort sehr schnell wieder zu vertragen. Zu alledem hatte Erika sich aber sehr schnell in das ihr bis dahin unbekannte Geschäftsleben eingefunden. Vater und mir gefiel es, wie schnell sie alles in sich aufnahm, wie treffsicher dazu die Äußerungen der Siebzehnjährigen waren, wie sie aufpasste, um in schwierigen Situationen Schäden nicht aufkommen zu lassen oder zu mindern.

Jochen Meseck

Direktor Vieth bat Vater zu seinem Büro. Die bereits angekündigte Einkaufstour ins Ruhrgebiet stände in Kürze an. Von der Sanitär-Werkzeugabteilung und ihrer Firma Jacob & Hansen in Kiel sollte je ein Verantwortlicher mitfahren, um zu versuchen, Ware zu bekommen und die Situationen ihrer Lieferanten vor Ort zu erkunden. Vater erkundete bei einem Kollegen, der bereits dorthin gefahren war, die Streckenverhältnisse. Sie seien schlimm, hieß es, sehr viele Brücken seien zerstört, die kleineren seien durch Pionierbrücken ersetzt, aber bei größeren müssten lange Umleitungen gefahren werden, und wenn Militär unterwegs sei, habe der Zivilverkehr zu warten. Menzfeld, Fendler, ich und die drei Firmenvertreter fuhren am folgenden Montag im Morgengrauen mit dem Hanomag und den beiden großen Anhängern los. Ein Anhänger war zu drei Vierteln mit Tankholz beladen, drei Personen konnten im Führerhaus sitzen, drei auf alten Autositzen im Anhänger. Die Straßenverhältnisse entsprachen den Ankündigungen, immer wieder mussten wir die Autobahn verlassen. Das hatte aber auch sein Gutes. Als wir am nächsten Morgen, noch in der Dämmerung, an unbewachten Straßenständen mit Milchkannen vorbeikamen, die wohl bald abgeholt werden sollten, füllten wir uns gleich davon einen Eimer ab. Fendler wusste ihn von der Schifffahrt her so aufzuhängen, dass während der Fahrt nichts verschüttet wurde. An anderer Stelle kamen wir in eine Apfelbaumallee. Dort wurden einige Planspiegel herausgenommen, damit die Plane eine Mulde bildete, bei langsamer Weiterfahrt vom ersten Anhänger aus gegen die Äste geschlagen und bald lagen fast zwei Zentner Äpfel in der Planmulde. Das alles gab Zusatzverpflegung zu den kargen Broten, aber wir hatten auch Haferflocken, Zucker, Kochtopf und Topfständer mitgenommen und so konnte die Besatzung sich zur Mittagszeit auf der Anfachflamme des Holzvergasers mehrmals wunderbare Milchsuppen kochen; doch auch die Äpfel füllten die hungrigen Mägen.

Die Lieferanten freuten sich über den persönlichen Besuch ihrer alten Kunden und gaben ihre Ware großzügiger ab, als es auf Grund der Bezugsscheine notwendig gewesen wäre. Die Possehl-Leute hatten eine ganze Menge Bezugsscheine für Stahlwaren dabei, aber längst nicht ausreichend, um das Fahrzeug zu füllen. Doch durch den persönlichen Kontakt bekamen sie zusätzliche Artikel, besonders, wenn ihre Bitten mit ein paar der dort knappen Äpfel unterstützt wurden. Mit der Möglichkeit hatte vorher niemand gerechnet, und nun half das Obst, den Lastzug in zweieinhalb Tagen auszulasten. Erfreut gingen wir auf die Heimfahrt, aber der Hanomag hatte es mit der Last von 20 Tonnen schwer. Schon leichte Steigungen waren nur im dritten Gang zu schaffen und bei steileren Umleitungen mussten die Anhänger einzeln bis auf die Kuppe gezogen werden. Stets blieben ein bis zwei Mann zur Bewachung bei den Fahrzeugen, denn Raub war an der Tagesordnung, wir hatten es mit der Milch ja auch getan. Abgeschunden langten wir am Sonnabend in der Nacht an, stellten die Hänger in die verschließbare Halle und konnten endlich wieder in einem Bett schlafen. Herr Vieth zeigte sich von dem Ergebnis sehr erfreut und verfügte, dass unsere Firma einige der knappen Werkzeuge und Geräte ohne Bezugsschein erhielt. Das müsse man mehrfach wiederholen, entschied er, auch wenn es zeitlich zu Lasten der Priwall-Abfuhr gehen würde.

Seit dem 18. Oktober 1945 hatte ein internationaler Gerichtshof zuerst in Berlin, dann in Nürnberg getagt, um die Verbrechen der Spitzen des NS-Reiches zu klären und diese zu verurteilen. Bis auf Albert Speer erklärten sie sich für »nicht schuldig«, obwohl inzwischen zu Tage getreten war, dass in den Konzentrationslagern etwa sechs Millionen Menschen umgebracht worden waren, hauptsächlich Juden. Zwölf der vierundzwanzig Angeklagten erhielten die Todesstrafe, die anderen viele Jahre Gefängnis. Damit war auch auf die Masse der Deutschen, die von diesen Verbrechen nichts ahnten, eine Schuld zugekommen, die zu tragen der Verstand zwar ablehnte, die Psyche aber nicht unbedingt, denn die Verbrecher kamen aus dem eigenen Volk. Die Richter aber gehörten zum Teil auch Staaten an, die ebenfalls Verbrechen gegen die Menschlichkeit zu verantworten hatten, diese jedoch unter den Tisch kehrten. Allen voran die Sowjets, die wohl unter den Augen ihrer Marschälle mehr als eine Million Zivilisten östlich der Oder und in ihrem Besatzungsgebiet umbringen ließen, die sich um die Genfer Konvention nicht kümmerten und bei den Kriegsgefangenen eine Todesrate von über 30 Prozent zu verzeichnen hatten. Aber auch zum Beispiel der britische General Harris, der von seinen Verbänden das deutsche Kleinod Dresden zerschlagen ließ, als – ihm sehr wohl bekannt – die Stadt mit Ostflüchtlingen überfüllt war. Auch das war Mord an fast fünfzigtausend Menschen in nur einer Nacht. So sehr dieser und die Nachfolgeprozesse ihre Notwendigkeit zeigten, so sehr trugen sie auch in ihrer Einseitigkeit dazu bei, dass die Deutschen ihre NS-Geschichte verdrängten und sich nur noch um das tägliche Leben kümmerten. – »Wehe den Besiegten!«

Die Nazigräuel hatten jedoch zur Folge, dass die Siegermächte gewillt waren, das ganze Volk zu bestrafen, in Form von Reparationen und Demontagen vieler Industrieanlagen als auch mit der Lebensmittelrationierung unter dem vom Körper vorgegebenem Niveau zum Erhalt des Lebens. Jedes Stückchen Erde wurde von den Menschen bepflanzt, jede Nahrungs- und Heizquelle wurde ausgenutzt, dennoch reichte das Land, das den Deutschen zur Verfügung stand, bei Weitem nicht aus, um sie zu ernähren. Die »Kornkammern« Ostpreußen, Pommern und Schlesien fehlten, die verbliebenen Gebiete waren durch den Flüchtlingszustrom überfüllt. So hatte Gertrud Meseck alles versucht, die Ernte aus dem Garten für den Winter haltbar zu machen, die Kaninchen und die Ziege im Stall so abzusichern, dass sie nicht gestohlen wurden und durch Erika und Jochen von Bahndämmen, Ufergebieten und Wiesenrainen so viel Heu heranschaffen lassen, das die Tiere über den Winter kommen konnten. Erika fuhr jeden Herbsttag zu abgeernteten Feldern zum Korn sammeln und Kartoffel stubbeln, eine mühsame Arbeit, bei weiten Fahrwegen mit dem Fahrrad. Carmen, die auch im Haus wohnte, hatte ihren Dienst als Kindergärtnerin zu verrichten. Rosi war zu jung. Die Familie musste sich mit dem unteren Stockwerk begnügen, im oberen wohnten geflüchtete Verwandte aus dem Osten. Wie das dann oftmals so ist, sie schliefen morgens lange, spielten aber bis in die Nächte hinein Karten über dem Schlafzimmer von Carmen und Erika, schlugen beim Grand, Kontra oder Re auf den Tisch, dass es ins untere Zimmer dröhnte und die Mädchen, die sehr früh aufstehen sollten, um ihren Schlaf gebracht wurden. Beschwerden akzeptierten sie nicht, sie hätten in der Vergangenheit genug gelitten, man solle ihnen nicht die letzten Freuden schmälern. Das Zusammenleben mit Fremden ist oft leichter.

Ich half, wo es ging, brachte immer wieder etwas Tankholz oder Wagner'sche Kohle, Tauschware für Reparaturarbeiten bei Wagners oder wenn ich etwas Brennbares auf dem Priwall fand. Das alles musste in der Dunkelheit geschehen, verborgen vor den übrigen Hausbewohnern, obgleich diese doch Nutzen davon hatten, wenn die Wärme vom unteren Stock nach oben zog.

31. Kapitel

Im Laufe der Zeit hörte ich Erikas jungen Lebenslauf. Bei ihrer Geburt hatte ihre Mutter infolge schlechter ärztlicher Versorgung eine Sepsis erlitten, von der sie sich nicht mehr erholen konnte und ein Jahr später verstarb. Ihr Vater, im Ersten Weltkrieg schwer kriegsversehrt, stand nun allein mit den drei Mädchen im Alter von fünf bis einem Jahr da, ohne verwandtschaftliche Hilfe. Gustav Meseck, bereits 1872 geboren, war als agiler Mann ins kaiserliche Heer eingetreten und hatte den damals seltenen Weg vom Mannschaftsstand bis in den Offiziersrang geschafft. Sicher trugen zu dieser Befähigung seine Teilnahmen an der Niederschlagung des Boxeraufstandes in China und sonstigen Kämpfen in den Kolonien bei. In einer Schlacht Anfang Februar 1915 an der Ostfront in den Masuren verlor er ein Bein und wurde erst einen Tag später fast erfroren von Sanitätern gefunden. Bei seinem selbstlosen Einsatz für verletzte Kameraden hatte er die Verwundung erlitten. Man zeichnete ihn mit dem Eisernen Kreuz und dem Lübeck'schen Hanseatenorden aus. Seine Magenerfrierung machte ihm ein Leben lang zu schaffen. Wegen seiner militärischen Verdienste war ihm die Leitung der Kantine vom Flugplatz Lübeck/Blankensee übertragen worden. Am 26. Dezember 1922 heiratete er die neunzehn Jahre jüngere, schöne Ida Hansen, die wegen ihrer Güte nach kurzer Zeit »Engel von Blankensee«

Gustav Meseck

Ida Meseck

genannt wurde. Die Erfüllung seines großen Glücks hatte nun, am 16. Juli 1930, ein jähes Ende gefunden, ja vielleicht schon vorher, als bei ihrem Krankenhausaufenthalt kaum noch Genesungshoffnung bestand. Eine Haushaltshilfe ermöglichte nur eine gewisse Überbrückung, bis er am 16. Mai 1932 Gertrud Roeder ehelichte. Sie war den drei Mädchen eine gute, aber auch strenge Mutter, die dann 1934 Jochen und 1936 Rosi zur Welt brachte.

Erika ging 1935 noch ein halbes Jahr in Blankensee zur Schule, dann wurde der Flugplatz für die neue Luftwaffe umgebaut. Die Mesecks mussten das nun zum Abriss stehende Haus verlassen. Inzwischen hatte ihr Vater am Tremser Teich eine Doppelparzelle erworben, auf der ein Wohnhaus im Bau war. Zwischenzeitlich wohnten sie in Stockelsdorf zur Miete, bis Anfang 1937 das Haus Wißmannstraße 2 endlich bezogen werden konnte. Für Erika bedeutete es die dritte Umschulung in zwei Jahren. Ab 1940 konnte sie dann das Mädchengymnasium, Ernestinenschule genannt, besuchen. Viel Zeit zum Spielen war ihr als Kind nicht verblieben. Ihre Mutter hatte als Nebenarbeit das Nähen von Gasmaskenbändern vom Drägerwerk angenommen, um ihren Beitrag zur Abzahlung des Hauses zu leisten, und die Mädchen wurden dazu kräftig mit eingespannt. Mit dem Tod ihres Vaters am 30. September 1945 war ihr letzter, direkter Halt dahingegangen. Einen neuen hatte sie nun in mir gefunden, aber ohne Berufsausbildung mochte sie nicht ins Leben treten. Verwandte ihres Vaters lebten in Berlin, die hatten ihr geschrieben, dass dort eine Ausbildung als Sportlehrerin über eine weiterbildende Schule möglich sei, andererseits auch mitgeteilt, wie schwierig es sei, sie unter den derzeitigen Lebensverhältnissen aufzunehmen. Der Bruder von Erikas Vater war vom Osten mit seiner Tochter nach Ottbergen südlich von Hannover geflüchtet, sein Schwiegersohn Fritz Becker, inzwischen aus der Kriegsgefangenschaft entlassen, dort eingetroffen. Er hatte eine Werkstatt eröffnet und Erika geschrieben, sie möge für vierzehn

Tage kommen und auf dem Rückweg Sirup mitnehmen. Sie fuhr gern dorthin, um Zeit zur Besinnung für ihren Zukunftsweg zu haben und von anderer Seite Rat zu finden.

Mit seltener Herzlichkeit nahmen Beckers sie in Ottbergen auf. Lieschen, die nach der Flucht ihren kleinen Sohn wegen einer Lungenentzündung verloren hatte, behandelte Erika wie eine Mutter und Schwester zugleich. Sie konnte sich satt essen, denn einige Landwirte zahlten die Reparaturen an Fritz in Naturalien, die Klosterschule ließ Erika mit dem Nonnendasein liebäugeln, aber ein Entschluss für den gangbaren Zukunftsweg ließ sich in der schweren, unübersichtlichen Nachkriegszeit von der unerfahrenen Siebzehnjährigen kaum finden. Sollte sie wirklich den gemeinsamen, von mir angebotenen Lebensweg wagen? Auch Beckers konnten dazu wenig sagen, sie kannten ihren Freund ja nicht, doch wenn er wirklich so war, wie sie ihn beschrieb, tendierten sie schon dazu. Die Sehnsucht hatte Erika längst gepackt, und mich erst recht. Wir spürten, dass eine Bindung uns umfangen hielt, die stärker wirkte als alle Einzelpläne. Als ich Erika am 17. November wieder in die Arme schloss, erhielt sie ein Gedicht von mir, das Erlebtes und Empfundenes der letzten zwei Wochen ausdrückte:

Der erste Sonntag ohne dich!
Mein Weg führt mich hinab zum See,
der bleiche Mond umgeistert mich,
ums Herz wird mir so weh.
Kein' Gruß ich dir bestellen kann,
kein' Laut von dir vernahm,
was bringt mich zu dir, ich noch sann,
als ich es auch schon ahn!

Ich schau' hinauf zum Sternenzelt,
das Gott so herrlich schuf;
und wärst du sonst wo in der Welt,
es brächt' zu dir mein' Ruf.
Da jubelt's auf, mein banges Herz:
»Und du bist doch bei mir,
auch wenn mich drückt der Trennungsschmerz,
dein Denken ist ja hier!«

*Und langsam gehe ich zurück,
der Mond ist nicht mehr bleich;
am See fand wieder ich mein Glück,
mein Herz ist wieder reich.
Nun weiß ich, dass du wiederkehrst,
der Tag ist nicht mehr fern,
denn kennenlernen muss ich erst
ein Band, für uns gewebt vom Herrn.*

Tränen standen in ihren Augen. »Was soll ich bloß tun, ich brauche doch einen Beruf!« – »Hat meine Mutter einen Beruf? Mein Vater hat sie in den Dingen ausbilden lassen, die sie heute beherrscht, Kochen, Nähen, Schreibmaschine, Buchhaltung, Korrespondenz und so weiter. Ich halte das für einen guten Weg, der den jetzigen Verhältnissen angepasst ist und der uns gemeinsam stark macht, einmal den Betrieb zu führen. Wir wollen doch zusammenbleiben?« – »Ja, das möchte ich, doch deine Mutter behandelt mich wie eine ganz Fremde, was habe ich ihr getan?« – »Ich werde mit meinen Eltern sprechen, ob du hier in allem ausgebildet werden kannst, ob du hier voll verpflegt wirst, auch wenn du in eurem Haus wohnst, und ob vor allen Dingen meine Mutter gewillt ist, dir gegenüber ihre Einstellung zu ändern. Gehst du nach Berlin, verhungerst du, bleibst du zu Hause, hast du nur mit Nahrungsmittelsuche für deine Familie zu tun. Ich glaube, wenn du hier wärst, könnten wir ihnen genauso gut helfen.« – »Sprich mit deinen Eltern, ich bin bereit, es zu versuchen!«

Am nächsten Wochenende führte ich mit meinen Eltern ein ernsthaftes Gespräch über meine gemeinsame Zukunft mit Erika. Sie hielten dagegen, das alles sei viel zu früh, um über so etwas zu sprechen, es sei doch wohl nur eine Liebschaft, die vielleicht bald zu Ende sei. Außerdem hätte Herr Vieth angedeutet, dass seine Tochter Jutta noch frei sei und er mich gern mag, da wären doch ganz andere Startmöglichkeiten und schließlich stelle sich die Frage, was denn aus meinem Studium werden solle, wenn er mich jetzt schon fest binde. Ich konterte damit, dass Erika und ich uns so sehr liebten und eine Trennung überhaupt nicht in Erwägung zu ziehen sei. Nur gemeinsam würden wir unseren Weg gehen. Eine Verbindung mit Jutta Vieth würde doch eine weitgehende Abhängigkeit bedeuten, und mein Studium hätten sie ja bisher mit der Forderung blockiert, der Geschäftsaufbau gehe vor. Meine Mutter, auf ihre Abneigung gegen Erika befragt, zog sich auf die angesprochenen Themen zurück, denn dadurch würde meine Entwicklung behindert werden. Die Anspielung auf Eifersucht wies sie als lachhaft zurück, aber sie war ihr sichtlich peinlich. Vater bat mich, sie für eine halbe Stunde allein zu lassen, danach lenkten sie ein und waren mit einer Art Lehrtätigkeit Erikas in Geschäft und Haus einverstanden. Auch Mutter wollte ihre Vorbehalte aufgeben. Zur Probe, ob das alles so funktionieren könne, begann Erika ihre neue Tätigkeit, und als meine Eltern sahen, welche Entlastung ihnen geboten wurde, waren sie froh über die Lösung und stellten sie ab dem ersten Januar 1947 offiziell als Angestellte ein.

Das eingespielte Team des Betriebes zeigte positive Wirkung nach innen und außen, die Kundschaft bediente sich gern der Firma Broziat, und unter der umsichtigen Betriebsleitung wurden Platz, Gebäude und Einrichtungen trotz aller Materialknappheit ständig verbessert. Vater verstand es mit Charme und Intuition, Bekannte und Freunde zu gewinnen, die ihn in vielen Dingen berieten, die nicht zu seinem Repertoire gehörten. So wohnte im Wagner'schen Hause der Kunstmaler Prof. Schulz-Demmin als Flüchtling. Er hatte im Krieg die Trickfilmabteilung der UFA unter sich und dabei auch die bei ihm als Zeichnerin angestellte Hildegard Knef veranlasst und unterstützt, eine Filmkarriere zu beginnen. Nun schlug er sich mit Kirchenrestaurierungen, Gemälden und sonstigen Arbeiten durch. Auf den ersten Blick machten seine schmächtige Gestalt und sein etwas ängstliches Wesen wenig Eindruck, aber in Gesprächen bestach er sofort durch tiefes Wissen auf vielen Gebieten und durch eine traumwandlerische Sicherheit im Einschätzen von Personen. Seine Porträts ließen die wesentlichen Charaktermerkmale der Abgebildeten – oft zu deren Unmut – hervortreten, ohne dass die naturgetreue Ähnlichkeit darunter litt. Er beherrschte die Farbgestaltung in Öl genau so wie das Aquarell.

Doch in dieser kargen Nachkriegszeit standen künstlerische Arbeiten in der Prioritätenliste sehr weit hinten, und so war der Professor recht froh, wenn Vater ihm Aufträge gab, Gebäudeumbauten zu planen, markante Briefköpfe für die Firma zu entwerfen oder Aquarelle vom Grundstück zu malen. Besonders erfreute ihn neben der Bezahlung eine Einladung zum Mittagstisch, war ihm doch der ständige

Hunger ins Gesicht geschrieben. Erika, die nun auch im Haus mit tätig war, dauerte der Mann, und sie steckte ihm nach Möglichkeit etwas Nahrhaftes zu. So entwickelte sich zwischen Schulz-Demmin und der Familie bald ein freundschaftliches Verhältnis, wobei er besonders Erika und mir zugetan war.

Von Büschen zugewachsen, bis über die Achsen im Sand steckend, hatte ich auf dem Priwall einen fahrbaren, zusammenlegbaren Drehkran entdeckt, der wohl zum Ein- und Ausbau für Flugmotoren gedient hatte. Die Trilex-Räder waren demontiert, aber sonst schien er noch intakt zu sein. »Papa, auf dem Priwall ist ein handbetriebener fahrbarer 8-Tonnen-Kran, den man schnell aufstellen und zusammenlegen kann, den musst du unbedingt kaufen!« – »Was sollen wir damit?« – »Transporte durchführen, wie es in Lübeck niemand sonst kann!« Ich beschrieb den Kran in seinen Einzelheiten und Vater besichtigte ihn am nächsten Tag. »Lasst ihn so verdeckt liegen, so sieht er nicht wertvoll aus, ich spreche mit Brockmöller!«

Brockmöller sah sich in den nächsten Tagen das Gerät an. Er mochte zwar nicht zur Preisschätzung ins Gebüsch kriechen, wollte aber Barth zu Rate ziehen. Der hätte auf dem Schrottplatz den Kran auch verwenden können, doch Vater konnte das Herrn Brockmöller wegen des Handbetriebs ausreden und sie wurden zu einem günstigen Preis handelseinig.

Zwei Zugmaschinen und die Seilwinde des großen Hanomag musste ich einsetzen, um das Gerät unter den großen Auslegerkran zur Kaimauer zu schleppen, der es dann auf den Dreiachseranhänger hievte. Die Ladung war über 5 Meter hoch. 4 Meter waren erlaubt, doch die »Beute« rechtfertigte das Risiko. Die Durchfahrtshöhe der Priwall-Fähre reichte aus, aber die Leitungen der Straßenbahn waren niedriger. Ich ließ das Fahrzeug erst nach dem Ende des Berufsverkehrs abfahren, sandte aber Bierle voraus, um lange Holzstangen, die oben keilförmig geschlitzt waren, zu den gefährdeten Stellen zu bringen, wo die Straßenbahnleitungen angehoben werden mussten. Alles wurde zeitlich so eingerichtet, dass weder Polizei noch die Stadtwerke etwas davon mitbekamen, und gegen 20 Uhr abends standen die Fahrzeuge endlich in Vorwerk auf dem Platz. »Und wie sollen wir das schwere Ding vom Anhänger bekommen?«, fragte Vater im Kreis der Mitarbeiter. »An einer Linde«, antwortete ich. »Dort an der starken Astgabel befestigen wir Mehrfachrollen, heben den Kran hinten an,

Jörgens-Kran

indem wir mit der Seilwinde ziehen, gurten ihn am Baum fest, ziehen den Anhänger vor, bis die Vorderachse nur noch aufliegt, lassen das Kranhinterteil ab, heben genauso das Vorderteil an, ziehen den Anhänger weg und senken das Vorderteil ab!« – »Das könnte gehen. Versuchen wir es morgen früh!« Am nächsten Morgen führte ich den Plan mit meinen Helfern ohne Zwischenfälle aus. Ein Stückgewicht von 14 Tonnen mit Hilfe eines Baums zu entladen, ohne diesen zu beschädigen, hatte Vater in seiner langen Praxis auch noch nicht erlebt. Dieser Kran war dann über zwei Jahrzehnte ein Mittel, um spezielle Transportaufgaben durchführen zu können und damit eine gute Einnahmequelle für den Betrieb.

Auf Vermittlung von Hans Kreutzfeld hatte Fräulein Bremekamp die Mandantschaft des Broziat'schen Betriebes in Steuerfragen übernommen. Fräulein Bremekamp war eine große, hagere, ältere Dame mit einem umfangreichen Wissen auf ihrem Fachgebiet und von sehr freundlicher Natur. Sie lachte mit ihrer rauen Stimme gern genauso viel, wie sie Zigaretten konsumierte. Zwischen ihr und Vater, den sie ja eigentlich ob seines Charmes verehrte, gab es bei jeder Monatsbesprechung Dispute, wenn er wieder zu viele Privatsachen über die Geschäftsabrechnungen gebucht hatte. Er tat schelmisch unwissend, jammerte über die vielen Steuern, bis sie sich schließlich unter viel Gelächter zu Kompromissen breitschlagen ließ, die sie vor dem Finanzamt kaum verantworten konnte. Nach kurzer Zeit gehörte Maria Bremekamp fast zur Familie, die auch Mutter sagen konnte, seit Erika hier angestellt wäre, sei sie regelrecht aufgeblüht. Trotz der Realität hörte Mutter das gar nicht so gern, denn ihre Vorbehalte gegen meine Freundin hatte sie trotz ihrer Versprechen nur wenig abbauen können. Wenn Vater Erika lobte, nagte eine krankhafte Eifersucht in ihr, die aber auch jede andere Frau bei ihr hervorrief, der Vater nette Worte sagte. Er kam eben bei anderen Menschen, nicht nur bei Frauen, mit spielerischer Leichtigkeit an, Mutter hingegen nicht so.

Arno Golz aus Brieselang kam zu Besuch. Der Fuhrunternehmer hatte Vater im Krieg als Stützpunktleiter für seine Fahrbereitschaft eingesetzt. Nun war durch die Kriegsereignisse ein Anhänger von ihm in der britischen Zone geblieben und, als er ihn mit der alten IE-Nummer auf der Straße bewegte, von den Engländern beschlagnahmt worden. Da er unseren Firmensitz wusste, hatte er den Briten gegenüber angegeben, den Anhänger habe er vor Kriegsende Oskar Broziat verkauft, ihn endlich gefunden und nun wolle er diesen nach Lübeck bringen. Das war natürlich schnell gesagt, aber es sollte bewiesen werden, denn der Anhänger war nicht auf den Namen Broziat zugelassen.

Vater hatte von Rechtsanwalt Dr. Norbert Sternfeld gehört und konsultierte ihn in der Sache. Der meinte, wie er das mit dem Kaufvertrag löse, sei seine Angelegenheit, doch ein Prozess gegen die Besatzer würde ihm richtig Spaß machen. Alte Kopfbögen von der Nauener Firma Broziat waren noch da, der mündliche Kauf vom 18. April 1945 wurde darauf nun schriftlich gefasst. Golz erhielt die vereinbarte Summe gegen die Fahrzeugpapiere ausgezahlt, eine Umschreibung, würde man sagen, war wegen der letzten Kriegstage nicht möglich gewesen. Weshalb, so sagten sich die Kontrahenten, sollten die Besatzer in ihren riesigen Fahrzeugpark kostenlos einen Anhänger einverleiben, wo es doch im Zivilverkehr an allen Fahrzeugen mangelte. Nun war Vater Eigentümer eines weiteren Anhängers, aber nicht sein Besitzer.

Auf Dr. Sternfelds Eingabe mit den Unterlagen antworteten die Briten überhaupt nicht. So begann er die Klage bei der Gerichtsinstanz, die zwischen Besatzungsmacht und deutschen Zivilpersonen eingesetzt war. Die Briten zogen die Entscheidung in die Länge. Dr. Sternfeld, der trotz jüdischer Eltern dem Holocaust entronnen war, spielte über diese Schiene seine Verbindungen aus, was bewirkte, dass der Prozess nicht einfach abgeschmettert wurde. Als Vater nach zwei Jahren und dem Weg über mehrere Instanzen endlich in den Besitz des Fahrzeugs kam, zahlten die Engländer zwar die Anwalts- und Gerichtskosten, aber der Zeitaufwand für diese Angelegenheit war so erheblich gewesen und der Anhänger selbst durch die lange Standzeit bei Wind und Wetter so überholungsbedürftig geworden, dass sich der Aufwand wirklich nicht gelohnt hatte.

Dennoch war etwas Gutes dabei herausgekommen: die Verbindung nämlich zu Dr. Sternfeld, der inzwischen zum Exilpräsidenten von Danzig gewählt worden war. Er mochte Vater, und der war von dem Anwalt sehr angetan. Alles, was Dr. Sternfeld übernahm, wurde von diesem bis ins Detail vorbereitet und auf die rechtlichen Chancen ehrlich abgeschätzt, sodass Vater, der sich ungern Rechtsstreitigkeiten entgehen ließ, dort gebremst wurde, wo es nötig war. In der Kanzlei, die Sternfeld mit zwei anderen Anwälten als Gemeinschaftspraxis führte, war auch seine Tochter Ingelore Kapler angestellt, der Vater bei fast jedem Besuch ein kleines Präsent zusteckte und die ihn nicht nur deswegen gern in einen Plausch verwickelte, wenn er warten musste. Langsam begannen die Familien sich anzufreunden, auch der Jurastudent Horst-Ulrich Sternfeld mit mir, zumal ich ihm als Erstes mit dem Fiat das Autofahren lehrte.

32. Kapitel

Die Betriebsführung litt darunter, dass Vater sich in seinem Potenzial nicht ausgelastet fühlte. Ihm lag mehr der Handel mit Gütern, Geräten und Maschinen, als die eintönigere Abwicklung von Transporten. Da fehlte einfach der Reiz, Chancen auszunutzen, um größere Gewinne zu machen, denn alle Fuhrpreise waren festgeschrieben. Ein möglichst positives Betriebsergebnis war seiner und Mutters Meinung also nur erreichbar, indem die Kosten, insbesondere die Löhne niedrig gehalten wurden. Das aber hatte eine größere Personalfluktuation zur Folge. Die Kosten für die Einarbeitung neuer Kräfte schienen mir höher zu sein als eine Anhebung der Löhne oder eine Differenzierung nach Leistung und Fähigkeiten. Meine Einwände wurden nicht akzeptiert. So kündigte auch Anfang Mai 1947 Gottfried Bierle, was mich besonders traurig stimmte, war er doch eine besonders gute Fachkraft und ein guter Kamerad gewesen. Wegen ein paar Pfennigen Lohnerhöhung ließ Vater ihn gehen – mit der Begründung, dass das gesamte Lohngefüge sonst durcheinandergeraten würde.

Hilger war bereits am 25. September 1946 ausgeschieden. Es war nicht tragisch, da man in Karl Meckenhäuser schon einen Spezialisten für die Kraftfahrzeugreparatur gefunden hatte, der fünf Tage später eingestellt wurde. Der Mann besaß tatsächlich ein gutes Fachwissen und eine geschickte Arbeitsweise. Von ihm konnte ich noch einiges lernen, vor allen Dingen wurde ich entlastet, um mich mehr der Priwall-Abfuhr und den Ferntransporten ins Ruhrgebiet zu widmen. Meckenhäuser begann in reparaturfreien Zeiten, den Mercedes-Lastwagen zu überholen, den ich seinerzeit vom Straßenrand geborgen hatte. Motor, Getriebe und Differenzial waren noch vorhanden, aber Anlasser, Lichtmaschine, Batterien, Scheinwerfer, die Führerhauseinrichtung, Bordwände, Räder und noch viele Kleinteile geplündert. Als Erstes konnte Vater von Mercedes Anlasser und Lichtmaschine unter Zugabe von Lebensmitteln besorgen und Meckenhäuser den Motor in Gang setzen, nachdem ein Schusskanal im Kühler geflickt war. Auch das Getriebe ließ sich bei dem aufgebockten Fahrzeug einwandfrei durchschalten, das Differenzial gab keine Fehlgeräusche ab und die Zahnräder zeigten kaum Verschleiß, als die Deckel abgenommen waren. Das war eine erfreuliche Ausgangsbasis, um dem Betrieb ein geeignetes Fernverkehrsfahrzeug zu schaffen. Der Triebwagen mit 5 Tonnen Nutzlast und einer Leistung von 110 PS und einem 10-Tonnen-Anhänger würde eine gute Kombination für den Fernverkehr darstellen. An Vater lag es nun, die fehlenden Teile und Materialien zu beschaffen, um das Projekt zu realisieren. Bei den Kasernen in Vorwerk hatte er Garagentore kaufen können. Für einen Teil dieser Tore ließ er bei der Autoreparaturwerkstatt Stenzel in Schlutup den Motor generalüberholen, denn die ständigen Reparaturen an seinen anderen Fahrzeugen ließen diese Vorsichtsmaßnahme gegeben erscheinen.

Im April 1947 war das Priwall-Gelände bis auf etwa achthundert Flugzeugmotoren geräumt. Brockmüller schlug uns vor, die restlichen Motoren zum Auslegerkran zu schleppen, mit diesem eine Schute zu beladen und dieselbe im Vorwerker Hafen wieder zu entladen, damit die Wartezeiten für die Fährüberfahrten fortfielen. Das war uns recht, denn Possehl war auch der Kauf des Schrotts vom Flughafen Blankensee gelungen, und das gab nochmals vier Monate Arbeit. Ich hatte mit meinen Leuten bis Ende April bereits die Hälfte der Motoren in die Schute verladen und den Rest in den Kranbereich geschleppt, als drei britische Offiziere, Brockmüller und Wulf zum Verladeplatz kamen. Die Engländer geboten die Einstellung der Arbeit und stritten dann mit Brockmüller und Wulf herum, weil nunmehr genug abgefahren sei. Brockmüller versuchte ihnen immer wieder den mit der Militärregierung abgeschlossenen Kaufvertrag unter die Nase zu halten. Es war nutzlos, das »Recht« lag auf der Seite der Sieger. Sie veranlassten den Kranführer, den Kran abzuschalten und gegen einen weiteren Gebrauch zu sichern. Der stieg hoch ins Kranhaus, man hörte ihn Schalter betätigen, sah ihn in 10 Meter Höhe über den Steg zum Gegengewichtsaufbau gehen, wo er hantierte. Dann kam er heruntergeklettert, meldete den Briten sein o.k., verabschiedete sich kurz und ging nach Hause. Brockmüller und Wulf stiegen wütend in ihren Wagen, und auch die Engländer fuhren davon.

Meine Leute, ich und die von der Schute schauten ihnen verwirrt nach. »So eine Bande!«, sagte Robert Fendler, »verkaufen etwas und beschlagnahmen es wieder. Das ist wohl die bessere Art zu klauen!« Ich war früher schon mehrmals aus Interesse im Kranführerhaus gewesen und wusste, es wurde mit einem einfachen Vierkantschlüssel abgesperrt. »Wartet mal ab. Alex, gib mir eine kleine Zange. Ich probiere, ob ich das Ding in Gang bringe!« Ich wehrte die Einwände der Umstehenden schnell ab und bestieg den Kran. Die Tür war gleich offen, doch der Strom fehlte. Im Gegengewichtshaus fand ich die Sicherungen herausgeschraubt, sie lagen auf dem Kasten und waren schnell wieder eingesetzt. Zurück im Führerhaus, waren bald die zuständigen Hebel herausgefunden, ich begann den nächst zu verladenden Motor mit dem Lasthaken anzuvisieren und rief »Weitermachen!« hinunter. Fendler strahlte vor Freude, die anderen zuckten mit den Achseln, gingen aber in ihre Positionen und machten mit. Brockmüller und Wulf kamen wieder angefahren, schauten ungläubig. Ich unterbrach die Arbeit, kletterte hinunter, sagte: »Der Kran läuft wieder, hab' die Sicherungen reingedreht! Sind die Tommys weg?« – »Das schon, aber wenn die das merken?« – »Meinen Sie, die haben bei dem Streit die Motoren gezählt? Außerdem ist die Schute einseitig beladen, so kann sie gar nicht geschleppt werden. Tun Sie uns einen Gefallen und lassen Sie von meinem Vater irgendetwas zum Essen bringen, wir haben bis in die Nacht zu tun!« – »Dann wird das Licht gesehen!« – »Wir haben Vollmond, Herr Brockmüller, und der Himmel ist klar. Oder wollen Sie die Motoren nicht haben?« – »Natürlich will ich sie haben, Sie sind doch ein Kerl! Morgen früh um fünf ist für die Schute ein Schlepper da!«

Wir schufteten bis morgens um vier. Die Schute war beladen, etwa achtzig Motoren blieben im Kranbereich liegen. 300 Tonnen wertvolles Aluminium waren den Besatzern entzogen, die den Kaufvertrag nicht gelten lassen wollten. Irgendwann würde das Material der deutschen Wirtschaft gut tun. Mit Planen abgedeckt blieb die Schute in einem abgelegenen Hafenarm liegen, bis Brockmüller sicher war, dass die Engländer nichts bemerkt hatten, und ich konnte mit meiner Mannschaft die Abfuhr vom möglichst nahen Hafenkai zum Possehl-Platz bewerkstelligen. Brockmüller hatte Vater gesagt, dass Possehl diesen Coup irgendwie vergüten würde, aber das Thema wurde vorerst ignoriert, zumal es auch nicht an die »große Glocke« gehängt werden konnte. (Das Kilogramm Altaluminium wurde nach der Währungsreform mit 4 DM bezahlt.)

Die Abfuhr vom Flugplatz Blankensee war in der letzten Zeit fast parallel zur Priwall-Räumung gelaufen, dort lag auch nur ein Viertel der Schrottmenge wie im Seeflughafen. Es fehlte jedoch die große Hilfe eines Auslegerkrans, wie er am Priwall-Kai stand. Mühsam war es, ständig von Hand die vielen Motoren mit dem Büssing-Kran hochkurbeln zu müssen, dem auch noch die entsprechende Hubhöhe fehlte, um die Lasten auf den Anhängern eng verstauen zu können. Der Rumpf eines Düsenjägers stand herum. Wir untersuchten ihn und klopften an den Treibstofftank. Das klang dumpf – er musste noch Inhalt haben. Ein Deckel war schnell abgeschraubt, ein Ast hineingesteckt, er roch nach Dieselkraftstoff. Ich ließ mit dem nächsten Fahrzeug vier Fässer und einen dicken Schlauch mitbringen, der war schnell mit dem Mund angesaugt. Fast achthundert Liter Kraftstoff erbrachte die Ausbeute. Vater gab er ein dickes Lob dafür, der Treibstoff machte mehr aus als die monatliche Zuteilung. Um das Verladeproblem zu lösen, ließ ich ein großes Loch graben, in das die Nase des Flugzeugs hineinpasste, sodass das Spornrad steil in die Luft ragte und dann die Kanzel mit Eisenteilen belasten. Über das vom Reifen befreite Spornrad legten wir ein Drahtseil, an dessen einem Ende der angeschleppte Flugmotor und am anderen die Zugmaschine befestigt wurden. Das Fahrzeug zog den Motor in die Höhe und ließ ihn dann wieder auf den untergeschobenen Anhänger ab. Die Verladezeit konnte so halbiert werden.

Fendler machte mich auf ein Anhängerwrack aufmerksam. Da lag zwischen den Trümmern ein Tieflader ohne Hinterachse, die wir nach einigem Suchen an anderer Stelle fanden. Die Räder waren nicht mehr vorhanden, aber die Hinterachse konnte, so war das Fahrzeug konzipiert, herausgenommen werden, um es von hinten befahren zu können. Vater erwarb das Gerät von Possehl und als er nach Monaten endlich die passenden Räder beschafft hatte, konnte auch dieses Fahrzeug in die Aufarbeitung und Reparatur gelangen. Gerade Tiefladeanhänger dieser Art gab es kaum, und so hatte der Betrieb ein Spezialfahrzeug, dessen Einsatz gut honoriert wurde.

Im Februar 1947 kam der Mühlen- und Bäckereibesitzer Meyer aus Dissau zu Vater. »Können Sie mir sagen, wer Ihre schöne Straße gebaut hat? Ich habe jeden Herbst Probleme, wenn die Bauern das Getreide anliefern, weil die sich auf dem Sandweg festfahren, wenn es regnet. Sie bekommen auch ein paar Brote für die Adresse!« – »Die Straße haben wir selbst gebaut und könnten das auch bei Ihnen machen!«, war seine Antwort. Das Angebot mit den Broten war so richtig nach seinem Geschmack. Er fuhr noch am gleichen Nachmittag zur Mühle nach Dissau, einigte sich mit Meyer, indem 25 Prozent des Baupreises in Naturalien zu bezahlen sei. Der Straßenbau mit dem rötlichen Ziegelsteinschotter und -splitt wurde schnellstens durchgeführt, und danach holte Vater jede Woche etwa vierzig Brote in dem Fiat nach Hause. Das erwies sich als recht gefährlich, denn überall standen Kontrolleure, um die Autos zu durchsuchen. Doch er verstaute die wertvolle Fracht jeweils in den seitlichen Kästen, die zur Aufnahme des Kabriolettverdecks dienten, fuhr dann mit dem offenen Wagen und stand so etliche Kontrollen durch. Einerseits bekamen, unter der Bedingung strengster Verschwiegenheit, einige Mitarbeiter das Zusatzbrot und andererseits benötigte er ein Teil davon, um Aufträge oder sonstige Dienste zu bekommen. Auch die Familie Sternfeld profitierte davon, ebenso wie Mesecks und andere.

Herr Baumgärtner, Leiter der neuapostolischen Kirche, fragte bei uns an, ob es eine Möglichkeit gäbe, einhundert Kirchenmitglieder am 26. Mai zu einer Tagung nach Kiel und zurück zu bringen. Vater bat um Bedenkzeit, er sähe eine Möglichkeit. Das Straßenverkehrsamt signalisierte die Genehmigung dafür, wenn sich entsprechende Sitzgelegenheiten auf den Anhängern befänden. Im Luftschutzlager in der gegenüberliegenden Halle waren Bänke, und er konnte sie von der Verwaltung erwerben. Sie mussten ordnungsgemäß auf dem Fahrzeugboden befestigt werden, was dann so gestaltet wurde, dass die Demontage mit wenigen Handgriffen möglich war. Ein neuer Beschäftigungssektor für die Firma war geboren.

Am 26. Mai, einem Sonntag, fuhren Menzfeld und ich mit Erika die Gruppe nach Kiel. Die Anhänger blieben beim Versammlungsort unter Menzfelds Bewachung und ich fuhr mit Erika nach Schönkirchen zu ihrer Schwester Margot und ihrem Verlobten, Walter Stoltenberg. Sie hatten den beiden zwei Brote mitgebracht, so war deren Freude umso größer. Schönkirchen veranstaltete gerade als großes Fest »Ringreiten«, bei dem man vom Pferd aus im Vorbeiritt mit einem Stab aufgehängte Ringe abstreifen sollte. Auch ich versuchte mich zum Gaudium der Dörfler daran, aber mit meiner Reitkunst war es nicht so weit her, um damit einen Preis zu ergattern. Doch es hatte allen viel Spaß gebracht. Dann mussten wir auch zurück nach Kiel, um die Neuapostolen sicher nach Hause zu bringen. Schon für den 1. Juni hatten sie eine neue Tour nach Eutin gebucht.

Wieder hatte ich Erika mitgenommen, obwohl Mutter wegen des

halben Arbeitstages, den Erika ausfiel, leicht protestierte. Doch sie lenkte schnell ein, als von Erikas Überstunden gesprochen werden sollte. Ein warmer Sommer hatte sich bereits angekündigt, die Sonne strahlte vom blauen Himmel, Bäume und Sträucher boten dem Auge eine grüne oder bunte Pracht dar und halfen den Menschen, die schwere Zeit auch seelisch zu meistern. Eutin mit seinen Seen regte zu etwas Entspannung an. Während die Neuapostolen ihre Feierlichkeiten begingen und Menzfeld durch die Stadt streifte, waren wir mit der Zugmaschine zum nahen See gefahren, um am Ufer die Sonne zu genießen und mit einem kleinen Schlauchboot, das wir beim Luftschutz aufgetrieben hatten, umherzupaddeln. Wir merkten, wie nötig es war, dem ständigen Einsatz einmal für wenige Stunden entfliehen zu können, wie die kurze Flucht aus dem Alltag unserer Liebe guttat.

Als wir gegen 17 Uhr zurückkamen, warteten die Eltern schon. Im Garten waren die meisten Mitarbeiter versammelt, ein langer Tisch war aufgebaut, beiderseits standen Bänke. »Was ist denn los?«, fragte ich. »Ihr müsst helfen, wir hatten ganz vergessen, dass heute unser

Fünfzigjähriges Firmenjubiläum

fünfzigjähriges Geschäftsjubiläum ist, das wollen wir im Firmenkreis begehen!«, antwortete Vater. Er hatte Brot, etwas Aufstrich und Bier beschaffen können, das sollte nun schnell hergerichtet werden.

Es wurde ein fröhlicher Sommerabend. Vater hielt aus dem Stehgreif eine Ansprache über den Werdegang der Firma, forderte dann einige der älteren Mitarbeiter auf, aus ihrem Arbeitsleben zu erzählen und als deren Zunge gelöst war, holte einer nach dem anderen interessante Begebenheiten hervor, die dann humorvoll kommentiert wurden. Ich fuhr zwischendurch zu Erikas strenger Mutter und bat wegen des Anlasses um Ausgangsverlängerung, was sie zögernd gewährte. So dehnte sich die kleine Feier bis in die Nacht aus, und man ging kurz vor zwölf auseinander. Eines aber erfuhren meine Eltern erst Jahre danach, als ihnen alte Akten in die Hände fielen, die von den Nauener Verwandten zu Kriegsende geborgen worden waren: Das Jubiläum hätte einen Monat später begangen werden müssen, denn die Firmengründung erfolgte am 1. Juli 1897.

33. Kapitel

Die Zusammenarbeit der Alliierten im Berliner Kontrollrat war das Wort nicht mehr wert. Sie bestand nur noch aus ständigen Streitereien zwischen den Sowjets und den drei Westmächten. Erstere hatten bereits angekündigt, die Zufahrt nach Berlin sperren zu wollen, wenn bestimmte, von ihnen gestellte Bedingungen nicht erfüllt würden. Man fand zwar einen Kompromiss, doch die Westmächte begannen sofort mit Vorbereitungen für diesen Ernstfall. Zu dieser Maßnahme gehörte auch der Ausbau des Flugplatzes Lübeck-Blankensee.
Die Baufirma Max Giese, bis zum Kriegsende mit Bauarbeiten auf dem Flugplatz betraut, bekam nun die Aufträge zu dessen Vergrößerung von den Engländern. Einen Großbagger, der dafür dringend benötigt wurde, hatten englische Soldaten bei Kriegsende zu ihrem Spaß in einen Graben gefahren. Dort lag er seit dieser Zeit umgekippt, nun sollte er geborgen werden. Firma Max Giese bat Vater um Hilfe. Der begutachtete mit mir die Situation und nach längerer Beratung entschieden wir uns, den Auftrag anzunehmen. Von Possehl hatten wir viele Seile und Scherzeug vom Priwall erwerben können, was uns nun zu Gute kam.
Vorsorglich hatte Vater von einem Kollegen zu seinen Fahrzeugen noch dessen Faun-Zugmaschine mit Seilwinde engagiert, so dass mit dem großen Hanomag zwei Seilwinden und der kleine Hanomag und die Büssing-Zugmaschine zur Verfügung standen. Mir war die praktische Durchführung übertragen und damit eine harte Nuss zum Knacken gegeben worden. 50 Meter entfernt, gegenüber vom Bagger, war ein kleiner Hain. An dessen Bäume ließ ich die Windenfahrzeuge befestigen und die Zugseile doppelt einscheren, damit 20 Tonnen Zugkraft zur Verfügung standen. Der Bagger rührte sich nicht, statt dessen rissen die Befestigungsbäume aus und drohten auf die Fahrzeuge zu schlagen.
Erneut wurde an anderen Bäumen Halt für die beiden Seilwinden

gesucht, indem man jede Maschine mit drei Bäumen verband, die Einscherung um je eine Rolle verstärkte. Beim nächsten Zugversuch riss ein Seil und jagte zwischen den Leuten durch, ohne jemanden zu treffen. Das war lebensgefährlich. Die Seile zwischen Scherzeug und Bagger wurden verstärkt, alles beim nächsten Versuch in Deckung geschickt, und endlich begann sich der Bagger über die oben liegende Raupe aufzurichten. Er war vorher über Seile mit den beiden Zugmaschinen verbunden worden, die ihn in der anderen Richtung halten mussten, damit er nach dem Aufrichten nicht weiter in den Graben rollen konnte. Dann hatten die Seilwinden es merklich leichter, ich ließ die Zuggeschwindigkeit immer mehr verringern. Endlich kippte das schwere Gerät auf die zweite Raupe und begann doch abwärtszurollen, so sehr die beiden Fahrzeuge auch dagegenzogen. Aber nach 3 Metern bohrte sich der Ausleger in den Gegenhang und stoppte den Bagger.

Nun wurden die Windenfahrzeuge in die Position der Baggerfahrtrichtung aufgestellt und mit vier Fahrzeugen gelang es, den Bagger auf die Ebene zu ziehen. Der Chef von Max Giese war froh, sein Gerät wieder einsatzbereit machen zu können, das in dieser Zeit überhaupt nicht zu beschaffen war, und er gab Vater neben der Bezahlung noch fünfzig Sack Zement, die dieser für den Ausbau der Halle in Vorwerk benötigte. Zement war bewirtschaftet, deshalb knapp und somit mehr wert als die Rechnung für die Arbeit.

Die Flugplatzerweiterung hatte noch andere Auswirkungen auf die Firma Broziat. Bauleute in erheblicher Zahl wurden benötigt, die Verkehrsverbindungen mit der Bahn waren schlecht, es gab kaum Omnibusse. Für die Landebahnverlängerung hatten die Arbeiter jedoch pünktlich zur gleichen Zeit anzufangen. Max Giese und Kemnabau waren eine Arbeitsgemeinschaft eingegangen und froh, dass die Firma Broziat gedeckte Fahrzeuge mit festgeschraubten Bänken für Personentransporte besaß, die sie nun dafür engagierten. So war über einen langen Zeitraum eine Zugmaschine mit zwei Anhängern für die Aufgabe eingesetzt, morgens und abends die Bauleute zu fahren. Die Bezahlung war gut, und da die An- und Abfahrzeiten festlagen, konnte das Zugfahrzeug zwischenzeitlich mit anderen Anhängern Nahtransporte durchführen.

Wegen der schwierigen Ersatzteillage gab es immer wieder Ausfälle. Die Zylinderköpfe blieben der Schwachpunkt beim Hanomag.

Immer wieder bildeten sich Haarrisse zwischen Ventilsitzen und Vorkammern. Vater hatte mit Hilfe von Lebensmittelbeigaben einige Zylinderköpfe erwerben können, die beim Ausfall der Maschine dann nachts ausgetauscht wurden. Die Risse konnte eine Spezialfirma schweißen. Dazu mussten die Köpfe allerdings bis auf 500 Grad erwärmt werden, wodurch sie sich wiederum verzogen und vor dem Einbau eines Planschliffs bedurften, und auch die Ventilsitze erhielten eine Nachbearbeitung. Die schwierige Zeit erforderte kostspielige Maßnahmen, die bei normalen Verhältnissen niemand in Erwägung ziehen würde, denn allein um Ersatzteile zu haben, wandte man Reparaturkosten auf, die über dem Neupreis des Teils lagen.

So ergaben sich immer wieder harte Diskussionen zwischen Vater und mir, in denen er mir vorrechnete, dass der Betrieb bei allem Einsatz Verluste mache. Zwar waren die Bilanzverluste jedes Jahr nur einige tausend Reichsmark und konnten durch die mitgebrachten finanziellen Reserven aus Nauen ausgeglichen werden, aber die Grundlage für die Fehlbeträge waren einfach abnormale Arbeiten und Beschaffungsmaßnahmen, um überhaupt existieren zu können. Vater behauptete, mit der Beendigung einer Zwangsbewirtschaftung werde sich schlagartig alles zum Guten wenden. Wie sollte das wohl funktionieren, meinte ich, woher könnten dann urplötzlich so viele Waren herkommen. Vor allem jedoch wünschte er sich, wieder die Genehmigung für ein Handelsgeschäft zu erhalten, was ihm durch die Bestimmung der Militärverwaltung versagt blieb.

Der Riss zwischen den Alliierten des Krieges wurde größer. Im September 1946 hatte der amerikanische Außenminister in seiner Stuttgarter Rede vage Andeutungen gemacht, dass ein Aufbau Europas auch deutscher Mithilfe bedürfe. Truman stellte in der Kongressbotschaft am 12. März 1947 die Doktrin auf, nach der die USA sich verpflichtet fühlen, jede freie Nation gegen Druck von außen zu unterstützen. Das war offensichtlich gegen Okkupationsabsichten der vom Kommunismus beherrschten Länder gerichtet. Als Außenminister Marshall in seiner berühmten Harvard-Rede im Juni 1947 eine gewaltige Kraftanstrengung der USA zum Wiederaufbau Europas ankündigte, dessen Staaten zur Zusammenarbeit bereit wären, spitzten sich die Spannungen zwischen den beiden Machtblöcken weiter zu.

Im Januar 1947 hatten Engländer und Amerikaner ihre Besatzungszonen zur »Bizone« zusammengeschlossen, nachdem Franzosen und Sowjets die Teilnahme an einer Fusion der Zonen abgelehnt hatten. Dieser Schritt zwang zuerst zur Bildung eines aus den Länderparlamenten gewählten Wirtschaftsrates. Im Juni folgte dann die erste Konferenz der Länderminister, in der diejenigen der sowjetischen Zone die Errichtung einer deutschen Zentralverwaltung unter Beteiligung von Parteien und Gewerkschaften verlangten. Als diese Forderung abgelehnt wurde, reisten sie demonstrativ ab. Die Zuspitzung der politischen Lage zwischen den Angloamerikanern und Russen zwang dann die Franzosen 1948 zur Entscheidung, ihr Besatzungsgebiet mit einzuordnen, es entstand die »Trizone«, deren Namen die Jecken des sich wieder entwickelnden Karnevals zum Schlagertext nutzten: »Wir sind die Eingeborenen von Trizonesien«. Der Eiserne Vorhang zwischen den Machtblöcken ging herunter. Alles deutete auf eine Konfrontation hin, und die Lübecker zum Beispiel lebten in der Angst, von den Sowjets überrollt zu werden, denn ihre Stadtgrenze war zugleich auch die Linie, hinter der die Sowjets standen.

Erika war bei den Mitarbeitern beliebt. Ihre mitfühlende Art, die sie zwar gern durch eine gewisse Burschikosität überdeckte, kam bei den Menschen an, man hatte Vertrauen zu ihr. Sicher trug auch ihre Schönheit dazu bei, ihr Dinge mitzuteilen, die sonst im Inneren blieben. So wurde sie an einem Sonntagvormittag von Opa Herzog gefragt: »Fräulein Meseck, Sie wissen ja dat ick meine Helene gern hier hätte, können Sie sich mal det Jedicht durchlesen?« Es war ziemlich lang, was er da, sicher mit großer Mühe, verfasst hatte, und das mit den Zeilen endete: »Und hab ick dir och anjeschrien, du hast et immer mir vaziehn!« – »Opa, das haben Sie gut gemacht!«, sagte Erika. »Meinen Sie dat se daraufhin kommt?« – »Ganz bestimmt, Opa, das hab' ich im Gefühl!« Tatsächlich kam postwendend ein Brief, in drei Wochen werde seine Helene da sein. Als er Erika sah, lief er briefschwenkend zu ihr hin und rief: »Sie kommt, sie kommt!«, und Tränen kullerten dem harten Mann über die Wangen. »Sie haben et ja gleich jesagt, dat det Jedicht wirkt und nu isset so. Aber Fräulein Erika, vor den Augenblick ha ick richtich Angst, könn se da nich mit zun Bahnhof kommen?« – »Ich werde Horst sagen, dass er dann mit dem Auto zur Bahn fahren möchte und wir sie gemeinsam abholen!« – »Wissen se, Fräulein Erika, wat Sie sind? Sie sind een richtijer Engel!« Etwas verschämt ging Erika ins Haus an die Arbeit.

Wenige Wochen später rief Mitrenga aus Nauen an, dass er seine Schwiegermutter in dem überfüllten Zug unterbringen konnte und gab die etwaige Ankunftszeit durch. Opa Herzog konnte vor Aufregung kaum arbeiten, wollte möglichst um 17 Uhr am Bahnhof sein, obgleich der Zug frühestens um 19 Uhr eintreffen würde. Entsprechend fuhren Erika und ich mit ihm los und nach einer weiteren halben Stunde war es so weit: Unter den vielen Aussteigenden fand er seine Helene.

Das junge Paar stand etwas verlegen daneben, als die beiden sich laut schluchzend in den Armen lagen und sich gar nicht wieder trennen wollten. Dann endlich löste sich Friedrich und sagte: »Also det is Fräulein Erika, von der ick dir jeschriebn habe und det is mein Juniorchef!« Sie blickten in ein liebevolles Gesicht und die hellblauen Augen der etwas untersetzten Frau, deren Rücken unter der Last ihrer langjährigen Arbeit gebeugt war. Spontan umarmte Erika sie und der dankbare Blick für diesen liebevollen Empfang war der Beginn einer menschlichen Zuneigung, die bis an das späte Ende von Helene anhielt.

Am nächsten Sonntagvormittag kam Friedrich Herzog zu Vater. »Na, Opa Herzog, was gibt es denn?«, fragte er. »Ja, Herr Broziat, nu is det ja allet anders jeworden, nu is ja die Helene da, wat meine Frau is. Ick hab mir det heute Nacht allet jenau durchjerechnet, wissen Se, unsere Stube is eenfach zu kleen!« – » Hmm, und was haben Sie da nun gerechnet?« – »Nu ja, ick kann ja mauern und putzen. Wenn ick nu nach Feierabend ranjehe und setz da eenen kleenen Anbau hin, denn komm wa aus, allerdings müssten Sie det Materjal besorjen! Det Jebaute is ja denn ooch Ihrt!« – »Lieber Opa Herzog, wir sind hier auf einem Pachtgrundstück und können nicht einfach drauf los bauen, andererseits sehe ich die Enge ein und möchte Ihnen helfen.« Zuerst war Opa Herzog das Herz in die Hose gerutscht, doch nun strahlte er wieder: »Sie wern det schon machen, Chef!«

Vater sprach mit Herrn von der Lippe darüber, und der nickte zustimmend. »Aber wenn normale Zeiten kommen, müssen Sie das Ding wieder abreißen!« – »Selbstverständlich, Herr von der Lippe.« – Doch er wollte Nägel mit Köpfen machen. Ein Bau ohne Kellerraum war für Vater nur Stückwerk. Schulz-Demmin fertigte Bauzeichnungen an, die vorhandene Fenster, Türen und Dachmaterialien berücksichtigten, und Opa Herzog konnte anfangen. Er bekam die normale Arbeitszeit bezahlt, machte danach jedoch meist aus eigenem Antrieb weiter und Vater setzte auch weitere Leute ein, wenn für sie keine wichtige Arbeit da war. So gedieh der Anbau recht schnell: Er würde vermutlich in zwei Monaten fertig sein.

Erika und Helene begegneten sich. »Nun Oma«, sagte Erika, »jetzt sind Sie vierzehn Tage hier, wie gefällt es Ihnen in Lübeck?« – »Ach wissen se, Fräulein Erika, ick habe in Berje ja ooch nischt ausjestanden, da hatte ick wenichstens meine Beschäftigung mit det Vieh, de Hühner und Jänse, hier sitz ick nur rum. Opa arbeitet bis inne Nacht, det Ding soll ja ooch fertich wern, un ick freu mir druff, aba ick weeß wirklich nich, wat ick anfangn soll!« Helene bekam beim Sprechen die Lippen kaum auseinander, nuschelte also, wie man sagt, und das mit nasalen Beitönen, die wirklich gewöhnungsbedürftig, jedoch nicht unangenehm waren. Erika fragte meine Eltern beim Abendbrot, ob die Versorgung der Hühner, Schafe und Gänse, die Mutter angeschafft hatte, nicht eine Aufgabe für Frau Herzog sei, und sie stimmten erfreut zu und erweiterten den Gedanken dahin, dass sie vielleicht im Haushalt helfen könne. Helene wurde zum Haus gerufen. Sie war zuerst ganz verschüchtert, aber als sie den Antrag hörte, strahlte sie über das ganze Gesicht. »Det is aba schön, denn hab ick doch wat zu tun und kann mir noch een bisschen nebenbei vadienen, bloß kochen kann ick nich jut, wenn wa aus de Gutsküche nischt krichten, konnt ick imma nur Zusammjekochtet machen!« – »Das kriegen wir schon hin!«, meinte Mutter amüsiert und Erika freute sich, ein gutes Werk getan zu haben und mehr Freiheit zur Tätigkeit in geschäftlicher Hinsicht zu bekommen.

Die Monate Mai bis August 1947 waren wichtige Auslöserzeiten für die Firma. Sie begannen, wie vorher beschrieben, mit der Bergung des Großbaggers, den Personentransporten für die neuapostolische Kirche, für die Baufirmen zum Flugplatz Blankensee und an den Wochenenden im Juni wollten die Beamten des Wirtschaftsamtes zum Torfstechen in die Gegend von Duvensee. Dieser Auftrag wurde besonders gern angenommen und preisgünstig gestaltet, öffneten sich dadurch doch viele wichtige Türen bei den städtischen Ämtern. Neben den Personentransport-Anhängern erfolgte der Einsatz der beiden anderen Lastzüge. Aus den fast unerschöpflichen Beständen des Luftschutzlagers hatte Vater genügend Säcke besorgt, sodass die Beamten jeweils die gestochenen Torfmengen in diese füllen und, mit Namensschildern versehen, auf den Anhängern verstauen konnten. Abends wurden die Säcke zu den einzelnen »Eigentümern« ausgefahren. Die Aktion fand einen großen Anklang, konnte man den Leuten dadurch doch die Heizmaterialsorgen für den Winter nehmen. Andere Beamte der Stadt baten um dieselbe Möglichkeit, die Vater dann im August organisierte.

Wie wichtig die Verbindungen waren, die ihm daraus erwuchsen, zeigte sich bereits vorher. Ich war gerade mit Reparaturarbeiten an einem Fahrzeug beschäftigt, als einige Herren, darunter ein Polizeioffizier, auf dem Grundstück herumliefen und die »Luftschutzhalle« betrachteten. Ich fragte im höflichen Ton, was sie suchten oder wünschten. »Das geht Sie gar nichts an!«, antwortete der Polizist in barschem Ton. Ruhig stellte ich mich vor und sagte, dass sie mir, als Vertreter meines Vaters, der unterwegs sei, wohl Auskunft zu geben hätten. »Rotzen Sie mich nicht von hinten an!«, wurde der Offizier laut und drehte sich um. »Dann drehen Sie sich mal wieder um, so etwas tue ich weder von vorn noch von hinten. Die Zeiten zu Ihrem Verhalten haben wir ja nun wohl glücklich hinter uns!«, war meine Antwort und die Leute gingen erbost vom Platz.

Da unter ihnen auch der Vorwerker Ortsbeauftragte Köster war, forschte Vater bei seinen Bekannten nach und erfuhr in einem Amt, dass Köster vorhatte, die Halle zu einem Versammlungsraum, einem kleinem Kino und einer Gaststätte ausbauen zu lassen, weil der Luftschutz bald aufgelöst werde. Die ganze Angelegenheit sollte von der Stadt getragen werden. Vater wollte die Halle auch haben, als Lager, als Werkstatt, als Lkw-Garage. Herr von der Lippe gab sein O. K. und seine Einflussnahme bei der Stadtverwaltung war groß. Vater bearbeitete die einflussreichen Bekannten vom Wirtschaftsamt, die dann auch Köster zu verstehen gaben, dass seine Wünsche an den städtischen Aufgaben vorbeiliefen, auch wenn er das gleiche Parteibuch wie der Bürgermeister Passarge besitze, und so waren wir glücklich, von Possehl ab 1. August 1947 die Halle 2 mieten zu können.

Nach Verhandlungen mit der Luftschutzverwaltung, die bald aufgelöst werden sollte, übernahmen wir einen Großteil des Bestandes, verrechneten aber auch die Entsorgung eines vollen Kellerraumes bereits durchgerosteter Fässer Chemikalien, die zur Bindung von Giftgas vorgesehen waren und die, was schlimmer war, das Kellergewölbe angegriffen hatten. Prof. Schulz-Demmin bekam den Auftrag, die Baumaße der Halle 2 aufzunehmen und das Gebäude zeichnerisch darzustellen, damit bald die Umbauten beschlossen und ausgeführt werden konnten. Das Stall- und Getreidelagergebäude war um 1900 zweigeschossig erbaut worden und besaß über die 15 Meter Breite drei Felder Gewölbedecken, die sich innen auf starken Pfeilern abstützten und über das 50 Meter lange Bauwerk zogen. Die Gewölbe waren im Obergeschoss in ihren Rundungen belassen worden, was wohl für Strohlagerung akzeptabel war, jedoch keinesfalls für andere Materialien oder Geräte. Mit Halle 2 hatte der Betrieb räumlich ein gutes Fundament zur Expansion erhalten.

Durch die Bekanntschaft mit den Luftschutzleuten war es Vater gelungen, den Abbau der Sirenenanlagen von allen öffentlichen Gebäuden Lübecks sowie von den Privatgebäuden, deren Eigentümer es wünschten, zu bekommen. Gegen die Arbeitsleistung ging alles Material in seinen Besitz über. Der Auftrag musste bis Ende 1948 abgeschlossen sein. Die Sirenen besaßen verkäufliche Motoren, die Standrohre waren wertvoll, besonders aber die Kabelleitungen, das Zubehör und die Schaltkästen. Er tat sich mit einer Elektrofirma zusammen. Die Demontage der Sirenen und den Abtransport übernahm die Firma Broziat, den Abbau der Elektrik der Partner, das Material bekam jeder zur Hälfte. Ich hatte einen kleinen Derrick konstruiert, der an die Standrohre anzuschrauben war. So konnten die schweren Sirenen in kurzer Zeit gefahrlos demontiert werden. Das Elektromaterial wurden wir schnell los und wir nutzten es außerdem als Grundlage für die Elektroinstallation der Halle 2.

34. Kapitel

Mit den neuen Räumlichkeiten der Halle 2 hatten wir einen erheblichen Zuwachs an überdachter Lagermöglichkeit erhalten. Immer noch blieb die Genehmigung für die Errichtung eines Handelsbetriebes versagt, doch das kümmerte uns wenig, möglichst viele gängige Materialien einzukaufen oder – noch besser – einzutauschen. Gerade beim Tausch mussten diese nicht in der Inventur erscheinen und bildeten somit stille Reserven. Die Dornierwerke mit ihrem Betrieb in Lübeck hatten noch erhebliche Mengen an Produktionsmaterial in geheimen Räumen gelagert, die der Besatzungsmacht nicht gemeldet worden waren. Direktor Rhiba traf irgendwo auf Vater, fasste Vertrauen und erzählte, dass ihm langsam die Sache zu heiß werde. Er arrangierte ein Treffen mit Herrn Brockmüller, Possehl übernahm das Material zu guten Bedingungen und wir erhielten für die Abfuhr Aluminiumbleche als Bezahlung. Diese waren zur Belegung der Fahrzeugböden, als feste Fahrzeugbedachung und auch als Tauschobjekte sehr gut geeignet.

Mit dem Ausbau einer 200 Quadratmeter großen Werkstatt im Südteil der Halle 2 konnten auch über Hans Kreutzfeld geeignete Werkzeugmaschinen besorgt werden, um fachmännische Reparaturen an Fahrzeugen und Geräten im geheizten Raum durchzuführen. Eine lange Reparaturgrube ermöglichte Arbeiten am Fahrzeug von unten her, und ein Späneofen gab im Winter mollige Wärme ab. Er bestand aus einem runden, 1,5 Meter hohen Stahlblechkessel auf kurzen Füßen, in dessen Boden sich ein Loch in Ofenrohrgröße befand. Der Rauchabzug war seitlich dicht unter der Oberkante angebracht. Zum Befüllen steckte man ein konisches Rohr von oben in das Bodenloch, gab Sägespäne in den Kessel und stampfte diese schichtweise fest. Das Rohr wurde, an einem Knebel drehend, herausgezogen, der obere Deckel aufgesetzt und der Ofen mittels einer Lunte durch das Bodenloch gezündet. Die Späne brannten nun vom Mittelkanal nach außen hin ab und erbrachten Betriebszeiten bis zu zwanzig Stunden, je nach Einstellung der Drosselklappe. So primitiv das Gerät auch schien, es war wohl die beste und billigste Heizung, welche die Firma je besaß.

Man spürte überall, wie die Menschen ihre Kräfte einsetzten, um die Not zu lindern, in der sie leben mussten, wie sie aus eigenem Antrieb übermenschliche Dinge leisten wollten, um in einem geordneten Staat leben zu dürfen. Regelrechte Behelfsheimkolonien entstanden. Während die Männer ihrem Beruf nachgingen, putzten ihre Frauen in den Stunden, die sie der Familienversorgung abringen konnten, Trümmersteine ab, die dann abends gemeinsam zum werdenden Häuschen verbaut wurden. Über den schwarzen Markt oder Bezugsscheine kamen Dachmaterial, Fenster und Türen hinzu, bis glücklich eine Zwei- oder Dreizimmerwohnung ihr eigen war. Nicht viel anders verlief es bei dem Aufbau der zerstörten Häuser. Da gab es keine staatlichen Maßnahmen. Die Bevölkerung begriff in dieser Zeit, dass nur sie ist es ist, die einen gestrandeten Staat wieder entwickeln kann.

Die Besatzer hatten längst erkannt, dass die Deutschen nicht so schlecht waren, um einfach jeden Menschen in die Kollektivschuld einbeziehen zu können. So bahnte sich zwischen den beiden Parteien eine immer loyalere Zusammenarbeit an, in der demokratische Werte die Grundlage bildeten. Die Lebensmittelzuteilungen erhöhten sich etwas, die Produktion von Bedarfsgütern begann vorsichtig zu sprießen. Aber es gab auch die Schattenwirtschaft, den schwarzen Markt, den die vielen Razzien nicht beseitigen konnten, der den Behörden ein Dorn im Auge war. Die Zigarettenwährung linderte so manchen Notfall, beutete aber auch viele Menschen aus, denn das Geschäft mit der Not wird nie Gottes Wohlgefallen finden.

Dann gab es noch den Hunger nach Kultur. Theater, Kleinkunstbühnen, Kinos hatten nicht genug Plätze für den Andrang. Viele wollten wieder lachen dürfen, doch genauso viele suchten die Verinnerlichung in der Musik, in Vorträgen, in den kirchlichen Angeboten. Und man ehrte die Darbietenden durch saubere, ordentliche Kleidung, obgleich diese so rar war. Das freie Wort, das noch vor wenigen Jahren jeden gefährdete, hatte wieder einen Wert erhalten, den es zu bewahren galt. Nicht um das verletzende Wort ging es, sondern um den Lernprozess, die andere Anschauung auch dann gelten zu lassen, wenn sie zur eigenen konträr lief.

Es lag einfach in der Luft: In absehbarer Zeit würde sich grundlegend etwas ändern, denn die vergangenen fünfzehn Jahre hatten die

Sinne der Bürger geschärft. Man wollte auf etwas vorbereitet sein, ohne zu wissen, was da kommt, im Bewusstsein, schlechter könne es nicht werden. Auf den Wunsch eines ihm von Nauen her bekannten Spediteurs, der nach Reinfeld flüchtete, hatte Vater dessen Sohn Heinz Fitzner am 9. Juni 1946 als Lehrling eingestellt und am 9. Dezember 1946 Heinz Paetsch als Büroangestellten, der früher in der Fahrbereitschaft Brandenburg arbeitete.

Vater hatte Herrn Lienz, den Bewacher vom Luftschutz, überreden können, sich einen Raum in der Luftschutzhalle gemütlich einzurichten, wobei er ihm Fendler ein paar Tage dafür zur Hilfe stellte, und so räumte Lienz die Luftschutzbaracke in der Nähe des Wohnhauses. Damit war für die Familie Paetsch, bestehend aus dem Ehepaar, Mutter Paetsch und der kleinen Tochter, Wohnraum geschaffen worden. Trotz der Lebensmittelknappheit war Heinz Paetsch dick, seine Frau dagegen schmächtig. Die Leibesfülle stammte hauptsächlich von Kartoffeln, derer er Unmengen vertilgen konnte. Immer wieder hörte man in der wärmeren Jahreszeit aus dem offenem Fenster die Stimme der Mutter rufen: »Heienz, iss nich so ville, dein Vater hat ooch imma so ville jejessen un denn issa jestorben!« Günter hatte den Satz parat, um ihn bei passenden Gelegenheiten zu imitieren, worauf sich die Zuhörer bogen vor Lachen. Aber Paetsch war ein geistig beweglicher, wertvoller Mitarbeiter, der über ein solides Fachwissen verfügte.

Am 29. April 1947 wurde der Kraftfahrer Willi Peters eingestellt und am 18. September 1947 Georg Ziebner. Peters war ein robuster Mann, offen und kameradschaftlich. Da er seinen Vater nicht kannte, sagte er von sich, er sei das Produkt einer Tanzpause. Als ihm seine Freundin längere Zeit nicht geschrieben hatte, lamentierte er darüber bei mir immer wieder. Dann endlich kam ein Brief und er gab ihn mir zum Lesen. Wie sollte man sich wohl das Lachen halten, wo der erste Satz lautete: »Du wirst dich schwer gewundert wissen, dass ich nicht geschrieben bin, aber ich hatte krank!« Ziebner war ein guter Kraftfahrer, umsichtig, geistig hochstehend, in seinem Wesen lag ein Schuss an Eleganz. Er wollte auch entsprechend behandelt werden, was bei seinen Kollegen nicht besonders gut ankam.

Neben den vielen bereits erwähnten Personentransporten wurde täglich eine Zugmaschine auf der Teerhofinsel zum Waggonrücken bei der Maschinenfabrik Paasche eingesetzt. Paasche reparierte Fahrzeuge für die Reichsbahn, besaß jedoch keine Rangierlokomotive, sodass die Gleisfahrzeuge von unseren Zugmaschinen mit dem Seil in die gewünschten Positionen gezogen wurden. Schließlich war die Firma Wagner KG noch ein ständiger Auftraggeber für Baustofftransporte.

Ich hatte, wie immer, Erika nach Haus gebracht, diesmal nicht, wie üblich, eingehakt, sondern wir gingen mit Abstand. Nun lag Erika schon seit zwei Stunden im Bett und grübelte über ihr Leben, ihre Vergangenheit und den zukünftigen Weg nach. Ihr Stolz, ihr Selbstbewusstsein war an diesem Tage zutiefst verletzt worden. Ich hatte eine Maschine repariert und festgestellt, dass die Schmierung nicht funktionierte, weil in den Tropfölern die Dochte fehlten. So hatte ich Mutters Nähkasten ein Knäuel Wolle entnommen, um daraus welche anzufertigen, ohne jemanden davon zu unterrichten. Etwas später suchte Mutter ausgerechnet die Wolle und verdächtigte schließlich Erika, diese weggenommen zu haben. Weinend war sie zu mir in die Werkstatt gelaufen, um mir das zu erzählen, als ich das Knäuel aus der Tasche zog und sagte: »Die soll sich bloß nicht so haben, ich habe 0,5 Meter für Dochte gebraucht!«

Erika brachte Mutter die Wolle und erklärte den Grund für den Gebrauch. Die knappe Antwort von ihr lautete: »Aha!« Keine Entschuldigung wegen der Diebstahlsverdächtigung fiel. Auch als ich ihr am Abend deshalb Vorwürfe machte, gab es nur die Antwort, ich hätte sie vorher fragen müssen. Vater lachte sie wegen einer solchen Lappalie aus, bemerkte aber auch nicht, dass es um Erikas Ehre ging. Als ich nun abends Erika heim brachte, hatte sie ihrer Empörung Luft gemacht, weil meine Mutter scheinbar meine, sie sei etwas Besseres und in ihrem Dünkel glaube, Erikas Ehre beeinträchtigen zu können. Meinen Einwänden begegnete sie mit Vorwürfen, ich sei nicht stark genug für sie eingetreten. Nun war es Erika unmöglich, ihren Schlaf zu finden.

Was tat sie, die Tochter eines Offiziers, überhaupt in dieser Familie, in der die eventuelle Schwiegermutter sie missachtete? Zwar hatte ich, ihr Horst, ihr Liebe und Treue geschworen, doch das war die einzige Basis für ihre Zukunft. Sie lernte und bekam alles mit, was sich in der Firma und im Haus abspielte, jedoch fehlte eine geregelte Ausbildung. Selbst ich hatte bis jetzt keinen Lehrvertrag. Von Carmen kannte sie das Befähigungszeugnis als Kindergärtnerin und von Margot gar den Studienabschluss als Pädagogin. Ihr Wissen allein reichte doch nie für eine Stellenbewerbung aus! Was wäre, wenn sie sich ernstlich mit mir verkrachen oder wenn ich mich in ein anderes Mädchen verlieben würde? Achtzehn Jahre war sie jetzt alt, vielleicht hatte sie noch Zeit, eine Lehre anzufangen, doch dann durfte sie nicht mehr lange warten. Tränen rollten ihr über die Wangen, ihr fehlte der Vater zur Beratung, der hätte uneigennützig das Beste für seine Tochter gewusst. Die Stiefmutter hatte andere Sorgen und deren Herz hing an Jochen und Rosi. Für die beiden wollte sie unbedingt ein Studium erreichen, sie redete jetzt schon immer davon.

Erika haderte mit ihrem Schicksal. Warum musste es gerade mit ihr so grausam umgehen? Seit ihrem ersten Lebensjahr hatte sie keine rechte Elternliebe mehr empfangen dürfen, niemand außer Tante Lena, die Schwester ihrer Mutter, streichelte sie. Der Vater war gerecht, aber preußisch streng, und er hatte Gertrud nur geehelicht, um die drei Mädchen versorgt zu sehen. Weihnachten saß er grübelnd am Tannenbaum und trauerte seiner verstorbenen Frau nach. Auch er haderte mit dem Schicksal. Einige Anträge hatte sie bereits bekommen, die sicher ernst gemeint waren, ehe sie mich kennenlernte. Da waren Kurt Stehr, der Sohn eines Architekten, und ein polnischer Offizier, der mit ihr nach Australien auswandern wollte und, nicht zu vergessen, Gerhard Lund, den angehenden Rechtsanwalt, der leider im Krieg einen Arm verloren hatte. Erika hatte sich bei allen Anträgen nicht reif genug gefühlt, erst bei mir war in ihr das Gefühl der Liebe erwacht. In meiner Nähe fühlte sie sich geborgen, geliebt, verstanden. Wenn ich doch nur ihre Position bei Vorkommnissen wie heute klarer verteidigt hätte! Da setzte sich Günter rigoroser durch, aber die anderen Verhaltensweisen mochte sie bei dem wieder nicht. Gab es überhaupt einen idealen Menschen, einen idealen Partner? Carmen kam, wie meist, recht spät, legte sich ins Nachbarbett und schnarchte nach kurzer Zeit. Das störte Erikas Gedankenflut, und schließlich fiel auch sie in einen unruhigen Schlaf.

Am nächsten Tag verhielt sich Erika sehr zurückhaltend und einsilbig. Trotz meiner nochmaligen Vorhaltungen am Vorabend meinen Eltern gegenüber tat Mutter nun so, als ob nichts gewesen sei, während Vater doch ein schlechtes Gewissen hatte und Erika besonders freundlich behandelte. Erika machte sich zum Feierabend pünktlich fertig, um heimzugehen. Ich sagte: »Komm, wir machen einen Umweg, wir wollen in Ruhe miteinander reden!« Nur widerwillig fügte sie sich. Ich sagte ihr, dass ich nochmals meinen Eltern Vorwürfe gemacht und sie es am Verhalten von meinem Vater wohl bemerkt habe, aber mit Mutter sei einfach nicht zu reden, seit dem Verlust von Nauen habe sie sich völlig verändert. Wenn das so weitergehe, werde ich mir woanders eine Stellung suchen. Erika lachte mich aus: »Als was denn? Das einzige Ausbildungszeugnis, das du besitzt, ist dein Führerschein, oder kannst du sonst etwas vorweisen? Dir nützt es doch gar nichts, wenn du erzählst, was du kannst. Im Betrieb deines Vaters bist du wer, aber nirgendwo anders!« – »Ja, du hast recht, das muss geändert werden!« – »Und was ist mit mir? Ich bin doch in der gleichen Situation. Wir sind völlig von deinen Eltern abhängig, und das kostet deine Mutter aus. Es ist aussichtslos!« – »Nein, Erika, wenn wir fest zusammenhalten, finden wir auch einen Weg, wie wir da herauskommen, ich werde genau darüber nachdenken. Mein Vater kann auf unsere Arbeitskraft nicht so leicht verzichten, das weiß er ganz genau. Er muss etwas tun!« Mit mehr Zuversicht trennten wir uns herzlich vor Erikas Haus.

Die Wochentage waren mit harter Arbeit angefüllt, und so wartete ich den Sonntag ab. »Papa, ich möchte mit dir ein Gespräch führen!« – »Worum geht es denn?« – »Um unsere Zukunft!« – »Wir arbeiten doch alle für unsere Zukunft!« – »Über Erikas und meine Zukunft möchte ich mit dir reden!« Mutter hatte die Ohren gespitzt: »Da gehöre ich wohl auch dazu!« – »Wenn du tolerant bist, vielleicht!«, antwortete ich. »Lass diese Spitzfindigkeiten!«, sagte Mutter gekränkt. Wir drei setzten uns an den Tisch und ich erklärte ihnen, dass ich im Betrieb eine Position einnähme, die wohl meinem Können entspreche, die ich aber ohne amtlichen Befähigungsnachweis bekleide. Es bestehe kein Lehrverhältnis, das mit der kaufmännischen Gehilfenprüfung ende. Sollten Umstände eintreten, die mich zwingen würden, mich woanders zu bewerben, stünde ich mit nichts da. »Was für Umstände?«, fragte Mutter irritiert. »Ein Betrieb kann Konkurs gehen, ihr könntet euch für Günter entscheiden, wir könnten Differenzen bekommen, wenn zum Beispiel die Ehre meiner zukünftigen Frau verletzt wird!« – »Fang ja nicht mit dieser Lappalie wieder an!«, brauste sie auf. »Es wäre eine Lappalie gewesen, wenn du dich entschuldigt hättest. Das ist jetzt auch nicht das Thema, sondern nur der Auslöser dazu!« Vater fiel dazwischen, er wollte keinen Streit provozieren lassen. »Horst hat recht, ohne offiziell Kaufmann zu sein, darf er kaum einen Betrieb führen, bekommt er auch sonst keine vernünftigen Positionen. Ich werde sehen, ob dir nicht ein Teil deiner hiesigen Tätigkeit rückwirkend als Lehrzeit anerkannt wird, denn mit einundzwanzig wird es Zeit, den Lehrabschluss zu vollziehen!« – »Und was wird mit Erika?« Vater wollte seiner Frau in die Augen sehen, doch die saß mit starrer Miene und gesenktem Kopf da. Also entschied er allein: »Wenn du Erika einmal heiraten willst, ist sie uns herzlich willkommen, denn sie passt zu dir und ins Geschäft, im anderen Falle muss sie ihren Weg selbst finden, die Entscheidung dafür darf ich nicht treffen.« – »Ich werde Erika heiraten!« – »Mutti hat ohne entsprechende Ausbildung im Geschäftsleben Hervorragendes geleistet, ich sehe keine Schwierigkeit für euch, wenn ihr unseren Werdegang zum Vorbild nehmt.« Vater hatte Ruhe und gegenseitiges Verständnis in die Runde getragen und das Thema so in den Griff bekommen, dass wir den Blick in eine bessere Zukunft wandten und nach einer weiteren halben Stunde zufrieden auseinandergingen, ohne dass ein Ausscheiden von mir nochmals Erwähnung fand.

Langsam aber sicher ging der Herbst in den Winter über. Kälte stellte sich ein und damit für ein Großteil des Volkes eine neue Leidenszeit. Die Westalliierten erhöhten die Brennstoffzuteilungen, sie brauchten die Bevölkerung, denn zwischen ihnen und den Sowjets wurde es ebenfalls immer frostiger. Stalin hatte mit den sowjetisch besetzten Ländern einen Ostblock bilden lassen, der geschlossen den freien Demokratien gegenüberstand. Die Rüstung lief im Osten auf Hochtouren, alle nur erdenklichen Mühen galten der Fabrikation von Atombomben. Deutsche Wissenschaftler, soweit man ihrer habhaft werden konnte, mussten in der Atom- und Raketenforschung tätig sein, und sie brachten entsprechende Ergebnisse. Dafür durften sie auch im »goldenen Käfig« leben, das heißt, sie hatten mit ihren Familien alle erdenklichen Annehmlichkeiten, einschließlich Villen, Autos, Sommerurlauben auf der Krim und Lebensmittel in Hülle und Fülle. Die Geheimdienstberichte waren für die Westalliierten erschreckend. Da wuchs schneller als erwartet ein gleichwertiger Gegner heran, der schon jetzt mit Drohgebärden aufwartete. Die Amerikaner hatten zwar Wernher von Braun und ein Teil seines Teams sowie viele Ingenieure aus den deutschen Forschungszentren in die USA geholt, aber die Russen fanden in Forschern wie von Ardenne oder Prof. Thiessen und vielen anderen Wissenschaftlern Menschen, die diese Entwicklung sehr schnell vorantrieben. Jahrzehnte später wurde bekannt, dass die Amerikaner durch die Geheimoperation »Venona« den sowjetischen Funkverkehr entschlüsselten und dadurch zwei sowjetische Spione enttarnen konnten, die ihnen größte Schäden zufügten. Der eine war der deutsche Physiker Klaus Fuchs, der 1933 vor den Nazis nach England flüchtete und von Oppenheimer für das Projekt »Manhattan«, nämlich den Bau der Atombombe, angeworben worden war, der andere der junge Physiker Theodore Hall. Beide standen schon vorher in sowjetischen Diensten und übermittelten ab 1943 eine wahre Flut amerikanischer Atombombenpläne. Auch sie hatten maßgeblichen Anteil daran, dass die Aufholjagd der Sowjets um Jahre verkürzt wurde. Ein Rüstungswettlauf war in Gang gesetzt worden, der für die kommende Zeit nichts Gutes verhieß.

Weihnachten 1947 stand vor der Tür, der dritte Heilige Abend nach dem Ende des furchtbaren Krieges. Noch immer befanden sich viele deutsche Soldaten in Kriegsgefangenschaft. Insbesondere die Sowjets entließen nur arbeitsuntaugliche Männer, alle anderen mussten für den Aufbau des Landes und in der Rüstungsindustrie schuften. Auch die Franzosen hielten sich an den Deutschen, soweit es ging, schadlos. Kriegsgefangene hatten überall im Lande schwere Arbeiten zu verrichten und aus der französisch besetzten Zone wurden vor allen Dingen Maschinen aller Art herausgeschleppt, aber auch die Wälder wahllos abgeholzt und alles, was Frankreichs Wirtschaft dienen konnte, nach dorthin verladen. Die Briten und Amerikaner hielten dagegen nur noch die Gefangenen in Gewahrsam, die sie als höhere Nazis, SS-Leute oder als Kriegsverbrecher erkannten.

Im Broziat'schen Betrieb wurde eine Weihnachtsfeier organisiert, bei der die Familie es verstand, mit nützlichen Geschenken und einigen ergatterten Lebensmitteln viel Freude zu bereiten. In seiner Ansprache machte Vater allen große Hoffnung für die Zukunft, weil er der Meinung war, wofür auch alle Anzeichen und seine Informationen vom Verkehrsverband sprächen, dass 1948 sicher ein großer Schritt zu mehr Freiheit und Normalität bevorstehe.

In der Familie lief das Fest sehr harmonisch ab. Vom Kirchbesuch in St. Matthäi kehrten wir gestärkt heim. Auch hier war Hoffnung das Thema gewesen, und der Abend im Hause gestaltete sich in Frieden und Freude. Jeder hatte Wert darauf gelegt, dem anderen nützliche Geschenke übergeben zu können. Vom Priwall waren seinerzeit Hunderte von Flugzeug-Holzpropellern mitgebracht worden, die Possehl nicht haben wollte. Sie bestanden aus verleimtem Schichtholz, das zu Propellerblättern gefräst und mit grünem Wachstuch überzogen war. Ich hatte aus diesem Schichtholz Teller und Schalen gedrechselt, die eine sehr schöne rötlich-braune Maserung aufwiesen. Sie fanden großen Anklang. Vater wollte davon in nächster Zeit gleich mehrere als Kundenpräsente haben. Für Erika hatte ich gegen ein Bügeleisen ein paar Nylonstrümpfe eingetauscht und ihr damit ein kostbares Weihnachtsgeschenk gemacht. Die Eltern hielten für Erika und ihre Söhne schöne Gaben parat und außerdem Lebensmittel, die ein köstliches Mahl für die Feiertage hergaben. Später gingen dann Erika und ich zur Familie Meseck in die Wißmannstraße, um auch dort mit entsprechenden Geschenken Freude zu bereiten. Margot, Carmen und Erika stellten ein sehr harmonisches Gesangstrio dar, das ein großes Repertoire an Volks- und Heimatliedern aufweisen konnte. Vater und ich waren auch bei anderen Gelegenheiten vom mehrstimmigen Gesang der Schwestern ganz hingerissen und animierten sie immer dazu, wenn die drei beieinander waren. So endete dieser Heilige Abend für mich im Hause Meseck sehr eindrucksvoll durch die mehrstimmig vorgetragenen Weihnachtslieder. Bestärkt darin, die richtige Frau für eine gemeinsame Zukunft gefunden zu haben, ging ich froh nach Hause.

35. Kapitel

Die Feiertage waren vorüber, das Jahr 1948 stand vor der Tür. Ich hatte Zeit zum Überdenken meiner Situation gehabt und empfand sie als völlig unbefriedigend. Am Neujahrstag hatte ich Vater darauf nochmals angesprochen und recht energisch gefordert, dass nun etwas unternommen werden müsse, damit ich nicht eines Tages ohne abgeschlossenen Beruf dastehe. Vater versprach in den nächsten Tagen mit Herrn von der Lippe reden zu wollen. Nach eineinhalb Wochen – ich hatte nochmals erinnert – brachte er ein konkretes Ergebnis. Helmut von der Lippe werde als Vorsitzender des Prüfungsausschusses der Kommission vorschlagen, dass meine Betriebsangehörigkeit seit dem 1. Juni 1945 als Lehrzeit anerkannt werde, ich müsse dann mindestens ein halbes Jahr die Handelsschule besuchen und den Lehrstoff nachholen. Der Ausschuss tage im zweiten Februardrittel, er werde mich, da persönlich bekannt, entsprechend schildern und es sei ziemlich sicher, dass seine Empfehlung angenommen werde.

Am 4. März konnte ich endlich den von der Industrie- und Handelskammer genehmigten Lehrvertrag zwischen der Firma Oskar Broziat und mir unterzeichnen und mit dem Schulbesuch beginnen. Nun war ich in derselben Situation wie vor zwei Jahren beim Nachholen des Abiturs. Am Werktag hatte ich meine Arbeit im Betrieb, abends und sonntags blieb mir Zeit, um das Schulpensum nachzuholen, denn der Prüfungstermin war für den 30. September vorgesehen. Dr. Utz, Vater von Ernst Wagners Freundin Bärbel und Direktor der Handelsschule, gab mir dort Nachhilfeunterricht, wo die Bücher den Stoff nicht verständlich genug ausführten. So befand ich mich auf einem guten Weg, den Beruf des Kaufmanns zu erlernen, zumal mein Schulwissen aus den Gymnasien eine Grundlage darstellte, die nicht jeder meiner Klassenkameraden mitbrachte.

Der Februar war nochmals mit Kälte und Schnee über die Menschen in Deutschland hereingebrochen. Auch der Betrieb hatte mit den Unbilden des Frostes seine Sorgen. Die kalten Motoren wollten kaum anspringen. Schnell waren die Batterien leergestartet. Ich hatte auf dem Typenschild des Gleichstrom-Schweißgenerators gesehen, dass dieser fünfundzwanzig Volt und dreihundert Ampere abgab. Die Werte stimmten mit den Fahrzeuganlassern überein und so konnte man mit diesem Hilfsmittel morgens die Motoren zum Laufen bringen, ohne die schon desolaten Batterien zu belasten. Die glatten Straßen brachten der Firma allerdings auch Aufträge, immer wieder sollten mit der Seilwinde des Hanomag oder dem Büssing-Kran Bergungsarbeiten an Fahrzeugen durchgeführt werden, die von der Straße abgerutscht waren.

Die leitenden Herren von Possehl verlangten öfter als je zuvor, zu Geschäftsbesprechungen gefahren zu werden. Vater übernahm die Kurzstrecken, ich die längeren Fahrten. Wenn ich Konsul Kröger, den Chef vom Erzkontor, zur Kupferhütte Kaiser in Lünen, einem Possehl-Betrieb, zu fahren hatte, war mir das widerwärtig, denn Kröger bestimmte die Fahrweise. Er verlangte, dass auf der Autobahn trotz Gegenverkehrs mit aufgeblendetem Licht gefahren wurde und ähnliche Dinge, die gegen die Regeln sprachen. Viel lieber fuhr ich Herrn Brockmüller, Krögers Stellvertreter, der tolerant und jovial war.

Die Herren Brockmüller und Wulf sollten nach Kiel zur Verhandlung mit der Militärregierung gefahren werden. Bei Schneetreiben hatte ich sie mit dem Fiat abgeholt, die Strecke sah im Raum Süsel-Eutin bereits mulmig aus, Arbeitskolonnen hatten durch die Schneeverwehungen der letzten Tage eine Fahrspur freigeschaufelt, in die die Fahrzeuge im Wechsel geleitet wurden. Als die Herren in Kiel aus der Besprechung kamen, war der Wind aufgefrischt. Ich mahnte zur Eile und fuhr so schnell, wie die Straßenverhältnisse es zuließen. Schweigen herrschte im Wagen, auch wenn er immer wieder bei der Glätte etwas ins Schleudern kam, er blieb dennoch in meiner Gewalt. Eutin war passiert. Bald musste der berüchtigte Hohlweg bei Rübel, 4 Kilometer vor Süsel, auftauchen. Schnee wehte waagerecht über die Straße, der Wind steigerte sich zum Sturm, die Wischer hielten nur für Sekunden die Scheibe frei. Ich überholte einen Lastwagen, dann war der Hohlweg erreicht. Zwei Posten geboten Halt: »Mit der nächsten Gegenverkehrskolonne fährt im letzten Fahrzeug ein Posten mit, wenn der winkt, können Sie fahren!« Aus dem letzten Fahrzeug stieg dann ein Mann aus und kam an den Wagen. Ich kurbelte die Seitenscheibe herunter, er rief hinein: »Die Wache ist abgezogen, Sie kommen nicht mehr durch!« Ich wartete nicht, fuhr an, hinein in die frei geschaufelte Bahn, Brockmüller schaute besorgt, wollte aber auch möglichst nach Hause. Der Wagen nahm schnell Fahrt auf, das war auch nötig, denn immer wieder mussten hüfthohe Schneewehen mit Schwung durchpflügte werden, ohne Sicht, einfach drauflos. Die Mitfahrer hatten sich starr festgeklammert, um die Schleuder- und Stoßbewegungen abzufangen, wenn der Fiat auch noch links oder rechts die 2 Meter hohen Schneewände streifte. 3 Kilometer war die Schneise zu durchfahren, voller Angst versuchten wir durch die dichter werdenden Flocken zu blicken und mit Gegenbewegungen den Tanz des Wagens auszugleichen. Plötzlich wurde die Straße breiter: Wir hatten es geschafft. »Donnerwetter!«, konnte Brockmüller noch sagen, als uns ein Fahrzeug entgegenkam. Ich blinkte mit Abblend- und Fernlicht, der Fahrer stoppte nicht, fuhr starr weiter in den Hohlweg hinein. »Ja, da kann man nichts machen!«, sagte Brockmüller und lobte dann meinen Mut und die bravouröse Fahrweise. Die Herren wurden nach Hause gebracht, und wir konnten am nächsten Tag in der Zeitung lesen, dass sich über sechzig Fahrzeuge in dem Hohlweg festgefahren hatten. Die Menschen wurden von Polizei und Feuerwehr herausgeholt und die Fahrzeuge grub man Tage später aus. Was hatten wir doch für ein Glück gehabt, im eigenen Bett schlafen zu dürfen!

Ende März brach der Frühling mit Macht herein. Die Sonne strahlte, Knospen sprossen aus den Zweigen, am Seeweg prangten bereits die Weidenkätzchen, um den Bienen die erste Nahrung zu reichen. Ein Aufatmen ging durch die Bevölkerung, die nur mit Mühe den starken Winter überstanden hatte. Zwar lief der Betrieb gleichmäßig beschäftigt ab, doch Vater blieb unzufrieden. Die wirklich lukrativen Transporte im Fernverkehr teilte die Fahrbereitschaft den Alteingesessenen zu, während die Flüchtlinge, die sowieso ihr Vermögen weitgehend verloren hatten, auch noch von Amts wegen benachteiligt wurden. Jedes Jahr hatte die Bilanz der Firma rote Zahlen ausgewiesen, trotz aller Mühen blieb der Erfolg aus. Büssing in Braunschweig hatte einen neuen Lkw mit 6 Tonnen Traglast entwickelt. Wer bekam die Fahrzeuge zugeteilt? Die Lübecker Altunternehmer. Beschwerden dagegen brachten nichts, erst müssten die nachgewiesenen Kriegsverluste aus der Hansestadt aufgefüllt sein, hieß es, die Flüchtlinge dürften ihr Gewerbe nur aufgrund einer Standortmeldung betreiben, der eigentliche Firmensitz sei nicht Lübeck. Mit den neuen Fahrzeugen war die Konkurrenz nun noch stärker geworden, der wir kaum begegnen konnten, obgleich nichts unversucht gelassen wurde, mit Lebensmittelversprechungen einen Bezugsschein für einen Büssing zu erhalten.

Im Herbst 1947 hatte Vater von der Firma Baumgarten aus Mölln einen Krupp-Omnibus erworben, dem allerdings der Motor fehlte. Das Fahrzeug war ausgeplündert worden, das heißt, die Scheiben fehlten, und die Stoffbezüge der Sitze und die »Himmelbespannung« hatte man herausgeschnitten. Aber es konnte mit großen Mühen und Beschaffungskünsten daraus wieder ein Omnibus werden. So ließ er ihn in der Halle 1 abstellen, und als er nach Monaten einen der seltenen Krupp-Motoren gegen Schaltanlagen und Kabel von den Sirenendemontagen eintauschen konnte, war der größte Schritt zu einer Fahrzeugrenovierung getan.

Wenn die Mitarbeiter für laufende Aufgaben nicht eingesetzt werden konnten, arbeiteten sie am Bus. Die noch ständig laufenden Personentransporte nach Blankensee waren für Vater ein Indiz, dass auf diesem Gebiet auch in Zukunft Geld zu verdienen sei.

Ich kam mit dem Nacharbeiten der Handelsschulpensen gut zurecht, und so ging ich hauptsächlich in den Abendstunden der Oster- und Pfingstferien daran, aus den drei Wracks der Mercedes-170-V-Personenwagen, die vor zwei Jahren aus Straßengräben geborgen waren, ein Fahrzeug zusammenzuschweißen und zu montieren. Bei einem hatten Granatsplitter Rahmen, Fahrgestell und Motor heil gelassen, das andere gab die Fahrgastzelle her und vom dritten konnte man das Hinter- und Vorderteil einschließlich Kühler verwenden, während alles andere Treffer erhalten hatte oder geplündert war. Als Vater merkte, dass aus dem Fahrzeug etwas wurde, ließ er bei der Firma Dau den Motor überholen und kümmerte sich bei Sellschopp um Räder. Anfang Juni konnte ich mit dem rohen Fahrzeug die ersten Meter auf dem Grundstück zurücklegen, dem noch die Innenausstattung, Frontscheibe und Lackierung fehlten. Da alle Gerüchte von neuem Geld und neuer deutscher Souveränität sprachen, würden die fehlenden Teile wohl auch in absehbarer Zeit zu beschaffen sein, zumal Mercedes Benz diesen Fahrzeugtyp seit geraumer Zeit im Auftrag der Besatzungsmacht in geringen Stückzahlen herstellen durfte.

Erika schaute mir gern einmal bei der Arbeit zu, zumal ihr Bruder Jochen an diesen Dingen brennend interessiert war. Ich beantwortete willig seine vielen Fragen und wies ihn in die eine oder andere Handwerkstechnik ein. »Das wird unser Wagen!«, sagte ich den beiden. »Schön sieht er ja nicht aus!«, meinte Erika. »Wenn der einmal gute Polster hat und frisch lackiert ist, kennst du ihn überhaupt nicht wieder! Schau einmal, wie sauber die Schweißnähte verschliffen und die Beulen herausgedrückt sind, mit ein paar Schichten Spachtel und dann Lack darüber kannst du dich darin spiegeln!«, versuchte Jochen sie zu überzeugen. Er ließ auf meine Fähigkeiten nichts kommen.

In den nächsten Tagen kam der dritte Jahrestag, als wir uns bei Wagners kennengelernt hatten. Für mich ein guter Anlass, meine Liebe in Verse zu fassen:

Lübeck, den 1. Juni 1948

Meiner Erika!

Der See nimmt wieder auf den Blick,
Nachdem ich dich nach Haus gebracht.
Mein Sinn, er blieb bei dir zurück
Und weilt bei dir die ganze Nacht.

Du bist so schön, mein Lieb, so gut,
Dich werd' ich nimmer lassen geh'n
Und schneller rinnet mir mein Blut,
Wenn wir uns täglich wieder seh'n.

Die Sonne sinkt als Feuerball,
Wie ist sie herrlich, die Natur,
Die Vögel zwitschern überall,
Es sprießt und grünet auf der Flur.

Ist es nicht göttlich, so zu leben,
geliebt zu werden, lieben können?
Ich werde uns die Wege ebnen,
Wir zwei woll'n uns ein Leben gönnen!

Drum sei nicht traurig, Zeit bringt Rat,
Verrinnen Jahre doch so schnell,
Das Leben folget erst der Tat,
Dann ist auch unser Tag zur Stell!

Tränen kullerten über ihre Wangen: »Aber es dauert doch noch so lange, wir haben so wenig Aussicht auf die Zukunft!« – »Aber Erika! Wir haben gerade erst deinen neunzehnten Geburtstag gefeiert, in ein paar Monaten kann ich die Kaufmannsgehilfen-Prüfung ablegen, und dann sind wir ein Stück weiter!« Der Trost kam an.

Im Hause Meseck hörte ich zufällig etwas von einer Hypothek, die noch auf dem Grundstück laste. Das Thema hatten wir vor wenigen Tagen in der Schule bearbeitet. Ich versuchte Näheres zu erfahren, aber Gertrud zeigte sich verschlossen – so etwas war ihr peinlich. Doch da konnte man nicht locker lassen, eine Währungsreform stand vor der Tür – vielleicht war die Belastung jetzt noch mit dem »schlechten« Geld zu tilgen. Als ich nach Hause kam, sprach ich mit meinen Vater darüber und er telefonierte bereits am nächsten Morgen mit Dr. Sternfeld. Der bat Gertrud für den gleichen Tag in seine Kanzlei. Er stellte fest, dass der Vertrag eine sofortige Tilgung zuließ und veranlasste durch seinen Bürovorsteher Pfeiffer das Zahlungsverfahren. Wenige Tage später wäre die Hypothek von zehntausend Reichsmark in Deutsche Mark umgewandelt worden und nur mit dem zehnfachen Wert zu tilgen gewesen. Wie hätte Gertrud Zinsen und Tilgung dafür je aufbringen können? Dazu waren ihre Renteneinkünfte viel zu karg!

36. Kapitel

Am Freitag, dem 18. Juni 1948, hatte Mutter vormittags die Meldung im Radio gehört, dass abends um 18 Uhr eine wichtige Bekanntgabe für die Bevölkerung erfolgen werde. »Das wird die Währungsreform sein!«, meinte Vater. Endlich war der Zeitpunkt da. Die Familie und die Mitarbeiter, die kein Radio besaßen, drängten sich im Raum. Der Sprecher gab bekannt, am Sonntag, dem 20. Juni 1948, werde die Reichsmark ungültig. Die neue Währung heiße »Deutsche Mark«. In den drei Westzonen würden jeder dort gemeldeten Person vierzig Reichsmark eins zu eins in Deutsche Mark umgetauscht und im August nochmals 20 Mark. Alles restliche Geld müsse bis zum 26. Juni als Guthaben bei den Banken eingeschrieben sein und werde im Verhältnis 10 Reichsmark zu einer D-Mark verrechnet. Die Banken seien am Sonntag ab 8 Uhr zu dieser Maßnahme geöffnet.

Nun war sie da, die Währungsreform, und eine lange Diskussion über die möglichen Auswirkungen schloss sich der Meldung an. Die Mitarbeiter wollten von Vater wissen, wie es wohl weitergehe. Er versuchte alle Skepsis auszuräumen, hatte er doch bereits mit der Einführung der Rentenmark nach der Inflation 1924 ein ähnliches Erlebnis hinter sich. »Sie können sich darauf verlassen, es wird jetzt alles besser, nun geht es mit unserer Wirtschaft aufwärts, wir werden bald keinen Hunger mehr kennen!« Man ging mit Zuversicht und zum Teil frohen Mutes auseinander.

Die Amerikaner leisteten gute, exakte Vorarbeit. Sie hatten die neuen Geldscheine unter strengster Geheimhaltung gedruckt, in 23 000 Kisten nach Bremerhaven verschifft, diese mit acht Sonderzügen nach Frankfurt/Main transportiert und von dort mit Lastkraftwagen zu zweihundert Banken gebracht. Die Sowjets waren überrascht, handelten aber sofort. Am 19. Juni, also einen Tag vor der Auslieferung der Deutschen Mark, verboten sie den Umlauf in der sowjetischen Besatzungszone und gaben ihre Währungsreform zum 23. Juni bekannt. Übergangsweise wurden am Stichtag dort die Geldscheine mit einem

Couponstempel versehen, bis vier Wochen später der Umtausch in neu gedruckte Scheine erfolgte.

Nun standen die Familien Broziat und Meseck am Sonntagvormittag in einer langen Schlange vor der Handelsbank in der Moislinger Allee, um jeweils die 40 neuen Mark zu erhalten. Wie immer, wenn man lange warten muss und etwas Besonderes geschieht, wurde viel diskutiert, verbunden mit aller Gestik zwischen Zustimmung und Ablehnung. Doch davon abgesehen blieben die Menschen ruhig, nahmen hin, was da mit ihnen geschah, denn sie waren gewohnt, zu gehorchen und zu ertragen. Als die beiden Familien das Geld erhalten hatten, nahmen Vater und Gertrud die Scheine der Kinder erst einmal in Verwahrung, um zu Hause darüber zu befinden, denn in der nächsten Zeit sollte ja der tägliche Bedarf befriedigt werden. Niemand wusste, wie in Zukunft die Zuteilungen an Lebensmittel und Kleidung aussehen würden.

Die Bevölkerung kam in den nächsten Tagen und Wochen kaum aus dem Staunen heraus. Waren vor dem 20. Juni die Schaufenster der Geschäfte entweder verhängt oder mit armseligen Attrappen bestellt, so prangten nun Güter aller Art in ihnen und lockten zum Kauf. Wie konnte so etwas fast von einem Tag auf den anderen geschehen? Hersteller und Händler hatten sich einfach darauf vorbereitet, um bei gesunden Währungsverhältnissen lieferbereit zu sein, hatten an der Planwirtschaft der Alliierten vorbei vieles heimlich produziert und so nach dem Stichtag für volle Schaufenster gesorgt. Und dann war da ein Mann im Trizonen-Wirtschaftsrat, der bereit war, mit Mut eine einsame Entscheidung zu treffen: Ludwig Erhard, der designierte Wirtschaftsminister. Er verkündete mit einigen Ausnahmen (für bestimmte Lebensmittel) das Ende der Planwirtschaft und den Beginn der sozialen Marktwirtschaft. Seine These lautete, der Markt reguliere Produktion und Bedarf. Bis auf wenige Ausnahmen im sozialen Bereich habe man keine amtliche Steuerung nötig. Erhard zog sich damit Verweise und Ärger mit den Alliierten auf den Leib, aber der untersetzte, starke Bayer hatte ein dickes Fell, und die Westmächte wurden von neuen Sorgen mit den Sowjets geplagt. So blieb es schließlich bei seiner Anordnung.

Die Russen wollten bereits vorher über die wenigen noch bestehenden Kontakte eine Währungsreform verhindern, weil sie durch diese Maßnahme ein Aufblühen der deutschen Wirtschaft befürchteten und drohten mit Repressalien gegen Berlin. Nun war der Fall eingetreten. Die Sowjets sperrten am 23. Juni die Stromzufuhr und am nächsten Tag alle Transportwege in die Stadt. Zwar ließen sie die Militärkolonnen der Westalliierten passieren, aber Berlin war von der Versorgung über Land- und Wasserwege abgeschnitten. Der Ausbau grenznaher Flugplätze zum Osten hin zeigte nun, wie weit doch die Militärstrategen vorgeplant hatten. Innerhalb weniger Tage richteten die Westmächte Luftbrücken zur Versorgung der Millionenstadt ein. Aus den Besatzern wurden Beschützer und später Freunde. Um ihre Leistung würdigen zu können muss man wissen, dass sie bis zur Aufhebung der Blockade am 12. Mai 1949 in 200000 Flügen 1,8 Millionen Tonnen Versorgungsgüter in die Stadt brachten. Die von den Berlinern liebevoll »Rosinenbomber« genannten Flugzeuge landeten im 90-Sekunden-Takt auf den Flughäfen der Stadt. Siebzig Piloten ließen bei Flugunfällen ihr Leben.

Wenn auch die Sowjets nach elf Monaten die Blockade, durch diese technische Leistung geschockt, wieder aufgaben – der Kalte Krieg zwischen Ost und West war mit dem Tag der westdeutschen Währungsreform ausgebrochen. Aus Kriegsalliierten waren Feinde geworden.

Die Saat dafür war viel früher gelegt worden, sie lag in den beiden politischen Systemen. Nie wird eine freiheitliche Demokratie von einer Diktatur wirklich toleriert werden. Eine Volkswirtschaft, in der die ausgleichenden Kräfte des Marktes das Geschehen leiten, ist für Erfolg und Wohlstand prädestiniert. Die Diktatur wird von den Kräften der Macht geführt, nach innen wie nach außen. Macht sucht den Kampf, erzeugt Neid, will sich an anderen bereichern. So standen sich nun die beiden Blöcke gegenüber, bespitzelten und belauerten sich und waren doch in einer Patt-Situation, die nur militärische Nadelstiche zuließ, aber keinen Krieg. Hiroshima und Nagasaki waren die Mahnmale, die aufzeigten, dass das inzwischen angehäufte Nuklearmaterial ausreichen würde, um alles Leben auf unserer Erde auszulöschen.

Diese ungeheure Bedrohung hatte jedoch auch eine gute Seite. Sie verlangte von den Mächtigen, Schutzmaßnahmen zu ergreifen, das bedeutete Arbeit, Entwicklungen und Forschung. Hungernde konnten so etwas nicht leisten, deshalb wurde die Versorgung der Menschen in Ost und West auf eine bessere Stufe gehoben. Vor allem mit dem Marshallplan gaben die USA Europa und Westdeutschland eine Unterstützung, wie sie im Osten nicht möglich war, denn hier ging es um Machterhalt und Machtausbau, dort um den Gedankenkreis, dass eine Wirtschaft unter wohlhabenden Völkern besser floriert.

Davon profitierte auch unsere Firma. Während der Dauer der Luftbrücke war der Flugplatz Blankensee im vollen Einsatz. Ständig wurde er weiter ausgebaut, ständig mussten Beschädigungen an den Landebahnen repariert werden, die den Dauerbelastungen nicht gewachsen waren. So liefen die Personentransporte in verstärktem Maße weiter und wurden mit guter D-Mark bezahlt. Da Treibstoff keine Mangelware mehr war, konnten die Holzgasfahrzeuge so schnell es ging auf Dieselantrieb umgestellt werden. Auch die Ersatzteilbeschaffung dafür lief problemlos. Die D-Mark machte alles möglich.

Im Frühjahr 1948 bestand die Belegschaft aus acht Mitarbeitern. Vater hatte, mit dem Gefühl für die herannahende Währungsreform, im Mai begonnen, nach fachlich qualifizierten Kräften zu suchen. Mit Oppermann war ein guter Schlosser eingetreten, aber nicht die Führungskraft, die mit Übersicht und Ordnungssinn die Werkstatt leiten konnte. Meckenhäuser, der etwa ein Jahr die Werkstatt recht und schlecht leitete, war wegen Oppermanns Einstellung bereits verstimmt, denn der war ihm fachlich überlegen. Schräg gegenüber von Erikas Elternhaus wohnte Frau Dressel. Am 1. Mai war ihr Mann plötzlich unverhofft aus russischer Kriegsgefangenschaft zurückgekommen. Die ganze Nachbarschaft freute sich. Im Gespräch riet Erika dem Kraftfahrzeugmeister Karl Dressel, sich bei der Firma Broziat zu bewerben, was er dann auch am 4. Mai tat. Dressel war ein Mann nach Vaters Geschmack, geradlinig, mit gutem Fachwissen, in Krieg und Gefangenschaft vom Schicksal geprüft, gewohnt zu improvisieren und sich durchzusetzen. »Sie gefallen mir«, sagte Vater, als sie sich über die Position und das Gehalt geeinigt hatten, »fangen Sie am Dienstag, dem 11. Mai an!« – »Warum nicht am Montag?« – »Da bin ich abergläubisch, Dienstag bringt uns mehr Glück!«, lachte er verschmitzt, und Karl Dressel stimmte froh mit ein.

Dressel hatte es zu Beginn nicht einfach, obgleich ihn Vater vor der Belegschaft unmissverständlich und auch von seinem Titel her als Meister eingesetzt hatte. Meckenhäuser wiegelte Leute, mit denen er gut harmonierte, gegen Dressel auf. Vater und ich, der ich tagsüber die Handelsschule besuchte, bemerkten jedoch schon nach wenigen Tagen, wie sich Qualität und Arbeitsleistung der Werkstatt unter der neuen Leitung verbesserten. Am 25. Mai war der Büssing nach wenigen Fahrkilometern mit Differenzialschaden liegengeblieben und musste abgeschleppt werden. Die schweren Zahnräder waren zu Bruch gegangen, ein großer Schaden für den Betrieb. Fendler passte mich ab: »Beim Büssing ist das nicht mit rechten Dingen zugegangen, Meckenhäuser hat gestern gesagt, er will im Getriebe und Differenzial den Ölstand kontrollieren und nun sind die Zahnräder kaputt?« Ich besprach mich mit Vater und Dressel. Alle Teile und Splitter des Differenzials wurden gereinigt und untersucht. Tatsächlich fand Dressel ein Stück Blech von einem Millimeter Stärke, das genau in Zahnform eingedrückt war, also durch zwei gegenläufige Räder gepresst wurde und damit das Getriebe zerstört hatte. Meckenhäuser leugnete die Ölkontrolle, das hatten andere jedoch gesehen, aber wer wollte ihm schon Sabotage nachweisen? Er fehlte an den nächsten Tagen unentschuldigt. Vater entließ ihn deshalb, im Betrieb kehrte Ruhe ein und die Autorität Dressels wurde respektiert.

Nach der Handelsschule war ich wie immer im Betrieb tätig und arbeitete nach Feierabend, wenn die Schularbeiten es zuließen, am Mercedes 170 V, der inzwischen mehr und mehr die Gestalt eines guten Pkw gewann. Meister Dressel half immer wieder mit seinem Fachwissen, und als Vater sah, dass ein wertvolles Fahrzeug entstehen würde, setzte er plötzlich, ohne viel zu sagen, ein bis zwei Schlosser ein, die unter Dressels Aufsicht die Fertigstellung beschleunigen sollten. »Papa«, stellte ich ihn zur Rede, »das ist mein Auto, und ich will es mir fertig machen!« Vater verlegte sich aufs Verhandeln, ich hätte es ja in der Betriebswerkstatt mit den Mitteln des Betriebes aufgebaut, und die restlichen Kosten für Reifen, Polsterung und Lackierung könne ich doch nicht tragen. Schließlich kamen wir überein, es bleibe mein Fahrzeug, werde aber hauptsächlich von Vater geschäftlich genutzt. Wenn ich damit fahren wollte, würden wir uns zeitlich arrangieren, dafür trage der Betrieb auch den Unterhalt. Erika meinte, ich habe mich vom Vater über den Tisch ziehen lassen, doch im Grunde genommen wären die laufenden Fahrzeugkosten für mein Einkommen zu hoch gewesen. Ende August stand der Mercedes dann auch fahrbereit als Schmuckstück vor dem Haus, in schwarzer Lackierung, rötlich gepolstert, mit Chrom, zusätzlichem Nebelscheinwerfer und lautstarker Hupe. Vater und ich machten mit Mutter und Erika eine Probefahrt. Ja, das war eine andere Fahrqualität als mit dem kleinen Fiat! Über die Eigentumsverhältnisse am Mercedes wurde nicht mehr gesprochen, jedenfalls erschien er nie in den Inventaraufstellungen der Firma.

Vater hatte die neue Freiheit genutzt, um die Anmeldung für einen Handelsbetrieb vorzubereiten. Im Familienkreis wurde eingehend beraten, welche Branche zu wählen sei, und dafür waren die Erfahrungen meiner Eltern maßgebend. Beide wussten, wie vor 1933 eine freie Wirtschaft funktionierte, wie man sich darin behaupten konnte. Die Spedition sollte Basis und Hilfe für die Installierung des neuen Geschäftszweiges sein, aber auch die Branchenkenntnisse des Chefs waren ausschlaggebend. Er fühlte sich in vielen Branchen zu Hause, und so wurden die wirklichen Bedarfsgüter durchgeforstet, die diesen Vorgaben entsprachen. Werkzeugmaschinen, Werkzeuge, Baumaschinen, Eisen aller Art, wie Träger, Bleche, Rohre, Elektromotoren, Pumpen, Schaltanlagen, Kabel und so weiter. »Wir müssen für die Anmeldung einen Oberbegriff finden!«, sagte er. »Fast alles, was wir genannt haben, sind Güter für Industriebetriebe, also der Bedarf für die Industrie. Wir könnten es ›Handel mit Industriebedarf‹ nennen!«, meinte ich. – »Unter Industriebedarf versteht man Gummiartikel, Dichtungen, Kleber und so weiter, das hat sich so eingebürgert«, antwortete Vater. »Müssen wir uns danach richten, wenn der Begriff von anderen eingegrenzt wird? Ich wüsste nichts Treffenderes als eben Industriebedarf. Da gibt es sowieso noch Sparten, in denen der Oberbegriff definiert werden soll!«, vertrat ich meine Meinung, die auch schließlich akzeptiert wurde. So entstand die Teilfirma »Oskar Broziat Industriebedarf«. Prof. Schulz-Demmin entwarf dafür einen neuen Briefkopf mit charakteristischer Schrift in der Farbe Toscagrün.

Mit seiner Versetzung zur Oberstufe hatte Günter mit dem Zeugnis der »Mittleren Reife« das Gymnasium verlassen. Vater konnte ihm über Direktor Vieth eine Lehrstelle bei Possehl verschaffen. Nun ging er täglich zur Arbeit und absolvierte die Lehre in der sanitären Abteilung und in der Berufsschule. Besonders sein Lehrherr, Gustav Schröder, der sich beim Sprechen öfter verhaspelte, reizte ihn zur Imitation von Sprüchen, die er gern zu Hause im Familienkreis anbrachte. Außer Vater lachten alle gern darüber, doch dieser missbilligte die kleinen Kabarettstückchen, fürchtete er doch, Günter könnte diese

Begabung nicht nur im Familienkreis anbringen und sich somit Ärger bei Possehl einhandeln.

Das neue Handelsgeschäft begann bald zu florieren, denn Vater spürte förmlich, wo er günstige Ware erwerben konnte. Er verlegte sich hauptsächlich auf den Handel mit gebrauchten Artikeln, weil er darin die beste Verdienstspanne sah. Ich hatte am 30. September die kaufmännische Gehilfenprüfung mit »Gut« bestanden und damit endlich einen ordentlichen Berufstitel erlangt. Vater betraute mich nun mit der Leitung des Innenbetriebes. Das war keine leichte Herausforderung, denn was da hereinkam sollte zum Teil wettersicher und geordnet gelagert, auch gegen Korrosion geschützt oder gar aufgearbeitet werden. Die Halle 2 eignete sich dafür mit den vielen ehemaligen Stallungen besonders gut. Aber diese mussten auch renoviert werden, denn verkaufen ließ sich nur, wenn die Ware übersichtlich geordnet in sauberen Räumen angeboten wurde. Vater verstand es, bestimmte Partien ohne Zwischenlagerung zu verkaufen. Damit bekam ich etwas Zeit zum Einrichten und das Geschäft Geld dafür und für mehr Mitarbeiter.

Die Materialübernahme vom Luftschutzbund erwies sich hierfür segensreich, denn von Bau- und Maurergerätschaften bis zur Anstreichfarbe war alles in großen Mengen vorhanden. Die Belegschaft wuchs bis zum Herbst auf fünfzehn Mitarbeiter an, die Werkstatt entwickelte sich zum Ort der Werkzeugmaschinen-Aufarbeitung. Zwar zeigten sich Oppermann und Fick als gelernte Dreher auf ihrem Gebiet dem Wissen von Meister Dressel überlegen, doch mit seiner schnellen Auffassungsgabe behielt er die Führung der Abteilung fest in seiner Hand. Er hatte die sichere Unterstützung von mir, der ich einige Neuerungen mit meinem Gespür für das technisch Machbare beitrug. So kaufte Vater immer wieder riemengetriebene Drehbänke, Bohr- und Fräsmaschinen auf, die schwer an den Mann zu bringen waren, weil die Entwicklung längst vom Transmissions- zum Einzelantrieb wies. Bei einem Objekt hatte er fünfzig hydraulische Getriebe mit erworben, die im Krieg zum Drehen der Panzertürme Verwendung fanden. Sie waren einfach so dabei gewesen, ohne Aussicht auf Käufer. Ich untersuchte ein Getriebe, es regelte eine Eingangsdrehzahl zur Ausgangsdrehzahl im Verhältnis 1 : 1 stufenlos bis auf null herunter und in Gegendrehrichtung wieder hoch. Dressel, Oppermann Fick und ich besprachen uns, und die erste Stufenscheiben-Drehbank wurde auf Einzelantrieb umgebaut. Das Getriebe passte in den Maschinenfuß, der herausragende Flanschmotor machte einen fabrikmäßigen Eindruck, vom Getriebe lief der Antriebsriemen durch Fuß und Spindelstock auf die Antriebswelle, und eine angepasste Blechhaube deckte ab, was einmal zum antiquierten Antrieb gehörte. Ein arretierbarer Hebel für die unterschiedlichen Drehzahlen machte den Umbau komplett. Ja, die Maschine brachte den Vorteil, dass man auf ihr Plandreharbeiten mit stufenloser Drehzahländerung, das heißt, mit gleicher Schnittgeschwindigkeit durchführen konnte. Vater staunte. Die Maschinen ließen sich bestimmt gut verkaufen, und das mit erheblichem Gewinn!

Die Arbeit bereitete Freude, weil Fleiß, Wagnis, Geschick und Einsatz sich lohnten. Die Behörden kümmerten sich um ihre eigentlichen Aufgaben, der Dirigismus der Besatzungsmacht verebbte langsam wie das Wasser am Strand. Ludwig Erhards soziale Marktwirtschaft ließ das geschundene Land aufblühen, als ob der erste warme Frühlingshauch die Natur streifte. Die Menschen liefen aufrechter, viel öfter begegnete man frohen, gar lachenden Gesichtern. An Kinos und Theatern herrschte Andrang, wenn rührselige Stücke oder Lustspiele wie »Das doppelte Lottchen«, »Schwarzwaldmädel« oder »Die Försterchristel« auf dem Programm standen. Man wollte lachen und vergessen, mit Politik nicht viel zu tun haben und sich den Magen füllen dürfen. Die »Fresswelle« hatte eingesetzt. Waren die »Trizonesier« vor der Währungsreform noch unterernährt, so hatten sie ein Jahr später bereits ein bis zwei Kilogramm Übergewicht.

Bei Broziats in Vorwerk war Schlachtfest. Opa Herzog hatte das Schwein gut gemästet, der Schlachter Cords war bestellt, und nach seiner Weisung hatte man in der Veranda einen großen Kochkessel und zwei Tische aufgebaut, sowie an der Hauswand zwei Leitern zum Aufhängen der Schweinehälften aufgestellt. Frühmorgens sagte Vater, ein Kunde hätte angerufen, er müsse dringend dorthin. Mutter grinste: »Du willst nur kneifen, das kenne ich doch noch von Nauen!« Er wich aus: »Ist sonst noch etwas zu besorgen? Ich kann es ja auf dem Rückweg mitbringen!« Er sah den Schlachter kommen, wartete ihre Antwort gar nicht ab, grüßte ihn kurz, sprang ins Auto und war verschwunden. Blut konnte er nicht sehen, erst recht nicht das Geschrei des sterbenden Tieres hören – der Mann, der 1942 die Jägerprüfung absolviert hatte. Als er am Nachmittag zurückkam (der Kunde hätte ihn so lange »aufgehalten«) war das Schwein fast verarbeitet, das Fleisch zum Teil in Dosen eingemacht, die verschiedenen Wurstsorten fertig für die Räucherei, und in der kochenden Wurstsuppe garten die kleinen Blut- und Leberwürste. »Davon müssen aber unsere Leute etwas abhaben«, sagte Vater. – »Du Schlaumeier«, lachte Mutter, »verdrückst dich und willst nun kommandieren. Der erste Topf ist schon verteilt, von diesem bekommen die restlichen Familien ihr Teil und wir natürlich auch!«

Am Abend gab es in der Familie Würstchen, so viel wie jeder nur essen wollte und zur Freude der Mesecks brachten Erika und ich einen großen Topf Suppe, Wurst und Fleisch mit ins Haus. Das waren richtige Festessen für die nächsten Tage.

Der Verband der Nah- und Fernverkehrsunternehmer hatte seine Jahresversammlung einberufen, ein neuer Vorstand sollte gewählt werden. Longuet, Parbs und Broziat standen auf der Vorschlagliste, weitere Kandidaten waren genehm. Jeder Kandidat musste in kurzer Rede zur Arbeit des Verbands Stellung nehmen, Vater erhielt den größten Beifall, weil seine Vision den Gedanken einer Genossenschaft enthielt, die für die Mitglieder und deren Beiträge einen Teil der Bürotätigkeit übernehmen sollte. Viele Kleinunternehmer, die werktags selbst am Steuer säßen, seien am Wochenende damit überfordert, auch noch alle Eigenheiten der Abrechnungstarife zu beherrschen. Selbstverständlich sei von diesem Genossenschaftsbüro die Anonymität zu wahren. Mit großer Mehrheit wurde er, der »Nichtlübecker«, zum ersten Vorsitzenden gewählt, als Beisitzer Martin Longuet und Willi Possehl, der mit dem Possehl-Konzern nur die Namensgleichheit besaß. Für eine Genossenschaft entschlossen sich in einer späteren Sitzung jedoch nur die Güterfernverkehrsunternehmer, die wiederum Vater zum ersten Vorstand wählten, und als Leiter des Büros engagierte er den ehemaligen Oberst Hans Leibl. Mit Vaters Hilfe arbeitete dieser sich sehr schnell in das Metier ein und war bei den Mitgliedern ein geachteter Mann, dessen Rat Gewicht hatte.

Die Arbeit mit dem Aufbau der Güterfernverkehrsgenossenschaft nahm Vater sehr in Anspruch, hatten in anderen Regionen doch ähnliche Ideen dazu geführt, dass man sich überregional traf und diese Form des fachlichen Zusammenschlusses im größeren Rahmen durchführen wollte. Schnell wurde er mit seinen Kollegen Loose aus Neumünster und Ockershausen in Hamburg gut bekannt, später auch befreundet, die Herren bewegten wirklich etwas zu Gunsten des Verbandes. Vater fuhr zu vielen Besprechungen und Sitzungen, denn der Aufbau der Büros und die Abwicklung ihrer Arbeiten sollte überall möglichst gleich sein. Schließlich wollte auch die Vertretung der Speditions- und Fuhrunternehmerbranche im Wirtschaftsrat und der daraus geplanten Bundesregierung bei der Gesetzgebung mitwirken, denn schon seit den Anfängen des Jahrhunderts waren im Handelsgesetzbuch dem Spediteur und Frachtführer bestimmte Kapitel zugeordnet. Die Sitzungen zogen sich oft bis in die Nacht hinein und so hatten sich die Herren angewöhnt, ihre Ehefrauen mitzunehmen, woraus sich ein netter Damenzirkel mit entsprechenden Freundschaften entwickelte. Die Tätigkeit der gewählten Vorstände war ehrenamtlich, nur ihr Aufwand wurde entschädigt und von Kassenprüfern der Verbände kontrolliert.

So war Vater nun in neue umfangreiche Arbeiten eingebunden, die ihm Freude bereiteten, aber auch viel Zeit zu Lasten des Betriebes beanspruchten. Natürlich ging es ihm auch um sein gesellschaftliches Ansehen, denn die Einheimischen, ob Kollegen oder andere, sahen die Flüchtlinge immer noch als Eindringlinge und auf sie herab. Durch mich und Erika hatten meine Eltern eine nie gekannte Entlastung in allen Bereichen, in ihrer Abwesenheit lief alles problemlos weiter. Aber Mutter wollte uns beiden gegenüber nicht zugeben, dass sie ihren Spaß am Damenzirkel hatte und deklarierte ihr Mitfahren immer wieder damit, auf ihren Mann aufpassen zu müssen, dass er keinen Kaffee trinke, der Arzt habe gesagt, das führe bei ihm zum Herzinfarkt. Wir lächelten über den Vorwand, weil uns aus Erzählungen die Umstände der Damentreffen bekannt waren, aber wir waren viel zu gern allein beieinander und freuten uns über jede Gelegenheit dazu.

Herr Greier, aus Rathenow stammend, besuchte uns. Er war erst vor Kurzem mit seiner viel jüngeren Frau geflüchtet und wollte in Lübeck wieder einen Betrieb für Reifenreparatur beginnen, wie er einen in Rathenow gehabt hatte. Dazu suchte er Geldgeber. Die Firma Broziat hatte inzwischen so viel an Materialien für einen Betriebsaufbau dieser Art vorrätig, dass Vater nach zahlreichen Besprechungen – Greier kam immer wieder und schilderte die guten geschäftlichen Möglichkeiten eines Vulkanisierbetriebes – nicht abgeneigt war, sich zu beteiligen. Er wollte aber nur Waren für die Installation dieses Betriebes liefern und als Kapitalbeteiligung anrechnen lassen, weil er so günstiger drankam. Er lieferte zu normalen Verkaufspreisen und behielt so den Vorteil der Gewinnspanne. Greiers hübsche, junge Frau, die er meist mitbrachte, war Mutter ein Dorn im Auge, weil sie glaubte, Vater würde ihretwegen entsprechende Konzessionen machen. Sie fand einen gewissen Ausweg. Da ich vom Gehalt und meinen Tantiemen im Betrieb ein Darlehen angesammelt hatte, könne ich doch bei Greier mit einsteigen und die Beteiligung mit meinem Betriebsdarlehen verrechnen. Sie hatte zwei ungesagte Gründe: Einerseits käme Frau Greier nicht mehr so oft, andererseits würde bereits etwas Platz in Aufgabenbereichen geschaffen werden, wenn Günter, nach Beendigung der Lehrzeit, in den elterlichen Betrieb käme. Erika und ich rochen den »Braten«. Ich weigerte mich, mein sauer verdientes Spargeld bei Greier einzubringen, in dessen Betrieb Vater seine erhebliche Gewinnspanne versteckt hielt. Es kam dennoch zum Vertrag, in den ich aber zu zwischen Vater und mir bereinigten Kapitalverhältnissen einstieg und mir ein Rücktrittsrecht vorbehielt. Wie wichtig das war, zeigte sich bereits nach eineinhalb Jahren, als zum Vorschein kam, dass Greier sehr viele Verkäufe ohne Rechnung abwickelte, das Geld dafür in die eigene Tasche steckte und den Betrieb ohne Gewinn führte. Wir trennten uns von Greier. Er konnte unsere Kapitaleinlage verhältnismäßig schnell abdecken, uns eine Bestätigung dafür, dass er viele unverbuchte Nebengeschäfte getätigt haben musste.

37. Kapitel

Im Frühjahr 1949 war ich mit der Einrichtung eines Lagers in Halle 1 beschäftigt. Vater hatte von Herrn Bensin, Abteilungsleiter der Bauverwaltung der Landesregierung, 400 Doppelmantel-Warmwasserboiler gekauft – eine Menge, die ein Drittel der Halle einnahm. Am Abend sollten die ersten beiden Lastzüge damit eintreffen: Eile war geboten. Plötzlich kam ein Mann in die Halle, von Herrn Pätsch aus dem Büro zu mir geschickt. Mein Gegenüber war untersetzt, etwas übergewichtig, mit fast kugelrundem, kahlem Kopf, schnell blickenden Augen, freundlichem Gesicht und einem Deutsch, das den Schlesier ahnen ließ. Er stellte sich mit Namen Thiessen vor. Seine guten Manieren deuteten auf eine bessere Herkunft hin. Er bat darum, das Lager besichtigen zu dürfen. Mir gefiel die Störung nicht, dennoch informierte ich meine Leute über die weitere Arbeit und zeigte Herrn Thiessen die Warenbestände.

Thiessen verfiel bei jeder neuen Partie in den verschiedenen Räumen, in immer neue Begeisterungsrufe. »Herr Broziat, das ist ja ganz wunderbar, dass ich hierher gekommen bin, aus den Sachen lässt sich unglaublich viel machen! Wir müssen zusammenarbeiten, wie ich mich darauf freue!« – »Nun, Herr Thiessen, die Entscheidung über eine Zusammenarbeit muss ich meinem Vater überlassen, doch ich werde bestimmt dafür sein und es so auch meinem Vater sagen. Seien Sie bitte morgen früh um 8 Uhr hier, dann hat mein Vater die Arbeit eingeteilt und sicher Zeit für Sie!« – »Ich werde pünktlich sein und danke Ihnen, dass Sie sich für mich Zeit genommen haben!« Damit verabschiedeten wir uns freundlich.

In der Unterhaltung hatte sich für mich das Bild von Herrn Thiessen völlig verändert. Dachte ich vielleicht zuerst, der Besucher sei ein Viehhändler oder dergleichen, so begriff ich schnell, mit einem Menschen zu reden, der ein umfangreiches Fachwissen auf vielen Gebieten besaß, dessen Sprache einen hohen Intellekt auswies und dessen geschliffenes Benehmen auf ein sehr gutes Elternhaus hindeutete. In dieser Nachkriegszeit waren viele hochqualifizierte Leute gestrandet, denen man täglich begegnen konnte, ohne darin eine Besonderheit zu finden. Dennoch bildete Thiessen in seiner Art eine Ausnahme, und ich legte Vater am Abend diese Meinung warm ans Herz, sich den Mann genau anzusehen und möglichst dessen Wissen zum Wohle des Betriebes in diesen einzugliedern. Er war gespannt. So hatte er mich noch nie reden gehört.

Nach einer längeren Unterhaltung am nächsten Vormittag zwischen Vater und Thiessen war Ersterer überzeugt, dass eine Bindung angestrebt werden sollte. Thiessen schlug eine Mitarbeit auf Provisionsbasis vor, denn er hatte bereits einen gewissen Kundenkreis. Vater willigte gern ein, so konnte er am leichtesten testen, wie Thiessen einzusetzen war. Mutter wurde gebeten, sich auf eine zusätzliche Mittagsmahlzeit einzurichten, und mit großer Genugtuung schaute sich Herr Thiessen in der Tischrunde um. Sein Blick verglich immer wieder die gut aussehende Else und die schöne Erika, er betrachtete die beiden Söhne und sprach mit Prof. Schulz-Demmin, der zufällig ebenfalls zu Tisch geladen war, über verschiedene Kunstrichtungen. Mit großem Lob über das schmackhafte Mahl verabschiedete er sich von den Damen und ging dann mit mir die Lagerlisten durch, um Unterlagen für seine geschäftlichen Aktivitäten zusammenzustellen. Immer wieder ließ er seine Freude über diese Bekanntschaft einfließen und sagte viele gute Geschäfte voraus.

Thiessen war kein Schaumschläger. Schon nach wenigen Tagen kam er mit Interessenten für bestimmte Objekte, und Vater staunte, wie geschickt er im Verhandeln und wie sicher er in der handelsrechtlichen Abwicklung der Verkäufe war. Davon konnte selbst er noch etwas lernen. Der Mann gefiel ihm. Gern zahlte er ihm die ersten Provisionen aus, strebte eine engere Zusammenarbeit an und nahm ihn mit auf seine Geschäftstouren. Dabei zeigte sich, dass Herr Thiessen auch einen guten Blick für Projekte im Einkauf besaß, zu denen er mit ihm fuhr. Es ergab sich zwischen den beiden bald ein gewisses freundschaftliches Verhältnis und auf den Fahrten, die sie unternahmen, sprachen sie auch viel über vergangene Zeiten.

Thiessen war im Krieg Offizier gewesen und hatte bei einem Granateinschlag fast sein Gehör verloren. Auf den Rückzugskämpfen in Schlesien war er im Stab der Truppen, die schließlich die eingeschlossene Stadt Breslau verteidigten, bis sie sich den Sowjets ergeben mussten. Bei der Gefangennahme war der Offiziersstab angetreten, um vom Dolmetscher des sowjetischen Kommandanten zu hören, dass sie den Abtransport in ein sibirisches Lager zu erwarten hätten. Thiessen in seiner Schwerhörigkeit hatte nur Wortfetzen verstanden und lächelte. Der Kommandant fragte ihn darum und er antwortete, ohne seine Schwerhörigkeit zu erwähnen, er sei in seinem Leben bereits in so viele schwierige Situationen gekommen und so möchte er am besten auch diese mit Humor nehmen. Der Kommandant lachte und beauftragte Thiessen mit der Übergabeabwicklung von Breslau. Durch sein Verhandlungsgeschick gegenüber den Sowjets konnte er viele ernste Maßnahmen abmildern, sie achteten ihn und entließen ihn nach einem guten Jahr aus der Gefangenschaft.

Seine Heimat Schlesien war nun polnisches Gebiet, doch die letzten Informationen besagten, seine Frau sei mit der Tochter und dem Sohn nach Lübeck geflüchtet. So ließ er sich nach dort entlassen, und er fand die drei wohlbehalten, aber ohne große Habe, mit Hilfe des Roten Kreuzes. Nun wohnten sie seit drei Jahren in zwei Zimmern und einem Küchenverschlag in einer früheren Wehrmachtsbaracke und hatten sich schlecht und recht durch die Nachkriegszeit geschlagen. Als endlich die furchtbare Hungerzeit durch die Währungsreform beendet war, verwandten sie so ziemlich alles Einkommen für Essen und Trinken und mit frohem Gesicht klatschte er bei dieser Aussage mit beiden Händen auf den strammen Bauch.

Mehr nebenbei, als sei es ihm unangenehm, erwähnte er seinen Bruder, den letzten Leiter des Kaiser-Wilhelm-Instituts, der nun zusammen mit Prof. von Ardenne auf der Krim arbeitete. Er wusste aus zensierten Briefen nur, dass dieser dort wie im Schlaraffenland lebte, mit allem ausgestattet wurde, was er sich für seine Familie wünschte, nur nicht mit Freiheit. Seine ganze wissenschaftliche Arbeit galt, wie sich Jahre später herausstellte, der Entwicklung der sowjetischen Atombombe. Aber auch ohne diese Informationen ahnte er, was sein Bruder dort tun musste, und er betonte immer wieder, wenn die Engländer nach dem Kriegsende nicht seinen Neffen aus der kanadischen Gefangenschaft nach Berlin geflogen hätten, wäre sein Bruder nicht in Russland. Prof. Thiessen hatte bei seiner Gefangennahme und der Aufforderung, für die Sowjets zu arbeiten, gesagt, er werde das nur tun, wenn seine Familie zusammen sei. Dabei hegte er die Hoffnung, die Briten würden seinen Sohn nicht ausliefern. Doch kaum hatten die Russen mit der Begründung den Wunsch geäußert, sie bräuchten die gesamte Wissenschaftlerfamilie, da flogen die Engländer den Sohn Prof. Thiessens auch prompt ein. Wie sollten Deutsche in seiner Position sich denn sonst noch wehren, wenn die Westmächte eine derartige Kurzsichtigkeit zeigten?

Der Betrieb in Lübeck-Vorwerk florierte hervorragend. Vater war nun mit Thiessen fast täglich auf Geschäftsreisen, sie kauften und verkauften, sodass ich und meine Mitarbeiter voll zu tun hatten, um die Abwicklung all dessen zu schaffen. Meister Dressel hielt die Fahrzeuge in Schwung und beaufsichtigte zusammen mit mir die Aufarbeitung der Werkzeugmaschinen. Die Firma war insgesamt in eine der seltenen Harmonien gelangt, wo alles übereinstimmte, Zufriedenheit herrschte und alle darum bemüht waren, dass es der Firma gut ging.

Wie die positive Entwicklung im Kleinen stattfand, so war sie auch in der großen Politik der Westzonen, in der um den zukünftigen Weg der Deutschen gerungen wurde. Am 1. Juli 1948 übergaben die drei westlichen Militärgouverneure den Ministerpräsidenten der deutschen Länder in Frankfurt den Auftrag, bis zum 1. September einen »Parlamentarischen Rat« aus Mitgliedern der verschiedenen Landtage einzuberufen, mit dem Ziel, für das Gebiet der drei Westzonen eine Verfassung auszuarbeiten, die dann, nach Zustimmung durch die Besatzungsmächte, in einer Volksabstimmung gebilligt werden sollte. Die Länderchefs weigerten sich, mit dieser Maßnahme die Teilung Deutschlands zu zementieren. Schließlich einigten sie sich auf Drängen der Besatzungsmächte, der Trizone ein Grundgesetz auszuarbeiten, das dem staatlichen Leben für eine Übergangszeit eine neue Ordnung geben sollte. Nach mehreren Schwierigkeiten und Kompromissfindungen mit den Besatzern konnte dieses dann am 23. Mai 1949 in einem Staatsakt feierlich verkündet werden. Die vier entscheidenden Grundprinzipien waren: das rechtsstaatliche, das demokratische, das sozialstaatliche und das föderalistische Prinzip. Sie sollten in dem neu entstehendem Staat die Menschenrechte und Menschenwürde garantieren. Mit dem Gesetzeswerk und seiner Verkündung war die Bundesrepublik Deutschland konstituiert. Die Sowjetunion zog mit der Gründung der Deutschen Demokratischen Republik am 7. Oktober 1949 nach. Die Teilung Deutschlands war zunächst besiegelt.

Die Wahl zum ersten Deutschen Bundestag fand nach hartem Wahlkampf am 14. August 1949 statt, aus der die CDU/CSU mit knapper Mehrheit vor den Sozialdemokraten hervorging. Neun weitere Parteien errangen Parlamentssitze. In der CDU/CSU war nun umstritten, ob eine große Koalition mit der SPD wegen einer breiten Regierungsmehrheit eingegangen werden sollte oder ob aus wirtschaftspolitischen Gründen die FDP und DP die besseren Partner seien. Mit großem taktischem Geschick gelang es Konrad Adenauer, seine Partei auf die zweite Lösung einzuschwören. Sodann wurden am 12. September 1949 der FDP-Vorsitzende Theodor Heuss zum Bundespräsidenten und drei Tage später Adenauer mit nur einer Stimme Mehrheit zum Bundeskanzler gewählt. Mit ihm an der Spitze und dem Wirtschaftsminister Ludwig Erhard bahnte sich eine Entwicklung an, die später als »Wirtschaftswunder« in die Geschichte einging.

Nach Jahren der Bedrängnis und Not fanden die Deutschen langsam zum einem gesicherten, geordneten Leben zurück. Auch ich wollte Ordnung in mein Leben bringen und fand es an der Zeit, mit meiner Erika eine Familie zu gründen. Meine Position im Betrieb war gefestigt, mein positives Wirken unübersehbar. Auch Erika wollte wissen, woran sie war. Aus Gesprächsansätzen hatte Mutter gespürt, woher der Wind wehte, und Vater, der einer offiziellen Verbindung nicht abgeneigt war, auf eine möglichst weite Terminverschiebung festgelegt. Als ich sie Mitte April 1949 zu einem Gespräch bat, war sofort zu merken, dass die beiden sich schon vorher geeinigt hatten und spürte vor allen Dingen Mutters ablehnende Haltung. »Ich denke, du willst noch studieren, dazu passt keine vorherige Heirat!«, meinte sie. Ich lachte hämisch: »Ausgerechnet ihr, die ihr mein Studium verhindert habt, damit ich beim Betriebsaufbau helfe, kommt jetzt, wo es zu spät ist, mit diesem Vorwand?« – »Wieso ist es zu spät? Andere in deinem Alter studieren auch, außerdem wärst du uns glatt verhungert, wenn du gleich nach dem Abitur angefangen hättest!«, sagte Mutter. »Meine Klassenkameraden sind mit ihrem Studium fast fertig und auch nicht gestorben, du bringst uns nicht auseinander!« Der Pfeil, auf meine Mutter abgeschossen, traf. Obgleich es ihr Wunsch war, ich möge eine reiche Frau an den Altar führen, so wollte sie doch nicht als die Böse abgestempelt werden und begann, vorsichtig einzulenken. Sie verwies auf gesellschaftliche Gepflogenheiten, dazu gehöre zuerst einmal die Verlobung mit Karten an die Verwandten und Freunde, Beschaffung der Ringe und so weiter. »Am 1. Juni 1946 habe ich Erika kennengelernt und am 1. Juni 1949 möchte ich mich mit ihr verloben!«, sagte ich. »Einverstanden«, sagte Vater, »und es soll ein schönes Fest werden!«

Vater hatte ein Machtwort gesprochen, er wusste um den Wert von Erika und mir für Familie und Firma. Was brachte denn schon eine »reiche« Frau, die vielleicht von Kind an gewohnt war, verschwenderisch zu sein? Eine arme Frau wäre auch nicht unbedingt die richtige, allzu leicht würde sie Wohlhabenheit in die Lebensart der »Neureichen« bringen. Else kam aus der Familie eines Postbeamten, Erika aus der eines Offiziers, das heißt, sie war gesellschaftlich schon einige Stufen höher angesiedelt. Sicher gab es bei jedem Menschen Charaktereigenschaften, die bemängelt werden konnten, aber dem war sie genauso unterworfen, und bei Erika überwogen die positiven Seiten in so großem Maße, dass sie nach seiner Einschätzung einen Glücksfall für die Familie und deren Zukunft darstellte. Gesundheit, klarer Menschenverstand, Leistungswillen, Umsicht und sogar eine besondere Schönheit waren Erika zueigen. Das zählte für den Zukunftsweg. Überall, wohin sie das junge Paar mitnahmen, wurde es wohlwollend beachtet, was Vater mit einem gewissen Stolz erfüllte. Also war es an der Zeit, die nötigen Schritte zur offiziellen Verbindung einzuleiten.

Ich war mit meiner zukünftigen Braut zur Firma Gold-Sack in die Breite Straße gefahren und hatten uns schlichte, aber ansehnliche Verlobungsringe mit der inneren Gravur unserer Vornamen und dem Verlobungsdatum bestellt. Verlobungskarten wurden versandt, Einladungen an die Verwandten und engere Freunde ausgesprochen und eine Zeitungsanzeige aufgegeben. Dann kam der große Tag, mit

Verlobungsbild Erika und Horst

Rosen für Erika, Glückwünschen der Eltern, Verwandten und Gäste und einer Feier im alten Gutshaus der Vorwerker Straße 62. Über fünfzig Glückwunschkarten, oft verbunden mit Blumengrüßen oder Geschenken füllten den Gabentisch, und immer wieder musste das Paar frohe Telefonanrufe entgegennehmen. In den recht großen Räumen des Hauses drängten sich die Gäste, doch »eng is beautiful« ließ die Stimmung schnell anschwellen. Meine Eltern hatten für alles gesorgt. Gesangsdarbietungen der drei Meseck-Schwestern wurden mit Beifall überschüttet, Reden und humorvolle Beiträge regten Ernsthaftigkeit und Freude der Zuhörer an, Kaffee, Kuchen, Abendbrot, Wein, Bier und Schnaps taten ein Übriges, es wurde einfach ein schöner Tag, so recht nach dem Herzen der Broziats. Besonders war Vater davon beeindruckt, wie viele wichtige Geschäftsfreunde auf unsere Zeitungsanzeige wohlwollende Zuschriften gesandt hatten, und er sagte zu seiner Frau, als sie allein waren, dass ohne Erikas und meine Arbeit und unser Verhalten das Ansehen der Familie kleiner wäre. »Warum sagst du mir das?«, fragte sie. »Damit du dich etwas umstellst!« – »Habe ich nicht den beiden heute gesagt, wir wollen ihnen gute Eltern sein?« – »Gut«, sagte Vater, »dann wollen wir selbst uns das auch versprechen!«, und zur Bekräftigung nahm er sie in den Arm und küsste sie. Im Gefühl des Glücks brachte ich währenddessen meine schöne Braut um den See nach Haus und in herzlicher Zuneigung verabschiedeten wir uns.

Die Wirtschaft boomte unter der geschickten Leitung Ludwig Erhards, und der geniale Bundeskanzler Konrad Adenauer trotzte den Besatzungsmächten immer weiteren politischen Freiraum ab, denn sie hatten sich weitgehende Entscheidungshoheit vorbehalten. Bereits zwei Monate nach Regierungsantritt wurde mit dem Petersberger Abkommen die Beendigung der Demontagen unterzeichnet, am 16. Januar 1950 konnten die letzten Lebensmittelrationierungen aufgehoben werden, und am 15. Juni beschloss die Bundesrepublik, dem Europarat beizutreten. Abgesehen von der Spaltung Deutschlands hatte sich unter sowjetischer Führung der Ostblock als Gegenpol zu den westlichen Demokratien gebildet und dazwischen war, von Churchill so benannt, der Eiserne Vorhang niedergegangen. Der Kalte Krieg entbrannte, die Blöcke standen sich feindlich, mit Drohgebärden und reger Spionagetätigkeit, jedoch ohne Kampfhandlungen gegenüber. Deutschland aber war das Zentrum dieser Situation. Nun begann auch noch am 25. Juni 1950 der Koreakrieg, in den sich die USA für Südkorea und das kommunistische China zu Gunsten von Nordkorea einschalteten. Einerseits heizte dieser Krieg über die Waffenproduktion die Weltwirtschaft zusätzlich zu dem Bedarf an der Beseitigung der Zerstörungen aus dem Zweiten Weltkrieg an, andererseits zeigte er auch den Europäern, wie schnell sie von den riesigen Kriegsmaschinerien überrollt werden würden. Ein Funke konnte das Pulverfass hochgehen lassen.

Vater kam in die Kanzlei von Dr. Sternfeld. Er hatte eigentlich ständig kleine Prozesse laufen, wenn Zahlungen von Verkäufen ausstanden, Kundenreklamationen nicht akzeptiert wurden oder Lieferungen nicht stimmten. Dr. Sternfeld war ihm sehr zugetan, riet fair nach Chancen zum Rechtsstreit zu oder ab, ihr Verhältnis war fast freundschaftlich. »Na, wollen Sie schon wieder einen piesacken?«, fragte der mit einem ironischen Lachen. – »Der Gehard hat einen Wechsel platzen lassen!«, sagte Vater. Dr. Sternfeld brachte nach schneller Erledigung der Formalitäten das Thema auf den Koreakrieg und die angespannte Lage. Als Exilpräsident des Freistaats Danzig verfügte er über mehr Informationen als ein normal Sterblicher. »Ich wohne zwei, Sie 4 Kilometer von der russischen Grenze entfernt, wir sind beide geflüchtet, was tun Sie, wenn ein Angriff kurz bevor steht, haben Sie ein Ziel?« – »Nein«, sagte Vater, »wir bauen doch gerade erst auf, wo sollen wir denn hin?« – »Ach, Sie haben bereits ganz schön was angesammelt, im Augenblick haben die Sowjets ja noch Angst vor den Atombomben der Amerikaner, aber irgendwann könnten sie gleichziehen und dann sollten Sie ein Ziel für eine erneute Flucht haben. In vierzehn Tagen fahre ich mit meinen Frau zu einer Verhandlung nach Davos. Kommen Sie doch mit Ihrer Frau mit, wir machen uns ein paar schöne Tage!« Meine Eltern freuten sich, wussten sie doch den Betrieb in guter Obhut, und Dr. Sternfeld hatte sich gerade den neuen Mercedes 170 S gekauft, das würde sicher eine angenehme Reise werden. Dennoch war es für Mutter ein beklemmender Gedanke, Fluchtvorbereitungen treffen zu sollen.

Die Reise wurde dann auch angenehm, denn die beiden Ehepaare verstanden sich gut. Schon auf der Hinfahrt fuhr Dr. Sternfeld in Erzingen bei Waldshut vorbei, hielt direkt vor der Schweizer Zollschranke auf das letzte linke Haus zu und sagte zu meinen Eltern: »Schauen Sie, das habe ich kürzlich als Zufluchtsstätte gekauft und etwas Ähnliches müssen Sie auch tun, wenn Sie Ihrer Familie Schutz bieten wollen!« Vater gab bewundernd sein Ja zu dieser Maßnahme, und während der Tage in der Schweiz kreisten immer wieder Gespräche um dieses Thema. Der Rückweg führte sie über Konstanz und weitere Orte im Deutsch-Schweizer Grenzbereich. Wenn sie Reklameschilder von Immobilienmaklern sahen, sollte Mutter sie sofort notieren, um diese dann von Lübeck aus anzuschreiben. Dr. Sternfeld war behilflich, aber auch zufrieden. Er hatte nicht nur einem Freund geholfen, sondern sich selbst mit den Broziat'schen Fahrzeugen eine Transportmöglichkeit im Falle der Gefahr geschaffen.

Fräulein Bremekamp, die Steuerberaterin, rief kurz nachdem meine Eltern mit Sternfelds abgefahren waren, bei mir an: »Herr Broziat, ich weiß, dass Ihre Eltern erst in zehn Tagen zurück sind, aber ausgerechnet heute hat das Finanzamt eine Steuerprüfung sofort nach der Rückkehr Ihrer Eltern angesetzt. Meine Unterlagen bereite ich bereits dafür vor, sehen Sie bitte zu, dass auch Ihre Geschäftsunterlagen bereit liegen!« – »Was gehört dazu? Ich habe noch nie eine Steuerprüfung mitgemacht!« – »Eingangs- und Ausgangsrechnungen, Kassenbücher mit Belegen, Kontoauszüge der Banken und natürlich die Inventuren und die Listen dafür!« – »Inventuren? Ich weiß zwar aus der Schule, dass zum Jahresende eine Inventur fällig ist, aber die hat mein Vater nie veranlasst!« – »Um Gottes Willen, die verwerfen uns ja die ganzen Steuererklärungen, was machen wir denn da?« – »Ich komme zu Ihnen hin, Sie erklären mir, was da sein soll und dann werde ich aus der Situation schon etwas machen!« Die gute, alte Dame zweifelte daran. Ich ließ mir von ihr alles genau erklären, besorgte beim Bürobedarf Inventurbuch und Kladde und wollte nun in mühevoller Kleinarbeit aufgrund der Rechnungen sowie der ans Finanzamt gemeldeten Zahlen die Inventurbestände nachempfinden. In der Kladde sollten die Aufzeichnungen für die drei Jahre auch noch echt wirken. Also wurden für die angeblichen Aufnahmen im Freien Bleistifte verwendet, damit die Schrift durch Wassertropfen nicht verwischte, Ölflecken und ein paar schmutzige Fingerabdrücke gehörten hinein, Erika oder Günter hatten Passagen zu schreiben, die Daten mussten stimmen, an denen sie auch anwesend waren, es sollten wirklich viele Umstände berücksichtigt werden, um alles glaubhaft erscheinen zu lassen. Als die Eltern wieder eintrafen war die Kladde fertig und die zusammengefassten Posten waren sauber ins Inventurbuch übertragen. Fräulein Bremekamp staunte: »Das merkt kein Prüfer, meine Güte, sieht das echt aus!«

Zur Finanzprüfung hatte Fräulein Bremekamp ihren neuen Sozius, Herrn Fuchs mitgebracht. Fuchs war schlank, ziemlich groß, hatte ein ausdrucksvolles Gesicht mit großer, spitzer Nase und scharf blickende Augen. Man merkte sofort, dass der Krieg ihm ein Bein gekostet hatte, die Prothese machte ihm zu schaffen, obgleich er die Gehbehinderung zu überspielen versuchte. Hervorstechend war sein dröhnendes Lachen, besonders wenn Vater im Vorgespräch glaubte, dem Finanzamt etwas abluchsen zu können. Die Prüfung lief dann ohne allzu große Bemängelungen ab. Einige Spesenrechnungen wurden nicht akzeptiert, deren Rechtmäßigkeit Vater zu beweisen suchte, bis Fräulein Bremekamp, mit hübschen Charme, einen Kompromiss entwickelte. An der Buchhaltung als auch an der Inventuraufnahme gab es keine Einwände. Gerungen wurde jedoch um Bewertungsfragen, in denen der Prüfer Vaters Ausdauer sichtlich unterschätzt hatte, aber ehe es zwischen den beiden zu einem handfesten Streit kam, fand Herr Fuchs dann eine Einigungsmöglichkeit, die den Endpunkt der Prüfung darstellte. Vater hatte immer noch Einwände, und nur widerwillig und zögernd setzte er seine Unterschrift in das Schlussprotokoll.

Der Finanzbeamte packte schnell die Unterlagen in seine Tasche und verabschiedete sich von Mutter, Fräulein Bremekamp, Herrn Fuchs und mir. Vater begleitete ihn mit verärgertem Gesicht auf den Hof wo er, wie man durch die Fenster sah, noch auf ihn einredete. Beklemmt saßen Mutter und ich da, während Fräulein Bremekamp und Herr Fuchs miteinander diskutierten, wie sie den Firmenchef beruhigen könnten, denn nach ihrer Meinung war die Finanzprüfung doch recht gut ausgefallen. Die Tür ging auf, Vater kam mit strahlendem Blick herein. »So Else, mach mal mit Erika für uns ein schönes Abendbrot, Horst, hol' Getränke aus dem Keller, das wollen wir jetzt so richtig feiern!« Fräulein Bremekamp schaute ungläubig und Fuchs prustete los: »Mensch, Sie sind aber ein Schauspieler, wir überlegen, wie wir Sie beruhigen sollen, und Sie haben allen was vorgemacht. Wir müssen Sie als Mimen feiern!« – »Na, der sollte sich doch als Gewinner fühlen«, meinte Vater, »sonst dreht er vielleicht doch noch an der Sache!« – »Wird er nicht«, sagte die Steuerberaterin, »der ist zufrieden, unsere Unterschriften zu haben!« – »Na, denn war ick ja doch janz jut!«, antwortete Vater und ein schallendes Gelächter bestätigte ihm das. Dem guten Nachtessen folgte ein feuchtfröhlicher Abend, wie er in unserem Hause so beliebt war, denn meine Eltern hatten bereits einen Namen als gute Gastgeber in Lübeck.

Am 16. März 1950 nahm Mutter ein Telefonat an: »Ist da die Firma Broziat in Lübeck?« – »Ja, Frau Broziat am Telefon!« – »Hier ist Walter Herzog, ich bin im Lager Friedland, kann ich meine Mutter sprechen?« – »Ja, selbstverständlich, sie ist nebenan!« Mutter warf den Hörer hin, sie wusste, dass Walter Herzog in russischer Gefangenschaft war, eilte ins Nebenzimmer: »Oma, kommen Sie schnell ans Telefon, Ihr Walter ruft aus Friedland an!« Die alte Frau lief ihr nach zum Telefon, Else schob ihr einen Stuhl unter, ehe sie zusammensackte und dann hörte man nur noch ihr Schluchzen, als sie die Stimme des Sohnes vernommen hatte, die Tränen flossen nur so auf den Schreibtisch. »Ick kann nich!«, stieß sie hervor und streckte Mutter den Hörer hin, senkte den Kopf zwischen die Arme und weinte glücklich. Auch den Sohn hörte man am anderen Ende der Leitung weinen, doch dann konnte er seine Ankunftszeit für Lübeck in zehn Tagen mitteilen, da noch alle Formalitäten abzuwickeln seien. »Wir freuen uns alle!«, rief Else noch in die Muschel, dann hatte er aufgelegt. Erika brachte der ihr liebgewordenen Frau ein Glas Wasser, Mutter tat noch eine Aspirin hinein und langsam beruhigte sie sich, wenn auch immer wieder ein tiefer Schluchzer hochkam. Zu lange hatte sie in ihren Vorstellungen über das harten Gefangenendasein ihres geliebten Sohnes gelitten. Erika fasste sie um die Schultern: »Komm Oma, wir gehen jetzt zu Opa raus, der soll sich auch freuen!« Sie rappelte sich hoch, und eingehakt gingen sie zu Friedrich Herzog. Der sah die Tränen in den wasserblauen Augen und fragte: »Wat is denn los, Helene?« – »Walter, Ihr Sohn ist in Friedland, in zehn Tagen ist er hier!«, sagte Erika, als sie spürte, dass Frau Herzog nicht sprechen konnte, dann fielen sich die beiden Alten um den Hals.

Als dann endlich der Zug aus Friedland auch mit anderen Heimkehrern eintraf, spielten sich auf dem Bahnhof herzzerreißende Szenen ab, wenn Frauen ihre Männer oder Eltern ihre Söhne in die Arme schlossen. Ich war mit den Herzogs im Mercedes zum Bahnhof gefahren, um ihren Walter abzuholen. Erst langsam begannen die drei das Glück zu begreifen, dass die sowjetische Gefangenenhölle ihn aus ihren Klauen freigegeben hatte. Zu Haus sollte Walter erzählen. Er konnte nicht, wollte schweigend vergessen, doch immer wieder hörten die Eltern ihn in seinen Träumen stöhnen und schreien. Erst später begann er damit, sich die erlebten Qualen von der Seele zu reden, in einer Zeit, als er eine Frau gefunden hatte, die verstand, dass Zuhören zur Gesundung seiner Psyche beitrug. Vater hatte dem leidgeprüften Mann sofort eine Stellung in der Firma angeboten, die er gern annahm und am 2. Mai 1950 antrat. Er durfte im Wohnwagen wohnen, den vorher sein Vater benutzt hatte, denn alle Wohnräume waren streng bewirtschaftet, es würde noch Jahre dauern, bis auf diesem Gebiet Abhilfe geschaffen werden konnte.

Die Firmenentwicklung zeigte sich weiterhin positiv. Hatten die Bilanzen bis zur Währungsreform stets rote Ergebnisse ausgewiesen, so konnten ab dann doch gute Gewinne erzielt werden, wenn sie auch die wahren Ergebnisse nicht aufzeigten, denn Vater war bestrebt, stille Reserven zu schaffen, das bedeutete, dass die realen Ergebnisse weit über den angegebenen Zahlen lagen. Aber die Umsätze zeigten es deutlich: Betrugen sie vom 20. Juni 1948 bis zum 31. Dezember 1949 (die Bilanz wurde nach der Währungsumstellung für eineinhalb Jahre aufgestellt) noch 169000 DM, so bekamen sie 1950 einen Zuwachs von 10 Prozent und wuchsen zum Jahresende 1951 auf 277 500 DM an. Wir sahen beruhigt, aber auch mit neuem Antrieb in die Zukunft.

Seit dem 25. Juni 1949 war Heinrich Klein im Betrieb beschäftigt. Vater hatte sofort das gute Benehmen des stämmigen, blonden Mannes mit der geröteten Gesichtsfarbe bemerkt. Die klaren Antworten, die geschliffene Wortwahl gefielen ihm. Als Beruf hatte Klein »Kraftfahrer beim Militär« angegeben, auf tiefer gehende Fragen wurde er einsilbig. Wollte man gute Leute haben, war ein weiteres Erforschen unzweckmäßig, denn unter dem Druck der Nazis hatten manche in Einheiten dienen müssen, derer sie sich ungern erinnerten. Klein war fleißig, umsichtig, mit ihm musste ein Auftrag nur einmal besprochen werden, dann blieben ihm alle Einzelheiten geläufig. Nach kurzer Zeit fuhr er den Mercedes-Lkw im Fernverkehr, Vater war mit seinen Leistungen sehr zufrieden. Die ersten Touren hatte Klein zusammen mit mir absolviert, und ich stellte fest, dass seine Fahrpraxis gering, aber ausbaufähig war und die technischen Feinheiten brachte ich ihm auch schnell bei, wie zum Beispiel das Einrangieren der Anhänger, das rechtzeitige Schwungholen vor Steigungen, die Entlüftung der Brennstoffanlage und vieles mehr. Eines Tages waren drei Firmenfahrzeuge zum Laden einer größeren Partie Rohre zum Flugplatz Jagel gefahren, wo Vater schon mit Herrn Bensin und dessen Mitarbeitern wartete. Die Lastwagen hielten kurz davor, und die Fahrer bekamen von ihm Anweisung, wer welche Ladung zu übernehmen hätte. Plötzlich stand einer von Bensins Begleitern stramm und machte vor Klein eine militärische Ehrenbezeugung: »Guten Morgen, Herr Major!« – »Mensch hör'n Sie auf, wir sind doch nicht bei der Truppe!« Es war ihm sichtlich unangenehm, seinen früheren Feldwebel getroffen zu haben. Vater teilte die Beladung so ein, dass der Mercedes zuletzt dran kam und nahm Klein beiseite. »Warum haben Sie mir nicht gesagt, dass sie höherer Offizier waren?« – »Ich brauchte unbedingt Arbeit, und da war es sicher besser, dass meine Arbeitskollegen mein Vorleben nicht kannten. Ich war im Stab von Rommel, habe mir im Sinne der Nürnberger Anklagen absolut nicht zu Schulden kommen lassen, war in englischer Gefangenschaft und bin ordnungsgemäß entlassen worden, nur nochmals gesagt, ich lege Wert auf eine gute Arbeitskameradschaft und eine Einordnung wie jeder andere.« – »Das kriegen wir schon hin«, meinte Vater, »ich kenne meine Leute zur Genüge, die honorieren Ihre Art!«

Mit vielem Aufwand hatten Dressel und seine Mitarbeiter den Krupp-Omnibus fertiggestellt. Schmuck und modern stand er da, in toscagrüner Lackierung, dem neu von Professor Schulz-Demmin entwickeltem Broziat-Emblem, nämlich ein B mit einem Rad darunter, beides von Flügeln eingefasst, innen mit grauem Fußboden, einem dazu passenden Himmel, zweiundvierzig Sitzen mit farblich abgestimmten Polstern und Kopfstützen, wirklich ein ansprechendes Fahrzeug. Der Motor war vorn im Fahrzeug integriert, also es gab keine Motorhaube mehr, auch vom Äußeren her zeigte sich der Omnibus nach dem neuesten Stand der Technik. Die Ingenieure von Krupp hatten wohl in den letzten Kriegsjahren weit voraus gedacht.

Aus der ersten Fahrt wollte Vater etwas Besonderes machen. Er lud von der Lippes und Vieths, denen er so viel zu verdanken hatte, samt ihren Familien zu einer Fahrt nach Hamburg in Hagenbecks Tierpark ein. Alle sagten gern zu, mit Vieths kamen noch von Wulffens, ihre älteste Tochter trug diesen Namen, und deren Kinder. Ich fuhr den Bus,

Krupp-Omnibus

er lief einwandfrei, und Direktor Vieth schaute hin und wieder zu Erika hinüber und dachte dabei an seine Tochter Jutta. Nun war diese schon über ein Jahr tot, hingerafft von der schrecklichen Leukämie. Er und seine Frau überwanden den Schmerz, als ihre Enkel sie mit unzähligen Fragen bedrängten und durch den Bus tobten. Hagenbeck wurde zum schönen Erlebnis für die Gesellschaft, hatten die tüchtigen Zooeigner doch bereits die meisten Kriegsschäden beseitigt und neue Anlagen im Bau. Vater spendierte das Mittagessen und später Kaffee und Kuchen. Fröhlich, satt und zufrieden begab man sich auf die Heimfahrt nach Lübeck.

Bei der Ausfahrt war Mutter eine Idee gekommen. Ihr Mann hatte ja bereits den Omnibusverkehr angemeldet, da könnte doch eine getrennte Firma als Busbetrieb aufgezogen werden, mit mir als Teilhaber. Zuerst sollte ich dann als Busfahrer fungieren, bis einmal dieser Betrieb aus den Gewinnen den nächsten Omnibus anschaffen könnte. Da Günter bald seine Lehrzeit beenden würde, wäre dann in der Hauptfirma Platz für ihn. Sie besprach das abends mit ihrem Mann, der war nicht gerade begeistert davon, denn Günter konnte mich nicht sofort ersetzen, aber er wollte mit seinem Ältesten darüber reden. Ich nahm den Vorschlag mit gemischten Gefühlen auf. Als Erika das hörte, war sie sofort hellwach: »Hast du dein Abitur gemacht, um Busfahrer zu werden? Deine Mutter will dich aus den gleichen Gründen hier raus haben wie bei Greier. Du bist dann ständig unterwegs. So habe ich mir unsere Zukunft nicht vorgestellt!« – »Ich habe mir alles nur angehört und Papa gesagt, dass ich darüber nachdenken werde. So schnell treffe ich keine Entscheidung, die unseren Lebensweg bestimmt. Die Beteiligung am Busbetrieb ist wohl ein Lockmittel, es soll mich wenig beeinflussen, denn ein Bus als Geschäftshintergrund ist mir zu riskant.« Vater bot mir dann eine Beteiligung von 10 Prozent an, die er, als er meine ablehnende Haltung spürte, auf zwanzig erhöhte, aber ich sah in der Aufgabe keine Zukunft. Im Grunde war Vater ganz zufrieden. Weshalb sollte er die wirkliche Entlastung im Betrieb, die er in mir hatte, für seinen zweiten Sohn aufgeben, der erst einmal sein Können unter Beweis stellen musste? Der Bus wurde dann, mit Heinrich Klein als Fahrer, vielleicht ein Dutzend Mal eingesetzt, aber bald darauf mit gutem Gewinn verkauft, als man erkannt hatte, welche Schäden die Fahrgäste an seiner Inneneinrichtung hinterließen.

38. Kapitel

Am 9. November 1950 wurde Vater einundfünfzig Jahre alt. Er wies gern auf dieses denkwürdige Datum hin und mochte es, dass man ihn daher auch als besondere Persönlichkeit betrachtete. Seinen fünfzigsten konnte er aus irgendwelchen Gründen im Vorjahr nicht so ausgiebig begehen, somit gab es Nachholbedarf. Entsprechend seines Ansehens, das er inzwischen als Vorstand des Lübecker Güterfernverkehrs genoss, hatte er etliche Freunde mit Gattinnen wie auch Verwandte eingeladen. Das Haus war voll, wie immer gab es reichlich Speisen und Getränke, die Stimmung lief auf Hochtouren, vor allem, wenn Carmens Mann, Waldemar Nickel, Döntjes aus den Seefahrerkreisen zum Besten gab. Die drei Meseck-Schwestern sangen zu Vaters Freude einige Lieder, es war ein Abend so richtig nach seinem Geschmack. Allein, nicht nur im Hause herrschte Frohsinn, auch in der Werkstatt saßen die Mitarbeiter feuchtfröhlich um den molligen Späneofen und waren satt von Würstchen und Kartoffelsalat. Bier und Schnaps war alle, sie hatten sich bereits auf eigene Kosten von Rosemeiers Laden den billigen Wermutwein als Nachschub geholt, als ich nach ihnen sah. »Ihr hättet doch was sagen können, oben ist noch genug!« – »Jetzt sind wir voll, ich geh' zu Berta«, sagte Fendler. »Bleib' hier«, rief Alex Menzfeld, »die haut dir die Hucke voll!« Er wankte zur Tür, ich rief Köpke zu: »Erwin, lauf hinterher, es ist dunkel, der fällt noch hin!« Köpke erreichte Fendler, als der die schwere Tür mit Schwung zuwerfen wollte, griff nach dem Mann, doch der war von der Kraftanstrengung bereits im Fallen. »Bringt mal 'ne Taschenlampe«, rief Köpke, »Robert liegt hier irgendwo drinnen!« Im Lichtschein sahen sie, dass Fendler rücklings in der flachen Altölwanne lag und wollten ihm heraushelfen. »Det kann ick aleene«, sagte er und drehte sich um. Die beschmierten Helfer brachten ihn, eine schwarze Ölspur hinterlassend, zum Späneofen und zogen ihm den Overall vom Leib. Auch die Unterwäsche war schwarz. »Bringt ihn zu Berta!«, sagte ich, während Fendler unverständliche Worte lallte.

Karl Dressel und Heinrich Klein packten ihn, zogen Robert hinüber zu seiner Haustür, klopften, schoben Berta ihren schwarzen Mann in die Arme und waren verschwunden, ehe die den Sachverhalt begriffen hatte. Am Wochenende sah man Robert beim Ausbeulen eines stabilen Topfes – Bertas übliches Schlaginstrument.

Zu Weihnachten 1950 war der neue Gemeinschaftsraum in der Halle 2 fertig und er wurde für die Betriebsweihnachtsfeier festlich geschmückt. Entsprechend war dann auch die Stimmung, zumal die Frauen der Mitarbeiter eingeladen waren. Vater verstand es, in einer zu Herzen gehenden Ansprache (seine Mutter hätte es ja am liebsten gesehen, wenn er Pastor geworden wäre), die Gefühle seiner Zuhörer zu treffen. Nicht nur bei den Frauen floss manche Träne ins Taschentuch, auch Walter Herzog mochte sich damit nicht zurückhalten, hatte er doch von allen das schwerste Leid in der Gefangenschaft erlitten. Aber es dauerte nicht allzu lange, nach dem Essen und der Bescherung schlug die Stimmung in Fröhlichkeit um, die bis in die Nacht anhielt.

Zum Ausklang des Jahres wurden die letzten Fuhraufträge erledigt, die letzten Geschäfte abgewickelt und vor allem aufgeräumt, damit man sauber und ordentlich, wie Vater sich auszudrücken pflegte, ins neue Jahr gelangte. Der Weihnachtsfeier in unserer Familie fehlte es nicht an Herzlichkeit, jeder mühte sich, mit ansprechenden Geschenken Freuden zu bereiten. Durch den vorherigen Besuch in der St. Matthäikirche waren alle bereits darauf eingestimmt. Nach dem Abendessen (Vater hatte sich »Bonbon-Braten«, Schweinebraten mit gewürfelt eingeschnittener, brauner Schwarte, Rotkohl und Klößen gewünscht) wurden die Gaben ausgeteilt, Weihnachtslieder gehört und mitgesungen und viel aus der Vergangenheit erzählt. Zum späteren Abend brachte ich Erika heim, um dort im Familienkreise Meseck meine Geschenke abzugeben und den heiligen Abend zu feiern, während Günter zu seiner Freundin Hella Nehls gefahren war.

Am ersten Feiertag fragte Vater seine Frau: »An wen müssen wir denn noch Weihnachtsgrüße versenden?« – »Das kannst du wirklich einmal selbst feststellen, Erika und ich haben mit den Essensvorbereitungen zu tun: Du willst Karpfen auf polnische Art, wir wollen ihn blau und Günter isst keinen Fisch! Dort liegt die Weihnachtspost, da kannst du finden, wer uns geschrieben hat und wem wir noch nicht!« Das war eine Arbeit, die ihm gar nicht gefiel, also bat er mich um Hilfe, und ich hätte diese wohl abgelehnt, wenn nicht für den Nachmittag ein Gespräch mit den Eltern in meiner Planung gewesen wäre. Diese Gelegenheit wartete ich nun geduldig ab und begann dann zusammen mit Erika, über unsere gemeinsamen Hochzeitspläne zu sprechen. Der 1. Juni sollte das Datum sein, denn am 1. Juni 1946 hatten wir uns kennengelernt und am 1. Juni 1949 verlobt. Mutter hielt den Zeitpunkt für verfrüht, denn sie wären auch drei Jahre verlobt gewesen. Vater konterte zu ihrer Verblüffung, dass das ja kein Maßstab sein müsse. Was fiel bloß ihrem Mann ein, der war ja wohl vernarrt in Erika! Aber er brachte die Sache auf den Punkt. Die Terminfrage hänge doch in der Hauptsache von einer Wohnung ab, und bei der Wohnraumknappheit müsse man sich eben rechtzeitig bemühen. Mutters Miene zeigte sich zufriedener, fiel aber in die Verstimmtheit zurück, als Vater anbot, mit dem Leiter des Wohnungsamts, Herrn Korthals, zu sprechen, mit dem er seit den Torf-Aktionen in den Wintern 1946 und 1947 ein freundschaftliches Verhältnis pflegte.

Er hielt Wort, ohne von mir gemahnt zu werden. Mitte Januar führte er ein Gespräch mit Korthals, und der schlug ihm vor, Nägel mit Köpfen zu machen. Die obere Etage war von den Familien Papenfuß und Lorenz besetzt. Er würde sich bemühen, für eine Partei eine Wohnung zu finden, dann könnten Erika und ich eine obere Etagenhälfte bewohnen. Wir wären damit in Betriebsnähe und würden weiterhin auch für die Familie eine Entlastung sein. Bei der Wohnraumknappheit glaube er aber nicht, den Termin bis zum 1. Juni einhalten zu können. Vater sprach mit den Mietparteien und Gerd Lorenz, der im VfL Vorwerk Handball spielte, meinte, er werde sich ebenfalls bemühen und sich bei seinen Clubkameraden umhören. Seitdem Günter und ich im VfL Vorwerk Fußball spielten, hatte sich das ehemals gespannte Verhältnis zur Familie Lorenz normalisiert. Tatsächlich wusste jemand aus dem Club einen Neubaublock, der auch der Familie Lorenz zusagte, und in diesem reservierte Herr Korthals eine Wohnung für sie. Diese sollte im Juli bezugsfertig sein. Mein Wunschdatum vom 1. Juni für unsere Hochzeit war also nicht zu halten, doch wir sahen nun Licht am Horizont.

Der Koreakrieg, begonnen im Januar 1950, drängte zum Handeln, um einen Standort im Süden zu erwerben. Aus der Korrespondenz mit Maklern an der Schweizer Grenze kristallisierten sich zwei vertrauenswürdige heraus. Nochmals reisten die Eltern im Mai 1951 in die Gegenden von Waldshut und Konstanz, und sie ließen sich etliche Objekte zeigen, aber entweder waren sie nicht verkraftbar oder die Lage entsprach nicht ihren Vorstellungen. Mit der Beruhigung der Kriegsgefahr Anfang Juli nach einem Waffenstillstand in Korea, war erst einmal eine Verschnaufpause gegeben, doch liefen ihre Bemühungen weiter. Im Gegensatz zu Dr. Sternfeld, der zu seiner Berufsausübung nur ein Büro benötigte, brauchten wir zumindest ein Warenlager, wenn nicht gar ein Betriebsgelände für den Fall, dass Lübeck aufgegeben werden musste.

Indes lief der Betrieb auf Hochtouren, Thiessen fand immer neue, kaufwürdige Objekte und dafür Abnehmer, wenn diese aufgearbeitet waren. Der Innenbetrieb unter meiner Leitung funktionierte reibungslos, und die Fahrzeuge befanden sich in lukrativen Einsätzen. Unter dem Eindruck der Gewinnsituation bestellte sich Vater den neu herausgekommenen Mercedes 220 S mit der markanten Frontpartie und den in die Kotflügel eingebauten Scheinwerfer. Ich sollte dann den 170 V zurückbekommen, der drei Jahre so treue Dienste geleistet hatte. Seit dem 2. März war Anneliese Schröter als Sekretärin tätig. Sie hatte sich nach kurzer Zeit gut eingearbeitet, zeigte sich fleißig und zuvorkommend. Die geschäftliche Situation, das Arbeitsteam und Vaters Ansehen in den Verbänden trug zu einer gewissen Hochstimmung bei, als eines Tages im Frühsommer ein Mann ins Büro kam und Vater sprechen wollte. Fräulein Schröter meldete ihm Herrn Nehls. Der kam in sein Büro und sagte: »Guten Morgen, Herr Broziat, Sie werden ja wissen, dass wir nun verwandt sind, und da möchte ich mal fragen, ob Sie mir nicht 10 000 Mark zu meinen Hausbau zugeben wollen?« Vater glaubte nicht recht zu hören: »Wieso sollen wir verwandt sein? Und selbst an Verwandte verschenke ich nicht so mir nichts dir nichts mein schwer erarbeitetes Geld!« – »Na, Ihr Sohn Günter wird Ihnen doch erzählt haben, dass meine Tochter Hella von ihm ein Kind erwartet!« – »Machen Sie, dass Sie raus kommen, da ist die Tür!« Als er Nehls zögern sah: »Los, los, hauen Sie ab!« Vater konnte sehr brüsk reagieren, wenn er in eine Art Erpressung geriet. Eine Einführung in dieser Art hatte ihm gerade noch gefehlt. Günter gab dann zu, von Hella vorgestern erfahren zu haben, sie sei bereits am Ende des dritten Monats schwanger, behauptete aber auch, er könne es nicht gewesen sein, er hätte jewels Schutzmittel verwendet. Als sie zur Beratung zu Dr. Sternfeld kamen, fragte dieser Günter sarkastisch: »Na, wie fühlt man sich denn als junger Vater?« Günter reagierte wütend, er sei nicht zu einem Rechtsvertreter gekommen, um Vorwürfe zu erhalten. Dr. Sternfeld lächelte überlegen, meinte als väterlicher Freund könne er sich das schon erlauben, und wenn Günter seinen Beistand ablehne, möge er woanders hingehen. Vater brauchte nicht einzugreifen, Günter hatte schon klein beigegeben. Ein späterer Bluttest machte Günters Vaterschaft wahrscheinlich und trotz geschickter Verteidigung musste er Alimente zahlen. Die Ähnlichkeit seiner unehelichen Tochter, als diese erwachsen wurde, mit einen Fußballkameraden war allerdings verblüffend. Möglicherweise hatte Herr Nehls den finanzkräftigeren Vater ausgesucht und das Glück, dass beide dieselbe Blutgruppe besaßen.

Günter hatte inzwischen sein zweites Lehrjahr beendet, traf aber keine Entscheidung, wenn Vater ihn fragte, ob er einmal in der Firma arbeiten möchte. Anscheinend gefiel ihm die Tätigkeit bei Possehl doch ganz gut, wenn auch nicht in der Sanitärabteilung, und so konnte er sich einen Weg in dem angesehenen Unternehmen zu einer guten Position sehr wohl vorstellen. Vater drängte seinen Zweitgeborenen auch nicht zu einer Entscheidung, denn der Betrieb lief rund und es war fraglich, ob neue Personen Verbesserungen bringen würden. Herr Thiessen war derselben Ansicht. Vater war Thiessens Meinung sehr wichtig, weil sich ihm, durch dessen großes Allgemeinwissen Hintergründe auftaten, die andere nicht erkannten. Mir sagte er voraus, eines Tages werde meine technische Begabung die kaufmännische überflügeln.

Vaters Einsatz für die Güterfernverkehrsgenossenschaft und die Verbandsaufgaben nahm einen immer größeren Umfang an. Tagelang wurden dafür Berechnungen ausgearbeitet, Manuskripte für Reden aufgestellt und Telefonate mit allen möglichen Vorstandsmitgliedern geführt. Im Familienkreis entstanden Bedenken, ob der Aufwand jemals honoriert werde und die Arbeitskraft des Chefs nicht stärker seinem Betrieb gewidmet sein sollte. Natürlich steckten Thiessens Gedanken dahinter, die er über mich in den Familienkreis gelenkt hatte, im Bewusstsein, dass trotz aller Mühen von den Verbandsmitgliedern kein Dank zu erwarten sei. Vaters Tätigkeit war ehrenamtlich, ersetzt wurden ihm nur direkte, eng begrenzte Auslagen. Doch er ließ sich nicht beirren. Während seine Berufskollegen ihre Geschäfte machten, vertrat er mit viel Aufwand deren Interessen. Zwar stieg sein Ansehen, und er erreichte viele Verbindungen zu bekannten Persönlichkeiten, doch das wog den Umfang seines Tuns nicht auf. So erreichte aber Thiessen, dass er mit mir auf Geschäftsreisen ging, denn er selbst hatte keinen Führerschein, und mir war das nur recht. Hier zeigte sich mir ein neues Gebiet, das ich begierig aufnahm.

Beeindruckend war Thiessens Blick für das Wesentliche, für lukrative Objekte, sein Verhandlungsgeschick, um niedrige Kaufpreise zu erzielen und sein Wissen, welche Käufer dafür in Frage kamen. Selbst wenn er die Technik mancher Maschinen nicht durchschaute, so erkannte er dennoch ihre Einsatzmöglichkeiten. Ich, mit meinem fast angeborenen technischen Verständnis konnte ihn gut ergänzen und Vater staunte, was da von uns beiden initiiert wurde. Einerseits gab es ihm noch mehr Freiheit für die Verbandstätigkeit, andererseits wollte er sich im Betrieb aber auch nicht ersetzt wissen. So ordnete er an, bei großen Objekten hinzugezogen zu werden. Die beiden hatten bei der Firma Blank in Hannover eine gute Dampfturbine entdeckt, verhandelten, ohne großes Interesse zu bekunden, und ließen sich die Maschine fest anhand geben. Am nächsten Tag fuhren sie mit dem Direktor der Stadtwerke Lüneburg zur Besichtigung nach Hannover, und der kaufte sie für 23 000 Mark. Damit hatten sie bei einem Geschäft das Eineinhalbfache dessen verdient, was Vaters neuer Mercedes kosten würde. Natürlich war das ein Ausnahmeobjekt, aber die vielen kleinen Geschäfte brachten zusammen auch ein Großes. Ich fand Gefallen an der neuen Aufgabe und Thiessen an seiner Lehrtätigkeit und seinem Schüler.

Endlich, Mitte August wurde die Neubauwohnung für Familie Lorenz fertig, die Firma stellte den Möbelwagen, und am 16. August war die Wohnung für uns endlich frei. Wir hatten Vorbereitungen getroffen, damit in einer größeren Seitenkammer eine schmale Küche eingerichtet werden konnte und in der vorherigen Lorenz'schen Küche ein kleines Bad, vom Schlafzimmer aus begehbar. Der alte Dielenfußboden im Wohn- und Schlafzimmer war so löcherig, dass ich meinen Vater bat, »Duroleum« legen zu lassen. »Nun bist du wohl ganz übergeschnappt, du weißt wohl nicht mehr deine Grenzen!«, war seine Antwort. Nach vielen Bitten und meinem Versprechen, nach Feierabend den Fußboden selbst zu verlegen, gab er nach. Am 8. September sollte die Hochzeit sein. Die Termine für das Standesamt und die Kirche waren rechtzeitig festgelegt worden, aber der Pastor wünschte Vorgespräche, Anzeigen und Einladungen mussten versandt, die bereits ausgesuchten Möbel gestellt, die Hochzeitskleidung gekauft, die Sitzordnung vorbereitet werden und, und, und. Es gab immer Arbeit bis spät in die Nacht hinein. Der Polterabend wurde im Hause Meseck gefeiert. Gertrud hatte sich große Mühe gegeben, das Haus konnte die Besucher gar nicht fassen, und alles war in froher Stimmung.

Dann war der große Tag da. Vater und Fredi Buche als Trauzeugen fuhren uns, das Brautpaar, mit dem 170 V zum Standesamt. Obgleich Vater stets zu spät kam, war er diesmal viel zu früh abgefahren. Er hielt an einem Hutgeschäft und kaufte seiner Schwiegertochter einen schikken, braunen Federhut. »Erzähl davon aber nichts Mutti, den hast du dir schon vorher gekauft, Erika!« Wir waren ganz erstaunt, das hatte er noch nie gemacht, Heimlichkeiten vor seiner Frau zu haben. Im September hatte sich noch einmal ein heißer Sommertag eingestellt, die Sonne strahlte nur so. Doch die Schilderung dieses wunderbaren Tages mit dem Polterabend, der standesamtlichen und kirchlichen Feier sowie dem Fest im alten Gutshaus Vorwerk schrieb ich in einem langen Gedicht meiner Erika nach einem Jahr zum 1. Hochzeitstag, wovon die letzten beiden Verse lauten:

Da bin ich nun in Windeseile
Zum heut'gen Tag durchs ganze Jahr gesprungen.
Besinn dich noch für eine kurze Weile,
Bis ich dir vollends meinen Dank gesungen.

Du liebe Frau, du süßes Herz,
Dank sag ich dir für alle Liebe
Dank sag ich dir, weil meinen Schmerz du übernimmst,
falls er zu teilen bliebe,
Dank sag ich dir, mein Engelein,
weil du mein Kind in deinem Leibe trägst,
Drum schlägt mein Herz nur dir allein,
weil ich für dich da bin, so lang du lebst.

Hochzeit von Erika und Horst

Aber kommen wir zurück zum 8. September 1951. Vater hatte für mich einen gebrauchten Stöwer gekauft, mit dem wir auch auf Hochzeitsreise gehen sollten, doch bei der Durchsicht in der eigenen Werkstatt stellten sich heraus, dass er voller Mängel steckte, sodass der Wagen, der ihm so günstig erschien, in Wirklichkeit sehr teuer war und mit Reparaturen auf der Reise noch viel teurer werden würde. Deshalb entschloss er sich, den Mercedes 170 V, den er eigentlich für das Geschäft benötigte, für diese Zeit herzugeben.

Wilhelm Barz, der zur Hochzeit aus Bochum angereist war, nahm die Gelegenheit zur Rückreise wahr, eröffnete dem jungen Paar allerdings: »Wisst ihr, ick kenne ja Deutschland zur jenüje, ick werde mitkommen und euch det Land richtich mal zeijen!« – »Nee, Onkel Willi, auf der Reise brauchen wir keine Aufsicht, wir setzen dich in Bochum ab und fahren allein weiter!«, antwortete ich. Da Vater inzwischen neue Angebote von Immobilien-Harder aus Allensbach bekommen hatte, gab er mir gleich die Aufgabe mit, diese Objekte anzusehen. So bat ich Harders Schwiegersohn, Hartmut Petri, für zehn Tage ein Pensionszimmer in Allensbach zu besorgen. In Bochum verabschiedeten wir Wilhelm Barz, übernachteten im Ort, schliefen bei offenem Fenster und sahen am nächsten Morgen aus wie die Mohren, so sehr hatte der Zechenstaub uns vollgerußt.

Die Reise ging weiter rheinaufwärts, das nächste Ziel war Assmannshausen. Dorthin war der Patentanwalt Fecht aus Berlin zu seinen Schwiegereltern geflüchtet. Der Mercedes hatte von Beginn der Reise an undefinierbare Geräusche gemacht, die sich langsam verstärkten. In Assmannshausen untersuchte ich das Fahrzeug genauer und fand Beschädigungen im Vorderachsbereich, eine verbogene Spurstange und eine angerissene Radaufhängung. Ich benötigte Geld für die Reparatur und telefonierte mit Vater, der Herrn Fecht bat, das Geld bis zum Eintreffen des Schecks der Mercedes-Werkstatt vorzuschießen. Günter hatte inzwischen einen Unfall in Lübeck auf dem Kohlmarkt gebeichtet, bei dem er über einen Abweiser (erhöhter Mittelstreifen) gefahren war und dessen Folgen für Erika und mich hätten schlimm ausgehen können. Endlich erreichten wir, den Schwarzwald hinter uns lassend, den Bodensee und waren von der Anmut der Landschaft überwältigt.

Petris hatten uns ein schönes Zimmer gegenüber vom Strandbad besorgt und sie bemühten sich, uns alles recht zu machen. Die Besichtigungen der Objekte in Waldshut, Singen und Stockach brachten keine tragbaren Ergebnisse. Waldshut war zu groß und zu teuer, Singen eine alte Bruchbude mitten in der Stadt und Stockach bot keine Möglichkeit, das Grundstück per Lkw anzufahren. Ich konkretisierte für die Herren Harder und Petri nochmals die erforderlichen Fakten, sie wollten sich weiter bemühen. Erika nutzte das Strandbad in Allensbach ausgiebig zum Schwimmen, während mir das Wasser zu kalt war und ich lieber diese Zeit für Schönheitsreparaturen am Wagen nutzte. Dennoch waren es herrliche Tage für uns, bis fast allzu früh die Rückreise angetreten werden musste. Unser letzter Aufenthalt war Walldorf, wo die Gäste am Nachbartisch von Freund und Freundin sprachen, worauf Erika ihnen etwas empört ihren Ehering zeigte – mit der Folge, dass ihr zum Ende des Frühstücks ein schöner Blumenstrauß überreicht wurde. Dann trafen wir in Lübeck ein. Über dem Eingang hing ein »Herzlich Willkommen«-Schild. Nun konnten wir unsere neue Wohnung so richtig in Besitz nehmen.

Der Betriebsalltag war wieder eingekehrt. Obwohl Erika allein kochen wollte, erwies es sich als zweckmäßiger, wenn die Familie, wie zuvor, die Mahlzeiten gemeinsam einnahm. Mutter verzog sich gern ins Büro, da ihr die Hausarbeit zuwider war, und überließ Erika den Haushalt. Erika wiederum war zufrieden, mit Oma Herzog, der treuen, gutwilligen Seele, wirtschaften zu können, denn zwischen Mutter und ihr traten allzu schnell Spannungen auf, wenn Vater seine Schwiegertochter gelobt hatte. Ich war weiterhin oft mit Herrn Thiessen unterwegs oder sorgte für Ordnung im Innenbetrieb. Inzwischen hatte sich Günter der neuen Sekretärin, Anneliese Schröter zugewandt, die gern das Verhältnis intensivierte.

39. Kapitel

Der Koreakrieg war nicht beendet und so standen sich nun die beiden Machtblöcke gegenüber. Adenauer hatte sich strikt für die Integration ins westliche Bündnis entschieden und damit eine umso heftigere Gegnerschaft der linken Parteien, allen voran der SPD, entfacht. Er wollte die Bundesrepublik durch die Schutzmacht USA gesichert wissen. Seine Gegner meinten, damit könnte die Teilung Deutschlands endgültig besiegelt werden. Dazu würde allerdings auch die Wiederbewaffnung gehören, weshalb Innenminister Gustav Heinemann am 9. Oktober 1950 zurücktrat. Zuvor war im Juli 1950 Walter Ulbricht in der DDR zum Generalsekretär des ZK gewählt worden. Am 18. April 1951 unterschrieben die Außenminister von sechs europäischen Staaten das Abkommen über die Montanunion, darunter auch jener der Bundesrepublik Deutschland. Damit war der Weg Westdeutschlands in die Westallianz vorgezeichnet. Zur Abwehr schlug die UdSSR am 10. März 1952 vor, einen einheitlichen deutschen Staat zu bilden, der jedoch keinem Bündnis beitreten dürfe. Die westlichen Mächte wiesen die Note zurück, sonst wäre einer totalitären Partei, wie die KPD sie darstellte, der Eroberung des Landes Tür und Tor geöffnet, dafür gab es genügend Beispiele im Osten.

Die Deutschen kümmerte das alles nicht so viel, sie waren zufrieden, dass in der BRD seit April 1950 die Lebensmittelkarten abgeschafft waren und es wieder alles zu kaufen gab, dass sie in den Kinos neue Stars wie Sonja Ziemann, Hildegard Knef, Maria Schell, Dieter Borsche, Rudolf Prack und viele andere bewundern durften. Im Radio ertönten die Schlager »Capri-Fischer« mit Rudi Schuricke, »La-Le-Lu« mit Anneliese Rothenberger, »Ich hab' noch einen Koffer in Berlin« mit Bully Buhlan oder »Pack die Badehose ein«, von der siebenjährigen Conny Froboess gesungen. Währenddessen drifteten die Wirtschaftsysteme der BRD und DDR immer weiter auseinander. Die BRD versorgte zuerst ihre Bürger mit allen Konsumgütern, was gleichzeitig den industriellen Aufbau mitzog, die DDR proklamierte den »Aufbau des Sozialismus« und versuchte mit aufwändiger Propaganda, ihre Bürger über die vielen Mängel hinwegzutrösten.

Berlin, mit der noch offenen Grenze zwischen Ost und West, war die Welthauptstadt der Agenten geworden. Schon 1947 meldete die Westberliner Polizei fünftausendvierhundert Entführungsfälle mit politischem Hintergrund. Zwei Radioprogramme prasselten tagtäglich auf die Berliner Bürger herab – das vom Deutschlandsender unter dem Einfluss der UdSSR, und das vom RIAS, der unter dem Einfluss der USA stand. Als im Juli 1952 Ulbricht den Aufbau des Sozialismus propagierte, setzte eine bisher ungeahnte Verfolgungswelle ein, die nicht nur den früheren SPD-Mitgliedern galt, sondern auch Christen und Kritikern der SED.

Ereignisse von besonderer Bedeutung waren der Tod von Evita Perón in Argentinien, die Verleihung der Nobelpreise an Albert Schweitzer und Ernest Hemingway, die erste Nierentransplantation, die Verhütungspille, der Videorekorder, die erste LP und die erste Ausgabe der »Bild«-Zeitung. Trotz des kalten Krieges gab es also viele wichtige Dinge, die außerhalb lagen und dennoch interessierten.

Im Spätherbst 1951 kam Vater mit der Nachricht in die Familie, es sei von Harder aus Allensbach ein interessantes Angebot für ein Grundstück direkt im Ort gekommen, ca. 4000 Quadratmeter groß, ein Bauernhaus, 1938 neu erbaut, mit im Winkel dazu angebautem Stallgebäude. Es werde zu einem annehmbaren Preis angeboten, Verkäufer sei eine Erbengemeinschaft. Harder hatte Fotos und Grundrisszeichnungen mitgesandt und meinte beim Telefonat mit ihm, es sei eilig. Er besprach sich mit der Familie und man war der Meinung, das wäre das rechte Objekt, um nach einem gewissen Umbau der Gebäude ein Lager und eine »Fluchtburg« einrichten zu können. Vater – er hatte gerade seinen zweiundfünfzigsten Geburtstag hinter sich – beschloss, mit Mutter und mir die Reise anzutreten, ließ sich das Grundstück drei Wochen fest anhand geben und fuhr am 26. November mit den beiden nach Allensbach.

Die Verhandlungen verliefen gut, Otto Harder und Schwiegersohn Hartmut Petri hatten alles sorgfältig vorbereitet, Wortführer der Erbengemeinschaft Karrer waren die Witwe und der gehbehinderte Sohn Alfred. Man wurde handelseinig. Innerhalb eines Jahres waren drei Raten à 10000 DM zu zahlen, zwei Hypotheken à 10000 DM wurden zu Gunsten von Karrers eingetragen, fünf Jahre konnten sie frei wohnen, bei früherem Auszug bekamen sie pro Jahr 1000 DM ausgezahlt und Alfred Karrer wurde für fünf Jahre mit einem bestimmten Gehalt als Lagerist eingestellt. Gegenüber des Hauses befand sich eine Gebäudelücke, die einen freien Blick auf den See zuließ, und Karrer erwähnte, dass ihm die Wiese gehören würde. Vater, schnell von Entschluss, wollte sie sofort kaufen, damit die Sicht nicht verbaut werden könne, jedoch Otto Harder winkte ab, erst solle das eine Objekt abgewickelt sein, dann könne das nächste kommen. Meine Eltern, mit den landläufigen Gegebenheiten nicht so vertraut, willigten ein, weil sie nicht wussten, welche Hintergründe da mitsprachen. Am 29. November wurde ein notarielles Kaufangebot abgeschlossen, dem Vater innerhalb von vierzehn Tagen zustimmen sollte. Er tat das auch, jedoch mit Mutter als Grundstückseignerin, und sie verpachtete es dann an die Firma Oskar Broziat. Damit war die Errichtung einer »Fluchtburg« in nahe Aussicht gerückt.

Nach Lübeck zurückgekehrt, wartete viel Arbeit auf alle, Herr Thiessen hatte etliche neue Kauf- und Verkaufsmöglichkeiten angebahnt, über die Vater entscheiden sollte, ich hatte den Innenbetrieb zu versorgen, und Fuhraufträge lagen in genügender Anzahl vor. Erst die weihnachtliche Ruhe gab der Familie Gelegenheit, über den Grundstückserwerb und dessen Ausbau für den beabsichtigten Zweck nachzudenken. Prof. Schulz-Demmin erhielt den Auftrag, den Umbau des Stallgebäudes zu planen. Wenn er auch kein Architekt war, so hatte er doch ein Allgemeinwissen auf dem Gebiet und verstand als Künstler, Ideen mit leichter Hand anschaulich in Zeichnungen darzustellen. Das Gebäude, 8 mal 12 Meter groß, besaß zwei kleine Stallräume und war ansonsten nur zur Heu- und Strohlagerung eingerichtet. Zur Lagerung der Broziat'schen Waren mussten ganz andere Raumaufteilungen und Deckentraglasten zugrunde gelegt werden. Schulz-Demmin, froh über jeden Auftrag, schuf in Absprache mit der Familie die Grundlagen, die dort in die Wirklichkeit umgesetzt werden sollten.

Nachdem sich im Anfang des Frühjahrs 1952 die Kälte etwas verzogen hatte, fuhren meine Eltern nach Allensbach, um dort weitere Besprechungen zu tätigen. Hartmut Petri hatte seine Hilfe dazu angeboten. Bürgermeister Keller verstand es, Vater zu überreden, von einem Warenlager Abstand zu nehmen. Er sollte in Allensbach eine Firma errichten, die Gemeinde würde dazu alle Unterstützung ge-

Bauernhof in Allensbach

ben. Das lag natürlich im Ortsinteresse, denn Allensbach war arm, der größte Bauer besaß gerade einmal acht Hektar Land, und außer Handwerkern und zwei Autowerkstätten gab es nur das Institut für Demoskopie, 1949 gegründet, als größeren Gewerbesteuerzahler. Vater, etwas vollmundig wie immer, sagte halbwegs zu und ließ vom inzwischen engagierten Architekten Richard Schieß aus Hegne die Pläne von Schulz-Demmin so abändern, dass eine Werkstatt für Maschinenüberholung mit einbezogen war, deklariert als Lagerraum.

Das Lagergebäude wurde wie folgt konzipiert: Das Dach und die Außenmauern blieben erhalten. Neu zu bauen waren Kellerräume in drei Viertel der Gebäudelänge, im Erdgeschoss Bad, Fremdenzimmer, Garage, Werkstatt, Treppenhaus, im ersten Stock ein gro-

Umbau in Allensbach

ßer Lagerraum, im Dachgeschoss ebenfalls ein großer Lagerraum mit sechs Fenstergauben. Die Decken sollten für Traglasten von 800 Kilogramm / Quadratmeter ausgelegt sein und die Möglichkeiten für den Umbau in eine Gastwirtschaft bieten, falls ein Handelsbetrieb nicht florieren würde. Das alles wurde planerisch vorbereitet, ohne zu fragen, wer denn dem Objekt vorstehen, wer es denn betreiben würde. Natürlich hatten meine Eltern Erika und mich im Sinn, wagten jedoch nicht, mit uns darüber zu sprechen, weil wir sicher nicht so ohne Weiteres von Lübeck weggehen würden. Dort war Erikas Verwandtschaft beheimatet, dort waren viele Freundschaften geknüpft worden, und um Allensbach lag eine industriearme Umgebung, in der es sehr schwer werden würde, sich mit einem Betrieb zu behaupten. Bürgermeister Keller sah das größte Handicap in der evangelischen Konfession unserer Familie. Die Aussichten, aus der »Fluchtburg« einen florierenden Betrieb zu gestalten, waren düster. Mutter riet zu warten, bis sich eine Situation ergab, in der Erika und ich gefügiger sein könnten.

Im November 1951 ging Erika zum Frauenarzt Prof. Kirchhoff und kam tränenüberströmt zu mir: »Er hat gesagt, ich sei zu eng gebaut und könne keine Kinder kriegen!« – »Das werden wir ihm schon beweisen!«, sagte ich und nahm sie fest in den Arm. Mitte März zeigten sich die ersten Anzeichen für Erikas Schwangerschaft. Wir beide waren überglücklich.

Sobald die Straßen frostfrei schienen, fuhren meine Eltern, Erika und ich mit dem neuen Mercedes 220 S nach Allensbach. Besprechungen mit dem Architekten waren nötig, wie nun das Projekt in die Tat umgesetzt werden sollte, welche Bauunternehmer in Frage kämen, wie hoch die Kosten zu veranschlagen seien. Immer noch hieß die Planung, nur eine »Fluchtburg« zu schaffen, mit einem Verkaufslager und Wohnraum für die Familien Broziat. War die Kriegsgefahr nach der Teilung Koreas auch abgeebbt, so standen sich der West- und Ostblock unversöhnlich gegenüber. Für unsere Familie ein Anlass, das Vorhaben unbedingt in die Tat umzusetzen. Über Allensbach leuchtete bereits die warme Frühlingssonne, ließ die Knospen sprießen und stimmte die Lübecker fröhlich, als sie dort eintrafen. Das Frühjahr hatte im Süden gegenüber dem Norden wie üblich einen Vorsprung von vier Wochen. In Allensbach liefen die Besprechungen zur Zufriedenheit ab, auch Petris standen mit Rat und Tat zur Verfügung. Als aber Erika auf dem Grundstück verschwunden war, fand ich sie weinend hinter dem Stallgebäude. »Was ist denn bloß los?« – »Was soll aus uns werden, wenn wir hier wohnen müssen?« Ich beruhigte sie, das stünde doch gar nicht zur Debatte. Wir fuhren auf dem Rückweg über das Allgäu, bestaunten die herrliche Landschaft mit den Blumenwiesen und kamen nach der fünftägigen Reise wieder in Lübeck an.

Die Eltern schoben die Besprechung des Vorhabens Allensbach weiter hinaus, bis die Zeit wirklich drängte, mit dem Umbau zu beginnen. Dann, als alles in guter Stimmung war, auch wegen Erikas Schwangerschaft, sagten sie den Kindern, dass die Bauarbeiten nun vorgenommen werden müssten und ich mit einem Lastzug und drei Leuten nach Allensbach fahren und die Aufsicht darüber übernehmen sollte. Erika war wegen der bevorstehenden Trennungszeit bedrückt. Ich wandte ein, der Lübecker Betrieb laufe sehr gut, nicht zuletzt auch durch meine Führung und Organisation des Innenbetriebes, und ich sähe niemanden, der mich zurzeit ersetzen könne. Vater meinte, Günters Lehrzeit bei Possehl sei fast beendet. Wenn ich ihn in das Aufgabengebiet einführen würde, könnte Günter mich bis zu meiner Rückkehr vertreten, inzwischen wäre dann für den Jüngeren ein neuer Tätigkeitsbereich gefunden. Recht widerwillig stimmten Erika und ich den Wünschen unserer Eltern zu – Erika mit dem Trost, im Bereich ihrer verwandtschaftlichen Bindungen bleiben zu können.

Ich wies Günter in der nächsten Zeit in seine Aufgaben ein, zeigte ihm die genaue Karteiführung der Bestände vom Schrauben- und Werkzeuglager und legte ihm ans Herz, jeden Ein- und Ausgang an Material genau in den Karteien zu buchen, weil sonst der Lagerbestand mit großem Aufwand wieder neu aufgenommen werden müsse. Günter lachte mich aus: »Was glaubst du denn, wozu ich bei Possehl gelernt habe, das kenne ich doch aus dem Effeff!« Weiterhin wurde er über die Werkzeugmaschinenaufarbeitung informiert, die dem Betrieb, bei allem Investitionsnachholbedarf der Wirtschaft, gute Gewinne bescherte. Ich zeigte ihm die jeweiligen Fähigkeiten der sechs Mitarbeiter für diesen Bereich auf und mahnte ihn, mit den doch recht gebildeten Fachkräften gut umzugehen.

Aus den Bauzeichnungen von Allensbach musste ich mit Schulz-Demmin nun zusammenstellen, was an Baumaterialien und Einrichtungsgegenständen aus dem Lübecker Betrieb wert schien, an den Bodensee transportiert zu werden. Um sparsam zu wirtschaften, sollten möglichst gebrauchte Träger, Tore und Türen eingebaut sowie Regale, Tische, Stühle und Schränke verwendet werden, die in Lübeck reichlich vorhanden waren. Außerdem wurden ein kleiner Standkran, eine Werkstatteinrichtung, Winden, Flaschenzüge, Elektromotoren und sonstige Werkzeuge bereitgestellt. Am 1. Juli 1952 begab ich mich mit Fendler, Menzfeld und Urban mit der 100-PS-Hanomag-Zugmaschine und zwei voll beladenen Anhängern auf die Reise.

Von Lübeck bis Hamburg nutzten wir die Autobahn, durchquerten Hamburg, fuhren über die Landstraße bis Hannover, ab dort führte wieder eine Autobahnstrecke in Richtung Frankfurt. Menzfeld und ich wechselten uns am Steuer ab, Fendler und Urban tauschten bei jedem Halt die Plätze in der Fahrerkabine und auf dem alten Autositz auf dem holpernden Anhänger. Kamen zu starke Steigungen, musste ein Anhänger abgekuppelt werden. Er wurde dann einzeln auf die Bergkuppe gezogen, wieder zusammengekuppelt und dann fuhr der komplette Zug weiter. Viele im Krieg gesprengte Brücken waren vom britischen oder amerikanischen Militär durch Notbrücken ersetzt worden, über die nur eine Spur führte, was natürlich Wartezeiten bei Staus auslöste.

Die deutsche Wehrmacht hatte auf dem Rückzug auch das große Autobahnviadukt über das Werratal zerstört. Dort mussten sich die Fahrzeuge eine schmale Straße nach Hannoversch-Münden hinabschlängeln und die Stadt passieren. Es war bereits Nacht geworden, Menzfeld lenkte den Lastzug. Er kam in der Stadt bis zu 40 Meter an eine Hügelkuppe heran, dann streikte der Motor. Die Luftbremsen zischten, der Lastzug stand. Ich lief bis zur Kuppe hinauf, danach war die Straße eben. Die Mannschaft war müde. »Wollen wir die Hänger mit der Seilwinde hochziehen?«, war meine Frage und Menzfeld nickte. Die Anhänger wurden verklotzt, das Seil in die erste Anhängergabel geschäkelt, der Hanomag etwas über die Kuppe gestellt und die Anhänger mit der Motorwinde hochgezogen. Das war auf anderen Fahrten Dutzende von Malen praktiziert worden, aber gerade hier löste Fendler den Gang zwischen Motorantrieb und Winde, ehe die Fahrzeuge verklotzt waren. Ganz langsam, dann immer schneller werdend, rollten die beiden Hänger abwärts, der hintere stellte sich quer und wurde von der Wucht des vorderen umgeworfen. Ich schrie nach Urban, ihm war gottlob nichts passiert. Die Fenster der nahe stehenden Häuser gingen auf, die Leute schimpften wegen des Lärms, schütteten Nachttopfinhalte nach der Lastwagenmannschaft, nachkommende Fahrzeuge mussten vorbeigeleitet werden, da war kaum ein klarer Kopf zu bewahren. Endlich kam die Polizei.

Die Beamten zeigten sich hilfsbereit, regelten den Verkehr, wiesen mir einen Platz in der Nähe an, wo die Fahrzeuge abgestellt werden konnten. Der erste Anhänger kam dorthin, der zweite wurde mit der Seilwinde aufgerichtet und zu dem Platz gefahren. Ein schwerer Handwagen befand sich bei dem Transportgut, mit ihm schleppten die vier Männer im trüben Laternenschein das Material zu den Anhängern und zogen die schwersten Teile mit der Seilwinde dorthin. Dann sackten wir erschöpft in der Fahrzeugkabine zusammen und schliefen drei Stunden, bis der Tag anbrach. Der zweite Anhänger hatte ein paar

Dellen und Schrammen, blieb aber einsatzfähig. Der mitgenommene Handkran stand hinten auf dem ersten Hänger und konnte so zum Verladen der schweren Teile genutzt werden, und nach zwei mühevollen Stunden rückte die Fuhre ab. Ich hatte zwischenzeitlich Vater telefonisch unterrichtet und das Polizeiprotokoll erledigt. Am frühen Vormittag befanden wir uns auf der Autobahn nach Frankfurt.

Die Kasseler Berge machten uns zu schaffen, denn immer wieder mussten die Hänger einzeln hochgezogen werden. Dann endlich hatten wir die ebene Strecke Richtung Frankfurt unter den Rädern. Noch einmal gab es eine Nachtruhepause, im Sitzen natürlich, nahe Offenburg. Die lange Steigung hinter Freiburg durchs Höllental hinauf zum Schwarzwald wurde mit einzelnen Anhängern bewältigt. Endlich, am dritten Tag, erreichten wir Allensbach. Petris hatten bei Zimmervermietern in der Nachbarschaft Quartiere besorgt. Wir vier Geplagten konnten Ruhe und Erholung genießen. Die 100-PS-Hanomag-Zugmaschine Baujahr 1942 war, mit 20 Tonnen Ladung hinter sich, für eine derartige Tour einfach überfordert gewesen.

Am nächsten Tag kam Architekt Richard Schieß. Er brachte die Bauunternehmer Blum und Harder mit. Beide arbeiteten gern zusammen. Ich sprach mich mit Schieß ab, setzte dann Blum für den Hausumbau ein, Harder für den Umbau des Stallgebäudes zum Materiallager. Bei alledem redete der »mitgekaufte«, körperlich etwas behinderte Alfred Karrer im Dialekt dazwischen, bis Richard Schieß ihn wegkomplimentierte. Alfred Karrer hatte als Kleinkind viel geschrieen. Deshalb bekam er den »Zapfen«, das heißt, ein Taschentuch, das zu einem Zipfel gebunden war, in dem sich mit Schnaps versetzter Zucker befand. Daran konnte er nuckeln – es war süß und der Alkohol »beruhigte«. Als er dann einmal im angesäuselten Zustand ans offene Fenster gesetzt wurde, stürzte er aus dem ersten Stock, brach sich mehrmals das Becken und lebte nun mit bleibenden körperlichen Schäden. Auch in geistiger Hinsicht verfehlten die vielen »Beruhigungszapfen« ihre Wirkung nicht. Davon aber war die Fröhlichkeit der achtzigjährigen Mutter nicht beeinträchtigt worden.

Doch zurück zu den Bauplänen. Das eigentliche Erdgeschoss im Wohnhaus bestand aus 2 Meter hohen Kellerräumen, nur der erste und zweite Stock waren bewohnt. Um Wohnraum zu schaffen, hatte Vater vom Architekten verlangt, das Erdgeschossniveau 50 Zentimeter tiefer zu legen und neue Kellerräume unterhalb des Stallgebäudes zu schaffen. Einwände, das fließende Bergwasser könne Schwierigkeiten bereiten, ließ er nicht gelten. Schieß hatte die Fundamente der Hauswände untersucht, sie waren weit genug im Boden, um das Niveau abzusenken. Blum wurde beauftragt, die Fußböden auszustemmen, Harder begann mit dem Ausschachten der Kellergrube. Trotz des heißen Sommerwetters waren die Erdschichten unter dem Haus feucht, und in der Kellergrube stand das Wasser. Auf den Rat von Schieß zog ich alle Bauleute zum Kellerbau heran, es musste verhindert werden, dass tragende Schichten unter dem Stallgebäude abrutschten. Abpumpen von Wasser hätte die Gefahr vergrößert. So wurden im Wasser Schalbretter angebracht, schichtweise Beton mit Schnellbinder hochgezogen, bis das Gebäude abgesichert war und der Bergwasserspiegel mit Pumpen so weit abgesenkt wurde, dass der Fußboden wasserdicht betoniert werden konnte. Aber durch die Seitenwände kam immer noch Sickerwasser. So erhielten sie alle eine Vorbauwand aus wasserdichtem Beton, bis das Problem des teuersten Broziat'schen Kellers mit fast 1 Meter dicken Betonwänden gelöst war.

Für das Erdgeschoss im Haus fand ich die Lösung in einem starken, zentralen Fundamentpfeiler, zu dem von den Seitenfundamenten die Stahlträger liefen, die den Betonfußboden aufnahmen. So blieb unter dem Fußboden eine Luftschicht, die durch seitliche Mauerschlitze zirkulieren konnte und für Trocknung sorgte. Die Bauleute wunderten sich, dass sie statt der üblichen Stahlträger Eisenbahnschienen einbauen sollten, doch die hatte Vater günstig erworben und das verlangte Widerstandsmoment entsprach den Bauvorschriften. Zügig erhielt das Erdgeschoss große Fenster mit Rollläden, eine bessere Raumaufteilung und einen ansehnlichen Eingangsflur.

Klara und Hartmut Petri hatten mit mir schnell Freundschaft geschlossen und waren mir eine gute Stütze in der Fremde. Sie wohnten mit ihren vier Buben im Hause von Klaras Eltern, wo der Firmeninhaber Otto Harder dominierte und Hartmut im Anstellungsverhältnis lebte. Das Verhältnis zwischen beiden zeigte Spannungen, weil sich Hartmut, als der intelligentere, unterdrückt fühlte. Ich konnte vom Harder'schen Büro mit Lübeck telefonieren, natürlich als R-Gespräche, das bedeutet, sie wurden vom Empfänger bezahlt. Mit meinen Eltern ging es meist um Arbeitsfortschritt und Baubedarf, der von dort geliefert werden konnte, und mit Erika um unsere Sehnsüchte und Trost, der ihre Tränen trocknen sollte. Aus ihren Briefen wusste ich, dass Erika von meiner Mutter nicht gut behandelt wurde. Hartmut vermittelte gern seine Handwerkerfreunde aus Allensbach für die Umbaumaßnahmen, was keineswegs schädlich war, ihm aber seine Verbindungen festigte. So lieferte Locher Fenster und Türen, Rainer die Elektroanlagen, Blum und Hermann Harder die Bauausführungen, Glatthaar die Verputzarbeiten und etliche andere Materialien, die gebraucht wurden. Alle waren Sangesbrüder vom bekannten Männerchor Allensbach, in dem Hartmut die erste Tenorstimme vertrat. Hin und wieder kam auch ein Lastzug aus Lübeck, wenn ein Speditionsauftrag für die Gegend vorlag und brachte Einrichtungsgegenstände wie Badewannen, Warmwasserboiler, Heizkörper, Ventile und anderes, was dort günstig auf Lager lag.

Mitte Oktober kamen meine Eltern zusammen mit Plattners, um sich über die Baufortschritte zu informieren und Lieferverträge für eine Zentralheizung und andere Abschlussarbeiten zu vereinbaren. Kurt Plattner war Leiter der Handelsbankfiliale Moislinger Allee in Lübeck, Vaters Hausbank. Er verband gern Freundschaften mit dem Nützlichen, und Plattners freuten sich über die Reise durch ganz Deutschland. Im Café Schaupp gab es später einen feuchtfröhlichen Abend mit Plattners, Petris und Harders, wo Vater schließlich ringsum Brüderschaften anbot, die Mutter dann in so weit relativierte, dass Petris Tante und Onkel sagen sollten. Kurz vor der Sperrstunde erschien noch eine Jugendgruppe aus Konstanz, die mit jüngeren Gästen aus Allensbach Streitereien begannen. Otto Harder ließ es sich nicht nehmen, bei der Schlägerei in den Toiletten kräftig mitzumischen, bis die Konstanzer flüchteten. So wurde das ein richtig schöner Bierabend mit einer zünftigen Erfolgsfeier. Plattners mussten in der »Eintracht« auf allen Vieren die Treppe zu ihrem Zimmer hochgeschoben werden, Mutter war am nächsten Morgen unpässlich, Vater fröhlicher Dinge und ich pünktlich bei der Arbeit.

Nach der Abreise der Eltern und Plattners machte ich bei der Fertigstellung der Arbeiten Druck und wollte endlich wieder bei meiner Frau sein, deren Niederkunft für Mitte November errechnet war. Die Firma Groß Radolfzell stellte die Zentralheizung her, für die unsere Firma einschließlich des Heizkessels wesentliche Teile lieferte, und Hartmuts Freund Steppacher erledigte die Tapezier- und Malerarbeiten, gleichzeitig lief die Verfliesung von Bad und Küche. Mitte Oktober sollte die Heimreise angetreten werden. Bauunternehmer Harder lud drei Tage vor der Abfahrt mich und meine Mannen zu Zwiebelkuchen und Suser ein. »Was ist denn das?«, fragte ich. Nun, es war der Most von Kernobst im Gärungsprozess, aber bereits mit etlichem Alkoholgehalt, der noch etwas süß schmeckte, daher der Name Suser. Auch Zwiebelkuchen mit Speckbrocken kannten die Norddeutschen nicht.

Es wurde ein heiterer Abend in Harders gemütlicher Stube, wir ließen noch einmal die Bauarbeiten Revue passieren, jeder hatte ernste und lustige Erinnerungen parat und alle sprachen dem Kuchen und Suser kräftig zu, weil es so gut schmeckte. Nach gut zwei Stunden stand Alex Menzfeld schwankend auf: »Ich muss mal raus!« Er kam nicht wieder! Ich schaute besorgt aus dem Fenster, sah Menzfeld auf der Straße neben der Laterne auf dem Rücken liegen. »Urban, kommen Sie schnell, Alex liegt da unten, sein ganzes Gesicht ist zerschlagen!« Wir beide rannten die Treppe hinunter. Menzfeld sah schlimm aus. Wir packten zu und stellten ihn auf die Beine. Da fiel das »Zerschlagene« von seinem Gesicht ab, er hatte nur Suser und Zwiebelkuchen mit Speckbrocken rückwärts gegessen. Ich rief Fendler, um mit Urban zusammen den kaum Gehfähigen ins Quartier zu schleppen. Doch dann begann auch ich zu den schwankenden Gestalten zu zählen, bedankte mich bei Harder und suchte mein Zimmer auf. Fließend Wasser und Toilette waren in Allensbach noch nicht üblich, dafür standen Wasserkanne, Waschschüssel und Eimer im Raum. Fast eingeschlafen, bemerkte ich, wie sich alles zu drehen anfing, stand auf und schaltete das Licht ein. Wer nun den Druck auf wen ausübte, der Zwiebelkuchen auf den Suser oder der Suser auf den Zwiebelkuchen, war nicht mehr festzustellen. Ich schwankte zum Eimer, aber da standen plötzlich zwei und erbrach mich in den falschen, doppelt gesehenen. Beim Aufwischen schwor ich: »Nie wieder Suser und Zwiebelkuchen, auch noch mit Speck und in solchen Mengen!«

Endlich machten wir vier uns auf die Heimreise. Vater hatte noch von Weck in Öflingen 5 Tonnen Rückladung organisiert, damit sich die Fahrt etwas lohnen sollte. Also noch ein Umweg bis fast nach Basel. Zur Mittagszeit kamen wir dort weg, und auf der ebenen Autobahn konnte der Hanomag mit der leichten Last seine Höchstgeschwindigkeit von sechzig Stundenkilometern voll ausspielen. »Alex, ich schlafe jetzt, melde dich, wenn du müde bist, wir fahren durch!«, meinte ich.

»Prima, wir woll'n doch och nach Hause!« Fahren, Fahrerwechsel, tanken, fahren, Kilometer für Kilometer. In Hannoversch-Münden erkannten wir noch die Schleifspuren von unserem Unfall, die steilsten Steigungen hatten wir ohne Abkuppeln eines Anhängers hinter uns. Zur Mittagszeit war Hamburg, verkehrsarm, durchquert, auf der Höhe von Reinfeld leuchteten die Lübecker Türme entgegen und nach dreiunddreißig Stunden stand der Lastzug in der Lindenallee vom Gut Vorwerk.

40. Kapitel

Erika hatte schon seit den Vormittagsstunden am Fenster gewartet, nun stieß sie einen Freudenschrei aus und lief mir, so schnell es ging, mit ihrem schwangeren Leib entgegen. Endlich hatten wir uns wieder, endlich hatte sie einen Beschützer. Auch meine Eltern begrüßten mich herzlich, Frieda Menzfeld küsste ihren Alex, Berta Fendlers Begrüßung fiel reserviert aus und Urban fuhr mit der Straßenbahn zu seinen Eltern. »Iss dich noch satt und dann geh' schlafen!«, sagte Erika. Sie setzte sich dann neben mein Bett, um endlich bei mir zu sein, auch wenn ich sie nicht mehr wahrnahm. Vater hatte allen, es war ein Donnerstag, Ruhe bis zum Montag verordnet, und das war nach den Strapazen gut so.

Ich schaute durch den Betrieb. Wie hatte sich in den fünf Monaten bloß alles verändert! Für die Aufarbeitung der Werkzeugmaschinen standen noch zwei Mann zur Verfügung, die anderen hatten gekündigt. Der überragende Meister Dressel war zu einer Autowerkstatt nach Hamburg gewechselt, für ihn hatte Vater Meister Schmidt eingestellt, der gar keinen Meistertitel besaß, nur so genannt wurde, einen Mann, der alles besser wusste, aber es nicht konnte, und der es verstand, einen gegen den anderen auszuspielen. Statt der vorher friedlichen Zusammenarbeit herrschte nun ein neidvolles Gegeneinander. Später bemerkte ich, dass die so mühevoll erarbeiteten Lagerkarteien nicht fortgeführt waren. Telefonauskünfte, ob angefragte Ware lieferbar sei, konnten nicht mehr gegeben werden, sondern man musste ins Lager gehen und den Bestand nachzählen, falls er überhaupt da war. Wegen seiner Frau vermied und verhinderte Vater möglichst jeden Streit in der Familie, er war ziemlich ratlos und wand sich deshalb immer mehr irgendwelchen ehrenamtlichen Aufgaben der Güterfernverkehrsgenossenschaft zu.

Erika saß seit dem 7. November auf der »Wartburg«, das heißt die Geburt ihres Kindes war schon zehn Tage überfällig. Ich lag mit Fieber im Bett, sie versorgte mich emsig trotz der Beschwerden der ersten Schwangerschaft. Dann, am Abend des 20. November setzten die Wehen ein. Mutter und ich brachten sie ins Rot-Kreuz-Krankenhaus, in dem sie für die Geburt angemeldet war. Ich küsste sie und wünschte, wie Mutter auch, viel Glück, als die Schwester ihr Bett in den Kreißsaal schob. Die Geburt wurde schwer. Immer wieder versuchte die Hebamme das falsch liegende Kind zu drehen, sprach der Mutter Mut zu, als die Presswehen richtig einsetzten, bis nach acht langen Stunden ein Knabe geboren war. Erika ließ zu Hause anrufen. Mutter weckte mich: »Steh auf, dein Kind ist geboren, du sollst zu Erika kommen!« – »Was ist es denn?« – »Das durfte die Schwester nicht verraten!« Ich sprang in meine Kleidung, fuhr am Bahnhof vorbei, um dort in der Frühe einen Rosenstrauß zu bekommen, kam in das Zimmer meiner blassen, abgekämpften Frau und küsste sie zärtlich. »Wir haben einen Sohn bekommen!« Ich trocknete ihre Tränen. »Es war so schwer!« Schweigend streichelte ich sie lange, dann zeigte mir die Schwester das Kind hinter einer Glaswand. »Wie wollen wir den Jungen nennen?« – »Ich dachte an die beiden Vornamen der Großväter und hätte gern noch den Namen Alexander dabei!« So einigten wir uns auf den Rufnamen Oskar und die Zunamen Alexander Gustav.

Strahlend kam ich zu meinen Eltern. »Oskar lässt euch grüßen!« – »Was heißt das?« – »Erika hat uns einen Sohn geboren, und wir werden ihn auf die Namen Oskar Alexander Gustav taufen!« Die Freude war groß, sie fragten nach den Umständen der Geburt, ob Mutter und Kind gesund seien, und ließen sich alles lang und breit erzählen. Aber vor der Abendzeit machten sie keine Anstalten, Erika und ihren ersten Namensträger einer neuen Generation zu besuchen. Sicher gab es im Geschäft immer Gründe für Verzögerungen, aber in diesem Falle zeigte ihre Schwiegertochter dafür kein Verständnis. Doch als Erika dann zu Weihnachten ihr Kind zu den Geschenken unter den Christbaum legte, waren alle gerührt, niemand trübte die Stimmung der Festtage. Silvester feierten wir in unserer oberen Wohnung in Vorwerk zusammen mit Ursel und Horst-Ulrich Sternfeld, deren Sohn Dirk vier Monate alt war. Die beiden Jungen ruhten nebenan im Schlafzimmer, wir Elternpaare waren in bester Stimmung, zumal Horst-Ulrich ein charmanter Unterhalter sein konnte, bis wir unten hörten, dass unsere Eltern von einer Feier zurückkamen. Nach wenigen Minuten rief Vater. »Horst, Mutti ist sehr krank geworden, wir müssen unbedingt Ruhe haben!« Alle hatten es gehört, und mir als Gastgeber war es peinlich: »Da hat sie einen über den Durst getrunken und nennt das krank!« Sternfelds verabschiedeten sich bald, hatten aber Verständnis, denn Horst-Ulrich parierte seinem »alten Herrn« auch fast aufs Wort. Am Neujahrstag kramte Vater schon wieder in irgendwelchen Akten und läutete damit den Alltag des Jahres 1953 ein.

Den so erfahrenen und begabten Herrn Thiessen gab es nicht mehr im Angestelltenverhältnis. Er fühlte sich nicht ausgelastet, da Vater viel zu oft für die Verkehrsverbände tätig war. Reisetätigkeit, die Voraussetzungen für Ein- und Verkäufe, lehnte er schließlich zusammen mit Günter ab, da dieser nicht über Nacht blieb, denn abends wollte er bei seiner Freundin sein. So arbeitete Thiessen nur noch freiberuflich auf Provisionsbasis für den Lübecker Betrieb. Hier sah ich eine Chance, den Bereich wieder zu aktivieren. Thiessen stimmte freudig zu, wenn er auch nicht wieder ins Angestelltenverhältnis zurückkehrte, weil er sich mit Provisionen besser stellte. Die Harmonie zwischen uns beiden war hervorragend, und damit nahmen die gewinnbringenden Geschäftabwicklungen wieder zu. Aber im Innenbetrieb wollte es nicht klappen. Gekaufte Gebrauchtmaschinen blieben nur verkaufsfähig, wenn sie funktionstüchtig, sauber und ansehnlich dastanden, und das war selten der Fall. Vater schob die Schuld auf Günter, der auf Schmidt und dieser auf seine Mitarbeiter oder auf mich und Thiessen. Ständig gab es Ärger mit den Kunden, weil die Objekte dem Angebot nicht entsprachen. Die Frechheit von Schmidt steigerte sich so, dass ich ihn fast geschlagen hätte, wäre Vater nicht dazwischen gegangen. Aber Vater war auch nicht bereit, Konsequenzen zu ziehen. Schmidt war von einem Hauptkunden empfohlen worden, und den wollte er nicht verärgern.

»Warum sollen wir in unserem Alter ständig Ärger haben«, sagte Mutter eines abends zu Vater, »nutze doch den nächsten Streitfall und sage Horst, wenn ihm das alles nicht gefällt, soll er ein Geschäft in Allensbach aufziehen, was du ja auch dem Bürgermeister versprochen hast. Wir schieben das schon viel zu lange vor uns her!« Er musste auf den Fall nicht lange warten. Wieder hatte eine Maschine bei der Vorführung nicht funktioniert, ich machte Günter und Schmidt Vorwürfe, Vater und Thiessen standen dabei. »Ihr stellt die Fräsmaschine vorführbereit in den Ausstellungsraum, wir mühen uns einen Käufer herzuholen, und dann läuft sie wie ein Dreschkasten!« Ein Wort gab das andere, aber ehe der Streit heftiger wurde, mischte sich Vater ein: »Wenn du alles besser kannst, mach doch einen Betrieb in Allensbach auf. Du bekommst 500 Mark, suchst dir einen Lastzug Ware vom Lager hier aus und dann beweise mal dein Können!« Thiessen stieß mich an: »Machen Sie's!« Ich fragte meinen Vater: »Gilt dein Angebot noch, wenn ich es mir überlegt habe?« – »Ja«, sagte Vater leise.

Ich besprach mich in einer ruhigen Stunde mit Thiessen, der sich bewusst war, gegen die eigenen Interessen zu beraten. »Das wird hier nichts, Herr Broziat, wir können die besten Objekte bringen, sie werden verwässert. Es ist schade um uns beide, doch ich habe mir inzwischen einen guten Kundenkreis geworben, bin nicht unbedingt von der Firma Broziat abhängig, aber Sie gehen hier zugrunde. Es wird sehr schwer werden im Bodenseegebiet, denn die Industrie liegt weiter nördlich, nur bin ich mir sicher, dass Sie und Ihre Frau sich durchbeißen werden. Sprechen Sie mit ihr. Leben Sie lieber mit weniger in Harmonie als mit mehr im Streit!« Bei der Besprechung mit Erika sagte sie: »Ich hatte die Vorahnung, als ich in Allensbach hinter dem Stall so geweint habe! Wovon sollen wir denn leben, da wartet doch keiner auf uns! Wen kennen wir dort, hier sind unsere Verwandten und Freunde!« Jeder ihrer Sätze war Klage und Vorwurf, doch sie lebte ja in meiner Misere mit und wusste, wenn ein Betriebsteil krankt, können die anderen sich noch so mühen, die Verluste auszugleichen, die Krankheit bleibt, wenn sie nur halbherzig bekämpft wird. Wir besprachen uns zwei Tage, Erika redete auch mit Thiessen, dann hatte auch sie sich zum Ja durchgerungen. »Höre bitte genau zu, Liebste«, sagte ich ihr, »Ende 1880 hatte mein Großvater Julius eines Nachts eine Erscheinung, die da sagte:

›*Wandere, schaffe ein Gebilde,*
das fordert und gibt,
das führt und geführt sein will,
das lebt ohne Wesen zu sein,
das dir die Fülle des Lebens spiegelt!‹

In der dramatischsten Situation ihres Lebens erkannte dann meine Großmutter Emma, dass es sich bei diesem rätselhaften Gebilde um den Begriff Firma handeln musste. Auf der Flucht vor den Russen sind wir nach Lübeck gewandert und haben das Gebilde, sprich die Firma, erneut aufgebaut. Lass uns nun getrost nach Allensbach wandern. Die Leitlinie, die zuletzt meine Mutter im Wohnwagen in Lübeck sagte, als wir ganz unten und verzweifelt waren, wird unsere Richtschnur sein. Wir wollen doch unser eigenes Leben aufbauen, wir sind jung und kräftig, wie damals Emma und Julius, mit Gott und eigenem Vertrauen schaffen wir es!«

Für Vater und mich war es nun klar, dass das Vorhaben Allensbach einer Umstrukturierung bedurfte. Ein funktionstüchtiger Betrieb sollte installiert werden, ohne den Gedanken als Fluchtburg aufzugeben. Die Vorbereitungen dafür wurden getroffen, Ende Februar 1953 gingen wir wieder mit dem Hanomag auf Fahrt und hatten diesmal bereits einen Teil Handelsgut geladen. Da Alfred Karrer wenig Vertrauen geschenkt werden konnte, war bereits seit dem November 1952 der anstellige Karl Meßmer eingestellt worden, der nach meinen Angaben und Hartmut Petris Kontrolle die Lager einzurichten und zu streichen hatte. Auch sonstige Aufgaben zum Grundstücksausbau oblagen ihm. Als wir ankamen, hatte Meßmer gute Arbeit geleistet. Die Ware konnte sofort übersichtlich in die Regale einsortiert werden.

Die nächste Aufgabe bestand im Bau einer 90 Meter langen Betonstraße in der Grundstücksmitte, denn die Fahrzeuge versackten bei Regen im Boden. Es war diesmal ein Kippanhänger mitgenommen worden, damit der Ausschachtboden nur einmal geschaufelt werden musste. Viele Fuhren Kies lieferten Meichle & Mohr aus dem nahen Markelfingen. Für das Mischen vom Beton gab es bereits rotierende Mischmaschinen, die aber von Hand befüllt wurden, und mit entsprechender Armierung wuchs die 6 Meter breite Straße langsam der nördlichen Grundstücksgrenze entgegen. Auch der Bereich vor den Gebäuden erhielt eine Betonierung. Mit Karrers war vereinbart worden, dass sie in die Wohnung des zweiten Stocks ziehen sollten, wenn die darin wohnenden Mieter sie geräumt hätten. Das konnte nun auch vollzogen werden, sodass die mittlere Wohnung für meine Familie renoviert werden konnte.

Mitte April kam Mutter mit dem Zug nach Allensbach, um mir bei den schriftlichen Dingen und auch beim Kauf einiger Möbel zu helfen. Von den zwei vorgesehenen Büros sollte das Chefbüro gleichzeitig der Übernachtungsmöglichkeit von Besuchern durch eine ausklappbare Couch und einen Mehrzweckschrank dienen. Das Verhältnis zwischen meiner Mutter und mir war keinesfalls gespannt, sondern eher liebevoll, mich ärgerte nur, dass sie immer Günters Seite wählte, wenn Zwistigkeiten zwischen uns Brüdern auftraten. Zwar hatte ich gewisses Verständnis dafür, weil sie ihn durch ihren Einsatz 1939 nach seinem vereiterten Blinddarmdurchbruch mit am Leben erhielt, aber ich erwartete eben Objektivität und begriff nicht, dass Frauen anders denken. Mutter wohnte wieder in der »Eintracht«, besuchte oftmals Petris und fuhr vor Ende Mai zusammen mit mir per Bahn nach Lübeck. Menzfeld und Fendler blieben in Allensbach, um die Betonarbeiten der Straße weiterzuführen und einige Flächen mit Kies zu befestigen.

Um mir etwas Gutes anzutun und kaufte Vater für mich einen olivgrünen Mercedes 170 DS. Sorgsam stellte ich für den nächsten Transport ein Warensortiment zusammen, von dem ich hoffte, etwas verkaufen zu können. Da die kleineren Teile schwer waren und als Ebene zu packen gingen, bestand die Möglichkeit, darauf unsere fast neuen Möbel und eine Büroeinrichtung zu laden. Der Anhänger trug eine Reihe kleinerer Werkzeugmaschinen, die im Mittelstock ausgestellt werden konnten. Ich hatte Heinz Militz aus dem Betrieb in Lübeck angeworben, der gerade die Tischlerlehre beendet hatte und sich sehr anstellig auch ins Schlosserhandwerk einarbeitete. Er sollte im Mittelstock einen kleinen Raum bewohnen. Am 24. Juni fuhren meine Familie und der MAN-Lastzug ab, am 1. Juli 1953 wurde die Firma unter dem Traditionsnamen Oskar Broziat in Allensbach eröffnet.

Die Sonne flimmerte im heißen Sommerwind, der See lächelte, lud zum Bade mit angenehmen Temperaturen, Allensbach war eben mehr ein Ort für Urlaub und Freizeit, als um einen Betrieb zu betreiben. Petris nahmen sich der Familie an, Klara hatte Erika mit offenen Armen aufgenommen, erbot sich immer wieder, unseren kleinen Oskar zu versorgen, wenn sie zum Einkaufen ging und ich zu der Zeit unterwegs war. Sie führten uns in die örtlichen Gegebenheiten ein und nahmen uns sonntags auf ihrer Jolle zu Segeltouren auf dem Untersee mit. Hartmut erklärte mir viel über Bodensee-Wetterkunde, denn blauer Himmel konnte rasend schnell in Sturm umschlagen. Erika genoss die herzliche, mütterliche Freundschaft der acht Jahre älteren Klara und hörte gern auf ihre Ratschläge, denn sie hatte viel Erfahrung bei der Pflege ihrer drei Buben gesammelt, ihre älteren Zwillinge waren bereits im zehnten Jahr. Auch mit Klaras Eltern hatten wir bald ein gutes Verhältnis und nannten sie Oma und Opa.

Erika und ich quälten uns, um das Geschäft in Gang zu bringen. Der Zwölfstundentag war üblich. Von den Werkzeugen, Messzeugen, Schrauben und sonstigen Artikeln wurden sofort Listen mit Preisen erstellt, die Erika auf Vervielfältigungsmatrizen tippte und davon jeweils von Hand etwa hundert Abzüge machte, mehr gab die Matrize nicht her. Die zum Verkauf stehenden Maschinen schrieb sie auf Firmenpapier, mit maximal drei Durchschlägen, der vierte wurde schon unleserlich. Zufällig hatte das Ehepaar Harzmann die Eltern in Lübeck besucht. Von Ilse Flemming, Mutters Schulfreundin, jetzt Frau Harzmann, war die Schwester mit Herrn Jahnke, Ölvertreter der Firma Oest, verheiratet, wohnhaft in Radolfzell. Sie vermittelten schnell eine Bekanntschaft zu mir, und wir kamen überein, gemeinsam zu reisen, denn seine Kunden hatten teilweise auch Bedarf an unseren Artikeln. Als Äquivalent würde ich das Auto stellen. Jahnke stimmte gern zu, und ich fand endlich Gelegenheit, zusätzliche Kundenbesuche zu den Adressen aus dem Branchenbuch durchzuführen. Jahnke, jovial und hilfsbereit, führte mich bei Betrieben in näherer und weiterer Umgebung ein, machte mich mit mehr oder weniger Erfolg mit den Einkäufern bekannt, und langsam fing der Betrieb an, sich zu rentieren.

Menzfeld und Fendler drängten auf Fertigstellung der Betonstraße, um möglichst bald nach Lübeck zu kommen, was mit Hilfe von Militz und Meßmer Anfang August erledigt war. Dann aber fungierte da noch der »Zwangsangestellte« Alfred Karrer als große Belastung. Selbst das Reinigen von Maschinenteilen brachte er nicht fertig, geschweige denn das Einsortieren gleicher Werkzeuge in Regalfächer, nur mit der Diskussion von Neuigkeiten verstand er die anderen von der Arbeit abzuhalten. Erika versuchte das immer wieder zu verhindern, wenn ihr Mann unterwegs war, bis ich es billiger fand, ihn ohne Beschäftigung zu bezahlen. Da hatte Vater mir aber ein Kuckucksei ins Nest gelegt, wo wir doch sparsam wirtschaften mussten!

Der Herbst zeigte sich noch von der schönen Seite, hatte aber bereits etliche kalte Tage dazwischen. Koks für die Zentralheizung wurde eingekauft und in einem Keller gelagert, ausreichend für den Winter war er nicht. Sägespäne und Altgummispäne gab es gratis. Mit etwas Altöl von den Fahrzeugen getränkt, ergab es auch ein Heizmittel, das allerdings schwarzen, stinkenden Qualm aus dem Schornstein schickte und den Heizwert von Koks nur halb erreichte, doch was tut man nicht alles in der Not. Auch Erika sparte. Auf dem Weg zum Wald lag Fallobst. In der Abenddämmerung sammelte sie davon und so gab es zwei- bis dreimal in der Woche Kartoffelpuffer mit Apfelkompott. Wir wollten auf keinen Fall unsere Knappheit nach Lübeck melden und uns damit der Häme aussetzen. Wir wollten uns durchbeißen.

Bertold Karrer war der Revierförster von Allensbach, das ein ansehnliches Waldgebiet besaß, gleichzeitig aber auch nach Feierabend Kassenwart der Sparkasse. Von ihm holte Erika jeden Freitag die Lohngelder oder überbrachte Schecks für gelieferte Waren zur Gutschrift. Ich hatte immer wieder Kunden zur Besichtigung meines Lagers überredet und musste erstaunt mit ansehen, dass einige ganz gern wiederkamen, um sich mit meiner schönen, charmanten Frau zu unterhalten und sich dann von ihr zu Käufen überreden ließen. Unsere Bemühungen erbrachten im ersten Halbjahr bereits ein ausgeglichenes Betriebsergebnis, dem Vater doch einige Achtung zollte. Zu Weihnachten wollte er seine Familie in Lübeck zusammenhaben und überredete uns Allensbacher zur weiten Reise. Aber der Monat Dezember hatte kaum Umsätze gebracht. Unter diesen Umständen sagten wir ab. Da, vier Tage vor Heiligabend kam Herr Glatt aus Ostrach, kaufte zwei teure Ständerbohrmaschinen, hatte zum Transport einen Lkw dabei und zahlte sofort. Am übernächsten Tag konnten die Familie und Militz nach Lübeck fahren. Wir kamen direkt zur Betriebsweihnachtsfeier an, aßen mit von Kartoffelsalat und Würstchen, Horst Handke spielte mit seinem Akkordeon auf, unter anderem den Schlager »Anneliese, ach Anneliese, warum bist du böse auf mich?« Anneliese Schröter, Vaters Sekretärin, verließ darauf wütend die Feier, denn Günter hatte die Verlobung mit ihr gelöst. Das tat der guten Laune keinen Abbruch. Man feierte noch lange weiter, nur wir müden Allensbacher hatten uns bald verzogen.

41. Kapitel

Ein ereignisreiches Jahr 1953 lag hinter uns. In den USA, von denen Westdeutschland so abhängig war, wurde Eisenhower als 33. Präsident vereidigt. Stalin starb am 2. März. Unter ihm wurden viele Millionen eigener Landsleute ermordet. Chruschtschow wurde der neue starke Mann in der UdSSR, aber durch ihn ändert sich in der Politik vorerst nichts. Die Flüchtlingszahl aus der Ostzone stieg im Mai auf 35 484 an. Königin Elisabeth II. wurde am 2. Juni gekrönt. Zum ersten Mal konnten das weltweit die Menschen im Fernsehen miterleben. Am 17. Juni begann in der Ostzone der Arbeiteraufstand gegen das Ulbricht-Regime, das trotz gärender Unruhe im Volk die Arbeitsnorm am 28. Mai um 10 Prozent heraufgesetzt hatte. Sowjetische Panzer walzten die Erhebung nieder und retteten das SED-Regime. Am 10. Juli wurde der berüchtigte sowjetische Geheimdienstchef Berija verhaftet und erschossen. Berühmte Liebespaare beherrschten die Klatschspalten, wie z. B. Marilyn Monroe / Arthur Miller, Jacqueline Bouvier / J. F. Kennedy, Onassis / Callas, Prinzessin Margaret / Stallmeister Townsend, Liz Taylor / Mike Todd, Soraya / der Schah und etliche andere. Doch fast mehr Beachtung bei den Damen fanden die neuen Errungenschaften für den Haushalt: Kühlschränke, Waschmaschinen, Elektroherde, Pürierstäbe, Starmixer waren die Renner für etwas vermögendere Käufer. Die Kinder wurden zu Höflichkeit und gutem Benehmen angehalten, und dennoch kursierte in Berlin einer der beliebtesten Abzählverse:

> *Emil hat ins Bett geschissen,*
> *gerade aufs Paradekissen.*
> *Mutter hat's geseh'n,*
> *und du kannst geh'n!*

So war man in Westdeutschland mit dem Leben recht zufrieden, wenn der Streit zwischen den Machtblöcken nicht ständig für Aufregung gesorgt hätte.

Am Heiligen Abend wurde in Vorwerk nach dem Kirchgang der Festschmaus serviert, Gänsebraten mit Rotkraut und Klößen, gekrusteter Schweinebraten für Vater und Günter, die Geflügel verschmähten. Anschließend rief ein Glöckchen ins Weihnachtszimmer, wo unter dem Christbaum die Geschenke lagen und dann an die Bedachten verteilt wurden. Star des Abends war natürlich Klein-Oskar, dem nichts besser gefiel als ein Spielzeugtelefon. Man war guter Dinge, trank Wein aus Assmanshausen, naschte viel Marzipan und sprach von lustigen vergangenen Begebenheiten. Geschäftliches blieb bewusst außen vor, alle gingen vor Mitternacht zufrieden schlafen. Am ersten Feiertag besuchte Erika mit Oskar jr. und mir ihre Familie, bereitete viel Freude mit den Geschenken und Erzählungen, dann fuhren wir einschließlich Jochen nach Vorwerk und ließen die Seele baumeln.

Am zweiten Feiertag wurde Vater schon unruhig: »Wir müssen über die Betriebe reden!« Er setzte sich mit Mutter, Günter und mir zusammen und obgleich Erika auch dazu gehört hätte, kümmerte sie sich um Oskar jr. und die Essenszubereitung.

Die Büssing-Zugmaschine, Baujahr 1938, hatte ihren Geist aufgegeben. Das Beste an ihr war der Aufbaukran. Wir kamen überein, den Hanomag mit zwei Anhängern, diesem Kran und diversen Maschinen nach Allensbach zu senden, damit ich ein Lastfahrzeug hätte. In Lübeck wurde inzwischen der Jörgens-Kran, den ich einst auf dem Priwall geborgen hatte, immer mehr für Schwertransporte eingesetzt. Vater war durch die mangelhafte Werkzeugmaschinen-Aufarbeitung veranlasst gewesen, den Betrieb dahingehend zu verändern, neben der Spedition Industrieanlagen, Nutzeisen und Schrott zu handeln, was zum Teil nur grobe Schlosserarbeiten verlangte, sowie Abbrucharbeiten zu übernehmen. Die nächsten Tage waren mit Besprechungen, neuen Anregungen, Verwandtenbesuchen und Einkäufen ausgefüllt, Silvester wurde gefeiert und dann befand sich unsere Familie auch schon auf der Rückfahrt. Hinter Hannover gerieten wir auf der Autobahn in einen Eisregen, der immer vor uns herzog. Spiegelglatt war die Straße. Ich, auch mit solchen Verhältnissen vertraut, hatte dennoch Mühe das Fahrzeug zu lenken und zwei Dreher abzufangen. Gott sei Dank war die Autobahn fast leer. Endlich, ab Kassel, konnten wir zügig weiterfahren und nach zwölf Stunden Allensbach erreichen.

Ich hatte vom neuen Jahr an den Mechaniker Eugen Seeberger eingestellt. Schnell stellte sich heraus, dass mit ihm ein sehr begabter Mann engagiert war, der außerdem den Lkw-Führerschein besaß. Es passte auch insoweit gut, weil inzwischen der Hanomag eingetroffen war, den ich sonst bei Transporten hätte fahren müssen. Die Zugmaschine erhielt den Kranaufbau, der eigentlich für Abschleppzwecke mit Handbedienung konzipiert war. Um uns die mühevollen Kurbelei zu ersparen, nutzten wir den vorhandenen Seilwindenantrieb, um mit hydraulischen Wendegetrieben auch die Kranwinden zu betätigen. Vater hatte vor Jahren einen Posten dieser hydraulischen »Böhringer-Sturmgetriebe« erworben, die im Krieg zum Schwenken der Panzertürme eingesetzt wurden. Ich hatte sie bereits in Lübeck zur Modernisierung von Drehbankantrieben verwendet. Nun war dafür ein weiterer Anwendungsbereich gefunden. In der Gegend gab es kein vergleichbares Gerät, die Firma Broziat bewarb sich um Schwertransporte und Bergungsarbeiten und bekam diese auch.

Aber es gab auch Neider, ja Feinde im Ort. Vier Häuser weiter, Richtung Radolfzell, befand sich die Autowerkstatt Brödlin. Von dessen Mitarbeiter erfuhren wir, dass Brödlin irgendwelche Geschäftsunterlagen der Firma Broziat besaß, in Form von Kundenlisten und dergleichen. Seine Detailangaben schlossen eine Finte aus. Aufgrund der Namensähnlichkeit waren mehrfach geworbene Kunden zu Brödlin gekommen, der hatte die Broziat'sche Ware schlecht gemacht und sie veranlasst, wieder fortzufahren. Ich war verwundert, dass diese den vereinbarten Besuchstermin nicht wahrnahmen. Der etwas ängstliche Informant hatte seine Aussage aber unter der Bedingung der Verschwiegenheit gemacht, sodass nichts weiter übrig blieb, als zukünftigen Besuchern eine ganz genaue Standortbeschreibung der Firma Broziat zu vermitteln. Brödlins Beweggründe blieben unentdeckt, zumal wir mit ihm nie vorher Kontakt hatten. Hartmut Petri, der nach dem Krieg eine kurze Zeit von den Besatzern zwangsverpflichtet dort tätig war, bestätigte jedoch dessen heimtückische Art, anderen Schaden zufügen zu wollen.

In Konstanz hatte sich 1951 die Firma Berg Schrotthandel aus den gleichen Beweggründen aufgetan, es sollte einen Ableger nahe der Schweizer Grenze geben, der Mutterbetrieb lag in Minden. Die Bergs hatten nichts durch den Krieg verloren und konnten sofort nach Kriegsende loslegen. Der Schrott lag ja an allen Straßenrändern herum, er musste nur eingesammelt werden. Wer das tat und die Hauptmenge bis zur Währungsreform hortete, war danach ein gemachter Mann. So kaufte Fritz Berg seinem Sohn Günter ein 10 000 Quadratmeter großes Betriebsgrundstück, ließ darauf zwei 1000 Quadratmeter große Hallen, eine mit Bürotrakt, bauen und stattete den Betrieb mit großer Fahrzeugwaage, Verladekran, drei neuen Lastzügen und reichlich Kapital aus. Günter Berg, vier Jahre jünger als ich, blond, untersetzt, mit wachen Augen, freundlich, fleißig und verbindlich, verstand trotz seiner Jugend sein Fach. Mit der Basis hatte er ganz andere Startmöglichkeiten als wir, wusste sie aber auch zu nutzen. Ich hatte Transporte von Maschinen übernommen, die der Hanomag-Kran nur mit Abstützungen heben konnte, für den Weitertransport hätten die Lasten gerollt werden müssen und hatte gehört, bei Berg lägen Vollgummiräder von ausgeschlachteten Panzern. Der Laden war wirklich eine Fundgrube von verwendbaren Militärgütern und Geräten. Ich fragte Günter Berg nach dem Preis der Räder, wir wurden schnell handelseinig und fanden außerdem Gefallen aneinander.

Es entwickelte sich bald eine Freundschaft, zumal Günter Berg immer wieder Erika bewunderte und sie fragte, ob sie nicht noch eine Schwester für ihn hätte. »Du hast doch deine Freundin Karin, was willst du denn noch mehr?« – »Karin müsste dein Temperament haben, dann wäre ich ja zufrieden«, antwortete er. Er lebte in einer Baracke beim Betrieb, eine Villa in bester Konstanzer Wohnlage war im Bau, zweistöckig, oben mit einer großen Wohnung für seine Eltern. Ein Nebenraum der Baracke enthielt Massen an feinsten Konserven für den »Notfall«. »Nehmt euch, was euch schmeckt, ich kann sie nicht verbrauchen!« Überhaupt war er sehr großzügig, nahm Erika, mich und Oskar jr. in seinem Opel Kapitän hin und wieder mit, wenn er mit seiner Karin einen Ausflug machte, kam aber auch gern zu Besuch nach Allensbach, um sich zu unterhalten und auch, um ein bisschen zu frotzeln.

Aus den Panzerrädern ließ ich selbst lenkende Stützräder für den Hanomag fertigen, und so konnten die Lasten bei der oben erwähnten Arbeit direkt an die Aufstellplätze gefahren werden. Wegen der schnellen, exakten Durchführung zog der Auftrag über Mundpropaganda andere nach. Zufriedene Kunden sind wichtiger als Annoncen. Der Werkzeugmaschinenhandel nahm langsam etwas zu, es blieb aber ein mühsames Geschäft, genauso wie mit Werkzeugen. Nutzeisen wurde überhaupt nicht verkauft. In Lübeck war das der »Renner«, die Allensbacher, im Durchschnitt ärmer, verschmähten das billigere Material, obgleich es dieselben Dienste leisten konnte. Ich versuchte mit Tauschgeschäften meinen Lagerbestand aufzuwerten, auch weil Vater alles Geld vom Konto für den Lübecker Betrieb abzog, das die Summe von 3000 DM überstieg. So blieb wenig Spielraum, modernere Maschinen einzukaufen, die sicher schneller abzusetzen waren.

Im April kamen die Eltern zu Ostern nach Allensbach. Sie nahmen Einblick in die Betriebsführung und die Unterlagen und waren ganz zufrieden. Wenn sie die Enge der Räume und des Grundstücks mit den Lübecker Verhältnissen verglichen, waren die Betriebsergebnisse gut. Die ansehnliche vordere Einfassung mit schmiedeeisernem Zaun, Türen und breitem Tor fand ihr uneingeschränktes Lob. Eine Maschine musste verladen werden. Vater staunte, was für ein feiner, praktischer Kranwagen aus dem Hanomag entstanden war. »Ich habe gerade einen großen Auftrag übernommen, einen Betrieb von Osterloh nach Schlutup zu einem Festpreis umzuziehen, mit dem Gerät können wir das ja in der halben Zeit schaffen, das Fahrzeug muss nach Lübeck!« Empört antwortete ich: »Das kannst du doch nicht machen! Gerade hat sich für mich eine neue Verdienstquelle aufgetan, da machst du alles wieder kaputt!« Wir stritten uns ernstlich, Vater bot mehrere Maschinen und den kleinen 55-PS-Hanomag zum Ausgleich an, bis er, immer mehr den Chef herauskehrend, die Transaktion einfach befahl.

Die Eltern hatten es eilig, wollten der Missstimmung auszuweichen. Er bekam Rückladung über seinen Freund Leibl bei Weck und drei Tage später traf der neue 7-Tonnen-Lkw Krupp Mustang mit der vereinbarten Ladung ein. Die beiden Hanomags wurden ausgetauscht, der Lastzug und auch die Eltern fuhren zufrieden ab, uns verstimmt zurücklassend. Ich betrachtete mit Seeberger das Fahrzeug. »Der hat keinen Nebentrieb«, meinte dieser, »wir müssten seh'n, dass wir einen Antrieb von der vorderen Keilriemenscheibe bekommen.« Ich sinnierte: »Einen Kran mit Seilwinden aufzubauen, wird viel zu aufwändig. Wenn wir einen Rahmen über das Fahrerhaus bauen, an diesen hinten und vorn Auslegerarme anlenken, die von Hydraulikstempeln bewegt werden, dann haben wir zum Beispiel hinten den Hubarm für Lasten und vorn einen für das Gegengewicht. Bauen wir nun an den Armspitzen Seilrollen ein, über denen Hubseile liegen, deren eines Ende am Fahrzeugrahmen arretiert ist und die so bemessen werden, dass die anderen Enden mit Haken in den obersten Hubarmstellungen oben an den Seilrollen ankommen, haben wir ein ganz gutes Arbeitsgerät. Leichtere Lasten sind im Blickfeld des Fahrers, für schwerere benötigt er einen Einweiser.« – »Das machen wir!«, meinte Seeberger. Gemeinsam fanden wir bei Berg entsprechende Teile und sogar noch eine hydraulische Seilwinde, die einzubauen ging, und nach vier Wochen hatte der Betrieb wieder einen Kranwagen, allerdings mit geringerer Tragkraft.

Allweiler und Schiesser hatten ihre Werke in Radolfzell, 8 Kilometer von Allensbach entfernt, 12 Kilometer weiter lag Singen mit den großen Werken von Georg Fischer, Maggi und Alu Singen. Hier versuchte ich immer wieder zu akquirieren, doch an gebrauchten Waren lag wenig Interesse vor. Allerdings konnte ich mich für einige Maschinentransporte anbieten. Zuerst lachte man über das selbstgebaute Kranfahrzeug, doch die Zweckmäßigkeit überzeugte und die Betriebsleiter merkten schnell, dass die eigenen Leute diese Arbeiten nicht so günstig durchführen konnten. Im Raum Stockach, Pfullendorf, Ostrach, Krauchenwies und Meßkirch lagen kleinere Betriebe, bei denen ich im Handel mit meinen Gütern langsam Fuß fassen konnte. Oftmals entwickelten sich daraus gewisse Freundschaften, wie zwischen Rossknechts, Häuslers, Lutz und anderen, an denen der Charme von Erika großen Anteil hatte.

In Lübeck, das seine Straßenbahn abschnittsweise durch Buslinien ersetzte, übernahm unser Betrieb den Ausbau der Schienen, um sie als Nutzeisen oder Schrott zu verkaufen. Er machte dabei gute Gewinne, doch ging in den aufgerissenen Straßen der Hanomag-Kran aus Allensbach kaum einzusetzen, sondern nur der Jörgens-Schwenkkran mit einer entsprechenden Ausladung, um die Schienen herauszureißen und zu verladen. Die Mitarbeiter stöhnten unter der Handkurbelei und fragten Günter, warum denn der Jörgens nicht genauso umgebaut werde wie der Hanomag. Vater telefonierte mit mir. »Baut doch von den Notstromaggregaten, die ihr habt, eines hinten im Gegengewichtsbereich ein und macht den Antrieb elektrisch!« Günter und Schmidt hatten über den Lautverstärker mitgehört und Schmidt sagte nach weiteren Erklärungen, das gebe keine Probleme. Es gab doch welche, denn die Übersetzungsverhältnisse stimmten nicht, sodass die Lasten gefährlich schnell hochgezogen wurden. »Fahrt doch für vierzehn Tage nach Haffkrug in Urlaub, ihr müsst euch erholen!«, rief Vater bei uns an. Wir richteten den Betrieb darauf ein und traten erfreut die Reise an. In Lübeck kam dann er mit den eigentlichen Gründen heraus. »Die schaffen das mit dem Jörgens nicht, hilf doch bitte!« Erika blieb mit Oskar jr. im Wohnwagen am Strand, ich traf dann jeden Abend ein und machte den Kran wirklich gebrauchsfähig.

In Lübeck florierte vor allem das Nutzeisengeschäft, mehrere 100 Tonnen Eisenbahnwellen brachte Vater allein beim Schiffswindenbauer Schärffe & Co unter, aber auch mit moderneren Werkzeugmaschinen, die er mit Hilfe von Herrn Thiessen dem Schiffspropeller-Betrieb Schaffran verkaufen konnte. Persönliche Verbindungen spielten dabei eine maßgebliche Rolle. Wem die leitenden Leute vertrauten, dem hielten sie auch die Treue, selbst wenn sie etwas mehr bezahlen mussten. In Allensbach verlief die Entwicklung ähnlich, mit der Zeit hatte sich der Betrieb etabliert. Viele Verbindungen entstanden dort auch zur Fassnachtszeit, die in Allensbach eine überragende Bedeutung besaß. Am »schmotzigen Dunstig« (Fassnachtdonnerstag) kamen die Narren mit großem Pomp in die Betriebe und setzten diese ab. So auch bei Broziats, mit großem Trara. Der Präsident in einer Kutsche mit Traktor davor, dahinter in bunten Trachten die Narren. In humorvoller Rede schloss der Narrenpräsident den Betrieb, läutete die »fünfte« Jahreszeit ein, kassierte eine Spende fürs Kinderfest und verlangte, dass ich und die schöne Erika zum weiteren Feiern mitkämen. Sie wollte lieber auf Oskar jr. aufpassen, käme aber zum »Wilden Löwen« um ihren beschwipsten Mann abzuschleppen. Am Abend waren wir zum Kostümfest in die Räume der Demoskopie geladen. Dort ging es dann bis zum Morgen hoch her und etliche Bekanntschaften, z.B. mit der Chefin, Frau Dr. Noelle-Neumann, dem Ehepaar Bourquin, er war der Finanzchef der Demoskopie, und anderen wichtigen Persönlichkeiten aus Allensbach konnten geschlossen werden.

42. Kapitel

Nachdem Günter Ende 1953 die Verlobung mit Anneliese Schröter auflöste, kündigte sie sofort, doch Vater wollte auf die recht tüchtige Sekretärin nicht von einem Tag auf den anderen verzichten. So blieb sie noch bis einschließlich Februar. Etwas unangenehm war die Situation für alle Beteiligten. Wie sollte sie die ehemaligen Schwiegereltern anreden, wie mit Günter geschäftlich verkehren? Sie versuchte, ihre Aufgaben der seit Mitte Mai 1953 eingestellten Eva Gollnow zu übertragen, doch Eva befand sich im ersten Lehrjahr und war in vielen Dingen noch nicht firm. Sie und ihre Mutter Hilde waren aus der Ostzone geflüchtet, verdienten sich mühsam den Lebensunterhalt und wurden von dem Ehepaar Georg und Selma Franz, einer Schwester von Hilde, unterstützt. Georg Franz arbeitete in der Anwaltskanzlei von Dr. Sternfeld und hatte durch diese Verbindung für seine Nichte die Lehrstelle bei Broziats bekommen. Mutter musste nun wieder, neben ihrer buchhalterischen Tätigkeit, Briefe und Angebote schreiben – Aufgaben, denen sie möglichst auswich. Sie hatte ein Auge auf Christel Mietzelfeld, die Tochter eines befreundeten Speditionskollegen geworfen und angeregt, diese doch einzustellen, was dann endlich am 20. Juli 1954 geschah. Günter, ohne Freundin, warf nun ebenfalls sein Auge auf sie und sie wieder zurück, so wurde aus der Augenwerferei bald ein Paar, zu Mutters großer Freude auch deshalb, weil sie wiederum Walter Mietzelfelds humorige Art besonders mochte.

Das Jahr 1954 ging für beide Betriebe recht erfolgreich zu Ende, unsere Familie war zu Weihnachten auf Wunsch der Eltern wieder nach Lübeck gereist, um das Weihnachtsfest dort zu verleben. Es wurde wie immer sehr harmonisch gefeiert, dann aber begannen die geschäftlichen Planungsgespräche. Vater hatte der Stahlbaufirma Hannemann Maschinen und Stahl verkauft, weitere Objekte waren im Gespräch. »Wir könnten doch in Allensbach von Hannemann eine Halle bauen lassen, deren Stahlkonstruktion ich in Gegenrechnung bekäme, du musst natürlich die Bauarbeiten finanzieren, dann würde das etwas werden!«

Eine moderne Halle, mit Krananlage war verlockend. Nach den Feiertagen sprach man mit dem Chefkonstrukteur Marquard. Dieser sagte zu, und die Planungen begannen. Bis die Genehmigungsverfahren durch waren, ging mehr als ein halbes Jahr ins Land, dann war der Weg für einen Hallenbau mit 550 Quadratmeter Grundfläche frei. Alfred Krasny, bereits als Hilfsarbeiter seit Monaten bei der Firma Broziat tätig, begann im Oktober 1955 mit dem Ausschachten der vom Vermessungsamt abgesteckten Fundamentgruben. Die Vermessung sah bei dem um 5 Prozent ansteigendem Gelände vor, die 35 Meter lange Halle im Süden mit einer 1,40 Meter hohen Rampe herausragen zu lassen, während die Bodenebene der Nordseite 35 Zentimeter unter dem Niveau lag.

Doch zurück zum Jahresbeginn 1955. Der Mustang mit Umsiedlergut und etwas Ware für Allensbach befand sich bereits am 10. Januar auf dem Weg nach Süden. Wir fuhren am nächsten Tag von Lübeck ab. Ich war stolz auf meinen neuen Mercedes 180 D, im November erworben. Als erste Limousine in Pontonform war dieser geräumiger und auch schneller als der 170 DS. Wir traten erst gegen 10 Uhr die Reise an, erreichten Allensbach um 20 Uhr und fuhren zu Petris, die den Hausschlüssel verwahrten. »Du sollst sofort zu Hause anrufen, euer Lastzug ist im Höllental verunglückt!«, empfing Hartmut mich. »Kommt erst mal rein und esst zur Nacht!«, rief Klara uns zu. Vater sagte am Telefon, dem ordnungsgemäß rechts fahrenden Lkw war auf der Gefällestrecke ein schleudernder Bus entgegengekommen, auf die linke Vorderachse des Mustang geprallt, der neue Fahrer Heinz Goth hatte sich durch das herumschlagende Lenkrad den Arm verletzt, Menzfeld, als zweiter Fahrer, und Militz waren unverletzt. Der Bus sollte Schüler vom Skifahren nach Freiburg bringen, es gab einige Leichtverletzte. »Ich esse schnell etwas, dann fahre ich hin!«, beendete ich das Gespräch. Hartmut hatte mitgehört. »Das kommt gar nicht in Frage, du bist übermüdet nach dieser Tour, ich fahre dich!« Ihn beseelte eine beeindruckende, spontane Hilfsbereitschaft.

Die Feuerwehr hatte das Fahrzeug 50 Meter zurück auf den Parkplatz am Hirschsprung-Felsen geschleppt, als wir nachts gegen halb elf ankamen. Wir ließen uns berichten, die Spuren nochmals im Lampenlicht zeigen, der Mustang konnte gar nicht weiter rechts ausweichen, und trotzdem hatte die Polizei ein Mitverschulden protokolliert. Goth sagte, die Polizisten und der Busfahrer schienen befreundet zu sein. Wir übernachteten im Gasthaus Hirschsprung. Bei Tageslicht fotografierten sie die Unfallstelle und besahen sich den Schaden. Die Achse war verschoben, der Herzbolzen der Blattfeder abgeschert. Ich ging mit an die Arbeit, die linke Achsfeder auszubauen, ordnete an, den Kotflügel zu entfernen und mit der vorhandenen Winde die Achse einigermaßen in Position zu bringen, während die Feder in Freiburg repariert würde. Hartmut und ich fanden auch schnell eine Werkstatt und erfuhren dort die Adresse des Busunternehmens. Wir gingen ohne zu fragen in die Bushalle, sahen das beschädigte Fahrzeug, stießen uns an und Hartmut verwickelte den Werkstattmeister in ein Gespräch, während ich unbemerkt fotografierte. Die Reifen wiesen kein Profil mehr auf!

Von Freiburg mit der erneuerten Feder zurück, beendeten wir den Einbau am frühen Nachmittag. Bei der kurzen Essenspause sagte ich zu Menzfeld: »So, Alex, fahr du jetzt mit Militz nach Allensbach, Goth mit seinem geschienten Arm soll bei mir mitfahren, ich bleibe hinter euch!« – »Nee!«, kam die Antwort. »Vielleicht ist noch was dran, damit fahr ich nicht!« – »Dann fahre ich mit einer Hand!« – »Nein, ich fahre!«, entschied ich. Nach gut drei Stunden hatten wir Allensbach erreicht. Ich dankte Hartmut herzlich und wusste, wie ich dessen Hilfe ausgleichen konnte, dann berichtete ich die Aktion nach Lübeck. In den nächsten Tagen wurde der Mustang ordnungsgemäß repariert, Goth war auch wieder einsatzfähig, und so konnte der Lastzug nach Übernahme einer Rückladung von Weck die Heimreise antreten. Die Angelegenheit hatte Monate später ihr Nachspiel. Goth wurde wegen Körperverletzung angeklagt. In der Verhandlung legte unser Anwalt die Fotos der Unfallstelle und der völlig glatten Busreifen vor, mit dem Ergebnis, dass der Gegenpartei die alleinige Schuld angelastet wurde und die Polizisten einen scharfen Verweis wegen falscher Protokollierung bekamen.

Die Familie wuchs. Erika fühlte sich schwanger. Als die bisherige Hilfe Friedhild Metzler, eine Nachbarstochter, das mitbekam, begann sie eine neue Stelle zu suchen und kündigte zu Mitte April. Angesichts ihrer schwachen Leistung bedeutete das keinen großen Verlust. Aus Lübeck hatte sich auf eine Annonce Erika Haertel gemeldet, die Ende Mai ihre Arbeit aufnahm. Es machte Erika Spaß, mit dem kinderfreundlichen, fleißigen Mädchen, das mit seinem zweiten Namen Hanni gerufen wurde, zusammenzuarbeiten. Günter lud zu seiner Verlobung Pfingsten ein. Wir konnten die Reise nicht antreten, weil ich Probleme mit dem rechten Auge bekam, es verdunkelte sich, die Macula hatte irgendeinen Schaden. Durchblutungsmedikamente halfen nicht, bis der alte Augenarzt Dr. Popp das homöopathische Spenglersan in die Armbeuge einreiben ließ und nach wenigen Tagen damit heilte.

Erika war schon öfter ein junges Mädchen aufgefallen, das auf dem Fahrrad vorbeifuhr. Eines Tages wurde sie ganz schüchtern von Frau Müller, dies Mädchen vorstellend, gefragt, ob sie nicht ihre Tochter in die Lehre nehmen könnte. »Die nehme ich sofort!«, antwortete Erika und sollte nie davon enttäuscht werden. Sie vertraute der Gisela Müller bereits nach zwei Monaten die Portokasse an.

Mutter kam Anfang September, um während der Zeit von Erikas Niederkunft zu helfen. Der berechnete Termin verzögerte sich. Sie drängte, weil sie doch auch in Lübeck fehlte, aber da half nichts, man musste warten. Am 12. September bekam Erika endlich Wehen. Sie badete noch einmal, dann fuhr ich sie nach Konstanz ins Krankenhaus. Der Gynäkologe Dr. Welsch war uns besonders empfohlen worden. Im Kreißsaal befand sich am Morgen eine weitere Frau in Geburtswehen. Sie waren nur durch einen Vorhang getrennt. Die Frau jammerte und schrie, deshalb kümmerten sich Schwestern und Arzt hauptsächlich um sie. Als Erika spürte, dass die Presswehen einsetzten, rief sie erbost: »Kommen Sie endlich, soll das Kind denn auf den Boden fallen?« Eine Hebamme kam und hatte Minuten später einen kleinen Jungen auf dem Arm. Klaus Hermann Alexander war geboren. Ich fuhr nach dem Anruf mit Mutter zum Beglückwünschen und um meiner Frau herzlich zu danken. Als Dr. Welsch zu Erika kam und »Herzlichen Glückwunsch« sagte, bekam er zur Antwort: »Den können Sie sich nach der Betreuung auch sparen!« Als sie dann aus der Klinik kam, war der kleine Oskar krank. Sonst ständig von der Mutter umsorgt und nun auch nicht mehr der alleinige Sohn, rebellierte sein Magen und baute die Speisen nur noch bis zur Acetonbasis ab. Jetzt musste er sofort ins Krankenhaus, damit sich der Körper nicht selbst vergiftete. Wir besuchten ihn täglich, aber jedes Mal gab es einen weinenden Abschied, der uns zu Herzen ging. Endlich, am 9. Oktober, konnten wir unseren Erstgeborenen in den Schoß der Familie zurückholen. Es bedurfte noch einer wochenlangen Pflege, bis der kleine Mann wieder gesund war. Während dieser Zeit entwickelte Klaus sich prächtig, wurde ein richtiger »Pummel« und zeigte einen starken Willen: Der linken Brustseite widersetzte er sich möglichst beim Stillen.

Vater hatte den Betrieb in Lübeck gänzlich umgestellt und damit auf sein vorhandenes Personal reagiert. Nun brachten immer mehr Transporte im Nahverkehr, Kranarbeiten, Lasttransporte mit Tieflader, Handel mit Nutzeisen, Behältern, Elektromotoren, Pumpen, Feldbahnmaterial und Schrott die Umsätze. Das einst so lukrative Werkzeugmaschinengeschäft war weitgehend ausgefallen. Die Maschinen, die er günstig erwerben konnte, sandte er nach Allensbach, wo er wusste, dass sie entsprechend aufgewertet wurden, und zog der Filiale am Bodensee dafür alles Geld von den Konten, das die Summe von 3000 DM überstieg. Ich schimpfte, dass mir kein Spielraum zum selbsttätigen Kauf von Werkzeugmaschinen blieb, Günter beklagte, alle guten Maschinen kämen an den Bodensee, und in Lübeck werde nur mit Kleinkram gehandelt. Sicher hatten beide Söhne in gewisser Hinsicht recht, denn mir waren die Einkäufe meines Vaters nicht modern genug, und Günter fühlte sich eines Betriebzweiges beraubt. Doch hatte Vaters Geschäftspolitik sichtliche Vorteile in den Bilanzergebnissen, außerdem fühlte er sich durch die verschiedenen Fähigkeiten seiner Söhne zu dieser Handlungsart gezwungen.

So passte es auch in Vaters Konzept, als ihm die Bundesvermögensverwaltung die frühere Militärreithalle mit einer Fläche von 1000 Quadratmeter zum günstigen Mietsatz anbot. Sie lag am Beginn der Vorwerker Straße, in einer Entfernung von etwa 400 Meter zum Betrieb und bot viel Lagermöglichkeit. Er hatte den Umzug des Stanz-, Press- und Emaillierwerks von Thiel-Söhne innerhalb Lübecks übernommen und konnte dabei sehr günstig etliche Lastzugladungen an Restposten emaillierter Töpfe, Schüsseln und dergleichen erweben. Diese wurden in der Reithalle gelagert und zumeist an Schausteller weiterverkauft. Vater hatte keine Hemmungen am Handel mit irgendwelchen Dingen, die ihm Geld einbrachten. Auch ich versuchte mich langsam von der Klammer, die mich durch den geringen Kapitalspielraum einengte, zu befreien. Mit Tauschgeschäften hoffte ich mein Maschinenlager aufzuwerten oder zögerte die Zahlungseingänge etwas hinaus, wenn günstige Einkaufsmöglichkeiten bevorstanden.

43. Kapitel

Was aber war von der Bundesrepublik und der sonstigen Welt aus den Jahren 1954 und 55 zu berichten? Westdeutschland war Partner der reichen Amerikaner. Es produzierte, exportierte, verdiente gut. Auf seinen Straßen fuhren täglich mehr Autos und Motorräder, Fernseher fanden reißenden Absatz, es ging aufwärts, die Regierung ging sorgfältig mit den Steuereinnahmen um. Und dann liefen auch noch die Wettspiele um die Fußballweltmeisterschaft in der Schweiz. Ein Freund von Hartmut, Karl Keller, hatte die Möglichkeit, Karten für das Spiel Deutschland–Österreich in Basel zu bekommen. Gemeinsam traten wir die Fahrt an. Am Morgen, kurz vor dem Start, sah ich ein vierblättriges Kleeblatt im Rasen, suchte weiter, fand genau elf Stück und wickelte sie in Papier. Unsere Plätze lagen zufällig am Eingangstunnel der Spieler. Kurz vor Beginn schaute Sepp Herberger, der Nationaltrainer, heraus. Ich rief seinen Namen und gab ihm die Kleeblätter: »Habe ich heute morgen zufällig gefunden, viel Glück!« Er lächelte: »Vielleicht hilft's ja mit!« und steckte sie in die Hosentasche. Deutschland gewann in einem begeisternden Spiel 8 : 3. Es war nicht zu ermitteln, ob der Klee geholfen hatte, aber die Männer kamen in Hochstimmung zurück. Als dann auch noch das Wunder von Bern geschah und die Deutschen das Endspiel gegen die Favoriten aus Ungarn mit 4 : 3 gewannen, kannte der Jubel im ganzen Land keine Grenzen mehr.

Am 5. Mai 1955 bekam die Bundesrepublik die Selbstständigkeit zurück, mit der Einschränkung, dass die Westalliierten weiterhin Truppen auf westdeutschem Gebiet stationierten. Filmsterne erobern die Herzen der Menschen wie Romy Schneider, Karlheinz Böhm, Marilyn Monroe, Brigitte Bardot, Curd Jürgens, Sophia Loren, Gina Lollobrigida und Toni Sailer. Juan Manuel Fangio, fünffacher Weltmeister, gewann zwei Titel in den »Silberpfeilen« von Mercedes. Aber auch Tragödien beherrschen die Nachrichten. Beim Autorennen in Le Mans, am 11. Juni 1955 starben 85 Menschen und 200 wurden verletzt, als bei einer Karambolage, verursacht durch den späteren Sieger Hawthorn, der »Silberpfeil« von Pierre Levegh in die Menge geschleudert wurde. 50 Menschen kamen ums Leben, als der schwedische Dampfer »Stockholm« und das italienische Passagierschiff »Andrea Doria« im dichten Nebel 200 Seemeilen vor New York zusammenstießen. Am 16. April 1955 starb Albert Einstein, der große Physiker und Vater der Relativitätstheorie.

Es war das erste Mal, dass meine eigene Familie das Weihnachtsfest allein verlebte, doch gestalteten wir es nicht weniger feierlich, als es in Lübeck abgehalten wurde. Die vergangenen Krankheiten von Oskar jr., Erika und mir waren gewisse Warnzeichen gewesen, die Belastungen nicht zu überspannen, und nicht zuletzt verbot der erst drei Monate alte Klaus die Reise. Die evangelische Gnadenkirche auf dem Höhrenberg, nun in der weißen Winterpracht liegend, mit Blick auf die funkelnden Lichter an den Unterseeufern, brachte die Gläubigen in Festtagsstimmung, und die heimelige Wohnung im Christschmuck ließ sie kaum etwas vermissen. Erika und Hanni hatten einen schönen Gänsebraten zubereitet, die Geschenke brachten viel Freude, und schließlich telefonierte man mit den Lübeckern, die sich ebenso für die übersandten Gaben bedankten wie wir Allensbacher. Silvester feierten wir zusammen mit Bourquins im Hause, die eingeladenen Petris wollten bei der Familie daheim bleiben. Oskar jr. durfte kurz vor Mitternacht aufstehen. Für ihn bedeuteten die Knaller und Raketen, die sein Vater in die Luft schickte, ein großes Erlebnis. Das neue Jahr wurde im Hause Broziat mit rotem Sekt in der Hoffnung auf ein gutes 1956 eingeleitet.

Karrers hatten ein Haus in der Radolfzeller Straße 76 gebaut und waren ausgezogen, nachdem ihnen Abfindungen für den früheren Auszug und die frühere Kündigung von Alfred, als es der Vertrag vorsah, gezahlt worden waren. Die fälligen Hypotheken erhielten sie rechtzeitig beglichen. Ich musste dafür Maschinen schnellstens billiger verkaufen, weil Vater angeblich Schwierigkeiten hatte, die Beträge freizubekommen. Um den Auszug zu beschleunigen, bot ich den Transport der Einrichtung an. Als Meßmer und Militz den Herd wegrückten, mussten sie sich übergeben, so ekliger Unrat lag dahinter. Frau Karrer hatte die Essens-, Speck- und Wurstreste einfach immer dahinter geworfen, sodass es vor Schimmel, Ungeziefer und Würmern nur so krabbelte und stank. Wenigstens das musste Alfred zur Freude der anderen entsorgen. Dann gingen Erika und Hanni mit Desinfektions- und Putzmittel an die Arbeit. Nach tagelangem Lüften und Putzen war die obere Wohnung endlich soweit, dass man ans Renovieren denken und Handwerker hineinlassen konnte. Die Räume hatten sich die Eltern für ihre zukünftigen Besuche in Allensbach vorbehalten. Erika beaufsichtigte immer wieder die Arbeit der Fensterlieferanten, Tischler, Kaminbauer, Elektriker, Maler und Bodenleger, bis sie ihren Schwiegereltern schreiben konnte, zu Ostern sei ihre schmucke Heimstatt fertig. Ich war stolz auf meine tüchtige Frau, die neben ihrer Büroarbeit und Sorge um die Kinder mir auch solche Aufgaben abnahm.

Immer wieder versuchte ich, aus der väterlichen Klammer durch Neuentwicklungen freizukommen. Durch die Fäkaliendüngung hatte es über Wurmeier schwere Krankheiten, zum Teil sogar mit Todesfolge im Bodenseebereich gegeben. Ich hatte ein Verfahren entwickelt, wie man diese Eier zerstören konnte. Wenn man sie hohem Druck und dann einem plötzlichen Druckabfall aussetzte, zerbarsten sie. Die Untersuchungen der Ergebnisse unter dem Mikroskop fanden gegen Erikas vehementen Protest (»Schweinkram!«) statt. Verhandlungen mit einem Humuslieferanten schienen zuerst erfolgreich zu werden, doch dann fehlte diesem das Geld für den Bau einer entsprechenden Anlage.

Nun, im Frühjahr war ich bei dem Projekt »Abblendbrille«. Das Abblendlicht der entgegenkommenden Fahrzeuge ließ jeden Fahrer für Sekunden blind in ein dunkles Loch fahren, bis sich die Augen adaptiert hatten. Die Zahl der Kraftfahrzeuge hatte stark zugenommen, ebenso aber auch die Zahl der nächtlichen Unfälle. Ich hatte deshalb an ein Brillengestell einen etwa 5 Zentimeter langen Steg angebracht, der zwei kleine, rechteckige Sonnenblendscheibchen trug, die auf den Augenabstand des Benutzers leicht einstellbar waren. Mit einer kleinen Kopfdrehung konnte der Träger die Blendung mit den Scheibchen beseitigen und seine Straßenseite klar erkennen. Das Patent schien erfolgreich zu werden, doch wieder hatte ich Pech. Die Autoindustrie entwickelte zu der Zeit gerade das asymmetrische Abblendlicht, das die rechte Straßenseite besser ausleuchtete, und machte damit meine großen Hoffnungen zunichte.

Während der täglichen Arbeit von 6 bis 17 Uhr waren die Mitarbeiter vollauf beschäftigt mit der Aufarbeitung von Maschinen, sonstigen Verkaufsartikeln, Herstellung irgendwelcher Konstruktionsteile für Kunden und mit Schwertransporten. Alles, was einträglich war, wurde angenommen und durchgeführt. Ich erledigte dann am Abend noch Kalkulationen und Büroarbeiten, die Erika mir nicht abnehmen konnte. Aber es stand auch die Fastnachtszeit vor der Tür. Mit der üblichen Betriebsabsetzung wollten wir uns nicht abfinden, man müsste doch die Narren zum Narren halten können, überlegte ich mit Seeberger. Der Präsident fuhr ja mit einer Kutsche vor, da war ein Ansatzpunkt, wenn alles gut vorbereitet wurde. Die Narren kamen am »schmotzigen Dunschtig« mit großem Trara auf den Hof. Nach kurzer Begrüßung bat ich alle, sie mögen sich in Positur stellen, Erika möchte sie vom oberen Fenster aus filmen. Das war nur ein Ablenkungsmanöver, denn sie schwenkte da oben den Projektor. Ein anderer mit der Filmkamera hielt ein Stück hinter den zu Erika gerichteten Narren fest, wie die Kutsche schnell aufgebockt, das Hinterrad von Seeberger und Militz demontiert und hinter das Haus befördert wurde. Zwei Leute nahmen das Rad durchs Garagenfenster in Empfang, legten es in einen vorbereiteten, geschmückten Karton, den wir dann mit freundlichen Worten als Geschenk überreichten. Beim Auspakken meinte der Narrenpräsident, das sei wohl für sie das fünfte Rad am Wagen. Doch es gab ein Riesengelächter als er darauf hingewiesen wurde, sein Wagen hätte ja nur noch drei Räder! So ein harmloser Scherz kam bei den gut fünfzig Narren an, zumal sie die obligatorische Spende für das Kinderfest erhielten, und wir wurden auch dadurch in die Dorfgemeinschaft mehr einbezogen.

Hans Billeter, ein vornehmer Herr, hatte bereits Anfang 1954 einen Geschäftsbesuch gemacht, um Maschinenantriebe anzubieten. Ich stutzte bei der Vorstellung und fragte: »Billeter Hobel- und Führungsbahnschleifmaschinen sind mir ein Begriff, haben Sie etwas damit zu tun?« – »Ich hatte!«, antwortete er und erzählte seine Geschichte, nachdem wir ihn ins Büro gebeten hatten. Billeters besaßen eine weltberühmte Fabrik in Aschersleben. Da er kein Parteimitglied war, konnte er nach Kriegsende zunächst die Fabrik weiterführen, doch dann wurde er von den Sowjets angeklagt, zur Kriegsverlängerung beigetragen zu haben, da auf seinen Maschinen unter anderem auch Produktionsmaschinen für die Rüstung bearbeitet wurden. Sie beschlagnahmten sein Vermögen und steckten ihn und seine Frau ins Gefängnis. Nach zwei Jahren gelang ihnen die Flucht in den Westen. Sein Freund, der Fräsmaschinenhersteller Heller in Nürtingen leistete Hilfe und verrechnete eine zu Kriegsende gelieferte, noch unbezahlte Bahnschleifmaschine nach der Währungsreform im Verhältnis 1 : 1 um. Mit diesem Geld konnten Billeters im Strandweg Allensbach ein Haus bauen. Nun reiste er als Vertreter der Firma Voith-Heidenheim, um Antriebe und Kupplungen zu verkaufen. In kurzer Zeit entwickelte sich eine freundschaftliche Verbindung zwischen Billeters und Broziats, die eine Generation älter waren. Zum Kriegsende fiel ihr hoffnungsvoller Sohn. Das machte alles Leid umso größer. Ihre Tochter Lisa war mit Fritz Voss verheiratet, dem Miterben der Vosswerke Sarstedt bei Hannover, eine Fabrik für Großküchen und Wäschereimaschinen. Bei einem Besuch von Lisa und Fritz Voss wurden Erika und ich zum Strandweg eingeladen, und sie verspürten sofort eine gegenseitige Zuneigung. Drei Monate später verstarb leider Hans Billeter wegen einer Fehlbehandlung im Krankenhaus Konstanz. Wir standen der Witwe bei.

Der Vater von Fritz Voss und seiner Schwester war bereits in ihrer Jugend verstorben, und die Mutter der beiden hatte dann den Bruder ihres Mannes geheiratet. Er war vom Gericht zum Treuhänder der Erben eingesetzt worden, verstand es jedoch, 50 Prozent der Betriebsanteile in seinen Besitz zu bekommen, sodass Fritz Voss und seine Schwester nur noch je 25 Prozent besaßen. Fritz, nach zwei Jahren aus der Gefangenschaft heimgekehrt, hatte sein Ingenieurstudium nach der Kriegsunterbrechung nicht weitergeführt, aber er besaß dennoch ein fundiertes technisches Wissen, da er in der amerikanischen Gefangenschaft Möglichkeiten der Weiterbildung fand. Sein Stiefvater setzte ihn auf sein Drängen als Vorstand für die technische Entwicklung ein. Durch seine Kreativität begannen die Vosswerke frühzeitig mit der Produktion moderner Haushaltsmaschinen für Wäsche und Geschirr. Der Betrieb mit einer Mitarbeiterzahl von etwa 3000 lief gut, bis der Stiefvater einer Art religiösem Wahn verfiel und als evangelischer Christ plötzlich seine betrieblichen Anteile der katholischen Kirche vermachte. Fritz Voss, der auch die Anteile seiner Schwester vertrat, hatte es nun mit Kirchenmännern in der Betriebsleitung zu tun, die nötige Investitionen versagten, dafür jedoch ständig Gelder für Kirchenbelange forderten. Der Niedergang des Werks war absehbar, und als die Firma Neff ein akzeptables Kaufangebot machte, willigten Geschwister und Kirche ein. Das Ehepaar Voss mit seinen drei Söhnen und einer Tochter zogen 1955 nach Allensbach, wo Fritz für seine Schwiegermutter an das Haus einen passablen Anbau machen ließ, damit sie getrennt wohnen konnte und sich dennoch im Schoß der Familie wusste. Nun, 1956, feierten Vosses und wir gemeinsam die Fastnacht, eine weitere Freundschaft begann.

Zum April sollte die Stahlkonstruktion der neuen Halle geliefert werden. Ich wartete schon sehnsüchtig auf den Einzug frostfreier Tage, um durch die Firma Böhler & Brutscher, Radolfzell, die Betonfundamente schütten zu lassen. Vom Abbau der Straßenbahnen hatte Vater tonnenweise 10 Millimeter starke Drahtseilrollen zu liegen, die niemand haben wollte, da diese aus normalem Eisendraht gedreht waren und deshalb eine geringere Festigkeit aufwiesen. Er hatte ein paar Rollen nach Allensbach mitgesandt, und ich überlegte, ob sie nicht zur Fundamentarmierung zu verwenden seien. Nur, wie sollte man aus den Seilbunden von 80 Zentimeter Durchmesser einen geraden Strang machen? Strecken musste man das Seil, seine Drähte sind ja nicht gehärtet, das war die Lösung! Am Ende der Betonstraße befand sich eine eingebaute Klappöse. Das Seilende wurde dort befestigt, das andere Ende an der Hanomag-Zugmaschine, und nach einem kurzen Ruck mit dieser, lag der erste, 50-Meter-Strang kerzengerade da. Wir bestellten Nachschub davon aus Lübeck, die teure Fundamentarmierung blieb erspart. Ab Mitte März fertigten die Bauleute die Fundamente und den Betonfußboden, der dann im ersten Aprildrittel belastet werden konnte.

Der Mustang brachte die Stahlkonstruktion von Hannemann aus Lübeck in zwei Partien. Bei der ersten Tour kam der Schweißer Schiwi mit, bei der zweiten der Richtmeister Kröger. Alle anderen Kräfte stellte unsere Firma. Bis der zweite Transport eintraf, musste Schiwi die Dachbinderhälften auf die Fertiglänge von 15,50 Meter zusammenschweißen. Die Hilfestellung dafür mit dem kleinen Hanomag-Kran klappte gut. Zum Aufbau der Konstruktion hätten sie einen teuren Kran aus Friedrichshafen bestellen müssen, den nächsten im Bezirk. Ich hatte bei Berg Rohrmasten von einem Zirkuszelt entdeckt, kaufte sie und ließ einen davon oben mit Seilrollen versehen, diesen senkrecht am Hinterteil des Hanomag befestigen, das Windenseil über die

Aufbau der Halle 1 in Allensbach

Rollen legen, von denen die eine 0,5 Meter über die Mastwand ragte, und wir hatten einen Kran von 10 Meter Hubhöhe, der alle Konstruktionsteile bewältigen konnte. Die Skepsis der Stahlbauer wich schnell, als sie merkten, wie gut das seltsame Gerät funktionierte. Säule um Säule, Binder um Binder, Feld um Feld wurde mit den Querstreben und Dachfetten verschraubt, bis Mitte Mai das Stahlgerüst der 35 Meter langen und 15,5 Meter breiten Halle stand, die Richtkrone aufgezogen und das Richtfest, natürlich auch mit den Eltern, zünftig gefeiert wurde. Seeberger, der in seinem Eifer gegen eine Querstrebe gesprungen war, kam, von seiner Gehirnerschütterung genesen, auch wieder zur Mannschaft zurück.

Die beiden Hannemann-Mitarbeiter wohnten beim Nachbarn Ellenson, der eigenen Wein kelterte und auch Obstler brannte. Dem sprach Richtmeister Kröger gern zu, kam morgens alkoholisiert auf den Bau, stieg auf einer Leiter die Säulen hoch, lief frei in 8 Meter Höhe die 14 Zentimeter breiten Binder entlang zu den angegurteten Leuten, die Schrauben befestigten und schüttelte sie zum Morgengruß, dass ihnen trotz der Gurte Angst und Bange wurde. Aber er verstand sein Fach. Das zentimetergenaue Ausrichten bewerkstelligte er mit einem Vorschlaghammer an den Säulenfüßen, dann trank er abends nochmals zünftig mit uns und fuhr mit der Bahn nach Lübeck. Schiwi blieb noch, um die Kranbahn-Konsolen anzuschweißen und darauf die Laufschienen zu verlegen. Dann trat auch er die Heimreise an, während das die Halle umgebende Fensterband, die Dachdeckung mit Welleternit, die Türen und Tore und der 10-Tonnen-Hallenlaufkran von meiner Mannschaft montiert wurden. Ausmauerung und Elektrik waren an Fachfirmen vergeben, während man den Anstrich in Eigenarbeit vollzog.

Nach dieser Strapaze, Erika und ich hatten ja zur gleichen Zeit das Geschäft betreiben müssen, wurde zum ersten Mal vierzehn Tage Betriebsurlaub gemacht. Die Familie mit dem Lehrmädchen Gisela nahm Quartier in Scharbeutz, Hanni blieb bei ihren Eltern in Lübeck. Die Entspannung tat allen gut, obgleich ich zweimal pro Woche nach Lübeck fuhr, um dort beratend tätig zu sein. Gisela Müller hatte gute berufliche Fortschritte gemacht, war in der Berufsschule fleißig und nahm sich, ohne gebeten worden zu sein, gern der beiden Kinder Klaus und Oskar an. Sie gehörte schon bald mit ihrem einfühlsamen Wesen zur Familie, und die Mitnahme an den Ostseestrand sollte eine Belohnung dafür sein. Am 15. August ging es dann wieder zurück nach Allensbach, und am 29. vollendete ich dort mein 30. Lebensjahr. Zehn Jahre war Erika bereits mein großes Glück.

Wir wollten gern gewerbliche Lehrlinge einstellen, doch dazu wäre ein Meister im Betrieb nötig gewesen, was dieser meines Erachtens finanziell nicht vertrug. In der Zeitung las ich von der Einrichtung eines neuen Berufszweiges, nämlich dem des Industriemeisters, meldete mich sofort für die Abendkurse an und fuhr dazu ab dem 20. September jede Woche zweimal nach Singen. Der Unterricht war interessant, eine wesentliche Bereicherung für technisch interessierte Führungskräfte, und für mich endlich die Möglichkeit einer Weiterbildung auf dem Gebiet des Maschinenbaus. Ich nahm jedes Mal zwei Kursteilnehmer aus Radolfzell mit, die mir für die Zeit- und Fahrkostenersparnis sehr dankbar waren.

Im letzten Septemberdrittel konnten die ersten Maschinen in der Halle aufgestellt werden. Bei Berg lagen Torflügel von einer Flugzeughalle mit 6 mal 2,5 Meter. Zwei davon, als 2,5 Meter hohe Wand aufgestellt und mit einer zweiflügeligen Pendeltür dazwischen, passten gut, um die neue Halle in einen Ausstellungsraum von 15 mal 15 Meter und einen Werk- und Fahrzeugunterstellraum von 20 mal 15 Meter zu teilen. Nur der gebrauchte, mit Handketten zu bedienende 10-Tonnen-Hallenkran, den Vater irgendwo billig erworben hatte, passte nicht zu diesem modernen Gebäude. Aber wie üblich rechnete der Vater damit, dass sein Sohn schon nach kurzer Zeit Rat dafür finden würde und ein Dreivierteljahr später war er auch elektrifiziert.

Der Besuch der Eltern, Anfang Oktober, war mit Überraschungen verknüpft. Sie reisten an einem Wochenende an und hatten die Allensbacher gebeten, bis zu einem Treffpunkt bei Tübingen entgegenzukommen. Die Familie erwartete einen Mercedes 220 S zu sichten, statt dessen kam ein nagelneuer BMW-V8 angefahren, dem ein stolzer Vater entstieg. Alle bewunderten das geschmackvolle Modell, das fast 15 000 DM gekostet hatte, und der begeisterte Oskar jr. fuhr natürlich in diesem Wagen die Strecke nach Allensbach mit. Während der Kaffeetafel kam dann Mutter etwas gehemmt damit heraus, dass Günter die Verlobung mit Christel Mietzelfeld wieder gelöst und sich nun Eva Gollnow zugewandt hätte. Sie konnte ihre Trauer darüber nicht verbergen, während Vater nicht allzu böse war, dass Günter nun von der »Kettenraucherin« befreit sei. Außerdem wäre Eva hübscher als Christel. Auch wenn er wohl recht hatte, handelte er sich mit dieser Äußerung Mutters Unwillen ein. Erika verstand es, um die Dinge nicht eskalieren zu lassen, dem Gespräch eine Wendung in Richtung der Möblierung ihrer neuen Wohnung im Hause zu geben, und so ging der Abend noch harmonisch zu Ende.

Vater hatte inzwischen zu den Stadtwerken in Lübeck weitere Kontakte geknüpft, wie er berichtete. Der Abbau der Straßenbahnanlagen brachte gute Gewinne und, einmal in Schwung, kaufte er zehn Omnibusse, die ausgemustert, aber noch fahrtüchtig waren. Vier davon konnte er so gut verkaufen, dass damit der Einkaufspreis gedeckt war, aber nun haperte der weitere Absatz. Die Vorwerker Kinder fanden, zuerst unbemerkt, wunderbare Spielmöglichkeiten in den außerhalb des täglichen Sichtfeldes abgestellten Bussen und hatten dabei zwei von ihnen aufgebrochen und die Einrichtung weitgehend zerstört. Die intakten Fahrzeuge wurden nun sofort auf Plätze gestellt, wo sie unter Beobachtung standen. Nachdem Vater seinem Ärger darüber Luft gemacht hatte, sagte er zu mir plötzlich: »Weißt du was, ich schicke dir von den beschädigten ein Fahrgestell her, du wirst daraus schon was machen!« – »Lass das sein, einen Fahrzeughandel fange ich nicht an!«, protestierte ich. Vier Monate später brachte der Mustang ohne Ankündigung das Omnibusfahrgestell mit. Da stand es nun auf dem Hof, mit einer Plane weitgehend abgedeckt und blickte mich mit den verblieben Scheinwerfern täglich vorwurfsvoll auffordernd an, als ob es sagen wollte: »Wehe du verschrottest mich, dafür bin ich zu schade!«

Mercedes hatte 1956 einen neuen Fahrzeugtyp herausgebracht, den 219. Er war eine Zwischenlösung mit einem abgespeckten 6-Zylinder-Motor vom 220, dem Vorderteil vom 180, der Fahrgastzelle und dem Hinterteil vom 220. Das Fahrzeug hatte ich für 10 530 DM bestellt, da mir ein 220 S doch zu teuer war. Mitte November fuhr ich mit Oskar jr. per Bahn nach Sindelfingen, um das Fahrzeug abzuholen. Was war das für ein Erlebnis für den Jungen, eine Automobilfabrik bereits mit vier Jahren besichtigen zu dürfen. Dann standen wir vor dem neuen, schwarz lackierten Auto, durften nach der Übergabe einsteigen und losfahren. Es roch so wunderbar neu. »Papa, warum fährst du so langsam?« – »Der Motor muss erst 1000 Kilometer weit eingefahren werden, dann hält er länger!« – »So viele Kilometer?« – »Die sind in zwei Wochen um!« Nachdem ich nur Fahrzeuge mit Dieselmotoren gefahren hatte, freute mich der geringere Geräuschpegel und das wesentlich bessere Beschleunigungsmoment für Überholvorgänge. In Allensbach angekommen, wurde mit Erika und Klaus eine Probestrecke gefahren, die danach das neue Auto gebührend lobten.

Weihnachten stand vor der Tür. Mit viel Liebe hatten Erika, Hanni und Gisela die obligatorische Betriebsweihnachtsfeier vorbereitet. Nach dem ernsten Teil, dem Dank an die Mitarbeiter und dem anschließenden Essen, belustigte man sich bei guten Getränken mit fröhlichen Spielen. So wurde zum Beispiel dem einen ein Groschen angeblich mit Wasser auf die Stirn geklebt und er sollte diesen durch Faltenziehen abbekommen. Die Feuchtigkeit gaukelte dem Betroffenen das Gefühl der klebenden Münze vor, obgleich sie sofort, für ihn unbemerkt, nach oben weggenommen worden war, und die Umstehenden bekamen die schönsten Grimassen zu sehen und bogen sich vor Lachen. Mit einem anderen wurde gewettet, er bekäme mit der rechten Hand, hinten herum fassend, den Bügelverschluss einer Bierflasche nicht geöffnet, die ihm in die linke Hosentasche gesteckt wurde. Natürlich bekam er die Flasche auf, doch sie war mit einem Loch im Boden manipuliert worden, der Unterdruck hatte das eingefüllte Wasser bis zum Öffnen gehalten, dann lief dem Armen das kühle Nass in die Hose. Schnell ließen die Späße die Stunden verrinnen, dann wurde noch aufgeräumt und am frühen Morgen fuhren die Familie und Hanni nach Lübeck.

Das Weihnachts- und Neujahrsfest liefen in der bekannten harmonischen Stimmung ab. Die beiden kleinen Jungen bildeten den Mittelpunkt der Aufmerksamkeit. Gern wurden Besuche bei Verwandten und Freunden absolviert, dann aber wurde es Zeit, die Geschäftslage zu besprechen. Die Bilanzen wiesen zwar einen guten Gewinn von etwa 20 000 DM nach Steuern aus, und Vater hatte mit dem Steuerberater alle Möglichkeiten genutzt, um den Gewinn zu drücken, doch gaben einige Bereiche zu herber Kritik Anlass. Günter beschwerte sich, dass in Lübeck nur »Kleinkram« statt größerer Objekte, wie früher, gehandelt würde. Statt dessen verschiebe Vater diese immer nach Allensbach. Dieser konterte: »Du bist derjenige, der in Lübeck die dafür kompetenten Leute nicht haben wollte, während Horst nun in Allensbach eine hervorragende Maschinenaufarbeitung installiert hat. Beklage dich nicht über Dinge, die du selbst verursacht hast!« Günter wollte daraufhin wütend den Raum verlassen, aber Vater befahl: »Du bleibst!« Es war tatsächlich so, dass das Gros der Rechnungsbeträge zwischen fünfzig und 300 Mark lag, was natürlich einen großen Verwaltungsaufwand erforderte. Andererseits mache Kleinvieh auch Mist. Der Erfolg gab ihm recht. Günter störte sich besonders daran, dass er immer wieder in der Stadt in Arbeitskleidung gesehen wurde, wenn er Kranarbeiten durchführen musste, was seinem gesellschaftlichen Ansehen schade. Vater sagte: »Hier bleibt es beim Bewährten, wir haben viele Dauerkunden, außerdem habe ich große Dinge in die Wege geleitet!« Die Söhne sahen ihn erwartungsvoll an, doch darüber sollte erst am Schluss gesprochen werden.

Auch ich kam mit meiner Kritik heraus. Mir werde ständig, bis auf 3000 Mark das Konto geleert und damit jede Bewegungsfreiheit genommen. Wenn ich sehe, über welchen finanziellen Spielraum Günter Berg verfüge, dann sei mir klar, dass dieser eine ganz andere Aufwärtsentwicklung durchmache. Auch der Maschineneinkauf durch Vater gehe am Trend vorbei, denn diese seien alle zu alt, modernere seien gefragt, da nütze alle Modernisierungskunst nichts. Die alten Werkzeugmaschinen seien vom Grundaufbau für längst überholte Schnittgeschwindigkeiten ausgelegt und deshalb kaum an den Mann zu bringen. Den Käufer interessiere weniger der Preis als die Produktivität. Vater meinte, Allensbach habe sich sehr gut entwickelt, er werde zwar die Einwände berücksichtigen, aber die Verdienstchancen seien bei den älteren Maschinen wesentlich größer als bei gebrauchten modernen. Man müsse den Mittelweg suchen. Einen größeren Finanzspielraum könne er gerade jetzt nicht billigen, weil er in Zukunft jeden Pfennig benötige. Damit war die Überleitung zu den in die Wege geleiteten »großen Dingen« vollzogen.

In der Tat war es so. Vater hatte bereits mehrmals mit der Firma Possehl wegen des Ankaufs des gepachteten Grundstücks in Vorwerk verhandelt. Seine Verhandlungspartner waren die Herren von der Lippe und Sahlmann. Immer wieder hatte er den Kaufpreis gedrückt bis bei der Summe von 127000 DM Herr von der Lippe erbost mit der Faust auf den Tisch schlug: »Entweder Sie unterschreiben jetzt, oder wir lassen das Ganze! Beim nächsten Mal kommen Sie und wollen es auch noch geschenkt bekommen!« Nun gab Vater kleinlaut bei. Der Termin beim Notar Rüsse wurde auf den 17. Januar 1957 festgelegt, von der Lippe ließ ein paar Gläser Sekt kommen und sagte: »So, nun wollen wir uns mal wieder vertragen, ich gratuliere Ihnen zu dem günstigen Kauf, aber bestreiten Sie ja nicht das ›Günstige!« Vater war erleichtert zu seiner Frau gekommen und froh darüber, wohl das größte Geschäft seines Lebens abgewickelt zu haben. Nun war endgültig Lübeck ihre Heimat. Für die Zahlungsmodalitäten hatte er 20000 DM angespart, einen abgesicherten Kredit über dreißigtausend gab die Spar- und Darlehenskasse und 7700 DM mussten jedes Jahr bis 1966 abgezahlt werden. Possehl hatte sich sehr großzügig gezeigt. Wir Söhne zollten ihm unsere Anerkennung, denn der Kauf dieses 20000 Quadratmeter großen Areals war ein Meisterstück in Preis und Zahlungsmodalitäten, und wir waren gern bereit, weiterhin unseren gewohnten Einsatz zu zeigen.

44. Kapitel

Petris hatten ein halbes Jahr vor ihren Eltern verborgen gehalten, dass Klara mit einundvierzig schwanger war, sie schämte sich deshalb, und sie hatten einige Gespräche darüber mit Erika und mir geführt, die drängten, darüber frei zu sprechen. Doch Petris warteten, bis es nicht mehr zu verheimlichen war. Die Reaktion der Eltern fiel nicht so ablehnend aus, als dass sich die Heimlichtuerei gelohnt hätte, und im Januar 1957 kam ihr vierter Bub, Peter, auf die Welt. Die vorher am meisten deswegen reservierte Oma Harder konnte sich nun gar nicht genug mit dem herzigen »Bubele« abgeben. Hartmut klagte seit einem halben Jahr stets über Rückenschmerzen. Ich meinte, diese verursache sein holpriger VW und bot ihm den Mercedes 180 D zum Freundschaftspreis an, als der 219 geliefert war. Nun fuhr er diesen gepflegten Wagen, war die Kreuzschmerzen los und froh, für seine Familie ein Auto mit genügend Platz zu haben.

Ich befand mich weiterhin viel auf Geschäftsreisen, um die älteren, gebrauchten Maschinen loszuwerden. Aus meinem Besuchsbuch ging hervor, dass allein der Pumpenfabrik Allweiler dreiundachtzig Besuche abgestattet wurden, ehe der ersten Verkauf gelang. Meine Fahrten richteten sich weitgehend nach den Abendkursen des Industriemeisterlehrgangs. Dieser brachte mir aber auch Vorteile durch das vermittelte Wissen, durch das technische Zeichnen und durch die Bekanntschaften mit Dozenten und Schülern, die in den umliegenden Industrieunternehmen tätig waren. Viele Türen wurden mir damit für den Handel geöffnet. Eine besondere Verbindung hatte sich im Laufe der Zeit zu Karl Rossknecht in Pfullendorf aufgetan, der fast von Anfang an zu den Kunden zählte. Erika und ich feierten die Fastnacht in Pfullendorf, wo Karl Rossknecht die Ehre hatte, als Narrenmutter in Weiberkleidern neben dem Narrenpräsidenten zu fungieren. Jede Gegend besaß ihre Eigenheiten, die bei allem Spaß der Tradition wegen sehr ernst genommen wurden. Rossknecht gehörte im Allgäu bei Sonthofen eine Hütte. Er bot sie unserer Familie als Urlaubsdomizil an, was wir dann Anfang April sehr gern wahrnahmen, denn der Erholungswert in dieser frischen Bergluft war enorm.

Als wir nach einer Woche aus dem Urlaub kamen, beklagte sich Seeberger über einen Transportauftrag, den er unbedingt durchführen wollte, dann aber leider abbrechen musste, weil der Hanomag die Lasten vielleicht gehoben, aber die Hubhöhe nicht ausgereicht hätte. Das war auch vorher schon öfter passiert, etliche Transportaufträge gingen verloren, weil die Lasten umfangreicher und schwerer wurden. Ich sagte ihm, in der Urlaubsruhe wäre mir eine Idee für einen Kran gekommen, die zwar noch etwas verschwommen in meinem Gehirn geistere, jedoch auf dem Zeichenbrett konkretere Formen annehmen könnte. Aber dann kamen Maschinenverkäufe und der Zeitaufwand für den Industriemeisterkurs dazwischen, sodass doch zwei Monate ins Land gingen, ehe ich meine Ideen skizziert hatte. Die Frage war, wie ein Mobilkran mit den Mitteln der eigenen Werkstatt gefertigt werden könnte. Ich setzte mich mit dem technisch begabten Seeberger zusammen und erläuterte ihm das Konzept.

In einem Säulenfuß aus zwei verstrebten Stahlplatten, im Abstand von etwa 300 Millimeter senkrecht auf einem Lkw-Fahrgestell montiert, ist eine Stahlrohrsäule im oberen Säulenfußbereich so gelagert, dass sie von der Waagerechten in die Senkrechte verschwenkt und so auch arretiert werden kann. Auf dem oberen Ende der Säule wird ein doppelarmiger Ausleger mit am längeren Ende angeordneten Lasthaken montiert, der um eine vertikale und um eine horizontale Achse schwenkbar ist, und bis an die Säule herangeklappt werden kann. Um den Säulenfuß wird ein Ring aus Normalprofilträger NP 300 mit einem Durchmesser von 2500 Millimeter, das ist die zulässige Lastwagenbreite, fest montiert. Auf diesem läuft eine Laufkatze, die mit einem identischen Seilrollensatz versehen ist, wie die kürzere Seite des doppelarmigen Auslegers. Über je zwei Umlenkrollen im oberen und unteren Säulenteil werden durch die hohle Säule das Hub- und Nakkenzugseil zu zwei Winden geführt, die außerhalb des Trägerrings auf dem Fahrzeugrahmen fest montiert sind. Der Säulenkopf trägt außerdem eine Bremse, um die Drehung des Auslegers anhalten zu können. Die Laufkatze wird mit einem angetriebenen Seil, das in Rollen geführt ist, die im Steg des Trägerrings sitzen, um den Trägerring gezogen und nimmt den doppelarmigen Ausleger um die vertikale

Achse mit. Durch das Festhängen des Hubseils am eigenen Fahrzeughinterteil kann der Kranmast aufgestellt oder umgelegt werden. Das Fahrzeug selbst bildet das Gegengewicht, es muss 1,80 Meter ausziehbare Abstützträger bekommen. Dann erhält man einen mobilen Schwenkkran mit einer Tragkraft von 5 Tonnen und einer Hubhöhe von 10 Meter.

»Verhältnismäßig einfach ist die Konstruktion im Gegensatz zu anderen Kränen, aber wer soll den Trägerring und den oberen Schwenkkopf mit der Bremse anfertigen?«, fragte Seeberger. »Wir selbst!« – »Dazu haben wir doch keine Maschinen!« – »Doch«, sagte ich, »wir haben die Trägerrichtpresse, in die bauen wir zwei untere angetriebene Rollen mit Rillen, im Abstand zu den Dreihundertträgern passend, und oben eine Druckrolle ein. Damit können wir den schweren Trägerring biegen. Für den Schwenkkopf mit Bremse nehmen wir ein Hinterachsteil, Berg hat so etwas bei sich liegen, fangen die Vertikalkräfte durch ein Drucklager ab und schrauben das Ausleger-Trägerteil dort an, wo sonst die Radfelge befestigt wird.« – »Das könnte gehen, aber womit treiben wir an?« – »Hydraulisch mit einer Schraubenpumpe von Allweiler, die vorn am Motor eingekuppelt werden kann, und die wiederum treibt die Winden über Hydraulikmotoren gleicher Bauart.« – »Das ist aber ein Risiko, das wir eingehen«, meinte Seeberger, »überlegen Sie, wenn das nicht funktioniert, setzen wir einen Haufen an Arbeit und Material in den Sand!« – »Es wird funktionieren!«

Hanni hatte gekündigt, verließ unsere Familie in freundschaftlicher Verbundenheit zum 15. April. Eine Nichte von Oma Harder aus Kappelrodeck hatte sich vorgestellt und trat ihren Dienst am 1. April an. Hilde Streck war eine adrette, kleine, resolute Person, die fleißig ihre Arbeit aufnahm, mit den Kindern gut zurechtkam und sich schnell in das Familienleben einfügte. Sie war Haustochter, nicht Dienstmädchen, hatte Vertrauen verdient, zumal Petris sie dazu anhielten, das nie zu missbrauchen. Die erste Feuerprobe dafür kam schon mit Evas und Günters Hochzeit am 27. April 1957. Verwandte und Freunde von nah und fern waren geladen, wir dazu mit Klein-Oskar vom Bodensee aus angereist, während wir Kläuschen in der Obhut von Hilde und Klara ließen.

Die Trauung fand im feierlichen Rahmen in der Luther-Kirche statt, das Brautpaar fuhr zu diesem Anlass im gemieteten 300er Adenauer-Mercedes vor, Oskar jr. und Angela Nickel, Carmens Tochter, bestreuten den Weg vom Altar mit Blumen, wobei er der Cousine ständig »wichtige« Anweisungen für den sparsamen Streuvorgang gab, schließlich waren die Blumenkörbchen dann nur halb geleert. Nach den vielen Glückwünschen und den obligatorischen Gruppenfotos vor der Kirche begab sich die illustre Gesellschaft zur Feier in das Nobelrestaurant Zur Lachswehr. Die Gäste nahmen an der hübsch gedeckten Tafel Platz. Nach den Vorgerichten hielt Dr. Franz, als Vertreter des verstorbenen Brautvaters, die erste Tischrede und bezog sich dabei auf das Wohlleben, das die Eheleute aufgrund des inzwischen wieder erarbeiteten Familienvermögens haben könnten, und ließ sie dann hochleben.

Vater hielt es während des nächsten Menüganges kaum auf dem Sitz. Die Ehrengäste, Helmut von der Lippe und Frau Edith, neben den Eltern platziert, bemerkten sofort seine Unruhe und Beweggründe. Herr von der Lippe sagte leise zu ihm: »Bleiben Sie sitzen, die nächste Rede halte ich!« Mit humorigen Worten, die den tiefen Ernst dennoch nicht verbargen, wies er Dr. Franz zurecht, dass jungen, kräftigen Menschen auf dem Start ins Leben nicht der Verbrauch des väterlichen Erbes anzupreisen sei, sondern die Aufgabe, es zu mehren. Er hatte alles in der Stehgreifrede so geschickt eingefügt, dass keine Missstimmung entstand, nur Georg Franz saß mit rotem Kopf da und Vater griente zufrieden.

Die Überleitung zum fröhlichen Teil erfolgte mit dem Verlesen der Hochzeitszeitung, in der Eigenheiten der Brautleute und Gäste in Versen persifliert waren, Unterhaltungsmusik spielte bis zur Kaffeetafel auf, die dann die angenehmen Gespräche unterbrach. Ich war zusammen mit Waldemar Nickel währenddessen für kurze Zeit verschwunden. Zu den üblichen Hochzeitsspäßen gehörten ja auch Manipulationen im Schlafzimmer der Hochzeiter. Günter hatte seinerzeit eine Glocke unter die Matratze von Erika gehängt. Im Gegenzug hatten wir zwei kleine Blasebälge, mit Tuten verschiedener Tonhöhe, unter die Ehebetten montiert, die jede Matratzenbewegung meldeten. Günter hatte die Abwesenheit der beiden bemerkt und stellte mich zur Rede: »Wo warst du?« – »Das werdet ihr schon merken, Wurst ist wieder Wurst!« Wütend ging er zu Eva und bestellte nach kurzer Diskussion mit ihr per Telefon ein Hotelzimmer für die Hochzeitsnacht. Viele hatten das mitbekommen, das tat der frohen Laune keinen Abbruch, bis in den Morgen wurde getanzt. Die entfernter wohnenden Gäste reisten am nächsten Tag wieder zurück, wir blieben wegen geschäftlicher Besprechungen noch einen Tag länger, um dann auch die Heimreise an den Bodensee anzutreten.

Mitte Mai kam Erikas Bruder Jochen zu Besuch. Er war mit der Mannschaft der Lübecker Rudergesellschaft vom Ruderclub Konstanz eingeladen und wurde in den trainingfreien Stunden von seiner Schwester nach Allensbach geholt. Ende Juli war seine Hochzeit mit Heike Stöhrmann festgelegt, wozu wir eine herzliche Einladung bekommen hatten. Stöhrmanns waren vermögende Leute, und so freute es Jochen als Halbwaisen, dass durch die Ehepaare Broziat senior und junior ein gewisses gesellschaftliches Gegengewicht auftrat. Die Hochzeit wurde gebührend in der Waldhalle, Bad Schwartau, gefeiert, das schöne Brautpaar hätte auch im Film auftreten können, und die Feier gab das Tagesgesprächsthema in Lübeck ab.

Wir hatten uns für die Feier nur drei Tage Zeit genommen, denn die Arbeit in Allensbach wartete, so mussten die geschäftlichen Dinge in gewisser Eile abgehandelt werden. Ich sah noch vier unverkaufte Omnibusse stehen, sagte aber nichts von meinem Kranaufbauplan. Mutter, die Schwarzseherin, zeigte große Sorgen, wie wohl das Lübecker Grundstück abgezahlt werden könne, worauf die Kinder sie auslachten, bei dem erstandenen Gegenwert. Thema war auch wieder meine knappe Kapitaldecke und die vielen Kleinposten im Geschäftsverlauf in Vorwerk, doch Wege zu Änderungen konnten nicht erkannt werden. So traten wir die Heimreise an und waren froh, alles in bester Ordnung vorzufinden. Unsere beiden Jungen freuten sich über das Wiedersehen und die mitgebrachten Spielzeugschiffe, die ihre Oma besorgt hatte. Die konnten sie gut verwenden, denn Hartmut Petri hatte Klaus Sonntag aus Crailsheim einen nicht bebauungsfähigen Seeplatz verkauft, dessen Aufsicht von ihm übernommen war. Diesen Badeplatz durfte seine Familie und auch die von uns in Abwesenheit der Eigner nutzen. Für die Familien stellte es einen großen Erholungswert an den Wochenenden dar, zum Baden ein Stück Seeufer zu haben, an dem sie von anderen Besuchern nicht gestört wurden.

In Allensbach standen Geschäftsfahrten an, damit Kunden zu Maschinenbesichtigungen geworben wurden, die dann meist mit einem kleinen Essen im Hause verbunden waren, das Erika schnell zu bereiten wusste. Überhaupt war sie diejenige, die es verstand, Bekanntschaften mit interessanten Kunden aufzubauen, aus denen dann oftmals eine gute Freundschaft wurde. Zudem hatte Erika eine erstaunliche Entwicklung aufzuweisen. Aufgewachsen im Hause eines Offiziers, dem das Kaufmannswesen doch fremd blieb, zeigte sich seine Tochter als eine Geschäftsfrau mit Wissen und Übersicht in allen Belangen der Broziat'schen Betriebe, ganz gleich, ob es sich um die Buchhaltung, das Rechnungswesen, die Korrespondenz oder auch um die Belange der Werkstatt und um den Einsatz der Leute handelte. Erika wusste alles, sah alles und sorgte für Ordnung in Haus und Betrieb. Ihr Höchstes aber waren die Familie und die Kinder. Sie war für mich ein einmaliger Glücksfall und ich wohl auch für meine Erika.

Günter Berg hatte wieder einmal einen Großeinkauf bei der VEBEG, der Verwertungsgesellschaft für Besatzungsgüter, getätigt. Die VEBEG versteigerte ausgemustertes Militärgut ihrer Streitkräfte und Beutegut der früheren Wehrmacht. Ich fuhr mit Seeberger hin, und als ob es zeitlich so passen sollte, fanden wir vier Seilwinden, wie sie am großen Hanomag eingebaut waren, schwere Lkw-Hinterachsaggregate mit Bremsen, einige verwendbare Übersetzungsgetriebe, Ausgangsmaterial zur Fertigung von Rollen und Bolzen, Kardanwellen und vieles, was uns für den geplanten Kranbau zustatten kam. Vier starke Zeltmaste lagen in Allensbach, wovon einer bereits beim Aufbau der Hallenkonstruktion am kleinen Hanomag Verwendung gefunden hatte. Der Kauf der Teile von Berg gab nun den Anlass, mit dem Kranbau zu beginnen. Immer wenn Zeit zwischen den Maschinenaufarbeitungen frei war, wurde sie zur Fertigung der Kranteile genutzt. Das Fahrgestell war inzwischen gesäubert in die Halle gezogen und mit den ersten Teilen wie Grundplatte und Säulenfuß versehen worden. Das Biegen der zwei Trägerringhälften erwies sich auf der alten, umfunktionierten Presse als erstaunlich einfach, bei dem Außendurchmesser von 2,5 Meter blieben sie in einer Abweichung unter 3 Millimeter, als diese verschweißt waren. Im Laufe des Herbstes waren die Winden mit Antrieben versehen, die Hydraulikpumpe montiert, der mit Rollen versehene Rohrmast einschließlich bremsbarem Schwenkkopf eingebaut und der doppelarmige Gitterausleger in Arbeit. Dieser stellte die schwierigsten Anforderungen an die Werkstatt, weil die verschiedene Form von zwei spitzwinkeligen doppelten Dreiecken für das vordere und hintere Teil jeder Rohrstrebe einen anderen Einbauwinkel vorgab. Alle Teile wurden geheftet und von einem geprüften Schweißer einer befreundeten Firma verschweißt. Nachdem die Seile eingezogen waren, kam Mitte Dezember der große Tag der Prüfung. Alles stand gespannt dabei, als Seeberger auf dem freien Kransitz hinter dem Führerhaus die selbst gebauten Hydraulikventile bediente. Langsam hob sich, von der Kraft des Hubseils gezogen, der Mast mitsamt dem Ausleger in die Senkrechte und, nachdem dieser verbolzt war, der Ausleger in die Waagerechte. Das Schwenken durch das Umfahren der Laufkatze auf dem Trägerring und Bremsen des Auslegers funktionierte einwandfrei. Das war schon eine abendliche Feier mit allen Beteiligten wert.

Am nächsten Tag wurden Belastungsversuche unternommen. Zwischen der Klappöse in der Betonstraße und dem Hubseil wurde eine 10-Tonnen-Zugwaage gehängt und vorsichtig die Winde in Drehung gesetzt. In waagerechter Auslegerposition bäumte sich das Fahrgestell bei 4 Tonnen auf, in Steilstellung bei 6 Tonnen, seitlich über die Abstützungen ergaben sich ähnliche Werte. Das bedeutete, der Firma stand nun ein fahrbarer Schwenkkran mit Maximalwerten von sicheren 5 Tonnen Tragkraft, 5,5 Meter Ausladung, 8 Meter Hubhöhe und 70 Stundenkilometer Höchstgeschwindigkeit zur Verfügung. Ich hatte die verschiedenen Stellungen beim Aufrichten und Schwenken mit Last fotografiert, den Film schnell entwickeln lassen, um die Bilder nach Lübeck mitzunehmen. Nach der obligaten Betriebsweihnachtsfeier, der Verabschiedung bei Petris, die die Hausaufsicht übernahmen, startete unsere Familie einschließlich Hilde gen Norden.

Mutter hatte, zur Verärgerung von Erika, der Haushilfe bis nach Neujahr Urlaub gegeben. So lag die Last der Haushaltsführung sogleich bei den Angereisten, denn sie hatte in solchen Situationen immer zu »buchen«. Wenn man allerdings unverhofft in ihr Büro kam, legte sie schnell die Buchungsmappe über ihr Kreuzworträtsel und blätterte in den Belegen, in dem Glauben, das sei unbemerkt geblieben. Nun, ein Leben lang hatte sie ihre Pflicht getan, wer sollte da nicht über solche kleinen Schwächen hinwegsehen, denn ihre Buchhaltung hielt sie ja akribisch in Ordnung. An den Feiertagen blieben die geschäftlichen Belange tabu, danach aber wurde darüber umso eingehender diskutiert. Die Abzahlungsrate für das Grundstück war vor Weihnachten geleistet worden, Vater verband diesen Akt immer mit der Überbringung von großzügigen Weihnachtsgeschenken für die maßgeblichen Herren von Possehl. Auch hatte er von Schulz-Demmin Pläne für den weiteren Ausbau des Grundstücks in Vorwerk zeichnen lassen, denn alle Überschüsse sollten in dieses schöne Anwesen investiert werden.

Ich hatte mir den »Joker« aufgespart, bis die Sprache auf die schwer verkäuflichen Omnibusse fiel. Vater kam aus dem Staunen kaum heraus, als er die Bilder sah. »Wie lange dauert es, bis der Kran steht?« – »Du meinst die Rüstzeit, sie beträgt einschließlich der Fahrzeugabstützung knapp drei Minuten!« – »Die neuen Gittermastkräne, die herausgekommen sind, brauchen über eine halbe Stunde, ehe sie mit der Arbeit beginnen können, und der Kunde muss die Zeit bezahlen, da bist du ja völlig konkurrenzfähig, das ist ja unglaublich, und alles habt ihr in der eigenen Werkstatt gefertigt?« Er konnte sich kaum beruhigen. »Ja, bis auf die Winden und die Hydraulikaggregate haben wir alles selbst gemacht. Glaube nun aber bitte nicht, ich könnte mit meinen fünf Mann eine Kranfertigung beginnen, dazu müsste ich Baulizenzen, Statiker, viel Kapital und studiert haben und deine Busfahrgestelle sind zu alt, haben keinen Nebentrieb für die Hydraulikpumpen und so weiter!« Vor Vaters geistigem Auge waren schon Traumfabriken für Kräne aufgetaucht, die nun wieder im Nebel verschwanden. Bei allem konnte man den Realismus nicht aus den Augen verlieren, der Kran war wohl für den Eigenbedarf einsetzbar, aber nicht für Lieferungen an fremde Firmen, mit allen Konsequenzen der technischen Haftung. Wie sollte man auch gegen Großfirmen wie Krupp, Demag oder Liebherr, die seit einiger Zeit mit mobilen Gittermastkränen auf dem Markt waren, konkurrieren? Für derartige Projekte fehlten uns kapitalmäßig absolut die Mittel, aber auch die technischen Grundlagen. Das Wissen, das ich mir im Industriemeisterkurs erwarb, reichte dafür bei Weitem nicht aus. Dennoch hatte die Leistung viel Hoffnung für die Zukunft in das Betriebsgeschehen gebracht, und wir gingen mit größerer Sicherheit in das Jahr 1958.

Bei den Besprechungen hatte Günter Bilder von den Kranarbeiten im Lübecker Raum gezeigt. Der Jörgens-Kran mit ansehnlicher Hubhöhe und Tragfähigkeit war zwar so elektrifiziert, dass die Stromspeisung entweder aus einem Aggregat kam, das im Gegengewichtsbereich untergebracht war, oder von außen aus einer nahe gelegenen Steckdose. Doch der Kran saß auf einem Anhänger-Fahrgestell, benötigte also stets ein zusätzliches Fahrzeug, das ihn bewegte. Ich fragte: »Ihr habt draußen zwei Dreiachser-Busse zu stehen, warum nehmt ihr nicht das beste Fahrgestell davon und schraubt den Jörgens-Kran drauf, das ist nun wirklich keine große Angelegenheit. Selbst die Abstützungen könnt ihr verwenden. Dann seid ihr beweglicher, könnt Lasten verfahren, hier gibt es doch keinen Kran in dieser Art!« Wir zogen uns Mäntel an, gingen bei dem frostigen Wetter zu den Fahrzeugen, den Umbau zu besprechen, und kamen fröhlich in die Wärme zurück mit der Gewissheit, die Idee schnell verwirklichen zu können.

In Lübeck hatte die Arbeit bereits begonnen, während am Bodensee der Dreikönigstag als gesetzlicher Feiertag galt. Da war es vernünftiger, die Zwischenzeit bis zum 6. Januar Betriebsurlaub zu geben. So blieb meine Familie bis zum 5. Januar, und ich konnte mit Ratschlägen für den Kranumbau hilfreich sein, denn auch Günter drängte, die Angelegenheit in die Tat umzusetzen. Er hatte den Busaufbau demontieren und das Fahrgestell in die geheizte Werkstatt schleppen lassen. Der Motor klang gesund, auch Getriebe und Achsen wiesen keine Mängel auf. So konnte bald die schwere Grundplatte mit den vorgefertigten Bohrungen für den Drehkranz montiert werden, ebenso auch die Anschlusshalter für die Abstützungen. Dann wurden beide Fahrzeuge nebeneinander gestellt, auf gleiche Höhe gebracht und der Kranaufbau wurde auf Gleitschienen hinübergezogen und verschraubt. Nach Anbringung der Abstützungen, Erprobung und Zulassung hatte nun auch die Firma Broziat Lübeck ein Gerät, das gutes Geld einbringen konnte.

Wir waren pünktlich in Allensbach zurück, denn für Ende Januar 1958 lagen bereits Aufträge im Raum Konstanz zum Verlegen von Heizöltanks vor. Die Umstellung der Zentralheizungen auf Öl ging in Deutschland zügig voran, weil dieser Brennstoff das lästige Versorgen der Zentralheizungen mit Koks entbehrlich machte. Entsprechend war auch der Bedarf, Heizöltanks in die Erdgruben zu verlegen. Für den Jörgens-Büssing-Kran in Lübeck gab es nun auch ständig Arbeiten für diese Tanks, für Maschinenverladungen und viele andere schwere Lasten. Er war ein Gewinn für den Betrieb, denn seine Einsätze zogen auch andere Geschäfte im Ein- und Verkauf nach. Die ständigen Mahnungen von uns Söhnen, sich wieder größeren Objekten zuzuwenden, trugen ebenfalls Früchte, immer mehr wiesen die Rechnungen folgende Objekte auf: Elektromotoren, Strom- und

Firmenfahrzeuge bereit zur Abfahrt

Kompressoraggregate, Behälter, Dieselmotoren, Schweißumformer, Riemenscheiben, Umkleideschränke, Rührwerke, Pumpen, Winden, Maste, Luftlandebleche, Heizkörper, Boiler und Werkzeugsätze. Gebrauchte Omnibusanhänger fanden Absatz als Mannschaftswagen für Baustellen, man konnte sagen, der Betrieb in Lübeck war gut in Schwung. Vater mit seinem Charme war als Unternehmer allseits beliebt und inzwischen in der Stadt eine bekannte Persönlichkeit. Im schönen Grundstück in Vorwerk hatte die Familie wieder eine echte Heimat gefunden.

Unsere Familie, am 6. Januar nach Allensbach zurückgekehrt, fühlte sich wohl im schönen Zuhause. Die Kinder wollten sich noch möglichst lange mit den weihnachtlichen Spielsachen vergnügen, aber nachdem die Koffer ausgepackt waren, ging alles schnell zu Bett, denn morgen begann die Arbeit. Bitterkalt war es draußen, aber auch in der Halle. Die beiden Späneöfen strahlten zwar Wärme ab, reichten jedoch nicht aus, um die hohe Halle zu beheizen. Der neue Ringkran, wie er nun getauft war, sollte schnellstens lackiert werden, doch dazu musste erst Tauwetter einsetzen. So wurden in Ofennähe Maschinen aufgearbeitet, bis dann doch eine kurze, wärmere Periode eintrat. Die Zulassung des Fahrzeugs bereitete Schwierigkeiten wegen der zu hohen Vorderachslast, bedingt durch den Kranaufbau in zusammengelegtem Zustand. Man einigte sich mit dem TÜV auf eine Geschwindigkeitsbegrenzung von 60 Stundenkilometer. Die ersten Kraneinsätze fuhr ich selbst, zusammen mit Militz, um Erfahrung zu sammeln, was mein Produkt leistet und wie es sich bewähren würde. Es traten nur unwesentliche Mängel auf, die schnell behoben wurden. Zur Absicherung meiner Idee wurde bereits am 3. Februar eine Patentanmeldung dafür eingereicht. Wie in Lübeck, so war auch im Bodenseeraum reichlich Bedarf für einen entsprechenden Mobilkran vorhanden. Die Öltanks legte man bisher meist mit Baggern ein, doch diese wiesen oft eine zu geringe Tragkraft auf und nach einigen Unfällen bestellte man lieber den inzwischen bekannten Broziat-Kran, als die Risiken einzugehen. In Ermangelung eines zweiten Führerscheininhabers der Klasse 2 musste Seeberger das Fahrzeug führen, deshalb ermunterte ich Heinz Militz, die Prüfung dafür auf Betriebskosten zu absolvieren. Nach dem Führerscheinkursus passte es, als der Mustang in Allensbach war, diesen für die Prüfung zu nutzen. Um dem unsicheren Militz zu helfen, hatte ich mich in die Schlafkabine gelegt, da der Prüfer und noch ein zweiter Kandidat in der Kabine saßen. Wie vorher vereinbart, tippte ich Militz jeweils so oft auf die Schulter, wie er die Zahl des Gangs zu wählen hatte. Es lief dann scheinbar auch alles glatt ab, nur der Prüfer sagte zum Abschied: »Haben Sie gut gemacht, Herr Broziat!« Er hatte also doch etwas gemerkt. Ich blieb bei den nächsten Fahrten dabei, um Militz weiter zu schulen, dann war er reif, den Kran selbst zu fahren.

Eineinhalb Jahre hatte ich nun zweimal die Woche von 18 bis 22 Uhr am Industriemeisterkurs teilgenommen. Das hatte mich neben dem Auf- und Ausbau des Allensbacher Betriebes doch sehr strapaziert. Nun begannen am 10. Februar die Prüfungsarbeiten, die noch einmal alles forderten, denn für die ersten Ausbildungen dieser Art in Deutschland hatte man ein hohes Niveau angesetzt. Der Initiator,

Arbeitgeberpräsident Paulsen, gleichzeitig auch Chef der Aluminiumwalzwerke in Singen und Präsident des Handelskammerbezirks Konstanz, legte in seinem Bereich großen Wert auf eine fundamentale Lehrtätigkeit. Dazu hatte er aus seinem Werk etliche leitende Herren als Dozenten eingesetzt. Alle Kursteilnehmer waren gestandene Männer, die zum Teil den Krieg mitgemacht hatten, den Ernst des Lebens kannten und dementsprechenden Eifer an den Tag legten. So mussten nur drei eine Nachprüfung absolvieren. Am 9. April 1958 wurden im Sitzungssaal der IHK in einer Feierstunde von Dr. Paulsen persönlich die Zeugnisse überreicht und ich hielt eine kurze Dankesrede im Namen aller neuen Meister. Mir lag das spontane freie Sprechen. Dr. Paulsen stand auf und bedankte sich mit Handschlag. Am nächsten Wochenende wurde dann mit allen Dozenten und Damen eine zünftige Abschlussfeier mit Musik und Tanz abgehalten, bei der die Lehrer und einige Kursteilnehmer aus einer Festschrift humorvoll ihre Eigenheiten vorgetragen bekamen.

Mit meinem Meistertitel nutzte ich nun die Möglichkeit, zwei gewerbliche Lehrlinge einzustellen, Michael Moritz aus Allensbach und Burkhard Ott aus Konstanz. Beide waren Halbwaisen, die Väter hatten ihr Leben im Krieg gelassen. Der von Michael war höherer Offizier gewesen und die Mutter meinte, sie hätte genug hergegeben, nun solle der Staat für die Ausbildung ihrer Kinder sorgen. Ohne die rechte Fürsorge der Mutter schloss Michael entsprechend schlecht die Schule ab, trotz eines guten Charakters und auch mit Willen zur Leistung. Burkhard zeigte sich intelligenter, aber er war auch sturer. Dennoch verstanden sich beide gut und fügten sich schnell in das Betriebsgeschehen ein. Bei Michael musste ich samstags immer wieder Nachhilfestunden geben, Burkhard kam ohne diese aus. Einmal in die Dreharbeiten intensiv eingeführt, war er bald dem gewieften Seeberger ebenbürtig. Ich animierte Seeberger, ebenfalls seine Meisterprüfung abzulegen, er hatte eine entsprechende Gesellenzeit hinter sich, und den Zweimonatskurs konnte er verkraften. Als Meisterstück fertigte er eine hydraulische Nutenstoßvorrichtung an, die in den Stahlhalter einer Drehbank eingespannt werden konnte. Kurz vor seiner Hochzeit mit Waltraut Mahlbacher hielt er seinen Meisterbrief in der Hand. Zur Hochzeit der beiden kamen über einhundert Gäste, jedoch ist es Brauch am Bodensee, dass von den Hochzeitern nur ein enger Kreis freigehalten wird, während alle anderen ihre Zeche selbst bezahlen. Als das Paar nachts schlafen gehen wollte, waren ihre Betten im verschlossenen Kleiderschrank verstaut, als Äquivalent für den Schabernack, mit dem Seeberger bei Militz' Hochzeit das Paar am Schlaf hinderte, weil er denen die Betten so auseinandergebaut hatte, dass sie zusammenkrachten, als sie einstiegen.

Im April ging es Erika gesundheitlich nicht gut. Nach all den Jahren, in denen sie voll im Einsatz war, sollte ihr eine Kur in Badenweiler guttun. Als sich ihr Zustand nach vierzehn Tagen nicht besserte, diagnostizierte der Arzt anhand der Symptome eine Schwangerschaft. Nun wollte Erika schnellstens wieder nach Hause: Dafür brauchte sie eher die eigene Umgebung als eine Kurklinik. Klara Petri und Lisa Voss sprachen ihr Mut zu und bald freuten sich alle über das zu erwartende Kind. Fritz Voss befand sich zu der Zeit in Holland bei Phillips, wo er zum Manager für das Werk in Berlin ausgebildet wurde. Die Berufung zum leitenden technischen Direktor war für Dezember 1958 geplant.

Im Frühjahr erwarb Bertold Hermle aus Gosheim eine Pfauter Zahnradfräsmaschine. Er hatte Erika und mir zugesagt, auch in Zukunft bei uns einzukaufen. Mit seinem Bruder betrieb er eine aufstrebende Maschinenfabrik. Nun kam die traurige Nachricht, dass Hermle im See bei Ludwigshafen ertrunken sei. Ein so hoffnungsvoller, stabiler Mensch verlor plötzlich sein Leben, und wir waren um einen liebenswerten Bekannten ärmer.

Aber es gab auch Kunden anderer Art. Josef Kriescher, Maschinenhändler aus Düsseldorf, wollte mit einem Kunden eine Aluminiumbarren-Kreissäge besichtigen. Erika sah ihn auf dem Parkplatz aussteigen und arrogant mit einer krokodilledernen Aktentasche dem Büro zustreben. »Sieh dich vor!«, warnte sie. Kriescher sagte mir dann nach kurzer Begrüßung, der Kunde käme gleich, und ich möge mich bei der Besprechung mit diesem nicht ärgern, er hätte aus seiner langen Erfahrung Strategien entwickelt, nach denen jeder entsprechend behandelt werden müsse. Der Kunde kam, interessierte sich auch für die Säge, und Kriescher sagte ihm zur »Kaufermunterung«, er hätte hier die Liquidation dieser Firma abzuwickeln, deshalb sei die Maschine so günstig. Ich konnte meiner Empörung kaum Herr werden, nahm nach dem Kauf eisig Krieschers Scheck entgegen und machte nie wieder ein Geschäft mit ihm.

In Allensbach standen zwanzig wenig gebrauchte Schmiedeambosse. Aus dem schweizerischen Gossau kam Herr Frey und bestellte alle zu einem guten Preis, aber die blanken Bahnen müssten verrostet und der Lack mit Schmutz beschmiert sein, damit er sie als Schrott über die Grenze bekäme. Der Abholtermin war in vierzehn Tagen vereinbart, die Ambosse standen, durch Salzsäure verrostet und verschmutzt da, aber Frey kam nicht, ließ sich auch telefonisch nicht sprechen. Ich schrieb ihm, ich würde den Fall der deutsch-schweizerischen Handelskammer melden, Frey ließ das kalt. Einen Prozess über die Grenze zu führen, war nicht ratsam. So musste die Ware mit viel Aufwand wieder in den alten, guten Zustand versetzt werden.

Erika und ich besuchten gern die Sinfoniekonzerte im Konzil in Konstanz. Der altertümliche Raum wies eine gute Akustik auf und strahlte ein Flair aus, das zu der anspruchsvollen Musik besonders gut passte. Gern nahmen wir auch Frau Billeter und Lisa Voss mit, die wiederum einen gesellschaftlich gehobenen Bekanntenkreis hatten. Zu diesem gehörte der Frauenarzt Dr. Fritz Brachat aus Radolfzell, den Erika ab dann auch konsultierte. Bei der nächsten Geburt wollte sie nicht noch einmal so ein Desaster erleben wie in Kostanz bei ihrer Niederkunft mit Klaus. Dr. Brachat veranlasste uns dann auch, in den Tennisklub Radolfzell einzutreten, obgleich die Spielsaison 1958 bereits dem Ende zuging. Petris sahen unsere neuen Verbindungen mit gemischten Gefühlen an, sie hielten von dem Streben in andere Gesellschaftskreise wenig, sie wollten auf ihrem Level bleiben und schickten auch ihre recht begabten Zwillinge, trotz Anraten ihrer Freunde, nicht auf die Oberschule. Wir wollten diese bewährte Freundschaft nicht ausdünnen, waren jedoch in Anbetracht des sich ausweitenden Betriebs bemüht, den entsprechenden Standard in der Gesellschaft mitwachsen zu lassen, während Hartmut nicht die Absicht hatte, das Maklergeschäft zu vergrößern. »Uns reicht's für ein einfaches Leben«, war sein pessimistischer Spruch, »was soll ich tun, das gesamte Maklergeschäft in Deutschland geht sowieso dem Abgrund entgegen!«

Am 16. November 1958 starb Fred Buche, der gute Freund der Familie und Trauzeuge von uns, plötzlich an einem Herzinfarkt mit siebenundfünfzig Jahren. Wieder tat sich im Freundeskreis eine Lücke auf, die nicht zu schließen war.

Die Eltern hatten sich zu Weihnachten angesagt. Weil Erikas Niederkunft für diese Zeit berechnet war, hoffte sie, ihren Säugling unter den Christbaum legen zu können. Das Kind aber richtete sich nicht nach den Berechnungen, und die Weihnachtstage, genau so festlich begangen wie in Lübeck, verstrichen. Am 29. Dezember kam am späten Nachmittag Walter Gillwald mit seiner Tochter ins Büro. Er war schon ein alter Kunde, nach dem Krieg aus Danzig geflüchtet und von östlicher Gemütlichkeit. Wie immer machte ihm die Abzahlung einer Maschine Schwierigkeiten. Er stellte Danziger Blaker, Leuchter und viele Messingteile her, die an seine Heimatstadt erinnerten. Ich war mit meinen Eltern nach Konstanz gefahren, und so klagte Gillwald der gutmütigen Erika sein Leid mit dem Absatz seiner Kunstgegenstände. Sie versprach ein gutes Wort einzulegen, aber Gillwald wollte und wollte nicht gehen, es war ja so anheimelnd bei Broziats. Als Erika endlich den Wagen auf den Hof fahren hörte, sagte sie ihm, er müsse jetzt gehen, sie verspüre bereits seit einer halben Stunde Wehen. Gillwald wollte noch die Geburtsgeschichte seiner nun erwachsenen Tochter erzählen, aber Erika brach jetzt wirklich ab. Er konnte ihr noch alles Gute und ein frohes neues Jahr wünschen, dann kam ich mit den Eltern herein, und kurze Zeit später fuhr ich mit ihr ins Krankenhaus Radolfzell zu Dr. Brachat.

Als wir mit dem freundlichen Arzt sprachen, sagte Erika plötzlich: »Ich möchte, dass mein Mann bei der Geburt dabei ist!« – »Wissen Sie, Frau Broziat, ich habe das einmal versucht, aber dann hatten wir mit dem Ehemann mehr Probleme, weil er ohnmächtig wurde, als mit der Geburt!« – »Ich bringe Sie nicht in Schwierigkeiten!«, antwortete ich, musste mich desinfizieren, bekam einen sterilen weißen Kittel, und dann kamen Erikas Wehen auch schon in etwas kürzeren Abständen. Um 21 Uhr rief die Hebamme den Arzt, er wohnte in der Nähe und war auch nach zehn Minuten da. Die Wehen verstärkten sich zusehends, ich streichelte meine Frau, hielt ihre Hand, die sich bei jedem Schmerz in meine krallte, dann setzten die Presswehen ein. Während Erika sich unter Stöhnen aufbäumte, gab Dr. Brachat ihr eine Beschleunigungsspritze, ein Köpfchen mit schwarzen Haaren kam zum Vorschein, der Körper rutschte nach und ihr dritter kleiner Junge ward genau um 22 Uhr geboren. Dr. Brachat sagte: »Der Bub sieht aber gesund aus, richtig schier und rund, herzlichen Glückwunsch!« Die Nabelschnur wurde abgetrennt, das Kind gewaschen, gewogen und gemessen und in einem kleinen weißen Hemdchen der erschöpften Mutter an die Brust gelegt. Tränen des Glücks liefen über ihre

Wangen, die ich zärtlich wegküsste. Die Nachgeburt folgte, dann trat Ruhe ein. »Wie soll er denn heißen?« – »Unser Oskar und Klaus haben beide den Namen Alexander dabei, wollen wir ihn doch mit dem ersten Namen Alexander nennen, dann Oskar nach deinem Vater und Julius nach deinem Großvater.« Nach der Verabschiedung von Erika, die von der Hebammen noch versorgt wurde, traf ich kurz vor Mitternacht bei meinen Eltern ein und berichtete von der Geburt ihres dritten Enkels. »Wir haben auch viel für euch gebetet«, sagten sie und waren froh und dankbar über das glückliche Geschehen.

Das Jahr 1958 war gut gelaufen. Die Kräne in beiden Betrieben hatten neue Kunden und viele Aufträge beschert. In Allensbach wurde der Ringkran von der Polizei oft zur Bergung schwererer Fahrzeuge nach Unfällen gerufen, was zwar Geld einbrachte, aber auch immer wieder die Nachtruhe störte. Besonders die Einsätze im Winter bei Eis und Schnee und die Hilfe bei eingeklemmten Verletzten forderten den Männern viel ab. Erika lebte stets in Angst, wenn ihr Mann nachts raus musste. Vater war mit dem Jahresergebnis zufrieden. Es wies zwar nur 14 000 DM aus, doch die hohen Abschreibungen und Wertverbesserungen durch Reparaturen sprachen für sich. So war zum Beispiel der Ringkran kaum aktiviert worden, obgleich er einen erheblichen Wert darstellte. Er nutzte sowieso stets alle Möglichkeiten, um Steuern zu sparen, und predigte ständig: »Ihr müsst alles daransetzen, stille Reserven in Warenvorräten und Inventar zu schaffen. Im Leben treten immer wieder schlechte Zeiten auf. Nur so habt ihr Chancen, glatt durchzukommen!« Seiner Erfahrung war nichts entgegenzusetzen, man musste sie wirklich beherzigen.

Seit dem Kriegsende waren nun ein Dutzend Jahre vergangen, aus dem zerschlagenen, zertrümmerten Deutschland stieg, wie Phoenix aus der Asche, die Bundesrepublik empor. Das geschundene Volk lebte nun, von aller Welt bestaunt, im Wirtschaftswunderland. Drei Faktoren spielten die entscheidende Rolle: Der Fleiß der Frauen und Männer, die lange Arbeitszeiten in Kauf nahmen, die einen unbändigen Leistungswillen zeigten und die Kreativität umzusetzen wussten, dann die Hilfe aus dem Marshallplan, die in die richtigen Kanäle geleitet wurde, wo das Geld nicht versickerte, und schließlich die weise Staatsführung unter Adenauer und Erhard. Unter ihnen blieb die Staatskasse gefüllt, es wurde sparsam gewirtschaftet, sicher auch deshalb ging es den Westdeutschen von Jahr zu Jahr besser. Selbst die Wohnungsnot bekam man in dem übervölkerten Land in den Griff. VW hatte bereits 1955 eine Million Autos produziert und Opel 1956 zwei Millionen. Max Grundig schaffte es von der Baracke zum Konzern, er beschäftigte 1957 bereits 20 000 Mitarbeiter. Man fuhr in das Urlaubsland Italien, Blondinen ließen sich von »Papagallos« umschwärmen, Rock 'n' Roll war der Renner bei der Jugend, und das Fernsehen zog in die Wohnstuben ein. Die unangefochtenen Showmaster waren Peter Frankenfeld und Hans-Joachim Kulenkampff, das neue Boxidol war Bubi Scholz. Boris Pasternak musste auf den Druck der Sowjetunion hin den Nobelpreis für seinen Roman »Dr. Schiwago« ablehnen.

45. Kapitel – Der Ringkran

Ende Januar 1958 hatte ich bereits wieder in Lübeck zu tun und nutzte die Gelegenheit, um über den mir bekannten Patentanwalt Dr. Wilcken in Absprache mit Vater den Ringkran zum Patent anzumelden. Die ersten Einsätze im Bodenseeraum hatten eine Überlegenheit dieses Geräts zu Konkurrenzfabrikaten offenbart, außerdem war die Herstellung zu wesentlich günstigeren Preisen möglich. Trotz meiner Einwendungen gegen eine eigene Kranfertigung wollte Vater Schutzrechte eingetragen wissen, vielleicht wäre ja ein Lizenznehmer zu finden.

Büssing-Jörgens, Einsatz in Lübeck

Das Anmeldungsverfahren gestaltete sich schwierig. Der Prüfer hatte zwei amerikanische Patente entgegengehalten, die schriftlichen Abgrenzungen gegen diese zogen sich bis zum Februar 1959 hin. Dr. Wilcken sah keine Möglichkeit mehr, eine positive Entscheidung zu erwirken. Kurzentschlossen fuhr ich mit Erika am 22. Februar nach telefonischer Anmeldung zum Patentamt nach München. Sicher trug Erikas Charme dazu bei, dass der Prüfer, Herr Tank, sich nochmals wohlwollend mit dem Objekt auseinandersetzte und bei bestimmten Abänderungen in Beschreibung und Ansprüchen das Patent erteilen würde, was dann auch zum 1. Oktober 1960 erfolgte.

Der Ringkran bewährte sich weiterhin ohne Komplikationen, selbst schwierigste Einsätze wurden innerhalb seiner Tragkraftdaten problemlos abgewickelt. Die Umsätze lagen pro Jahr etwa bei einem Viertel des Allensbacher Gesamtumsatzes. Die Firma Possehl, die mit dem Tochterunternehmen Harder Kartoffelrodemaschinen produzierte, hatte Interesse an produktiven Bereichen gefunden und ein Unternehmen für industriellen Stahlbau aufgezogen. Sie suchte zur Abrundung ein weiteres Fachgebiet. Vater erfuhr davon und bot den Ringkran an. Im Zusammenhang mit dem Besuch von unserer Familie zu seinem Geburtstag am 9. November 1961 fanden vom 11. bis zum 15. November Vorbesprechungen im Hause Possehl statt, worauf dann deren Herren, Kummerow als technischer Werkleiter und Lath für den Verkaufsdienst, vom 27. November bis zum 1. Dezember nach Allensbach kamen, um den Kran bei Arbeitseinsätzen zu begleiten und Unterlagen für eine Produktion zusammenzustellen. Besonders der unternehmerisch denkende, aktive Kummerow trieb das Vorhaben voran, brachte zusätzliche Ideen ein und wusste die Vorstände zu überzeugen. Lath ließ sich von diesem Elan mitreißen, brauchte jedoch sichtlich jemanden, der zeigte, wo es langging. Am 7. Oktober bat die Konzernleitung Vater und mich nochmals zu einer Besprechung ins Haus. Es kam zu einem Vorvertrag, der Possehl das Recht zum Probebau des Kranes gab und den Abschluss des Lizenzvertrags vorsah, wenn ein Verkaufserfolg vorhersehbar schien. Die Überprüfung des Patents sollte der Hausanwalt Dr. Möllering übernehmen.

In der Werksleitung von Possehl-Industriebau herrschten Unstimmigkeiten. Sie war zum Teil mit Leuten besetzt, denen die Qualifikation für ihren Posten fehlte. Der Werkleiter Rebe glaubte seinen Alkoholismus verheimlichen zu können, Lath stellte sich geradezu dilettantisch in der Akquisition an, und Kummerow hatte Konstrukteure unter sich, denen er ständig Hilfe leisten musste. Das bemerkte ich nach meinem ersten Besuch, als es um konstruktive Detailfragen ging. Lath hatte einen im Kranbau unbedarften Verkäufer mit drei Fotos vom Broziat-Kran losgeschickt, um zu erkunden, was Interessenten von diesem Gerät hielten. Der ging dann in Lübeck zu unseren Konkurrenzfirmen, die schon wegen des sichtbaren Firmenschildes keine gute Auskunft gaben, zumal der Verkäufer überhaupt nicht im Stande war, Funktionserklärungen abzugeben. So wurde von Lath ein negativer Testbericht abgegeben, den Kummerow mir sandte, nicht ohne mir vorher seinen Ärger darüber telefonisch kundzutun. Ich versuchte, in einem langen Schreiben an die Direktion alle Punkte zu entkräften und brachte meine Empörung über diese dilettantische Vorgehensweise zum Ausdruck. Lath wurde innerhalb des Konzerns in eine andere Position versetzt. Als nun auch noch der Werksleiter von Harder verstarb, erhielt Kummerow im März 1962 diese höhere Position im Konzern, da die gut laufende Produktion der Kartoffelroder keine Einschränkung erfahren durfte.

Possehl bat mich um Hilfe bei der konstruktiven Gestaltung. Ich kam und fand einige kardinale Fehler. Das bestellte 5-Tonnen-Fahrgestell war viel zu leicht, um als Gegengewicht zu fungieren, die Abstützungen reichten nicht aus, die Seilübersetzungen stimmten nicht – mir standen die Haare zu Berge, dass ausgebildete Ingenieure die elementarsten Hebelgesetze nicht beherrschten. Werkleiter Rebe wollte mich außerdem viel mehr zum Schnapstrinken als »Deutsche Eiche« animieren, statt dass er sich andauernd im Konstruktionsbüro aufhielt. Ich lehnte dankend ab, die Abwesenheit von meinem Allensbacher Betrieb kam sowieso teuer genug, auch wenn ich wusste, dass dieser sich bei Erika in guter Obhut befand. Als nun die Fehler ausgemerzt schienen und Rebe zu allen Änderungen sein Plazet gegeben hatte, trat ich befriedigt die Heimreise an. In der folgenden Zeit wurden weitere telefonische und schriftliche Hilfestellungen von Allensbach aus geleistet, bis es dann am 21. Mai 1963 hieß, der Kran sei zur Überprüfung beim TÜV. In Spannung erwarteten wir den Bericht. Der kam niederschmetternd schon vorab von Vater. Rebe hatte zwar allen Änderungen zugestimmt, dann aber die alten Pläne verwendet. Wegen seiner persönlichen Verbindungen zu Henschel hatte er das zu kleine Fahrgestell gekauft, die Abstützungen zu kurz belassen und die

Seilübersetzung nicht abgeändert, sodass bei voller Belastung das Nakkenzugseil den Kranarm nicht mehr aufziehen konnte. Schließlich war der Kran, sie hatten dummerweise die Last zu hoch gezogen, beim Test umgekippt – zum Glück ohne jemanden zu verletzen. Es war unglaublich, wie Nichtskönner in Werken Positionen erhalten hatten, in denen sie erfolgversprechende Projekte restlos verdarben.

Die Konzernleitung von Possehl erwartete von mir eine entsprechende Kommentierung. Ich hatte bei meiner konstruktiven Hilfestellung über alle Details Aufzeichnungen gemacht und gab nun eine entsprechende Stellungnahme ab. Das brachte den Beteiligten großen Ärger und Positionswechsel ein. Der Vorstandvorsitzende, Konsul Höhl, bot mir ganz offiziell den leitenden Posten für einen selbstständigen Possehl-Kranbau an, der nur der Konzernleitung unterstehe. Das wäre mein Traumberuf gewesen, konstruieren, erfinden, sichtbar machen, was man kann. Verlockend war das schon, doch sollten mir, dem das Studium versagt blieb, als Industriemeister, Diplomingenieure unterstellt werden, und was sollte aus dem Betrieb in Allensbach werden? Vater hatte keinen Ersatz für mich, Erika riet aus Instinkt ab, so gern sie wieder in ihrer Heimat gewesen wäre. Ich schrieb dem ehrenvollen Angebot unter Darlegung meiner Gründe ab, zumal ich, wie in einem anderen Kapitel behandelt wird, den Betrieb in Allensbach von Vater am 1. Januar 1963 erworben hatte.

Doch die Geschichte des Ringkrans war damit längst nicht zu Ende. Am 13. Juli rief Gisela Müller Erika ans Telefon. Polizeiobermeister Metzger bat um den Bergungskran, auf der Strecke am Dettelbach sei ein Lkw mit Anhänger verunglückt. Sie sagte ihm, das Fahrzeug sei bei Allweiler in Radolfzell, es müsste mit der Arbeit fast fertig sein, sie werde es dann sofort losschicken. Dann fragte sie weiter: »Die Bergung der Ladung muss wegen der Kranausladung von hinten beginnen, soll der Kran von Liggeringen oder Bodmann kommen, ist in der Nähe eine Stelle, an der das Fahrzeug wenden kann?« Nach seinen Auskünften sagte Metzger: »Sie wissen aber Bescheid!« – »Kommen Sie auf dem Rückweg mit Ihren Kollegen mal kurz mit rein, ich habe noch ein paar schöne Werbegeschenke für Sie!«, antwortete Erika. Sie hatte mich bei Duerdot in Espasingen verständigt. Das Unfallfahrzeug gehörte der Spedition Troll aus Radolfzell. Der Lkw lag auf der linken Seite in der Böschung, das Fahrerhaus war dort aus den Verankerungen gerissen, die Ladung Kisten hatte den Planaufbau zerfetzt. Der Anhänger stand schräg, kurz vor dem Kippmoment. Das Zugfahrzeug war der Mercedes »Tausendfüßler« wie er von Fachkreisen getauft war. Er hatte nämlich zwei vordere 4-Tonnen-Lenkachsen und eine 8-Tonnen-Hinterachse und dadurch eine ausgewogene Lastverteilung und ein besonders gutes Fahrverhalten. Mit diesem Fahrgestell hatte ich schon immer geliebäugelt, weil es ideal für den Ringkranaufbau war.

Walter Troll, den ich vom Tennisclub her kannte, fluchte über den dämlichen Fahrer, der wegen 3 Kilometer Abkürzung diese schmale, gefährliche Strecke gewählt hatte und gestikulierte etwas abseits mit dem inzwischen eingetroffenen Versicherungsvertreter. Ich ging zu beiden: »Der Aufbau ist hin, die weiteren Schäden sind noch nicht abzuschätzen, ich biete Ihnen für den Triebwagen 4000 Mark!« Troll war überrascht, zögerte, sagte dann mit Seitenblick auf den Versicherungsmann: »Achttausend!« Ich schüttelte den Kopf, ging zu meinem Wagen, schrieb einen Scheck aus und hielt ihn Troll vor die Nase: »Hier sind 4000 Mark, und die Bergungskosten sind gratis!« Der Versicherer nickte, Troll gab mir die Hand: »Abgemacht!« Der Kran war inzwischen eingetroffen, ich informierte Seeberger und Militz und leitete dann die Bergung. Troll hatte Lkws geordert, auf denen die Ladung verstaut wurde. Der Anhänger konnte mit Hilfe des Krans in die entgegengesetzte Richtung gewendet und von einem Lkw mitgenommen werden. Nun lag nur noch der »Tausendfüßler« da. Troll und seine Leute waren inzwischen fort. Mit aller Vorsicht begann die Kranmannschaft, den Triebwagen aufzurichten, es sollte kein zusätzlicher Schaden entstehen. Dann endlich konnte die Neuerwerbung abgeschleppt und die Straße von der Polizei wieder freigegeben werden. »Warum habt Ihr den Wagen nicht gleich zu Troll gebracht?«, fragte Erika in Allensbach. »Den habe ich gekauft, weil er ideal für einen neuen Kranaufbau ist, einen richtigen!« – »Oh Gott, fängt das schon wieder an«, jammerte Erika, »das hört ja nie auf!«

Es wurde ein wirklich schöner, leistungsfähiger Ringkran, der im März 1964 zur Verfügung stand. Da gab es keine Sorgen mehr mit der Vorderachslast, da konnte ein Nebenabtrieb für die Hydraulikpumpe genutzt werden, da saß der Kranführer, nicht mehr dem Wetter ausgesetzt, in einer Kabine. Die statischen Berechnungen hatte Herr Marquard aus Lübeck gemacht, damit auch diese Sicherheiten gegeben waren, und so stand ein eleganter Kran zur Verfügung mit 12 Metern Hubhöhe, 10 Tonnen Tragkraft, 80 Stundenkilometer schnell, das Fahrgestell feuerwehrrot und der Kranaufbau leuchtend gelb lackiert. Nun war auch Erika stolz darauf. Die Verbesserungen ließen wir patentrechtlich schützen, die Eltern hatten es sich nicht nehmen lassen, während der Bauzeit zweimal an den Bodensee zu kommen. Die Fertigung konnte bei allem Interesse ja nur eine Nebentätigkeit sein, im Vordergrund stand die Aufarbeitung der Werkzeugmaschinen und ihr Verkauf, denn wovon sonst sollte der »Schornstein rauchen«?

Anfang April 1964 rief Vater an: »Du, Horst, hier findet vom 30. April bis zum 10. Mai in Lübeck in und vor der Holstenhalle die internationale Erfinderausstellung statt. Ich habe schon nachgefragt, du könntest für den Kran einen Stand vor der Halle bekommen!« – »Nach dem Desaster mit Possehl wieder anfangen?« – »Der Kran ist doch viel besser als der erste, vielleicht finden wir ja jemanden, ich habe da meine Ideen. So eine günstige Gelegenheit, wo wir hier am Standort sind, kommt nicht wieder!« Ich fuhr mit Hubert Seeberger, dem Bruder von Eugen, den Kran am 28. April in neun Dreiviertelstunden nach Lübeck, das war fast die Reisezeit eines Pkw. Schilder beschrieben den Kran. Immer wieder wurde er vor interessierten Leuten zusammengelegt, aufgestellt und bewegt. Direktor Wöhrle, Chef des Lübecker Werks der Industrie-Werke-Karlsruhe, rief Vater an. Beide kannten sich gut. »Was haben Sie da vor der Holstenhalle für einen Kran ausgestellt?« – »Eine Erfindung meines Sohnes, wir suchen dafür einen Lizenznehmer!« – »Wir schauen uns das Ding einmal an!« Wöhrle kam mit zwei Technikern, sie fanden die Konstruktion interessant, ich schlug eine Vorführung unter Belastung in ihrem Werk vor. Wöhrle wollte dort kein vorzeitiges Aufsehen erregen, aber er kam mit einer ganzen Delegation zur Demonstration des Krans auf den Kai der Teerhofinsel. Das Gerät fand ihren allgemeinen Beifall.

Es wurde nach mehreren Verhandlungen in den folgenden Monaten vereinbart, den Ingenieur Niehaus zur Prüfung und Erarbeitung der Unterlagen und Zeichnungen vom 7. bis zum 17. Oktober nach Allensbach zu schicken. Die Dinge nahmen konkretere Formen an, der Oberingenieur Reufels wurde für den Kranbau, seinem Fachgebiet, angeworben und kam Mitte Oktober nach Allensbach, zur Kontrolle von Niehaus und Prüfung des Ringkranes. Auch er war davon sehr

Ringkran 2, zusammengelegt und (siehe unten) einsatzbereit aufgestellt

IWK-Kran

angetan und freute sich auf seinen vertraglichen Arbeitsbeginn zum 1. Januar 1965 bei der IWK. Nach den üblichen Diskussionen über die Vertragspunkte, die teilweise auch mit Dr. Beer, dem Justitiar der Hauptverwaltung in Karlsruhe, im Januar und Februar geführt wurden, kam es dann am 22. Februar 1965 zur Unterzeichnung des Lizenzvertrages zwischen der IWK und mir.

In den Konstruktionsbüros der IWK-Lübeck entstanden nun die Zeichnungen für den Musterbau und daraus die ganzen Sätze der Einzelteilzeichnungen, die mir verabredungsgemäß zur Kontrolle übersandt wurden. Zu meinem Schrecken stellte ich fest, dass statt des Mercedes-Tausendfüßlers ein MAN-Fahrgestell Verwendung finden sollte. Auf meine sofortige Reklamation erhielt ich zur Antwort, in der Quandtgruppe seien die IWK und BMW vereint, deshalb könne nie ein Fahrzeug der Konkurrenz Mercedes Verwendung finden. Probleme mit der Vorderachsbelastung entstünden nicht, das alles sei genau berechnet. Die sonstigen Konstruktionen schienen in Ordnung zu sein, meine Verbesserungswünsche ließ Reufels berücksichtigen.

Fast zweimal pro Woche telefonierte Reufels mit mir, um Detailfragen zu klären, außerdem kam er gern zu meinen Eltern zum Abendessen, die dazu Fachleute für Hydrauliksysteme einluden, um ihn zu beraten. Fraglos gab Reufels sich alle Mühe, doch klagte er immer mehr, dass ihm passiver Widerstand entgegenwehte. Der Einkauf verzögerte Bestellungen, sodass Arbeiten am Kran unterbrochen werden mussten, wichtige Leute zog man plötzlich ab, und die kleinsten Fertigungen wurden als Akkordleistungen vorgegeben, was zu Reibereien mit der Arbeitsvorbereitung führte. Nicht einmal die größten Automobilfabriken stellen einen Prototyp im Akkordverfahren her. Die TÜV-Abnahme des Kranaufbaus musste abgesagt werden, weil eine Überlastsicherung und eine Seilspulvorrichtung fehlten. Vater wies für erstere den Lieferanten in Hamburg nach. Ich konstruierte eine einbaufertige Spulvorrichtung, ließ sie schnellstens in meiner Werkstatt bauen und sandte sie zur IWK. Beide Teile hätten innerhalb von drei Tagen montiert sein können. Man machte es nicht, ohne TÜV-Abnahme wollte man den Kran vorführen.

Bei Baubeginn war bereits vereinbart worden, den Ringkran auf der Industriemesse in Hannover im April 1966 auszustellen. Der Verkaufsdirektor Schmidt bekam dafür den Auftrag, sich sofort um einen Messestand zu bemühen. Kurz vor Fertigstellung sagte Schmidt, er hätte die Bestellung leider vergessen und werde sich nun um einen Stand auf der Baumaschinen-Ausstellung in München für Ende März 1966 bemühen. Wegen zu geringer Besucherzahlen lief die BAUMA zum letzten Mal. Trotzdem wurde der Versuch unternommen, jedoch fehlten am Kran noch einige Teile. Reufels bat mich um Hilfe, weil man im Werk wegen der Akkordumrechnung nicht fertig würde. Wir kamen überein, den Kran über Allensbach nach München fahren zu lassen, die Fertigungszeichnungen kamen vorab per Eilpost. Nach zwei Tagen und Nächten lag alles bereit, als auch schon der Kran eintraf. Zwei Tage waren zum Einbau und zur Erprobung nötig, dann fuhr er weiter nach München. Der Fahrer Wittneven war mit dem Gerät überhaupt nicht vertraut und ein so ängstlicher Mensch, dass ich meinen Kranführer Militz mitsandte, damit überhaupt auf der Messe Vorführungen möglich wurden. Zum 26. und 27. März fuhren Erika und ich zur BAUMA, die IWK hatte mich zu einer »Teambesprechung« gebeten. Dabei konnte ich feststellen, dass Militz den Ringkran immer wieder bewegte, aufrichtete und zusammenlegte, um Besucher anzulocken. Doch die Besucher machten um das Fahrzeug einen großen Bogen, weil dessen Abgase beißend stanken. Diese erzeugte der MAN-Motor durch das direkte Einspritzverfahren, während der Vorkammermotor von Mercedes das Übel nicht aufwies. Indessen saßen die IWK-Leute im Verkaufsstand, tranken Kaffee und harrten der Dinge, die da kommen würden. Ich fragte, wie viele Rundschreiben an mögliche Interessenten versandt wurden. »Keine«, war die Antwort. Prospekte, Briefpapier, Angebotsvordrucke, Visitenkarten, Schreibmaschine, alles war in Lübeck geblieben, einer hatte sich auf den anderen verlassen, dass der es mitnehmen würde. War das nun böse Absicht, faule Gleichgültigkeit oder Konzernmentalität? Auf jeden Fall waren das Vorgänge, die sich nicht in mein Weltbild einordnen ließen. Dafür aber ließ ich meiner Empörung freien Lauf und schrieb das an Herrn Wöhrle.

Einige leitende Herren der IWK gehörten zu Vaters Freundeskreis. Über diese holte er Erkundigungen über die Verhältnisse im Werk ein. Niehaus, der Konstruktionsleiter, und Reufels, sein Abteilungsleiter, waren sich inzwischen spinnefeind, jeder legte dem anderen Stolpersteine in den Weg, um sich selbst zu profilieren. Der Verkaufsdirektor Schmidt versuche das Kranprojekt zu hintertreiben, weil die erforderlichen Werbemaßnahmen seine beschauliche Büroruhe störe. Außerdem munkelte man, es käme ein neuer Werkleiter. Als der Kran vor der BAUMA in Allensbach war, hatten wir eine Liste von Mängeln aufgestellt, die vor der geplanten Deutschlandtournee behoben werden sollten, um ihn überzeugend demonstrieren zu können. Diese Maßnahmen hätten etwa vierzehn Tage in Anspruch genommen, wurden jedoch nicht ausgeführt. Zur Jahresmitte setzte Herr Quandt, der Konzernchef, Herrn Thienes für die gesamte Werkleitung in Lübeck ein. Der wiederum war mit dem bekannten Krankonstrukteur Golka befreundet. Golka hatte zuerst die Mobilkräne bei DEMAG, dann bei Krupp und schließlich bei Bauscher entwickelt. Bauscher ging im Juli 1966 Konkurs, und so stellte Thienes Golka und zwei weitere Konstrukteure von Bauscher für den Kranbau zum 1. September 1966 ein. Schon vorher, als sich die Misere bei Bauscher abzeichnete, war diese Maßnahme eingeleitet worden, wobei das System von Golka durchgeführt und das von mir fallen gelassen werden sollte. Es waren für diese Konstruktion bereits Teile wie eine Kugeldrehverbindung und anderes bestellt worden, als Golka plötzlich am 18. September verstarb.

Inzwischen hatte Thienes den Konstrukteur Niehaus entlassen und Reufels in den Anhängerbau versetzt. All diese Dinge waren weitgehend geheim geblieben. Nun wollte Thienes den Broziat-Kranbau wieder aufleben lassen, und er forderte von mir einen Bericht an, wie der Musterkran wirklich vorführbereit gemacht werden könne. Diesen sandte ich ihm auf fünf Seiten mit anhängenden Zeichnungen am 15. Dezember 1966. Es waren keine gravierenden Dinge, doch ohne diese konnten die Leistungsdaten nicht erreicht werden. Zum Jahresende bekam Reufels ein Dankesschreiben von Thienes für die gute Zusammenarbeit und drei Tage später seine Kündigung einschließlich Hausverbot. Am 6. April 1967 mahnte ich bei der IWK die vertraglich Verpflichtung an, den Kranbau weiterzuführen, darauf wurde am 28. April 1967 die Kündigung des Vertrages von der IWK übersandt, die ich per Einschreiben nicht anerkannte.

Die IWK meinte es nicht nötig zu haben, auf eine gütliche Einigung mit einer Entschädigung einzugehen. Was wollte denn ein lächerlicher Horst Broziat gegen die Kapitalmacht des Quandt-Konzerns schon ausrichten? Doch ich strengte das im Lizenzvertrag vorgesehene Schiedsgerichtsverfahren in Lübeck an. Mein Anwalt war der Kegelbruder Dr. Karl Burth, der von seiner Seite gewählte Beisitzer Rechtsanwalt Horst-Ulrich Sternfeld, die IWK wurde vertreten durch Rechtsanwalt Müller-Kuhlbrodt, sie wählte den Beisitzer Pohl-Laukamp, und alle einigten sich auf den Obmann, den Herrn Landgerichtspräsidenten Dr. Tietgen. Bis Anfang 1970 wurden lange Schriftsätze der Anwälte ausgetauscht und über einen zu findenden Sachverständigen gestritten, der nicht nur technische, sondern auch Marktkenntnisse besaß, bis man dann den Hamburger Ingenieur Wedemeier fand. Vater hatte inzwischen einen geschickten Schachzug vollzogen. Bei Arbeiten im IWK-Werk hatte ein Dilettant von Kranführer eine gehobene Last ohne Abstützung zur Seite geschwenkt und den Kran dadurch umgeworfen. Man rief Vater an, er möchte mit dem Jörgens-Kran das Gerät wieder aufrichten lassen. Er fuhr sofort hin und fragte den dafür zuständigen Herrn Warschkow, mit dem er sich duzte: »Was soll das Ding, so wie es da liegt, kosten?« Nach einiger Überlegung sagte Warschkow: »10 000!« – »Ihr habt doch noch Ersatz- und Zubehörteile für den Kran auf Lager, wenn die mit drin sind, machen wir das Geschäft!« – »Einverstanden, ich bin zufrieden, wenn die Kiste vom Hof ist!« Günter kam mit dem Jörgens-Kran,

Vater ließ noch einen Lkw nachkommen. Dann wurde vorsichtig der Ringkran aufgerichtet. Das Führerhaus war ziemlich verbeult, die Kranbremse zerquetscht und einige Auslegerstreben verbogen. Der Motor ging zu starten, aber die Kranbedienung war ohne Funktion. Inzwischen verlud ein Gabelstapler die Zubehörteile auf den Lkw, der dann nach Hause rollte. Das Umlegen der Säule und des Auslegers mit Hilfe des Jörgens-Kranes ging nur, indem das Hubseil gekappt wurde, aber das Fahrzeug selbst war fahrfähig. Warschkow hatte im Weggehen gesagt: »Na, Oskar, dann werd' man glücklich damit!« und ihm auf die Schulter geklopft. Vater wusste, ich würde den Kran schon wieder auf Vordermann bringen, und wir hatten das wichtigste Beweismittel für den Prozess in der Hand.

Vater berichtete den Sachverhalt sofort nach Allensbach und ich kam mit einem zweiten Fahrer im Zug nach Lübeck, um das Fahrzeug nach Allensbach zu bringen. Das Führerhaus hatten die Lübecker notdürftig ausgebessert, eine Seitenscheibe ersetzt und den Kranmast mit Seilschlingen gesichert. Diejenigen Ersatzteile wurden verstaut, die zur Reparatur nötig waren, alles andere im Lübecker Lager verschlossen. Wir starteten am frühen Morgen und erreichten am späten Abend wohlbehalten Allensbach. Ich ließ die Schäden sichten und möglichst schnell reparieren, sodass der Kran funktionstüchtig war, aber im Urzustand blieb. Erst als der Kran vom Sachverständigen geprüft werden sollte, begriffen die für den Prozess zuständigen IWK-Leute, dass sich dieser nun im Besitz des Klägers befand. Zur Wahrheitsfindung verlangte das Gericht die Reise von Herrn Wedemeier nach Allensbach. Hier war alles gut vorbereitet, um beide Kräne vorzuführen und vergleichen zu können und der Ingenieur wunderte sich, um wie viel schlechter der Nachbau bei den weitaus besseren Möglichkeiten, welche die IWK besaß, ausgefallen war. Auch der erste 5-Tonnen-Ringkran hatte längst ein moderneres Fahrgestell bekommen und wurde sehr viel eingesetzt, wovon Herr Wedemeier sich anhand der Rechnungen überzeugen konnte. Er sprach mir seine Hochachtung aus, mit diesem kleinen Betrieb einen Kran geschaffen zu haben, der in seinen Leistungsdiagrammen auch nach vierzehn Jahren noch die Spitzenstellung in seiner Klasse hielt. Entsprechend fiel das Gutachten aus, und das Gericht verurteilte die IWK nach einer mündlichen Verhandlung am 11. März 1971 zur Zahlung von 243 164,90 DM an mich wegen des Ausfalls der zu erwarten gewesenen Lizenzgebühren.

Es war ein gewisser Trost, dennoch blieb das Gefühl der Traurigkeit, weil dies schöne Projekt von egoistischen Leuten zerstört wurde, die sich nicht in den Dienst der Sache stellen konnten, sondern immer nur ihr Süppchen kochen wollten, ohne dabei zu begreifen, wie sie den eigenen Arbeitsplatz zerstörten. Der große Lübecker IWK-Betrieb wurde Ende der achtziger Jahre wegen des Missmanagements liquidiert. Die drei Kräne dienten dem Allensbacher Betrieb noch ein weiteres Jahrzehnt, dann kam ein Käufer aus dem vorderen Orient und nahm sie mit in sein Land. Und wenn sie dort nicht zerstört wurden, arbeiten sie heute noch.

46. Kapitel – Der Motodux-Kabelfix

Es war im Mai 1959. Das Gras hatte in der warmen Frühjahrsluft sehr zu sprießen begonnen, und Erika stöhnte über die Last mit dem Spindelrasenmäher. So kauften wir einen Wolf-Elektromäher und sie war begeistert, welche Erleichterung er brachte. Eines Vormittags – ich brütete im Büro über schriftlichen Abhandlungen für den Ringkran – war durch die geöffneten Fenster das typische Geräusch des Rasenmähers zu hören. Erika hatte das Zuführungskabel in der Flursteckdose angeschlossen und war beim Mähen. Plötzlich hörte ich wieder ein typisches Geräusch, wie wenn das Kabel ins rotierende Schneidmesser gerät, Erika schrie kurz: »Huch« und mähte dann weiter. Ich sprang sofort auf und riss beim Herauslaufen den Stecker aus der Dose. »Hast du den Stecker rausgezogen?«, fragte Erika leicht empört. »Bist du nicht über das Kabel gefahren?« – »Ja, aber der Mäher lief doch weiter!« Ich zog das Kabel langsam durch die Hand. »Hier, schau mal, da hast du die Isolierung abgemäht, die Litze ist blank. Du wärst bei dem feuchten Boden tot, wenn du diese Stelle berührt hättest! Vor Kurzem stand in der Zeitung, dass ein bekannter englischer Luftmarschall bei einem gleichen Vorgang starb.« Erika war blass geworden und sie, die doch mit dem dritten Kind schwanger war, malte sich die Folgen aus. »In deinem Zustand verbiete ich dir solche Arbeiten!«, bestimmte ich. – »Aber es macht mir doch Spaß!« – »Es bleibt dabei!«

Der Vorfall, bei dem meine geliebte Frau hätte sterben können, ging mir nicht aus dem Kopf. Es musste doch eine Möglichkeit geben, die verhinderte, dass man das Elektrokabel beim Mähen ständig mit der Hand aus dem Weg räumen musste. Bei Berg fand ich ein altes Mähergehäuse mit defektem Elektromotor. »Willst du jetzt auch mit Schrotthandel anfangen?«, fragte Günter verschmitzt. »Klar, immer mal was Neues!« war meine Antwort. Eine Idee ließ mich nicht los. Wenn man zum Beispiel eine mit arretiertem Einschaltknopf arbeitende Handbohrmaschine, deren Bohrer sich verklemmt, nicht richtig festhält, dreht sie sich gegen die Bohrrichtung und wickelt eventuell das Kabel um den Maschinenkörper. Wenn man nun analog dazu einen Rasenmähermotor um seine Vertikalachse drehbar auf einem Rasenmähergehäuse lagert, dann wird er sich, je nach Bremswirkung des rotierenden Messerbalkens, in dessen entgegengesetzte Richtung drehen. Legt man um den Motor eine Kabeltrommel, die das Kabel zu seiner Stromspeisung aufwickelt, so wird ein straff gespanntes Kabel die Drehung des Motorgehäuses bestimmen, das heißt, von der Trommel wird abgewickelt, wenn der Mäher vom Haltepunkt weggeführt, und aufgewickelt, wenn er diesem zugeführt wird. Die Konstruktion war in wenigen Tagen probebereit. Jedoch stellte sich heraus, dass die Angelegenheit funktionierte, solange das Mähmesser im Gras arbeitete, dass das Zugmoment auf das Kabel aber zu gering wurde, wenn es frei lief. Womit konnte also ein gleichmäßiges Gegendrehmoment für den straffen Kabelzug erzeugt werden? Wie so oft, fand ich die Lösung beim Sinnieren in der warmen Badewanne. Sie hieß, Luftwiderstandsbleche auf den rotierenden Messerbalken zu setzen. Mit ihrer Größe ließ sich genau die erwünschte Kräfteverzweigung zwischen Mähmesser und Kabeltrommelzug bestimmen.

Am 24. Juni 1959 meldete ich meine Erfindung »Motorgetriebene Seil- und Kabelaufzugs- und Abzugsvorrichtung« zum Patent an. Karl Rossknecht in Pfullendorf hatte inzwischen seine kleine Fabrikation beträchtlich erweitert. Er stellte Zubehörteile für Automobile, wie Dachgepäckträger usw., her. Als Erika und ich ihm bei einem Besuch von dem Patent erzählten, bekundete er sein Interesse an dessen Fabrikation. Ihm wurden eingehende zeichnerische Unterlagen und ein neues handgefertigtes, funktionsfähiges Modell übergeben. Vereinbarungsgemäß sollten laut Vorvertrag alle Produktionsvorbereitungen bis Ende Oktober fertig sein, denn wie bei allen Patenten drängt die Prioritätsfrist von einem Jahr, innerhalb der noch Auslandsanmeldungen getätigt werden können. Bei meinem Besuch am 12. Oktober in Pfullendorf war überhaupt noch nichts unternommen worden. Karl Rossknecht hatte bei einem Streit mit seiner Frau von dieser erfahren, dass seine einzige, heiß geliebte Tochter Rosvita nicht von ihm stamme und deshalb hatte er zu nichts mehr Lust. Ohne viele Umstände hoben wir freundschaftlich den Vertrag auf, denn Rossknecht war seit Jahren ein konzilianter Geschäftsfreund gewesen und ich wusste, dass für ihn eine Welt zusammengebrochen war.

Dennoch hieß das Gebot, dass schnell gehandelt werden musste. Die größte Firma für Haushaltsartikel und Gartengeräte war Ernst

Straub in Konstanz. Die Inhaber, die Gebrüder Delielé, kannten mich als guten Kunden. Ich beschrieb ihnen meine Erfindung und fragte sie nach dem bekanntesten und aktivsten Rasenmäherhersteller. Eindeutig standen die Wolf-Geräte in Betzdorf an der Spitze. Ich besah die verschiedenen Fabrikate nach Umbaumöglichkeiten für mein Patent. Der Wolf-Elektromäher schien gut geeignet. Herr Delielé zeigte sich gern bereit, an Wolf ein Empfehlungsschreiben zu senden, sobald das Gerät einsatzfertig war. Das konnte er schon nach drei Tagen bestaunen und sich auch von der Erfindungshöhe überzeugen. Auf die Empfehlung hin meldete sich Wolf prompt, und wir vereinbarten als Termin den 8. November, da ich zu Vaters Geburtstag und auch wegen anderer geschäftlicher Gespräche in Lübeck sein wollte. Ich hatte inzwischen den Patentanwalt Stallmann aus Friedrichshafen kennengelernt und mit diesem eine Anmeldung mit den verbesserten Ideen vorbereitet, die beim Modell für Wolf aufgetaucht waren. So bekam das Gerät umfassendere Schutzansprüche.

Ich fuhr bereits am 7. November 1959 nach Betzdorf, um am nächsten Tag pünktlich zu sein, und wurde zu dem Prokuristen Herrn Nassauer geführt, einem hageren, scharf blickenden Mann. Nach kurzer Erklärung des Verfahrens gingen wir hinunter auf einen Rasenplatz, der am Rande Steckdosen besaß. Ich schloss den Mäher an, arretierte das Kabel an einem in den Boden gesteckten spitzen Stab und schaltete den Strom ein. Das Kabel zog sich bis zur Trommel straff, und nun konnte die Mäharbeit beginnen, ohne dass man das Kabel noch berühren musste. Es rollte in jeder Länge auf oder ab, exakt wie es benötigt wurde. Der sonst so kühle Nassauer sagte wie elektrisiert: »Ich hole den Chef!« Herr Gregor Wolf, ein gut aussehender, vornehmer Herr kam, begrüßte mich freundlich, und ich begann nochmals die Vorführung. Herr Wolf staunte, unterbrach das Mähen, ließ seine Chefkonstrukteure rufen und sagte diesen, als das Gerät wieder verstummte: »Na, meine Herren, Sie sehen: Es geht doch!« Dann, zu mir gewandt: »Herr Broziat, wir sind interessiert, machen Sie uns Ihre Vorschläge!« Ich verstaute den Mäher wieder im Kofferraum des Mercedes und ging mit Nassauer in dessen Büro, wo wir über die Art eines Lizenzvertrages sprachen. Mir fiel auf, in welcher Darstellungsweise dieser Mann die Zusammenhänge zu erfassen wusste und mit welchem Ernst er die Wolf-Geräte GmbH vertrat. Monate später erfuhr ich, dass die Wolf-Techniker für die Kabellaufwicklung jahrelange Versuche mit Spiralfederkraft gemacht hatten und damit gescheitert waren. Ich hatte damit gar nicht erst begonnen. Mir war diese Art von Kabeltrommeln für Laufkräne längst bekannt und ich hatte sie bei den ersten Überlegungen sofort verworfen. Das Maximum war eine Kabellänge von 15 Meter, die aufgezogen werden konnte, das Zugmoment wuchs mit der Federspannung, und die Konstruktion kostete sicher viermal so viel wie meine Lösung. Mit einem gewissen Hochgefühl reiste ich zu meinen Eltern nach Lübeck.

Am Tag nach Vaters Geburtstag sagte dieser, von Lizenzverträgen hätte er von früher her mit der Leittriebklammer große Erfahrung, er werde den Vertrag ausarbeiten und ihn nach Absprache Wolf zusenden. Nach einigem Zögern und beharrlicher Überzeugsarbeit durch Vater stimmte ich zu. Der Entwurf ging am 7. Dezember 1959 ab. Wolf antwortete am 16. Dezember, das wäre ein Diktat, das sie nicht akzeptieren könnten. Am 8. Januar 1960 sandte Vater ein abgemildertes Konzept, dem Wolf auch nicht zustimmte. Am 27. Januar sandte dann Nassauer einen Vertragsentwurf. Vater wollte die Verhandlungen abbrechen und mit der Firma Toro beginnen, doch nun nahm ich die Sache am 11. Februar einlenkend in die Hand. Wolf bat daraufhin um die Genehmigung, zehn Mustermäher bauen zu dürfen, die sie erhielten. Am 15. März 1960 besuchten Vater und ich dann die Wolf-Geräte GmbH und erzielten dabei eine mündliche Einigung, die schließlich mit dem Vertrag vom 30. Mai besiegelt wurde.

Die Zeit lief, ich war noch zweimal in Betzdorf zur technischen Beratung, bis am 25. Oktober eine Besprechung zwischen den leitenden Herren von Wolf, des Motorenherstellers Hanning und mir stattfand. Der Sohn von Gregor Wolf, Dieter, war auch zugegen, er hatte gerade sein Studium beendet. Nach den neusten Vorschriften des TÜV war eine Bremse des Messerbalkens erforderlich. Sein Nachlaufen hatte bei etlichen Betreibern schwere Handverletzungen verursacht. In der Runde wurde längere Zeit über die Form einer Lösung diskutiert, ohne ein tragbares Ergebnis zu finden. Wir gingen damit auseinander, dass bis 30. Oktober Ergebnisse von den Beteiligten eingebracht werden sollten. Ich hatte einen Mähermotor von Wolf mitgenommen, in Allensbach eine Messerbremse konstruiert, die gleichzeitig die Stromzufuhr abschaltete, die Teile anfertigen und in den Motor einbauen lassen und konnte also nach fünf Tagen eine fast produktionsreife Lösung vorstellen, während die anderen entweder ihre Gedanken mündlich vortrugen oder mit Handskizzen kamen, die alle wegen zu hoher Kosten verworfen wurden. Meine Konstruktion sollte noch dahingehend verbessert werden, dass eine Labilität aus der Halterung zu tilgen war. Ich hatte die Abdeckhaube für die Halterung des Bremshebels gewählt. Diese bestand jedoch aus Kunststoff und bäumte sich unter dem Druck des Bremshebels auf. Als ich mich von Nassauer verabschiedete, dankte mir dieser dafür, dass ich die Gemeinschaftsarbeit vorangebracht hatte. Ich verwahrte mich gegen diesen Begriff, weil die Gedankengänge der Gesprächspartner ganz andere Wege beschritten hatten.

Mit dem Nachtzug fuhr ich nach Allensbach und skizzierte bis zur Schlafenszeit neue Lösungen, doch wollte mir der zündende Gedanke nicht kommen, immer wieder störte mich Nassauers Begriff »Gemeinschaftsarbeit«. Die anderen, zu allerletzt die Konstrukteure von Wolf, hatten überhaupt keine akzeptablen Vorschläge einbringen können. Man wollte also mein Können nur deshalb gratis mit einbeziehen, weil sonst Schutzrechtsforderungen auf sie zukommen könnten. Ich kam zum Entschluss, die optimale Lösung finden zu wollen, aber auch dafür eine rechtzeitige Patentanmeldung zu machen, damit mir mein geistiges Eigentum nicht weggenommen würde. Grübelnd war ich unter dem Rattern der Räder eingeschlafen. Der Schaffner weckte mich eine halbe Stunde vor dem Umsteigebahnhof Offenburg. Nach dem Waschen und Anziehen überflog ich nochmals meine Skizzen. Fehlte da nicht eine? Ich suchte und begriff endlich, dass es diese Skizze noch gar nicht gab – mir war im Schlaf die perfekte Lösung eingefallen.

In Offenburg wartete im Morgengrauen schon der Zug am Bahnsteig sechs auf die Umsteiger nach Konstanz. Ich konnte dort gar nicht schnell genug meinen Skizzenblock hervorholen. Es war doch so einfach. Die Gegenhalterung musste direkt mit einem Kugellager auf einer nach oben verlängerten Welle des Elektromotors sitzen, dann konnte ein an dieser gelagerter Hebel mit zwei Nocken eine zweite, feststehende Scheibe auf die rotierende Bremsscheibe pressen und dabei gleichzeitig den Strom unterbrechen, das Schneidmesser zum Stillstand bringen und das Rückdrehmoment der Kabeltrommel bremsen. Den Mähermotor hatte ich wieder aus Betzdorf mitgebracht. Erika war verärgert, dass wir kaum Zeit für das Frühstück hatten, dann war ich auch schon in der Werkstatt und besprach mit Seeberger die Anfertigung der Teile, um danach auf dem Reißbrett Zusammenstellungs- und Einzelteilzeichnungen zu erarbeiten. Nach drei Tagen waren alle Teile gebaut und montiert. Nichts musste verändert werden, alles funktionierte, die Lösung war perfekt.

Zusammen mit Erika fuhr ich zum Patentanwalt Stallmann nach Friedrichshafen, wo wir die Lage besprachen, die entstanden war, weil Wolf daraus eine gemeinschaftliche Idee aller Beteiligten konstruieren wollte. Stallmann, ein älterer, erfahrener Herr, riet zu einem behutsamen Vorgehen, um Wolf nicht zu verärgern, andererseits aber auch zur Standhaftigkeit bei dieser Sachlage, denn was Wolf vorhatte, war Diebstahl geistigen Eigentums, den die Firma aufgrund ihrer Kapitalmacht meinte durchsetzen und legalisieren zu können. Ich bat ihn, die Patentanmeldung bis zum 7. November 1960 fertig zu haben, das sei der Tag der Vorführung der Brems-Schaltkombination bei Wolf. Am 6. November fuhr ich dann nach Betzdorf, übernachtete dort, montierte am nächsten Morgen im Werk den umgebauten Motor auf das Rasenmähergehäuse und war pünktlich um 9 Uhr zur Vorführung bereit. Alles klappte nach Plan, die Fachleute waren von der einfachen Lösung verblüfft, zumal es nach ihrer Meinung keine Verbesserung gäbe und somit die Produktion für das kommende Frühjahr anlaufen könne. Gregor Wolf beglückwünschte mich zu der schnellen, gelungenen Lösung und bat mich, nach dem Mittagessen alle Einzelheiten mit seinen Konstrukteuren zu besprechen. Als ich mich dann kurz vor Büroschluss bei Herrn Nassauer verabschiedete, sagte mir dieser, sie würden dann die Patentanmeldung machen. Ich verwahrte mich dagegen, so mit meinem geistigen Eigentum zu verfahren. Nassauer versuchte mich zu überreden, kam jedoch gegen meine Argumente nicht an, zumal es ihm merklich schwer fiel, im Interesse der Firma Unwahrheiten vertreten zu müssen. Verstimmt gingen wir auseinander. Stallmann sagte am Telefon, alles sei vorbereitet, und so fuhr ich zusammen mit Erika über Friedrichshafen nach München und lieferte um 16.10 Uhr die Patentanmeldung beim Deutschen Patentamt ab. Wolf blieb jetzt nur die Möglichkeit, das Patent anzugreifen oder es als zweite Sicherheit für den abgeschlossenen Vertrag zu akzeptieren.

Nachdem ich der Firma Wolf mitgeteilt hatte, dass die Anmeldung vollzogen war, spielte Nassauer den Beleidigten. In langen Schriftsätzen wurden die gegenseitigen Standpunkte dargelegt, die Produktion und der Verkauf allerdings zügig vorangetrieben. Gregor Wolf selbst schaltete sich ein, dem ich nochmals den Ablauf der Brems-Schaltkombinations-Entwicklung minutiös beschrieb und schließlich kamen wir Mitte 1961 überein, dass das zweite Patent ohne Lizenzerhöhung in den Vertrag mit aufzunehmen sei. Bis dahin hatte ich eine höhere Stücklizenz überhaupt nicht zur Sprache gebracht, mir hatte es vor allem an der Absicherung des Vertrages gelegen, während Wolf die vermeintlich höheren Forderungen abwehren wollte.

Nassauer meldete sich im September in Allensbach und bat um einen Termin zu einem Treffen, da er zufällig in der Bodenseeregion sei. Wir empfingen ihn freundlich, er selbst war auch nicht mehr der auf Abstand Bedachte, und schließlich kam auch der wahre Grund zum Vorschein. Der Junior, Dieter Wolf, brachte mit seinem Studienabschluss neue Ideen in die Werksführung. Die Firma International Floriad Trust in Liechtenstein sollte die Verwaltung und Bezahlung von Patenten übernehmen. So etwas schriftlich oder per Telefon abzuhandeln, wäre Herrn Nassauer vermutlich zu heiß gewesen. Ich erbat mir eine Bedenkzeit, um meinen Anwalt konsultieren zu können, und als Wolf die volle Haftung für alle Fälle übernahm, die daraus entstehen könnten, wurde am 30. November 1961 die Umschreibung vollzogen. Ganz vorsichtig ließ Nassauer durchblicken, dass Gregor Wolf und ihm der Weg über Liechtenstein missfiel, doch der Senior war erkrankt, hatte seinem Sohn weitgehende Vollmachten übertragen und war somit nicht mehr in der Lage, seine Linie durchzusetzen. Für 1961 erhielt ich bereits etwa 20 000 DM ausgezahlt. In den nächsten Jahren waren erhebliche Steigerungen zu erwarten.

Gregor Wolf verstarb im Folgejahr, und Dieter hatte das Sagen. Nassauer blieb weiterhin der erste Mann nach der Direktion, man sagte von ihm, dass niemand so ein gewaltiges Arbeitspensum erledigen könne wie er. Das Verhältnis zwischen uns wurde freundschaftlicher. 1963 rief er an. Im Werk liefen Versuche für einen Benzinmäher mit Radantrieb, die Techniker kämen jedoch nicht voran. Vielleicht wüsste ich eine günstige Konstruktion? Nach kurzer Zeit fand ich eine Lösung. In einem Kugellager wurde der Kugelkäfig durch einen fingerförmig ausgefrästen Ring ersetzt, dessen Finger in die Spalten der Kugelzwischenräume eingriffen und der auf der Oberseite eine Keilriemenscheibe bildete. Auf den Außenring des Kugellagers wurde eine Hülse, die außen ebenfalls als Keilriemenscheibe ausgebildet war, mit etwas Untermaß warm aufgezogen. Dadurch verengte sich der Außenring des Lagers ein wenig und presste die Kugeln gleitsicher auf den Innenring. Der entsprechende Keilriemen führte dann von der oberen Kugellager-Riemenscheibe über zwei auf der Hinterachse sitzende Keilriemenscheiben zurück zur unteren Kugellager-Riemenscheibe. Die beiden Hinterachs-Riemenscheiben übertrugen mittels einer Klauenkupplung die Drehbewegung im Vorwärts- oder Rückwärtsgang auf die mit den Rädern verbundene Achse. In einem Kugellager haben der Außenring und der Kugelkäfig verschiedene Rotationsgeschwindigkeiten. Diese Differenz wurde bei dem System ausgenutzt und stimmte mit der Schrittgeschwindigkeit einer Person überein. Der Antrieb war zu einem Zehntel der Kosten eines Zahnrad-Übersetzungsgetriebes herstellbar, fast wartungsfrei, hatte einen Vorwärts- und Rückwärtsgang und eine Zusatzmöglichkeit zum automatischen Mähen ohne Begleitperson.

Nassauer zeigte bei der Vorführung in Betzdorf einen offensichtlichen Stolz, den richtigen Mann für die Problemlösung gerufen zu haben, die technische Leitung plädierte ebenfalls dafür, aber Dieter Wolf entschied nach vier Wochen, dass die Firma angetriebene Handrasenmäher aus dem fernen Osten beziehen und unter dem Namen Wolf verkaufen werde. Der Elektromäher mit Kabelaufwicklung, unter dem Namen »Motodux-Kabelfix« angeboten, ging seinen erfolgreichen Weg und brachte ständig gute Lizenzeinnahmen. Nassauer schrieb 1967, ein amerikanisches Patent sei aufgetaucht, das Ähnlichkeiten aufweise. Die Prüfung durch Patentanwalt Stallmann ergab keine Gefährdung für den Kabelfix. Dieter Wolf wollte die Situation jedoch ausnutzen, um die Lizenzgebühren zu kürzen, obgleich der Lizenznehmer vertraglich verpflichtet war, das Patent gegen Angriffe zu schützen. Er verlangte eine Verhandlung, die Nassauer führen sollte. Ich bat Dr. Norbert Sternfeld, mich zu vertreten. Der befand sich in Baden-Baden zur Kur und fragte, ob die Parteien sich nicht dort treffen könnten. Nassauer bejahte. Dr. Sternfeld führte die Verhandlung so, wie ich ihn noch nie erlebt hatte. Er sprach hauptsächlich von sich selbst, welche wichtigen Positionen er inne habe, verlor immer wieder den Gesprächsfaden. Schließlich wurde ihm übel und wir brachen ab. Dr. Sternfeld hatte einen Herzinfarkt erlitten, zwei Tage später war er tot. Nassauer, dessen christliche Einstellung uns inzwischen bekannt war, zeigte sich bestürzt und verschob alles auf später. Zwei Monate darauf kam er mit seiner Familie in Allensbach vorbei und bot uns eine hohe Abstandssumme an, wenn wir das Patent an Wolf übertragen würden. Er gehe in absehbarer Zeit in Rente, bis dahin könnten wir uns auf eine exakte Abrechnung verlassen. Was danach sei, ließ er offen, riet jedoch, es sei in unserem Sinne, das Angebot anzunehmen. Nach kurzer Beratung stimmten wir zu. Wir hatten ganz deutlich gespürt, dass der Mann es ehrlich meinte. Die Verbindung zu Wolf war dann abgebrochen. 1995 saß bei einem Lionstreffen zufällig ein Bankier aus Siegen neben mir. Ich befragte ihn nach der Firma Wolf. Erstaunt vernahm ich, dieser seriösen, kapitalkräftigen Firma sei es eine Zeit lang ziemlich schlecht gegangen, aber Gregor jr., der neue Chef, sei nun auf dem besten Wege, diese zu sanieren und den einstigen guten Ruf wieder herzustellen. 2000 verfügte Gregor Wolf jr., dass der Kabelfix in verbesserter Form wieder auf den Markt gebracht werde.

Diese Rückschau soll nicht den Eindruck erwecken, dass meine Erfindungen und Entwicklungen Betriebe wie Possehl Industriebau, IWK-Lübeck oder die Wolf-Geräte GmbH vor Niedergang oder Rückschritt bewahrt hätten. Sie zeigt vielmehr eine Umkehr des Zeitgeistes in den sechziger Jahren auf. Der vorherige Volkswille, das Land wieder aufzubauen und die persönlichen Dinge dieser Forderung unterzuordnen, wurde immer mehr in das Gegenteil verkehrt. Es waren die Mitarbeiter der Firmen, die im Gegeneinander, wie z.B. bei Possehl oder der IWK, ihr eigenes Süppchen kochten, um Kollegen in ein schlechtes Licht zu rücken, es waren aber auch die Chefs, die dem augenblicklichen Zeitgeist nicht widerstehen konnten und unter ihrem Qualitätsnamen billige Asienimporte vertrieben, die langsam aber sicher den guten Ruf zerstörten. Um bei unseren drei Beispielen zu bleiben, schauen wir auf die Ergebnisse: Possehl Industriebau wurde von der Konzernmutter samt Belegschaft an die Firma Stahlbau Dakendorf verkauft. Der Käufer konnte den Trend nicht umkehren und ging mit dem eigenen Betrieb zusätzlich in Konkurs. Die IWK-Lübeck mit ehemals dreitausend Beschäftigten wurde von der Muttergesellschaft liquidiert. Wolf-Geräte Betzdorf fand gerade noch rechtzeitig die Umkehr zu deutscher Qualität, hatte dann aber gegen Firmen im eigenen Land anzukämpfen, die zwischenzeitlich gleichrangige Bedeutung erlangten.

Wegen der Zusammenhänge mit den Broziat'schen Patenten griffen die Kapitel 45 und 46 der Zeit voraus und beinhalteten auch volkswirtschaftliche Betrachtungen. Nachfolgend soll der Faden im Jahre 1959 wieder aufgenommen werden und sich dem Geschehen um die Broziats widmen.

47. Kapitel

Wie schon weiter oben gesagt, sind Firmen und Familien immer nur ein Rädchen im großen Getriebe von Land, Leuten und Entwicklungen sowohl politischer als auch wirtschaftlicher Art. So avancierte inzwischen die Bundesrepublik Deutschland zum Wirtschaftswunderland. Deutsche Qualität war in der ganzen Welt gefragt, die Exporte stiegen und stiegen. 1959 arbeiteten bereits über 500000 Gastarbeiter in der Bundesrepublik, allerdings war die Erwerbslosenzahl fast identisch. Die Deutschen stellten inzwischen höhere Anforderungen an ihren Arbeitsplatz und waren für einfachere Tätigkeiten, wie Müllabfuhr, Gießereiarbeiten usw., kaum noch zu gewinnen. Es begann langsam der fatale Trend, lieber Arbeitslosengeld zu beziehen und dieses Einkommen mit Schwarzarbeit aufzubessern, also auf Kosten der Fleißigen zu leben, die vom Einkommen ihren Obolus an die Arbeitslosenversicherung zahlten.

Auf tausend Einwohner kamen bereits siebzig Autos, der VW kostete 3900 DM, der Borgward Hansa 7500 und der Opel Kapitän 11000 DM. Der Jahresurlaub lag zwischen zwölf und einundzwanzig Tagen, Italien war das Reiseland Nummer eins der Deutschen. Das Fernsehen setzte sich immer mehr durch, die Ansager Irene Koss und Heinz Köpcke in der Tagesschau waren ebensolche Institution wie Kuhlenkampff und Frankenfeld mit ihren Showsendungen. Wer noch keinen Fernseher für ca. 800 DM besaß, ging ins Gasthaus zum Schauen. Die Weltausstellung in Brüssel beeindruckte mit dem Atomium, die Sowjets schickten am 3. November 1957 die erste Raumkapsel Sputnik II mit dem Hund Laika ins All, die geschockten Amerikaner konnten erst 1959 zwei Affen in eine Umlaufbahn bringen, während im gleichen Jahr eine Lunik 3 der Sowjets die ersten Bilder vom Mond sendete. In Deutschen Kabaretts wurde dazu das Lied gesungen:

Die Fahrt zum Mond
hat sich gelohnt,

nun weiß die Wissenschaft
auf einmal ganz gewissenhaft,
dass sich zum Mond
die Fahrt nicht lohnt,
drum hat die Fahrt zum Mond
sich wirklich sehr gelohnt.

Sieben Staaten Europas, darunter die BRD, gründeten die EWG, Charles de Gaulle wurde in Frankreich zum Staatspräsidenten gewählt, Fidel Castro erlangte in Kuba die Macht, und die SPD wollte mit dem »Godesberger Programm« eine Volkspartei werden.

Die Broziats, inzwischen drei Familien, suchten in dieser guten Gesamtlage nach neuen Wegen in die Zukunft. Vater spürte, dass sein Elan langsam abnahm, denn die vergangenen vierzig Jahre hatten die Menschen seiner Jahrgänge ungewöhnlich stark verschlissen. Günter wollte nicht mehr unter der direkten Herrschaft seines Vaters leben, der ihm mehr körperliche als geistige Arbeiten zuordnete. Auch ich missbilligte die viel zu geringe finanzielle Bewegungsfreiheit für die Filiale Allensbach mit einer Kapitaldecke von 5000 Mark, denn alle Gelder darüber mussten nach Lübeck transferiert werden. Von dort wurden Einkäufe genehmigt und finanziert, dort war die Buchhaltung. Zwar half ich mir mit den langsam anlaufenden Patentgeldern, doch das ergab keine vernünftige Lösung, denn Vater wollte mein Zusatzeinkommen ganz gern dem Gesamtbetrieb einverleiben, mit der Begründung, die Patente seien in der Firma entwickelt worden.

Es brodelte also. Der Chef musste Ruhe schaffen. Ein weiteres Problem tauchte mit der Steuerberatung auf. Das umsichtige Fräulein Bremekamp war in Rente gegangen. Fräulein Bremekamps Sozius, Herr Fuchs, führte das Büro allein weiter, hatte jedoch große politische Ambitionen in der FDP entwickelt, die ihn bis in den Senat führen sollten, dafür aber seine Mandanten vernachlässigt. Vater wechselte zu Fuchs' Empörung zum Steuerbüro Hugo Thees über, um sich eine kontinuierliche Fachberatung zu sichern. Thees riet ihm, seinen Söhnen die Übergabe von Betriebsteilen in Aussicht zu stellen. Günter sollte die Spedition als eigenständigen Betrieb übernehmen, ich die Filiale in Allensbach. Zur Ausgliederung der Spedition wurde am 30. September 1959 die »Oskar Broziat OHG« gegründet, in die Fahrzeuge, Gerätschaften und Kapital eingebracht wurden. Das heißt, von Vater kam das Anlagevermögen, von Mutter ein Darlehen aus ihrem Vermögen und von uns Brüdern die im Betrieb Oskar Broziat angesparten Tantiemen, ebenfalls als Darlehen. Damit war zwar eine eigenständige Speditionsfirma geschaffen, doch im Grunde lief alles genauso weiter wie bisher, denn Vater blieb Chef, und die anderen fungierten als Mitgesellschafter. Viele Menschen, die Macht besitzen, sind kaum in der Lage, davon etwas abzugeben, so ist es im Großen wie im Kleinen. Vater hatte vorerst Ruhe geschaffen, die aber war nicht von langer Dauer, denn wir Söhne wollten eigenständig werden. Wenn ich mit meiner Familie nach Lübeck oder die Eltern nach Allensbach kamen, immer waren die Zukunftsregelungen die Themen. Sicher trugen Divergenzen zwischen mir und Günter zu den Verzögerungen bei. Ich sah im Verbleib eigenständiger Firmen unter einem Dach die vorteilhaftere Lösung, während Günter seinen Betrieb allein haben wollte. So kamen wir schließlich 1963 überein, getrennte Betriebe zu installieren.

48. Kapitel

Oskar jr. kam 1960 mit sieben Jahren zur Schule. Erika hatte darauf gedrängt, ihn ein Jahr später einzuschulen, damit seine Kindheit verlängert würde, denn dem Ältesten wurden automatisch immer wieder Aufgaben zugewiesen, für die Klaus und Alexander zu klein waren. Ob es um die Aufsicht über die beiden Brüder oder um kleine Besorgungen ging, Oskar tat es gern und mit Umsicht. Zur Einschulung besorgte Erika aus Konstanz eine Schultüte, angefüllt mit kleinen Geschenken und Süßigkeiten, worüber die übrigen Eltern sich wunderten, denn in Allensbach war so etwas nicht üblich. Allerdings kamen im nächsten Jahr schon etliche Erstklässler mit Schultüten, danach wurde dieser Brauch Allgemeingut. Das alte Schulgebäude befand sich in der Nähe der katholischen Kirche und des Rathauses, aber Allensbach war rapide gewachsen und deshalb war eine neue Schule am Höhrenberg im Bau. Bei der Elternversammlung wurde ich zum Vorsitzenden des Elternbeirats gewählt. Ich wünschte eine gedeihliche Zusammenarbeit mit dem Lehrkörper, versprach aber auch die Interessen der Eltern deutlich zu vertreten. Das sollte sich auch bald ergeben. Zur bisherigen analytischen Lehrmethode war die Ganzheitsmethode aufgekommen, und die jungen Lehrkräfte, gerade mit dem Studium fertig, wollten für sich entscheiden, wonach sie unterrichten wollten. Bei der hohen Kinderzahl setzte ich durch, dass die Grundschüler beziehungsweise deren Eltern die eine oder andere Unterrichtsmethode wählen konnten. Nach ein paar Jahren zeigte sich: die größere Zahl der Legastheniker befand sich unter den nach der Ganzheitsmethode unterrichteten Schülern.

Im Herbst 1960 kam zur Einweihungsfeier der neuen Schule der Schulpräsident aus Freiburg und zeigte sich erfreut über den gelungenen, modernen Bau. Die Klassenräume waren hell und zweckmäßig eingerichtet, ihre Anordnung übersichtlich, die Zusatzeinrichtungen für Naturwissenschaften und Sport entsprachen dem neusten Stand. Bürgermeister, Schulpräsident, Schulrat, Rektor und Elternbeiratsvorsitzender hielten Reden, Schüler machten Vorführungen, es gab ein kaltes Büffet, gestiftet von den Eltern, und dann schaute der Schulpräsident auf die Uhr: Den letzten Zug nach Freiburg hatte er verpasst. Er bat um die Vermittlung eines Hotelzimmers, doch die »Eintracht« war belegt. Ich bot sofort eine Übernachtungsmöglichkeit an, die Wohnung meiner Eltern war frei, und als meine schöne Frau auch noch dazu einlud, nahm der Präsident gern an. Nach einem guten Frühstück wurde er am nächsten Morgen zur Bahn gefahren, und bei der Verabschiedung sagte er uns: »Sollten Sie in schulischer Hinsicht einmal Sorgen haben, melden Sie sich bei mir!« Das sollte nicht lange auf sich warten lassen. Rektor Weckerle rief mich an einem Freitag an: »Herr Broziat, der Schulrat hat Fräulein Konrad, ohne mich zu konsultieren, von einem Tag auf den anderen nach Waldshut versetzt. Bereits am Montag früh soll sie dort anfangen!« – »Geschieht das auf ihren Wunsch?« – »Nein, sie sitzt hier und weint, sie wurde vor einer Stunde zum Schulrat beordert und bekam dort die Anweisung, kein Bitten oder Flehen konnte ihn umstimmen.« – »Gut, ich werde den Schulpräsidenten anrufen« – »Das können Sie doch nicht machen!« – »Ich kann, Herr Weckerle, ich kann!« Es handelte sich um Oskars Klassenlehrerin. Sie hatte eine besondere Begabung fürs Unterrichten. Der Schulpräsident sagte, dass er schon im Mantel sei, ich möge mich bitte kurz fassen. Nach meiner Erklärung erwiderte er ärgerlich: »Gestern Vormittag saß ich mit dem Schulrat zusammen im Zug, da hätte er mich davon unterrichten müssen. Da ich keine Zeit mehr für ein Telefonat habe, bitte ich Sie, ihm meine Anordnung durchzurufen: Fräulein Konrad bleibt in Allensbach!« – »Herzlichen Dank, Herr Präsident!« – »Gern geschehen, und grüßen Sie Ihre liebe Gattin!«

Die Übermittlung der präsidialen Anordnung nahm der Schulrat eisig entgegen, während Rektor Weckerle nur staunte und man einen Freudenschrei der Lehrerin im Hörer vernahm. Die Grundschule Allensbach wurde von da an von der Schulbehörde sehr vorsichtig und zuvorkommend behandelt.

Der vermutlich einzige Kinderspielplatz in Allensbach befand sich auf unserem Grundstück, von mir seinerzeit mit einer Schaukel und umgebendem Sandplatz für meine Kinder eingerichtet. Es spielten dort nicht nur unsere drei Söhne, sondern auch täglich viele Nachbarskinder. Burgen, von Wasserläufen umgeben, wurden gebaut, heiße Schlachten zwischen Rittern und Landsknechten ausgefochten, auf

Autorennstrecken mit durch Modderpampe geglätteten Fahrbahnen manch ein Sieg für Mercedes, Ford oder Opel eingefahren. Der Kinderfantasie waren keine Grenzen gesetzt. Aber auch Schaukelweitsprung war beliebt, besonders jedoch die Nutzung der mit 5 Prozent abfallenden Betonstraße des Grundstücks. Es gab genug Möglichkeiten, alte Kinderwagen mit Sackkarren, Tretrollern oder anderem fahrendem Gerät zu kombinieren, um im Geleitzug mit möglichst vielen Mitfahrern hinabzurollen. Erika stockte oftmals der Atem, wenn die Kinder barfuss auf dem Beton bremsten oder gar kurz vor dem schmiedeeisernen Tor gerade noch die Kurve bekamen. Immer hatte sie die Schmalfilmkamera griffbereit, um die schönsten Szenen zu filmen.

Erika, die alles schnell erfasste, war aufgefallen, dass Klaus sich an den Spielen nicht mehr so intensiv beteiligte, oftmals an der Seite saß und still zuschaute. Eines Nachts hörte sie ihn im Kinderzimmer weinen. »Was hast du denn, Kläuschen?« – »Mein Knie tut so weh!« Ich war hinzugekommen, wir ließen uns den Bereich von ihm zeigen. Erika machte einen kühlen Wickel, der die Schmerzen etwas linderte. Am nächsten Vormittag fuhren wir mit Klaus nach Konstanz zum Orthopäden Dr. Mutschler. Die Röntgenaufnahme wies im Kniebereich ein Geschwür im Knochenmark auf. »Das müssen wir operieren!«, sagte der Arzt. Erika antwortete: »Das Geschwür ist neben der Wachstumsfuge. Wenn die verletzt wird, bleibt sein Bein kürzer!« – »Das kann ich nicht ausschließen!« – »Angenommen, es wäre Ihr Kind, was würden Sie tun?« – »Ich würde erst andere Mittel einsetzen!« – »Dann werden wir das auch bei Klaus machen!« Ich war über ihr Wissen und ihre Bestimmtheit, mit der sie sich für ihr Kind einsetzte, erstaunt und auch dankbar. So hatte ich meine Frau noch nicht kennengelernt. Wir kamen mit dem Orthopäden überein, dass er den Kinderarzt Dr. Krummacher unterrichten würde. Wir sollten sofort zur Konsultation hinfahren.

Dr. Krummacher schlug eine tägliche Behandlung mit einem starken Antibiotikum vor, die müsste jedoch im Kinderkrankenhaus erfolgen, ambulant wären Behandlung und Pflege nicht durchführbar. Mit Beklemmung stimmten wir zu, weil die Gefahr bestand, der Herd könnte bösartig werden. Bei den täglichen Besuchen spürten wir besorgt, dass Klaus an Substanz verlor. Der Arzt beruhigte uns damit, dass die harten Medikamente das mit sich brächten. Am fünfzehnten

Tag, einem Sonnabend, bekam Erika den Anruf einer Krankenschwester: »Frau Broziat, holen Sie bitte Ihren Klaus ab, wir können nichts mehr tun, es tut uns ja so leid!« – »Wir kommen sofort!«, konnte sie noch sagen, legte den Hörer auf und eilte mit der Nachricht zu mir in die Werkstatt. Während ich mich schnell umzog, legte sie Decken ins Auto und ließ Hilde das Bett in der Wohnung der Eltern als isolierten Raum herrichten. Wir sausten nach Konstanz, und als ich das Kind aus dem Krankenhaus trug, lief die Nonne weinend hinterher und jammerte: »Er war unser Liebstes, er war unser Liebstes!« Wir hatten erfahren, dass in dem Zimmer die Windpocken ausgebrochen waren, und dass Klaus sich obendrein beim Warten aufs Röntgen in dem kalten, zugigen Flur eine Lungenentzündung geholt hatte. Der von den Antibiotika geschwächte Körper konnte dem nichts mehr entgegensetzen.

Zu Haus entfernte Erika sofort alle Krankenhauskleidung, wusch ihr Kind eiligst mit warmen Seifenlappen ab und legte es ins frische Bett. Beim Ankommen rief sie Hilde zu, sie solle sofort einen Topf mit Kartoffeln aufsetzen. Von einer Nonne aus Hegne hatte sie einmal erfahren, dass heiße Pellkartoffel- oder Zwiebelumschläge bei einer Lungenentzündung heilend wirken. Alle zwei Stunden bekam Klaus auf Brust und Rücken wechselnde Packungen, so warm wie er es vertragen konnte. Klaus schlief danach immer sofort erschöpft ein, und wir Eltern hielten Nachtwache, beteten und streichelten unser Kind. Beim Anruf nach Lübeck riet Vater zu Heilerdeumschlägen im Kniebereich, doch es ging erst einmal darum, dass Klaus die Nacht überstehen würde. Die Morgendämmerung brach an, und der Junge atmete nicht mehr ganz so schnell. Erika flößte ihm teelöffelweise etwas Hühnerbrühe ein, wechselte die Umschläge nun im Dreistundentakt, wollte ihr Kind mit aller Mutterliebe am Leben erhalten. Es sollte uns gelingen, die Lebensflamme von Stunde zu Stunde etwas heller brennen zu lassen. Als der Montag erreicht war, begann Erika mit der Heilerdebehandlung am Knie und betupfte die Windpocken mit einem Gegenmittel. Mitte der Woche verschwand das röchelnde Geräusch aus den Bronchien, Klaus freute sich über Märchen und Kindergeschichten, die ihm vorgelesen wurden. Ich hatte einen Plattenspieler mit Märchenplatten besorgt, den das Kind leicht selbst bedienen konnte, und wenn dann »Ein Bär, der geht spazieren« ablief, strahlte Klaus über das ganze Gesicht.

Nach drei Wochen rief ganz zaghaft Dr. Krummacher an: »Frau Broziat, was ist denn nun mit Klaus?« – »Ja, er lebt noch, Herr Dr. Krummacher, und wir werden ihn mit Hausmitteln gesund bekommen!« Erika führte das Gespräch nicht allzu lange weiter, zu enttäuscht war sie von den Unzulänglichkeiten der Krankenhausbehandlung. Die Windpocken waren bald abgeheilt, die Lungenentzündung schien nach Einschätzung des Hausarztes Dr. Meßmer überstanden, und im Knie verspürte Klaus nach vier Wochen keine Schmerzen mehr. Wir wollten Gewissheit haben und fuhren mit dem Jungen wieder zum Orthopäden Dr. Mutschler zum Röntgen. Der Arzt besah das Bild und sagte, es sei das falsche Bein geröntgt worden. Erika widersprach, doch er ließ das andere Bein durchleuchten. Es war kein Krankheitsherd mehr zu finden. Dr. Mutschler kannte Klaus' Krankengeschichte. Er wusste, dass das letzte Röntgenbild im Krankenhaus keine Besserung gezeigt hatte. Erika sagte zum Abschied: »Wissen Sie, Herr Doktor, was geholfen hat? Umschläge mit Luvos Heilerde, vielleicht versuchen Sie einmal Behandlungen damit!« – »Sicher nicht!«, lächelte er.

Die steten Anstrengungen im Geschäft, das Jonglieren mit der knappen Finanzdecke, die oftmals nächtlichen Unfallbergungen mit deren bedrückenden Umständen und auch die Pflege und Erziehung der Kinder zehrte an unseren Kräften. Ein gewisses Äquivalent bot der Sonntagsplatz, nicht nach dem Wochentag, sondern nach dem Besitzer Klaus Sonntag benannt. Hier konnte man sich am Wochenende ausruhen, mit den Kindern spielen und baden und die Seele baumeln lassen. Aber die Aufsicht durfte man nicht baumeln lassen. Alexander, zweieinhalb Jahre alt, spielte am Wasser mit einem prallen Autoschlauch, während wir uns mit Petris unterhielten. Plötzlich sah ich Alexanders Beine aus dem Autoschlauch strampeln, raste, die Gefahr begreifend, sofort hin und zog den Jungen aus dem Wasser. Er war mit dem Oberkörper durch die Schlauchmitte in die Falle gerutscht, mit dem Kopf unter Wasser, und er wäre in kurzer Zeit ertrunken. Wir dankten Gott dem Herrn für die Rettung.

Im August 1961 fuhr die Familie für vierzehn Tage nach Grömitz in Urlaub. Erika hatte mir das Versprechen abgenommen, diesmal keinen Urlaubstag im Lübecker Betrieb mit Arbeit zu verbringen. Nur Erika und eine Strandkorbnachbarin wagten sich bei 16 Grad täglich ins Wasser. Aber die Seeluft brachte allen eine gute Erholung, und gestärkt konnten wir nach einem abschließenden geschäftlichen Besprechungstag die Rückreise antreten. Die beiden Wasserratten schrieben sich noch einige Male. Beide waren mit einem vierten Kind schwanger, das Wetter hatte vermutlich ihre Zyklen durcheinandergebracht und eine Befruchtung am Ende der Periode zugelassen.

Als wir am 14. August 1961 zum Strand ging, sahen wir schon von weitem Kriegsschiffe in geringer Entfernung vom Strand und an den Zeitungsständen Schlagzeilen wie: »Die DDR mauert sich ein!« oder nur »Die Mauer«. Quer durch Berlin ließ das DDR-Regime eine Mauer ziehen und später entlang der gesamten Grenze zwischen den beiden deutschen Staaten, diese durch Stacheldraht, Wachtürme, Tretminen, Anlegen von Waldschneisen und anderen Hindernissen zu »sichern«. Zu viele DDR-Bürger waren in den Westen geflüchtet, deshalb wurde jeder Versuch zur »Republikflucht« hart bestraft und auf Flüchtige, welche die Grenze zu überwinden versuchten, scharf geschossen. Hunderte von Menschen, die es versuchten, ließen ihr Leben. Die DDR war zum großen Gefängnis geworden. Der Frieden zwischen Ost und West stand nun auf des Messers Schneide. Der junge, charismatische US-Präsident John F. Kennedy reiste nach Berlin und hielt vor der Mauer eine anklagende Rede, die er mit den Worten beendete: »Ich bin ein Berliner!« Erika und ich bangten um unsere Angehörigen, als am 17. Februar 1962 ein Sturm mit Windstärke zwölf über Norddeutschland brauste und in Hamburg die große Flut auslöste. 62 Deiche brachen, 340 Menschen kamen um, 70 000 wurden obdachlos. Es war die Stunde des Innensenators Helmut Schmidt, der die Hilfe koordinierte und dadurch viele Menschen rettete. Am 22. Oktober 1962 erreichte die Kuba-Krise ihren Höhepunkt, als die russischen Kriegsschiffe, beladen mit Raketen, kurz vor der amerikanischen Blockadesperre wieder abdrehten. Erneut war ein Krieg abgewendet, denn die Sowjets wollten direkt vor der amerikanischen »Haustür« ihre Raketen installieren. Am 15. Oktober 1963 trat Bundeskanzler Adenauer im Alter von siebenundachtzig Jahren zurück. Sein Nachfolger wurde Ludwig Erhard. Die Welt war erschüttert, als Kennedy am 22. November 1963 Opfer eines Attentats wurde, dessen Täter nie ermittelt werden konnte. Ein Umbruch im Denken der Menschen kündigte sich an, aber noch waren sowohl die Bodenseeregion

Grundstück Allensbach, Radolfzeller Straße 44

als auch Lübeck Inseln der Ruhe. Dennoch schien die »Fluchtburg« Allensbach von 1951 für unsere Familien eine richtige Entscheidung gewesen zu sein.

Erika konsultierte im Frühjahr 1962 mehrfach den inzwischen befreundeten Dr. Brachat, alles verlief normal, es gab keine Beanstandungen. Mit Irmgard und Fritz Brachat kamen wir nicht nur im Tennisklub zusammen, sondern wir besuchten gemeinsam Sinfoniekonzerte oder luden uns gegenseitig nach Hause ein. Am 7. Juni bekam Erika Wehen. Ich brachte sie ins Krankenhaus Radolfzell, Fritz Brachat sagte: »Das dauert noch, aber bleib' schon mal hier!« Er wollte mich anrufen, wenn es so weit wäre, damit ich bei der Geburt zugegen sein könnte. Nach einer Nacht blieben die Wehen aus, ich holte Erika wieder ab. Das gleiche wiederholte sich am 10. Juni. Dann, am 13. Juni, setzten vormittags gegen 10 Uhr heftige Wehen ein. Erika setzte sich ins Auto, ich suchte das Stammbuch. Erika hupte wild, ich lief hinaus. »Mach schnell, es geht los!«, trieb sie mich an, schneller zu fahren. Wir rasten nach Radolfzell. Dr. Brachat war inzwischen von unserem Büro aus telefonisch informiert worden, er befand sich schon im Kreissaal. »Nun leg' dich erst einmal hin, wenn's losgeht, werde ich gerufen!« – »Wenn du jetzt gehst, schmeiß' ich dir meinen Schuh ins Kreuz, es geht los!«, rief die impulsive Erika und legte sich auf die Liege. Dr. Brachat schaute noch verdutzt, weil ihm so etwas noch nie widerfahren war, da begannen auch schon die Presswehen, er konnte sich gar nicht mehr den Arztkittel anziehen, das Kind kam zum Vorschein und pinkelte ihm in hohem Bogen auf die gute Krawatte als sicheres Zeichen, dass uns wieder ein Sohn geboren war. »Schaut mal, wie schier und gesund er aussieht!«, sagte der Freund und Arzt zu den glücklichen Eltern und legte der Mutter das Kind an die Brust. »Ich möchte, dass er nach dir Horst heißt«, sagte Erika, »Horst Herrmann Alexander!« Nach einem erholsamen Aufenthalt im sonnigen Zimmer des Krankenhauses konnte ich meine Frau mit dem Jüngsten gesund abholen. Nun waren wir eine sechsköpfige Familie.

49. Kapitel

Die versprochene Übergabe der Teilbetriebe an uns Söhne zögerte Vater mit immer neuen Begründungen hinaus. Er selbst hatte vor eineinhalb Jahren das Thema angestoßen, nachdem er mit Mutter in Bad Krotzingen gewesen war und mit einigen versierten Leuten über Altersregelungen gesprochen hatte, aber nun stand den beiden immer wieder die Sorge vor Augen, die Söhne würden die Betriebe nicht am Leben erhalten können. Andererseits war der Alterungsprozess nicht zu stoppen, dem jeder unterworfen ist. So fanden die drei schließlich mit Hilfe von Beratern die Lösung: Zum 1. Januar 1963 erwarb ich den Betrieb in Allensbach zu Bilanzwerten, Günter übernahm zu Bilanzwerten die Spedition Oskar Broziat OHG in Lübeck und Vater behielt den Handel mit Industriebedarf in Lübeck. Die Eltern erhielten weiterhin die Grundstücksmieten von Allensbach und dem OHG-Bereich in Lübeck, ich erhielt die schriftliche Zusicherung, dass der Grundstückswert von Allensbach zum Zeitpunkt 1. Januar 1963 für den Fall einer späteren Grundstücksübergabe festgeschrieben würde und mir alle Wertverbesserungen zufielen. Das Gleiche wurde Günter zugestanden. Die Bilanzwertermittlungen für beide Betriebe waren fast identisch mit je ca. 75 000 DM. Die Tilgung der Summen erfolgte einerseits durch Verrechnung mit den angesparten Tantiemen, bei mir mit 33 000 DM, bei Günter mit 28 000 DM. Ich zahlte den Rest in bar, mittels meiner Patenteinnahmen, Günter wurde zugestanden, die Schulden im Laufe der Zeit durch Fuhrleistungen zu tilgen. Da der Wert der Fernverkehrskonzessionen nicht bilanziert worden war, fiel mir dieser nicht ins Auge, und weder Vater noch Günter erwähnten etwas davon. Erst als Günter zehn Jahre später die Spedition verkaufte, wurde ihm vom Käufer der Wert von drei Fernverkehrs- und einer Möbeltransportkonzession mit rund 100 000 DM vergütet, der Kaufpreis der Spedition hätte also um etwa diesen Betrag höher ausfallen müssen. Vielleicht hatte Mutter wieder die behütende Hand für ihren Jüngsten im Spiel gehabt.

Betrieblich gab es in Lübeck vorerst keine großen Umstellungen. Vater führte seinen Handel in gleicher Form erfolgreich weiter, und Günter nutzte das Grundstück mit seinen Fahrzeugen ohne gegenseitige Abgrenzung, wie es vorher die Speditions-OHG getan hatte. Ein Außenstehender bemerkte die Veränderung nicht, nur die Kunden ersahen aus den neuen Formularen, dass ein Inhaberwechsel stattgefunden hatte. Günter verstand es, neue Kunden zu werben. Vor allen Dingen brachten Schmalbach in Lübeck und Weck in Öflingen ertragreiche Speditionsaufträge. Eva übernahm das Gros an Büroarbeit, der Betrieb sah einer erfolgreichen Entwicklung entgegen. Nur mit der Abgeltung des Kaufpreises der OHG gab es zwischen Vater und Günter immer wieder Differenzen. Er erwartete von Günter, dass er alles andere stehen und liegen ließ, um ihn sofort zu bedienen. Das ging natürlich nicht. Laufende Aufträge für andere Kunden konnten nicht unterbrochen werden, was Vater wiederum veranlasste, nachträglich Beträge für Fuhrleistungen herunterhandeln zu wollen. Die unklare Abzahlungsregelung hatte beide Partner in eine unangenehme Lage gebracht. Da keine Mindestrate vereinbart war, versuchte Günter, die Aufträge seines Vaters zu minimieren, und dieser wiederum versuchte, seine väterliche Autorität und kaufmännische Taktiken auszuspielen. Ein Dauerkonflikt war angelegt.

Bereits 1947 hatten die Eltern schräg westlich vom Wohnhaus in etwa 15 Meter Abstand ein Stallgebäude errichten lassen, um durch eine Nutzviehhaltung die Lebensmittelversorgung der Familien zu verbessern. Dann kam die Währungsreform, und wenig später wurden die Stallungen nur noch als Unterstellräume genutzt. Bevor Günter 1958 heiratete, ließen die Eltern am nordöstlichen Giebel des Gebäudes im rechten Winkel dazu einen etwa gleich großen Anbau herstellen und alles mit Wohnräumen versehen. Dieses Haus benutzte die Familie meines Bruders seitdem für Wohnzwecke, und mit der Geschäftsübernahme diente ein Raum auch als Büro.

Mutter wandte sich ihren eigenen Ambitionen zu, nämlich der Verbesserung des Wohnhauses. Die Raumaufteilung gefiel ihr nicht. Die nach außen aufgehenden Fenster ließen sich nur schwer putzen, die innen vorklappbaren Holzläden erlaubten nicht, Blumen auf die Fensterbänke zu stellen, die Fußböden knarrten. Die alte Bautechnik war einfach überholt. Da nun Geld von mir auf der Bank lag, der Betrieb florierte und der Betriebsaufwand durch die Ausgliederung der Spedition (sie war auch als OHG von Vater geleitet worden) wesentlich sank, stand ich ihren Wünschen nicht entgegen. Schulz-Demmin machte Vorentwürfe in Absprache mit Mutter, konnte ihr Vor- und Nachteile verschiedener Lösungen mit wenigen Bleistiftstrichen anschaulich darstellen, bis schließlich zeichnerisch ein ansehnliches Ganzes entstand. Nun trat Vater auf den Plan. Alles, was er nicht für genehmigungspflichtig hielt, sollte vorweg in eigener Regie durchgeführt werden, ehe ein Architekt beauftragt wurde. Große Kellerräume hatten ihn immer gereizt. Also bekamen Opa Herzog und Robert Fendler die Anweisung, den nicht unterkellerten Teil des Hauses, das waren zwei Drittel, meterweise abzufangen und unter dem Hausfundament 2,5 Meter tiefe Kellerwände zu betonieren. Diese bekamen aber nur die halbe vorgesehene Kellerwandstärke. Wenn das Haus auf den Wänden und den unterhalb durchgeschobenen Trägern sicher stand, konnte die endgültige Wandstärke vorbetoniert werden und der Bodenaushub durch die vorgesehenen Lichtschächte beginnen. Über das Vorhaben schüttelte Schulz-Demmin nur den Kopf, weil es ihm zu waghalsig schien – aber was Vater als gut befand, das zog er auch durch. Die Stadt Lübeck plante einen Fußgängerweg um den Tremser Teich, da kam ihm der Kelleraushub gerade recht, den Beginn dafür zu machen und das abfallende Terrain aufzuschütten. Es ging dann auch alles gut, erst ein paar Jahre später zeigte sich, dass die Kelleraußen- und innenwände von der Bodenbeschaffenheit her unterschiedliche Gründungen aufwiesen und besonders im Oberstock durch die differenzierten Setzungen Fußbodengefälle bis zu 2 Zentimeter pro Meter verursachten.

Das Haus war im typischen Holsteiner Gutshausstil in Klinkerbauweise konzipiert, Simse und Fensterumrandungen durch andere Vermauerungsart hervorgehoben, mit schmalen hohen Fenstern und geschütztem Eingangsbereich durch eine Art nach vorn offener, verglaster Holzlaube mit festen Bänken an den Seitenwänden. Mutter wünschte sich große Fenster mit von innen bedienbaren Rollläden, einen großen, repräsentativen Wohnraum mit Kamin, einen zweiten Gästeeingang von der Lindenallee her und eine überdachte Sitzecke mit Außenkamin an der nordwestlichen Giebelseite in Richtung Tremser Teich. Schulz-Demmin fand die Gesamtkonzeption nicht schlecht, nur störte seine künstlerische Ästhetik der architektonische Stilbruch, der dem alten Gutshaus zugefügt werden würde. Er riet für diesen Fall, Nägel mit Köpfen zu machen und die Außenhaut umzugestalten. So wurde dann auch das ganze Haus, an dem viele Klinker Frostschäden hatten, verputzt und weiß gestrichen, nachdem jeweils zwei Fenster einschließlich Zwischenmauer zu einem vergrößert und der Vordereingang mit Balkonüberdachung und ein großer Balkon über der Außenkaminecke geschaffen waren. Die Eingangslaube verschwand, dafür zierten beide Eingänge hübsche, graugrüne Riemchenverblendungen und ansehnliche Zierglastüren. Den Auftrag zur Lieferung der Fenster bekam der Fensterbauer Ernst Locher aus Allensbach, der dann ein Leben lang davon schwärmte, bis zur Ostsee hinauf geliefert zu haben. Vater kam der Umbau des Kepa-Kaufhauses in der Holstenstraße zupass. Er hatte von dort die gebrauchten Ladenmöbel und das noch gute Parkett erworben, das er nun zur Verlegung in seinem Haus verwendete. Die Möbel konnte er vorteilhaft an viele Lübecker Ladenbesitzer verkaufen. Er nahm eben alles mit, was sich zu Geld machen ließ. Das Wohnhaus, nun auch mit Zentralheizung, Anschluss an die städtische Kanalisation, moderner Elektroinstallation und sonstigem geschmackvollem Komfort versehen, hatte einen erheblichen Zuwachs an Wohnwert erhalten. Meine Eltern fühlten sich glücklich darin.

50. Kapitel

In Allensbach erfuhren wir das Gefühl neuer Freiheit. Mit frischem Elan holte ich Aufträge ins Haus und wagte mich an schwierigste Transporte heran. Die Firma Berg war weiterhin meine Fundgrube, aus der wir Teile und Geräte für den Bau spezieller Transportgeräte schöpfen konnten, und ich hatte viele Ideen dafür. Bei einem Kraneinsatz in den Aluminiumwalzwerken Singen fragte mich der für Neuanlagen verantwortliche Ingenieur Weitzer, ob wir uns trauen, 70 Tonnen schwere Walzenständer zu transportieren und aufzustellen, die in einem Monat per Bahn angeliefert würden. Nach Besichtigung der Örtlichkeiten und zwei Tagen Bedenkzeit machte ich ein Angebot nach Zeitaufwand unter Einschluss kostenloser Verwendung der Gabelstapler und Krananlagen der »Alu«. Vorher zu Berg gefahren, erwarb ich zahlreiche vollgummibereifte Panzerräder und mehrere schwere Kugeldrehkränze. Daraus wurden von meiner Mannschaft zwei lenkbare Schwerlastachsen und Schwenkauflagen mit je 50 Tonnen Tragkraft gebaut.

Auf Bahntiefladern kamen die beiden Walzenständer. Die Laufkrananlagen über dem Anschlussgleis und über der neuen Walzstraße trugen nur 25 Tonnen. Deshalb ließ ich auf den Waggons unter die hydraulisch angehobenen Ständer die Schwenkauflagen so ins erste Viertel legen, dass die Kranbelastung nicht überschritten wurde, das erste Ständerviertel also als Gegengewicht fungierte. Nach mehreren Schwenkhüben lag die Last auf der Rampe neben dem Waggon, konnte auf die Transportachsen gehievt und mit Staplern zum Aufstellort in die Halle rangiert werden. Weitzer freute sich. Nach der Mittagspause ließ ich die Vorbereitungen zum Aufstellen der 7 Meter hohen Ständer treffen. Weitzer ließ sich noch kurz sehen, dann war er verschwunden. Die Arbeit lag wirklich mit den vorhandenen Hilfsmitteln an der Grenze des Möglichen, doch ich hatte den Ständer beim Ablegen bereits so in eine Schräglage bringen lassen, dass nach meinen Berechnungen die Kranbelastung nicht überschritten wurde. Vorsichtig bediente ich die Kransteuerung. Immer mehr kam die Last der Senkrechten entgegen. Die oben angebrachten Abfangseile der Hubzüge strafften sich, im Verein mit dem weiteren Kranhub wurden sie nachgelassen, bis schließlich der Walzenständer in seiner Position stand. Die Hebezeuge wurden entfernt und für den nächsten Transport zum Waggon geschafft, als Weitzer wieder erschien. Er ging zu mir, gratulierte und sagte, bei der gefährlichen Arbeit konnte er nicht zuschauen, aber er wäre zur Kirche gefahren und hätte zu meiner Hilfe dort eine Kerze angezündet. Am nächsten Tag folgte die Aufstellung des nächsten Walzenständers in gleichen Arbeitsgängen und wieder mit einer im Gefahrenzeitraum brennenden Kirchenkerze, welche uns Beteiligte mit allem Ernst erfreute.

Die Kunst, die Umsicht und der Mut meine Firma beim Umgang mit Schwerlasten sprach sich im Bodenseeraum herum, die Reklame von Mund zu Mund war wesentlich wirksamer als die übliche Werbung. Anfragen und Aufträge häuften sich. Allerdings kam auch der Werbeslogan an: »Suchen Sie für Schwerlast Rat, rufen Sie Horst Broziat!« Bei schwierigen Aufgaben war ich stets im Arbeitszeug dabei, das honorierten die Auftraggeber besonders. So erzielte der Betrieb bereits im ersten Jahr der Eigenständigkeit einen ausgewiesenen Gewinn von 12 000 DM bei einer Bilanzsumme von 95 000 DM. Diese Leistung konnte nur erreicht werden, weil ich in Erika eine Lebenskameradin besaß, die bereit war, jede Aufgabe, die ihr zugemutet werden konnte, zu übernehmen. Sie besorgte mit Lehrlingen die Büroarbeit, beaufsichtigte den Werkstattbetrieb, sah alles, wusste alles und hielt mir den Rücken für meine Aufgaben frei. Dabei nahm sie jede freie Minute wahr, um die Kinder liebevoll, aber auch mit einer gewissen Strenge zu betreuen, denn »was Hänschen an Ordnung und Pflichtübernahmen nicht lernt, lernt Hans nimmermehr« war ihre Devise.

In der Werkhalle lief der Bau des Ringkrans II, der sehr wichtig war, um konkurrenzfähig zu bleiben, denn Günter Berg hatte begonnen, Mobilkräne anzuschaffen, vermutlich um Abschreibungsobjekte für seine hohen Gewinne zu haben. Die waren so enorm, dass er sofort vier Kräne verschiedener Leistungsklassen erwarb. Natürlich sollten die eingesetzt werden. Ein starker Mitbewerber stand plötzlich auf dem Markt, der auch noch die Preise unterbot. Das ärgerte mich besonders, denn bei den Berg'schen Stundensätzen schauten nicht einmal Verzinsung und Amortisation heraus. Ich besprach das mit

Günter Berg, doch der sagte lächelnd, er müsse eben sehen, wie er den Markt um den Bodensee erobere. Die Kunden merkten immer erst hinterher, dass den Preis einer Kranstunde nicht allein die Einsatzkosten ausmachten, denn Bergs Gittermastkräne hatten Rüstzeiten von minimal einer halben Stunde vor und nach der eigentlichen Kranarbeit, die mitberechnet wurden, Broziats nur je fünf Minuten. Bis diese Erkenntnis durchschlug, waren die Aufträge erst einmal weg. Die versandten Lasten wurden auch immer schwerer, weil man inzwischen allenthalben Mobilkräne mieten konnte, also war ein stärkerer Kran für meine Firma vordringlich. Der Ringkran II wurde ein Volltreffer. Mit 10 Tonnen Tragkraft blieb er lange Zeit der leistungsfähigste, eleganteste und schnellste Mobilkran seiner Klasse, wie im Kapitel über ihn beschrieben. Allein: Der stärkste Kran von Berg trug 50 Tonnen. Für derartige Investitionen hatte ich nicht das Kapital. Es nützte auch nicht, im Raum Konstanz weitere Kräne zu installieren, weil der Bedarf dafür überhaupt nicht vorhanden war. Die Geräte von Berg erfuhren gerade einmal eine Einsatznutzung von 20 Prozent.

Die »DURA-Strumpffabrik« in Konstanz war von einem britischen Konzern übernommen worden, die Immobilie wurde verkauft, und die zum Teil 15 Meter langen Maschinen sollten von der Spedition Danzas nach Indien versandt werden. Die Engländer hatten für die seemäßige Verpackung einen Spezialmonteur gesandt. Der Zweigstellenleiter von Danzas, Herr Welm, fragte bei mir an, ob wir die langen, in Kisten verpackten Maschinen zum nahe gelegenen Bahnhof transportieren könnten. Mit Hilfe der schweren Transportachsen und dem Ringkran II war das möglich. Vor allem aber lernte ich, wie man labile Maschinen, die ihre Stabilität nur aus dem Bodenfundament bezogen, ohne Demontage in ihre Einzelteile, komplett transportieren konnte. Die »DURA-Maschinen«, auf elf Ständern stehend, wurden mit zweiundzwanzig Hydraulikhebern angehoben und auf einer dann untergeschobenen Platte abgesetzt. Diese erhielt ringsum mit ihr verschraubte Sperrholzwände sowie einen Deckel, und die große Kiste gab der Maschine alle nötige Stabilität. Ich hatte die sinnreiche Technik sofort begriffen und wusste, dass sie verfeinert werden konnte. Ein neues Betätigungsfeld tat sich auf, man musste nur Anwendungsfälle finden.

Trotz Konkurrenzdruck, eigenem Kranbau, Aufwendungen für Patententwicklungen und sonstiger Belastungen konnte der Gewinn zum Vorjahr mit 25.2278 DM mehr als verdoppelt werden. Erika war seit 1956, als sie auf einem Bahnübergang den Motor abgewürgt hatte und ein Lkw-Fahrer ihr aus der Not half, nicht mehr gefahren. Erst ein Jahrzehnt später erfuhr ich von ihr, dass ein konsultierter Frauenarzt aus Konstanz sie sexuell belästigt hatte und dass ihr Fahrfehler unter diesem Schock passiert war. Zu dem Zeitpunkt war es zu spät, den Arzt zur Verantwortung zu ziehen. Ich kaufte für meinen gern gefahrenen, hellblauen 220, einen dunkelbordeauxroten Mercedes 220 S mit automatischer Schaltung, damit Erika sich wieder ans Steuer wagte, und nach einiger Zeit fuhr sie diesen Wagen ganz gerne.

51. Kapitel

Im Frühjahr 1965 kam Herr Seyfried, der technische Betriebsleiter der weltweit bekannten Firma Schiesser, zu mir nach Allensbach. »Können wir für ein paar Monate Ihre Halle mieten, um Textilien zu lagern?«, fragte er. »Wir bezahlen dafür auch sehr gut!« Ich verneinte, denn wo sollten meine Ausstellungs- und Produktionsmaschinen gelassen werden? Er berichtete mir, dass der Hersteller, Haas aus Mönchengladbach, für die Demontage und Montage der beiden Trockenmaschinen eine Zeit von drei Monaten veranschlage. Durch diese Maschinen laufe fast die gesamte Produktion, und da keine Ausweichmöglichkeiten bestünden, müsse die Ware für drei Monate vorproduziert werden. »Oder kennen Sie eine Firma Ihrer Branche, die den Umzug schneller bewerkstelligen kann?«, fragte Herr Seyfried. »Wann kann ich die Anlage besichtigen?« – »Übermorgen, am Sonntag, da stehen die Maschinen still und sind abgekühlt, sagen wir um 10 Uhr am Haupttor!«

Pünktlich gingen wir gemeinsam durch das Werk zu den Trocknern. Ein Trockner hatte etwa die Größe eines Einfamilienhauses mit Flachdach. Ich zog meinen Overall über, kletterte in der Maschine herum, sah mir die Konstruktion genau an, vermass und notierte die wichtigen Tragpunkte und bat Herrn Seyfried um eine erneute Besprechung in zwei Tagen. Zu Hause machte ich Pläne, wie das labile Monstrum transportiert werden könne, denn die eigentliche Stabilität lag im Betonfundament. Ein Verziehen der Maschinenkonstruktion durch den Transport würde den Trockner unbrauchbar machen! Abends hatte ich mit meiner bildhaften Vorstellungsgabe, diversen Skizzen und dem Besichtigen der betrieblichen Gerätschaften eine Möglichkeit gefunden. Wir würden aus Pkw-Reifen Luftkissen bauen, indem diese mit Stahldeckeln auf beiden Innenseiten luftdicht verschlossen werden. Als Zweites kleine Wagen mit starken vier Lenkrollenrädern und einer Tragkraft von 2 Tonnen, in deren quadratischen Rahmen die Luftkissen passen. Wenn zwanzig dieser Wagen im Bereich der

Maschinentragpunkte angesetzt würden und die Luftkissen mit einem entsprechenden Steuerungssystem versehen wären, könnte die Maschine beim Transport ständig in der Ebene gehalten werden. Für Schiesser hieß das, es müssten für den Transport im Gebäude eine entsprechende Maueröffnung geschaffen und eine Rampe gebaut werden, um den Höhenunterschied zu überbrücken.

Ich telefonierte mit Vater, fragte in Lübeck den Vorrat an Steuerventilen, bestimmter U-Eisen, Lenkrollen und sonstiger Teile ab und machte daraufhin Demonstrationszeichnungen und Kalkulationen über die entstehenden Kosten. Am Dienstag, beim Treffen mit Herrn Seyfried, bekam dieser die Pläne vorgelegt. »Wenn das möglich wäre, würden Sie uns aus einer großen Klemme helfen, das müssen Sie Herrn Direktor Scharp erklären!« Direktor Scharp war von dem Vorschlag eingenommen, wollte jedoch vorher noch den Chefkonstrukteur von Haas hören. Der kam am Freitag, schaute sich alles sorgfältig an und sagte den Beteiligten: »Wenn Sie die Maschine so transportieren, ist sie kaputt!« Ich widersprach. Wir argumentierten über eine Stunde, dann entschied Direktor Scharp: »Was sollen wir sonst machen, wir wagen den Transport!« Seyfried nahm mich mit in sein Büro, drückte mir die Hand und sagte: »Enttäuschen Sie mich nicht!« – »Ich bin meiner Sache sicher. Aber was ist mit den vielen anderen Maschinen, wollen Sie mir nicht den Gesamtumzug Ihres Maschinenparks übergeben, ich wäre bereit, ihnen diesen zu einem Festpreis anzubieten!«, antwortete ich. »Interessant, Umzug zum Festpreis, das ist etwas Neues, ich gebe Ihnen eine Maschinenaufstellung mit und wir gehen in der nächsten Woche zur Besichtigung des Maschinenparks durch den Betrieb, und dann bin ich auf Ihre Antwort gespannt!« Auf der Heimfahrt staunte ich selbst über meinem Mut, denn von den Maschinen der Textilbranche war mir nur wenig bekannt und zu Festpreisen hatte wir bisher nur selten gearbeitet. Rein intuitiv war der Gedanke über mich gekommen, auch Erika reagierte mit Skepsis auf meinen Bericht. Aber die Idee hatte etwas für sich. Der Kunde bekam eine klare Kostenvorgabe und wusste, was auf ihn zukam.

Die nächsten Tage waren angefüllt mit Besichtigungen, Kalkulationen, Aufnahme der Maschinengrößen, Torgrößen, Fahrwege und was sonst noch alles zum Bereich eines Industrieumzuges gehört, und es war ein großer Umzug mit etwa dreihundert Maschinen aller Größen – Arbeit für über ein halbes Jahr! Am Ende der Woche legte ich

Herrn Seyfried einen Umzugsplan vor, mit Transportrangfolgen der einzelnen Maschinen, abhängig vom Ist- und Sollstandort, mit Ausfallzeitangaben und den Vorbereitungen, die Schiesser zu erledigen hatte und bot den Gesamtpreis für die Arbeiten mit 330 000 DM an. »Donnerwetter!«, sagte Seyfried, »das habe ich nicht erwartet!« Ich nahm an, es ginge um die Kosten und fragte vorsichtig: »Wie meinen Sie das?« – »Na, diese sorgfältige Ausarbeitung, da können wir uns ja genau nach diesen Zeitvorgaben richten und darauf unsere Produktion einrichten, solche Planung habe ich noch nicht erlebt! Ich werde Herrn Direktor Scharp vorschlagen, dass wir das so durchziehen.« In der nächsten Woche bekam ich den Auftrag mit einer Zahlung von 30 000 DM pro Monat ab August 1965.

Durch eine Bauverzögerung konnte erst Mitte September begonnen werden. Schiesser zahlte trotzdem die vereinbarten Raten ab August. In Allensbach liefen die Vorbereitungen auf Hochtouren, die Mitarbeiterzahl wurde erhöht. Meister Seeberger war vor zwei Jahren gegangen, durch den Meister Morgenthaler ersetzt worden und dieser im Juni 1965 durch den Meister Zürcher. Die Einarbeitung der Führungspersonen musste immer wieder durch Zusatzleistungen von mir ausgeglichen werden. Meine Fehlzeiten im Büro gingen zu Lasten von Erika, die ihre eigentliche Aufgabe in der Betreuung und Erziehung der Kinder sah. Ich hatte direkt nach der Auftragserteilung des Umzugs von der Maschinenfabrik Esslingen, einem Gabelstaplerhersteller, fünfzehn gebrauchte Stapler verschiedener Größen und Hubhöhen günstig erwerben können, die alle repariert und einsatzbereit zu machen waren. Die geplanten Spezialgeräte waren im Bau, und der übliche Betrieb sollte selbstverständlich weiterlaufen. Die Belastungen schienen uns über den Kopf zu wachsen. Doch sie wurden so gemeistert, dass nicht nur die Reparaturen ordnungsgemäß erfolgten und die Spezialgeräte entstanden, sondern auch alles in schmucker gelbroter Lackierung zur rechten Zeit dastand. Außerdem hatte der alte 5-Tonnen-Kran ein neues Fahrgestell erhalten, sodass im September die große Aufgabe begonnen werden konnte.

Alles lief nach Plan. Die Vorgabezeiten stimmten, Zeitungen berichteten eingehend von den Großtransporten, die Geschäftsführung von Schiesser lobte immer wieder die exakte Durchführung und Herr Seyfried hatte bei der Direktion einen Stein im Brett, eine so zuverlässige Firma engagiert zu haben. Der Hersteller der großen Trok-

Transport eines Haas-Trockners bei Schiesser

kenmaschinen teilte Schiesser mit, dass weltweit zum ersten Male ein Transport solcher labilen Maschinen riskiert worden sei. Bei Schunck, dem Transportversicherer, war nur ein Bruchteil dessen, was sie an Schäden erwartet hatten, gemeldet. Auch der Versicherer bedankte sich für die Umsicht bei den Arbeiten. Zum Auftragsende gab Direktor Scharp für alle Beteiligten ein großes Essen, ließ einen Film vom Umzug vorführen, bedankte sich bei der Firma Broziat und sagte, die Art der Durchführung habe ihnen ein Mehrfaches vom Transportpreis eingebracht, denn in der Zeit hatte eine Änderung der Mode stattgefunden und ein Teil der damals geplanten Vorproduktion für drei Monate wäre in eine völlig falsche Richtung gelaufen. Der Erfolg sprach sich in der Textilindustrie schnell herum und die nächsten Anfragen für Umzüge trafen bereits bei uns ein, ehe der Auftrag bei Schiesser beendet war.

52. Kapitel

Inzwischen war unsere Familie auch im Konstanz-Singener Bereich bekannt und anerkannt. Die Kinder hatten sich unter der Obhut ihrer Eltern, insbesondere der Mutter, gut entwickelt. Oskar jr. dreizehn, Klaus zehn, Alexander sieben und Horst jr. vier Jahre alt, bildeten eine sehr lebhafte Truppe. Oskar absolvierte das Gymnasium in Radolfzell, Klaus und Alexander besuchten die Grundschule in Allensbach und Horst jr. amüsierte sich meist mit Freunden auf dem Spielplatz am oberen Ende des Grundstücks. Wenn dann seine Brüder aus den Schulen kam, waren die Einfälle für Dinge, die man so anstellen konnte, riesig denn Gerätschaften gab es im Betrieb genügend, welche die Kinder zweckentfremdeten, nicht unbedingt zur Freude der Eltern. Andererseits ließen wir sie so lange gewähren, wie bestimmte Gefahrenbereiche nicht überschritten wurden, damit sie ihre Lebenstüchtigkeit erproben konnten.

Gesellschaftlich waren wir etlichen Gruppierungen ebenfalls recht interessant geworden. Man holte uns in die deutsch-französische Gesellschaft, ich wurde zum Vorsitzenden des evangelischen Kirchenrats und auch vom Elternbeirat des Gymnasiums Radolfzell gewählt, wir waren im Narrenverein Allensbach, im Tennisklub Radolfzell und im Kreis der Musikfreunde Konstanz. Überall fanden wir Bekannte und Freunde. Am meisten trug Erika dazu bei, die trotz der vier anspruchsvollen Kinder noch attraktiver geworden war und vor Schlagfertigkeit, Spontaneität und Humor nur so sprühte. Es ist unglaublich, woher sie trotz aller täglichen Belastungen diese Kraft nahm.

Bei einem Besuch in Lübeck trafen wir im Meseck'schen Hause die Familie Pezzutto. Gertrud Meseck pflegte seit fünfundzwanzig Jahren eine Freundschaft mit Frau Teich, der Mutter von Gisella Pezzutto, die mit ihrem Mario eine seltsame Liebesgeschichte verband. Mario war, nachdem die Italiener sich 1944 gegen die Deutschen gekehrt hatten, in Gefangenschaft geraten und zur Arbeit bei der Lübecker Hansameierei eingesetzt. Er stand abends am Bahnhof an einer Straßenbahnhaltestelle, sah nach dem Fahrplan, Gisela Teich stand daneben und suchte ihre Abfahrzeit nach Eckhorst. Eine Sternschnuppe zog beide in ihren Bann, sie sahen sich in die Augen, und die große Liebe war da. Nach dem Kriegsende holte er sie in seine Heimatstadt Mirano bei Venedig, wo er als Lehrer arbeitete. Seine Rednergabe ließ ihn in die Politik gehen, wo er langsam aufstieg. Nun hatte er die Position des Vizepräsidenten der Provinz Venedig inne. Das Treffen mit Gisella, das war nun ihr italienischer Vorname, ließ sofort die Jugendfreundschaft mit Erika aufleben, alle verstanden sich auf Anhieb. Pezzuttos machten am nächsten Tag noch einen Besuch in Vorwerk und eine langjährige, enge Freundschaft nahm ihren Anfang mit gemeinsamen Urlaubszeiten am Lido di Jesolo, einmal sogar mit den Eltern und der Familie Dr. Brachat. Die Höhepunkte bildeten jeweils Ausflüge mit dem Regierungsboot von Mario auf den Kanälen von Venedig und zu den venezianischen Inseln. Zum ersten gemeinsamen Urlaub war Horst jr. noch zu klein, Carmen kam mit ihren Kindern nach Allensbach und nahm ihn für die vierzehn Tage in Pflege. Nach dem zweiten Urlaub wollte Erika das Gepäck am Abend vor der Abfahrt bereits im Wagen verstaut wissen. Ich misstraute dem Vorhaben. Als wir am frühen Morgen aus dem Fenster sahen, fehlten dem Mercedes alle Räder, eine Seitenscheibe war aufgehebelt und das Auto geöffnet. Mario half aus und ließ aus Venedig von Mercedes »neue« Räder liefern, es waren leicht gebrauchte zum Neupreis, wahrscheinlich von einem anderen Fahrtzeug gestohlen. Dieses Erlebnis tat der Liebe zu Italien aber keinen Abbruch.

Schon im Jahre 1957 hatte Vater ein Motorboot aus den dreißiger Jahren nach Allensbach mitgeschickt, das er in Lübeck günstig eintauschen konnte. Der Motor war jedoch bereits so alt, dass ich mit meiner Familie meist gerade aus dem Hafen herauskam, dann streikte dieser schon, bis endlich die eine oder andere Reparatur bei dem schaukelnden Wellengang erledigt war. Besondere »Freude« hatte dann Erika, wenn Fritz Voss mit seinem neuen, schnellen Boot seitwärts kam und mit etwas Schadenfreude fragte: »Na, will er schon wieder nicht?« Vier Jahre später hatte dann Vater auf einer Versteigerung zwei Bootsschalen ohne Motoren erworben, die er Günter und mir schenkte. Günter handelte wohl geschickter, indem er diese in Zahlung gab und eine fertige, gebrauchte Motorjacht kaufte, während ich mich mit einem Fahrzeugmotor von Berg im Bootsbau versuchte. Man kann eben nicht alles können, das Boot war damit zu hecklastig geworden und der Getriebeeigenbau machte zudem ein kreischendes Geräusch. Somit nannten die Allensbacher das Boot »Düsenjäger«. Im Herbst 1960 war dann auf der Bootsmesse in Friedrichshafen ein neuartiges Z-F-Wendegetriebe, das den Ein- und Ausgang auf der gleichen Seite hatte und nach seinem Einbau die Hecklastigkeit einigermaßen ausglich. Das Boot tat drei Jahre seine Dienste, dann kaufte ich eine Motorjacht mit Kajüte, die auch zu Urlaubszwecken auf dem See gedacht war. Zur Enttäuschung der Kinder war sie jedoch mit einem Dieselmotor bestückt, der die Geschwindigkeit zum Wasserski nicht hergab. Aber das Boot war an den Sommerwochenenden ein Erholungsort, weil Klaus Sonntag nun öfter von Crailsheim kam und seinen Seeplatz für sich haben wollte. Außerdem wurde es genutzt, um mit Geschäftsfreunden und den Kindern Fahrten zu unternehmen. Nur für einen Urlaub konnte wir das Boot auf Grund der Nähe zum Geschäft nicht nutzen. Ich war durch die neuen Walkie-Talkies erreichbar, und da war es für die Mitarbeiter einfacher, den Chef anzurufen, als eigenverantwortlich zu entscheiden.

Vor zwei Jahren war auch Oskar Meseck, Erikas Cousin, aus DDR-Gefangenschaft gekommen und nach Singen gezogen. Oskar Meseck war um 1950 zu einer Hochzeitsfeier in den Ostsektor Berlins gefahren, und als ein Zug von Kriegsgefangenen vorbeikam, dem zwei Gefangene entkommen waren, holten die Russen einfach zwei Leute aus dem Gasthaus als Ersatz. Es traf ausgerechnet Oskar Meseck und seinen Schwager. Da er für den amerikanischen Sender Rias Berlin das Morgenprogramm moderierte, machte man ihm im Ostsektor den Prozess und verurteilte ihn zu zehn Jahren Zuchthaus im berüchtigten Bautzen. Als Diplom-Psychologe war er nun im Arbeitsamt Singen zur Begutachtung von Problemfällen tätig und nutzte gern die räumliche Nähe, unsere Möglichkeiten und auch unser Boot für erholsame Stunden.

Im Herbst 1965 wurde zwischen den Tennisklubs Radolfzell und Gottmadingen ein Freundschaftsturnier mit anschließendem gemütlichem Beisammensein ausgetragen. Vielleicht wegen der Bekanntschaft mit der in Allensbach wohnenden Witwe Gretel Fahr, die im Hause Voss verkehrte, fanden sich Dr. Wilfried Fahr und Frau mit Erika und mir an einem Tisch zusammen. Ich klagte über meinen »Tennisarm«, also eine Gelenkentzündung, und Dr. Fahr sagte: »Sie passen doch in den Golf-Club Konstanz, der gerade gegründet wurde, ich bin gern bereit, für Ihre Frau und Sie als Pate zu fungieren!« Als Vorstand der Fahr-Werke in Gottmadingen genoss er ein hohes Ansehen im Bodenseeraum, dennoch war es üblich, dass der Präsident des Golf-Clubs einen Besuch bei den Kandidaten machte, um sich mit einem Blick in die häuslichen Verhältnisse zu überzeugen, ob sie auch für die Aufnahme in den Eliteklub geeignet seien. Nun, zwei Jahre vorher hatten wir aus unseren kleinen Räumen mittels Herausnehmen von Zwischenwänden eine ansehnliche Wohnung gestaltet, die mit wertvollen antiken Möbeln bestückt war, sodass der Eindruck, den Präsident Ruhe mitnahm, ihn gern das Willkommen im Club aussprechen ließ. Der Golf-Club, noch im Aufbau befindlich, wurde dann schnell zu einer Sportfamilie, in der man sich gern zusammenfand, um nicht nur Wettkämpfe, sondern auch frohe Feste zu erleben. Die Kinder wurden recht schnell integriert. Die Jugendlichen begriffen die Eigenheiten des Golfs im Handumdrehen und waren bald die Spitzenspieler des Clubs, wozu dann auch Oskar jr. und Klaus zählten.

Ich war inzwischen auch in die »Freitagskegelgesellschaft« eingetreten, zu der Prof. von Kennel aus Allensbach mich animiert hatte. Das war eine fröhliche Gemeinschaft aus honorigen Herren, die fest zusammenhielten. Damen waren unerwünscht, nur Erika war als Ausnahme willkommen. Besondere Freundschaft verband uns mit dem Amtsarzt Dr. Rosen und Frau, der als Fraktionsvorsitzender der SPD im Kreisrat Konstanz zwar eine andere politische Richtung als wir vertrat, was unsere Verbindung jedoch nicht beeinträchtigte. Als sich der der CDU nahestehende Dr. Heinz Göbel um den Posten des Landrats bewarb, ihm aber nur eine entsprechende Mehrheit bei Eintritt in die CDU zugesagt wurde, luden wir Rosens und Göbels zum Abendessen in unser Haus, um vielleicht auch gemeinsame Positionen von Dr. Göbel zu SPD-Bereichen finden zu können. Wie groß war dann das Erstaunen in der CDU, als Göbel mit einer entsprechenden Stimmenzahl aus der SPD bereits mit der absoluten Mehrheit gewählt wurde, obgleich er parteilos blieb!

Eine Umbruchzeit rüttelte an der vermeintlichen Ruhe in der Welt. Allenthalben flackerten Krisenherde auf. Demonstrationen gegen den Vietnamkrieg der USA. Sechstagekrieg in Nahost, in dem die Israelis bedeutende Landgewinne erzielten. Rassenkrawalle in den USA. Der Student Benno Ohnesorg wurde in Berlin am 2. Juni 1967 bei einer Demonstration gegen den Schah erschossen. Drei US-Astronauten verbrannten in ihrer Raumkapsel. Bob Kennedy wurde ermordet. Russenpanzer walzten den »Prager Frühling« nieder. Die Studentenbewegung gegen allen »Muff« formiert sich unter Rudi Dutschke. Auf ihn wurde ein Attentat verübt. Das Vorbild der Studenten war Che Guevara, der erschossen wurde. Der US-Bürgerrechtler Dr. Martin Luther King fiel einem Attentat zum Opfer. In Deutschland fand sich die »RAF-Fraktion« unter Baader und Meinhof und erklärte den Industriemanagern den Krieg. Mit ihnen begann eine Reihe von Morden, unter anderem an Schleyer, Ponto, Buback und etlichen anderen. Der Staat hatte Schwierigkeiten, die Bande zu fassen und die Bluttaten zu beenden. Die schlimmen Geschehnisse brachten jeden Tag neue Schlagzeilen. Wo gab es noch Frieden?

Am 16. Mai 1969 war Erikas vierzigster Geburtstag. Ich suchte für diese Feier einen besonderen Ort. Wieder war es Rolf Rosen, der mir die alte Burgruine Friedingen vorschlug, die der Stadt Radolfzell gehörte. Er würde die Genehmigung für die Nutzung besorgen. Die Ruine hatte für Wanderer eine angebaute Überdachung und einen Kiosk. Dort konnte man ein uriges Fest installieren. Verwandte, Golf-, Kegel- und andere Freunde wurden eingeladen, ein zünftiger Schinken im Brotteig mit Kartoffelsalat und Getränke aller Art serviert. Ein Lagerfeuer brannte und die Stimmung loderte hoch, denn die Menschen harmonierten wunderbar. Eine Kapelle in alten Trachten spielte auf, man tanzte, als plötzlich aus der Dunkelheit ein Ritter in Rüstung und ein Mönch in brauner Kutte, beleuchtet von den Fackeln zweier Mägde, auf die Gesellschaft zutraten. Erika wurde ans Lagerfeuer gerufen, musste niederknien und der Mönch las aus einer pergamentenen Bulle Sätze vor, die sie nachzusprechen hatte, um als Freiin von Friedingen vereidigt zu werden. Alles geschah sehr humorvoll unter dem Jubel der Gäste. Ritter und Mönch boten ihnen die Mägde nach altem Brauch zur »allgemeinen Belustigung« an und verschwanden in der Dunkelheit. Die Golffreunde Erwin Mayer und Willi Herrmann hatten sich diesen einmaligen Auftritt ausgedacht. In der Ferne leuchtete nun auch noch ein Feuerwerk, und schließlich taten sich sieben Männer zusammen, die einst in russischer Gefangenschaft waren, um russische Lieder vorzutragen. Die Golfer hatten für 24 Uhr einen Bus bestellt. Morgens um drei wankten sie den Berg hinunter, um sich heimbringen zu lassen. Sicher war das Fest gut geplant, aber was von den Gästen hinzukam, brachte ein einmaliges Gesamtbild, von dem man noch jahrelang sprach und um eine Wiederholung bat, aber so eine Stimmung, so ein Flair ließ sich nie wieder herbeizaubern. Erika war strapaziert und glücklich zugleich.

53. Kapitel

Trotz aller gesellschaftlicher Aktivitäten – Günter und Eva waren im Tennisklub Bad Schwartau, Vater in verschiedenen Vereinen und Gremien der Stadt Lübeck – standen die Belange der Betriebe im Vordergrund. Die Firma Oskar Broziat Lübeck florierte weiterhin, obgleich Vater Mitte sechzig war, Günter Broziat, Spedition Lübeck hatte sich etabliert und neue gute Kunden geworben und Oskar Broziat Allensbach – wir hatten den alten Firmennamen belassen – konnte die eingehenden Aufträge kaum bewältigen. Ich musste Industrieumzüge in immer größeren Entfernungen durchführen, meine Qualitätsarbeit war gefragt. Die Auftraggeber legten besonderen Wert auf meine Anwesenheit, weil immer wieder aus dem Stehgreif Entscheidungen getroffen werden mussten, um Vorkommnissen entgegenzuwirken, die niemand vorhersehen konnte. Ich beherrschte inzwischen das Metier, ohne Ruhe und Übersicht zu verlieren. Das alles wurde von den Kunden so honoriert, dass selbst größere Anschaffungen ohne Kreditaufnahme bewältigt werden konnten. Auftragsorte waren Fronstetten bei Spaichingen, Augsburg, Wien, Ulm, Krefeld, in der Schweiz, Donaueschingen und zahlreiche andere Städte. Erika leitete nun allein den Betrieb in Allensbach, denn ich kam meist nur alle vierzehn Tage zu den Wochenenden heim, und sie trug die Belastung von vier wilden Kindern. Das war auf die Dauer ein unhaltbarer Zustand. Aus meinen besten Mitabeitern wählte ich Gruppenleiter aus, die inzwischen das Metier einigermaßen beherrschten, doch immer wieder musste ich dabei sein, wenn die Schwierigkeitsgrade zu hoch waren.

Die eigentlichen Ursachen der Industrieumzüge lagen in den technischen Entwicklungen der Vergangenheit. Neue Produktionsverfahren und damit auch Maschinen waren entwickelt worden. Wollte die Industrie konkurrenzfähig bleiben, mussten diese einbezogen werden. Die Maschinen wurden in den Fabriken dort aufgestellt, wo gerade Platz war oder man fertigte dafür neue Hallen. Nun ergaben sich jedoch mit der Zeit innerbetriebliche Transportwege für die teilbearbeiteten Produkte, die langsam untragbar wurden und die Kosten in die Höhe trieben. Eine Neuordnung der Aufstellorte der Maschinen tat Not, damit die Produkte kontinuierlich die Fabriken durchlaufen konnten. Dabei sollten jedoch die Ausfallzeiten so kurz wie möglich gehalten werden, denn von manchen Maschinen war die gesamte Produktion abhängig, wenn diese nicht mehrfach vorhanden waren. So kam ich mit meinen neuartigen, unkonventionellen Transportverfahren wie gerufen, konnte Produktionsausfälle minimieren, da spielten die etwas höheren Transportkosten überhaupt keine Rolle. Dabei traten auch immer wieder Situationen auf, die nur schwer zu meistern waren.

So wurde bei der Neuen Augsburger Kattunfabrik zum ersten Mal versucht, einen Spannrahmen in einer Länge von 20 Meter, einer Breite von 4 Meter und einer Höhe von 2,20 Meter aus dem dritten Stock-

Transport eines Spannrahmens bei der NAK

Spannrahmen hängt an zwei Kränen

werk des Gebäudes, also aus 9 Meter Höhe, herauszunehmen. Wie üblich war der Spannrahmen labil, bezog also seine Festigkeit aus dem Betonfundament. Die NAK ließ eine entsprechend große Maueröffnung ausbrechen, während die Firma Broziat die Maschine mit einem Spezialgerüst versteifte und ein Fahrwerk unterbaute. Zum Herausnehmen waren zwei Mobilkräne mit 40 Tonnen Tragkraft für den nächsten Morgen bestellt worden. Es kamen jedoch ein 40- und ein 30-Tonner. Ich reklamierte beim Verleiher, doch der antwortete, diese Last könne auch der kleinere Kran lässig aufnehmen. Der Spannrahmen wurde dann auch von beiden Kränen aufgenommen, ich dirigierte sie per Funk und ließ die Last ausschwenken, als der Kranführer des kleineren Krans schrie: »Meine Bremse hält nicht!« Ganz sachlich kam mein Kommando: »Ruhe bewahren, zurückschwenken, vorderer Kran senken bis zur Waagerechten, weiter zurückschwenken, stopp!«

Das Hinterteil des Spannrahmens sackte noch wenige Zentimeter ab und konnte durch dieses Manöver mit dem Hinterteil im Mauerdurchbruch aufsetzen. Das war knapp! Hätte der kleinere Kran die Last weiter absinken lassen, wäre der große womöglich mit umgestürzt, Personen- und Sachschäden unvermeidlich gewesen. Nach der Reparatur der Lastbremse konnte dann endlich der Spannrahmen zu Boden gebracht und zum neuen Aufstellort gefahren werden, wo er eine Woche später seine Arbeit begann.

In Krefeld, bei der Textil-Ausrüstungs-Gesellschaft, lief die Betriebsumstrukturierung eineinhalb Jahre, in denen ich mit meiner Mannschaft im vierzehntägigen Rhythmus tätig war; wir kamen jedes zweite Wochenende nach Allensbach. Das Vertrauensverhältnis zur Geschäftsleitung war so gut, dass auch Großaufträge nur per Handschlag vereinbart wurden. Wieder sollte unter anderem ein großer Spannrahmen in das der Hauptstraße gegenüberliegende Werk transportiert werden. Die Mannschaft hatte aus dem 50 Grad heißen oberen Gebäudeteil die Zuleitungen entfernt. Immer wieder mussten die Leute sich abwechseln, es sollte schnell gehen, denn die Polizei hatte nur eine Sperrung der Durchgangstraße für etwa zehn Minuten im etwas geringeren Nachmittagsverkehr genehmigt. Rechtzeitig war alles fertig zur Straßenüberquerung. Alles ging soweit gut, aber auf der anderen Seite war ein neuer Fahrradweg angelegt und nur leicht überteert worden. Die erste Achse brach ein, die Straße war gesperrt, der Feierabendverkehr begann. Meine Leute und ich schufteten mit Handhebezeugen, um das Fahrwerk wieder frei zu bekommen, die Polizisten fluchten und trieben uns noch mehr an. Endlich war über starke Bleche eine Weiterfahrt möglich, als die Dämmerung hereinbrach. Der Spannrahmen blieb auf dem Werkhof abgestellt. Völlig erschöpft kam die Mannschaft ins Hotel. In der Nacht bekam ich starken Drehschwindel, der meinen Herzschlag immer wieder aus dem Takt brachte. Endlich bekam ich morgens eine Verbindung zur Rezeption, die sofort einen Arzt rief, der mich per Notarztwagen ins Krankenhaus schickte. Der Herzspezialist diagnostizierte Herzflimmern, verordnete strenge Bettruhe und blutverdünnende Medikamente. Karl Mahlbacher, der eigentlich die meisten Flausen im Kopf hatte, und Gebhard Keller kamen ins Krankenzimmer: »Chef, machen Sie sich keine Sorgen, wir machen schon alles klar!« Im Notfall konnte man sich auf sie verlassen.

Zehn Tage lag ich in der Klinik in Krefeld. Eine wesentliche Besserung war nicht eingetreten. Die Arbeitsgruppe hatte hauptsächlich mit kleineren Objekten zu tun, die Karl Mahlbacher mit mir jeweils im Krankenhaus absprach, obgleich der Arzt das nicht für gut hielt. Mutter kam aus Lübeck, um mich auf der Bahnfahrt an einem Donnerstag nach Allensbach zu begleiten, denn Erika war wegen der vier Kinder und des Betriebs schwer abkömmlich; sie musste bereits am Freitag früh wieder zurück nach Lübeck. Vor Feierabend gingen Erika und ich in den Betrieb, um mit der Belegschaft über die nächste Zeit und ihre Aufgaben zu sprechen. Heinz Militz, den ich aus dem Lübecker Betrieb 1953 mitgenommen hatte und der inzwischen von mir als Fachmann für diese speziellen Schwertransporte ausgebildet worden war, sollte vorerst den Auftrag in Krefeld weiterführen. Vor versammelter Mannschaft sagte dieser: »Das mache ich nur gegen ein höheres Gehalt, sonst fahre ich nicht!« Erika empörte sich: »So wird die Krankheit meines Mannes ausgenutzt? Das ist eine große Gemeinheit!« Ehe weitere Worte fielen, zog ich sie fort, wir gingen ins Büro. Es herrschte Vollbeschäftigung, Ersatzkräfte waren nicht zu bekommen, die Mitarbeiter wurden gut bezahlt, es durfte nicht eskalieren. Es klopfte. Karl Mahlbacher und Gebhard Keller traten ein. »Chef, wenn Sie uns noch Klaus Reil mitgeben, schaffen wir das auch ohne Militz!« – »Klar, mache ich!«, sagte ich und drückte beiden dankend die Hand.

Die Kinder hatten am Sonnabend ein Golfturnier. Als Erika sie zum Platz fahren wollte, sollte sie mich wegen der frischen Luft mitnehmen. Ich setzte mich dort mit meiner Frau auf eine Bank. Bob Lechten kam vorbei: »Mensch, wie siehst du denn aus, du hast ja einen ganz dicken roten Kopf!« Ich erzählte von dem Geschehen in Krefeld. »Lass dich Montag früh gleich von Karl Meyer untersuchen und komm dann mit dem Befund zu mir in die Praxis!« Der HNO-Arzt Dr. Meyer und der Orthopäde Dr. Lechten waren gute Golffreunde. Pünktlich hatte Erika mich zu den Ärzten gefahren. Dr. Lechten sagte dann: »Ich muss deine Halswirbelsäule unter Bewegung röntgen!« Langsam drehte er dabei meinen Kopf. »Was ist jetzt?« – »Drehschwindel!« – »Dann haben wir das gleich!« Er ruckte einen ausgerenkten Wirbel in die richtige Lage, die Schwindelanfälle waren wie weggeblasen und die Medikamente konnten sofort abgesetzt werden. Bei bestimmten

Kopfdrehungen war vorher eine Versorgungsader zum Gehirn abgeklemmt worden. Meine Kriegsverletzung zeigte immer wieder einmal ihre Nachwirkung. Nach einer Woche konnte ich wieder in den Einsatz gehen.

Bei der NAK mussten etliche Flachdruckmaschinen aus anderen Räumen in eine neue Halle umgezogen werden. Sie waren etwa 20 Meter lang, der Drucktisch selbst hatte Hüfthöhe. Über diesen lief eine Tuchbahn, darüber befanden sich Siebe von je etwa 1 Quadratmeter Größe. Über diese Siebe wurde das Farbmuster in das Tuch eingebracht, indem für jede Farbgebung vom Sieb nur so viel frei gelassen wurde, wie die Musterung erforderte, alles andere wurde mit undurchlässigem Lack abgedeckt. Eine automatisch geführte Rakel schob die Farbe über das Sieb, und die durchlässigen Stellen färbten die darunterliegende Tuchbahn ein. Dann wurde die Bahn exakt bis zum nächsten Sieb weitergefahren, der fachmännische Ausdruck dafür heißt Rapport, wo die nächste Mustereinfärbung erfolgte. Bis zu einem Dutzend Farbgebungen ließen die schönsten Kreationen auf dem Stoff erscheinen. Neben dem haargenauen Vorschub der Tuchbahn war die Ausrichtung des Drucktisches in einer waagerechten Ebene für die Druckqualität entscheidend. Gegenüber der von unserer Firma umgezogenen war eine neue Druckmaschine aufgebaut worden, und die beiden Werksmonteure waren nun mit der Ausrichtarbeit beschäftigt. Sie machten pünktlich um 17 Uhr Feierabend, während meine Umzugsmannschaft meist bis 19 Uhr tätig war. Die Werksmonteure gingen zum technischen Direktor Leuze mit der Frage, wie er es genehmigen könne, eine diffizile Maschine von solchen Dilettanten ausrichten zu lassen? Leuze kam mit dem Vorwurf zu mir, als wir gerade mit den Richtarbeiten begannen. »Schauen Sie, Herr Leuze, die Monteure stellen ihr Nivelliergerät in der Mitte des Drucktisches neben der Maschine auf, dann halten sie einen Meterstab auf den Messpunkt und peilen danach die Einstellhöhe des Maschinenfußes ein. Sie müssen das so vornehmen, weil bei größerer Entfernung die Differenz von 0,5 Millimeter nicht mehr erkannt wird. Folglich müssen sie das Nivelliergerät um fast 90 Grad drehen. Somit wird die eigentliche Ebene von der kleinen Libelle bestimmt, die auf jedem Gerät neben der Optik angebracht ist. Das aber hat zur Folge, dass der Drucktisch eine positive oder negative Wölbung erhält. Wir stellen das Nivelliergerät vor die Maschine, halten auf die Messpunkte jeweils einen Messstab, ähnlich einer Schieblehre mit einem Nonius, auf dem oben eine winzige Lichtquelle sitzt, und erreichen so eine Richtgenauigkeit von 2 Zehntelmillimeter bei 20 Meter – und das ohne Wölbung. Es ist ja nicht die erste Maschine, die wir bearbeiten.« – »Das ist einleuchtend«, sagte Leuze, »und nun?« – »Die Maschinen kommen fast gleichzeitig zum Laufen, lassen Sie doch die Rapporte genau vergleichen!« Die Ergebnisse der von meiner Firma aufgestellten Maschine waren dann eindeutig besser, und meine Leute richteten die neue Maschine im Beisein der Monteure nach. In kurzer Zeit hatte der Hersteller das System der »Dilettanten« übernommen.

54. Kapitel

Günters Spedition in Lübeck lief gut. Verbindungen über den Tennisklub und mit anderen Freunden waren dabei eine Hilfe. Vater hatte ihm seit 1963 zwei Drittel der Halle 2 und ein Grundstücksteil zur Memelstraße und Vorwerker Straße hin vermietet, ohne jedoch eine Abgrenzung vorzunehmen. Das kleine Haus, das Günter mit Eva und den Kindern Susanne und Martin bewohnte, diente mit einem Raum auch als Büro. Wenn die Lastzüge abends heimkamen, war es bequemer, die Rundfahrt um die Silberlinde zu benutzen und die Fahrzeuge dann in Richtung Vorwerker Straße auf der Lindenallee abzustellen. So konnten die Fahrer auch leichter die Frachtpapiere im Büro abliefern. Das aber erregte auch immer wieder den Unmut der Eltern, vor allem wenn die Züge nachts heimkamen oder sehr früh starteten. Vater hatte 1968 die Stahlkonstruktion einer abzureißenden Halle erworben und Günter animiert, daraus ein Gebäude mit Bürotrakt auf dem ihm verpachteten Gelände zu errichten. Davor wäre dann genug Platz, um die Fahrzeuge abzustellen. Die Idee wurde dann auch realisiert, allerdings auf der Grundlage, dass Günter ein entsprechendes Stück Gelände übereignet erhielt, auf dem die Halle errichtet werden sollte.

Ich sollte der Firma Schiesser ein Angebot für den Abriss des alten Kesselhauses machen, denn mit dem Werksneubau war es überflüssig geworden. Es war jedoch erst zwanzig Jahre alt und bestand aus einer soliden Stahlkonstruktion und Vorbauplatten. Bei der Besichtigung wurden mir auch die Herstellzeichnungen gegeben und ich stellte fest, dass die Säulen und Träger ausreichen würden, um auf dem Ostteil des Grundstücks in Allensbach eine Halle in den Maßen 45 mal 11 Meter zu errichten. Mit Schiesser gab es die Einigung: Abbruch des Kesselhauses gegen das daraus zu gewinnende Material. Mutter als Eigentümerin trat mir ein Grundstücksteil von 800 Quadratmeter unter der Bedingung der gleichen, weiterlaufenden Miete ab, denn auch ich wollte den Bau nur auf eigenem Gelände errichten.

Meine Eltern waren langsam ausgelaugt von dem jahrzehntelangen Arbeitsleben und suchten nach einem Übergang ins Rentnerdasein. Einerseits war der Handel mit Industriebedarf noch in ihren Händen, andererseits gab es die ungleich großen Grundstücke in Lübeck und Allensbach. Ich hatte zwar bei der Geschäftsübernahme 1963 festlegen lassen, dass von da an alle Grundstücksverbesserungen in Allensbach mir zufielen, was Günter selbstverständlich auf seinem Mietgrundstück auch zugestanden wurde. Doch hatte Lübeck mit seinen 21 000 Quadratmeter einen erheblichen Überhang. Außerdem sollten die Warenwerte gerecht halbiert werden. Die Eltern waren im Frühjahr 1969 zu einer Kur nach Bad Krotzingen gereist und anschließend nach Allensbach gekommen. Hauptthema war die Zukunftssicherung der beiden und eine rechtzeitige Erbteilung, aber in welcher Form das geschehen sollte, blieb unklar, zumal die räumliche Entfernung von 900 Kilometern einen erheblichen Schwierigkeitsgrad darstellte. Also war es an der Zeit, dafür Pläne zu entwickeln.

Mutter war zum Sommerende 1969 an Darmkrebs erkrankt. Vater wusste weder aus noch ein. Sollte etwa auf diese Weise ihr Leben zu Ende gehen? Erika entschloss sich sofort, nach Lübeck zu fahren, um zu helfen. Zwar hatten sie schon seit längerer Zeit eine Haushälterin angestellt, aber Erika konnte sich doch besser in die Notsituation einfühlen. Radioaktive Behandlungen hatte der Arzt empfohlen, eine war vor Erikas Ankunft schon vorgenommen worden. Sie besuchte Mutter täglich im Krankenhaus, dann schwächte die dritte Behandlung sie jedoch so, dass ihr Zustand bedenklich wurde. Sie hatte hohes Fieber und die Schwester meinte: »Heute Nacht geht es zu Ende!« Erika war nicht diejenige, die aufgab. Sie machte in der Nacht immer wieder feuchte Wadenwickel, und langsam schlugen die bewährten Hausmittel an. Am Morgen zeigte das Thermometer 38 Grad. Der Arzt dankte der selbstlosen Helferin, und nach zehn Tagen konnte Mutter die Klinik verlassen. Erika musste dringend zu den Kindern nach Allensbach. Vater hatte das Zeichen verstanden: Eine Zukunftslösung sollte sehr bald angestrebt werden.

Doch so schnell ließ sich eine Lösung nicht finden. Mutter war längere Zeit nicht einsatzfähig und Vater, verwöhnt davon, dass seine Frau sowohl im Haus als auch im Büro die Ergänzung für ihn bildete, suchte die Misere zu lösen. Für den Haushalt wurde Frau Schöning als gute, langjährige Hilfe engagiert und für den Betrieb zusätzlich der junge Arthur Biernaht, der seine kaufmännische Ausbildung bei Erasco beendet hatte. Doch Vater, fast siebzigjährig, machte die Abwicklung der Geschäftsangelegenheiten ziemlich zu schaffen. Ich hatte mit meinen vielen Industrieumzügen zu tun und Günter mit der Spedition. Wir waren von den Betrieben voll in Anspruch genommen und fanden wenig Zeit für Überlegungen in Bezug auf die Zukunft. Schließlich war die Lage durch die Entfernung schwer zu lösen, immerhin standen im Erbfall mir die Hälfte des Grundstücks in Lübeck zu und Günter die Hälfte des Grundstücks in Allensbach. Außerdem hatten sich in Vaters Betrieb erhebliche Warenvorräte angesammelt, die geteilt werden mussten, deren Hälfte ich keinesfalls auf dem kleinen Grundstück in Allensbach lagern konnte und deren Wert durch die Transportkosten belastet würde. Letztlich war Günter nicht in der Lage, die Werte finanziell auszugleichen.

Mutter hatte sich inzwischen wieder erholt. Vaters siebzigster Geburtstag kam in Sicht, und den wollte er groß feiern, denn sein Bekanntenkreis war erheblich und seine Lebensleistung sollte auch gebührend gewürdigt werden. Er hatte nicht nur seinen Betrieb im Sinn gehabt, sondern auch in etlichen Gremien der Hansestadt mitgewirkt. Am 9. November feierte man dann in den historischen Räumen der Gesellschaft für gemeinnützige Tätigkeit, kurz »Gemeinnützige« genannt. Vaters Geschwister waren angereist, seine Kinder waren natürlich dabei, Verwandte, Freunde, Geschäftspartner und Mitarbeiter, alles in allem etwa achtzig Personen, die ein fröhliches Fest begingen. Am Tag darauf gab es dann wieder Gespräche mit den Söhnen über eine Zukunftslösung, bei denen sowohl die entstehenden Kosten eine Rolle spielten als auch die standesgemäße Versorgung der Eltern. Für deren Sicherheit sollten die Grundwerte dienen, aber die weiteren Probleme fanden keinen Lösungsansatz, auch nicht, als meine Familie zu Weihnachten nach Lübeck kam. Im Frühjahr 1970 setzte ich mich mit Erika und unseren Kindern zusammen. Oskar jr. war siebzehn, Klaus vierzehn, Alexander elf und Horst jr. sieben Jahre alt. Uns war bewusst, dass wir von den Kindern keine Berufsentscheidung erwarten konnten, dennoch erklärte ich die verzwickte Situation und legte ihnen meine Möglichkeiten dar. Wenn ich die Hälfte des Lübecker Betriebes übernähme und Günter seinen Anteil am Allensbacher Grundstück auszahlen würde, könnten damit die anstehenden Fragen bereinigt werden. Zwei mittelständische Betriebe jedoch über eine Entfernung von fast 1000 Kilometern zu leiten, brächte mir noch größere Belastungen ein als bisher. Nur wenn Söhne von uns später die Geschäfte übernehmen möchten, würden wir uns der Aufgabe stellen. Zur Überraschung sagten alle vier, selbst der kleine Horst, sie würden diesen Beruf wählen. Selbstverständlich legten wir sie darauf nicht fest, aber wenn auch nur zwei Nachfolger einsteigen würden, war ein gangbarer Weg vorhanden.

Zu Pfingsten kamen meine Eltern nach Allensbach. Erika und ich hatten deshalb auf die Teilnahme am Pfingst-Golfturnier verzichtet, aber unsere drei Ältesten waren dabei, und ihre Großeltern sahen sich gern einmal diese Sportart an, die sie nicht kannten. Sie blieben natürlich nur eine Stunde auf dem Golfplatz, um dann in Allensbach das leidige Thema Zukunftslösung aufzugreifen. Mit Eva und Günter hatten sie zurzeit kein gutes Verhältnis, aber unabhängig davon trauten sie Günter auch nicht zu, den gesamten Betrieb über längere Zeit in die Zukunft zu führen. Dann hatte er wohl auch geäußert, er werde die Linden fällen lassen, wenn ihn das Grundstück überschrieben sei. Zwar machten diese Bäume vom Frühjahr bis in den Herbst viel Arbeit durch Blüten und Laubanfall, andererseits schmückten sie das ganze Anwesen. Ich hatte meine Gedankenspiele aufgrund des Gesprächs mit den Kindern in einen Plan umgesetzt und legte diesen meinen Eltern dar. Danach könnten auf der großen Fläche bequem zwei Betriebe installiert werden, wenn eine gewisse Branchentrennung vereinbart werden würde, zumal Günters Hauptarbeitsfeld die Spedition sei. An der Südostgrenze des Grundstücks sei inzwischen die Memelstraße entstanden, also könnten von dort auch Auffahrten führen und so käme eine unproblematische Querteilung in Betracht, denn eine Längsteilung hätte zwei lange, schmale Grundstücke zur Folge. Zur Wohnungsfrage schlug ich vor, dass die Eltern vielleicht in das kleine Haus ziehen könnten, das Günter und Eva mit zwei Kindern und einem Büroraum nutzten. Günters Anteil am Allensbacher Grundstück, von mir ausbezahlt, würde ihm ausreichen, ein neues Haus zu bauen und unsere sechsköpfige Familie würde das große Haus bewohnen. Zur Teilung der Materialwerte erzählte ich ihnen ein arabisches Märchen: Zwei Brüder stritten um das Erbe des Vaters, nämlich eine große Viehherde. Als sie sich nicht einigen konnten gingen sie zum Kadi. Der sagte: »Das ist ganz einfach, einer von euch teilt die Herde in zwei Hälften und der andere wählt dann, welchen Teil er nimmt. Es wird gerecht sein!« – »Das könnte funktionieren«, sagte Vater, »und was wird mit unserer Altersversorgung?« – »Die muss als Nießbrauch über die Grundstücke abgesichert werden«, antwortete ich, »nur wenn Günter die Linden fällen lassen will, ist der liebenswerte Grundstückscharakter dahin, so werde ich in den Plan nur einwilligen, wenn die Linden auf meiner Seite bleiben und wir wohl oder übel eine Längsteilung vornehmen müssen.« Ein gangbarer Lösungsweg für die Weiterentwicklung der Betriebe war damit vorgeschlagen, doch sollte seine Umsetzung noch längere Zeit dauern.

55. Kapitel

Das Kinderzimmer für die vier Jungen war längst zu klein geworden, und so hatten wir schon vor ein paar Jahren die Waschküche neben dem Bad als zweiten Schlafraum für die beiden Großen eingerichtet und die Waschküche im Keller installiert. Klaus war inzwischen ins pubertäre Alter gekommen und fehlte am Frühstückstisch. Erika schickte den kleinen Horst in das Jungenzimmer, um ihn zu holen. Der kam zurück und sagte: »Klaus schläft noch, aber er zittert so komisch!« Erika raste die Treppe hinunter und fand ihn noch zitternd, aber langsam wach werdend, wobei er jedoch unklare Worte stammelte. Sie rief sofort den Hausarzt und der meinte, es könne ein Epilepsie-Anfall gewesen sein. Die besten Möglichkeiten zur Klärung hätten die Schmieder-Kliniken in Gailingen. Erika rief mich in Ulm an, wo ein Industrieumzug lief. Sie hatte sich vorher von Dr. Meßmer über die Krankheit informieren lassen. Ich fuhr sofort nach Allensbach. Dr. Schmieder war ein Golffreund, wir riefen ihn an und baten darum, seinen besten Facharzt mit der Untersuchung unseres Sohnes zu beauftragen. Er sagte sofort zu. Wir fuhren mit Klaus nach Gailingen. Die Diagnose ergab tatsächlich eine Epilepsie-Erkrankung, allerdings in nicht zu starkem Ausmaß, und mit dem neuen Medikament Tegretal sei sie einigermaßen beherrschbar, allerdings sei dadurch auch eine gewisse Leistungsdämpfung spürbar. Wir sollten unsere Eltern fragen, ob bei den Vorfahren diese Krankheit bereits vorgekommen sei. Im Telefonat verneinten meine Eltern das, obgleich sie wissen mussten, dass im Totenschein von Julius Asthma und Epilepsie stand, was sich Jahrzehnte später offenbarte. Doch Klaus lebte mit dem Medikament ohne große Beeinträchtigungen und erledigte sein Schulpensum im Gymnasium Radolfzell und zeigte im Golf-Club Spitzenleistungen.

Oskar jr. besuchte inzwischen die zehnte, Klaus die siebente, Alexander die dritte Schulklasse. Erika hatte es schwer, die Kinder zum Ausführen der Schulaufgaben anzuhalten, denn der etwas strengere

Vater war oft abwesend, und so schöpften die Söhne alle Freiräume aus. Besonders Alexander warf seinen Schulranzen mit geübtem Schwung vom Fahrrad aus vor die hintere Haustür, wenn er aus der letzten Unterrichtsstunde heimkam, und ließ ihn dort liegen. Nach dem Mittagessen forderte Erika dann, die Schularbeiten zu erledigen und bekam meist zur Antwort: »Ich kann alles!« Erika ließ das zwar nicht durchgehen, setzte jeden Jungen in ein anderes Zimmer und kontrollierte die Aufgaben, aber wenn sie nicht aufpasste, war Alexander sehr schnell durch ein Fenster entwischt. Doch die Situation wurde mit zunehmendem Alter der Kinder schwieriger. Die Lehrkräfte nahmen in dieser Zeit ihre Ämter zum Teil auch nicht sehr ernst, sie hatten im Sommer mehr ihre nachmittäglichen Bootfahrten und im Winter das Skifahren im Sinn als die Vorbereitungen auf den Unterricht. Ich war im Gymnasium Radolfzell dann noch zum Elternbeiratsvorsitzenden gewählt worden, was mir zwar das Wohlwollen der Eltern einbrachte, nicht aber unbedingt das der Lehrer, wenn ich gegen sie Beschwerden vertrat. Sogar meine Söhne bekamen das zu spüren.

Als eines Abends nach Geschäftsschluss die Söhne nicht nach Hause kamen, fuhr Erika mit dem Fahrrad umher, um sie zu suchen. Schließlich auch zum Seeweg, wo Frau Dr. Hoffmann ein großes Areal besaß. Ihre Haushälterin, eine Ostpreußin, hatte mit Erika im Ort beim Einkaufen immer wieder Unterhaltungen gepflegt und dann bei Frau Dr. Hoffmann erreicht, dass sie mit ihren Kindern dort am Ufer schwimmen gehen konnte. Nun hörte Erika am Ufer die hellen Stimmen von Alexander und Horst, lief hinunter zum Wasser und fand alle vier unter einem ausladenden Busch. »Das dürft ihr doch nicht machen, ohne etwas zu sagen fortgehen und nicht rechtzeitig nach Hause kommen. Was meint ihr, welche Angst ich hatte!«, rief Erika erbost. »Mutti, hier ist das Paradies!«, sagte Klaus. Sie beruhigte sich langsam und schaute sich um: Ihr Sohn hatte recht. Dieser Blick über die glatte Seefläche zur nahen, anmutigen Reichenau, daneben der Weitsee, begrenzt von den Erhöhungen der Höri, am Ende das Schweizer Ufer mit dem Rheinausfluss und im Westen hinter den Buchten die Markelfinger und Radolfzeller Seen, in der Ferne die Vulkanberge des Hegaus: hier war wirklich ein paradiesisches Fleckchen. Sie beschloss, um dieses Grundstück zu kämpfen – um ein Paradies für ihre Kinder.

Um zu verdeutlichen, wie die Kinder ihr Umfeld und Dasein be-

trachteten, mag hier ein Vortrag von Alexander eingefügt sein, den er für seine Eltern zu unserer goldenen Hochzeit am 8. September 2001 vor der Gästeschar hielt:
»Der typische Familiensonntag war vor ungefähr dreiunddreißig Jahren: Sommer, Bodensee. Er begann mit einer Kissenschlacht im 4-Bett-Kinderzimmer, so gegen 7 Uhr morgens. Nach einer guten halben Stunde und zwei heulenden Brüdern, einem aufgebrachten Vater, der nicht einmal am Sonntag seine Ruhe hat, geht es dann zum Waschen und Frühstück.

Fein herausgeputzt und mit der damals schon ungeliebten Krawatte, am besten alle mit den gleichen Klamotten, damit auch der letzte weiß, vier Söhne, alle Achtung, geht es dann zu Fuß zur Kirche. Stolz voraus Mutter und Vater, dahinter hampelnd und feixend die unbändigen Vier. Die Kleinen gehen in den Kindergottesdienst, in Gedanken beim Sonntagsvergnügen nach der Kirche, die großen oben in der Kirche. Es scheint die Sonne, der weinrote Mercedes 220 S Automatic, mit Schiebedach und Plastikschonbezügen wartet auf seinen Einsatz, jetzt kann der Sonntag losgehen, theoretisch.

Geplant ist, wie fast jeden Sonntag, ein kleiner Bootsausflug mit der Motorjacht. Alle Sachen zusammen sammeln, das Schachspiel, die Schwimmflügel, Badehose, Handtuch, Käsekuchen, Thermoskanne, Mau-Mau-Karten, Kartoffelsalat, ein paar Stullen, Apfelsaft und Sprudel, alles klar, es kann losgehen, aber dann stopp! Nur noch ein Kessel, der ist schon fast durch. Was war das? Klar, Sonntag ist auch Wäschewaschtag und ehrgeizig, wie meine Mutter ist, sollte die Ladung Wäsche, die schon fast fertig gewaschen ist, noch auf die Leine. Also haben wir uns noch eine halbe Stunde irgendwo herumgedrückt, die Großen haben auch schon mal geholfen, die Wäsche aufzuhängen, und dann sind alle da, es kann losgehen.

Na ja, bei der Menge Kinder kann das schon passieren, einer fehlt. ›Oskaaaar‹ hört man da aus drei Kinderhälsen schreien. Klar, Oskar ist auf dem Klo und Oskar kann lange oder vielleicht hat er auch nur etwas Gutes zum Lesen gefunden. Und andere auf sich warten zu lassen ist und war für Oskar noch nie ein Problem. Also sind noch einmal zehn Minuten vom Sonntag weg.

Einmal war auch Horsti, also der kleine Horst, verschwunden. Wir haben den Hof, das Haus und alles abgesucht und gerufen, es machte sich wirklich Panik breit, vielleicht war er ja entführt worden. Papa hat im Gedanken schon mal die Polizei angerufen, Mutti war den Tränen nah. Zum Glück aber wurde er nach einer Stunde durch Zufall glücklich allein mit Autos spielend in der oberen Wohnung der Großeltern gefunden.

Jetzt aber geht es wirklich los ... zur Tankstelle Keller, wir brauchen ja noch zwei Kanister Diesel. Dann weiter nach Radolfzell zur Bootswerft Martin. Zwischenstopp am Kiosk hinter der Brücke, eine Hand voll Bountys und die neueste Ausgabe des »Spiegel« gekauft. Nach beidem bin ich bis heute quasi süchtig. Plane auf, Sachen verstauen, Diesel auffüllen und los geht's, falls der Peugeot Diesel, die Batterie, der Treibstofffilter, die Glühkerzen, der Luftfilter und was sonst noch ab und zu seine Mucken hat uns nicht im Stich lassen. Aber so ein Diesel ist ja viel sicherer als ein Benzinmotor. Unter dem Diesel haben wir Kinder wirklich gelitten. Ein tolles Motorboot und dann ein so asthmatisch ratternder Diesel. Jedes andere Boot ist uns davongefahren und an Wasserski war auch nicht zu denken.

So, nun Schleichfahrt bis zur Mettnauspitze (etwa 3 Kilometer entfernt), der Kapitän hat sich schon mental vom Alltag verabschiedet und meditiert über sein neustes Patent. Am Ruder meistens Klaus mit Horsti auf dem Schoß, die ab und zu zurechtgewiesen werden, weil der Gashebel vom Schleichgang auf halbe Fahrt gelegt wurde, der Diesel aber nun doch zu aufdringlich nagelt und Papa von seinen Patentgedanken ablenkt. Rückbank frei, für die sich nahtlos bräunende Mutter, Kinder nach vorn aufs Deck und ... bloß keinen Krach machen. Ein paar Seiten lesen, ein paar Züge auf dem Schachbrett und dann ab ins Wasser, rauf aufs Bootsdach und im Kopfsprung wieder rein, so lange bis die Lippen blau wurden oder der Krach den Eltern zu viel. Später mit dem Schlauchboot zur Mettnau, das Land erkunden. Auf der Rücktour zwei Köpfe von der Rückbank vorschauend, die uns ermuntern, noch einmal an Land zu gehen.

Dann Hunger, der Käsekuchen und die sonstige Verpflegung werden vertilgt, die Saftflaschen geleert, ausruhen, lesen, malen, Karten spielen usw. Außer dem »Spiegel« gab es das »Beste aus Reader's Digest« und manchmal auch den »Stern« zu lesen, den aber nur zensiert, das heißt, Mutti hat die schönen Busenfotos herausgerissen, die Jungs sollten so etwas nicht zu sehen bekommen. Wir haben uns dann auf die Sturmwarnung an den Seeufern gefreut, ein herrlich kühlendes Sommergewitter versprach uns auch etwas Aufregung für die Rückfahrt.

Familie Horst Broziat 1963

Es war nun der richtige Kapitän gefordert, der uns immer sicher durch den manchmal recht jähzornigen Bodensee zurückbrachte. Schade, dass wir nie auf dem Boot übernachtet haben und nur zum Seenachtsfest auf den Obersee gefahren sind. Das ist jetzt kein Vorwurf, es zeigt viel mehr, dass sich unsere Eltern immer bis an die Grenze ihrer Kräfte verausgabt haben, um die hoch gesteckten Ziele zu erreichen, und keine Energie für solche Unternehmungen mehr übrig hatten.

Zu Hause dann Abendbrot essen, eine homöopathische Dosis Fernsehen, eventuell erkauft durch leidiges »Kille machen« auf Muttis Arm und dann ins Bett. Dummerweise war das Kinderzimmer direkt unter dem Wohnzimmer und wir vier hatten endlose Energie, die sich am Abend in Kitzel-, Kratz- und Spuckschlachten entladen hat. Ich war der Meister im Provozieren und Streit machen und habe eigentlich nie Ruhe gegeben. Oft half nur die Drohung von Papa, dass ich den Teppichklopfer aus der Garage holen solle. Manchmal musste ich ihn dann tatsächlich holen und ab und zu gab es denn auch, zur Belustigung der Brüder, einen Kreistanz um Papa, mit dem Teppichklopfer auf meinem Hintern als Rhythmusgeber. Ich glaube so richtig zur Ruhe gekommen sind meine Eltern nie. Das war so der typische Familiensonntag unserer Kindheit, an den ich mich gern erinnere. Vor allem das Spiel der Natur am See und das Familienleben haben mir die glücklichsten Momente der Kindheit beschert und prägen mein Leben bis heute. Es war bestimmt nicht leicht mit uns, dafür aber bestimmt auch nicht langweilig, und das ebenfalls bis heute!«

Von den Aluminium-Walzwerken in Singen kam ein Anruf. Der technische Leiter wollte mich sprechen wegen des Transports einer Großmaschine. Erika vertröstete ihn: In zwei Tagen, am Freitag, sei ich aus Krefeld zurück. Mir wurden dann in Singen die Pläne der neuen und größten Strangpresse Europas vorgelegt, die bereits erhebliche Zeitverzögerungen in der Herstellung aufwies. Die Frage lautete, ob wir die 140 Tonnen schwere Maschine vom Güterbahnhof Singen ins Werk transportieren könnten? »Dazu muss ich sie in Natura sehen und mit dem Hersteller sprechen, wo die Ansatzpunkte zum Heben der Last liegen!« – »Sie meinen also, dass es eventuell funktionieren könnte? Damit würden Sie uns aus der Klemme helfen, denn sonst würde die Demontage in Einzelteile und die Montage in Singen weitere eineinhalb Monate verschlingen!« – »In der nächsten Woche hätte ich Zeit zur Besichtigung!« Wir fuhren mit der Bahn zum Hersteller nach Duisburg, ich erkundigte mich eingehend nach den Punkten, wo schwere Hydraulikheber ansetzbar waren, nach der Eigenstabilität und nach Aufhängemöglichkeiten, um den Koloss in die vorgesehene Fundamentgrube abzusenken. Auf der Rückfahrt sagte ich meinem Begleiter: »Es wird gehen, doch vorher muss ich noch Berechnungen anstellen!« Wir hatten zwei Transportachsen, die je 30 Tonnen trugen, und vier Lenkrollenwagen für die Lokomotivwinden mit je 20 Tonnen. Alle zusammen verwendet trugen zwar 140 Tonnen, aber so eben waren die Straßen nicht, dass stets eine gleichmäßige Belastung stattfand. Es war ein gewagtes Unternehmen, das unter dem Motto lief: Wer nicht wagt, der nicht gewinnt. Der Winter hielt bereits Einzug, als die Strangpresse ankam. Schwere Stahlträger wurden quer

Transport einer Strangpresse der Aluminium-Walzwerke in Singen

zur Maschine untergeschoben, sie lagen auf der einen Seite auf dem Waggonboden und mit der Außenseite auf einem Stapel aus Aluminiumbarren. Millimeter um Millimeter hob sich die Maschine durch die Kraft von vier 50-Tonnen-Hydraulikhebern, bis zwischen die Tragpunkte und die Träger Panzerroller passten. Letztere sind kleine Kettenrollgeräte von großer Tragkraft. Dann wurde die Strangpresse von zwei unserer Kräne über am Heckteil angebrachte Umlenkrollen auf den Trägern vom Waggon gezogen, bis Transportachsen und Lenkrollenwagen in Position gebracht und auf sie die Presse abgesetzt werden konnte. Alles wurde nun miteinander zu einer Einheit verschweißt, zwei Zugfahrzeuge vorn und ein Schubfahrzeug hinten angekuppelt, doch trotz aller Mühen setzte sich das Gerät nicht in Bewegung: Die achtundzwanzig Räder waren wegen der Schneedecke festgefroren. Eine Lokomotive auf dem Nebengleis half dann, über ein schweres Seil angekuppelt, die Last ins Rollen zu bringen.

Ich dirigierte über Funk die Fahrzeuge, und als sie eine überhöhte Kurve durchfahren mussten, drängte die Last zur Innenseite, sie konnte nur im Kriechgang und durch kräftiges Gegensteuern bewältigt werden, bis dann endlich die ebene, gestreute Hauptstraße erreicht war. Die Polizei zeigte sich wirklich als »Freund und Helfer«, sie dirigierte den Straßenverkehr so, dass er nicht behinderte. Die 4 Kilometer lange Strecke bis zum Werk und in die große Strangpressenhalle brachten keine größeren Probleme mehr mit sich. Eine Verschnaufpause bis zum nächsten Morgen war angesagt, denn die Leute waren überhaupt nicht dazu gekommen, etwas zu essen. Am Tag darauf lief das Vorhaben zügig weiter. Die Fundamentgrube wurde mit Aluminiumbarren ausgelegt, die Abmessungen von 1 Quadratmeter und eine Stärke von 20 Zentimetern hatten, und diese mit Stahlplatten abgedeckt, sodass man die Strangpresse gefahrlos in die genaue Position fahren konnte. Mit Hilfe der Lokomotivwinden und entsprechender Querträger, an denen die Presse aufgehängt wurde, konnte sie nach dem Herausziehen des rollbaren Unterbaus und der Barren in die Grube abgesenkt werden. Am Spätnachmittag war die Arbeit geschafft, die Hersteller-Monteure konnten nun mit der Installation für die Inbetriebsetzung beginnen. Zwei Direktoren von der »Alu« kamen, beglückwünschten mich zu dieser Meisterleistung und Direktor Sextro sagte mir: »Wissen Sie, Herr Broziat, die große Stärke Ihrer Firma liegt darin, dass Sie in vorderster Front dabei sind und Ihre Leute mitziehen. Sie und viele mittelständische Betriebe sind es, die hauptsächlich das Wirtschaftswunder vollbracht haben, nicht die Großbetriebe – und das sage ich, obgleich ich in der Leitung eines solchen bin!«

56. Kapitel

Nach der Betriebsweihnachtsfeier fuhren wir mit den Kindern und einem Hausmädchen nach Lübeck, denn wieder sollten nach dem Fest Besprechungen über Nachfolgeregelungen stattfinden und Erika gehörte dazu, ohne von Hausarbeit oder Wünschen der Söhne abgelenkt zu werden. Günter hatte sich ein günstiges, interessantes Objekt in der Karlstraße dicht beim Schlachthof anbieten lassen und fuhr mit Vater und mir dorthin. Da waren Hallen für Fahrzeuge, Büro- und auch Wohnräume, alles passend für einen Speditions- oder Maschinenhandelsbetrieb. Zu Hause bei der Besprechung ließ Günter dann die Katze aus dem Sack. »Wenn du unbedingt nach Lübeck willst«, sagte er zu mir, »dann kaufe dir doch dieses Grundstück und richte dort einen Betrieb ein!« – »Hier geht es nicht darum, dass ich unbedingt nach Lübeck will, sondern wie eine vernünftige Erbteilung vonstatten gehen könnte. Mir fällt die Hälfte der Grundstücke nach dem Status von 1963 zu, das heißt 2000 Quadratmeter in Allensbach und 11 000 in Lübeck sowie die Hälfte der Immobilien- und Materialwerte, letztere von Papas Betrieb. Es ist doch wohl nicht damit getan, mir ein günstiges Objekt in Lübeck anzubieten!« – »Ich bleibe jedenfalls hier auf diesem Grundstück!«, antwortete Günter. – »Dann sage mir bitte eine Lösung, wie du mich für die überschießenden Werte abfindest, dann bleiben wir sehr gern in Allensbach!« Vater griff ein: »Wir wollen erst einmal eine Überschlagsrechnung machen, denn ich bin ja nicht unvorbereitet und habe mir die verschiedenen Grundstückspreise von 1963 kommen lassen. In Allensbach haben wir 4000 Quadratmeter, in Lübeck 22 000. Die Preise dafür waren im Süden doppelt so hoch, wie hier, das heißt, wenn Horst Allensbach allein behält und in Lübeck Anspruch auf 11 000 Quadratmeter hat dann müssen dort wegen der Kosten statt 2000 4000 angerechnet werden, verbleiben also 7000. Diese mal 50 DM sind 350 000. Die Halle in Allensbach sehe ich gleichwertig mit der hiesigen Halle 1, das Wohnhaus und den Anbau mit dem kleinen und großen Wohnhaus hier. Bleiben weiterhin wertmäßig zu verrechnen die Hälfte der Halle 2 und ca. 1000 Tonnen Materialvorräte. Nehmen wir die halbe Halle mit 50000 und 500 Tonnen Material zum Durchschnittspreis von 400 DM, dann kommen nochmals 200000 hinzu, macht insgesamt 600000, die du, Günter, an Horst auszahlen musst, wenn du in Lübeck alles haben willst. Bist du dazu in der Lage?« – »Nein, natürlich nicht!« – »Dann möchte ich morgen eure Vorschläge hören, so habt ihr genug Zeit zum Überlegen. Noch bin ich der Herr im Hause und kann bestimmen, was zu tun ist, aber eine einvernehmliche Lösung wäre mir lieber!« Vater hatte also über meinen Plan, den ich ihm zu Pfingsten vorlegte, nichts verlauten lassen.

Halle 2 in Allensbach

Ich hatte errechnet, dass bei einer Teilung von Grundstück und Betrieb in Lübeck von mir ca. 260 000 DM an Günter zu zahlen wären, das war aus meinen Ersparnissen zu verkraften. So gingen wir mit diesem Vorschlag, der auf dem Pfingstplan basierte, in die nächste Gesprächsrunde. Es gab noch etliche Diskussionen mit Günter, die von Vater damit in ruhigere Bahnen gelenkt wurden, dass er allein entscheiden werde, sodass sie sich schließlich auf meine Vorschläge einigten. Es war schade, dies schöne Grundstück teilen zu müssen. Eine Finanzierung des Objekts Karlstraße durch mich und zu Lasten der Vorwerker Straße 62 wurde verworfen, weil Günter nicht einwilligte, obgleich dieses für seine Spedition besonders gut gewesen wäre. Zur Lösung der Wohnungsfrage würde Günter also im Nordosten seiner Grundstückshälfte sein neues Haus bauen, dann könnten Else und Oskar in das kleine Haus ziehen und schließlich meine Familie das große Haus bewohnen. Vater wollte Bauanfragen und Genehmigungsverfahren einleiten und einen entsprechenden Vertrag ausarbeiten lassen. Für meine Familie war die Entscheidung besonders schwer, denn in den siebzehn Jahren waren wir in Allensbach verwurzelt. So lange, wie die Bau- und Umzugsphase lief, wollten meine Eltern den Restbetrieb gegen ein monatliches Gehalt für mich weiterführen.

Hatten wir uns da nicht zu viel zugemutet? Zwei kleinere Betriebe über eine derartige Entfernung zu leiten, die Kinder in etwa drei Jahren umzuschulen und so weiter? Mit gemischten Gefühlen reisten wir nach Allensbach. Es mussten also Maßnahmen in den nächsten Jahren getroffen werden, damit der Betrieb auch dann lief, wenn ich nur alle zwei Wochen in den Süden kam. Oskar jr. würde zu der Zeit mit dem Studium beginnen, also mindestens vier Jahre benötigen, bis er ins Geschäft einsteigen könnte, und Klaus, Alexander und Horst würden in Lübeck eingeschult werden. In Allensbach warteten neue Aufträge auf ihre Abwicklung. Somit war ich sofort in das Geschehen eingebunden. Erika besann sich wieder auf das Seegrundstück und intensivierte die Zusammenkünfte mit Frau Dr. Hoffmann, die sich darauf freute, von ihr mit dem Auto mitgenommen zu werden. Frau Dr. Hoffmann hatte als Ministerialrätin in Baden-Württemberg das Ressort der beamteten Professoren geleitet und war bekannt dafür, diese auch einmal ganz barsch zusammenzustauchen, wenn deren Arbeit den Richtlinien nicht entsprach. Diese direkte Art hatte sie nach ihrer Pensionierung nicht abgelegt, aber sie war uns zugeneigt und gern mit uns zusammen. Erika ließ dann auch den Wunsch nach einem Grundstückskauf anklingen und bekam zur Antwort: »Das wird irgendwann schon werden, jetzt habe ich erst einmal Probleme mit den Behörden!« Sie hatte ein Jahr vorher bereits an Prof. Wolff, mit dem auch wir durch Familie Voss bekannt waren, von ihrem großen Gelände ein Grundstück von etwa 25 mal 70 Meter verkauft, auf dem inzwischen ein Wohnhaus errichtet worden war. Um Seegrundstücke erwerben zu können, mussten schon besonders glückliche Umstände zusammentreffen.

Nach unserer Rückkehr aus Lübeck erfasste der übliche Alltag uns wieder. Die Kinder gingen zur Schule, Erika bewältigte die Aufgaben in Haus und Büro, und ich hatte mit den Abwicklungen von Transporten oder Maschinenverkäufen zu tun. Doch es mussten auch rechtzeitig Vorkehrungen getroffen werden, damit der Betrieb in drei Jahren weiter florieren würde, wenn die Familie nach Lübeck umziehen sollte. Das Geschäft von Hartmut Petri lief schlecht, es langte gerade so hin, um die Familie ernähren zu können. Zwar war er Vorstand im Ring Deutscher Makler in Baden, doch ihm ging es wie Vater in den fünfziger Jahren: Er investierte viel Kraft in die Verbandsarbeit, bekam von den Kollegen ein freundliches Schulterklopfen – und diese machen die Geschäfte. So bat er mich, ihn als Freundschaftsdienst doch in etwa zwei Jahren, wenn er seinen Immobilienhandel abgemeldet hätte, so lange zu beschäftigen, bis er verrentet sei. Zuverlässig und akribisch war er, so kam die Angelegenheit mir entgegen. Dann bewarb sich noch Günter Frick um die Position eines Lkw-Fahrers. Der Mann kam von der Bundeswehr, hatte dort alle Führerscheine absolviert und fiel durch ein gutes Benehmen auf. Ich befragte ihn nach Herkunft und Schulbildung und nur nach der Zusicherung von Vertraulichkeit rückte er mit der Sprache heraus. Sein Vater, Stadtbaumeister von Radolfzell, hatte von ihm das Architekturstudium verlangt, was er ablehnte. Nach vielem Streit verließ er die Abiturklasse und meldete sich zur Bundeswehr. Die Familie verstieß ihn daraufhin. Einen Beruf hatte er nicht erlernt. Ich stellte ihn ein und gab mir Mühe, ihm die Schwertransporttechniken beizubringen, ohne dass die anderen Arbeitskollegen Günter Frick als bevorzugt ansahen. Er fügte sich schnell in den Mitarbeiterkreis ein. Vielleicht konnte er später einmal als Führungsperson eingesetzt werden.

Erika und Günter Frick

Die Pflugfabrik Eberhard aus Ulm fragte wegen des Umzugs ihrer Anlagen in das etwa 10 Kilometer entfernte Unterelchingen an, wo auf der »grünen Wiese« bereits Werkhallen errichtet wurden. Ich fuhr hin und besichtigte alles, auch die Maschinenaufstellplätze im Neubau, und versprach, in zwei Tagen ein Festpreisangebot zu unterbreiten. Die alten Fabrikgebäude lagen im Stadtgebiet. Alles war trotz der Arealgröße beengt. Die Teileproduktion hatte überhaupt keinen kontinuierlichen Werkdurchfluss. Die Herren Eberhardt akzeptierten den Preis ohne Abstriche, ihnen imponierte der festgelegte Umzugs-Rangfolgeplan, der die Produktionsausfallzeiten besonders dezimierte. Ein halbes Jahr an Aufgaben lag vor meiner Firma, die daneben auch im näheren Umkreis Transporte und den Maschinenhandel zu bewältigen hatte. In der Werkstatt wurden für den Transport noch einige Spezialgeräte gebaut, damit der Umzug möglichst schnell und reibungslos abgewickelt werden konnte.

Vater hatte zum Sommer 1971 von den Behörden die Teilungsgenehmigung für das Vorwerker Grundstück und Günter eine Baugenehmigung für den geplanten Hausbau bekommen. Die Eltern wunderten sich über die Größe des Neubaus, der noch mehr Grundfläche als das alte Gutshaus Vorwerk einnahm. Dafür würde meine Zahlung für Günters Anteil an Allensbach sicher nicht ausreichen. Nun, die Vertragsentwürfe für die vorzeitigen Erbteilübertragungen mit den entsprechenden Nießbrauchabsicherungen und das Wohnrecht für die Eltern im kleinen Haus waren fertiggestellt. Änderungswünsche der Söhne in den Vertragstexten konnten angeglichen werden. Somit stand einem Vollzug des Vorhabens nichts mehr im Wege. Es gab nun eine Grenzlinie, die südöstlich neben der Lindenallee begann und nach Nordost führte, 10 Meter hinter der Halle 2 im rechten Winkel 10 Meter nach Südost wies, um dann 35 Meter nach Nordosten zu laufen. Hier ging dann die Grenze schräg nach Osten, um Platz für die alte Rundfahrt um die Silberlinde zu belassen, und führte nun wieder nach Nordosten bis zum Ende des Grundstücks.

Die Teilung der Materialvorräte brachte keine großen Schwierigkeiten. Auf dem Grundstück wie in den Hallen wurden jeweils Posten abgegrenzt. Im Wechsel schätzten Günter und ich die Werte ein, der nicht Schätzende entschied, ob er diesen haben wolle, oder ob der Schätzer ihn nehmen müsse. Nachdem wir die Werte notiert hatten, war dann nur noch eine Umlagerung auf dem Grundstück nötig. Nun brauchte noch ein Ausgleich vorgenommen werden, um die Halbierung des Gesamtobjekts vorzunehmen. Alles geschah in ruhiger Atmosphäre. Dann sagte Vater seinen Söhnen, wir möchten eine Branchentrennung vereinbaren, damit auf dem gleichen Grundstück nicht zwei Konkurrenzunternehmen mit gleichen Familiennamen angesiedelt seien. Wir kamen überein, dass Günter sich auf den Handel mit Elektromotoren, Hebezeugen, Kesseln, Werkzeugmaschinen, Werkzeugen und seine Spedition konzentrieren sollte, ich ebenfalls auf den Handel mit Werkzeugmaschinen, das würde sich gegenseitig nicht stören, Nutzeisen, Förderanlagen und sonstigen Industriebedarf. Somit fand nochmals ein Austausch von Materialien nach festgelegten Wertschätzungen zwischen uns Brüdern statt. Für den Grenzzaun lieferten wir das Material, Günter erledigte das Aufstellen. Die Auflassung für die geteilten Grundstücke datiert vom 28. September 1971. So war vollzogen, was Vater nie wollte: Dies herrliche Areal bestand nun, durch einen Zaun getrennt, aus zwei Teilen. Wir Söhne hatten eben zu unterschiedliche Charaktere, um gemeinsam einen Betrieb führen zu können.

Am 25. Mai 1961 hatte Präsident Kennedy die amerikanische Nation aufgefordert, alle Anstrengungen zu unternehmen, damit vor 1970 Astronauten zum Mond gesandt werden können. Nun saßen am 21. Juli 1969 Millionen vor dem Fernseher, um zu sehen, wie Neil A. Armstrong als erster Mensch den Mond mit den Worten betrat: »Für einen Menschen ist es nur ein kleiner Schritt, für die Menschheit aber ein gewaltiger Sprung!« Damit hatten die Amerikaner endlich gegenüber den Russen die Nase wieder vorn. Diese hatten, wie beschrieben, bereits 1961 Juri Gagarin in eine Erdumlaufbahn geschossen, 1964 eine Kapsel mit drei Mann und 1969 zwei Raumschiffe, die aneinander ankoppeln und die Besatzung austauschen konnten. Richard Nixon war inzwischen der neue US-Präsident, Charles de Gaulle zusammen mit Adenauer Gründer der Europäischen Union. Russische und chinesische Truppen lieferten sich Feuergefechte um die Insel Damanski im Grenzfluss Ussuri. Der Krieg wurde durch den Besuch von Ministerpräsident Kossygin in Peking abgewendet. In Bonn erfolgte ein Machtwechsel, nun regierte die SPD unter Willi Brand mit der FDP unter Walter Scheel. Die Arbeitslosenzahl in Deutschland begann zu steigen. Es lebte sich nicht schlecht in der »sozialen Hängematte« mit Zuverdienst durch Schwarzarbeit.

57. Kapitel

Erwin Meyer, Weingroßhändler in Radolfzell, Vorstandsmitglied im Golf-Club, sprach mich an: »Du und Erika ihr passt in eurer Art genau in den Lions Club, ich biete dir an, als Pate zu fungieren!« – »Was ist das für ein Klub?« – »Unser Motto ist ›we serve‹, also ›Wir dienen‹. Wir unterstützen mit unseren Spenden bestimmte Projekte, um Menschen zu helfen oder zum Beispiel bei Restaurierungen von Kunstwerken. Im Klub soll möglichst jedes Mitglied einer anderen Berufsgruppe angehören, damit jeder sich aus den Vorträgen, die alle vierzehn Tage beim Meeting gehalten werden, auch über andere Branchen informieren kann. Schließlich sind wir untereinander hilfsbereit. Hier gebe ich dir einmal das Mitgliederverzeichnis der ›Deutschen Lions‹ mit. Besprich das doch mit Erika!« Da standen honorige Leute drin, die wir zum Teil kannten, so zum Beispiel etliche vom Golf- und Kegelklub. Erika sagte gern zu, zumal wir auch Bekannte in den Lübecker Klubs fanden. Ich wurde dann feierlich im Juli 1971 aufgenommen. Lions- und Golf-Club bildeten für die Familie einen gesellschaftlichen Hintergrund, der Türen öffnen konnte, die sonst vielleicht verschlossen geblieben wären.

Ich fuhr bis zum Jahresende mehrmals nach Lübeck, um Fragen mit Behörden und Banken als neuer Betriebsinhaber in Lübeck zu regeln, aber sonst ging alles unter Vaters weiterer Leitung seinen geregelten Gang. Die Umsätze gingen zwar zurück, denn das Warenangebot hatte sich verringert, aber die Zahlen blieben noch im schwarzen Bereich. Der Bauer Schiering auf dem Nachbargrundstück Vorwerker Straße 64 hatte aufgegeben. So konnte Vater schon vor drei Jahren das vordere Viertel von der Stadt Lübeck als Eigentümerin pachten. Das hintere Grundstück mit den Stallungen bewirtschaftete der Viehhändler Lieseberg. Das gesamte Gebäude war ein typisches Holsteiner Bauernhaus in der Größe von 17 mal 35 Meter, mit vorderem Wohn- und hinterem Wirtschaftstrakt. In den Wohnräumen lagerten jetzt gebrauchte Ladenmöbel, die Vater vor längerer Zeit von Karstadt bei deren Umbau erworben hatte. Gleich nach der Betriebsübernahme bemühte ich mich um den Kauf der Vorwerker Straße 64. Zusätzlich engagierte ich meinen Freund, den Rechtsanwalt Horst-Ulrich Sternfeld, der bereits maßgeblich in der Lübecker Politik tätig und Sportsenator war.

Als unsere Familie zu Weihnachten 1971 in Lübeck weilte, trat ein neues Thema in den Vordergrund, nämlich das fünfundsiebzigjährige Jubiläum der Firmen. Vater wollte es groß gefeiert wissen, weil das fünfzigste nach dem Krieg so dürftig ausgefallen war und er vielleicht zum letzten Male der große Mittelpunkt sein konnte. Das sollte ihm und Mutter auch gegönnt sein, denn über fünfzig Jahre hatten sie die Firma durch all die Fährnisse politischer und kriegerischer Verhältnisse geführt. Vor allem regte er an, die drei installierten Firmen als Einheit auftreten zu lassen, stellten sie im Verbund doch eine entsprechende Stärke dar. Ein passendes Konzept dafür wollte er ausarbeiten. Dann wurden alle wieder von den Aufgaben des Geschäftsalltags in Anspruch genommen.

Günter hatte überraschend seine Spedition verkauft. Vater zeigte sich verärgert, war diese doch seit der Gründung 1897 eine tragende Säule der Broziats gewesen. Gedanken an seine Trennung von Aulich 1924 kamen in ihm auf, damals war die auf dem Halm stehende Ernte zu berechnen vergessen worden, weil sie noch nicht in der Bilanz erfasst worden war, hier waren es die wertvollen Fernverkehrskonzessionen, die man ebenfalls bei der Übergabe der Spedition an Günter nicht mitberechnet hatte. Aber davon ließ er mir gegenüber erst viel später etwas verlauten, er wollte jeden Streit zwischen uns Brüdern vermeiden. Er selbst merkte, wie ihm jeder Arbeitstag mit nunmehr zweiundsiebzig Jahren schwerer fiel, und wegen der Konzessionen trösteten die Eltern sich damit, dass ihr Ältester mit seinen fast konkurrenzlosen Industrieumzügen viel Geld verdiente. Die beiden hatten unter sich besprochen, in dem kleinen Haus auch in großzügigen Räumen wohnen zu wollen, und so ließen sie bereits vor der Fertigstellung von Günters neuem Haus von einem Architekten Erweiterungspläne entwerfen.

Das Jubiläum wurde dann mit einhundertfünfzig geladenen Gästen in der »Gemeinnützigen« gefeiert: Familienangehörige, Freunde, Geschäftspartner und Honoratioren der Stadt Lübeck und von den

Verbänden. Vaters Rede behandelte die ersten fünfzig Jahre des Werdegangs der Firma, Günter und ich sprachen über die Zeit in Lübeck und Allensbach. Ich übergab an die Gesellschaft zur Beförderung gemeinnütziger Tätigkeit, an die Feuerwehr Vorwerk, an das Pflegeheim Vorwerk und an den Lions Club Lübeck je eine Spende von 2500 Mark. Nach einigen Dankesreden von Vertretern der IHK, der Verkehrsverbände, die besonders Vaters ehrenamtliche Tätigkeiten würdigten, und einigen anderen Gästen, wurde kräftig gefeiert. Essen und Getränke gab es reichlich, Bekanntschaften wurden aufgefrischt oder neu geschlossen, denn wir lebten ja seit fast zwanzig Jahren in Allensbach und sollten uns in absehbarer Zeit wieder in Lübeck einleben. Es war ein richtig schöner Tag nach Vaters Vorstellung, man ging am Spätnachmittag frohgelaunt nach Hause. Einen Tag später fuhren wir wieder nach Allensbach, nachdem die geschäftlichen Angelegenheiten im Lübecker Betrieb erledigt waren. Um so erstaunter machte uns der nächste Anruf von Vater: »Was hat sich Erika eigentlich dabei gedacht, zu versuchen, beim Direktor Meier von Günters Bank dessen Kontostände zu erfahren? Günter will mit euch nichts mehr zu tun haben! Eine Freundin von Eva hat das genau gehört!« Empört nahm Erika den Hörer: »Nichts ist davon wahr, Günters Kontostände interessieren mich überhaupt nicht, kein Wort ist darüber mit Herrn Meier gewechselt worden!« Ich wartete nicht lange ab und rief Direktor Meier an. Der bestätigte Erikas Aussage und beschwerte sich bei Günter über die Verleumdung. Statt dass sich die Verursacher nun entschuldigten, mimten Eva und Günter weiterhin die Beleidigten, als ob ihnen der Affront in ihr Konzept passte. Es war schade, dass das Jubiläum damit ausklang.

Klaus und Alexander hatten Schwierigkeiten in der Schule. Das Herbstzeugnis besagte, dass die Versetzung gefährdet sei. Eine Ursache war sicher die häufige Abwesenheit des Vaters, die andere, dass Erika nicht Pensen beherrschen konnte, die ihr nie gelehrt worden waren. Frau Dr. Hoffmann, inzwischen Erikas mütterliche Freundin, nahm die Jungen ins Gebet, redete auf sie ein und erklärte ihnen die Folgen, besonders Alexander, der bereits die Quarta wiederholt hatte. Er war von hoher Intelligenz, fühlte sich jedoch nicht von den Schulthemen ausgelastet und glaubte, alles ohne Lerneinsatz wissen zu können. Nach Beratungen mit Frau Dr. Hoffmann drohte ich, ihn ins Internat nach Königsfeld zu schicken, denn wenn er wieder nicht versetzt würde, müsste er die Schule verlassen. Doch die Ermahnungen halfen nicht, die Zensuren aufzubessern. Aber es waren wohl nicht allein die Schulleistungen der drei Söhne, sondern auch meine Tätigkeit als Vorsitzender des Elternbeirats, da ich immer wieder, auf Wunsch der Eltern, Lehrer zu ihrer Pflichtausübung ermahnen musste. Besonders die Lateinlehrerin von Oskar, dessen schriftliche Arbeiten »ausreichend« waren, rächte sich und gab ihm gar ein Ungenügend vor dem Übergang zur Unterprima, das nur durch angebliche schlechte mündliche Leistungen belegt werden konnte. Diese ungerechte Benotung zwang Oskar zur Wiederholung des Schuljahres. Als ich ein Gespräch mit der Lehrerin anstrebte – sie wohnte im dritten Stock eines Mietshauses – sah sie oben aus dem Fenster und sagte, sie könnten sich ja von der Straße aus zu ihrem Fenster nach oben hin unterhalten. Wortlos kehrte ich ihr den Rücken und fuhr empört nach Hause. Vielleicht hatten wir die Zeichen der neuen Lehrergeneration nicht begriffen. Im Vordergrund standen Freizeit, Reisen und Vergnügen – Pflichten und Anstand hingegen waren in den Hintergrund getreten. Der Direktor wollte auch keine Hilfe anbieten, die Lehrer seien in ihren Entscheidungen autark, sagte er, und so trat ich von meinem Posten zurück, meldete Oskar im Wirtschaftsgymnasium Konstanz an, Klaus kam in ein Internat nach Freiburg und Alexander ins Internat nach Königsfeld im Schwarzwald, wo sich seine Noten langsam besserten. Gerade bei ihm gab es viele Tränen wegen der Umschulung, hatte er doch die Ankündigung vorher immer nur als Drohung aufgefasst und dann den Internatsaufenthalt seinen Eltern innerlich jahrzehntelang nicht verziehen. Doch die Maßnahmen griffen, alle wurden in die nächsten Klassen versetzt. Der Hintergrund war schließlich, dass sie die Universitätsreife erlangen sollten. Ihnen sollte es einmal nicht so gehen wie ihrem Vater, dem aus den Zwängen des Firmenaufbaus das Studieren versagt blieb.

Erika war in Allensbach viel allein im Haus. Zwei Söhne weilten im Internat; oftmals konnte sie nachts nicht schlafen, wenn früh die Kräne zum Einsatz mussten oder die Handwerker beim Bau der Halle 2 trödelten und zur sehr dem Bier zusprachen. Ihr, als Frau, wurde wirklich zu viel zugemutet. Wenn sie mit meinem Vater telefonierte, sagte er ihr: »Mensch, wat meinste, wat den Frauen im Krieg alles zugemutet wurde, und die durften ooch nicht jammern!« Er war von seiner Frau selbst im Krieg nicht längere Zeit getrennt worden, während ich nun seit Jahren nur zum Wochenende oder gar nach vierzehn Tagen von den Industrieumzügen heimkam. Oskar jr. hatte in der Nähe der Schule in Konstanz einen Hundezwinger entdeckt und schon mit dem Züchter über die Schäferhunde gesprochen. Nun fuhr er mit seiner Mutter hin und fragte, welchen sie denn wählen würde. Sie zeigte auf eine Hündin namens Assi, und der Züchter sagte: »Genau die hatte Ihr Sohn schon im Auge!« Assi fügte sich schnell in Allensbach ein, machte der Familie viel Freude und gab wirklich Schutz, denn sie war bereits entsprechend ausgebildet.

Frau Dr. Hoffmann hatte inzwischen besonders zu Erika, aber auch zur Familie eine gewisse Zuneigung entwickelt und sagte eines Tages: »Ich bin bereit, Ihnen gegen den üblichen Preis ein Seegrundstück zu verkaufen, und zwar das neben Prof. Wolff, auf dem Sie dann bauen können!« Erika war glücklich, hatte sich durch die Verbindung doch endlich ihr ersehnter Wunsch erfüllt. Allerdings verkaufte Frau Dr. Hoffmann nebenan noch ein weiteres Areal gleicher Größe an Herrn Motz. Da sie ihr Wohnhaus erweitern wollte, konnte es sein, dass ihr die Erlöse gelegen kamen. Wenn unsere Familie auch bald nach Lübeck umziehen musste – dieser einmalige Platz würde ein Hort für unsere Kinder werden. Das Grundstück war 25 Meter breit und fiel mit vier Metern Gefälle 70 Meter zum Wasser ab, hatte eine Betonmauer zum See hin, ein Viertel der Fläche war Vorland, also im Uferbereich vor der Mauer. Ich zögerte nicht, obgleich es nun mit den privaten Finanzen eng wurde, denn auch Günter hatte mit der Fertigstellung seiner Villa die zweite Rate von 130 000 DM zu bekommen. Wir verkauften ein früher erworbenes Grundstück, nördlich hinter dem Betrieb gelegen, und das schöne Kajütboot, um flüssig zu bleiben. Mit der notariellen Auflassung am 28. Juli 1972 war das Grundstück am Seeweg für 250 000 DM nun unser Eigentum. Obgleich Prof. Wolff ein gutes Jahr früher sein Haus errichtet hatte, wurde uns die Baugenehmigung versagt, mit der Begründung, Klärgruben seien vom Land Baden-Württemberg nicht mehr erlaubt. Erst wenn eine Kanalisation gelegt werde, könne mit einer Baugenehmigung gerechnet werden. Nun hatten wir nur ein teures Badegrundstück und die Familie das Paradies, wie Klaus es einst formulierte.

58. Kapitel

Bei meinem nächsten Besuch in Lübeck war Günters Villa fast fertig. Sie stand nun als schmuckes Haus in einem großen Garten an der Memelstraße, mit weißen Riemchen geklinkert, großflächigen Fenstern und tiefgezogenem Satteldach, die rechte Visitenkarte eines guten Architekten. Ich zahlte die zweite Rate abzüglich eines kleinen Betrages für Geräte in Günters Besitz, über die wir uns stritten. »So, nun könnt ihr ja bald umziehen, damit das große Haus frei wird!«, sagte ich zu den Eltern, worauf sie antworteten, das Gebäude müsse erst renoviert werden, allerdings würden sie das selbst bezahlen. Bei meinem nächsten Besuch Anfang Dezember war die »Renovierung« voll im Gange, nach Vaters Art und Weise natürlich. Ich traute meinen Augen kaum. Da befand sich bereits in dem Rechteck nach Südwesten des im Winkel gebauten Gebäudes ein fast fertig gestellter Keller, in der Größe von ca. 4 mal 6 Meter und ein Anbau im gleichen Maß in Arbeit. »Papa, Grundstückseigner bin ich, das alles hättest du mit mir absprechen müssen! Wie hast du denn so schnell eine Baugenehmigung bekommen?« – »Hier hinten sieht ja niemand etwas, da brauche ich keine!« – »Aber wenn doch eine Kontrolle kommt, bin ich verantwortlich!« – »Das machen hier ja Leute wie Schankat und Simmi, die halten schon den Mund, außerdem war Simmi bei der Kripo und ist jetzt pensioniert. Simmi kann alles!« Vater legte mir die Pläne vor, einen großen Wohnraum mit einem Kamin wollten sie haben, und über dem Anbau, vom oberen Schlafzimmer aus zu begehen, einen Dachgarten. Nun, ich wollte meinen Eltern nach ihrer großen Lebensleistung ihre Wünsche nicht beschneiden, außerdem musste mein Kopf für die umfangreichen Transportaufgaben frei bleiben, so ließ ich den Dingen widerwillig ihren Lauf, zumal sie immer wieder betonten, dass die Kosten schließlich von ihnen getragen werden. Aber bei Vater tat sich eine Seite auf, die vorher wohl im Verborgenem geblüht hatte und nun, wo seine Kräfte dem Alter Tribut zollte, trat eine gewisse Schlitzohrigkeit hervor, mit der er überspielte, dass er nun nicht mehr Chef war.

Zur Fastnachtszeit 1972 hatten Präsident Ruhe und sein Vize Walter Händle vom Golf-Club im Konstanzer Stephanskeller zusammen mit ihren Frauen gefeiert. Plötzlich fing Ruhe an: »Also, Walter, wenn du stirbst, werde ich dir folgende Grabrede halten!« Und er führte in etwa aus, was er sagen wollte. »Nein«, antwortete Händle, »dir werde ich an deinem Grab eine würdige Ansprache halten, und zwar ...« – »Hört sofort damit auf!«, schrieen die Frauen, »damit treibt man keine Scherze!« Vier Monate später starb Heinrich Ruhe, und mit tränenerstickter Stimme sprach Walter Händle an dessen Sarg. Nach zwei Monaten erlag letzterer am Schreibtisch in seiner Maschinenfabrik einem Herzinfarkt. Im Golf-Club war man erschüttert, denn auch der Spielführer Kurt Meyer hatte seinen Rücktritt vom Amt angekündigt. Dr. Wilfried Fahr übernahm die Präsidentschaft, aber wegen des Spielführer-Postens hatten sich zwei Strömungen gebildet, die ihre Vorschläge durchsetzen wollten. Dr. Fahr sprach mit mir: »Du musst das Amt übernehmen, dich akzeptieren beide Seiten!« – »Das geht nicht, in einem Jahr ziehen wir nach Lübeck!« – »Dann mach es bitte ein Jahr, bis dann habe ich eine Verständigung erreicht!« Nun übernahm ich auch noch diese Arbeit, um Menschen in einem geordneten Spielbetrieb zu leiten, die gewohnt waren, Anordnungen zu treffen, aber nicht etwa, solche entgegenzunehmen. Sicher schien es ehrenhaft, im Vorstand dieses elitären Klubs zu fungieren, sicher war es eine Schulung, sich in diesem Kreis zu behaupten, aber es bedurfte auch einer neuen Zeiteinteilung für mich, denn an den Wochenenden von Wettspielaustragungen musste ich anwesend sein. Doch ich brachte zusammen mit Dr. Fahr wieder Frieden in die Gemeinschaft, sodass für die nächste Saison ein geeigneter Nachfolger gewählt werden konnte.

Im August 1972 teilte Vater mir mit, in der Vorwerker Straße 63–65 werde ein Grundstück mit einem Gebäude der CO OP, einer Filiale der Handelskette, verkauft. Da es ca. 80 Meter schräg gegenüber in Stadtrichtung zu dem Broziat'schen Gelände lag, wäre es vorteilhaft, aus dem Laden einen Maschinen-Ausstellungsraum zu machen, damit Interessenten von dort in die Firma gewiesen würden und nicht immer Günters Betrieb zuerst besuchten, weil dieser günstiger im Blickfeld liege. Ich fuhr nach Lübeck und entschloss mich nach eingehender Besichtigung des Objekts zum Kauf für 120000 DM. Die Abwicklung zur Überschreibung durch den Notar dauerte dann noch einen guten Monat, dann befand sich das Anwesen in meinem Eigentum.

Anfang 1973 rief Vater an: »Günter hat Nutzeisenregale aufgestellt, er macht uns jetzt offen Konkurrenz. Da die Kunden sein Material an der Straße besser sehen, fahren sie zuerst zu ihm!« – »Wir haben uns bei der Teilung doch Branchentrennung versprochen, womit begründet er sein Verhalten?« – »Ich habe Elektromotoren aus nicht mehr reparaturfähigen Maschinen verkauft, das hat er erfahren und er sagt, nach der Vereinbarung stünde der Elektromotorenhandel allein ihm zu!« – »Dann dürfen wir ja auch keinen Wagenheber, den wir nicht mehr benötigen, verkaufen. Es ging um den Handel, also Ein- und Verkauf, und nicht um den Verkauf nicht mehr benötigter Waren. Ich werde mit Günter sprechen!« Das Verhältnis zwischen uns Brüdern war sowieso schon eisig geworden, und so verhielt es sich nun auch bei dem Telefonat. Günter beharrte darauf, dass der Bruch der Branchentrennung von Vater und damit von meinem Betrieb ausgegangen sei, weshalb er nun freie Hand hätte, an einer Einigung sei er nicht interessiert. So befanden sich nun auf dem ehemaligen Gesamtgrundstück zwei Konkurrenzbetriebe mit gleichem Familiennamen, die sich gegenseitig das Leben schwer machten.

In den großen Ferien hatte Oskar jr. bereits im Vorjahr einen Besuch bei der Familie Boon in Südengland zur Schulung der englischen Sprache gemacht. Herr Boon war pensionierter Marineoffizier. Seine Frau stammte zwar aus einer begüterten Familie, aber die Aufbesserung ihrer Finanzen durch Pensionsschüler kam ihnen sehr gelegen. Nun verbrachte Klaus vier Wochen in der Gegend von Plymouth, später sollten dann Alexander und Horst folgen. Oskar jr. hatte sein Abitur bestanden, und wir schenkten ihm einen gebrauchten Mercedes 190 SL, nicht nur für den Schulabschluss, sondern auch für seine häufigen Einsätze im Betrieb, wenn ein Kranführer ausfiel. Er hatte bereits mit achtzehn Jahren alle Führerscheine erworben und die Techniken der Kranbedienung gelernt. Für Erika bedeutete das eine große Erleichterung, war sie doch nun nicht mehr den Launen der Kranführer ausgesetzt, wenn ich mich auf Reisen befand. In den Jahren der Vollbeschäftigung ließen sich viele Mitarbeiter wegen jeder Kleinigkeit krankschreiben und nutzten das weidlich aus.

Nun sollte Oskar jr. sein Studium der Betriebswirtschaft beginnen.

Dafür hatte er sich in Hamburg eingeschrieben. Folglich konnte er nun bereits in Lübeck wohnen und, wir waren inzwischen misstrauisch geworden, die betrieblichen Abläufe etwas im Blickfeld behalten. Den 190 SL hatte eine ältere Dame aus dem Golf-Club, weil sie Oskar sehr mochte, besonders günstig abgegeben, und doch sagte ich später, es sei der teuerste Wagen gewesen, den wir je erwarben. Oskar jr., zu einer Fete bei seinem Patenonkel Horst-Ulrich Sternfeld eingeladen, wurde zum Abschluss gefragt, ob er nicht Andrea Kuhlbrodt nach Hause fahren könne. Der junge, gut aussehende Mann, mit einem weißen Mercedessportwagen, das war doch etwas für Andrea, den wollte sie haben. Es hatte schnell zwischen ihnen gefunkt. Andrea sah gut aus, ihre Mutter praktizierte als Hals-Nasen-Ohren-Ärztin und lebte von ihrem Mann getrennt, der in Marokko seinen Beruf ausübte. Oskar wurde zu der schlagenden Studentenverbindung Thuringia-Jena geworben, wo er sich schnell einfügte. Die Verbindung besaß in Hamburg ein Haus, in dem Oskar ein Zimmer bekam, um nicht jeden Tag zum Studium die Strecke Lübeck–Hamburg fahren zu müssen.

Assi hatte einen Wurf junge Hunde bekommen. Die Welpen waren Erikas Schmusetiere. Der Züchter, der einen erstklassigen Rüden gestellt hatte, bekam sie bis auf einen Welpen zum Verkauf. Die Söhne tauften den kleinen Hund Iwan, weil er ihrer Meinung nach besonders grimmig aussah. Wenn sie in den Ferien zum Seegrundstück fuhren, nahmen sie Iwan im Persil-Pappeimer mit, der an die Fahrradlenkstange angehängt wurde. Von da aus bellte er alle Entgegenkommenden an, oder auch die Boote, die am Grundstück vorbeifuhren. Er entwickelte sich prächtig, doch behielt Assi ihn unter Kontrolle.

Der Golffreund Gerd Dieberitz, Ehemann der bekannten Kammersängerin Anneliese Rothenberger, wollte ihren Mercedes 300 SEL.6,3 verkaufen, die schnellste Limousine dieser Zeit. Sie hatte erst 20 000 Kilometer hinter sich und war zu einem günstigen Preis zu haben. Ich kaufte sie, denn es war vorauszusehen, dass die Strecke Lübeck–Allensbach und zurück von mir in den nächsten Jahren oftmals befahren werden musste. Da bot ein schnelles, bequemes Fahrzeug schon Erleichterung und auch Sicherheit, besonders bei Überholvorgängen, denn der Wagen beschleunigte von null auf hundert Stundenkilometer in 6,3 Sekunden. Im Golf-Club hatte ich den Spielbetrieb längst in den Griff bekommen, die Mitglieder waren zufrieden, die Querelen ausgeräumt. Der Betrieb in Allensbach lief hervorragend, für den Spätherbst lag bereits ein Großauftrag aus Donaueschingen vor, wegen der geringen Entfernung für die Mitarbeiter erfreulich, so konnten sie die Wochenenden jeweils daheim verbringen.

Vater rief immer mal wieder wegen Geldknappheit des Lübecker Geschäfts an, die Lage sei einfach nicht gut, die Kunden würden nicht so einkaufen wie früher, die Konkurrenz von Günter sei spürbar, er habe auch den Kontakt zu ihm abgebrochen. Ich transferierte jedes Mal Kapital, um den Betrieb aufrechtzuerhalten, drängte auf eine baldige Fertigstellung des kleinen Hauses und ließ bereits im oberen Stock des großen Hauses, das meine Familie beziehen wollte, mit Renovierungs- und Umbauarbeiten beginnen. Das Stanzwerk von Thiel Söhne in der Schwartauer Allee hatte gebrannt. Vater, mit dem Geschäftsführer befreundet, konnte sich drei große, moderne Tiefziehpressen, die reparaturfähig schienen, fest an Hand geben lassen. Ich fuhr nach Lübeck, wurde mit Thiel Söhne handelseinig und bestimmte gegen Vaters Willen, dass die Pressen nach Allensbach transportiert wurden, dort wäre im Betrieb der entsprechender Monteur für Hydraulikanlagen, dort seien Kräne, um die schweren Lasten zu heben. Schließlich seien es meine Firmen und bei mir liege die Entscheidung, wo mit den Maschinen effektiver umgegangen wird. Mein Vater war verschnupft, er fühlte sich noch immer als Chef und wollte nicht begreifen, dass die Technik seinem Verständnis dafür enteilte. Es wurde genug Geld nach Lübeck transferiert, somit lag die Entscheidung, was zu tun sei, auch bei seinem Sohn. Ich schaute mir die Baufortschritte an, schließlich mussten Vorbereitungen für den Umzug nach Lübeck und die Auswahl geeigneter Schulen für die drei jüngeren Söhne getroffen werden. Die Eltern wünschten im kleinen Haus noch diverse Verbesserungen, außerdem stellte sich heraus, dass das Dach über dem Anbau, welches auch als Dachgarten fungieren sollte, undicht war. Vater hatte deswegen mit dem Dachdecker einen Prozess laufen, in dem dieser jedoch die Schuld auf die von Laien verrichteten Vorarbeiten schob. Ich riet dringend zu einem Vergleich, sonst würde noch herauskommen, dass keine Baugenehmigung vorlag. Nach eindringlichen Ermahnungen willigte Vater schließlich ein, sonst hätte der Anbau eventuell wieder abgerissen werden müssen. Was war mein Vater, früher geistig so beweglich, doch für ein Starrkopf geworden! In allen seinen Handlungen meinte er, das Recht gepachtet zu haben.

59. Kapitel

In der Spinnerei Donaueschingen hatte die Firma sechzig Spulmaschinen, je etwa 20 Meter lang, aus einem oberen Stockwerk, ca. 5 Meter hoch, umzuziehen und im Neubau auf der anderen Seite des Werkes aufzustellen. Ich arbeitete die ersten drei Wochen aktiv mit, nun war die Mannschaft eingespielt. Mitte November 1973 gab es einen Donnerstag als Feiertag, also ein langes Wochenende auch für die Schüler. Die Tage wollten wir als Familie für einen Kurzurlaub in einem guten Hotel mit Schwimmbad nahe bei Donaueschingen nutzen. Uns Eltern war es wichtig, endlich wieder einmal ein paar gemeinsame Tage mit unseren Söhnen zu verbringen. Da kam am Freitagnachmittag von Hartmut Petri ein Anruf: Ich solle sofort nach Lübeck zurückrufen, mein Vater sei verunglückt und läge im Krankenhaus, nähere Umstände wisse er nicht. In Lübeck erreichte ich die tieftraurige Mutter, die erzählte, der Angestellte Biernath sei mit dem Stapler gefahren, Vater nebenhergelaufen, plötzlich wäre das Fahrzeug umgekippt und eine Staplergabel hätte seinen rechten Oberschenkel gebrochen. Am Montag früh wolle der Professor operieren. Ich versprach, am Sonntag nach Lübeck zu kommen und bekam dort von Mutter Vorwürfe: »Nur weil Papa in deinem Betrieb weiterarbeiten musste, ist der Unfall passiert!« Ich kam mit ihrer Unfalldarstellung nicht klar, so ohne Weiteres konnte ein Gabelstapler nicht umkippen und bekam am nächsten Morgen die Aussage von Biernath zu hören, die mit dem Polizeiprotokoll übereinstimmte. Ein Öltank war verkauft worden, er lag weiter hinten auf dem Grundstück und sollte an Trägerstapeln vorbei zu dem Lkw des Kunden gefahren werden. Die Trägerhaufen lagen zu eng, deshalb verlangte Vater, den Tank so hoch gehoben zu fahren, dass er darüber hinwegkam. Biernath weigerte sich: »Auf dem löcherigen Weg fahre ich nicht mit hoch gehobener Last!« Vater schrie ihn im Beisein des Kunden an, er habe seinen Anweisungen zu folgen. Biernath fuhr also, Vater lief fast unter der Last nebenher, der Gabelstapler geriet mit einem Rad in das nächste Loch, kippte um, und Vater lag nun eingeklemmt unter der einen Gabel. Mitarbeiter und Rettungskräfte befreiten ihn und transportierten ihn ins Krankenhaus. Mutter war, aus der Stadt kommend, dem Krankenwagen begegnet, hörte nun entsetzt vom Unfall ihres Mannes und ließ sich sofort per Taxi hinterherfahren. Ich kam zu ihr ins Haus. »Deine Darstellung stimmt nicht, Papa hat angeordnet, dass Biernaht mit hoch gehobener Last auf dem unebenem Weg fahren sollte, und als der sich weigerte, hat er ihn angeschrieen, das zu tun, was Papa will. Der Lastwagen hätte in die Nähe des Tanks fahren und der Stapler diesen dort verladen können, und nichts wäre passiert. Die reine Unvernunft hat den Unfall verursacht!« – »Das will ich alles gar nicht wissen, wenn du das Geschäft hier übernimmst, musst du eben auch da sein und nicht die Arbeit Papa überlassen!« – »Ihr wart es doch, die den Umzug durch eure Bauerweiterungen verzögert habt, indem auch noch die meisten Arbeiten von Dilettanten ausgeführt wurden. Die Schuldzuweisungen lasse ich mir nicht anhängen!« Ich ging erbost ins Büro, um zuerst einmal eine Übersicht über die anstehenden Betriebsvorgängen zu erlangen.

Herr Biernath war eigentlich als Bürokaufmann eingestellt worden, aber Vater setzte ihn auch für die anfallenden Platzarbeiten ein. Er machte noch einen verstörten Eindruck und versuchte sich zu rechtfertigen, worauf ich ihm sagte, er möge sich beruhigen, der Unfallhergang sei klar. Ich ließ mir die Bankkonten vorlegen. Sie waren kurz vor dem Kreditlimit, und ein ganzer Ordner unbezahlte Rechnungen ließ nichts Gutes ahnen. Die letzte Bilanz, vom Steuerberater Thees erstellt, wies noch schwarze Zahlen aus – wie konnte in einem Jahr so ein Rückgang erfolgen? Mutter, welche die Buchführung machte, war dafür nach dem Unfall nicht ansprechbar, Biernath nur, soweit er Einblick hatte, und Thees war nicht auf dem Laufenden, weil die monatlichen Auswertungen fehlten, wie man dies in Allensbach schon seit drei Jahren praktizierte. Viele Einkaufsrechnungen wiesen Ratenzahlungen oder Zielüberschreitungen aus und Wechsel waren im Umlauf. Mir sträubten sich die Haare bei den finanziellen Verhältnissen. In Lübeck fehlte also dringend eine frische Geschäftsführung, um wieder Schwung hineinzubringen. Vorerst konnten nur Transferierungen aus Allensbach helfen. Andererseits kamen ständig Kunden zum Einkauf, doch es fehlte der Handel mit größeren Objekten, weil die gebrauchten Maschinen überaltert und viele Geräte im Freien dem

Wetter ausgesetzt waren. Nach fünfundfünfzig Arbeitsjahren, das war zu begreifen, hatte mein Vater wohl die Übersicht verloren.

Am Montagnachmittag besuchte ich mit meiner Mutter den Patienten. Vater war noch schwach, aber im guten Zustand. Der Arzt zeigte uns die Röntgenaufnahme mit der Nagelung und erklärte, dass eine leichte Schrägstellung wegen Knochentrümmern auf der Außenseite nicht vermeidbar gewesen sei. Wie fuhren beruhigter wieder nach Hause mit der Hoffnung, Mutter würde nun ihre Anschuldigungen wieder zurücknehmen, aber nichts dergleichen geschah. Ich telefonierte am nächsten Tag wegen der Finanzlage mit meinem Wirtschaftsprüfer Ralf Schneider in Konstanz, einem Golffreund, und der riet mir, den Steuerberater in Lübeck zu wechseln und die ganze Buchhaltung auf ein moderneres System umstellen zu lassen. Beim fünfundsiebzigjährigen Jubiläum hatte ich den Steuerberater Petersen kurz kennen gelernt. Ich nahm mit dem Kontakt auf. Der sagte mir, es sei immer problematisch, eine Vertrauensperson zu wechseln, ich solle lieber bis zu meinem Umzug nach Lübeck warten, zumal meine Mutter die Buchhaltung innehabe und sie sich kaum mehr an neue Verfahren gewöhnen würde. Zwei Wochen Aufenthalt hatte ich geplant, drei wurden daraus. Jeden Vormittag fuhr ich zum Krankenhaus, wusch Vater von oben bis unten, nahm damit auf dessen Wunsch der Krankenschwester die Arbeit ab, fand aber meinen Vater immer in einem kläglichen Zustand. Eines Tages ging ein Bettnachbar, der schon gehfähig war, vor die Tür und passte mich ab. »Herr Broziat«, sagte er, »ich kann das nicht mehr mitansehen und lasse mich verlegen. Ihr Vater ist fröhlicher Dinge, erzählt lange Geschichten oder Witze, und wenn Sie kommen, sackt er förmlich im Bett zusammen, als ob er im Sterben liegt. Das kann ich nicht ertragen!« – »Ich ahnte es, er ist ein guter Schauspieler. Andererseits, hat er auch seine Lebensleistung hinter sich, da werde ich das schon ertragen!« Kopfschüttelnd ging der Mann wieder ins Zimmer.

Nach drei Wochen konnte Vater entlassen werden. Allerdings musste jeden Tag ein Masseur kommen, um seine verletzten Muskeln zu behandeln, und eine Schwester, die Verbände anlegte. Ich war abgereist, nach der Vergewisserung, dass Mutter mit der angestellten Tageshilfe den Kranken versorgen konnte, der bereits an Krücken umherlief. Das kleine Haus war auch fast fertiggestellt, es fehlten nur die Maler- und einige Installationsarbeiten. Ende Januar meldete Vater dann, dass sie umgezogen seien. Wir bereiteten nun alles vor, um nach Lübeck überzusiedeln, allerdings blieb die Wohnung in Allensbach bis auf wenige Teile unverändert, da wir immer wieder dorthin mussten, um den Betrieb in Fluss zu halten. Wieder fiel mir die alte Botschaft an Julius ein:

Wandere, schaffe ein Gebilde,
das fordert und gibt,
das führt und geführt sein will,
das lebt, ohne Wesen zu sein,
das dir die Fülle des Lebens spiegelt!

Ja, wir beide und hoffentlich auch die Söhne mussten daran schaffen, dieses Gebilde, sprich Firma, erneut in gesunde Bahnen zu lenken, um es nicht auf dem Abstellgleis enden zu lassen. Die Vorboten, die ich in Lübeck zu Gesicht bekommen hatte, ließen nichts sonderlich Gutes ahnen. Kurz vor Fastnacht 1974 wollten wir abreisen, doch der Narrenrat hatte eine »Betriebsabsetzung« angekündigt und wir wollten diese noch einmal als symbolische Verbindung zur Allensbacher Bevölkerung richtig aufziehen. Fastnacht bestand seit Jahrhunderten als Volkstumsbrauch, der trotz aller Späße ernsthaft gepflegt wurde. Im nahen Schloss Langenstein hatte man seit Kurzem ein Fastnachtsmuseum eingerichtet, mit Masken und vielen Darstellungen von Narren. Ich ließ von meinen Leuten am Morgen des »schmotzigen Dunschtigs« (schmutziger Donnerstag) ein langes, schmales Zelt aufstellen, innen mit einem Podest. Meine Mitarbeiter waren instruiert, bestimmte Persönlichkeiten des Ortes, nach dem Einmarsch der Narren ins Zelt, aufs Podest zu führen. Ich hatte allen in einer kurzen Ansprache erklärt, was die Langensteiner tun, können die Allensbacher in viel kürzerer Zeit erreichen, alle seien eingeladen, das hiesige Narrenmuseum zu besichtigen. Da standen sie nun, starr wie Puppen, Bürgermeister, Gemeinderäte, Ratsschreiber, Narrenpräsident und Narrenräte, Fanfarentrompeter und ließen sich begaffen, anfassen, auch streicheln oder am Bart zupfen. Alle machten mit, bekamen später natürlich Getränke und Kuchen und die Kinder Bonbons. Es war eine rechte süddeutsche Gaudi. Dass es ein Abschiedsspaß war, wussten die meisten nicht. Alles war zur Abfahrt vorbereitet. Es gab einen kurzen, herzlichen Abschied von den Mitarbeitern. Ich fuhr den großen Mercedes mit Erika und den beiden Jüngsten, Oskar den 280 SE mit Klaus und den beiden Schäferhunden und am Abend erreichten wir wohlbehalten Lübeck-Vorwerk und bezogen zuerst einmal die obere Etage im Haus und die untere Küche, die anderen Räume bedurften noch einer Renovierung. Ein neuer Lebensabschnitt begann.

60. Kapitel

Am nächsten Tag ging es zuerst um die Einschulung der Söhne. Nach einer Beratung mit Horst-Ulrich Sternfeld, dessen Kinder auch noch schulpflichtig waren, kam Klaus in das Friedrich-List-Gymnasium und Alexander und Horst in die Bernt-Notke-Realschule, die einen Übergang zum Gymnasium ab der mittleren Reife ermöglichte, um das Abitur zu erlangen. Die nächste Sorge galt dem Betrieb und schließlich der Renovierung der unteren Hausetage, die meine Eltern fast ausschließlich bewohnt hatten. Im ehemaligen Schlafzimmer der Eltern sahen wir in der linken Ecke einen großen schwarzen Fleck im Parkettfußboden. »Da kamen Pilze durch, das hat unser Gärtner Pötsch immer mit einer besonderen Flüssigkeit behandelt, fragt ihn mal!«, sagte Mutter. Es ergab sich, dass dort bereits der Schwamm durchkam, der die südöstliche Kellerwand befallen hatte, wovon die Eltern bisher nichts verlauten ließen. Ein befragter Fachmann riet dazu, den Fußboden sofort aufzunehmen, die Kellerwände bis unter das Fundament freizuschachten und über Hunderte von einzubringenden Bohrlöchern mit einer Spezialflüssigkeit impfen zu lassen. Na, das fing ja gut an! Bei 60000 Mark lag das Angebot, diesen Auftakt in Lübeck hatten wir nicht erwartet. Da waren also alles in allem gut 90000 DM fällig, bis das Haus wirklich bewohnbar wurde. Selbst bei den guten Verdiensten in Allensbach musste nun wirklich mit dem Kapital sparsam umgegangen werden.

Zum Ärger von Herrn Thees übergab ich die Steuerberatung an Herrn Petersen. Der bot außerdem an, die Buchhaltung für eine Pauschale zu übernehmen. Bei der Durchsicht der Akten fand er immer wieder Baurechnungen, die über das Geschäft liefen, und auch die gesamten Lohnzahlungen für die Arbeiten am kleinen Haus. Das hielt ich nun Vater vor, der zur Antwort gab: »Sei doch zufrieden, dass ich den Anbau gemacht habe, das fällt dir ja einmal alles zu!« – »Als du mich mit dem Vorhaben überraschtest, hast du versprochen, die Erweiterung aus eigener Tasche zu zahlen. Ich hätte so einen Pfusch nicht bauen lassen, in dem das Regenwasser durchtröpfelt. Jetzt ist mir auch klar, weshalb die hiesigen Finanzen so miserabel aussehen!« – »Das ist also der Dank dafür, dass ich dein Geschäft weitergeführt habe und nun krank bin, in dem vielen Material draußen steckt das Geld!« – »Was sich seit der Teilung vielleicht vermehrt hat, ist kaum zu verkaufen. Du bist eben nicht mehr mit dem Zeitgeist mitgekommen, die Menschen sind anspruchsvoller geworden und denken gar nicht daran, gebrauchte Träger zu entrosten, weil die nur halb so teuer sind. In der Vollbeschäftigung rechnet jeder seine Zeit auch nach Feierabend!« – »Lass mich jetzt zufrieden, ich bin krank!« – »Darauf habe ich Rücksicht genommen. Damit du, Mutti, mehr Zeit für Papa hast, wird die Firma Petersen ab dem nächsten Monat die Buchführung übernehmen, bereite bitte die Unterlagen dafür vor!« – »Das ist ja unerhört«, erboste sich Mutter, »was wird aus meinem Gehalt?« – »Du bist siebzig, bekommst Rente vom Staat, von Günter und mir, die Gehaltsabrechnung lief über Aushilfe, ihr kommt doch nun wirklich zurecht, wenn der Betrag wegfällt!« Ich versuchte, jedem Streit aus dem Wege zu gehen, meine Eltern hatten diesen Teilbetrieb nun einmal gegen ihren Nießbrauch übergeben, wollten jedoch in ihrem Alter nicht einsehen, dass die Firma in absehbarer Zeit ohne eine neue Führung am Ende wäre. Günter hatte es anders gemacht: Er ließ vom Beginn der Übernahme an seinen Vater in sein Betriebsgeschehen nicht hineinreden oder es von ihm beeinflussen.

Die Kinder fügten sich in den Lübecker Schulen gut ein. Besonders Alexander hatte einen Klassenlehrer bekommen, der die in ihm schlummernde Intelligenz ans Licht zu bringen wusste. Seine Benotungen besserten sich zusehends, er bekam direkt Spaß am Schulpensum. Auch Klaus und Horst jr. kamen gut mit, das brachte uns Eltern eine Erleichterung. Oskar jr., in Hamburg studierend, weilte meist zum Wochenende in Lübeck. Anziehend für ihn war natürlich seine Andrea, aber auch die Familie. Er hatte einen im Werden befindlichen Golfklub in Warnsdorf, 10 Kilometer von Vorwerk entfernt, am Hemmelsdorfer See entdeckt, der in der Nähe des Klubhauses eine Sauna bot, ein rechter Erholungsplatz für Erika. Auf den Golfsport wollte die Familie keineswegs verzichten, bot er doch am Wochenende Ausgleich zur täglichen Arbeit. Mit dem Eintritt der Familie Broziat erfuhr der Klub eine sportliche Bereicherung, denn es gab nur wenige Spieler, die von Golf größere Ahnung hatten. Drei Spielbahnen waren erst in Betrieb, ein großer ehemaliger Hühnerstall hatte die Funktion des Klubraums, der Umkleideräume und der Sanitäranlagen übernommen, und die Frau des Trainers übte die Bewirtung aus. Es entstand schnell ein guter Freundeskreis, unter dem sich auch der bekannte Boxer Hein ten Hoff mit Familie befand. Zu den schleswig-holsteinischen Jugendmeisterschaften wurde Klaus gemeldet, der auch prompt den Titel holte und den Stolz des jungen Klubs darstellte. Zum Lions Club Lübeck-Holstentor hatte ich mich ebenfalls vom Club Radolfzell-Singen umgemeldet, in der Hoffnung, darüber in der Hansestadt gesellschaftlich schneller Fuß fassen zu können. Die schöne Erika fand bei den Herren Bewunderung, während das deren Damen nicht so gefiel. Nun, es war ein Herrenklub, in den ich mich schnell eingewöhnte und dessen Mitglieder einander manche Türen öffnen konnten. Sie trafen sich alle vierzehn Tage in der »Gemeinnützigen«, ein Lions- oder auch Gastredner hielt nach dem gemeinsamen Essen einen Vortrag über sein Fachgebiet, wodurch der Wissensspiegel aller stets eine Erweiterung erfuhr. Der Präsident wurde jedes Jahr neu gewählt, während die anderen Vorstände ihr Amt längere Zeit innehaben konnten. Man ging bei der Aufnahme die Verpflichtung ein, angetragene Ämter auch zu übernehmen und auszuüben. Der Mitgliederkreis betrug etwa fünfunddreißig Personen.

Langsam bekamen wir den Lübecker Betrieb auch in den Griff. Ich musste etwa alle vierzehn Tage nach Allensbach fahren, aber Erika hatte sich mit ihren wachen Augen und ihrer Aufnahmebereitschaft sehr schnell in das neue Metier eingearbeitet. Die Mitarbeiter merkten sehr bald: Ihr entging nichts. Einerseits hatten sich im Laufe der Zeit viele schwer verkäufliche Waren angesammelt, andererseits war es Vaters Einkaufsmentalität gewesen, alles zu nehmen, was billig schien. Damit wurden Lagermöglichkeiten in der Halle und auf dem Gelände erschöpft. Stand das Material lange, rostete es vor sich hin. Der Schrottpreis stieg unerwartet in wenigen Wochen von 75 auf 280 DM pro Tonne. Ich nutzte diese einmalige Gelegenheit, um mich von den Ladenhütern frei zu machen und gleichzeitig die Finanzen aufzubessern. Maschinen und Geräte konnte ich bei Fabrikversteigerungen günstig erwerben, und mit einer moderneren Angebotspalette nahm der Kundenkreis auch wieder zu. Günters Konkurrenz war zwar bemerkbar, doch meine größere Angebotspalette machte das wieder wett. Vater hatte vor allen Dingen vor der Halle zur Vorwerker Straße hin viele gebrauchsfähige Träger wahllos übereinanderstapeln lassen, sodass man die Profilgrößen am Stapelanfang erkennen konnte. Kam nun ein Kunde und benötigte ein bestimmtes Profil, wurde eine Trägerklammer angesetzt und der Träger mit dem Gabelstapler herausgezogen. Oftmals war dieser dann zu kurz oder zu lang, wurde wieder oben auf den Haufen geworfen und die Prozedur begann von Neuem, bis man fündig wurde.

Das Kalksandsteinwerk auf der Teerhofinsel beendete seinen Betrieb. Auch ein großer Turmkran stand zum Verkauf, den ich günstig erwarb und vor der Halle aufstellte. Dazu wurden doppelseitige, stufenförmige Regalständer im Betrieb gebaut, in denen, in langen Reihen aufgestellt, alle Träger sortengerecht unterzubringen waren. Nun konnten die Kunden, die sich über die gute Wahlmöglichkeit freuten, ohne lange Wartezeiten bedient werden. Weiterhin befand sich das Stahlwalzwerk Lübeck-Siems in Auflösung, hier erwarb ich einen großen Posten Aluminium-Dachbleche, womit das Hallendach saniert und eine neue Regalanlage für die vielen Stabeisensorten gedeckt werden konnte. Die gebrauchten Regalständer wiederum erwarb ich von den Schwartauer Werken, die sich hervorragend zum oben genannten Zweck umbauen ließen. Die gewonnene Ordnung erbrachte Rationalisierung, Kostenersparnis, Wetterschutz und neue Kunden, die fast zu 50 Prozent aus den landwirtschaftlichen Bereichen kamen. Auch dort hatte sich eine große Umstellung vollzogen. Die Einfuhren aus Billiglohnländern drückten die Agrarpreise, in die Ausbildung junger Bauern bezog man handwerkliche Fähigkeiten mit ein, damit sie selbst ihre Geräte und Maschinen reparieren konnten, und dafür benötigten sie eben auch viele Stahlsorten. Im Broziat'schen Betrieb arbeiteten inzwischen auch Maschinensägen, damit die Kunden sauber zugeschnittenes Material erhielten. Der modernisierte Maschinenhandel begann zu florieren, und die Bilanzzahlen besserten sich. Die leer stehenden Räume des ehemaligen CO OP-Gebäudes ließen wir inzwischen auch sanieren, um sie endlich dem vorgesehenen Zweck zuführen und die beiden oberen Wohnungen vermieten zu können. Erika kontrollierte mehrmals am Tage die Arbeiten, war im Büro anwesend und wieder im Haus, um für die Familie das Mittagessen fertig zu haben. Wie schaffte sie das alles?

Eine Anfrage von den Fezfabriken aus Wien für einen Großauftrag ließ mich zur Besichtigung dorthin fliegen. Herr Himer holte mich vom Flugplatz ab und wir fuhren weiter zum Werk nach Gloggnitz. Hier sollten zahlreiche Nadelmaschinen für die Filzherstellung im Gewicht von ca. je 40 Tonnen in ein neu erbautes Werk umgezogen werden. Mit meinen Transportverfahren konnte ein günstiges, vor allem aber zeitsparendes Ungefährangebot unterbreitet werden, das sofort Anklang fand. Ich sprach mit meinen Mitarbeitern die Einzelheiten durch, erklärte, welche Spezialgeräte noch zu bauen seien und bot an, dass sie im Zwei-Wochen-Rhythmus von Zürich jeweils für zehn Tage nach Wien fliegen würden. Die Auftragsdauer läge bei eineinhalb Jahren, wie bisher bekämen sie eine entsprechende Tantieme, die sich aus dem Betriebsergebnis errechnete. Die Einwilligung der Mitarbeiter war entscheidend, denn es herrschte Vollbeschäftigung, und bei Ausfällen gab es fast keine Ersatzkräfte, die das Metier beherrschten oder die schnell einzulernen waren. Postwendend kam die Einverständniserklärung aus Wien. Mit den Vorbereitungen sollte begonnen werden, als die Mannschaft zusammenkam und Militz als ihr Sprecher erklärte, sie würden den Auftrag nur durchführen, wenn die bisherigen Tantiemen ab sofort ihrem Gehalt zugerechnet würden. Ich versuchte zu erklären, dass die Tantiemen als Anreiz für sorgfältige, zuverlässige Arbeit vereinbart seien, denn schließlich würden die sehr hohen, jährlichen Lohnerhöhungen, welche die Gewerkschaften durchsetzten, auch akzeptiert, bekam jedoch zur Antwort, entweder Erfüllung ihrer Forderung oder sie würden die Arbeit verweigern. Ich hatte den Auftrag angenommen, musste mich der Erpressung beugen und war tief enttäuscht, wie das bisherige Vertrauensverhältnis nun missbraucht wurde. Besonders Heinz Militz war von mir seit 1953 gefördert worden. Ich hatte ihn schließlich zum Transportmeister befördert – und nun plötzlich diese Wende. Was war bloß in den Mann gefahren? Dennoch begann die Arbeitsaufnahme in Gloggnitz pünktlich. Ich fuhr die ersten zwei Wochen mit, ebenso Günter Frick, der nicht zu den »Revolutionären« gehörte und inzwischen mit Hartmut Petri im Büro tätig war. Er sollte mit einspringen können, falls in der Mannschaft erneut Unruhe entstehen würde. Die Maßnahme zeigte Wirkung, es tauchten im Zeitverlauf keine Schwierigkeiten mehr auf. Durch lange, starke Hydraulikstempel, die ich vorher vom Lübecker Schiffbau erwarb, konnten die Be- und Entladevorgänge der schweren Maschinen deutlich verkürzt werden, so dass es keine Verzögerungen im Terminplan gab. Nach einem halben Jahr flog ich mit Erika nach Wien zu einer Zwischenabsprache mit Herrn Himer, der war nur voll des Lobes, lud uns beide zu einem Abend in die Wiener Staatsoper ein und zahlte auch unseren Aufenthalt im 5-Sterne-Hotel. Mit der Vollbeschäftigung des Allensbacher Betriebes, zu der auch noch andere Aufträge von einer weiteren Arbeitsgruppe durchgeführt wurden und Kranarbeiten liefen, waren wir von einer großen Sorge frei und konnte uns ganz dem Lübecker Betrieb widmen.

Oskar jr. und Andrea Kuhlbrodt hatten inzwischen ein festes Verhältnis, das mit der Verlobung am 24. April 1976 besiegelt werden sollte. Er war zu einem attraktiven Mann herangewachsen, der im Studium gut vorankam. Die Verlobungsfeier mit seiner hübschen Braut wurde im Hause von Gerda Kuhlbrodt, Andreas Mutter, abgehalten, zu der neben Verwandten auch zahlreiche Freunde beider Familien wie auch Korpsbrüder von Oskar kamen. Nun war damit der Weg für eine junge Familiengründung im Hause Broziat vorgezeichnet.

Im Jahre 1976 rückten die Termine von meinem fünfzigstem Geburtstag und unserer Silberhochzeit näher. Die sollten in einem Fest zum Hochzeitstag am achten September gefeiert werden, denn inzwischen lag ein Arbeitsleben hinter uns, erfüllt mit Entbehrungen, aber auch mit vielen Erfolgen. Das Waldhotel Riesebusch in Bad Schwartau hatten wir dafür ausgesucht, Familie, Verwandte, Freunde, auch vom Lions- und Golf-Club, sowie Mitarbeiter aus Lübeck und Allensbach dazu geladen. Es wurde auch eine schöne Feier, vom Mittagessen an bis in die Nacht hinein, getragen von einer guten Kapelle, Gesangsvorträgen aus dem Gästekreis und ernsthaften wie auch humorvollen Ansprachen. Der einzige Wermutstropfen ergab sich, als Oskar jr., inzwischen Student, in einer anspruchsvollen Rede das Silberpaar würdigte und dabei seine Großeltern nicht erwähnte. Horst-Ulrich Sternfeld hatte die Situation erfasst und besänftigte ihre Empörung elegant mit passenden Sätzen. Spät gingen die Gäste fröhlich heim. Wir nutzten vor der Abreise der Allensbacher die Zeit, um die dortige Geschäftslage noch eingehend durchzusprechen.

Ich war gerade ein halbes Jahr im Lions Club, als mir das Sekretärsamt für das nächste Präsidentenjahr übertragen wurde. Ein Amtsjahr lief jeweils vom 1. Juli bis zum 30. Juni. Ich ließ mich rechtzeitig vom Vorgänger in die Arbeit einweisen, die Ab- oder Anmeldungen zu den Klubabenden, Protokolle über das Klubgeschehen und die Vorträge und vieles andere umfassten. Der Posten verlangte meine Anwesenheit an jedem zweiten und vierten Abend im Monat, folglich musste die Reisen nach Allensbach damit koordiniert werden. Ich verstand es, das Protokollende jeweils mit einem nachdenklichen oder humorvollen Vierzeiler zu würzen, was einen guten Anklang fand, ebenso wie die ausführliche und sachkundige Berichterstattung. Der Präsident in meinem ersten Sekretärsjahr war der Baumeister Hornekker von einer großen Lübecker Baufirma, die unter seiner Leitung die zerbombten Kirchen der Hansestadt wieder errichtete. Besonders interessant waren seine Vorträge darüber, wie der statische Ausgleich durch eine bewusste Neigung der Türme für die seit alters her etwas abgesackten Unterbauten der Marienkirche gefunden wurde. Unsere Zusammenarbeit war gut, auch gemütliche Zusammenkünfte mit den Damen wurden organisiert. Langsam bildete der Club für uns eine gesellschaftliche Bereicherung. Für die Präsidentenübergabe zum nächsten Lionsjahr an Otto Dabs am 1. Juli 1977 bot ich meinen großen Garten in der Vorwerker Straße an. Der Kommandeur der Pioniereinheit, ebenfalls Klubmitglied, stellte ein Zelt zur Verfügung, das sich, von unserer Firma mit großflächigen Fenstern ausgestattet, als ein gemütlicher Festraum erwies. Eine Tanzfläche wurde aus Stahlplatten zusammengeheftet, runde gedeckte Tische standen zwischen halbhohen Sträuchern. Auf einem Podium nahm eine 3-Mann-Kapelle Platz, bunte Lichterketten erleuchteten den Raum und eine Biertheke rundete das Gesamtbild ab. Schnell kam eine gute Stimmung auf, denn diese Aufmachung hatten die Freunde nicht erwartet. Nach dem zünftigen Essen bildete man einen Kreis um ein Lagerfeuer, sang mit musikalischer Begleitung Volkslieder, und es wurde bis Mitternacht getanzt und getrunken, und die Anwesenden führten anregende Gespräche. Zur Übergabe musste dann der neue Präsident, Otto Dabs, vor einem Bronzelöwen knien, bekam einen mahnenden lateinischen Text mit deutscher Übersetzung vorgesprochen und erhielt nach seinem Gelöbnis mit einem Plastikschwert den »Ritterschlag«. Die Feier ging fast bis zum Morgengrauen, Erika und ich fielen danach erschöpft ins Bett. Das Fest ergab neue Freundschaften, später aber auch Bitten, so etwas zu wiederholen.

Der Metallhandel begann zu boomen. Besonders gefragt war Kupfer. Ich hatte einen großen Tiefkühlschrank bei einem Gesamtobjekt von

Maschinen mit erworben. Als dieser schwer verkäuflich schien, wurde er in der Firma installiert. Kupferkabel in Armlänge geschnitten, auf minus 50 Grad gekühlt und anschließend durch eine Hammermühle geschickt, ergab eine Trennung von Metall und Plastikgranulat. Eine Verbesserung des Verfahrens konnte ein lukratives Geschäft ergeben. Klaus hatte sein Abitur bestanden und suchte einen ihm zusagenden Berufsweg. Wir besprachen mit ihm die Chancen, die in der Metallgewinnung und im Handel lagen. Nach einer Überlegungszeit entschloss er sich dazu. Nun sollte Klaus allerdings eine entsprechende Fachausbildung erfahren. Die Technische Hochschule Salzgitter lehrte ein Fachgebiet »Metallurgie«. Ich fuhr mit meinem Sohn dorthin. Wir fanden einen aufgeschlossenen Professor, der Klaus den Studiengang erklärte, und dieser schrieb sich sofort ein, da nur noch wenige Studienplätze frei waren. Auf der Rücktour besprachen wir die Möglichkeiten, einen entsprechenden Betriebszweig zu installieren, bis Klaus sein Studium beendet hätte. Nach ein paar Tagen kam er, um uns zu eröffnen, er werde vorerst das Studium nicht antreten, sondern zusammen mit seiner Freundin Petra eine kleine Dachwohnung in Lübeck beziehen, ein halbes Jahr im Fährhafen Travemünde arbeiten und sich in dieser Zeit seinen zukünftigen Lebensweg suchen. Wir waren enttäuscht, aber verständnisvoll, und boten ihm eine entsprechende finanzielle Unterstützung an, die er jedoch ablehnte. Er wollte völlig frei sein. Diesen hohen Anspruch milderte Erika ab, indem sie seine Wäsche wusch und ihm immer etwas Geld zusteckte. Auch den Golfsport gab er nicht auf, sodass der Familienkontakt erhalten blieb. Nach einem guten halben Jahr wünschte Klaus ein Gespräch mit uns und sagte, seine Lebensaufgabe werde es sein, Menschen zu helfen und zu heilen, er habe sich entschlossen, eine dreijährige Heilpraktikerausbildung in München zu absolvieren. Die Frage, ob wir ihm das finanzieren würden, bejahten wir wie selbstverständlich. Kein Sohn sollte gezwungen werden, mit einem ungeliebten Beruf sein Leben zu fristen, wie es mir nun einmal erging, dem die gewünschte Ausbildung versagt blieb. Zwar hatte ich mir mit Erikas Hilfe meinen Platz erkämpft, aber da waren doch Türen verschlossen geblieben, die einem Diplom-Ingenieur Broziat weit offen gestanden hätten. Das Heilpraktiker-Institut half bei der Beschaffung einer bescheidenen Wohnung, dann suchten Klaus und Petra Mobiliar zusammen und fuhren alles mit dem Firmenlastwagen nach München, wo auch die

Freundin eine Ausbildungsstätte gefunden hatte. Langsam wurde es leerer in dem alten Gutshaus, in dem jeder Sohn sein Domizil hatte und auch behielt. Oskar studierte Wirtschaftwissenschaft, war von Hamburg nach Tübingen übergewechselt und wohnte mit Andrea in Rottenburg, Klaus lebte nun in München. Nur Alexander und Horst jr. drückten noch in Lübeck die Schulbank, und erfreulicherweise tat Alexander dies mit wachsendem Erfolg.

61. Kapitel

Wie in jedem Jahr wurde 1976 die Betriebsweihnachtsfeier vorbereitet, wozu mein Weg nach Allensbach über Schenkenzell im Schwarzwald wegen eines Betriebsumzuges führte und ich konnte den Auftrag dafür sofort abschließen. Der Name Broziat war zu einem Qualitätsbegriff geworden. Ich rief von Schenkenzell in Allensbach an. Günter Frick meldete sich und lallte die Antworten auf meine Fragen nur. Er war Abstinenzler und konnte doch nicht betrunken sein!»Was ist mit Ihnen? Geben Sie mir Herrn Petri!«, verlangte ich. Der erklärte mir, dass Günter Frick sich heute Morgen einen Weisheitszahn hatte ziehen lassen und dabei eine Betäubungsspritze erhalten hatte, die ihm scheinbar nicht bekommen sei. Er wollte aber auf jeden Fall im Büro warten, bis sein Chef da sein würde. »Bring ihn sofort nach Hause, ruf vorher die Freundin an und lass einen Arzt kommen!«, war meine Entscheidung. Als ich nach zwei Stunden in Allensbach ankam, erhielt ich vom Arzt die Auskunft, es sehe ernst aus, er hätte den Patienten sofort per Hubschrauber in die neurologische Klinik nach Ravensburg bringen lassen, da er schon im Koma lag. Nach der bedrückten Betriebsweihnachtsfeier und einigen Regelungen im Betrieb fuhr ich nach Lübeck, um die Feiertage in der Familie zu verleben. Günter Frick verstarb noch vor der Jahreswende im blühendem Alter von kaum dreißig Jahren, und ich kam gerade noch am dritten Januar 1977 in Radolfzell an, um ihm am Grab die letzte Ehre zu erweisen. Der Mann, der den Betrieb leiten sollte, war nicht mehr. Urplötzlich schien ausgerechnet der florierende Betrieb in Allensbach in Schwierigkeiten zu geraten, der noch immer den Lübecker mit seinen Überschüssen stützen sollte. Oskar hatte seine Diplomarbeit abgeliefert, damit jedoch das Studium noch nicht abgeschlossen. Wir baten ihn, ein Semester auszusetzen und einen gewissen Ausgleich für Günter Frick zu schaffen. Er willigte ein.

Auf der Suche nach einer neuen Führungskraft wies Oskar jr. auf Heinz Metzger hin, den er vom THW Konstanz her kannte. Beim

Vorstellungsgespräch gefiel mir dieser Mann von großer Statur und umfangreichem Wissen besonders gut und ich wollte ihn sofort einstellen, bekam jedoch zur Antwort, dass Herr Metzger bei Siemens in Konstanz tätig war, eine Kündigungszeit von drei Monaten zum Quartalsende hätte und seine Abteilung sich gerade in der Umzugsphase nach München befände. Ich nahm mir das Lionsverzeichnis vor, fand unter den Mitgliedern in München verschiedene Herren von Siemens, wählte auf gut Glück einen aus und erreichte genau den obersten Chef des Bereichs, zu dem Heinz Metzger gehörte. Nach der Schilderung meiner Notsituation durch den Tod von Günter Frick gab er zur Antwort: »Lions sind zum Helfen verpflichtet. Herr Metzger darf vorzeitig kündigen. Ich wünsche Ihnen viel Glück!« So begann Heinz Metzger seine erfolgreiche Tätigkeit am 4. Februar 1977 in der Firma Broziat.

Unter der Leitung von Oskar jr. und Heinz Metzger lief der Betrieb in Allensbach nun erst einmal ordnungsgemäß weiter. Letzterer gewann schnell eine Übersicht bei den Schwertransporten und Oskar jr. begann, den Handel wieder in Schwung zu bringen, der wegen der vielen Industrieumzüge ins Hintertreffen geraten war. In seiner Studentenzeit hatte er bereits Kontakt zu einem Armenier gefunden, der gebrauchte Radlader aufkaufte und mit diesem zusammen eigenes Geld verdient. Nun lief diese Branche über die Betriebe, ebenso der Werkzeugmaschinenhandel. Oskar jr. und Metzger ergänzten sich gut, nur Hartmut Petri machte den beiden Schwierigkeiten. Kamen in Abwesenheit der beiden irgendwelche Anfragen nach Kranaufträgen, wo er sich wegen der zu hebenden Lasten nicht sicher war, so sagte er lieber die Aufträge ab, als um Aufschub zu bitten, bis ein Fachmann zugegen war. Ich hatte zwar inzwischen einen zweiten Teleskopkran mit einer Tragkraft von 30 Tonnen erworben, sodass die meisten Aufgaben damit zu bewältigen waren, aber Günter Berg in Konstanz besaß inzwischen zwölf Kräne mit bis zu 100 Tonnen Tragkraft, für die er Beschäftigung brauchte, und da war der Konkurrenzdruck groß. Jede Unsicherheit am Telefon brachte einen Auftragsverlust. Berg hatte die Kräne wegen der Abschreibungsmöglichkeiten erworben, um seine hohen Gewinne aus dem Schrottgeschäft zu drücken. Er arbeitete immer noch zu Dumpingpreisen. Eine erneute Besprechung zwischen ihm und mir, mit dem Ziel, dass Berg nicht unter die Selbstkosten gehe, blieb fruchtlos. Auch gab es zwischen Hartmut Petri und Oskar jr. immer wieder Reibereien um die Finanzen – der erste war ängstlich, der zweite risikofreudig. Schließlich verließ Petri gekränkt den Betrieb. Ich hatte ihn seinerzeit aus Freundschaft eingestellt, damit er in Beschäftigung sein Rentenalter erreichen konnte, was seit über drei Jahren geschehen war. Nun passten jung und alt nicht mehr zueinander, obgleich dem wagemutigen Oskar jr. eine gewisse Bremse gut getan hätte. Leider kam es in Allensbach zu keinem »schleichenden« Übergang von einer Generation zur anderen, weil ich in Lübeck ziemlich angebunden war und mit der Sanierung der Betriebes, der Konkurrenz von Günter und vielen Querelen zwischen mir und meinen Eltern zu tun hatte. Oskar sen. bekam nach der Betriebsübergabe 1971 das von ihm gewünschte Gehalt für die Weiterführung des Betriebes bis zur Übersiedlung unserer Familie, hatte aber zusätzlich verdeckte Kosten für die Umbauten des kleinen Hauses und private Ausgaben dem Betrieb entzogen und wenn dann Geld fehlte, Darlehen als von Mutter gegeben einbuchen lassen. Sie stritten die Unrechtmäßigkeit ab, als die vielen Fehlbeträge aus der Buchhaltung rekonstruiert wurden. Nun wandten sie sich wieder Günter zu und überredeten Kunden, mit denen sie gut bekannt waren, dort zu kaufen. Streitereien in der Familie zehren mehr Nervenkraft auf als Streitereien mit Fremden.

Erholung von dem Stress bot am Wochenende das Golfspiel, bei dem man sich konzentrieren musste und Ablenkung von der Arbeitswoche fand. Den Club in Wilmsdorf hatte der Gründungsvorstand von Anfang an in so katastrophale finanzielle Bahnen gelenkt, dass er weder die hohe Pacht noch die Kosten für den Platzbau aufbringen konnte. Der Vorstand wurde ohne Entlastung abgewählt. Dem neuen Vorstand, dem auch ich angehörte, blieb nach Prüfung der Bücher nur übrig, Insolvenz anzumelden. Der neue Präsident, Eberhard Zell, und ich handelten bei dem ebenfalls neu gegründeten Golf-Club »Maritim Timmendorf« für unsere hundertdreißig Mitglieder moderate Eintrittsbedingungen aus und wir traten dann fast geschlossen in diesen Club ein. Hier standen ganz andere Möglichkeiten zur Verfügung. Zwei 18-Loch-Plätze unterschiedlicher Größe konnten bespielt werden, außerdem besaß die Maritim-Gesellschaft ein großzügiges Clubhaus und ausreichend Parkplätze. Im Vorstand verblieben, verband mich bald eine gute Freundschaft mit dem Präsidenten Carl-Heinz Tillipaul, einem Nachfahren des Generals von Tilly aus dem Dreißigjährigen Krieg. Der Spielbetrieb machte Spaß, Alexander und

Horst jr. fanden bald Freunde, und manche Feste rundeten das Klubleben ab. Besonders beliebt waren die Scheunenfeste zum Abschluss der jährlichen Clubmeisterschaft. Dazu wurde die Maschinenhalle, eine frühere Scheune, geräumt. Man saß auf Strohballen an langen Tischen, bediente sich vom kalten Büffet und von der Theke und unterhielt sich. Anschließend übernahm der Präsident die Siegerehrung, verteilte die Preise und ich persiflierte, meist in einem Versvortrag, das Golfgeschehen. Eine Kapelle spielte zum Tanz auf, und früh am Morgen fuhr man auf Schleichwegen heimwärts. Allmählich bildete der Club eine gute Gemeinschaft, an der auch die Jugendlichen ihre Freude hatten. Bei den Schleswig-Holsteinischen Meisterschaften holte Alexander drei Jahre nach Klaus den ersten Preis der Junioren, und die Familie und der Club feierten ihn.

Oskar jr. hatte bereits kurz nach seinem Eintritt in die Firma mit dem Handel von Abkantpressen und Schlagscheren des Fabrikats der Firma OMAG aus Italien begonnen. Mit meinem Einverständnis musste mit entsprechenden Kosten für die Einführung der Maschinen gerechnet werden. Prospekte, Messeausstellungen, Vertreterbesuche, Vorführmaschinen usw. brachten die Bilanz für 1976 zu einem Verlust von 77 500 DM. Zum ersten Mal in meinem Dasein wies der Allensbacher Betrieb ein negatives Ergebnis aus. Der Kräfteverschleiß machte sich bei Erika und mir bemerkbar. Die vielen Reisen nach Allensbach – die Entfernung stand in keinem tragbaren Verhältnis zu den Betriebsgrößen und Schwierigkeiten in Lübeck – ließen uns den Entschluss fassen, Oskar mit 50 Prozent am Bodensee-Betrieb zu beteiligen, in der Hoffnung, diese Beteiligung würde ihn zu einer wirtschaftlich ausgewogenen Betriebsführung veranlassen. Ich hatte für den Lübecker Maschinenhandel ebenfalls das OMAG-Programm übernommen und einen Vertreter eingestellt, der natürlich auch andere Maschinen bei seinen Kundenbesuchen verkaufen sollte. Bei Reklamationen musste jeweils ein Monteur aus Italien kommen, was oft mit Verständigungsschwierigkeiten einherging. Oskar jr. stellte einen Fachmann für diese Maschinentypen ein, der in die Verkaufsbemühungen mit einbezogen wurde. Langsam schien der Schritt zum teilweisen Neumaschinenhandel Früchte zu tragen, denn als die Bilanz 1977 von Allensbach im Frühjahr 1978 vorlag, wies sie nur noch einen Verlust von 21 500 DM aus, wobei der Transportbetrieb allerdings wesentliche Kosten ausglich.

62. Kapitel

Oskar jr. wollte nach zweieinhalb Jahren Verlobungszeit die Heirat mit Andrea. Wir hatten vor ein paar Monaten einen anonymen Brief erhalten, in dem eindeutig Ausdrucksweisen des Korps vorkamen und in dem namentlich auf detaillierte Seitensprünge von Andrea hingewiesen wurde. Der Brief war Oskar jr. sofort weitergesandt worden, und er hatte in seiner Verbindung gegen den vermeintlichen

Hochzeit Oskar Broziat jr.

Urheber ein Schiedsverfahren eingeleitet, das jedoch ergebnislos blieb. Andrea wies alles als böse Verleumdung zurück. In einem ominösen Anruf kam nochmals eine Warnung zu mir, die ich meinem Sohn weitergab. Oskar hatte seine Hochzeit in Allensbach geplant und viele Verwandte, Nachbarn und Freunde zum 24. August 1978 eingeladen. Am Abend zuvor wurde der Polterabend in lauer Sommernacht im Garten des Grundstücks Radolfzeller Straße gefeiert. Lampions erleuchteten die Tische. Gegenüber, in der geschmückten Garage, standen ein kaltes Büffet und Getränke für die Gäste bereit. Nach der standesamtlichen Trauung im Rathaus am nächsten Morgen fuhr die Hochzeitsgesellschaft in Pferdekutschen hinauf zur Gnadenkirche, von der das schöne, sonnenbestrahlte Unterseegebiet zu überblicken war. Der Pfarrer vollzog in feierlicher Form die kirchliche Trauung, Oskar und Andrea wechselten nach dem Treuegelöbnis und dem Segen die Ringe, und dann verließ das schöne Paar unter den gekreuzten Degen der in ihren Uniformen Spalier bildenden Korpsbrüder die Kirche. Durch die Wälder des Bodanrück fuhren die Kutschen die Gäste zur Gaststätte der Reithalle Radolfzell zum Hochzeitsschmaus. Zwischen den Menügängen sprachen der Bruder von Frau Dr. Kuhlbrodt für die Braut und ich für den Bräutigam Gedanken und Glückwünsche zum zukünftigen Lebenslauf aus. Schließlich ergriff noch Ralf Sternfeld das Wort. Andrea hatte ihren ehemaligen Freund eingeladen, der im Freizeitlook erschien. Er stellte die verkrusteten Ansichten der Ehe und Gesellschaftsformen in Frage, was doch eine erhebliche Irritation bei den honorigen Gästen zur Folge hatte. Der 68er-Studentenaufstand war in den Gedankengängen vieler junger Leute wohl noch verankert. Die Tanzkapelle überspielte schnell jede aufkommende Missstimmung, man unterhielt sich fröhlich und dann marschierte der Allensbacher Fanfarenzug in die Reitbahn ein. Die Gäste traten zu dem Schauspiel an die Balustrade. Etliche schöne Musikstücke erfreuten die Gesellschaft. Oskar jr. ging hinunter und bedankte sich mit einem Geldgeschenk. Dann wurde bis in die Nacht hinein getanzt. Für den nächsten Tag hatte Oskar jr. noch einen Oldtimer organisiert, der mit den noch verbliebenen Gästen Rundfahrten über Nebenstrecken des Bodanrück absolvierte. Den Nachmittag nutzte ich zu geschäftlichen Besprechungen, um dann am nächsten Tag mit Erika, Alexander und Horst jr. die Heimreise anzutreten. In der nächsten Generation war nun eine neue Familie im Werden, begleitet von den herzlichsten Wünschen der Eltern.

Der geschäftliche Alltag nahm die Hauptakteure wieder in Anspruch. Gegen eine Rezession war in diesen Jahren anzukämpfen, ausgelöst durch die Lohn-Preisspirale. Während der vorausgegangenen Vollbeschäftigung hatten die Unternehmen kräftig verdient, was die Gewerkschaften veranlasste, Lohnsteigerungen von jährlich etwa 10 Prozent durchzusetzen, und dementsprechend stiegen die Preise. Im Gegenzug investierten hauptsächlich die Großfirmen in Maschinen und Geräte, die Arbeitskräfte einsparten, um die Betriebskosten zu senken. Die Mittelstandsbetriebe konnten da nicht mithalten, denn ihr Spielraum für Rationalisierungsmaßnahmen war nicht so groß. Ein unguter Zustand bahnte sich in der Volkswirtschaft an, der bald zu hohen Arbeitslosenzahlen und auch zur Geldentwertung führen musste. Weder konnte die Regierung gegensteuern, noch brachten mahnende Worte der Wirtschaftswissenschaftler die Parteien dazu, Maß zu halten.

Alexander, noch in der zwölften Klasse der Wirtschaftsoberschule, aber immer zur Hilfe bereit, begann in seiner Freizeit, im Lübecker Betrieb das Computerwesen zu installieren. Er führte den Begriff »Chaotisch geordnetes Lager« ein, denn auf Knopfdruck wies der Bildschirm Ort, Zustand und Preis eines Produkts aus, wo immer es auch lag. Außerdem erleichterte der Computer die Korrespondenz und das Rechnungswesen. Bei der Bedienung der Kunden oder bei der Reparatur von gebrauchten Werkzeugmaschinen jedoch waren keine Arbeitskräfte einzusparen. Auch der Transportbetrieb in Allensbach hatte bei seinen Aufgaben keinen Rationalisierungsspielraum. Die langfristigen Aufträge zu Festpreisen ließen die Einkünfte absacken, wenn zwischenzeitlich Lohnerhöhungen erfolgten und die Preise für auswärtige Unterbringung kletterten. Eine schwierige Zeit sollte von den kleineren Betrieben bewältigt werden. Die OMAG-Maschinen waren zwar sehr preiswert, erreichten jedoch nicht den deutschen Qualitätsstandard. Ihnen fehlten wichtige Zusatzeinrichtungen wie Hubtische für Blechstapel, gesteuerte Hinteranschläge und viele Dinge, die bei deutschen Lieferanten bestellt werden konnten, nicht aber bei der OMAG. Der Absatz dieser Maschinen lief also nicht nach den Vorstellungen von Oskar jr. und mir. Er hatte Facharbeiter eingestellt und begann, Zusatzgeräte zu bauen und zum Selbstkostenpreis zu verkaufen, die den Absatz der OMAG-Maschinen erhöhen sollten. Die Abschlüsse auf der Hannover-Messe schienen ihm Recht zu geben. Die OMAG-Firmeninhaber nutzten den Messebesuch, um in Lübeck mit mir und Oskar jr. über ein Angebot zu verhandeln, das sie bereits kurze Zeit vorher übermittelt hatten. Sie boten einen Zusatzrabatt von 10 Prozent an, wenn Lübeck und Allensbach die Garantieleistungen übernehmen würden. Vorher war von uns errechnet worden, dass diese zwischen 2,5 und 3 Prozent des Einkaufspreises lagen. Also wurde dem zugestimmt und der Vertrag unterschrieben in der Hoffnung, durch die höheren Rabattsätze mit dem Neumaschinenhandel nunmehr in die Gewinnzone vorzustoßen.

Das Weihnachtsfest 1978 wollte die Familie auf Wunsch von Erika und mir gemeinsam im Hause Lübeck-Vorwerk verbringen. Oskar sen. und Else hatten sich wegen der vorangegangenen Streitereien Günters Familie zugewandt und eine Einladung abgewiesen. So kamen also Oskar jr. mit Andrea aus Allensbach und Klaus und Petra aus München angereist. Mit den Vorbereitungen hatten wir uns große Mühe gegeben, denn in diesem Kreis würde man wegen der großen Entfernungen wohl nicht mehr so oft zusammentreffen. Nach dem Besuch der Marienkirche, dem Weihnachtsessen und der Gabenverteilung saßen alle gemütlich beisammen, keine geschäftlichen Erörterungen sollten den Familienabend stören. Ich hatte von Andreas und Oskars Hochzeit einen gut gelungenen Film gedreht, der vorgeführt wurde. Ausgerechnet an diesem Abend erfuhr ich aus zufällig gefundenen Briefen, dass Andrea noch mit vier anderen Männern ein Liebesverhältnis unterhielt. Der Heiligabend und der erste Feiertag sollte der Familie nicht verdorben werden, erst am zweiten Weihnachtstag wurde Oskar jr. im Esszimmer eingeweiht. Wütend hielt er seiner Frau die Anschuldigungen vor und schrie: »Dann stimmt es also doch, wovor ich immer gewarnt wurde!« Sie erbleichte und fiel ohnmächtig um. Ich bemühte mich, sie wieder wach zu bekommen, Oskar jr. war zum Telefon gelaufen, rief Andreas Mutter an, sie möge ihre Tochter sofort abholen und veranlasste Andrea, ihren Koffer zu packen. Die Mutter kam, schimpfte, das sei doch alles Kinderkram, und fuhr mit ihrer Tochter ab. Oskar jr. wirkte verstört und packte wie abwesend seinen Koffer. Er ließ sich nicht zur Besonnenheit ermahnen, sagte nur, er fahre zu einem Freund auf eine Nordseeinsel und war verschwunden, ohne sich in den nächsten Tagen zu melden. Erika machte mir Vorwürfe wegen meines Verhaltens, aber eine Alternative wusste sie auch nicht. Ich rief am 27. Dezember Heinz Metzger an, zu dem

Oskar jr. ein Vertrauensverhältnis hatte, informierte ihn und bat ihn, einer Ahnung folgend, bei der Bank anzurufen, sie möge kein Geld auszahlen, wenn Andrea etwas abheben wolle. Nach kurzer Zeit kam der Rückruf, Andrea sei bei der Öffnung der Bank als erste Kundin dort gewesen und hätte mit ihrer Vollmacht das Privatkonto unseres Sohnes leer geräumt. Damit war jeder Versöhnung das Wasser abgegraben. Bei der späteren Scheidung stellte sich heraus, dass der gesamte Postversand der Liebesbriefe über Andreas Mutter lief. Unser Sohn hatte diese privaten Kuverts natürlich nicht geöffnet.

Das neue Jahr verlangte nun von den Verantwortlichen erhöhte Anstrengungen, um der Rezession und auch den schwierigen Geschäftssituationen entgegenzuwirken. Der Schwertransportbetrieb in Allensbach lief weiterhin zufriedenstellend, wenn sich auch die Margen schmälerten, jedoch der Maschinenhandel florierte nicht wunschgemäß. Zuerst, kaum merklich, hatten sich die Garantieleistungen erhöht, die nun von den Firmen Broziat zu tragen waren. Oskar jr. fuhr mehrfach nach Italien zur OMAG, um bessere Qualität zu verlangen, er bekam auch immer wieder alles versprochen, kaschiert mit Einladungen in hochklassige Hotels, nur Änderungen zeigten sich nicht. Langsam musste man dahinter eine unredliche Methode vermuten, was die Italiener jedoch entrüstet zurückwiesen. Da sich der Lübecker Betrieb im OMAG-Geschäft nicht so engagiert hatte wie der Allensbacher, hielten sich dort die Verluste in Grenzen und wurden vom Stahl- und Gebrauchtmaschinenhandel aufgefangen, während Oskar jr. seinen Bereich weitgehend auf diese Karte gesetzt hatte und »nicht kleckern, sondern klotzen« wollte.

Im Frühjahr rief Günter mich an und fragte, ob wir uns treffen können. Auf die Frage »Wo?« meinte er, vorn auf dem Grundstück an der Vorwerker Straße. Wir beobachteten schon seit geraumer Zeit, dass sehr viel Material von seinem Grundstück abgefahren wurde und erfuhren, dass alles zum Schrotthändler kam. Sicher hatten wir uns darüber Gedanken gemacht und vermutet, er sei in finanziellen Schwierigkeiten. Als wir uns dann trafen, eröffnete Günter mir, er wolle sein Betriebsgrundstück der Supermarktkette Magnet verpachten, alles werde von denen eingeebnet, ein neues Verkaufsgebäude errichtet und er bekomme im Monat etwa 9000 DM Pacht mit steigender Tendenz entsprechend des Währungsverlustes. Magnet wäre sehr daran interessiert, größer zu bauen, ob ich mein Betriebsgrundstück nicht auch dafür hergeben wolle, dann hätte wir nie mehr

Sorgen mehr um unser Einkommen. »Ich will meinen Söhnen die Grundlagen für ihre Berufe, die sie anstreben, nicht nehmen. Alexander arbeitet in seiner Freizeit bereits eifrig mit und Horst tendiert auch dahin, nein, das wird für uns nicht in Frage kommen!«, war meine Antwort. »War ja auch nur eine Frage, du kannst es dir ja nochmals überlegen!«, meinte Günter und ging. Erika und ich änderten diese spontane Entscheidung nicht. Als meine Eltern von Günters Vorhaben hörten, wandten sie ihre Zuneigung wieder unserer Familie zu.

»Das hätte ich vor Jahren auch schon machen können, dafür lagen Angebote vor, aber ich habe es nicht getan, damit ihr die Geschäfte als Lebensaufgabe behalten konntet. Günter kassiert 9000 Mark monatlich und zahlt mir für den Nießbrauch 2500 Mark. So habe ich mir das nicht gedacht!«, empörte sich Vater. Er hatte seinerzeit die niedrigen Sätze (ich zahlte 3100 DM) im Sinne der Firmenerhaltung festgelegt, weil unsere Eltern damit und mit ihrer Rente gut auskamen. Als er nun erkannte, dass Günter sein Erbteil zum Verleben einsetzte, war sein Missmut verständlich. Dafür hatten sie ihre Kämpfe für den Weg in die Zukunft nicht durchgestanden.

Anfang Mai passte Mutter Erika auf dem Weg zum Büro ab: »Hole mal Horst, wir wollen alle für zwanzig Minuten nach Stockelsdorf fahren!« Wir stiegen ins Auto, und Vater dirigierte uns zur 3 Kilometer entfernten Wilhelm-Wisser-Straße 1. »Hier ist unser neues Haus!«, sagten sie. »Wann habt ihr das denn gekauft?« – »Am 1. April ist es ins Grundbuch eingetragen worden!«, antwortete Vater. Wir waren erstaunt, dass sie von Vorwerk wegziehen wollten, konnten aber den Wunsch nach Abstand von den Betrieben verstehen und gratulierten zu dem schönen Anwesen. Auf einem etwa 800 Quadratmeter großen Gartengrundstück an der Ecke Kolberger/Wilhelm-Wisser-Straße befand sich ein solide gebautes Haus mit Keller und zwei Stockwerken, die genügend Platz boten. Daneben stand eine geräumige Garage, in der ihr Mercedes bequem Platz fand. Die ruhige Wohnlage erhöhte sicher den Wert des Anwesens. Alles in allem ein guter Kauf. »Wann wollt ihr denn umziehen?«, fragte ich und bekam eine ausweichende Antwort, sie hätten damit keine Eile, denn für das kleine Haus bestehe ja ihr eingetragenes Wohnrecht. Wir hatte auch keine Absicht, das kleine Haus in Vorwerk zu nutzen. So fuhren wir wieder zurück, und besonders Mutter stand die Freude im Gesicht, dass ihnen diese große Überraschung gelungen war.

Erikas fünfzigster Geburtstag am 16. Mai rückte näher. Gutes Wetter war angesagt. So bot der parkähnliche Garten ein schönes Ambiente, um das Fest im Freien zu begehen. So weit Erika sich besinnen konnte, war ihr Geburtstag immer von der Sonne überstrahlt gewesen. Was hatte sie, als Halbwaise, doch für eine Lebensleistung vollbracht! Schon ihr erstes Lebensjahr musste sie ohne Mutterliebe verbringen, bis drei Jahre später eine Stiefmutter kam, die streng, aber lieb zu ihr war. Bis zur zweiten Grundschulklasse hatte sie wegen Umzugs bereits die dritte Schule besucht. Der 3 Kilometer lange Weg war täglich zu Fuß zu gehen und für den zum später 5 Kilometer entfernten Mädchengymnasium stand nur ihr Kinderfahrrad zur Verfügung – im Krieg, mit Hunger und Entbehrungen. Vor Kriegsende suchte ihr Vater für sie eine vorgeschriebene »Pflichtjahrstelle« bei einem Landwirt in Pohnsdorf, um ihre Ernährungsdefizite wieder aufzubessern. Dann, am 30. September 1945, starb ihr Vater. Von da an: Hilfe zur Ernährung der Familie durch Korn sammeln, Kartoffeln stubbeln von abgeernteten Feldern und Gartenarbeit. Ab 1946, durch die Verbindung mit mir, Hilfe zum Aufbau der Firma Broziat. Nach der Heirat 1953 Umzug nach Allensbach, um hier im Zusammenstehen mit ihrem Mann einen Betrieb aufzubauen, Geburt und ins Leben führen von vier Söhnen, und nun die Rückkehr nach Lübeck mit ihrem Beitrag zur Gesundung des dortigen Unternehmens. Bei alledem hatte Erika weder Fröhlichkeit, Schönheit, Schaffenskraft noch Einsatzwillen verloren. Was war mir vom Schicksal doch für eine fantastische Frau zugeführt worden! Das sollte in einem großen Gartenfest gefeiert werden. Viele Verwandte, Freunde und Bekannte nahmen nach der Gratulation an den langen Tischen Platz, um einen fröhlichen Nachmittag und späteren Abend bei Lampionbeleuchtung in lauer Sommernacht zu verleben. Meinen persönlichen Dank hatte ich durch wertvollen Schmuck zu unterstreichen gewusst.

Alexander befand sich in den Arbeiten für das Abitur. Wie hatte er sich doch im Gegensatz zu seiner Schulzeit am Bodensee verändert! Die Lernpensen fielen ihm leicht, er war fleißig und strebte einen guten Abschluss als Studiengrundlage an. Sein Zeugnis wies ihn dann als Bester seines Jahrgangs der Wirtschaftsoberschule aus. Wir Eltern waren hocherfreut. Zum Militärdienst zog es ihn nicht, sondern zum Zivildienst. Seine Schulfreundin Irene Kuhlmann aus Lebatz hatte erfahren, dass er dafür bei dem Bauern Springmann in Geschendof an der Straße nach Bad Segeberg eine Stelle bekommen könnte. Springmann war der Vorsitzende der Partei der Grünen und Gründer der ökologischen Bewegung in der Bundesrepublik. Begeisterung weckte das Anwesen und auch der Bauer Baldur Springmann bei uns nicht, aber wenn Alexander diesen Weg unbedingt gehen wollte, dann musste er die Erfahrung auch durchstehen. Springmann konnte den aktiven jungen Mann gut einsetzen, der sich die Idee des biologischen Getreideanbaus und der Aufzucht von Vieh mit Futtermitteln, frei von chemischen Zusätzen, selbst zu eigen machte. Außerdem hatte der bereits handwerklich und technisch versierte Alexander den Hintergrund des väterlichen Betriebes, um bei Reparaturen landwirtschaftlicher Geräte behilflich zu sein. So begann dort sein Zivildienst mit etlichen anderen, gleichgesinnten jungen Leuten in kargen Unterkünften. Alles sollte frei von künstlichen Zusätzen sein, seien es Waschmittel, Lebensmittel, Viehfutter usw. Es waren die Anfänge der ökologischen Bewegung, die inzwischen in die Energieerzeugung und in die Politik hineinreichten. So mussten auch manche Kompromisse toleriert werden, wenn die Lebens- oder Futtermittel nicht ausreichten und »belastete« Mittel zur Versorgung von Mensch und Vieh hinzugekauft wurden. Das empörte die Jugendlichen besonders, da sie Waren wie Milch, Brot, Mehl oder Fleisch unter dem Begriff »Bio« an bestimmte Käufer, die bereits darauf eingestellt waren, ausliefern mussten, und das zu den höheren Preisen. Aber es gehörte auch zu ihrem Lernprozess, dass die Menschheit ein lupenreines Ideal nicht erreichen wird. Irene fuhr oft in das nahe Geschendorf, um Alexander zu besuchen, ein engeres Verhältnis hatte sich angebahnt. Die ersten modernen Windkraft-Stromerzeuger wurden aufgestellt. Springmann wollte auch eine eigene Stromversorgung für seinen Hof haben, da jedoch das Geld zum Kauf des Geräts zu knapp war, gingen die jungen Leute daran, die Anlage nach Fachplänen so weit wie möglich selbst zu bauen. Ich stellte Werkstatt und Halle zur Herstellung der Propellerblätter zur Verfügung, Mast und sonstige Teile wurden bei Springmann gefertigt, Generator und Schaltanlagen dazugekauft und irgendwann stand die Anlage und funktionierte tatsächlich. Alexander hatte sich inzwischen bei der Universität in Hamburg eintragen lassen, um Soziologie zu studieren, ein Fach, das den Eltern gar nicht schmeckte. Nun, das Zivildienstjahr würde bald herum sein, dann müsste man weitersehen.

Meine Eltern waren inzwischen in ihr neues Haus umgezogen und hatten die Möbel hintransportieren lassen. Aber alles, was irgendwie in den Mercedes passte, transportierte Vater mit dem ehemaligen Betriebsschlosser Schankat hinüber. Das war sicher teurer als zwei Lkw-Ladungen zu bezahlen, aber so konnten sie sich auch Zeit lassen, um alles in den verschiedenen Räumen zu verstauen. Nach dem Grundstückskauf hatte er auch sofort begonnen, die Garage um eine Länge zu erweitern, um zwei Autos unterbringen zu können, laut Bauantrag. Aber es ging nur um die Einrichtung einer kleinen Werkstatt, um Metalle sortengerecht zu trennen; von dem Handel konnte er trotz seines Alters noch immer nicht lassen. Auch hatte er 2 Tonnen Computerabfälle gekauft, auf deren Chips sich Gold- oder Silberkontakte befanden, nur war die Zeit, um so etwas auszuwerten, seinen Kenntnissen davongelaufen, denn die beschichteten Kontaktlamellen konnten nur mit einem Elektrolyseverfahren in die verschiedenen Metallsorten getrennt werden, und dazu fehlten ihm Kenntnisse und Anlagen. Die Verwunderung seiner Söhne darüber, was er noch alles anstellen wollte, war groß. Hauptsache, sie fühlten sich wohl in Stockelsdorf. Schräg gegenüber wohnte der Rentner Weiß, den Vater auch noch engagierte, und so hatte er wieder einen kleinen Betrieb beisammen.

Am 9. November 1979 feierte Oskar seinen achtzigsten Geburtstag im Restaurant Riesebusch. Die Familie war geladen, man hatte sich wieder einigermaßen »zusammengerauft«, sowie Freunde und Bekannte. Friedrich-Wilhelm Sellschopp stellte ihm, assistiert von seinem Sohn, achtzig brennende Kerzen auf den Tisch, Söhne und Freunde priesen die Verdienste von Oskar sen. und Else Broziat. So ein Fest brachte wieder Frieden in die Gemüter. Sellschopp trank mit mir und Günter Brüderschaft, frühere Ärgernisse waren ausgeräumt. Vater hatte sich inzwischen mit der Verpachtung von Günters Gelände abgefunden, vielleicht bezog er auch in seine Überlegungen mit ein, dass es besser so sei, als wenn er den Betrieb nicht aufrechterhalten könne. Spät abends ging man fröhlich auseinander; es war ein schöner Tag. Zu Weihnachten kamen die Eltern dann in die verschiedenen Häuser, um mit den Familien von uns und Günter das Fest zu verleben.

Anfang der siebziger Jahre konnte Oskar sen. bereits den Wohntrakt des Gebäudes Vorwerker Straße 64 pachten, um dort gebrauchte

Ladenmöbel, die er von Karstadt erworben hatte, zum Verkauf auszustellen. Den Teil des Stallgebäudes hatte die Stadt an den Viehhändler Lieseberg zur Unterbringung seiner Tiere verpachtet. Das zum Tremser Teich hin anschließende Wiesengelände hatte ich 1978 gepachtet, doch es war feucht und eignete sich kaum zur Lagerung irgendwelcher Geräte, die wir im Handel hatten. Außerdem fiel es schräg zum Teichniveau ab. Als nun Günters Betriebsgebäude abgerissen wurden, ließ ich mit dem Bauschutt das Gelände anfüllen und planieren. Diese Eigenmächtigkeit erfuhr das Liegenschaftsamt und kündigte für die nächsten Tage einen Besichtigungstermin an, mit der Drohung, dass der alte Zustand wieder hergestellt werden müsse. Ich ging sofort zu meinem Lionsfreund Ex-Bürgermeister Kock und der riet mir, schnellstens die Fläche mit Kies abdecken zu lassen. Wahrscheinlich hatte er seine schützende Hand mit im Spiel, denn als die Kommission kam, sagten die Herren: »Das sieht doch sehr ordentlich aus, lassen Sie es so, aber in Zukunft holen Sie erst die Genehmigung ein!« Trotz Bauschutt und Kiesüberdeckung war die Fläche mit Gabelstaplern nicht befahrbar. Im Betrieb befand sich ein größerer Posten Stückbleche verschiedener Formen. Diese ergaben, geschickt zusammengeschweißt, erst einmal Fahrbahnen, von denen aus die Lagerflächen genutzt werden konnten.

63. Kapitel

Das Jahr 1980 begann. Die Steuerprüfung des Betriebes lief ganz glimpflich ab, aber das Steuerbüro Petersen hatte wieder Posten gefunden, welche die Eltern meinem Betrieb zu ihren Gunsten entzogen, als sie die Interimsleitung von 1971 bis 1974 innehatten. Als ich die Angelegenheit klären wollte, wiesen sie das empört zurück, sagten, alles sei rechtens gewesen und führten die Undankbarkeit der Kinder ins Feld. Eine sachliche Regelung kam nicht zustande. Sie verweigerten jedes weitere Gespräch, sprachen nicht mehr mit uns und wandten sich wieder Günter zu.

Der Februar begann mit einer Regenperiode. Als Erika Mitte des Monats durch die Fenster des kleinen Hauses schaute, sah sie Wasserlachen auf dem Parkettfußboden. Sie lief zu mir, zeigte mir das, ich rief sofort Vater an, der sich auf kein Gespräch einlassen wollte. »Ihr habt zwar das Wohnrecht für das kleine Haus, das nun leer steht, aber das beinhaltet nicht, dass ihr es verkommen lassen dürft, ich hole jetzt gleich die Schlüssel ab!«, wetterte ich. »Den bekommt ihr nicht, den hat jetzt Günter!«, antwortete Vater. »Gut, dann müsst ihr eben die Folgen tragen und alle Schäden ersetzen!« – »Ich werde Eva anrufen, dass sie euch reinlässt!« – »Das kommt überhaupt nicht in Frage. Es ist mein Haus, für das ihr ein lebenslanges Wohnrecht besitzt, es aber nicht mehr nutzt, also muss ich als Eigentümer Zugang haben, wenn Gefahr im Verzug ist. Alles andere ist illegal. Du kannst aber auch Günter und Eva veranlassen, alle Schäden sorgfältig zu beseitigen und in Zukunft ständig darauf zu achten, dass nichts passiert!« – »Ich werde Günter anrufen!« Eva und Günter zeigten natürlich keine Neigung, das kleine Haus vor Schäden zu bewahren, und die Eltern mussten klein beigeben. Neben den Sorgen um die Betriebe hatten wir uns auch noch mit diesen Streitereien abzuquälen. Erika putzte mit einer Hilfe zuerst einmal das Haus, und ich holte einen Dachdecker. Der fragte, wer denn den Anbau mit der Dachterrasse gebaut hätte. Er bekam zur Antwort, den hätte seinerzeit der

Senior bauen lassen. Den Pfusch könne er wohl notdürftig flicken, jedoch sei bei dieser Bauweise eine völlige Wasserdichtheit nicht zu erreichen. Ich ließ die Reparaturen so gut wie möglich durchführen.

In Konstanz lief der Scheidungsprozess zwischen Oskar jr. und Andrea. Nachdem sie seinerzeit auch noch sein Privatkonto leer geräumt hatte, lehnte er Güteverhandlungen ab, durch die das Paar wieder zusammenfinden sollte. Das Vertrauen war weg, die Scheidung wurde vollzogen. Ihm waren die Seitensprünge von Andrea unverständlich, denn als potenter junger Mann, der ihr auch sonstige Annehmlichkeiten im Leben bot, war Oskar jr. seinen Ehepflichten bestimmt nachgekommen. Er musste sich dringend dem Betrieb in Allensbach zuwenden, denn die letzte Bilanz für 1978 hatte einen Verlust von 45 000 DM ausgewiesen und die Monatsbilanzen für 1979 sahen gar nicht gut aus. Gegen die Versprechungen von OMAG waren die Garantieschäden, die vertragsmäßig seit eineinhalb Jahren die Firmen Broziat zu beheben hatten, immer größer geworden. Komplette, teure Hydraulikzylinder rissen wegen Materialfehlern im Guss. Der Verdacht lag nahe, die OMAG würde bewusst Ausschussteile einbauen, um so ihr Betriebsergebnis aufzubessern. Auch mit Reisen zum Hersteller und harten Verhandlungen konnte Oskar keine Besserung erreichen. Außerdem erwies sich auch in Allensbach die Fabrikation von Zusatzgeräten für die Maschinen als Flop. Weder die Abkantpressen noch die Schlagscheren boten die Grundvoraussetzungen dafür und bedurften ständig gewisser Abänderungen. Die zahlreichen Mitarbeiter, die Oskar jr. dafür eingestellt hatte, konnten die Kosten nicht verdienen. Ich drängte zur Auflösung dieser Abteilung, aber Oskar jr. hielt dagegen, ohne Zusatzgeräte würde der Maschinenverkauf zurückgehen, man müsste sich da durchringen. Er versprach Besserung durch Rationalisierung. Die guten Gewinne des Transportbetriebes waren nicht in der Lage, die Verluste des Handelszweiges aufzufangen. Heinz Metzger, Betriebsleiter der Transportabteilung, die er gut führte, wurde unzufrieden mit seiner Position. Veränderungen mussten her.

Ich drängte den Steuerberater in Konstanz, die Bilanz für 1979 vorzulegen. Endlich, im April 1980, war sie fertig und zeigte das erschreckende Ergebnis mit einem Verlust von 247 000 DM. Ich raste sofort mit Erika nach Allensbach. In vorherigen Telefonaten hatte der Steuerberater die Schwachstellen dargelegt und gesagt, so sei der Betrieb nicht mehr zu halten. Siebenundzwanzig harte Aufbaujahre durften doch nicht einfach in drei Jahren zunichte gemacht werden! Nach unserer Ankunft in Allensbach besprachen wir mit Oskar jr. die Situation. Keinesfalls wollte ich einen Konkurs unter meiner Regie haben. Am nächsten Morgen versammelte ich die Mitarbeiter des Handelsbetriebes und erklärte ihnen im Beisein von Oskar jr. die Situation, die keine andere Wahl als die Schließung des Betriebes zulasse und damit auch die Beendigung ihrer Beschäftigung. Die Leute zeigten volles Verständnis, hatten sie doch die Misere mit der OMAG-Maschinen miterlebt und willigten in die Vorschläge der Abfindungen ein. Damit waren die laufenden Lasten erst einmal eingedämmt. Die Bankschulden von über 200 000 DM tilgte ich mit meinen gesamten Ersparnissen, und die restlichen Defizite konnten durch Verkäufe der noch vorhandenen Maschinen oder deren Rücklieferung abgedeckt werden. OMAG verlangte die Erfüllung der geschlossenen Verträge, aber wo nichts mehr war, konnte auch kaum etwas geholt werden. So blieb in Allensbach vorerst nur der Transportbetrieb übrig, der nun unter der Bezeichnung Horst Broziat GmbH firmierte. Heinz Metzger führte diesen geschickt weiter, denn der Name Broziat hatte bei den Industrieumzug-Kunden seinen guten Klang behalten, sodass langsam wieder eine Konsolidierung des Unternehmens erreicht werden konnte.

Am nächsten Wochenende kamen wir erschöpft nach Lübeck zurück. Klaus, Alexander und Horst erwarteten uns, und die Begrüßung fiel seltsam verhalten aus. Klaus fragte Erika, ob sie nach der langen Fahrt nicht mit ihm um den See gehen möchte. Sie willigte gern ein. Unterwegs fragte er dann vorsichtig, was sie denn dazu sagen würde, wenn sie in ihrem Alter vielleicht Oma würde? – »Bekommt Petra ein Kind von dir?« – »Nein, das nicht, ich frage ja nur nach deiner Meinung!« – »Ich freue mich immer über Babys, du weißt ja, was ich für eine Kindernärrin ich bin, aber was bezwecken diese Fragen?« Klaus wich aus und brachte das Gespräch auf andere Themen. Inzwischen sagte Alexander zu Horst jr., er möge doch das vorbereitete Essen erwärmen, dann war er mit seinem Vater allein. »Papa, Irene ist von mir schwanger, was sollen wir tun?« – »Heiraten und das Kind bekommen!«, war meine spontane Antwort. »Aber wir wollen doch studieren!« – »Wir bringen euch schon durch!« Erika kam mit Klaus zurück. Nach kurzer Information war sie der gleichen Ansicht wie ihr Mann. Wir nahmen das Essen etwas einsilbig zu uns. »Wir könnten im Haus von Irenes Mutter wohnen!« – »Nein«, sagte Erika, schnell schaltend und praktisch denkend, »wir müssen sehen, dass wir von Oma und Opa das kleine Haus frei bekommen, dann bist du in der Nähe und kannst in den Semesterferien oder deiner Freizeit im Betrieb helfen!« Wir kamen überein, diesen Weg zu verfolgen.

Die Verhandlungen mit meinen Eltern gestalteten sich schwierig. Obgleich sie das kleine Haus nicht nutzten, waren sie nicht bereit, den Enkel in dieser Form zu unterstützen. Alexander hätte eben besser aufpassen müssen, war ihre Antwort. Sie würden das Haus an jemand anderes vermieten, sagte Vater. Die Konfrontation erlangte den Höhepunkt. »Da habt ihr beim Vertragsabschluss so wenig aufgepasst wie Alexander und seine Freundin!«, entgegnete ich, »es ist kein Wegerecht eingetragen. Über das Betriebsgrundstück geht oder fährt niemand zum kleinen Haus, dem ich es nicht gestatte!« – »Mit dem Wohnrecht ist auch automatisch ein Wegerecht verbunden!«, sagte Vater. – »Sicher«, bekam er zur Antwort, »das Wohnrecht habt ihr, aber kein Mieter hat es!« Meine Eltern waren in eine Sackgasse geraten. »Dann bleibt das Haus eben leer stehen!« – »Dann zahlt ihr alle Kosten, die durch Schäden entstehen, denn ihr wisst, dass die von euch gebaute Dachterrasse nicht dicht ist!« Nun begann Vater über seine Kosten für das neue Haus zu jammern und über die Lebenshaltung und über die Steuern. Ich kannte meinen Vater, der es in einem solchem Falle immer verstand, alle Mitleidsregister zu ziehen, und blieb hart, auch als er anfing, um eine recht hohe Mietzahlung zu schachern, denn den Unterhalt für Alexanders Familie mussten wir schließlich aufbringen, ebenfalls die Miete. Schließlich einigten wir uns, dass zukünftig seiner Nießbrauchzahlung an die Eltern monatlich 350 DM zugeschlagen wurden. Damit war endlich für die zukünftige Familie von Alexander eine Wohnung besorgt.

Alexander hatte nach dem Zivildienst sofort mit dem Soziologiestudium begonnen, was uns Eltern gar nicht gefiel, denn was wollte er mit Soziologie einmal im Betrieb anfangen? Doch nach zwei Monaten staunte ich, wie er in Absprache mit mir begann, im Betrieb das Computersystem auszuweiten und damit die gesamte Büroarbeit zu modernisieren. Er hatte an der Universität in Hamburg im Wesentlichen Informatik gehört, und er verstand nun sein Wissen zu Gunsten des Betriebes umzusetzen. Auch sonst setzte er sich voll ein, wenn seine Zeit es erlaubte und war sich für keine Arbeit zu schade. Für den 10. Oktober 1980 hatte das Paar den Hochzeitstermin festgelegt. Eine große Feier im Broziat'schen Stil nach dem Wunsch von uns lehnten sie ab, es blieb alles in einem ganz bescheidenen Rahmen, nur engste Verwandte waren zugegen.

Nachdem in Allensbach die restlichen Verbindlichkeiten der Firma Oskar Broziat abgewickelt und die Tätigkeiten in diesem Betrieb eingestellt waren, begann Oskar jr. einen Betrieb mit seinem Bekannten Nargang unter dem Namen »BRONA« (Broziat/Nargang) aufzubauen. Dieser beschäftigte sich mit der Herstellung von Fahrzielangaben für Omnibusse und Bahnen. Ein Golffreund von einer Versicherung hatte Oskar jr. einen Kreditgeber aus Überlingen empfohlen, der sein Kapital in Firmenneugründungen anlegen wollte. Ich hatte der BRONA die Halle 2 und einige Büroräume vermietet. Nargang brachte die technischen Kenntnisse aus einer Konkurrenzfirma ein, Oskar jr. seine kaufmännischen Fähigkeiten. Es wurden Einbaukästen mit etwa 15 Zentimeter breiten weißen Kunststoffbändern hergestellt, die mit den anzufahrenden Zielorten oder -straßen bedruckt waren und auf zwei Rollen an beiden Enden der Kästen auf- und abrollen konnten. Die Kästen wurden oberhalb der Frontscheiben der Fahrzeuge eingebaut, die Zielangabe konnte vom Fahrersitz aus automatisch bedient werden. Nach einiger Zeit hatte die BRONA bereits einen guten Marktanteil erobert.

Die Horst Broziat GmbH bekam weiterhin gute Transportaufträge, um die sich Heinz Metzger und auch ich bemühten. So langsam konnte wieder ans Investieren gedacht werden, damit der Betrieb technisch nicht veraltete, aber wir hatten auch aus den sehr schnell entstandenen Schwierigkeiten gelernt, mit wachen Augen die Finanzen der Betriebe zu betrachten. Auch Lübeck zeigte gute Ergebnisse, zumal sich durch Alexanders Einsatz die Übersicht mit der Verwendung der Computer in Büro und Lager verbesserte. Zu dem reinen Handel mit gebrauchten Industriebedarfsartikeln, Eisen, Elektromotoren und Maschinen begannen wir auch den Handel mit neuen Waren, denn die Stundenlöhne waren in den letzten Jahren gewaltig gestiegen, sodass die Aufarbeitung von gebrauchter Ware oftmals zu teuer wurde. So konnten damit viele Kundenwünsche befriedigt werden.

Alles kam wieder in ruhigere Bahnen, obgleich natürlich die Führung von Betrieben einer ständigen Anstrengung bedurfte. Doch das Familienleben konnte wieder mehr Beachtung finden. Das Golfen brachte Freude, die Treffen im   s Club ebenfalls, und obgleich Oskar jr. in Allensbach seinen neuen Aufgaben nachging und Klaus in München die Pensen der Heilpraktikerschule mit großem Interesse absolvierte, blieb die Familie in engem Kontakt. Alexander kam im Studium gut voran und die Zeugnisse von Horst jr. wiesen aus, dass er das Abitur problemlos schaffen würde. Mit dem Herbstbeginn konnte aufgeatmet werden, die Turbulenzen des Jahres 1980 schienen überwunden zu sein. Alle Familienmitglieder hatten dazu beigetragen. Auf dem Nachbargrundstück von Günter ging der Bau des Supermarkts Magnet seiner Fertigstellung entgegen. Er hatte sich damit eine hohe Dauereinnahme verschafft, die ihm finanziell ein sorgloses Leben bot. Ich hätte die gleichen Chancen gehabt, aber mir waren der Firmenerhalt und eine Aufgabe für meine Nachfolger wichtiger.

Nach den vielen Aufregungen und Ärgernissen der Vergangenheit war in unsere Familie wieder mehr Ruhe eingekehrt und auch der normale Geschäftgang als Lebensgrundlage in Fluss gekommen. Auf Versteigerungen insolventer Firmen hatte ich inzwischen günstige Objekte erworben, die gute Gewinne erbrachten. Versteigerungen waren ein Metier für sich. Es gab keine Sicherheit für den wahren Zustand von Maschinen, und eine Überprüfung war oftmals ohne Strom nicht möglich, doch versierte Käufer wussten bestimmte Verschleißmerkmale, die Auskunft und Sicherheit ergaben, um nicht einen überhöhten Preis zu bieten. Bei einer Versteigerung standen zahlreiche Richtplatten zum Verkauf. Ich hatte bei der Besichtigung unauffällig die Maße genommen, um so die Gewichte ermitteln zu können – und damit mein Preislimit. Nur einzelne Interessenten gaben ein Gebot ab, die sich wohl nicht die Mühe gemacht hatten und dadurch unsicher waren, und wir kam billig in den Besitz der Richttische, mit denen im Verkauf gute Gewinne erzielt wurden. Versteigerungen haben eben ihre Eigenheiten. Mit dem Zuschlag ist man Eigentümer des Objekts, jedoch nicht sein Besitzer, und trägt alle Risiken, auch wenn das Gebäude mit Inhalt abbrennt. Also geht nach dem Versteigerungsende oder am nächsten Tag der Run auf die Erwerbungen mit aller Ellbogenfreiheit los, um die Waren zu verladen. Auch waren diejenigen den anderen voraus, die entsprechende Bereitstellungen in Form von

Lkws, Ladekränen und Gabelstaplern getroffen hatten. Versteigerungen konnten gute Gewinne einbringen, aber auch herbe Verluste, wenn man mit den Gegebenheiten nicht vertraut war. Die aber kannte ich inzwischen und hatte davon bereits früher von meinem Vater viel gelernt.

Im Spätherbst fielen die Temperaturen bis nahe an den Nullpunkt. Nebel machte sich breit, die Menschen suchten die Wärme ihrer Räume. In Lübeck bereitete man sich auch auf das Altstadtfest mit seinen vielen Ständen vor. Überall sollte Geld für gute Zwecke kassiert, jedoch auch die Gemeinschaft der Bürger gefördert werden. Serviceclubs, Sportvereine, Schulen und andere suchten Käufer für Getränke, Kuchen, Fisch-, Käse- oder Wurstbrötchen, für Bastelarbeiten, Marmeladen und Leckereien. Die Stadt füllte sich an mit fröhlichen Menschen, die bereit waren, etwas Geld locker zu machen. Bekannte trafen sich, die Stadtoberen ließen sich blicken und halfen oftmals an den Ständen beim Verkauf. Es herrschte ein fröhliches Treiben. Auch am Stand vom Lions Club Lübeck-Holstentor zeigte sich reger Betrieb. Erika in ihrer schlagfertigen Art regte oftmals die Kunden zum Lachen an, was den Verkauf förderte, und viele freuten sich, mit dem Bürgermeister, einigen Senatoren und dem Präses der Industrie- und Handelskammer, die ebenfalls dem Club angehörten, einige Worte wechseln zu können. Entsprechend gut fielen auch die Einnahmen aus, die das Orgelkonzert in der Marienkirche weiter ergänzte. So konnte der Club zum Jahresende ein gemeinnütziges Projekt der Stadt maßgeblich unterstützen.

Das Orgelkonzert, jeweils am ersten Advent, ließ die Weihnachtsstimmung aufkommen. Die Hauptstraßen zeigten sich in festlicher Beleuchtung mit Symbolen zum Christfest, aus Geschäften und vom Weihnachtsmarkt erklangen die alten Melodien. Erika und ich waren nun auch in die Vorbereitungen eingebunden. Geschenke für die Kinder, Verwandte und Freunde mussten besorgt und vielfach auch versandt werden. Zuerst gingen immer die Pakete in die DDR hinaus, in getrennten Briefen die nochmalige Inhaltsangabe, denn allzu oft waren sie »beschädigt« oder gar verschwunden. Die Kontrolleure in der DDR wussten schon, wie sie ihre Familien mit seltenen Waren versorgen konnten.

Der Wind hatte auf Nordost gedreht und brachte feuchte Kälte mit sich. In der morgendlichen Dämmerung erschienen die kah-

Lübeck, Vorwerker Straße 62 a heute

len Lindenzweige in weißer Raureifpracht, die Bäume prangten als Zauberallee wie in einem Märchen. Die letzten Arbeitstage vor dem Fest waren angebrochen. Seit Firmenbeginn hatten die Inhaber eine Betriebsweihnachtsfeier veranstaltet. Diesmal war rechtzeitig in der Dornbreite eine Kegelbahn reserviert worden. Ich dankte meinen Mitarbeitern für ihren Einsatz und sprach von den Zukunftsaussichten, die sich allen nach meiner Ansicht wieder auftaten. Nach einem zünftigen Weihnachtsessen wurden die Geschenke überreicht und anschließend verschiedene Preise ausgekegelt. Meist ging es recht lustig zu, und die zufriedenen Mitarbeiter nebst ihren Frauen wurden schließlich von Taxis nach Hause gebracht. Ich wollte kein Risiko eingehen, dass eventuell unter Alkoholeinfluss jemandem etwas passierte.

Oskar jr. kam nicht nach Lübeck. Er wollte diesmal die Schweizer Berge in Arosa zur Selbstfindung nutzen, nach all den Turbulenzen, die hauptsächlich in seinem Bereich abliefen. Aber Klaus war mit seiner Freundin Petra aus München angereist. Petra, ein gern gesehener Gast im Hause Broziat, wohnte nur zehn Gehminuten entfernt. Alexander und Irene bewohnten nun das kleine Haus und hatten ihr Wohnzimmer bereits weihnachtlich geschmückt. Die Geburt ihres Babys stand bevor, und Erika hoffte, sie könnte zu Heiligabend das erste Enkelkind unter dem Christbaum erleben. Horst jr., im Hause lebend, war noch mit der Schule beschäftigt, denn als nächstes sollte das Abiturjahr bewältigt werden, doch er sah dem gelassen entgegen, weil er bisher alle Klassen gut absolviert hatte.

Schnee rieselte in leichten Flocken vom Himmel und hüllte Landschaft und Stadt in Weiß. Das große Zimmer im alten Gutshaus zierten eine festlich geschmückte Edeltanne, Weihnachtstischdecken, Leuchter, Rauschgoldengel, wie Erika alles festlich zu richten verstand, dazu ein reichhaltiger Gabentisch für die Familie. Nach dem Besuch der Christmette in der Marienkirche reichte der ausgezogene Tisch im Esszimmer gerade aus, um allen Platz zu bieten. Meine Eltern hatten sich Karpfen in Biersoße gewünscht, einige bekamen ein Fleischgericht und Alexander und Irene aßen vegetarisch. Dazu tranken wir edlen Wein, und schließlich gab es Dessert. Inzwischen hatte ich neben den Baumlichten auch den Kamin entzündet und hielt anschließend, nachdem alle Platz genommen hatten, die Weihnachtsansprache für die Familie. In ihr lag ein friedlicher Ton, in der die Schwierigkeiten des vergangenen Jahres als Prüfungen erkannt wurden, welche Hoffnungen für neue Wege wiesen, wie auch der Heiland sie einst lehrte. Alexander fuhr dann meine Eltern zum Nachbarhaus, wo sie die Weihnacht auch in der Familie von Günter erleben wollten. Langsam, in Liebe zueinander und in Freude über die Gaben klang der Abend aus. Irene und die Söhne gingen zu Bett, und Erika und ich saßen aneinandergeschmiegt auf dem Sofa, um die verglimmende Glut des Kamins zu genießen. Am 28. Dezember saßen wir nochmals mit Irene und Alexander um den Kamin. Am nächsten Tag war sein zweiundzwanzigster Geburtstag. Als wir zu Bett gingen, sagte Erika: »Irene ist gegen ihre sonstige Art so dicht an mich herangerutscht, ich glaube, es geht los!« Gegen Mitternacht hörten wir dann Alexanders Auto nach Hamburg zu einem speziellen Geburtskrankenhaus starten. Vom Balkon konnten wir gerade noch die besten Wünsche zurufen, dann fuhren beide auch schon vom Hof. Genau an Alexanders Geburtstag wurde ihnen Katharina geboren, und andere Kinder würden sicher folgen. Erikas Traum, endlich einmal ein Enkelmädchen mit braunen Augen zu haben, erfüllte sich. Eine neue

Generation trat ins Leben, die nach der alten Botschaft Hoffnung und neue Pfade für die Wanderung in die Zukunft der Familien und Firmen Broziat bot. Erika und ich aber beteten inbrünstig zum Herrgott, dass er ihnen allen auf guten Wegen sein Geleit geben möge.

Oskar und Else Broziat bei der eisernen Hochzeit